HISTÓRIA DE FLORENÇA

Ler os Clássicos

VOLUME 2

Dados Internacionais de Catalogação na Publicação (CIP)
(Câmara Brasileira do Livro, SP, Brasil)

Maquiavel, Nicolau, 1469-1527
  História de Florença / Nicolau Maquiavel ;
tradução Nelson Canabarro. -- 3. ed. -- São Paulo :
Musa, 2024. -- (Ler os clássicos ; 3)

  Título original: Istorie Fiorentine.
  ISBN 978-65-86629-20-0

  1. Antropologia 2. Ciência política 3. Florença
(Itália) - Política e governo I. Título. II. Série.

24-207626   CDD-320

Índices para catálogo sistemático:

1. Ciência política   320

Tábata Alves da Silva - Bibliotecária - CRB-8/9253

Nicolau Maquiavel

HISTÓRIA DE FLORENÇA

Tradução, apresentação e notas
Nelson Canabarro

EDITORA

Título original: *Istorie Fiorentine,* de Niccolò Machiavelli
in *Opere di Niccolò Machiavelli, Volume secondo*
A cura di Alessandro Montevecchi
Unione Tipografico-Editrice Torinese, 1971, Torino.

© da tradução: *Nelson Canabarro*

Capa: *Diana Mindlin* sobre *fac-simile* da capa da *editio princeps*
de *Istorie Fiorentine*, Roma, Blado, 1532
Revisão: Thereza Pozzoli (preparação), *Musa Editora, Nelson Canabarro*
Índice onomástico: *Eiko Luciana Matsura*
Composição e diagramação: *Nelson Canabarro*
Fotolito: *Laserprint Editorial Ltda.*

Todos os direitos reservados

MUSA
EDITORA

Impresso no Brasil
(2ª *edição revisada e* 3ª *edição facsimilar 2024*)

SUMÁRIO

APRESENTAÇÃO *19*
DEDICATÓRIA... *27*
PROÉMIO *31*

LIVRO I
a Itália, da queda do Império Romano a 1434

1. Os bárbaros ocupam o Império Romano 37
2. Os bárbaros dão seus nomes a diversos países da Europa 38
3. Unos e vândalos saqueiam a Itália 39
4. Teodorico e os ostrogodos 41
5. Época de miséria no mundo. O surgimento das línguas modernas 42
6. Morre Teodorico. Belisário luta contra os godos 43
7. Justino reordena a Itália 45
8. O reino dos lombardos. Rosismunda 45
9. De que maneira os papas adquirem poder 47
10. O Papa Gregório III pede ajuda aos francos contra os lombardos ... 49
11. Carlos Magno e o fim do reino dos lombardos 50
12. Os imperadores da Alemanha e os reis da Itália 51
13. Ordenamento e distribuição dos estados italianos 52
14. O papa Nicolau II confere aos cardeais a eleição do Papa 53
15. "A semente dos humores guelfos e gibelinos" 54
16. Os normandos fundam o Reino de Nápoles 55
17. As cruzadas. A ordem dos Templários 56
18. Frederico Barba-Ruiva choca-se com Alexandre III, toma Milão
    e marcha a Roma 57
19. Morre Thomas Becket. Retratação do rei da Inglaterra.
    Barba-Ruiva se reconcilia com o Papa 59
20. O Reino de Nápoles passa à casa da Suábia. As ordens religiosas dos
    Dominicanos e dos Franciscanos 60

Sumário

21. Ecelino se alia a Frederico II. Primeiros sucessos das famílias d'Este. Guelfos e gibelinos se multiplicam. 61
22. Frederico II morre. Igreja em contraste com Manfredo chama Carlos de Anjou. Batalhas de Benevento e Tagliacozzo 62
23. A sinuosa política dos papas para dominar a Itália 63
24. As Vésperas sicilianas 65
25. O imperador Rodolfo vende a independência de muitas cidades italianas. O papa Bonifácio VIII preso por Filipe IV, o Belo 65
26. Instituição do jubileu. O papado em Avinhão. Henrique de Luxemburgo entra na Itália 66
27. Os *Visconti* expulsam os *Della Torre* e se apoderam de Milão 67
28. Luís, da Baviera, e João da Boêmia invadem a Itália 69
29. Origens de Veneza, de sua grandeza e decadência 70
30. Luís, da Baviera, contra o papa Benedito XII 72
31. O tribuno Cola di Rienzo expulsa os senadores e torna-se chefe da República Romana 73
32. A rainha Joana entrega Avinhão à Igreja. O jubileu passa ser a cada 50 anos 73
33. Cisma na Igreja. Turbulência entre Nápoles e Milão 75
34. As Companhias de Ventura. Verona rende-se a Veneza 76
35. O povo romano chama Ladislau, rei de Nápoles. O Concílio de Pisa 76
36. O Concílio de Constança e o fim do cisma 77
37. Filipe *Visconti* recupera o "estado" da Lombardia 78
38. Joana II, Rainha de Nápoles 78
39. Condições em que se encontrava a Itália em meados do século XV ...79

LIVRO II

Florença, das origens à peste de 1348

1. Benefícios que as repúblicas tinham ao fundar colônias 85
2. A origem de Florença e de seu nome 86
3. As desavenças entre os *Bondelmonti*, os *Amidei* e os *Uberti* 88
4. Origem dos guelfos e gibelinos. Expulsão e volta dos guelfos 89
5. Ordenamento de Florença 90
6. Revolta e expulsão dos gibelinos. Os guelfos são derrotados por Manfredona batalha junto ao rio Arbia 91

Sumário

7. O conselho dos gibelinos em Êmpoli. *Farinata degli Uberti* se recusa a destruir Florença 92

8. O papa Clemente IV e Carlos de Anjou apóiam os guelfos. Os gibelinos criam as Artes 93

9. A expulsão dos gibelinos 94

10. Os guelfos reordenam a cidade. O papa Gregório X tenta reconciliação 95

11. O cardeal Latino reintegra os gibelinos à cidade. A batalha de Campaldino (1289) 96

12. Criação do cargo de gonfaloneiro de justiça 98

13. *Giano della Bella* e os Ordenamentos de Justiça de 1293 99

14. Luta entre os nobres e o povo 100

15. Novo reordenamento político. Cresce a cidade 101

16. Discórdia entre os *Cerchi* e os *Donati*. Origem dos Brancos e dos Pretos 102

17. O legado papal tenta conciliação entre Brancos e Pretos 103

18. Alguns membros dos Pretos e os *Donati* são confinados. Participação de Dante Alighieri 104

19. Os Pretos revidam. O Papa envia Carlos de Valois a Florença 105

20. Novas injúrias. Confinamento dos Brancos e de Dante 106

21. Ambições de messer *Corso Donati*. O incêndio do Horto de São Miguel e do Mercado Novo 107

22. Outras reformas. A tomada do cárcere *Stinche*. Retorna Corso Donati 109

23. Corso Donati é condenato. Resistência armada à sentença. Sua prisão e execução 111

24. Henrique VII, de Luxemburgo, ataca Florença. Sua morte em Buonconvento 112

25. Ameaçada por *Della Faggiulla*, a cidade se entrega a Roberto, rei de Nápoles. A tirania de Lando d'Agobbio 113

26. Guerra contra *Castruccio Castracani*, de *Lucca* 114

27. Tentam voltar nobres e exilados 115

28. Novo ordenamento político 116

29. *Castruccio* derrota os florentinos em *Altopascio* 117

30. Carlos, duque da Calábria, enviado do Duque de Atenas a Florença. Luís da Baviera entra na Itália com dinheiro e promessas de *Galeazzo Visconti*. *Castracani* toma Pisa e morre em *Lucca* 118

31. Os alemães oferecem *Lucca* por 30 mil florins aos florentinos, e os genoveses a compram. *Giotto* constrói a torre de Santa Reparata 119

Sumário

32. A conspiração dos *Bardi* e dos *Frescobaldi* é descoberta e esmagada. 121
33. Os florentinos compram *Lucca*. Roberto, rei de Nápoles, envia *Gualtieri* a Florença. 123
34. Manobras do Duque de Atenas para chegar à Senhoria. Discurso de um dos Senhores. 125
35. O Duque de Atenas aclamado Senhor vitalício de Florença. 127
36. O mau governo do Duque de Atenas 128
37. A expulsão do Duque de Atenas 131
38. Rebeliões dos territórios submetidos a Florença 133
39. Nova reordenação. Oito Conselheiros substituem os Doze Homens Bons. O povo toma o governo 134
40. *Andrea Strozzi*: os Grandes tentam tomar o governo 136
41. Derrota dos Grandes 137
42. Novas reformas políticas. A peste de 1348 138

LIVRO III

das discórdias civis até a morte de Ladislau, de Nápoles

1. Paralelo das discórdias em Roma e Florença 143
2. Discórdias entre os *Albizzi* e os *Ricci* 144
3. Os declarados e os repreendidos 145
4. O partido dos guelfos retoma força 146
5. Discurso em frente à igreja *San Piero Scheraggio* 147
6. Medidas de exceção 150
7. A Guerra dos Oito Santos 150
8. Os capitães guelfos tentam se assenhorear da cidade 152
9. *Salvestro de'Medici* gonfaloneiro. Lei em favor dos repreendidos 152
10. O Tumulto dos *Ciompi* 154
11. *Guicciardini* em vão faz diversas concessões aos sublevados 156
12. As causas da rebelião 158
13. Um discurso de incitação à revolta 159
14. Os *ciompi* incendeiam as casas dos mesmos que nomeiam cavaleiros. As desordens continuam 161
15. Inutilmente os Senhores aceitam exigências gravosas e desonrosas. O palácio em mãos da plebe 163
16. O cardador Miguel de Lando, gonfaloneiro 164
17. A plebe se rebela contra Lando que a supera em ânimo, prudência e bondade 166

Sumário

18. *Tria* e *Baroccio*, do povo miúdo, excluídos da Senhoria 167
19. *Piero degli Albizzi* executado 168
20. *Scali* é decapitado e *Strozzi* obrigado a fugir 170
21. Novo ordenamento da Senhoria desfavorece a plebe 172
22. Confinados Miguel de Lando, notáveis e chefes plebeus. Os florentinos compram *Arezzo* 173
23. Confinados Miguel de Lando, notáveis e chefes plebeus. Os florentinos compram *Arezzo* 174
24. Outros repreendidos e confinados 175
25. Guerra contra *Giovan Galeazzo Visconti*, duque de Milão 176
26. A Senhoria confina e mata. Reação e confinamento de *Donato Acciauli* 178
27. Em parte mortos, em parte presos os exilados que tentam voltar 179
28. Nova tentativa de exilados: articulação com residentes. Confinados membros das famílias *Alberti, Ricci* e *Medici* 181
29. A conquista de Pisa. Guerra contra Ladislau, de Nápoles. Tomada de Cortona 182

LIVRO IV
da conquista da Toscana ao retorno de Cosimo

1. Da servidão ao desregramento: quando uma cidade pode se chamar livre 187
2. Situação de Florença 187
3. *Giovanni di Bicci [de' Medici]* restaura a autoridade da família na cidade. Acordo com *Filipe Visconti* 188
4. Suspeitas alteram os ânimos da cidade 189
5. *Visconti* toma *Furli* 190
6. *Visconti* bate os florentinos em *Zagonara* 191
7. A notícia da derrota entristece os florentinos. *Rinaldo degli Albizzi* demonstra a necessidade da guerra 192
8. Exatores de impostos com autoridade para matar inadimplentes causam revolta 193
9. *Albizzi*: os Grandes tornaram-se humildes e a plebe insolente 194
10. *Giovanni de' Medici* recusa-se a alterar os consuetos ordenamentos da cidade 196

Sumário

11. Manifesta divisão: aumenta a reputação de *Giovanni* e o ódio aos outros 197
12. Monte Petroso: heroísmo de *Giagio del Melano*. *Galeata*: covardia de *Zanobi del Pino* 198
13. Aliança com *Faenza* e com os venezianos 199
14. O cadastro 200
15. Paz firmada com Milão 201
16. Morte de *Giovanni de' Medici* 202
17. Florentinos esmagam rebelião em Volterra 203
18. *Fortebraccio* ataca *Lucca* 204
19. *Rinaldo degli Albizzi* deseja a empresa, *Niccolò da Uzano*, não 206
20. Aprovada a guerra. Exemplar crueldade e avareza de *Astorre Gianni* 208
21. Queixa dos saravecenses 208
22. *Rinaldo degli Albizzi* difamado 210
23. Fracassa inundação de *Lucca* projetada pelo arquiteto *Brunelleschi* 211
24. O Duque de Milão envia *Francesco Sforza* oficialmente a Nápoles mas realmente a *Lucca* 211
25. *Sforza* ajuda a depor Guinigi, de *Lucca*. Derrota dos florentinos ...212
26. *Cosimo de' Medici*: virtudes que acusam os outros 214
27. Desconfiança e razões de *Niccolò da Uzano* 215
28. *Messer Rinaldo* faz com que *Guadagni* prenda *Cosimo* 217
29. *Cosimo* preso na torre do palácio, envia mil ducados ao gonfaloneiro e consegue salvar a vida. Confinamento em Veneza .. 219
30. *Albizzi* procura base política nos Grandes 220
31. *Albizzi* toma armas contra a Senhoria e fracassa 222
32. O papa Eugênio IV mediador 224
33. *Balìa* restitui Cosimo à pátria e confina *Albizzi* 225

LIVRO V

do retorno de Cosimo à tomada do Casentino

1. O ciclo da ruína à ordem. A extinção da virtude: as guerras são tão fracas que começavam sem medo, se travavam sem risco e acabavam sem dano 229
2. As escolas de guerra *Braccesca* e *Sforzesca* atacam o papa Eugênio IV, que se refugia em Florença 231
3. *Canetto* expulsa o governador do Papa e pede ajuda ao Duque, e o pontífice, aos venezianos e florentinos 232

Sumário

4. A revanche dos partidários de Cosimo e outros injuriados. A aliança com o Papa e os venezianos 233

5. Morre a rainha Joana, de Nápoles, e este reino é disputado por Renato de Anjou e Afonso V, de Aragão 235

6. Disputas entre os *Fregosi* e os *Adorni* em Gênova 236

7. *Francesco Spinola* expulsa de Gênova o governador do Duque de Milão 237

8. Discurso de *Rinaldo* degli *Albizzi* exortando o Duque a declarar guerra a Florença 238

9. O Duque envia *Niccolò Piccino* contra os aliados 240

10. Perto de *Barga*, *Francesco Sforza* bate *Piccino*, que logo também é derrotado em Ghiaradada por Gonzaga 241

11. Os florentinos atacam *Lucca*. Discurso de um ancião 242

12. Duque decide usar muita força contra os florentinos 244

13. Divididos entre a vontade de ter *Lucca* e o temor ao Duque de Milão 244

14. Cosimo vai a Veneza. Acordo com *Lucca* 246

15. Eugênio IV pede *Borgo a San Sepolcro*. Os florentinos pedem-lhe que consagre a catedral Santa Reparata 248

16. Igreja grega versus romana: Concílio de Florença 249

17. Retomadas as armas na Lombardia e na Toscana. O Papa dá cinco mil ducados a *Piccino*. Bolonha, Ímola e Furli invadidas por *Piccino* a serviço do Duque de Milão 249

18. *Piccino* ataca os venezianos. Os florentinos pedem providências a *Sforza* 251

19. Vicissitudes das lutas 253

20. Florença envia *Neri di Gino Caponi* a Veneza 254

21. Ouvido com a atenção devida a um oráculo, o discurso de *Caponi* arranca lágrimas aos venezianos 255

22. *Sforza* vem à Lombardia 256

23. Vitória de *Piccino* sobre os venezianos junto ao lago Garda. *Sforza* bate *Piccino* em *Brescia*. *Piccino* salvo dentro de um saco às costas e um alemão 257

24. *Piccino* toma Verona 258

25. *Sforza* retoma Verona 260

26. *Visconti* decide atacar a Toscana 261

27. Informantes revelam traição do cardeal *Vitelleschi*, apanhado com astúcia por *Antonio Rido* 262

28. *Piccino* atravessa o Pó 264

29. *Piccino* entra na Romanha 265

30. O castelo *Marradi* tomado por covardia. Correrias de *Piccino* até as proximidades de Florença 266

Sumário

31. *Piccino* toma diversas localidades do *Casentino*, inclusive o castelo *San Niccolò* 267
32. *Sforza* e os venezianos fustigam *Visconti*. *Piccino* chamado em ajuda 270
33. A vitória dos florentinos em *Anghiari* 271
34. A falta de ordem e disciplina militar. Morte súbita de *Rinaldo degli Albizzi* 273
35. Capponi recupera o Casentino para Florença. As amargas palavras do conde *De Poppi* e a dura resposta de *Capponi* 274

LIVRO VI
da retomada da guerra contra Milão à posse de Ferdinando I

1. A finalidade das guerras. As desordens das guerras atuais 279
2. Como conseguiu se recuperar *Niccolò Piccino*. Acordo de paz entre *Visconti* e *Sforza* 280
3. Ravena se entrega a Veneza para não voltar ao poder da Igreja. *Piccino* ataca de surpresa domínios brechianos 281
4. A insolência de *Piccino* reconcilia *Visconti* e *Sforza* 282
5. Afonso V, de Aragão, disputa Nápoles com Renato de Anjou 284
6. *Neri di Gino Capponi* e *Baldaccio di Anghiari* muito reputados 286
7. *Orlandini* organiza assassinato de *Anghiari*. Nova *Balìa* 286
8. *Piccino* morre em Milão, com o filho prisioneiro e traído por *Visconti* 288
9. Graves incidentes entre os *Canneschi* e os *Bentivogli*, em Bolonha. 289
10. *Santi*, supostamente filho de *Ercule Bentivogli*, no governo de Bolonha 289
11. Guerra generalizada na Itália. Desvantagem de *Visconti* 291
12. Veneza e *Visconti* se disputam o conde *Sforza* 292
13. A morte de Filipe Maria *Visconti*. Grande oportunidade de *Sforza*. 293
14. Os venezianos obstaculizam os movimentos do Papa para pacificar a Itália 294
15. Afonso V ataca Florença 294
16. Afonso V é obrigado a se retirar 296
17. *Sforza* rechaça ataque veneziano 297
18. *Sforza* ataca *Caravaggio* e dá lição de moral a provedor 298
19. O conde obriga os venezianos a pedir a paz 300
20. Amargo discurso contra *Sforza* 301
21. O conde responde e começa a preparar o ataque aos milaneses 302

Sumário

22. Os venezianos se aliam aos milaneses. *Sforza* engana os milaneses fingindo retirar-se 304
23. Em Florença Cosimo *de' Medici* apóia *Sforza*, e *Neri Capponi* se opõe 305
24. Entrada triunfal de *Sforza* em Milão 306
25. O novo duque de Milão se alia a Florença e Veneza a Nápoles .. 308
26. As conseqüências dessa aliança 310
27. Chega em Florença o imperador Frederico III. Guerra entre o duque de Milão e os venezianos 311
28. Ferdinando I, de Aragão, filho de Afonso V, de Nápoles, invade a Toscana 312
29. O romano *Stefano Porcari* conspira contra o Papa e é executado ... 313
30. *Gherardo Gambacorti* tenta negociar *Val di Bagno* com o Papa. Os florentinos enviam tropas 315
31. Renato de Anjou volta à Itália chamado pelos florentinos e ataca os venezianos ajudado por *Sforza*. 317
32. Pela tomada de Constantinopla pelos turcos, príncipes italianos ajustam paz geral mediada pelo Papa 318
33. Calisto III sucede a Nicolau V. Derrota da Cruzada em Belgrado.....319
34. Portentosa tempestade na Toscana 321
35. Gênova se rende ao Rei da França 322
36. Morre Afonso V, de Aragão. Pio II coroa Ferdinando I rei de Nápoles 323
37. Dissensão entre os *Fregosi* e João de Anjou. Derrota de Ferdinando I 324
38. Refortalecido Ferdinando I. João de Anjou derrotado perto de Tróia. *Piccino* se passa ao inimigo. Florentinos recusam ajuda pedida por João II, de Aragão 325

LIVRO VII
Florença dos Medici: de Cósimo a Lourenço

1. Por que narrar outras coisas, além das florentinas. As divergências (divisões) nas repúblicas 329
2. De como os *Cosimo de' Medici* e *Neri Capponi* adquiriram reputação pública. Reforma eleitoral favorável a *Cosimo*, e os "humores" adversos dos poderosos 330
3. Os Grandes pedem a Cosimo assembléia geral. *Lucca Pitti*, gonfaloneiro, estabelece governo oligárquico pela força 332

Sumário

4. Desmandos de *Lucca Pitti* 333
5. Morte de Cosimo, seu perfil 334
6. A vida de Cosimo, suas qualidades, seu engenho. A consternação 336
7. O duque de Milão toma Gênova. Ferdinando I, de Aragão, domina os rebeldes 339
8. *Sforza* dá fim a *Piccino* 340
9. Vãos esforços de Pio II para organizar cruzada contra os turcos .. 341
10. As relações de *Neroni* com *Piero de'Medici* 341
11. A conjura de *Neroni* 342
12. Espetáculos públicos. Os inimigos dos *Medici* se opõem à renovação do acordo de Milão 343
13. Inimizades abertas. Nova conjura 345
14. *Niccolò Soderini* gonfaloneiro 346
15. Os dois partidos tomam armas 347
16. A maioria dos florentinos do lado de *Piero*. Solução política 348
17. Nova *Balìa* a favor de *Piero*. *Lucca Pitti* às traças 349
18. Sentido discurso de *Piero* 350
19. Os exilados tramam contra *Piero* 351
20. Escaramuças entre venezianos e florentinos. Paz assinada. Morte de *Soderini* 352
21. Desmandos dos partidários dos *Medici*. Faustoso casamento de *Lorenzo de'Medici* com *Clarice Orsina* 354
22. Sisto IV eleito Papa 354
23. Insensato discurso de *Piero* para coibir abusos de seus partidários ... 355
24. Tommaso *Soderini* concitado ao mando da cidade 356
25. Em Prato, *Nardo* organiza rebelião contra Florença 357
26. Tomam a cidade de surpresa 358
27. Tumulto dominado 360
28. Luxúria, jogo e mulheres em Florença, milaneses inclusive 360
29. Alume de Volterra causa tumulto e ódios 361
30. Volterra propõe acordo, *Lorenzo* recusa: Invasão e saque 362
31. Origem da inimizade entre o papa Sisto IV e os *Medici* 364
32. Filho de *Braccio da Montone* ataca Siena que culpa Florença por isso 365
33. Conjura de jovens milaneses contra *Galeazzo Sforza* 366
34. A morte do duque. A morte dos conjurados 367

Sumário

LIVRO VIII
da conjura dos Pazzi à morte de Lorenzo

1. O poder dos *Medici*. O efeito da conjura 373
2. Dois grandes blocos de alianças na Itália. Parentesco e rivalidades entre os *Medici* e os *Pazzi* 374
3. Causas primeiras da conspiração 375
4. *Iacopo de'Pazzi* adere. O filho de *Poggio Bracciolin* também. Renato *de'Pazzi* abomina 376
5. Escolhem: em um banquete. *Giuliano* não comparece 378
6. Desfecho na igreja: *Lorenzo* gravemente ferido e *Giuliano* assassinado 379
7. O arcebispo Salviati, *Iacopo de' Pazzi* e filho de *Poggio* tentam tomar a Senhoria: todos enforcados 380
8. Detalhes do trágico fim dos conjurados 381
9. Fortuna e simpatia popular dos *Medici*. Duríssimas condenações e exéquias de *Giuliano* 381
10. O Papa e o rei de Nápoles querem fazer com uma guerra o que a conjura não conseguiu fazer. Florença excomungada. Discurso de Lorenzo. Os cidadãos em lágrimas dispõem a *Lorenzo* guarda pessoal armada 383
11. Reúnem tropas e dinheiros, pedem ajuda a Milão e Veneza. O Papa procura se justificar 386
12. Os florentinos entregam o cardeal que mantinham preso. As tropas do Pontífice e do rei de Nápoles invadem a Toscana . 386
13. Gênova se insurge contra Milão. O Papa e o rei de Nápoles continuam fustigando a Toscana 387
14. Embaixadores do rei da França e do rei da Hungria, depois de irem ao Papa, vão a Florença. Ajuda veneziana 389
15. Vitória florentina junto ao lago Trasimeno é eclipsada por desordens em *Poggibonzi* 390
16. Tropas florentinas fogem espavoridas do exército do duque da Calábria. Estendem-se os butins dos invasores 391
17. *Lorenzo*, com alguns amigos, conclui que é melhor se reconciliar com o rei de Nápoles e não confiar em papas 393
18. Lodovico, o Mouro, toma Milão. Florentinos esperançosos com a viagem de *Lorenzo* a Nápoles 394

17

Sumário

19. *Lorenzo* consegue a paz em Nápoles 395
20. Os turcos atacam e tomam Ótranto 397
21. Reconciliação de Florença com a Igreja 398
22. O rei de Nápoles devolve castelos aos florentinos. *Lorenzo* celebrado aos céus. Discórdias entre os venezianos e o marquês de Ferrara 399
23. Domínios papais atacados pelos florentinos e venezianos 401
24. Aliança do Papa, de Nápoles, Milão e florentinos contra Veneza ... 403
25. Junto ao rio Pó, aliados derrotam os venezianos 404
26. Veneza tira vantagem das dissensões dos aliados 405
27. Humores malignos entre os Colonna e os Orsini 406
28. Morre o papa Sisto IV, eleito Inocêncio VIII 407
29. O Banco de São Jorge, de Gênova 407
30. *Serezana* cedida ao Banco de São Jorge 409
31. Problemática conquista de *Pietrasanta*. Adoece *Lorenzo* 410
32. *L'Aquila*: guerra entre o Papa e o rei de Nápoles. Ferdinando I executa barões espiões e filhos 411
33. O Papa deseja emparentar-se com *Lorenzo*. Genoveses e florentinos recomeçam guerra por *Serezana* 413
34. *Girolamo Riario* morto em conjura em *Forli* 415
35. *Galeotto Manfredi* assassinado a mando de sua esposa 416
36. Morte de *Lorenzo de' Medici*, seu perfil 417

*

APRESENTAÇÃO

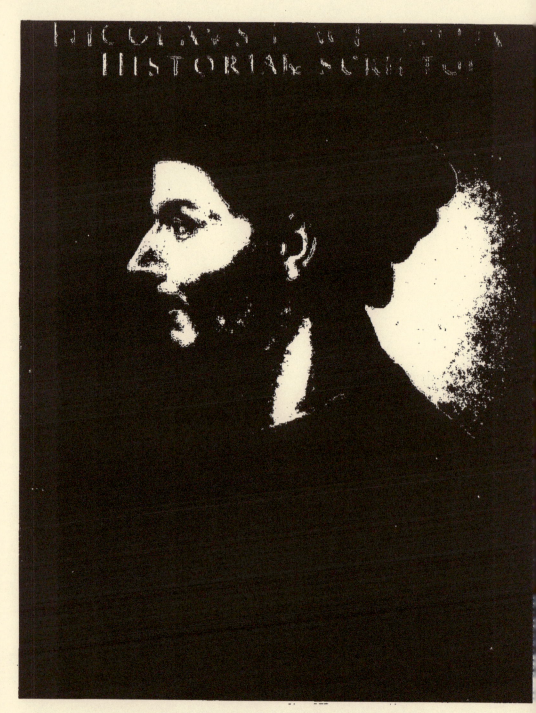

TANTO NOMINI NULLLUM PAR ELOGIUM
NICOLAUS MACHIAVELLI

OBIT AN(no) A P(artu) V(irginis) MDXXVII
(Inscrição em sua lápide, por iniciativa de Lord Cowper, 1787)

No dia 8 de novembro de 1520, por particular intervenção do cardeal Giulio de'Medici, os funcionários da Universidade de Florença (*Studio di Firenze)* davam a Maquiavel uma guia oficial com o encargo de escrever a história da cidade, com 100 florins anuais de honorários, durante dois anos. O encargo depois foi renovado por mais dois anos, e os honorários foram aumentados para 120 florins.

Zanobi Buondelmonti, em carta de 6 de setembro de1520, diz a nosso autor: "Parece a todos nós que deveis começar a escrever esta história com toda diligência ..." e acrescenta "me apraz vosso modelo de história", aqui certamente se referindo à *Vida de Castruccio Castracani.* É provável, portanto, que tenha começado ao escrevê-la antes mesmo de receber a encomenda oficial, e que se tratasse de um esforço de Maquiavel para retornar as suas atividades. A respaldar esta probabilidade está também a sua recusa de se tornar secretário de *Prospero Colonna,* como lhe propôs *Pier Soderini.*

No Quatrocentos, os estados monárquicos tinham um historiador oficial, não os republicanos. Em 1516 aconteceu a primeira nomeação do gênero, *Andrea Navagero* devia compor uma história de república veneziana, e o fez seguindo a obra de *Sabellico,* que ganhou um emprego de professor de retórica. Maquiavel cita (e reprova) *Bruni e Poggio* (cf. Proêmio) como seus antecessores na tarefa, eles teriam feito esse trabalho como contribuição voluntária à república que os tinha nomeado chanceleres onde não deixa de haver uma retribuição. Trata-se, então, da segunda história escrita sob remuneração e é difícil deixar de cogitar, diz *Felix Gilbert,* se não teria sido encomendada precisamente para Florença equiparar-se a Veneza, dada a rivalidade existente entre as duas repúblicas.

Mas mesmo sendo uma obra de encomenda, e oficial, apresenta características de todo extraordinárias. Chamavam-se, na época, *storie vere* (histórias verdadeiras, ou Verdadeira História?) os livros de história (política): tinham a finalidade de alçar o moral das pessoas por meio de descrições *abbellite* (embelezadas) dos feitos, as batalhas eram descritas em forma elaborada, procurava-se estimular e reforçar virtudes lembrando e dimensionando eventos, tornando-os impressionantes. A forma, portanto, era muito ou o mais importante. Pode-se até falar de história retórica. O trecho da carta de *Buondelmonti* o ilustra. A linguagem e o pensamento de Maquiavel têm uma presença maciça em seu último trabalho, o mais extenso, de valor exemplar e gnômico como poucos, e mais uma vez, é uma obra híbrida, complexa, cujas

Apresentção

leituras lineares ou desde um único horizonte crítico vêm se demonstrando completamente insuficientes.

Ele concordava com os historiadores humanistas que uma História tivesse de ter uma utilidade política e ensinar alguma coisa. Como as obras desses historiadores, a sua também é dividida em livros, está bordada de discursos, com a melhor retórica *d'obligo* (onde amiúde há trechos com as suas, não com as idéias do suposto orador), e cada livro tem um primeiro capítulo com reflexões gerais, filosóficas. Mas além de surpreendente é impressionante a diferença entre essa história e a dos humanistas de então. A corrupção, por exemplo, além de uma conceituação simultaneamente simples e profunda, está dotada de uma amplitude que se inicia no final do mundo clássico, é inerente à própria vida social, a molda, moldando a divisão (termo que com freqüência mais se aproxima de choque e/ou luta) com a cidade e a fortuna das personagens e de seu choque com a virtude inicia uma nova etapa. Desde o Livro II em diante é mais sugerida do que explicitamente mencionada.

Exceto nos capítulos de introdução aos Livros VII e VIII, nos de todos os outros há – como em *Il Pincipe* e *Discorsi sopra la prima deca di Tito Livio* – a contraposição dos valores do mundo clássico e do mundo moderno, mas agora não em forma acrônica, pilotada de maneira gnômica, mas situada em um presente pleno de sobreposições ao qual os modelos, mesmo os por ele próprio sugeridos, já não parecem reversíveis pela virtude e a fortuna. *Eugenia Levi* demonstrou em 1967 que o primeiro capítulo, o de introdução ao Livro II, foi escrito depois de seu término; e que até o Livro VI todos os capítulos introdutórios tinham sido escritos depois da redação dos mesmos, quando estava no início do Livro VI, mas as introduções aos livros VII e VIII foram feitas na seqüência natural, e não contêm a comparação com o mundo clássico. *Cosa fata capo ha* (Cf. Livro II, cap.3).

Os chamados fragmentos autógrafos ainda hoje existentes, dos livros II, IV, VI, VII, mostram muitas correções e mudanças por meio das quais o texto final muitas vezes resulta bem distante da primeira redação. Não houve nele a preocupação pela exatidão das informações, a encomenda foi de caráter político, os "livros de história" eram isso, e foi tratada dessa forma. Mas o que emerge de seu exame é que mesmo com os dados equivocados (batalhas sem vítimas), as linhas do que é essencial na formação daquilo que hoje se conhece como Estado são de uma extraordinária propriedade e de grande poder sugestivo sobretudo para a análise das transformações das formas de estrutura dos governos hodiernos. A precisão dos detalhes, portanto, não é (parece ser, escreveria Maquiavel) material imprescindível da Política e se a História dificilmente deixa de ser política, também haverá de prescindir da exatidão dos dados circunstanciais. É, praticamente, um corolário, e, mais uma vez, polêmico.

Apresentação

O Livro I teve como principal fonte *Historiarum ab inclinatione Romanorum libri XXXI*, de Flavio Biondo. O Livro II, *Cronaca*, de *Giovanni Villani*, e obras de *Leonarco Bruni* e *Marchione de Coppo Stefani*. O Livro III, *Istoria fiorentina*, de *Stefani, Ricordi*, de *Gino Capponi* e *Tumulto dei Ciompi*, atribuído a *Capponi, Historiarum fiorentini populi livri XII*, de *Bruni*, e, talvez, *Cronica* de *Piero Minerbetti*, como material de *Gregorio Dati* e *Domenico Buonisegni*. O Livro IV, *Buoninsegni* e *Istorie fiorentine*, de *Giovanni Cavalcanti*. O Livro V, *Biondo, Cavalcanti, Capponi* e *Rerum Gestarum Franscisci Sforzie Libri XXXI*, de *Giovanni Simonetta*. O Livro VI, ainda *Capponi, Simonetta, Cavalcanti, Buoninsegni*, e mais *Bernardino Corio, Bartolomeu Facio, Leon Battista Alberti, Platina, Pontano* e *Stefano Infessura*. Nos dois últimos livros é mais direta a contribuição do autor mesmo utilizando, para o Livro VII, *cronache* e documentos, como as célebres *Cronache Volterrane* e trabalhos de *Buoninsegni, Giovanni di Carlo, Nicollò Vallori, Allegretto Allegretti, Antonio Ivani, Simonetta* e *Corio*. Para o Livro VIII, A Confissão de Montesecco, Atas do Pontífice, *Polizziano, Valori, Allegretti, Corio, Iacopo Volaterrano, Marco Antonio Sabellico, Marin Sanudo* o Jovem, *Pietro Cirneo*, e *Ifessura*.

A deformação do dado histórico é feita a partir e em favor de sua teoria política, ou de sua filosofia, como mais propriamente e só recentemente merece e já começa a se considerar. Ato consciente de uma inspiração tão genuína quanto alheia aos conceitos supostamente hodiernos (e "éticos"), essa alteração é o signo do protagonista de uma aventura intelectual sem paralelo, inclusive na fusão do passional com o racional, e entrou em choque direto com os modelos ideológicos dos historiadores que reprovou no Proêmio por suas *storie* (pouco) *vere*, uma vez que os motivos que os levaram a omitir "as discórdias civis e as intrínsecas inimizades" florentinas "... parecem de todo indignos de grandes homens (que em paz descansem)...". Ao longo de cinco séculos esses modelos se sucederam, ou se repetiram de acordo com o *prêt à porter* ideológico do momento, e o trabalho do secretário florentino foi submetido ao assédio de uma longa lista de desclassificações pseudo-éticas, científicas ou filosóficas, de anátemas, de desmesuradas condenações e sinuosas avaliações.

As duas primeiras edições de *História de Florença* ocorreram no ano de 1532, por obra de *Blado* e de *Giunta*, sendo que depois desta mais sete aconteceram em Veneza (inclusive a de *Aldo*) e duas em Florença. Mas em 1554 a condenação papal deteria essa intensa atividade. A expressão histórias florentinas, em português brasileiro, designa só um conjunto de histórias da cidade de Florença, não os acontecimentos que se supõem constitutivos da História da cidade, nem o tipo de livro que o nosso costume semântico identifica como "livro de História". Havia, na época em que esse livro foi redigido, o costume de se intitular livros de história no plural (também no singular). Portanto *Istorie Fiorentine* significa História de Florença, e não Histórias Florentinas, tradução literal porém tão-só das palavras, não do significado da expressão.

Recentemente a editoração brasileira dividiu-se entre os que traduzem e os que não traduzem os onomásticos e os toponomásticos. Mesmo entre os que

Apresentção

os traduzem, ou os traduziam, jamais houve um critério único ou geral e o mesmo nome tinha e tem, em nossa língua, diversas traduções. Para não excluir nenhuma busca ou curiosidade adotamos o destaque em itálico de todos os nomes estrangeiros não traduzidos em nossa literatura e nos limitamos a traduzir os nomes de personagens históricas que nossa bibliografia já consagrou.

Praticamente desconhecidas no Brasil, inclusive entre os especialistas e autores, são as virtudes da escritura maquiaveliana, tão responsáveis por sua fortuna quanto a sua originalidade e profundidade de pensamento. É absolutamente notável a propriedade com que tira partido seja do significado elementar, etimológico, de uma expressão como de suas nuances. Até *Foscolo*, homem tão diferente do secretário florentino em seus objetivos e propensões, mas profundamente empenhado com a problemática literária e, cerca de dois séculos depois do decesso de *Niccolò*, chamou a atenção para o fenômeno maquiavel. Se não tivéssemos uma língua romântica, isso até poderia ser desconsiderado. Tratamos de recuperar, nos limites do costume de leitura atual, as próprias expressões, os mesmos vocábulos, no sentido de retomar para a nossa língua o significado que o uso (nem sempre bom) e o olvido extraviaram, como – e principalmente – não esmagar a carga ou a prenhez sugestivo-significativa de sua linguagem. Não há aqui nenhuma preocupação com o que se costuma chamar tradução literal, que é incompatível com nossa própria noção de língua. Dito de outra maneira: a tradução literal só é possível entre línguas idênticas e lhe basta a mera localização das palavras em dicionários. É uma prosa *ao mesmo tempo elevada e popular* (Ridolfi), onde as construções ousadas se misturam – com rara felicidade – com as expressões coloquiais. Só isto já é o suficiente para se chocar com uma formulação não-padronizada e habitual, seja da editoração seja da leitura correntes. Foram mantidas, por exemplo, grande parte das silepses (equivalência entre tempos, principalmente imperfeito e condicional) e muitas *paraipotasi* (equivalência entre as conjunções *e* e *mas*), muito abundantes no original. Somos particularmente gratos e reconhecidos à fina gentileza e estímulo do prof. *Giorgio Bárberi-Squarotti*, bem como regalo do exemplar da *Unione Tipografico-Editrice Torinese* com o esplêndido trabalho do prof. *Alessandro Montevecchi*.

Assim, depois de 442 anos de sua primeira edição italiana, recusada por editoras universitárias deste país, sem patrocínio privado, portanto, sem *vie publiche* e *modi privati*, chega ao português brasileiro, a *História de Florença*, desse "homem extravagante e de juízo fora do comum", como (não muito felizmente) o definiu seu contemporâneo *Francesco Guicciardini*, a história de sua cidade, da pátria que amou mais do que a si mesmo, segundo uma de suas insólitas expressões.

Nelson Canabarro
São Paulo, janeiro, 1995.

APRESENTAÇÃO DA 2ª EDIÇÃO

Uma data errada em uma nota do Livro VI e uma ambigüidade no título de um capítulo do Sumário envolvendo a morte de um filho de *Poggio Bracciolini*. Estes os erros graves. E se uma data errada também foi corrigida na 5ª edição da mais respeitada biografia de Nicolau Maquiavel, a de Roberto Ridolfi, e isto foi considerado uma boa prestação, a nossa não ficou muito aquém.

É preciso que fique bem claro: do punho de Nicolau Maquiavel não saiu nenhum título de capítulo, ele só os numerou, como foi apresentado em nossa primeira edição. Acolhemos a sugestão do prof. Antonio Valverde, por ocasião da de nossa Oficina de Leitura *A História de Florença de Nicolau Maquiavel* em seu curso Pós Graduados em Filosofia (PUC–São Paulo): inserir no miolo do livro esses (nossos) títulos do Sumário para facilitar a consulta e o manuseio. O texto da tradução permanece o mesmo. Foram corrigidos os "defeitos" de formatação (índices de notas na mesma linha do texto, metade de algumas palavras em itálico, etc.). E finalmente o livro tem um índice onomástico como toda obra do gênero merece.

Quanto à nossa Apresentação há uma coisa a se precisar, não tanto a corrigir. Maquiavel provavelmente amou sua pátria *mais do que a si mesmo,* e efetivamente o escreveu, não é difícil comprová-lo. Mas também *Coluccio Salutati* (1331-1406), verdadeiro fundador do humanismo florentino do Quatrocentos, efetivamente escreveu e provavelmente amou a sua pátria (de adoção, nasceu em *Stignano de Valdinievole*) mais do que a si mesmo. Também era republicano, também se bateu contra a dependência italiana para com tropas mercenárias. A exploração que *Salutati* abriu foi seguida e ampliada por um conjunto de grandes *cancellieri* de Florença (*Bruni, Bracciolini*) e outros humanistas e é uma boa ocasião para se avaliar a forma particular como Maquiavel herda e modifica a construção desse fértil e controvertido século de conquistas éticas, filosóficas e políticas... e tanto sangue, destruição e morte, como costuma acontecer com a história humana.

Herda e modifica o quê? De quem? Quantas traduções brasileiras (ou lusitanas) temos de *Bruni, Valla, Pontano, Bracciolini*?

E não menos boa é a ocasião de se ter a primeira história de Florença *brasileira* expurgada das primeiras impurezas e acrescentada do indispensável índice dos nomes que felizmente, aos poucos, está deixando ser considerado um acessório descartável e se tornando o que é, uma poderosa ferramenta tanto para o leitor-investigador como para os demais.

Nelson Canabarro

São Paulo, abril de 1998.

_____ *Dedicatória*

Ao Santíssimo e Beatíssimo Padre
Senhor Nosso
Clemente Sétimo

o humilde servidor
Nicolau Maquiavel

Já que de Vossa Santidade, Beatíssimo e Santíssimo Padre, quando ainda menor Lhe era a fortuna, chegou-me o encargo de escrever das coisas feitas pelo povo florentino, utilizei-me de toda a diligência e arte que me foram concedidas pela natureza e pela experiência para satisfazer-Lhe[1]. E tendo chegado, escrevendo, àqueles tempos que, pela morte do magnífico Lourenço, fizeram a Itália mudar de forma, e acontecendo as coisas que depois se seguiram, as quais, por serem mais altas e maiores, com mais alto e maior espírito precisavam ser descritas, julguei que fosse melhor reduzir em volume tudo aquilo que até aqueles tempos descrevi, e apresentá-lo a Vossa Santíssima Benevolência, a fim de que, quando e onde desejasse, os frutos das sementes suas e dos esforços meus começasse a provar. Lendo-as, então, Vossa Santíssima Beatitude verá primeiramente, depois que o Império Romano do Ocidente começou a diminuir a sua força, com quanta ruína e com quantos príncipes, por muitos séculos, a Itália mudou os estados[2] seus. Verá ainda como o Pontífice, os venezianos, o Reino de Nápoles e o ducado de Milão tomaram os primeiros postos e impérios dessa província[3]. Verá também como a Sua Pátria, contraposta aos imperadores, aliviou-se da

1. "menor Lhe era a fortuna" porque Maquiavel recebeu oficialmente o encargo a que se refere no dia 8 de novembro de 1520, quando Clemente VII era ainda o cardeal *Giulio de' Medici* (1478-1534), filho natural de *Giugliano de'Medici*, e que nasceu pouco depois do assassinato deste na Conspiração dos *Pazzi* (Livro VIII).
2. Segundo a normatização ortográfica brasileira vigente, a palavra Estado, "o conjunto dos poderes políticos de uma nação", deve ser escrita com inicial maiúscula para se distinguir de estado, divisão territorial, "modo de ser ou estar, situação em que se encontram as pessoas ou coisas", e diversas outras bem conhecidas acepções, como se a construção e a força da frase, base elementar da língua, não bastassem. Entretanto a palavra *stato* (estado) de recente uso quando esta história foi composta emerge com diversos outros imprescindíveis matizes – quase nunca contidos no nosso *normatizado* Estado – e são a seiva de uma noção primordial em todo o pensamento de Nicolau Maquiavel. Por isso a conveniência da escolha de sua grafia com inicial minúscula (que em nenhum caso se prestará à "confusão" com ...*modo de ser ou estar, situação em que se encontram as pessoas ou coisas*).
3. Refere-se à Itália. A palavra "província" também aparece (cf. Livro V, cap. 1) em seu sentido original, "esfera de competência de um magistrado", que, posteriormente, assume a significação de "lugar conquistado e sujeito a Roma e administrado por um magistrado romano".

Dedicatória

obediência aos mesmos, porém, até começar a ser governada à sombra de Sua Casa, manteve-se dividida. E porque Vossa Santíssima Beatitude particularmente me impôs e ordenou que com propriedade escrevesse sobre as coisas feitas por Seus antepassados, é preciso ver que de qualquer adulação estou afastado (porque quando dos homens Lhe apraz ouvir os verdadeiros louvores, as falhas, mesmo com graça descritas, Lhe desagradam), pois duvido muito que, no descrever a bondade de *Giovanni*, a sapiência de *Cosimo*, a humanidade de *Piero* e a magnificência e prudência de Lourenço, não pareça a Vossa Santidade que eu tenha traspassado Seus mandamentos. Do que a Vossa Santidade me escuso, como me escuso de qualquer descrição similar que por pouco fiel Lhe desagrade; porque nelas encontrando coisas louváveis, devia ter de descrevê-las como me pareciam, ou, como invejo, calá-las. E se naquelas egrégias obras encontrava-se escondida alguma ambição contrária ao bem comum, como dizem alguns, eu, que não a conheço, não sou obrigado a enunciá-la; porque em todas as minhas narrações não desejei jamais uma desonesta obra com um honesto motivo recobrir, nem uma louvável obra obscurecer, como feita com contrário fim. Mas o quanto distante esteja das adulações, sabe-se em qualquer momento de minha história, e principalmente em minhas arengas e argumentações particulares, retas ou oblíquas, as quais, com os pareceres e com a ordem apresentados mantêm sem nenhuma reserva o decoro do humor da pessoa que fala. Evito bem, em qualquer momento, os vocábulos odiosos e pouco necessários à dignidade e à verdade da história. Não pode, portanto, alguém que estritamente considere os meus escritos aduladores repreender-me, em especial vendo que da memória do pai de Vossa Santidade não muito falei, do que foi motivo sua breve vida, na qual não pôde se dar a conhecer, nem eu com o escrever pude ilustrar. Entretanto, muito grandes e magníficas foram suas obras, tendo gerado Vossa Santidade, com o que a todos os Seus antepassados de longe se contrapõe, e muitos mais séculos lhe acrescerão a fama do que os anos de vida que a malvadez de seu destino tirou.

Eu portanto me compenetrei, Santíssimo e Beatíssimo Padre, nestas minhas descrições de, não maculando a verdade, satisfazer a cada um; e talvez o tenha conseguido como ninguém, e se assim não fosse, me surpreenderia, porque julgo que seja impossível, sem ofender a muitos, descrever as coisas de uma época. Não obstante venho alegre ao assunto, esperando que, assim como sou honrado e nutrido pela humanidade de Vossa Beatitude, assim serei ajudado e defendido pelas legiões armadas de Seu santíssimo juízo; e com o ânimo e a discrição com que até agora escrevi continuarei minha empresa até que de minha vida este não se separe, e Vossa Santidade não me abandone.

PROÉMIO

Era intenção minha, quando de início decidi escrever das coisas feitas dentro e fora do povo florentino, começar a narração desde o ano 1434 da era cristã, época em que a família *Medici*, pelos méritos de *Cosimo* e de *Giovanni*, seu pai, tomou mais autoridade do que qualquer outra em Florença, porque eu acreditava que *messer*[1] *Lionardo d'Arezzo*[2] e *messer Poggio*[3], dois excelentíssimos historiadores, tivessem narrado em particular todas as coisas acontecidas antes daquela época. Mas tendo depois diligentemente lido seus escritos para ver com qual ordem e maneira procederam no escrever, a fim de que, imitando-os, a nossa história fosse melhor aprovada pelos leitores, encontrei que foram diligentíssimos na descrição das guerras levadas pelos florentinos contra os príncipes e os povos forasteiros, porém das discórdias civis e das intrínsecas inimizades, e das conseqüências que delas nasceram, tendo totalmente calado uma parte e outra brevemente descrito, nenhum prazer ou utilidade os leitores podem obter. Coisa que creio tenha sido feita ou porque aquelas ações lhes pareciam tão débeis que as julgaram indignas de serem remetidas à memória das letras, ou porque temessem ofender os descendentes daqueles que, por tais relatos, fossem caluniados. Ambos os motivos me parecem de todo indignos de grandes homens (que em paz descansem); porque se alguma coisa apraz e ensina na história, é a detalhada descrição; se alguma lição é útil aos cidadãos que governam as repúblicas, é precisamente a exposição dos motivos dos ódios e divisões das cidades, a fim de que possam, com outros casualmente tornados sensatos pelos perigos da experiência alheia, manter-se unidos. E se todos os exemplos de república concitam, os que na própria se lêem, muito

---

1. "Meu senhor", do provençal; título honorífico atribuído principalmente a juízes e juristas.
2. Leonardo Bruni (1374-1444), chamado Aretino, da cidade de *Arezzo*, autor de *Historiarum florentini populi libri XII*, que vai da origem de Florença até 1402.
3. *Poggio Bracciolini* (1380-1459), de *Guccio*, natural de *Terranova del Valdrano*, escreveu outra *Historiarum florentini populi libri VIII*, que vai de 1350 à paz de Lodi, em 1455, de 8 volumes.

Proêmio

mais são concitativos e úteis são muito mais; e se jamais de república alguma as divisões foram notáveis, as de Florença foram notabilíssimas; porque a maior parte das outras repúblicas das quais se teve alguma notícia contentou-se com uma divisão com a qual, segundo os incidentes, ora melhoraram, ora arruinaram suas cidades, mas Florença, não contente com uma, teve muitas. Em Roma, como sabem todos, depois que os reis foram destituídos, nasceu a desunião entre os nobres e a plebe, e isso permaneceu até sua ruína; assim foi em Atenas, assim em todas as outras repúblicas que naqueles tempos floresceram. Mas em Florença de início dividiram-se os nobres, depois os nobres e o povo[4] e por último o povo e a plebe; e muitas vezes ocorreu que uma dessas partes, que se tornara superior, dividiu-se em duas: delas nasceram tantas mortes, tantos exílios, tantas destruições de famílias quantas jamais nasceram em cidade alguma de que se tenha memória. E verdadeiramente, segundo juízo meu, parece que nenhum outro exemplo demonstre tanto a pujança de nossa cidade quanto o demonstram essas divisões, que teriam tido força para anular qualquer grande e potente cidade. Não obstante a nossa parecia que se tornava sempre maior, tal era a virtude daqueles cidadãos, a pujança do engenho e a disposição de fazer grandes a si e a sua pátria, que os que permaneciam livres de tantos males mais podiam com seus esforços exaltá-la, pois a malignidade dos acidentes que a oprimiam não podia diminuí-la.

E, sem dúvida, se Florença tivesse tido tanta felicidade que, depois de libertada do Império houvesse tomado uma forma de governo que a mantivesse unida, não sei qual república, moderna ou antiga, poderia ter-lhe sido superior, tão plena teria sido de virtude em armas e trabalho. Pois viu-se como, depois que dela foram expulsos os gibelinos – que de tão numerosos encheram a Toscana e a Lombardia – os guelfos, que nela tinham permanecido desde a guerra contra *Arezzo*, um ano antes da Jornada de Campaldino[5], conseguiram arrolar de Florença, de seus próprios cidadãos, mil e duzentos homens armados e doze mil de infantaria; depois, na guerra que se fez contra Filipe Maria *Visconti*, Duque de Milão, tendo Florença se socorrido do engenho e não das próprias armas, de que na época não dispunha, viu-se como, nos cinco anos que durou essa guerra[6], os florentinos gastaram três milhões e

---

4. O povo, *il popolo*, em Florença, se refere só aos empresários, negociantes e artífices, ou artesões que gestiam sua própria atividade. Cf. *Florença na Época dos Medici: da cidade ao estado*. De *Alberto Tenenti*. Perspectiva, São Paulo, 1973.

5. Na Batalha de Campaldino (11 de junho de 1289) Florença e a coalizão dos guelfos bateram os gibelinos de Arezzo.

6. De 1423 a 1428.

Proêmio

quinhentos mil florins; finda a luta, não contentes com a paz, para mais mostrar o poderio de sua cidade tomaram Lucca. Não sei estabelecer, portanto, o motivo por que essas divergências não sejam dignas de ser particularmente descritas. E se esses nobilíssimos escritores foram contidos para não ofender a memória daqueles de que tinham de tratar, enganaram-se, e mostraram pouco conhecer a ambição dos homens e o desejo que têm de perpetuar o nome de seus antepassados e os seus próprios; nem se recordaram que muitos, não tendo tido ocasião de fazer fama com alguma notável obra, com vituperiosas coisas conseguiram conquistá-la; nem consideraram como as ações que possuem em si grandeza, como possuem as dos governos e dos estados, seja qual for a maneira como se considerem ou a finalidade que tenham, parecem trazer aos homens sempre mais honorabilidade do que reprovação. Coisas essas que, consideradas, fizeram-me mudar de propósito, e decidi começar esta história desde a origem de nossa cidade. E porque não é minha intenção ocupar o lugar de outros, descreverei particularmente, até 1434, só as coisas ocorridas dentro da cidade, das externas não direi senão o necessário para entender as internas; depois, passado o ano de 1434[7], escreverei particularmente de umas e de outras. Além disso, para que melhor e em qualquer época seja esta história entendida, antes de tratar de Florença descreverei de que maneira a Itália permaneceu sob os potentados que naquele tempo a governaram. Essas coisas todas, tanto itálicas quanto florentinas, com quatro livros se terminarão: o primeiro narrará com brevidade todos os incidentes na Itália acontecidos desde o declínio do Império Romano até 1434; o segundo virá com a narração da origem da cidade de Florença até a guerra que, depois da expulsão do Duque de Atenas, se fez contra o Pontífice[8]; o terceiro terminará em 1414, com a morte do rei Ladislau, de Nápoles; e com o quarto a 1434 chegaremos, tempo no qual particularmente se descreverão as coisas ocorridas dentro e fora de Florença, até estes nossos tempos presentes.

---

7. Retorno de Cosimo, o Velho.

8. A chamada Guerra dos Oito Santos, contra o papa Gregório XI (1375-78), 32 anos depois (cf. *Historia de Florencia*, de *Nicolás Maquiavelo*. Madrid, Ediciones Alfaguara, 1979. Prólogo tradução e notas de Félix Fernadez Murga) da expulsão do Duque de Atenas (1343). Essa descrição porém não aparece no Livro II, mas no cap. 7 do Livro III.

LIVRO I

a Itália, da queda do Império Romano a 1434

1. Os bárbaros ocupam o Império Romano

Os povos que vivem na parte setentrional do rios Reno e Danúbio, tendo nascido em região fértil e sadia, às vezes crescem em tanta multidão que parte deles necessita abandonar as terras pátrias e procurar novos lugares para viver. A norma que têm, quando uma dessas províncias deseja se aligeirar de habitantes, é dividir-se em três partes, compartilhadas por todos de modo que cada uma seja ocupada igualmente por nobres e não nobres; o acaso depois manda alguns irem à busca da própria fortuna, e as outras duas partes, aligeiradas de um terço, permanecem a desfrutar dos bens pátrios. Foram essas as populações que destruíram o Império Romano, e a ocasião disso foi dada pelos próprios imperadores, que, tendo abandonado Roma, antiga sede do Império, e limitados a viver em Constantinopla, haviam feito mais débil a sua parte ocidental, por ser por aquelas menos visada e mais exposta às rapinas de seus inimigos e de seus próprios ministros. Na verdade, para tanto arruinar o Império, fundado sobre o sangue de tantos homens virtuosos, não foi preciso que houvesse menos indolência nos príncipes, nem menos infidelidade nos ministros, nem menos força ou menos obstinação naqueles que o admoestaram, porque não uma população, mas muitas foram as que para a sua ruína conjuraram.

Os primeiros que daquelas partes setentrionais vieram contra o Império, depois dos címbrios, vencidos por Mário, cidadão romano, foram os visigodos, cujo nome não de outra forma soa na língua deles e na nossa: godos ocidentais. Esses, depois de algumas escaramuças feitas nos confins do Império, por concessão dos imperadores conservaram durante muito tempo sua sede na região de cima do rio Danúbio, e tendo ocorrido que, por causas várias e em várias épocas, houvessem assaltado as províncias romanas muitas vezes, outras tantas houvessem sido aquietados pela força dos imperadores. E o último que gloriosamente os venceu foi Teodósio, de tal maneira que, reconduzidos à sua obediência, depois dele não refizeram rei algum, e, contentes com o estipêndio que receberam, sob seu governo viveram e militaram.

Tendo morrido Teodósio e permanecido Arcádio e Honório, seus filhos, herdeiros do Império mas não da sua virtude e fortuna, com os príncipes mudaram os tempos.

Haviam sido designados por Teodósio às três partes do Império três governadores: Rufino à oriental, Estilicão à ocidental e Gildão à africana; os quais, todos, depois da morte do príncipe, pensaram não governá-las mas como príncipes possuí-las. Deles, Gildão e Rufino foram vencidos em seus inícios, mas Estilicão, melhor sabendo selar suas intenções, procurou por um lado conquistar a confiança dos novos imperadores e, por outro, turbar seus estados, para que mais tarde lhe fosse mais fácil ocupá-los. E para tornar os visigodos seus inimigos, aconselhou-os a não mais dar-lhes a consueta provisão. Além disso, não lhe parecendo que bastassem esses inimigos a turbar o império, ordenou que os borgúndios[1], os francos, os vândalos e os alanos, povos propriamente setentrionais e já dispostos a lutar por novas terras, atacassem províncias romanas. Despojados portanto os visigodos de suas provisões, para serem mais organizados na vingança da injúria tornaram Alarico seu rei, e atacando o Império, depois de muitos incidentes estragaram a Itália, e tomaram e saquearam Roma. Depois dessa vitória morreu Alarico, sucedendo-lhe Ataulfo, que tomou por mulher Placídia[2], irmã dos imperadores a qual, por seu parentesco, conveio com eles ir socorrer a Gália e a Espanha, cujas províncias eram atacadas por vândalos, borgúndios, alanos e francos, pelos já citados motivos.

Seguiu-se que os vândalos, que tinham ocupado aquela parte da Espanha denominada Bética, fortemente combatida pelos visigodos, não tendo remédio foram chamados por Bonifácio, que a mando do Império governava a África, a ocupar aquela província, pois este, tendo-se rebelado, temia que seu erro não fosse perdoado pelo imperador. Pelas já citadas causas, os vândalos tomaram de bom grado a empresa, e sob o comando de Genserico, seu rei, se assenhorearam da África. Teodósio[3], filho de Arcádio, enquanto isso, havia assumido o Império e, pouco refletindo sobre as coisas do Ocidente, fez com que essas populações acreditassem poder possuir as coisas adquiridas.

---

1. Também chamados: borgunhões, borgundianos, borgundas e borgundos. Esse povo "deve ter sido originário da Escandinávia. A ilha de Bornholm chamava-se Borgundarholm (ilha dos burgúndios)." Carl Grimberg, *História Universal*, Publicações Europa América, Santiago, Chile.
2. Gala Placídia, irmã de Honório, feita prisioneira no ataque a Roma. Casou-se com Ataulfo em 414, tornando-se a primeira rainha da Espanha visigoda.
3. Refere-se a Teodósio II (408-450).

LIVRO I _____ *a Itália, da queda do Império Romano a 1434*

2. Os bárbaros dão seus nomes a diversos países da Europa

E assim senhoreavam na África os vândalos, na Espanha os alanos e os visigodos; os francos e os borgúndios não somente tomaram a Gália como deram seu nome às partes que tinham sido ocupadas, e uma se chamou França e outra Borgonha. Suas felizes gestas incitaram novas populações à destruição do Império; e outro povo, de nome hunos, ocupou a Panônia[1], província colocada na margem de cá[2] do Danúbio, a qual hoje, tendo tomado os nome desses hunos, chama-se Hungria. A essas desordens se acrescenta que, vendo-se o imperador atacado de tantas partes, para ter menos inimigos começou a fazer acordos ora com os vândalos, ora com os francos; coisas que acresciam a autoridade e a força dos bárbaros e diminuíam as do Império. Nem a ilha de Bretanha, que hoje se chama Inglaterra, ficou a salvo de tanta ruína; porque os bretões, temendo aqueles povos que haviam ocupado a França e não vendo como o imperador pudesse defendê-los, chamaram em ajuda os anglos, povo da Germânia.

Os anglos tomaram a empresa sob o comando de Vortigério[3], seu rei, e primeiro defenderam a ilha, depois expulsaram os bretões e ali permaneceram a viver e com seu nome a denominaram Ânglia.

Mas os habitantes desta, espoliados de sua pátria, por necessidade se tornaram animosos e pensaram que, embora não pudessem defender seu país, poderiam ocupar o dos outros. Para isso atravessaram o mar com suas famílias, ocuparam os lugares mais próximos à costa que encontraram, e com seu nome chamaram àquele país Bretanha.

3. Unos e vândalos saqueiam a Itália

Os hunos, que anteriormente dissemos terem ocupado a Panônia, embateram-se com outros povos, os gépidas, os hérulos, os turíngios e os ostrogodos (é assim que se chamam, na língua deles, os godos orientais), e se deslocaram para ocupar novos países; e não podendo entrar na França, defendida que era por forças bárbaras, vieram para a Itália, comandados por Átila, seu rei, que pouco depois, para ser único no reino, matou Bleda, seu irmão, tornando-se poderosíssimo; Andarico, rei dos gépidas, e Velamir, rei dos ostrogodos, ficaram-lhe submissos.

---

1. A Panônia compreendia a parte do território da Hungria que fica na margem direita do rio Danúbio, a Estíria e outros territórios.
2. Margem direita.
3. Vortigern.

Vindo à Itália[1], Átila assediou Aquiléia, onde esteve sem obstáculo algum outros dois anos; no assédio a esta devastou tudo ao redor e dispersou os habitantes, que, como oportunamente comentaremos, deram origem à cidade de Veneza. Depois de tomada e devastada Aquiléia e muitas outras cidades, voltou-se para Roma, da ruína da qual se absteve pelos pedidos dos pontífices, cuja reverência tanto poder tinha sobre Átila que este se afastou da Itália e à Áustria se retirou, onde morreu. Depois de sua morte, Velamir, rei dos ostrogodos, e outros chefes de outras nações tomaram armas contra os filhos de Átila, Errico e Uric[2]. Destes, um o mataram, o outro obrigaram, com os hunos, a atravessar de volta o Danúbio e retornar a sua pátria. Os ostrogodos e os gépidas colocaram-se em Panônia, e os hérulos e os turíngios permaneceram nas margens de lá[3] do Danúbio. Tendo Átila saído da Itália, Valentiniano, Imperador Ocidental, pensou instaurar-se, e por ser mais cômoda sua defesa dos bárbaros, abandonou Roma e em Ravena colocou seu trono. Essas adversidades que o Império Ocidental atravessara foram as causas pelas quais Valentiniano, que permanecia em Constantinopla, tinha concedido muitas vezes a posse daquelas e de outras cidades como coisas cheias de perigos e ônus; e muitas vezes ainda, sem sua permissão, os romanos, vendo-se abandonados, para se defender criavam para si mesmos um imperador, ou surgia alguém que, pela própria autoridade, usurpava o império. Como ocorreu na época em que foi ocupado pelo romano Mássimo, depois da morte de Valentiniano: aquele obrigou Eudóxia[4], que desse tinha sido mulher, a tomá-lo como marido. Ela, desejosa de vingar tal injúria, nascida de sangue imperial e não podendo suportar núpcias com um cidadão comum, auxiliou secretamente Genserico, rei dos vândalos e senhor da África, a vir à Itália, mostrando-lhe a facilidade e o proveito da aquisição. Este, atraído pela presa, veio em seguida e, encontrando Roma abandonada, saqueou-a, permanecendo ali quatorze dias. Tomou e saqueou ainda mais cidades na Itália e recheando a si e a seus exércitos de presas, retornou à África. Os romanos, de volta a Roma, tendo morrido Mássimo, tornaram imperador o romano Avito.

Mais tarde, e após muitas coisas terem acontecido na Itália e fora, e depois da morte de muitos imperadores, veio o Império de

---

1. Em 452.
2. Filhos de Átila: Emnedzar, Uzindur, Dengizich, Ellac e Ernac. É possível que o Autor esteja se referindo a estes dois últimos.
3. Margem esquerda.
4. Variante: Eudócia.

LIVRO I _____ *a Itália, da queda do Império Romano a 1434*

Constantinopla a Zenão, e o de Roma a Oreste e [Rômulo] Augústulo, seu filho, os quais com um ardil ocuparam o império. E enquanto planejavam fortificar-se para mantê-lo, os hérulos e os turíngios, os quais dissemos terem-se colocado, depois da morte de Átila, na margem de lá do Danúbio, aliados sob o mando de Odoacro seu chefe, à Itália vieram; e aos lugares que estes deixaram vieram os lombardos, povo propriamente setentrional, conduzido por seu rei, os quais foram, como oportunamente diremos[5], a última calamidade na Itália.

Vindo pois Odoacro à Itália, venceu e matou Oreste, perto de Pavia, e Augústulo fugiu. Depois de tal vitória, a fim de que Roma mudasse o título mudando o poderio, Odoacro fez-se proclamar rei de Roma, conservando o nome de império. E foi o primeiro que, entre os chefes dos povos que então corriam o mundo, ficou na Itália. Porque os outros, por temor de não poder mantê-la, por poder ser facilmente socorrida pelo imperador oriental, ou por outra oculta causa, a tinham despojado e depois buscado outros países para se assentar.

4. Teodorico e os ostrogodos

Ficou portanto, nessa época, o Império Romano entre estes príncipes: Zenão, reinando em Constantinopla, comandava todo o Império Oriental; os ostrogodos governavam a Panônia e a Mésia; os visigodos suevos e alanos tinham a Gasconha e a Espanha; os vândalos, a África; os francos e borgúndios, a França; os hérulos e os turíngios, a Itália. Havia cabido a Teodorico, neto de Velamir, o reino dos ostrogodos, que tendo amizade com Zenão, Imperador Oriental, escreveu-lhe de como parecia coisa injusta a seus ostrogodos, sendo superiores em virtudes a todos os outros povos, serem inferiores em império, e como a ele resultava impossível segurá-los dentro dos confins de Panônia; assim, vendo como era necessário deixá-los tomar armas e ir buscar novas terras, desejava antes comunicá-lo, a fim de poder conseguir-lhes alguns territórios, onde com sua boa graça pudessem mais honestamente e com mais comodidade viver. Assim, Zenão, em parte por medo, em parte por desejar expulsar da Itália Odoacro, aliou-se a Teodorico para desta apoderar-se. Esse logo partiu de Panônia, onde deixou os gépidas, seus aliados, e vindo à Itália matou Odoacro e seu filho, tomando assim o título de rei da Itália; e como sede escolheu Ravena, pelos mesmos motivos que fizeram Valentiniano ali estabelecer-se. Foi Teodorico na

5. No cap. 8.

guerra e na paz homem excelentíssimo, sendo naquela sempre vencedor e nesta benfeitor das cidades e seus povos. Distribuiu terras aos chefes ostrogodos, para que na guerra as comandassem e na paz as corrigissem; ampliou Ravena, reconstruiu Roma[1] e aos romanos prestou todas as honras, excluídas as militares[2]; em torno a estes conteve, dentro de seus próprios limites, sem tumulto de guerra e com só sua autoridade, todos os reis bárbaros ocupantes do Império; construiu fortalezas e trabalhou as terras entre a ponta do mar Adriático e os Alpes, para mais facilmente impedir a passagem a outros bárbaros que desejassem assaltar a Itália. E se tantas virtudes não tivessem sido enlodadas, no final de sua vida, por algumas crueldades causadas por suas suspeitas de delitos contra o estado, como demonstram a morte de Símaco e a de Boécio, santíssimos homens, a sua memória seria totalmente digna de todas as honras em qualquer lugar, porque, mediante a virtude e a bondade suas, não somente Roma e a Itália, mas todas as outras partes do Império Ocidental, livres dos contínuos ataques, das tantas invasões de bárbaros que durante tantos anos ocorreram, aliviaram-se, e em estado ordeiro e feliz se constituíram.

5. Época de miséria no mundo. O surgimento das línguas modernas

E realmente, se jamais alguma época foi miserável, a que transcorreu nos tempos de Arcádio e Honório, na Itália e naquelas províncias corridas pelos bárbaros o foi. Porque se se considerar de quanto dano seja razão o mudar príncipe ou governo em uma república ou em um reino, não por algum motivo intrínseco mas somente por discórdia civil (onde se vê como poucas mudanças arruínam qualquer república ou reino, por potente que seja), se poderá depois imaginar, naqueles tempos, o quanto sofria a Itália e as outras províncias romanas, que não somente mudaram o príncipe e o governo, mas as leis, os costumes, o modo de viver, a religião, a língua, os hábitos, os nomes. Coisas que, cada uma por si só, prescindindo de todo o seu conjunto, fariam tremer qualquer ânimo firme e constante sem vê-las ou suportá-las, só ao pensá-las. Disto veio a ruína, o nascimento e o melhoramento de muitas cidades. Entre as que foram arruinadas estão Aquiléia, Luni, *Chiusi*, Populônia, Fiésole e muitas outras. Entre as que melhoraram estão Veneza, Siena, Ferrara, *L'Aquila*, muitos castelos e muitas outras

---

1. Em Ravena Teodorico mandou reconstruir um palácio, um anfiteatro e muitas igrejas, entre elas a de Santo Apolinário, o Novo. Em Roma, no ano 500, ordenou a restauração de muitos edifícios antigos, reconstruiu portos e forneceu água à cidade.
2. Aos romanos Teodorico deu as funções civis, aos godos, as militares.

LIVRO I ——————————— *a Itália, da queda do Império Romano a 1434*

cidades que por brevidade são omitidas. Entre as pequenas que se tornaram grandes estão Florença, Gênova, Pisa, Milão, Nápoles e Bolonha; e por fim acrescente-se a ruína e a reconstrução de Roma, e de muitas outras cidades que diversamente foram desfeitas e reconstruídas. Entre essas ruínas e esses novos povos surgiram novas línguas, como as que na Itália, na França e na Espanha se costuma falar, e que nada são senão a mistura da língua pátria com a antiga língua romana, dando origem a um novo modo de falar. Mudaram de nome, além disso, não somente as províncias mas os lagos, os rios, os mares e as pessoas, pois a França, a Itália e a Espanha estão cheias de novos nomes, todos diferentes dos antigos; como se nota, entre muitos outros, com o (rio) Pó, o (lago) Garda e o Arquipélago (mar Egeu), para citar só alguns, são nomes formados de seus originais arcaicos: mesmo os nomes de césares, pompeus, passaram a pedros, joãos e mateus. Mas, entre tantas mudanças, a de não menor importância foi a da religião, porque, contrastando o hábito da antiga fé com os milagres da nova, geram-se tumultos e discórdias gravíssimas entre os homens; se, no entanto, a religião cristã fosse unida, teriam ocorrido menores desordens; mas a luta simultânea entre a Igreja grega, a romana e a ravenense, e mais a das seitas heréticas com o catolicismo, de muitas formas conturbaram o mundo. Disto é testemunho a África, que muito mais aflição suportou por causa da seita ariana, seguida pelos vândalos, do que por uma natural avareza[1] ou crueldade destes. Vivendo, portanto, os homens em meio a tantas perseguições, nos olhos levavam o temor de suas almas, porque faltava a oportunidade, a boa parte deles, de refugiar-se na ajuda de Deus, no qual todos os desaventurados costumam esperar; sendo a maior parte deles incertos a que deus recorrer, e na falta de qualquer ajuda e toda a esperança, morriam na desventura.

6. Morre Teodorico. Belisário luta contra os godos

Mereceu, portanto, Teodorico não medíocres louvores, tendo sido o primeiro que a tantos males deu remédio, de maneira que, nos trinta e oito anos que reinou na Itália[1], a tal grandeza a conduziu, que nela já não se reconheciam as velhas feridas. Mas tendo morrido este e subido ao trono Atalarico, nascido de sua filha Amalasunta, em pouco tempo, não tendo a fortuna ainda se saciado, voltou a Itália às suas velhas aflições.

1. *Avarizia*, em italiano significa usualmente avareza, parcimônia, mas também, e mais em literatura, voracidade, cobiça.
1. Teodorico (c. 454-526) reinou sobre a Itália e as costas da Dalmácia por 33 anos, de 493 a 526.

MAQUIAVEL————————————————————————HISTÓRIA DE FLORENÇA

Porque Atalarico morreu pouco depois de seu avô falecer e, tendo passado o reino a sua mãe, foi esta traída por Teodato[2], a quem ela mesma tinha chamado para ajudá-la a governar. Teodato, depois de dar-lhe morte[3] proclamou-se rei, e por tudo isto tornou-se nefasto aos ostrogodos, dando ao imperador Justiniano ânimo de tentar expulsá-lo da Itália. Para tal empresa colocou no comando Belisário, que já tinha submetido a África e dali expulsado os vândalos. Este ocupou, então, a Sicília, e passando dali para a Itália, tomou também Nápoles e Roma. Os godos, ao ver tamanha ruína, por esta responsabilizaram seu rei Teodato, e o mataram, e elegeram em seu lugar Vitiges, o qual, depois de algumas lutas com Belisário, foi por este assediado e feito prisioneiro em Ravena. Vitiges ainda não tinha conseguido a vitória total quando foi destituído por Justiniano, que em seu lugar colocou *Giovanni* e *Vitali*, desprovidos ambos de tudo o que se refere a bons costumes e virtude; assim, reanimaram-se os godos e nomearam rei Ildovaldo, que era governador de Verona. Depois deste, que foi assassinado, o reino passou a Tótila, que derrotou as tropas do imperador, recuperou a Toscana e Nápoles e limitou as tropas imperiais quase ao último dos estados que Belisário havia recuperado. Por isso, pareceu oportuno a Justiniano enviar novamente Belisário à Itália. Este, que retornava com escassas forças, mais perdeu a reputação de suas anteriores empresas do que renovou-as, já que Tótila, enquanto Belisário se achava com suas tropas em Óstia, expugnou Roma diante de seus próprios olhos e, vendo que não podia abandoná-la nem conservá-la, destruiu sua maior parte expulsando o povo e levando consigo os senadores; e subestimando Belisário, marchou com seus exércitos à Calábria para enfrentar os que em ajuda deste vinham da Grécia.

Vendo assim Roma abandonada, Belisário dedicou-se a uma honrosa empresa, pois, de volta em meio às ruínas romanas, refez os muros daquela cidade com toda a celeridade e chamou seus habitantes a retornar, ali. Mas à tão louvável empresa se opôs a fortuna, pois Justiniano viu-se atacado pelos partos e fez Belisário voltar; e este, para obedecer a seu senhor, abandonou a Itália. Ficou assim aquela província à discrição de Tótila, que outra vez tomou Roma. Mas já não a tratou com a crueldade de antes, pois acedeu aos rogos de São Benedito[4], que grande fama de santidade desfrutaria naqueles tempos, e mais se dedicou a reconstituí-la. Entretanto, Justiniano tinha estabelecido um acordo com os partas; e enquanto pensava enviar novas tropas para socorrer a Itália,

2. Variante: Teodahado.
3. Em 535.
4. Variantes: São Benito, São Bento.

LIVRO I _____ *a Itália, da queda do Império Romano a 1434*

deteve-se com os eslavos, novos povos setentrionais, que tinham passado o Danúbio e atacado a Ilíria e a Trácia, de modo que Tótila chegou a ocupar quase toda a Itália. Mas, uma vez tendo vencido os eslavos, mandou Justiniano à Itália, no comando de seus exércitos, Narsés, eunuco, homem excelentíssimo em guerra, que, assim que chegou, derrotou e matou Tótila; e o que sobrou do exército godo depois daquela derrota dirigiu-se a Pavia, onde Téias[5] foi nomeado rei. Narsés, por sua vez, depois de sua vitória, conquistou Roma e, por último, enfrentou Téias nas proximidades de *Nocera*[6], a quem quebrou e matou. Com esta vitória ficou totalmente apagado da Itália o nome dos godos, que haviam reinado durante setenta anos, desde seu rei Teodorico ao rei Téias.

7. Justino reordena a Itália

Mas assim que a Itália ficou livre dos godos, morreu Justiniano e sucedeu-lhe Justino, seu filho, que por conselho de sua mulher, Sofia, chamou Narsés e mandou à Itália Longino como sucessor deste. Longino seguiu o mesmo costume dos antecessores, o de residir em Ravena, e além disso deu uma nova organização à Itália, porque não nomeou governadores, como haviam feito os godos, mas em todas as cidades e territórios de alguma importância colocou chefes e os denominou duques. Nesta organização, tampouco honrou mais Roma do que as outras cidades, pois suprimindo os cônsules e os senadores, cargos que até então se mantinham, colocou-a sob o comando de um duque, enviado a cada ano de Ravena, e que passou a se chamar ducado romano; à pessoa que em Ravena estava representando o imperador e governava a Itália toda, chamou-a exarca. Esta divisão mais facilmente fez a ruína da Itália e com mais celeridade deu aos lombardos ocasião de ocupá-la.

8. O reino dos lombardos. Rosismunda

Narsés ficou muito indignado com o imperador por este ter-lhe tomado o governo daquela província, que não só com a sua virtude mas com o sangue, também seu, havia conquistado – porque a Sofia não bastou injuriá-lo com a destituição, mas acresceu-lhe de palavras muito vituperiosas, dizendo que queria fazê-lo voltar a fiar[1] com os demais

---

5. Variante: Teja.
6. Em 553, perto dos montes Lattari.
1. Fiar, em italiano *filare*, trabalhar materiais filamentosos para que se transformem em fios, tem também o sentido de andar ou proceder direitinho, de acordo com as normas.

MAQUIAVEL_____HISTÓRIA DE FLORENÇA

eunucos – tanto que Narsés, cheio de indignação, persuadiu Alboíno[2], rei dos lombardos que então era senhor da Panônia, a vir ocupar a Itália.

Os lombardos, como se mostrou acima, tinham ocupado os territórios junto ao Danúbio, que os hérulos e os turíngios tinham abandonado quando seu rei, Odoacro, os trouxe à Itália. Naqueles territórios tinham permanecido por algum tempo, até que ao passar o reino a Alboíno, homem cruel e audaz, atravessaram o Danúbio e se embateram com Cunimundo, rei dos gépidas que dominava a Panônia, e o venceram[3]. E como no butim estava *Rosmunda*[4], filha de Cunimundo, Alboíno tomou-a como mulher e se assenhoreou da Panônia; e movido por sua cruel natureza, fez da caveira de Cunimundo uma taça, com a qual bebia em memória daquela vitória. Mas chamado à Itália por Narsés, com o qual tinha feito amizade na guerra com os godos, deixou a Panônia aos hunos, que, já dissemos, depois da morte de Átila tinham voltado à pátria sua, e à Itália veio. Encontrando-a em tantas partes dividida, ocupou rapidamente Pavia, Milão, Verona e *Vicenza*, toda a Toscana e a maior parte da Flamínia, que então se chamava Romanha. Assim, parecendo-lhe que com tantas e tão rápidas conquistas tinha já assegurado o domínio da Itália, celebrou em Verona um banquete. Alegre pelo muito beber, encheu de vinho a caveira de Cunimundo, a fez apresentar à rainha *Rosismunda* [sic], que diante dele comia, e em voz alta, de modo que pudesse ouvir bem, disse-lhe que desejava que em meio a tanta alegria ela bebesse com seu pai.

Essas palavras foram como uma ferida no peito daquela mulher e ela decidiu vingar-se. Sabendo que Elmequis[5], um nobre lombardo jovem e cruel, amava uma das suas escravas, combinou com esta para que secretamente o chamasse para seu leito, e neste a deixasse ocupar seu lugar. E tendo comparecido Elmequis, segundo o combinado, ao enconto em um lugar escuro, crente que estava em companhia da serva, dormiu com *Rosismunda*. Uma vez consumado o ato, esta descobriu-se e lhe advertiu que ficava a seu arbítrio matar Alboíno e desfrutar para sempre dela e do reino, ou ser por ele morto como estuprador de sua mulher. Elmequis consentiu em matar Alboíno. Mas logo que o assassinaram,

2. Variante: Alboin e Albuíno.
3. Em 617.
4. No original este nome aparece em duas formas(!). Tem sido aportuguesado em duas maneiras: Rosemunda, e Rosamonde.
5. Variante: Elmegísio.

LIVRO I ———————————— *a Itália, da queda do Império Romano a 1434*

vendo que não conseguiam adonar-se do reino e temendo aliás ser mortos pelos lombardos, dado o amor que estes tinham por Alboíno, fugiram com todo o tesouro real para Ravena, à corte de Longino, que com todas as honras os recebeu.

Havia morrido, entre essas vicissitudes, o imperador Justino e assumido seu lugar Tibério, que, ocupado como estava com a guerra contra os partas, não podia atender a Itália. Por esse motivo, pareceu a Longino o momento oportuno para tratar de tornar-se, graças a *Rosismunda* e a seu tesouro, rei dos lombardos e de toda a Itália. Contou-lhe de seus planos e a persuadiu a matar Elmequis e tornar-se sua mulher. O que ela aceitou, ordenando uma taça de vinho envenenado que, com suas próprias mãos, ofereceu a Elmequis sedento e recém-saído do banho. Este, tendo bebido apenas a metade, sentiu as entranhas em contorção e, percebendo de que se tratava, obrigou *Rosismunda* a beber o resto; assim, em poucas horas ambos morreram, e Longino despojou-se da esperança de tornar-se rei.

Entretanto, os lombardos, reunidos em Pavia, que tinham tornado a capital de seu reino, elegeram *Clef* seu rei, o qual reedificou Ímola, que havia sido destruída por Narsés, e ocupou Rímini e quase todas as cidades até Roma; mas em plena campanha vitoriosa morreu. Este *Clef* de tal forma foi cruel, e não só com os outros mas com seus próprios lombardos, que estes, amedrontados pelo poder real, não quiseram eleger nenhum outro rei, e nomearam, entre eles mesmos, trinta duques para governar. Essa determinação foi o motivo pelo qual os lombardos nunca ocuparam toda a Itália nem passaram de Benevento, pois Roma, Ravena, Cremona, Mântua, Pádua, *Monselice*, Parma, Bolonha, *Faenza*, *Furli*, *Cesena*, em parte se defenderam por algum tempo, em parte nunca foram ocupadas por eles. Porque o fato de não terem um rei os fez menos hábeis para a guerra, e quando logo o reinstauraram, por terem ficado em liberdade por um certo tempo, mostraram-se menos obedientes e mais inclinados às discórdias entre eles. Tudo isso, primeiramente retardou a vitória, e finalmente causou a expulsão deles da Itália. Nesta situação encontravam-se os lombardos quando Longino e os romanos com eles fizeram um acordo para que todos depusessem armas e cada um desfrutasse do que tinha.

9. De que maneira os papas adquirem poder

Naquela época começaram os papas a adquirir maior autoridade que anteriormente, pois os sucessores de São Pedro eram reverenciados pela santidade de suas vidas e milagres; o exemplo que deram tanto ampliou a religião cristã que a ela os príncipes tiveram de obedecer para acabar com tanta confusão que no mundo havia. Convertidos pois ao cristianismo os imperadores, e tendo deixado Roma para ir a Constantinopla, seguiu-se, como dissemos no princípio[1], que o Império Romano acelerou sua ruína e a Igreja Romana mais depressa cresceu.

No entanto, até a chegada dos lombardos, estando a Itália completamente submetida aos imperadores ou aos reis, os pontífices não tomaram jamais, durante esse período, outra autoridade senão aquela que derivava da reverência a seus costumes e a sua doutrina; no restante, obedeciam aos imperadores ou aos reis, que em algumas ocasiões lhes deram morte. E quem mais os tornou de importância nas coisas da Itália foi Teodorico, rei dos godos, quando colocou seu trono em Ravena; porque ficando Roma sem príncipe, os romanos, para que pudessem ser defendidos, precisavam prestar mais obediência ao Papa: nem por isso a autoridade deles aumentou muito, só obtiveram que a Igreja de Roma ficasse preposta àquela de Ravena. Mas, ao chegarem os lombardos e estando a Itália dividida em várias partes, foi dada ocasião ao Papa para fazer-se valer ainda mais, pois como era quase chefe de Roma, o imperador de Constantinopla e os lombardos tinham-lhe respeito; de modo que os romanos, não como súditos mas como companheiros, através do Pontífice aliaram-se com os lombardos e com Longino. Dessa maneira os papas, valendo-se de sua amizade seja com os lombardos, seja com os gregos, iam aumentando sua dignidade.

Mas logo sobreveio a ruína do Império Oriental, que naquela época estava sob o imperador Eracleo. Aconteceu que os eslavos, aos quais acima fizemos menção, atacaram novamente a Ilíria, que acabaram ocupando, e a ela deram seu nome, chamando-a Eslavônia. Viram-se invadidas também as demais partes daquele império, antes pelos persas, depois pelos sarracenos (que tinham saído da Arábia sob o comando de Maomé) e finalmente pelos turcos. Como se havia perdido a Síria, a África e o Egito, e dada a importância daquele império, ao Papa já não restava oportunidade de recorrer a este quando atacado; e como, por outra parte, o poder dos lombardos ia aumentando, o Pontífice pensou que lhe conviria buscar novos defensores, e recorreu ao rei da França[2]. De modo que, a partir de então todas as guerras com os bárbaros foram, na maior parte, pelos pontífices causadas; e todas as invasões que fizeram,

---

1. Livro I, cap. 1.
2. Trata-se porém de acontecimentos diferentes: Gregório III apelou a Carlos Martel (em 739), Zacarias e Estêvão II a Pepino (em 751 e 752), Adriano I e Leão III a Carlos Magno (em 772 e 799, respectivamente).

LIVRO I —————————————— *a Itália, da queda do Império Romano a 1434*

as mais das vezes, pelos pontífices foram chamadas. Tal modo de proceder, que dura até estes nossos tempos, é o que manteve e continua mantendo desunida a Itália. Portanto, ao tratar das coisas que ocorreram desde aqueles tempos até os de agora, não mais se mostrará a ruína do império, que está por terra, mas o engrandecimento dos pontífices e dos outros principados que governaram depois a Itália, até Carlos VIII. Teremos ocasião de ver como os papas, primeiro com as censuras, depois com estas e mais com as armas, e o todo misturado com indulgências, eram terríveis e venerandos; e veremos como, por terem usado mal seja um seja outro procedimento, a um o extraviaram completamente, quanto ao outro, fica à discrição das pessoas.

10. O Papa Gregório III pede ajuda aos francos contra os lombardos

Mas, voltando ao que estamos desenvolvendo, preciso dizer que ao papado chegou Gregório III e, ao trono dos lombardos, Astolfo, que, contrariamente aos acordos feitos, ocupou Ravena e moveu guerra ao Papa. Gregório, pelas razões já expostas, não confiando mais no imperador de Constantinopla, por sabê-lo fraco, e não querendo confiar na palavra dos lombardos, traída muitas outras vezes, recorreu na França a Pepino II, que, de senhor da Austrásia e de Brabante, se tornara rei da França, não tanto pela sua virtude, mas pela de seu pai, Carlos Martel[1], e pela de seu avô Pepino. Porque Carlos Martel, quando no trono daquele reino, dera aquela admirável derrota aos sarracenos perto de *Tours*, à margem do *Loire*, onde mais de duzentos mil deles pereceram[2]. E foi por isso que Pepino, seu filho, graças à reputação e à virtude do pai, chegou ao trono daquele reino. A este, como dissemos, recorreu o papa Gregório em busca de ajuda contra os lombardos. Pepino prometeu enviá-la, mas antes, disse, desejava vê-lo e pessoalmente honrá-lo. Então, Gregório foi à França, e passou pelas terras de seus inimigos lombardos sem ser impedido, tanta era a reverência que se tinha pela religião. Chegando à França, foi honrado pelo rei, que com seus exércitos o mandou de volta à Itália. Mas assediaram os lombardos em Pavia, onde Astolfo, forçado pela necessidade, pactuou com os franceses, coisa que estes fizeram graças

---

1. Ou Martelo, *Carlo Martello*, em italiano, *Charles Martel*, filho ilegítimo de Pepino de Herstal, ganhou o apelido "martelo" quando venceu a famosa batalha de Poitiers, defendendo o território franco da maior invasão muçulmana de então.
2. É Poitiers, em 732.

MAQUIAVEL _____ HISTÓRIA DE FLORENÇA

aos rogos do Papa, que não quis a morte de seu inimigo mas que este se convertesse e vivesse.

Nesse acordo Astolfo prometeu devolver à Igreja todas as terras que tinha ocupado. Mas traiu o pacto assim qué as tropas de Pepino retornaram à França, e novamente teve o Papa de recorrer a Pepino, o qual outra vez mandou tropas à Itália, venceu os lombardos e tomou Ravena; e, contra a vontade do imperador grego, a entregou ao Papa, junto com todos os demais territórios que a tal exarcado pertenciam, acrescentando ainda os territórios de Urbino, e as *Marche*[3]. Mas morreu Astolfo enquanto entregava essas terras, e o lombardo Desidério, que era duque da Toscana, tomou armas para ocupar o reino, pedindo ajuda ao Papa e prometendo sua amizade. Este concedeu tal ajuda, e os outros príncipes retiraram suas pretensões. Desidério, no princípio, cumpriu sua palavra e entregou as terras ao pontífice, segundo os acordos feitos com Pepino. E já não veio nenhum exarca de Constantinopla para Ravena, que era governada segundo a vontade do pontífice.

11.Carlos Magno e o fim do reino dos lombardos

Morreu depois Pepino e sucedeu-lhe no trono seu filho Carlos, que pela grandeza das coisas que fez, foi chamado Magno. Ao papado, entretanto, havia chegado Teodoro I[1], que com Desidério teve discórdias e por este foi assediado em Roma. De modo que o Papa teve de pedir ajuda a Carlos, que atravessou os Alpes, assediou Desidério em Pavia, prendeu-o com seus filhos, e os mandou prisioneiros à França. E foi a Roma visitar o Papa, onde decidiu que este, vicário de Deus, não podia ser julgado pelos homens, e o Papa e o povo romano fizeram-no imperador. Desse modo Roma voltou a ter um imperador no Ocidente. E como antes o Papa costumava ser sujeitado pelos imperadores, agora estes, pela eleição, começavam a precisar do Papa; e vinha o Império a perder prestígio e a Igreja, a ganhá-lo, e por esses meios sua autoridade crescia sempre sobre os príncipes temporais. Os lombardos tinham

---

3. Região que hoje, além de Urbino, compreende Ancona, Pésaro, Macerata e *Ascoli Piceno*. *Marche* é o plural de *marcá* e, originariamente, era "a circunscrição política destinada à defesa do confim" (de mark, confim), daí *marchese* (markgraf) ser um "conde de confim". Adiante, encontraremos *Marca Trevigiana* (de Treviso).

1. Controvérsia: trata-se de Adriano I (772-795), sucessor de Estêvão IV. Cf. Alessandro Montevecchi (org.), *Machiavelli - Istorie fiorentine e altre opere storiche e politiche,* Volume Secondo, Unione Tipografico-Editrice Torinese/UTET, 1971, Turim, Ou ainda, não se trata de Teodoro I, mas de Paulo I, Papa de 757 a 767. Cf. F. F. Murga, *op. cit.*

LIVRO I ———————————— *a Itália, da queda do Império Romano a 1434*

permanecido duzentos e trinta e dois anos na Itália e já não tinham, de forasteiro, mais que o nome.

Carlos, desejando reordenar a Itália, coisa que ocorreu nos tempos do papa Leão III, ficou satisfeito que batizassem seus filhos no lugar onde tinham crescido e que chamassem aquela região pelo nome deles, Lombardia. E para que fossem reverentes com o nome romano, quis que toda aquela parte da Itália a eles próxima, que estava submetida ao exarcado de Ravena, se chamasse Romanha. Além disso, fez rei da Itália seu filho Pepino, com jurisdição até Benevento; todo o restante pertencia ao imperador grego, com quem Carlos tinha feito um acordo.

Naquela época veio ao pontificado Pascoal I, e os paroquianos das igrejas de Roma, por estarem mais próximos do Papa e por participarem de sua escolha, e ainda para ornamentar sua podestade com um esplêndido título, começaram a se chamar cardeais. E arrogaram-se tamanha reputação que excluíram o povo romano do eleger pontífice, tanto que raras vezes o escolhido não era um deles. Com a morte de Pascoal, foi nomeado papa Eugênio II, em reverência à santa [Eugênia] Sabina. A Itália, desde que passou às mãos dos franceses, em parte mudou de organização e forma, por ter o Papa adquirido mais autoridade no universo temporal e porque nela introduziram também os títulos de conde e marquês, da mesma maneira que antes Longino, exarca de Ravena, tinha introduzido o de duque. Depois de alguns outros pontífices, chegou ao papado o romano Osporco, que, como tinha tão feio nome[2], se fez chamar Sérgio, o que deu origem à mudança de nome dos papas quando são eleitos[3].

12. Os imperadores da Alemanha e os reis da Itália

Tinha morrido, enquanto isso, o imperador Carlos, a quem sucedeu Luís[1], seu filho. Depois de sua morte surgiram tais desavenças entre seus filhos que, nos tempos de seus netos, a França perdeu o império, passando-o à Alemanha; e o primeiro imperador alemão chamou-se Arnulfo. A família de Carlos, por tais discórdias, não só o

---

2. *Sporco*: emporcalhado, sujo.

3. É uma crença da época. Na verdade o primeiro foi Otaviano que mudou seu nome para João XII (955-63).

1. Luís, o Piedoso, Rei da Aquitânia, imperador de 813-40. A forma hodierna, em italiano, é Ludovico. De Chlodoweck, originaram-se as formas Lodewijk (holandês), Ludwig (alemão), Louis (francês) e Clóvis (português). Os outros dois filhos de Carlos [Magno] foram Carlos, rei da França (781-811), e Pepino, rei da Itália e da Baviera (781-810).

MAQUIAVEL ———————————————————— HISTÓRIA DE FLORENÇA

império perdeu, mas o Reino da Itália também, porque os lombardos readquiriam forças e ofendiam os romanos e o Papa, a tal ponto que este, não sabendo a quem recorrer, viu-se na necessidade de nomear Berengário rei da Itália, à época duque de Friúli. Esses acontecimentos deram ânimo aos hunos, que se encontravam em Panônia, de atacar a Itália; mas vindos às mãos com Berengário, foram forçados a voltar à Panônia, quer dizer, à Hungria, que assim se chamava a província a qual deles tinha tomado nome.

Naquela época era imperador da Grécia Romano, que, estando no comando da armada de Constantino, tomou-lhe o Império. E porque naquela ocasião rebelaram-se a Púlia[2] e a Calábria, que, como dissemos acima, obedeciam a seu império, irritando-o por tal rebelião, Romano permitiu aos sarracenos que passassem por aqueles territórios. Vindos estes, depois de terem conquistado estas províncias tentaram expugnar Roma. Mas os romanos, já que Berengário estava ocupado em defender-se dos hunos, tornaram Alberigo seu chefe, então duque da Toscana; graças a sua virtude salvaram Roma dos sarracenos, e saindo daquele assédio construíram uma fortificação no Monte Galgano; dali dominavam a Púlia e a Calábria e batiam o resto da Itália. Dessa maneira, encontrava-se naquele tempo a Itália muito aflita sendo combatida pelos hunos desde os Alpes e pelos sarracenos desde Nápoles.

Seguiu a Itália nesses tormentos durante muitos anos, sob o comando dos três Berengários, que sucederam um ao outro. Naquele tempo, o Papa e a Igreja eram continuamente perturbados, não tendo a quem recorrer, dada a desunião dos príncipes ocidentais e a impotência dos orientais. A cidade de Gênova e todas as suas costas foram desfeitas naquela época. Foi então que teve origem a grandeza da cidade de Pisa, onde se refugiaram muitos povos que de suas pátrias tinham sido expulsos. Esses acontecimentos deram-se no ano 931 da Era Cristã. Mas quando Oto[3], duque da Saxônia, homem prudente e de grande reputação, filho de Matilde e Henrique, foi feito imperador, o papa Agapito decidiu pedir-lhe que viesse à Itália liberá-la da tirania dos Berengários.

13. Ordenamento e distribuição dos estados italianos

Os estados italianos naquele tempo estavam ordenados desta forma: a Lombardia sob o comando de Berengário III e seu filho. Alberto; a Toscana e a Romanha eram governadas por um ministro do

2. Variante: Apúlia. *Puglia*, em italiano.
3. Também chamado Otão, Óton.

52

LIVRO I ———————————— *a Itália, da queda do Império Romano a 1434*

Imperador do Ocidente; a Púlia e a Calábria obedeciam em parte ao imperador grego, em parte aos sarracenos; em Roma, cada ano designavam-se dois cônsules da nobreza, que a governavam segundo o antigo costume, e acrescentava-se um prefeito que administrava justiça ao povo; havia também um conselho de doze homens que distribuía os governadores pelos territórios submetidos. O Papa tinha, em Roma e no resto da Itália, maior ou menor autoridade segundo fosse mais ou menos favorito dos imperadores, ou de quem detinha o poder.

O imperador Oto então veio à Itália, tirou o reino aos Berengários, que nela tinham reinado cinqüenta e cinco anos, e restituiu ao pontífice sua dignidade. Teve um filho e um neto, que também se chamaram Oto, e que lhe sucederam um após o outro no império. Os romanos expulsaram o papa Gregório V nos tempos de Oto III, o qual, quando veio à Itália, recolocou-o em Roma. E o Papa, para vingar-se dos romanos, tirou-lhes a autoridade de nomear o imperador e a deu a seis príncipes da Alemanha: três bispos, de *Magonza*, *Treveri* e de Colônia, e três príncipes, de Brandemburgo, *Palatino* e da Saxônia, o que aconteceu no ano 1002. Depois da morte de Oto III, foi pelo Colégio dos Eleitores escolhido imperador Henrique, duque da Baviera, que doze anos mais tarde foi coroado Estêvão VIII. Henrique e Simeonda conduziram uma vida santíssima, como se vê pelos muitos templos doados e construídos, como o templo de *San Miniato*, próximo à cidade de Florença. Henrique morreu em 1024. Sucedeu-lhe Conrado da Suábia[1], e a este Henrique II, que veio a Roma e, como havia cisma entre três papas, destituiu-os e fez eleger Clemente II, que coroou imperador.

14. O papa Nicolau II confere aos cardeais a eleição do Papa

A Itália era então governada em parte pelos povos, em parte pelos príncipes e em parte pelos mandatários do imperador, sendo que destes, o principal a quem os outros tinham de prestar contas, chamava-se *Cancellario*[1]. Entre os príncipes, o mais poderoso era Godofredo e a condessa Matilde, sua mulher, filha de Beatriz, que era irmã de Henrique II. Esta e o marido possuíam *Lucca*, Parma, *Reggio*, Mântua, e tudo o que hoje se chama Patrimônio.

1. Antigo domínio dos Hohenstaufen, situado a sudoeste da atual Baviera.
1. Do latim tardio *cancellariu(m)*, porteiro ou contínuo, que estava junto às cancelas (*cancelli*) que separavam o público do lugar onde ficavam os príncipes ou juízes; derivou para o francês *chancelier*, que originou o português *chanceler*. Na Alemanha e na Áustria significa Primeiro Ministro. Em português, "cancelário" significa também antigo dignatário de universidade.

Aos pontífices muito molestava a ambição do povo romano, que antes se tinha servido da autoridade daqueles para liberar-se dos imperadores; depois, quando conseguiu o domínio da cidade e a reformou como lhe parecia, tornou-se o povo em seguida inimigo dos papas; e estes mais receberam injúrias dos romanos do que qualquer outro príncipe cristão. Mesmo nos tempos em que os papas faziam tremer com suas censuras todo o Ocidente, rebelava-se o povo romano, sem que ambos os rivais outra intenção tivessem senão a de subtrair reputação um do outro. Quando o pontificado passou a Nicolau II, da mesma maneira que Gregório V havia tirado aos romanos o poder de nomear imperador, tirou-lhes o de participar na eleição do Papa, e decidiu que tal eleição corresponderia só à dos cardeais. Disso não se contentou, e segundo combinação com os príncipes que governavam a Calábria e a Púlia, por razões que adiante diremos, obrigou a todos os oficiais com jurisdição delegada pelos romanos a prestar obediência ao Papa; e alguns, até os destituiu de seus cargos.

15. "A semente dos humores guelfos e gibelinos"

Depois da morte de Nicolau II houve cisma na Igreja, porque o clero da Lombardia não quis prestar obediência a Alexandre II, eleito em Roma, e elegeu antipapa *Cadolo* de Parma[1]. Henrique, que com ódio via o poder dos pontífices, insinuou ao papa Alexandre que renunciasse ao pontificado e, aos cardeais, que fossem à Alemanha eleger um novo príncipe. Por esse motivo foi Henrique o primeiro príncipe a sentir a importância das feridas espirituais, pois o Papa reuniu um conselho em Roma e o destituiu do império e do reinado. Entre os povos italianos, uns seguiram o pontífice, outros, Henrique. Isso foi a semente dos humores guelfos e gibelinos, de tal forma que a Itália, na falta de invasões bárbaras, foi lacerada por guerras intestinas[2].

Henrique, tendo sido excomungado, foi obrigado por seu próprio povo a vir à Itália e, descalço, ajoelhar-se ante o Papa e pedir-lhe perdão. Isso ocorreu no ano 1080[3]. Surgiu, porém, pouco depois, uma nova discórdia entre o pontífice e Henrique, pelo que este tornou a excomungá-lo. Mas o imperador mandou a Roma seu filho, que

---

1. Antipapa: papa eleito ilegitimamente, contra as normas canônicas. Este assumiu o nome de Honório.
2. A frase sugere uma conclusão calcada na idéia de fortuna. "...*il seme degli umori guelfi e ghibellini,*..."
3. Trata-se de Henrique IV, não III, que não tentou depor Alexandre II mas seu sucessor Gregório VII. O célebre perdão descalço ocorreu em Canossa, em 1077.

Livro I _____ *a Itália, da queda do Império Romano a 1434*

chamava-se também Henrique, e este, com a ajuda dos romanos, que odiavam o Papa, assediou-o no castelo. Da Púlia veio a socorrê-lo Roberto Guiscardo, mas Henrique não o esperou e voltou à Alemanha. Só os romanos persistiram em sua obstinação, de maneira que Roma foi novamente saqueada e reduzida a suas antigas ruínas que os pontífices tinham antes restaurado. E como o próprio Roberto engendrou a instauração do Reino de Nápoles, não me parece supérfluo expor detalhadamente suas ações e origem.

16. Os normandos fundam o Reino de Nápoles

As desuniões surgidas entre os herdeiros de Carlos Magno, como antes dissemos[1], deram ocasião a outros povos do norte, chamados normandos, de invadir a França e ocupar as terras que hoje têm seu nome, Normandia. Uma parte desses povos veio à Itália quando esta província achava-se infestada pelos Berengários, pelos sarracenos e pelos hunos, e ocuparam alguns territórios da Romanha, onde bravamente se mantiveram durante aquelas guerras. Tancredo, um desses príncipes normandos, teve vários filhos, entre os quais Guilherme, chamado *Ferabac*[2], e Roberto, dito Guiscardo. Quando Guilherme assumiu o principado, cessaram os tumultos em boa parte da Itália. Os sarracenos, no entanto, que dominavam a Sicília, continuamente saqueavam as costas da Itália. Por esse motivo, Guilherme conveio com o príncipe de Cápua, com o de Salerno e com o grego *Melorco*[3], que em nome do imperador governava a Púlia e a Calábria, em invadir a Sicília e, em caso de vitória, que a cada um caberia a quarta parte seja do butim, seja do estado.

A empresa foi realizada com êxito, e depois de expulsar os sarracenos ocuparam a Sicília. Conseguida a vitória, *Melorco* fez secretamente vir tropas da Grécia e apossou-se da ilha para o imperador, mas só dividiu o butim. Isso desgostou Guilherme; ele porém esperou a ocasião mais propícia para demonstrá-lo e abandonou a Sicília junto com os príncipes de Salerno e de Cápua. Assim que estes se separaram dele para retornar a casa, Guilherme não voltou à Romanha, mas com suas tropas dirigiu-se à Púlia, ocupando em seguida Melfi; e logo, enfrentando com rapidez as forças do imperador grego, adonou-se de quase toda a Púlia e da Calábria, em cujas províncias senhoreava, na

1. No cap. 12.
2. Braço de Ferro.
3. Forma arcaica de *Melocco*, trata-se do bizantino Jorge Maniakes. Cf. *A. Montevecchi, op. cit.*

época de Nicolau II, Roberto Melorco, seu irmão. E como havia tido muitas diferenças com seus sobrinhos pela herança daqueles estados, usou a autoridade do Papa para arranjá-las.

A isso o Papa tinha acedido de bom gosto, desejoso de ganhar para si Roberto, para que este o defendesse da insolência do povo romano e dos imperadores alemães. E assim aconteceu efetivamente, como mostramos acima[4], pois, às instâncias de Gregório VII, expeliu Henrique de Roma e domou seu povo.

A Roberto sucederam Rogério e Guilherme, seus filhos, que a seus estados incorporaram Nápoles e todos os territórios desta cidade até Roma e mais tarde a Sicília; destes se fez senhor Rogério. Mas, depois, Guilherme, quando estava indo a Constantinopla para casar-se com a filha do imperador, foi atacado por Rogério[5], que o estado lhe tirou. Este, assoberbado por tal vitória, primeiro se fez chamar rei da Itália, depois se contentou com o título de rei da Púlia e da Sicília, e foi o primeiro que deu nome e ordem àquele reino, que ainda hoje se mantém dentro de suas antigas fronteiras apesar de ter mudado não somente de dinastia, mas de nação. Porque, desaparecida a estirpe dos normandos, passou aquele reino aos alemães, destes aos franceses, destes aos aragoneses e hoje está em poder dos flamengos.

17. As Cruzadas. A Ordem dos Templários

Havia chegado ao pontificado Urbano II, que era odiado em Roma e, estimando não estar seguro na Itália, dadas aquelas desuniões, dedicou-se a uma generosa empresa: indo à França com todo o clero, reuniu em *Auvergne* muitos povos, aos quais fez um sermão contra os infiéis e de tal maneira acendeu os ânimos que decidiram empreender campanhas na Ásia contra os sarracenos. Empresas como essa foram chamadas Cruzadas, porque todos os que nelas tomaram parte ostentavam em suas armas e em suas vestimentas uma cruz vermelha.

Os príncipes dessa empresa foram Godofredo[1], Eustáquio e Balduíno de Bouillon[2], condes de Bolonha, e um tal Pedro, o Eremita, famoso pela sua santidade e prudência. Contribuíram também muitos reis e muitos povos com seus dinheiros, e tantos outros que com seus

---

4. No cap. 15.
5. Equívoco do autor, trata-se de Rogério II, filho do mencionado Rogério. Cf. *A. Montevecchi, op. cit.*

1. Duque da Baixa Lorena.
2. No original *Balduino di* Bugliò, hoje Buglione, em português é também mencionado como Bulhão.

LIVRO I ——————————— *a Itália, da queda do Império Romano a 1434*

recursos militaram também, tal era então a eficácia do poder da fé nas almas dos homens movidos pelo exemplo de seus chefes. Em um primeiro momento resultou gloriosa a empresa, pois toda a Ásia Menor, a Síria e parte do Egito caíram em poder dos cristãos. Dela nasceu a Ordem dos Cavaleiros de Jerusalém, que ainda hoje vigora e domina a ilha de Rodes, que permanecia o último obstáculo ao poder dos maometanos. Nasceu também então a Ordem dos Templários, que depois de pouco tempo, por seus maus costumes, desapareceu[3]. Sucederam-se, em ocasiões diversas, diferentes acontecimentos, em que ganharam fama muitas nações e também muitos homens individualmente. Em auxílio dessa empresa participaram o rei da França e o da Inglaterra; os povos pisano, veneziano e genovês nela tiveram grandíssima reputação, e com diversificada fortuna combateram até os tempos do sarraceno Saladino; mas a virtude deste e a discórdia entre os cristãos apagaram toda a glória que no começo tais povos haviam adquirido, e foram, depois de noventa anos, expulsos daqueles mesmos lugares que com tanta honra tinham tão bem recuperado.

18. Frederico Barba-Ruiva choca-se com Alexandre III, toma Milão e marcha a Roma

Depois da morte de Urbano foi eleito papa Pascoal II, ao mesmo tempo que subia ao trono imperial Henrique IV[1]. Este veio a Roma fingindo amizade ao Papa, mas logo meteu-o na prisão com todo o clero, não lhes devolvendo a liberdade enquanto não pudesse dispor a seu gosto das igrejas da Alemanha. Morreu, naquela época, a condessa Matilde, e tornou a Igreja herdeira de todos os seus estados.

Depois da morte de Pascoal II e de Henrique IV, houve muitos papas e imperadores, até que o pontificado passou a Alexandre III e o império a *Federigo Svevo*, chamado Barba-Ruiva[2]. Haviam tido, então, os papas, muitas dificuldades com o povo romano e com os imperadores, que no tempo de Barba-Ruiva aumentaram muito. Era Frederico um homem excelente na guerra, mas tão cheio de soberba que não podia suportar o fato de ter de ceder ao Pontífice. No entanto, eleito, veio a Roma para receber a coroa e pacificamente voltou à Alemanha. Mas

---

3. A Ordem dos Templários surgiu em 1123 e foi suprimida pelo Papa em 1312. A Ordem possuía vastas propriedades.

1. Conhecido como Henrique V (IV como imperador, V como rei da Alemanha).

2. Literalmente: Frederico Sueco. Variante: Barba-Roxa.

pouco durou essa atitude, porque voltou à Itália para submeter algumas populações na Lombardia, que não queriam obedecer-lhe. Naquela época aconteceu que o cardeal de São Clemente, romano de nacionalidade, separou-se do papa Alexandre e por alguns cardeais foi nomeado papa. Encontrava-se então o imperador Frederico acampado em Crema; a ele Alexandre manifestara-se dolente contra o antipapa, quando respondeu Frederico que viessem, ambos, a sua presença, e assim decidiria quem seria o Papa. A resposta desagradou a Alexandre e este, como achava o imperador inclinado a reconhecer o antipapa, excomungou-o e fugiu à corte de Filipe, rei da França[3]. Entretanto, Frederico, prosseguindo a guerra na Lombardia, tomou e desfez Milão, motivo pelo qual Verona, Pádua e *Vicenza* uniram-se em mútua defesa contra ele. Nesse ínterim havia morrido o antipapa, pelo que Frederico nomeou em seu lugar Guido, de Cremona[4]. Os romanos, por sua parte, aproveitando a ausência do Papa e os obstáculos que retinham o imperador na Lombardia, tinham recuperado certa autoridade em Roma e estavam buscando a obediência dos territórios que costumavam ser-lhes submissos; e como os tuscolanos não quiseram reconhecer essa autoridade, foram em massa ao seu encontro. Estes, socorridos por Frederico, quebraram o exército romano numa tal chacina que Roma nunca mais foi populosa nem rica. Enquanto isso tinha o papa Alexandre voltado a Roma, pois ali lhe parecia estar seguro, dada a inimizade que havia entre os romanos e Frederico e dados os inimigos que este tinha também na Lombardia. Mas Frederico, pospondo todo respeito, marchou para Roma, onde no entanto Alexandre não o esperou, mas fugiu à corte de Guilherme[5], rei da Púlia, que ficou herdeiro do reino com a morte de Rogério. Frederico, obrigado pela peste, abandonou o assédio e retornou à Alemanha; e as populações da Lombardia, que se tinham conjurado contra ele, para poder derrotar Pavia e Tórtona, que estavam com o Império, construíram uma cidade que servisse de sede àquela guerra, a qual denominaram Alexandria, para honra do Papa e vergonha de Frederico. Morreu ainda o antipapa Guidone e em seu lugar foi nomeado *Giovanni da Fermo*[6], o qual, pelos favores dos partidários do imperador, exercia sua funções em Montefiasconi.

---

3. O rei da França era Luís VII, que governou de 1137 a 1180.
4. Guido de Crema, não de Cremona, que tornou-se Papa com o nome de Pascoal III, em 1164.
5. Guilherme II, O Bondoso, filho não de Rogério II, mas de Guilherme I, o Mau.
6. Com o nome Calisto III (1168-1178). Cf. *A. Montevecchi, op. cit.*

LIVRO I ⸺⸺⸺⸺⸺⸺ *a Itália, da queda do Império Romano a 1434*

19. Morre Thomas Becket. Retratação do rei da Inglaterra. Barba-Ruiva se reconcilia com o Papa

Alexandre, enquanto isso, tinha marchado para Túsculo, chamado pelo povo de lá, para defendê-lo com sua autoridade contra os romanos. E ali vieram os embaixadores mandados por Henrique, rei da Inglaterra, para dizer-lhe que da morte do padre Tomás, bispo de Cantuária[1], seu rei não tinha culpa alguma, como publicamente tinha sido difamado. Por isso o Papa enviou dois cardeais à Inglaterra para buscar a verdade do ocorrido, os quais, mesmo não achando no rei culpa manifesta, pela infâmia do delito e por não ter honrado a vítima como merecia, impuseram-lhe como penitência que convocasse todos os barões de seu reino e, sob juramento, se justificasse em presença dos mesmos e que, além disso, enviasse imediatamente a Jerusalém duzentos soldados, pagos por ele durante um ano, e se comprometesse ele mesmo a ir até lá, antes que três anos houvessem transcorrido, e depois reunir o maior exército que pudesse. Impuseram-lhe igualmente que anulasse todas as disposições existentes em seu reino contra a liberdade eclesiástica e que permitisse a qualquer de seus súditos apelar a Roma quando desejasse.

Tudo aceitou Henrique, submetendo-se tão grande rei a uma sentença que até um homem qualquer se envergonharia de acatar. No entanto, o Papa, que tanta autoridade exercia sobre longínquos príncipes, não conseguia fazer-se obedecer pelos romanos, dos quais não conseguiu autorização para viver em Roma, por mais que prometesse que se ocuparia exclusivamente de assuntos eclesiásticos: tal é o valor das aparências que mais de longe do que de perto são temidas.

Tinha voltado, então, à Itália, Frederico; mas quando nova guerra ao Papa estava preparando, todos os seus prelados e barões deram a entender que o abandonariam se ele não se reconciliasse com a Igreja; de maneira que para reverenciá-lo foi obrigado a ir a Veneza, onde juntos pacificaram-se. Neste acordo o Papa despojou o imperador de toda a autoridade que poderia ter sobre Roma e nomeou Guilherme rei da Sicília e da Púlia, seu confederado. Frederico, que não podia ficar sem fazer guerra, tomou a empresa da Ásia para descarregar sua ambição contra Maomé, porque contra os vicários de Cristo não tinha conseguido fazê-lo. Mas, ao chegar às margens do rio＿＿＿ [2], banhou-se, morrendo

---

1. *Thomas Becket*, bispo de Canterbury, assassinado em 1170 por alguns cortesãos, por ser contrário às Constituições (ou Atas) de Clarendon.
2. O nome do rio não aparece em nenhum manuscrito, nem na edição de Filipe Giunta de 1532, primeiro ano de publicação desta obra; na edição de Blado, apareceu a palavra Cidno. Trata-se do rio Selef segundo *F. F. Murga, op. cit.*, e *Dicionário da Idade Média*. Org. por H.R. Loyn, Rio de Janeiro, Jorge Zahar Editor, 1990.

59

neste excesso. E assim aquelas águas mais favor fizeram aos maometanos do que as excomunhões aos cristãos, porque estas frearam seu orgulho e aquelas o mataram.

20. O Reino de Nápoles passa à casa da Suábia. As ordens religiosas dos dominicanos e dos franciscanos

Morto Frederico, só restava ao Papa domar a obstinação dos romanos; e depois de muitas disputas sobre a designação dos cônsules[1], convieram que os romanos os elegessem, como era costume destes, mas que só poderiam tomar posse se antes jurassem manter sua fidelidade à Igreja. Este acordo foi a causa da fuga do antipapa *Giovanni* a Monte Albano, onde pouco depois morreu. Por aquela época tinha morrido o rei de Nápoles, Guilherme, e o Papa planejava ocupar aquele reino porque o monarca não tinha deixado outros filhos senão Tancredo, seu filho natural[2]. Mas os barões não secundaram os desejos do Papa e preferiram que fosse Tancredo o rei. Era então papa Celestino III, que, desejoso de tirar esse reino das mãos de Tancredo, fez com que Henrique, filho de Tancredo[3], fosse designado imperador oferecendo-lhe o reino de Nápoles, esperando em troca a restituição das terras da Igreja. E para facilitar as coisas, o Papa trouxe do convento Constança, já velha, filha de Guilherme, e a Henrique deu-a como mulher. Assim, o Reino de Nápoles, dos normandos que foram seus fundadores, passou aos alemães. O imperador Henrique, depois de arrumar as coisas na Alemanha, veio à Itália com sua mulher Constança e um filho seu de quatro anos, chamado Frederico; e sem grandes dificuldades apossou-se do reino, pois tinha morrido Tancredo e o filho que tinha deixado era pequeno. Algum tempo depois, morreu na Sicília Henrique, deixando como seu sucessor Frederico e, como sucessor no Império, Oto[4], duque da Saxônia, escolha motivada pelo apoio de Inocêncio III. Mas Oto, assim que cingiu a coroa, contra todas as previsões, converteu-se em inimigo do Pontífice, ocupou a Romanha e começou a preparar a invasão do Reino de Nápoles, pelo que o Papa o excomungou, e foi Oto abandonado por todos. Os Eleitores escolheram como imperador Frederico, rei de Nápoles. Veio

---

1. Seriam, mais propriamente, senadores.
2. Filho de Rogério da Púlia, e primo, não filho, de Guilherme.
3. Na verdade Celestino III tornou-se papa depois que Guilherme morreu, sucedendo a Clemente III (1187-91), que, desejoso de arrancar das mãos de Tancredo aquele reino, procurou que fosse escolhido imperador Henrique (Henrique VI, 1190-97).
4. Precisamente Oto IV, de Brunswick.

LIVRO I ———————————————— *a Itália, da queda do Império Romano a 1434*

este a Roma para receber a coroa, mas o Papa não quis coroá-lo porque temia seu poder e queria afastá-lo da Itália, como fizera com Oto. Irado por isso, Frederico voltou à Alemanha, onde, tendo lutado várias vezes com Oto, o venceu. Nessa época, morreu Inocêncio, que, além de seus gloriosos empreendimentos, tinha construído em Roma o Hospital do Espírito Santo. Seu sucessor foi Honório III, e em seu tempo surgiram as Ordens de São Domingos e de São Francisco, em 1218. Este pontífice entronou Frederico, a quem *Giovanni*, descendente do rei Balduíno de Jerusalém, que estava na Ásia com o resto dos cristãos e ainda retinha aquele título, deu por mulher uma de suas filhas, e com o dote, o título daquele reino: daqui provém o fato de todos os reis de Nápoles se intitularem rei de Jerusalém.

21. Ecelino se alia a Frederico II. Primeiros sucessos das famílias d'Este. Guelfos e gibelinos se multiplicam.

Na Itália vivia-se então deste modo: os romanos já não nomeavam cônsules mas, em troca, com a mesma autoridade, nomeavam um ou mais senadores. Permanecia ainda a coalizão que tinham feito algumas cidades da Lombardia contra Frederico Barba-Ruiva, em que entravam Milão, *Brescia*, Mântua, a maior parte das cidades da Romanha, junto com Verona, *Vicenza*, Pádua e Treviso. Do lado do imperador estavam Cremona, Bérgamo, Parma, *Reggio*, Módena e Trento. As outras cidades e castelos da Lombardia, da Romanha e da Marca Trevisana[1] seguiam, segundo as circunstâncias, ora uma, ora outro partido. Nos tempos de Oto III, havia chegado à Itália um tal Ecelino, o qual ficou ali e teve um filho, que por sua vez gerou outro Ecelino. Este segundo Ecelino, rico e poderoso como era, aliou-se a Frederico II que, como já tinha dito, se convertera em inimigo do Papa. Ao chegar Frederico à Itália, conquistou Verona e Mântua, graças à ajuda e ao favor de Ecelino; destruiu *Vicenza*, ocupou Pádua e desbaratou o exército em coalizão, depois foi à Toscana. Ecelino, entretanto, havia submetido toda a Marca Trevisana, mas não pôde expurgar Ferrara, defendida que era por *Azzone*, de *Da Esti,* e pelas forças que o Papa tinha na Lombardia. Acabado o assédio, o Papa entregou aquela cidade como feudo a *Azzone Estense*, de quem descendem os que até hoje nela mandam. Deteve-se Frederico em Pisa tentando adonar-se da Toscana e, ao assinalar quem eram seus amigos e inimigos naquela província, semeou tamanhas discórdias que causaram a ruína

1. Cf. cap. 10, n. 3.

de toda a Itália, pois os partidários dos guelfos e dos gibelinos se multiplicaram, chamando-se guelfos os que seguiam a Igreja e gibelinos os que seguiam o imperador. Foi em Pistóia onde pela primeira vez se ouviu esse nome. Saindo de Pisa, de muitas maneiras Frederico atacou e destruiu os territórios da Igreja, tanto que o Papa, não tendo outro remédio, promulgou uma cruzada contra ele, como tinham feito seus antecessores contra os sarracenos. E Frederico, para não se ver abandonado repentinamente pelos seus, assoldadou muitos sarracenos; para mantê-los mais obrigados e ao mesmo tempo estabelecer um obstáculo firme contra a Igreja na Itália, que não temesse as maldições papais, doou-lhes a cidade de *Nocera*[2], a fim de que, tendo um próprio refúgio, pudessem com maior segurança servi-lo.

22. Frederico II morre. Igreja em contraste com Manfredo chama Carlos de Anjou. Batalhas de Benevento e Tagliacozzo

Havia subido ao pontificado Inocêncio IV, o qual, temeroso de Frederico, foi-se a Roma e dali à França, onde convocou um concílio em Lyon, ao qual também Frederico decidiu ir. Mas em Parma foi este retido por uma rebelião, que não pôde dominar; seguiu então para a Toscana e dali à Sicília, onde morreu[1]. Deixou na Suábia seu filho Conrado e na Púlia Manfredo, nascido de uma concubina sua, a quem nomeou duque de Benevento. Veio Conrado tomar posse do reino, mas, assim que chegou à cidade, morreu e o reino ficou com seu herdeiro, o pequeno Conradino, que estava na Alemanha. Por este motivo Manfredo ocupou o reinado, primeiro como tutor de Conradino e depois, fazendo correr a voz que Conradino havia morrido, proclamou-se rei contra a vontade do Papa e dos napolitanos, dos quais teve o consentimento pela força. Enquanto tudo isso ocorria no reino de Nápoles, na Lombardia prosseguiam numerosos choques entre guelfos e gibelinos. Pela parte guelfa havia um movimento de coalizão ao Papa, pela parte dos gibelinos andava Ecelino, em cujo poder estava quase toda a Lombardia, na outra margem do Pó. Como Pádua havia se rebelado contra ele durante a guerra, fez morrer doze mil paduanos. Também ele foi morto antes que acabasse aquela guerra, quando tinha oitenta anos de idade. Depois de sua morte tornaram-se livres todos os territórios que possuíra.

2. Não *Nocera*, mas *Lucera*, também no Reino de Nápoles. Cf. *A. Montevecchi, op. cit.*

1. Frederico II (1194-1250) morreu em *Ferentino*, ou *Fiorentino in Capitanata*, perto de *Lucera*, ainda que seu corpo tenha sido logo transferido para Palermo.

Livro I _____ *a Itália, da queda do Império Romano a 1434*

Manfredo, rei de Nápoles, prosseguia sua inimizade com a Igreja, como seus antepassados, e mantinha o Papa, que se chamava Urbano IV, em contínuas angústias. O Papa, para poder dominá-lo, contra ele convocou uma cruzada e foi à Perúgia esperá-la. Mas, parecendo-lhe que tais pessoas em escasso número chegassem, e débeis e tarde, pensou que para vencer Manfredo lhe faziam falta ajudas mais seguras, e as pediu à França, para o que nomeou rei da Sicília e Nápoles Carlos de *Anjou*[2], irmão do rei Luís da França, concitando-o a vir à Itália tomar posse daquele reino. Mas antes que Carlos chegasse a Roma morreu o Papa, sendo eleito seu sucessor Clemente IV, em cujo templo, em Óstia, Carlos chegou com trinta galés e dispôs igualmente que outros dos seus chegassem por terra. Demorando-se em Roma, os romanos, para agradá-lo, fizeram-no senador; o Papa deu-lhe a investidura de rei de Nápoles, com a obrigação de pagar anualmente à Igreja cinqüenta mil florins; e fez um decreto segundo o qual no futuro nem Carlos nem pessoa alguma que tivesse aquele reinado poderia ser imperador.

Carlos foi ao encontro de Manfredo, bateu-o e perto de Benevento matou-o, apossando-se da Sicília e do reino. Mas Conradino, a quem por testamento paterno pertencia aquele reino, reuniu um grande exército e veio à Itália contra Carlos, com quem se embateu em *Tagliacozzo*, mas foi primeiro derrotado; depois, fugindo disfarçado, foi preso e morto.

23. A sinuosa política dos papas para dominar a Itália

A Itália ficou em paz até que o pontificado foi obtido por Adriano V. Encontrava-se Carlos em Roma, que governava aquela cidade em qualidade de senador, e o Papa, que não podia suportar seu poder, foi viver em Viterbo, e incitou o imperador Rodolfo a ir à Itália contra Carlos. E assim os pontífices, uma vez por amor à religião e outras por suas próprias ambições, não cessavam de chamar à Itália novos homens e a suscitar novas guerras[1]. Mas, depois de terem tornado poderoso um novo príncipe, arrependiam-se e buscavam sua ruína, não consentindo que outros possuíssem aquelas províncias que eles, por fraqueza, não podiam possuir. E os príncipes os temiam, porque sempre, combatendo

---

2. *Carlo d'Angiò*, em italiano. *Anjou*, centro-oeste da França, foi um condado no período carolíngio, que os condes *Godofredo Martel* e *Foulques III Nerra* ampliaram durante os séculos X e XI. Godofredo, o Plantageneta, de fato apossou-se da Normandia em 1144, e seu filho e sucessor, Henrique II, tornou-se rei da Inglaterra em 1154. A casa angevina terminou por anexar a Aquitânia a seus domínios, e só começou a declinar em 1204, quando Filipe II, da França, tirou-lhes a Normandia e o *Anjou*.

1. A Igreja como origem da divisão da Itália já fora apontada no capítulo 9 deste livro.

ou fugindo, os papas venciam; só com algum engano eram batidos, como ocorreu com Bonifácio VIII e alguns outros, os quais, enganados com a amizade, foram presos pelos imperadores. Rodolfo não pôde vir à Itália, retido pela guerra contra o rei da Boêmia. Nesta época morreu Adriano e foi feito pontífice Nicolau III, da casa *Orsini*, homem audaz e ambicioso, que pensou de qualquer maneira diminuir o poder de Carlos, e ordenou que o imperador Rodofo se queixasse de que Carlos tinha na Toscana um governador do partido guelfo[2], quando havia sido ele quem ali havia feito triunfar este partido, depois da morte de Manfredo. Carlos cedeu ante o imperador, retirando seus governadores, e o Papa enviou para lá um cardeal, sobrinho de Sua Santidade, em nome do Império, como governador. Por esta honra que se lhe fazia, o imperador devolveu a Romanha à Igreja, que seus antepassados haviam arrebatado, e o Papa nomeou duque da Romanha Bertoldo *Orsini*; e, parecendo-lhe que já era poderoso o suficiente para mostrar o rosto a Carlos, destituiu-o do ofício de senador e fez um decreto estabelecendo que nenhuma pessoa de sangue real doravante pudesse ser senador em Roma. Tinha ainda intenção de retirar a Sicília do poder de Carlos, e com este fim estabeleceu negociações secretas com Pedro, rei de Aragão, que deram resultado mais tarde, em tempos do sucessor deste. Planejava ainda nomear de sua própria casa dois reis, um para a Lombardia e outro para a Toscana, cujo poder fosse capaz de defender a Igreja contra os alemães, que tentavam entrar na Itália, e contra os franceses, que já estavam no reino de Nápoles. Mas, em meio a esses projetos, faleceu. Foi ele o primeiro dos papas que mostrou abertamente sua ambição e se propôs, sob pretexto de tornar a Igreja grandiosa, honrar e favorecer os seus. Até então não se havia feito menção a sobrinhos e aos outros parentes de nenhum pontífice, mas sucessivamente a História está cheia deles e chegaremos a falar até de seus filhos. Já não falta, aos pontífices, outra coisa para tentar, já que, da mesma maneira que em outros tempos procuraram tornar príncipes seus familiares, nos tempos que se seguiram até o papado procuravam deixar-lhes. É bem certo que, até agora, os principados por eles instituídos pouca vida tiveram, já que, as mais das vezes, os pontífices, por viverem pouco tempo, ou não terminam de plantar suas plantas, ou, mesmo quando as plantam, as deixam com tão poucas e tão débeis raízes que, ao primeiro vento, assim que lhes falta a seiva que as mantém, murcham.

2. "... parte guelfa,..." Nesta obra a palavra *partito* aparece como *proposta* (cf. Livro IV, cap.30, n.3), ou, na forma mais usual (até hoje), *escolha* (cf. Livro V, cap. 17, n. 2 e Livro VI, cap.21, n. 2). A conversão de *parte(i)* em facção(ões) estreita a amplitude do conceito de partido do Autor. Cf. Livro VII, cap.1: "...providenciar que não existam partidos."

LIVRO I ———————————— *a Itália, da queda do Império Romano a 1434*

24. As Vésperas sicilianas

Sucedeu-lhe Martinho IV, que, por ser francês de nascimento[1], favoreceu o partido de Carlos, em favor do qual mandou suas tropas à Romanha, que se tinha rebelado. Ocorreu, quando estavam acampados em *Furli*, que o astrólogo *Guido Bonatto*[2] ordenou que, em um determinado momento indicado por ele, o povo atacasse os franceses, e quando isto aconteceu, todos eles foram apanhados e mortos. Foi nesse tempo que se efetivou o acordo entre o papa Nicolau e o rei Pedro de Aragão, em conseqüência. do qual os sicilianos mataram todos os franceses que naquela ilha encontraram, e dela se assenhoreou Pedro, alegando que lhe pertencia por ser casado com Constança, a filha de Manfredo. Mas Carlos morreu quando organizava a guerra para recuperar a Sicília. Foi-lhe sucessor seu filho Carlos II, que durante aquela guerra tinha ficado prisioneiro na Sicília e, para obter sua liberdade, prometeu que voltaria à prisão se no fim de três anos não tivesse conseguido do Papa que os reis de Aragão houvessem assumido o reino da Sicília.

25. O imperador Rodolfo vende a independência de muitas cidades italianas. O papa Bonifácio VIII preso por Filipe IV, o Belo

O imperador Rodolfo, em vez de vir à Itália para assegurar a esta o prestígio do Império, enviou um dos seus embaixadores com a finalidade de tornar livres todas as cidades que pudessem ser resgatadas com dinheiro; muitas o foram[1], e com a liberdade mudaram seus modos de vida. Foi a vez, na sucessão do Império, de Adolfo da Saxônia e, na sucessão do pontificado, de Pedro del Morrone, que foi nomeado papa Celestino; este, sendo ermitão e pleno de santidade, renunciou ao pontificado depois de seis meses, quando foi eleito Bonifácio VIII. Os céus (que sabiam que chegaria o dia em que os franceses e os alemães deixariam a Itália e essa província ficaria completamente em mãos dos italianos), a fim de que o Papa, quando já não tivesse os obstáculos de além das montanhas[2], tampouco conseguisse estabilizar nem gozar de seu poder, fizeram surgir em Roma duas poderosíssimas famílias, os

1. Trata-se de *Simon de Brie*, ou *Brion*.
2. Citado por *Dante Alighieri*, em *La Divina commedia*, *Inferno* XX 118, como um dos adivinhos banidos de Florença, que se refugiou em *Furli*.

1. Foram impostas multas.
2. No original *ostacoli oltramontani*, também pode-se entender "além dos Alpes". Muito provavelmente alude aos franceses e alemães.

MAQUIAVEL — HISTÓRIA DE FLORENÇA

Colonna e os *Orsini*, para que com seu poder e proximidade mantivessem quieto o pontificado. Sabendo disso tudo, o papa Bonifácio, empenhou-se em acabar com os *Colonna*, e, além de excomungá-los, decretou contra eles uma cruzada. Tudo isso, se bem que a estes tivesse ofendido, mais ofendeu à Igreja, porque a arma que virtuosamente tinha sido adotada por amor da fé, quando foi adotada por ambições próprias e contra os cristãos, começou a não cortar[3]. E, assim, o excessivo desejo de saciar seu apetite fazia com que os pontífices pouco a pouco se desarmassem. Além disso, destituiu do cardinalato dois membros daquela família que eram cardeais[4]. E quando *Sarra*, chefe da mesma família, fugia passando escondido diante dele, foi preso pelos corsários catalães e condenado às galés; porém, reconhecido mais tarde em Marselha, foi enviado ao rei Filipe[5] da França, que havia sido excomungado por Bonifácio e destituído do reino. E Filipe, considerando que nas guerras contra os pontífices perdia sempre, ou muitos riscos se corria, escolheu o ardil e, fingindo desejar fazer um acordo com o Papa, mandou *Sarra* secretamente à Itália. Este, chegando em *Alagna*[6], onde estava o Papa, e reunindo à noite seus próprios amigos, prendeu-o. E, apesar de ter sido em seguida liberado pelo povo da *Alagna*, pela dor daquela injúria, furioso faleceu.

26. Instituição do jubileu. O papado em Avinhão. Henrique de Luxemburgo entra na Itália

Foi Bonifácio quem ordenou o jubileu de 1300, e estabeleceu que fosse celebrado a cada cem anos. Naqueles tempos seguiram-se muitas lutas entre guelfos e gibelinos, e tendo sido a Itália abandonada pelos imperadores, muitas cidades ficaram livres passando outras tantas ao poder de tiranos. O papa Benedito restituiu a suas funções os cardeais *Colonna*[1], e à Filipe, rei da França, devolveu a bênção. Foi sucedido por Clemente V, que, sendo francês, levou a corte para a França no ano 1305[2]. Naquele ínterim morreu Carlos II, rei de Nápoles, e sucedeu-lhe seu filho Roberto. O Império tinha passado a Henrique de Luxemburgo[3], que veio a Roma para sua coroação, mesmo que o Papa não estivesse mais ali. Por tal vinda

---

3. A cruzada a favor da religião foi bem sucedida, mas falimentar contra os cristãos.
4. *Jacopo* e *Pietro Colonna*.
5. Filipe IV, o Belo.
6. Hoje denominada *Anagni*, no Lácio meridional, província de Frosinone.

1. Benedito XI (1303-1304). É incorreto que tenha feito isso aos Collona (cf. *A. Montevecchi, op. cit.*).
2. Clemente V, eleito papa em 1305, transferiu a sede pontifícia para Avinhão em 1309.
3. Henrique VII.

LIVRO I _____ *a Itália, da queda do Império Romano a 1434*

organizaram-se muitos movimentos na Lombardia, porque permitiu aos exilados, guelfos e gibelinos, o retorno a suas cidades, ao que se seguiu que, lutando uns contra os outros, enchessem aquela província de guerra, e isso o imperador não pôde remediar apesar de todos os seus esforços. Saindo este da Lombardia, veio a Pisa passando por Gênova, e aqui procurou tirar a Toscana ao rei Roberto; mas, ao não conseguir vantagem alguma, foi-se a Roma. Ali esteve por poucos dias, porque os *Orsini*, ajudados pelo rei Roberto, expulsaram-no. Voltou a Pisa e, para fazer a guerra à Toscana com maior garantia e arrancá-la do governo do rei Roberto, fez com que fosse atacado por Frederico, rei da Sicília[4]. Mas, quando esperava poder ocupar a Toscana e ao mesmo tempo tirar o poder ao rei Roberto, morreu[5]. Sucedeu-o no império Luís da Baviera. Por então chegou ao pontificado João XXII, em tempos do qual o imperador não cessou de perseguir os guelfos e a Igreja, defendida principalmente pelo rei Roberto e pelos florentinos. Daqui surgiram muitas guerras, combatidas na Lombardia pelos *Visconti* contra os guelfos e, na Toscana, por Castruccio, de Lucca, contra os florentinos. Mas como foi a família *Visconti* a fundadora do ducado de Milão, um dos cinco principados que mais tarde governaram a Itália, parece-me melhor recomeçar a descrever a condição deles desde uma data mais antiga.

27. Os *Visconti* expulsam os *Della Torre* e se apoderam de Milão

Quando na Lombardia formou-se a coalizão das cidades a que antes fizemos menção[1], Milão, uma vez reconstruída das ruínas, para defender-se de Frederico Barba-Ruiva e para vingar-se dos danos recebidos, uniu-se àquela coalizão, conseguiu deter Barba-Ruiva e sustentar na Lombardia, durante algum tempo, o partido da Igreja. Nas vicissitudes que então se seguiram, fez-se poderosíssima naquela cidade a família *Della Torre*, cuja reputação foi crescendo continuamente, enquanto diminuía naquela província a autoridade dos imperadores. Mas, ao chegar Frederico II à Itália e tornar-se poderoso o partido gibelino por causa de Ecelino, surgiram em todas as cidades simpatias por este partido. E assim, em Milão, entre os que seguiam os gibelinos, estava a família *Visconti*, que dali expulsou os *Della Torre*. Porém pouco estiveram fora, graças aos acordos entre o imperador e o Papa logo

4. Frederico III, de Aragão (1272-1337).
5. Em 1313.

1. No cap. 18: "...Verona, Pádua e *Vicenza* uniram-se em mútua defesa contra ele".

conseguiram voltar. Tendo ido o Papa com sua corte para a França, veio Henrique de Luxemburgo à Itália para ser coroado em Roma, e foi em Milão recebido por *Maffeo* [Matteo] *Visconti* e por *Guido della Torre*, então os chefes de suas respectivas famílias. *Maffeo* tentou servir-se do imperador para expulsar Guido, pensando que se trataria de uma coisa fácil porque este pertencia à facção inimiga do imperador; e aproveitou, na ocasião das queixas feitas pelo povo por causa das atitudes ameaçadoras dos alemães, para cautelosamente dar ânimo a cada um deles, para persuadi-los a tomar armas e livrar-se da servidão àqueles bárbaros. Quando lhe pareceu que tudo estava pronto, fez que um homem de sua confiança provocasse um tumulto e em conseqüência todo o povo se levantou em armas contra os alemães. Não havia ainda estourado o motim quando *Maffeo,* com seus filhos e todos os seus partidários já tinham empunhado armas, correndo a dizer a Henrique que aquele tumulto o provocavam os *Della Torre* que, não contentes de viver em Milão como simples cidadãos, pretendiam aproveitar aquela ocasião para destituí-lo de Milão, ganhar a confiança dos guelfos e tornar-se príncipes daquela cidade; mas que ficasse bem certo de que, se quisesse defender-se, eles com seus partidários o salvariam de qualquer maneira. Henrique acreditou ser verdade tudo o que havia dito *Maffeo* e, unindo suas forças com as dos *Visconti*, atacou os *Della Torre*, que tinham corrido a diversos pontos da cidade para deter os tumultos; e juntos mataram a quantos puderam, despojando-os de suas riquezas e mandando ao exílio os restantes.

Ficou, pois, *Maffeo Visconti* como príncipe de Milão, sucedendo-lhe *Galeazzo* e *Azzo*, e, a eles, *Luchino* e *Giovanni*. Este chegou a tornar-se arcebispo de Milão. *Luchino*, que morreu diante dele, deixou *Bernabò* e *Galeazzo*[2]. Pouco depois morreu *Galeazzo,* que deixou *Giovan Galeazzo*, chamado *Conte de Virtù*[3]. Este, com a morte do arcebispo, matou por meio de ardis seu tio *Bernabò*, ficando assim como único príncipe de Milão. Foi o primeiro que obteve o título de duque. Deixou os dois filhos, Filipe e *Giovanmariagnolo*, que ao morrer em mãos do povo de Milão, deixou o estado para Filipe, que não deixou filhos homens. Assim foi como aquele estado passou à família dos *Visconti* e, a seguir, à dos *Sforzeschi*, na maneira e pelos motivos que oportunamente narraremos.

2. Incorreto: eram filhos de *Stefano*, irmão de *Luchino*.

3. Na verdade Conde de Vertus, localidade em Marne, Châlon, França, hoje conhecida como Vertus, antigamente Vertudis ou Virtudes, foi anexada à Champagne em 977 e separada em 1361, sues últimos senhores foram os Orléans.

LIVRO I _____ *a Itália, da queda do Império Romano a 1434*

28. Luís, da Baviera, e João da Boêmia invadem a Itália

Mas, retornando ao ponto de onde me afastei, o imperador Luís, para dar reputação aos seus e para tomar a coroa, veio à Itália[1]; quando se encontrava em Milão, buscando maneiras de tirar dinheiro dos milaneses, para que pensassem terem ficado livres colocou os *Visconti* na prisão, aos quais logo liberou por mediação de *Castruccio, de Lucca*. E tendo ido a Roma para poder mais facilmente perturbar a Itália, nomeou antipapa *Piero della Corvara*[2], com cuja reputação, e com a força dos *Visconti*, tratava de manter fracos os partidos contrários da Toscana e da Lombardia. Mas *Castruccio* morreu e sua morte foi causa e princípio da ruína do imperador, já que Pisa e Lucca rebelaram-se contra ele, e os pisanos prenderam o antipapa e mandaram-no ao Papa[3], na França. De modo que o imperador, desesperado com as coisas na Itália, voltou para a Alemanha. Mas ainda não tinha saído este quando os gibelinos de *Brescia*[4] chamaram a João, rei da Boêmia, que se apossou daquela cidade e de Bérgamo. E como esta vinda era com o consentimento do Papa, por mais que fingisse o contrário, o legado[5] deste em Bolonha favorecia o rei João, julgando que fosse isso um bom remédio a prover que o imperador não retornasse à Itália. Por causa deste fato mudaram as coisas na Itália, pois os florentinos e o rei Roberto, vendo que o legado favorecia os empreendimentos dos gibelinos, tornaram-se inimigos de todos os que eram amigos do legado e do rei da Boêmia; e já sem olhar a guelfos e gibelinos, a eles uniram-se muitos príncipes, entre os quais estavam os *Visconti*, os *Della Scala*, o mantuano Filipe Gonzaga, os *Carrara* e os *Da Esti*[6], pelo que o Papa os excomungou todos[7]. O rei, por temor a esta coalizão, foi à sua terra para obter reforços e, mesmo voltando à Itália com maiores forças, a empresa não lhe resultou fácil, de maneira que, desalentado, teve de voltar à Boêmia com grande desgosto para o legado, deixando protegidas somente Módena e *Reggio*; e, ao mesmo tempo, recomendou Parma a Marsílio e *Piero de' Rossi*, que naquela cidade eram muito poderosos. Uma vez que se afastou este, Bolonha uniu-se à coalizão e os aliados distribuíram entre si as quatro

---

1. Luís IV, o Bávaro, ou da Baviera (1314-47), esteve na Itália em 1327.
2. Com o nome de Nicolau V (1328-30).
3. Ao papa João XXII (1316-34).
4. Foi chamado pelos guelfos, ameaçado pelo gibelino *Mastino della Scala*.
5. Representante que a Santa Sé nomeava junto a governos estrangeiros.
6. É a Liga de Castelbaldo (1331), à qual aderiram os *Visconti*, os *Scaligeri*, os Gonzaga e os *Da Esti*; os carrarenses naquela época ainda não eram senhores de Pádua.
7. Isto é incorreto, cf. *A. Montevecchi, op. cit.*

cidades que permaneciam fiéis à Igreja, estabelendo que Parma passasse aos *Della Scala*, *Reggio* aos Gonzaga, Módena aos *Da Esti* e Lucca aos florentinos. Mas esses empreendimentos ocasionaram muitas guerras, que em boa parte foram ajeitadas pelos venezianos.

A alguns parecerá, talvez, não conveniente o fato de que, entre tantas coisas narradas da Itália, tenhamos omitido tanto os venezianos de nossas considerações, sendo a deles uma república que, pela organização e poderio, deve ser considerada acima de qualquer outro principado da Itália. Mas, para anular essa estupefação, entendendo suas razões, irei muito atrás no tempo, para que todos possam saber quais foram as origens dos venezianos e porque tardaram tanto tempo para intervir nos problemas da Itália.

29. Origens de Veneza, de sua grandeza e decadência

Quando Átila, rei dos hunos, assediou Aquiléia, os habitantes desta cidade, depois de se terem defendido por muito tempo, e desesperados por suas condições, como melhor puderam refugiaram-se, com as coisas que podiam carregar, nas muitas ilhotas desabitadas da extremidade do mar Adriático. E também os paduanos, vendo já próximo o fogo e temendo que, vencida Aquiléia, Átila viesse contra eles, levaram todas as suas coisas transportáveis de mais valor ao mesmo lugar, chamado *Rivo Alto*[1], para onde também mandaram as mulheres, as crianças e os idosos, enquanto deixavam em Pádua seus jovens para defendê-la. Além desses, também os de *Monselice*, mais os habitantes das colinas vizinhas, movidos pelo mesmo terror, foram-se para as ilhotas daquele lugar. Uma vez tomada Aquiléia por Átila, e destruídas *Monselice*, *Vicenza* e Verona, os de Pádua e os mais fortes permaneceram vivendo nos paludes em torno a *Rivo Alto*. Da mesma forma, todos os povos ao redor da província, que antigamente se chamava Veneza, impelidos pelos mesmos acidentes, reuniram-se naqueles paludes. Assim, obrigados pela necessidade, abandonaram ameníssimos e férteis lugares para morar em outros estéreis, feios e sem nenhuma comodidade. E como eram povos numerosos, reunidos às pressas, em brevíssimo tempo tornaram aqueles lugares não só habitáveis, mas até agradáveis; e gozavam de segurança entre eles, estabelecendo suas próprias leis e regulamentos, em meio a tamanha ruína da Itália. Deles em breve aumentou o prestígio e a força,

---

1. Hoje Rialto. De *riva/o*, margem.

LIVRO I _____ *a Itália, da queda do Império Romano a 1434*

porque, além dos já citados habitantes, muitos outros ali se refugiaram, provenientes da Lombardia, desterrados principalmente pela crueldade do rei dos lombardos, *Clef,* o que, numericamente, contribuiu bastante para o crescimento da cidade, ao ponto de, no tempo do rei Filipe da França[2], que a pedido do Papa veio expulsar os lombardos da Itália, entre os acordos que estabeleceram ele e o imperador da Grécia, estipulou-se que nem o duque de Benevento nem os venezianos tivessem de obedecer um ao outro, mas que, como neutros, gozassem sua própria liberdade. Além disso tudo, como a necessidade os tinha trazido a viver entre aquelas águas, pensavam que honestamente poderiam viver, sem precisar de qualquer maneira valer-se da terra; e navegando pelo mundo todo encheram sua cidade das mais variadas mercadorias. E como outras pessoas precisavam dessas mercadorias, convinha que àquela cidade viessem. Durante muitos anos não pensaram noutro domínio senão naquele que tornasse o tráfico de suas mercadorias mais fácil, por isso conquistaram vários portos na Grécia e na Síria. E aos franceses, por terem se servido de suas naves nas travessias à Ásia inúmeras vezes, deram como prêmio a ilha de Cândia[3].

Enquanto viveram dessa maneira, o nome deles era temido no mar e respeitado na terra, de forma que quase sempre eram árbitros nas controvérsias que surgiam. Assim ocorreu com as divergências surgidas entre os membros da coalizão por motivo da repartição de terras. Colocada a causa nas mãos dos venezianos, estes adjudicaram Bérgamo e *Brescia* aos *Visconti*. Estes, tomados pela avidez de domínio, a seguir ocuparam Pádua, *Vicenza*, Treviso e depois Verona, Bérgamo e *Brescia*, assim como muitas outras cidades na Romanha e no Reino de Nápoles, e ganharam fama de tal poderio que não somente aos príncipes italianos, mas inclusive aos de além-mar causavam pavor. Pelo que, numa ocasião, todos conjuraram-se contra eles[4] e num só dia lhes tiraram aquele estado [poder] que tinham ganho com o infinito empenho de muitos anos. E, por mais que em nossos dias tenham recuperado uma parte do mesmo, sem ter recuperado seja a reputação, seja as forças anteriores, vivem à discrição dos outros, como todos os outros príncipes italianos.

2. Aqui há uma confusão entre Filipe, o Breve, com um outro Filipe, filho de Carlos Magno, rei da Itália, que falhou na tentativa de conquistar Veneza.

3. Atual ilha de Creta, em 1204, depois da IV Cruzada.

4. Refere-se à Liga de Cambrai, de 1508.

30. Luís, da Baviera, contra o papa Benedito XII

Havia chegado ao pontificado Benedito XII e, como parecia-lhe que tinha perdido inteiramente o domínio da Itália, e temendo que o imperador Luís se assenhoreasse da mesma, deliberou ganhar-se a amizade de todos os que tinham usurpado os territórios que costumavam obedecer ao imperador, a fim de que, tendo motivos para temer o Império, se aliassem entre si na defesa da Itália. E fez um decreto estabelecendo que todos os tiranos da Lombardia que tinham usurpado terras pudessem legalmente continuar em sua posse. Mas morreu o Papa assim que foi feita essa concessão, e reelegeu-se Clemente VI. E vendo o imperador com quanta liberdade tinha o Papa regalado territórios que eram do Império, para não ser menos generoso do que este havia sido com as coisas alheias, doou a todos que se tinham assenhoreado dos territórios da Igreja essas mesmas terras, a fim de que continuassem em suas posses, mas com autorização imperial. Foi assim que *Galeotto Malatesti* e seus irmãos tornaram-se senhores de Rímini, Pésaro e Fano; que *Antonia da Montefeltro*, de Urbino e da *Marca*; *Gentile da Verano*, de Camerino; *Guido di Polenta*, de Ravena; *Sinibaldo Ordelaffi*, de *Furli* e *Cesena*; *Giovanni Manfredi*, de *Faenza*; *Lodovico Alidosi*, de Ímola; e além desses, muitos outros, assenhorearam-se de muitas outras terras, de tal forma que poucas cidades da Igreja ficaram sem um príncipe. Coisas que a debilitaram até que Alexandre VI, aos nossos tempos, com a ruína dos descendentes daqueles, restituiu-lhe sua autoridade.

O imperador encontrava-se em Trento quando fez essas concessões; fez ainda correr voz de que ia passar pela Itália, e em conseqüência disso originaram-se muitas guerras na Lombardia, graças às quais os *Visconti* apossaram-se de Parma.

Morreu nessa época o rei Roberto de Nápoles, deixando só duas netas, filhas de seu filho Carlos, que tinha morrido muito antes. E deixou estabelecido no testamento que a mais velha, chamada Joana[1], fosse a herdeira do reino, e que com ela se casasse o primo André, filho do rei da Hungria. Mas André não durou muito tempo com ela, que o fez morrer e casou-se com outro primo seu, chamado Luís, príncipe de Táranto[2]. No entanto, Luís, rei da Hungria e irmão de André, para vingar a morte deste, veio à Itália e expulsou do reino Joana e seu marido.

---

1. Joana I, de *Anjou* (1326-1382), reinou desde 1343.
2. Variante: Tarento.

LIVRO I — a Itália, da queda do Império Romano a 1434

31. O tribuno *Cola di Rienzo* expulsa os senadores e torna-se chefe da República Romana

Por esses tempos ocorreu em Roma um fato digno de lembrança: um tal *Niccolò di Lorenzo*[1], chanceler do Capitólio, expulsou de Roma os senadores e se fez chefe da República Romana com o título de tribuno; e restituindo-lhe à antiga forma com tal reputação de justiça e virtude que não só aos estados limítrofes, mas a toda Itália mandou embaixadores. De maneira que as antigas províncias, vendo como tinha renascido Roma, alçaram a cabeça; e umas com medo, outras com esperança tributavam-lhe honras. Mas *Niccolò*, não obstante tanta reputação, traiu-se já de início; sigilosamente fugiu, apavorado sob tanto peso e sem ter sido por ninguém expulso, foi encontrar Carlos, rei da Boêmia[2], que por ordem do Papa, em desprezo a Luís da Baviera, tinha sido eleito imperador. E Carlos, para corresponder ao pontífice, entregou-lhe *Niccolò* preso. Mas aconteceu que, no fim de algum tempo, um tal *Francesco Baroncegli*, seguindo o exemplo de *Niccolò*, ocupou o tribunato em Roma, expulsando os senadores. Foi assim que o Papa, em busca de uma rápido remédio para reprimi-lo, tirou da prisão *Niccolò* e o mandou a Roma, devolvendo-lhe o cargo de tribuno[3]; assim que *Niccolò* recuperou o comando fez morrer *Francesco*. Mas, tendo-se tornado inimigo dos *Colonna*, também ele foi morto não muito depois, e os senadores recuperaram seus cargos.

32. A rainha Joana entrega Avinhão à Igreja. O jubileu passa ser a cada 50 anos

Entrementes o rei da Hungria, uma vez expulsa a rainha Joana, voltou a seu reino. Mas o Papa, que mais preferia ter perto de Roma a rainha do que o rei, agiu de maneira que este ficasse contente em devolver o reino a Joana, mesmo com a condição de que Luís, marido desta, se conformasse com o título de príncipe de Táranto e não se fizesse chamar rei.

Havia chegado o ano de 1350 e ao Papa[1] pareceu conveniente que o jubileu, que Bonifácio VIII tinha estabelecido que se comemorasse a cada cem anos, pudesse ser celebrado a cada cinqüenta anos. Assim o decretou, e os romanos, agradecidos por esse benefício, assentiram que o Papa mandasse a Roma quatro cardeais para reformar o governo da

---

1. Conhecido popularmente como *Cola di Rienzo*, assumiu o poder em 1347 e foi morto em 1354.
2. Carlos IV.
3. Cola foi nomeado senador por Inocêncio VI.
1. Clemente VI, 1342-62.

MAQUIAVEL_____HISTÓRIA DE FLORENÇA

cidade e ficaram satisfeitos de escolher os senadores como desejassem. O Papa ainda proclamou Luís, de Táranto, rei de Nápoles, pelo que a rainha Joana, em agradecimento ao favor, deu à Igreja a cidade de Avinhão, que era patrimônio dela.

Por esses tempos morreu *Luchino Visconti*, pelo que o arcebispo *Giovanni* de Milão veio a ser o único senhor da cidade, e muita guerra fez à Toscana e a seus vizinhos, conseguindo dessa maneira tornar-se poderosíssimo. Morto, sucederam-lhe seus sobrinhos *Bernabò* e *Galeazzo*. Mas, ao morrer pouco depois *Galeazzo*, deixando como herdeiro *Giovan Galeazzo*, este dividiu com *Bernabò* aquele estado[2].

Era nessa época imperador o rei Carlos da Boêmia, e papa, Inocêncio VI, o qual enviou à Itália o cardeal espanhol Egídio, que, com sua virtude, conseguiu devolver reputação à Igreja não só na Romanha e em Roma, mas em toda a Itália[3]; recuperou Bolonha, da qual tinha se apoderado o arcebispo de Milão; obrigou os romanos a aceitar um senador estrangeiro que o Papa enviaria a cada ano; fez honrosos acordos com os *Visconti*; derrotou e prendeu o inglês *Giovanni Auguto*[4], que com quatro mil compatriotas seus andava lutando na Toscana, auxiliando os gibelinos. Por isso, quando Urbano V chegou ao pontificado e teve notícias de todas essas vitórias, decidiu visitar a Itália e Roma, e a mesma coisa fez também o imperador Carlos. Mas em poucos meses Carlos voltou ao reino e o Papa voltou a Avinhão.

Depois da morte de Urbano, foi escolhido Gregório XI; e como tinha morrido também o cardeal Egídio, a Itália retornou às suas antigas discórdias, provocadas agora pelos povos que se tinham aliado contra os *Visconti*. Tanto é que o Papa primeiro enviou à Itália um seu núncio com seis mil bretões, depois veio ele mesmo, e novamente trouxe sua corte a Roma no ano 1376[5], depois de setenta e um anos que tinha estado na França. Após a morte daquele, foi eleito Urbano VI, mas pouco depois dez cardeais que afirmavam que Urbano não tinha sido eleito legalmente, em Fondi proclamaram papa Clemente VII[6]. Naquele tempo, os genoveses, que durante longos anos tinham vivido sob o governo dos *Visconti*, rebelaram-se. Mas entre eles e os vizinhos, por causa da ilha de Tenedo, surgiram importantíssimas guerras, pelas quais se dividiu a Itália

2. Depois *Bernabò* eliminou *Gian Galeazzo*, ficando senhor único.
3. Egídio de Albornoz, fundador da Escola de São Clemente, em Bolonha, publicou em *Fano* (Itália, 1357) a famosa *Constitutiones Ægidianæ*.
4. É a italianização de *John Hawkwood*.
5. Data contada *ab incarnatione* segundo o costume florentino, mas para nós, 1377; o calendário gregoriano será introduzido só em 1582.
6. Aqui teve início o grande Cisma do Ocidente (1378-1447).

74

LIVRO I _____ *a Itália, da queda do Império Romano a 1434*

toda. Nessas guerras pela primeira vez empregou-se a artilharia, novo instrumento bélico inventado pelos alemães. Mesmo que os genoveses fossem superiores durante algum tempo e mantivessem Veneza assediada por vários meses, entretanto, no final resultaram superiores os venezianos. Por meio do pontífice assinaram a paz em 1381.

33. Cisma na Igreja. Turbulência entre Nápoles e Milão

Tinha surgido, como dissemos[1], um cisma na Igreja, e a rainha Joana favorecia o Papa cismático, motivo pelo qual Urbano, contra ela encomendou a Carlos de Duras[2], descendente do rei de Nápoles, a empresa da conquista desse reino. Este, assim que chegou arrebatou-lhe o estado e ficou com o reino, pelo que ela teve de fugir para a França[3]. O rei da França, irritado por tudo isso, enviou Luís de *Anjou* com o fim de recuperar o reino para Joana, expulsar Urbano de Roma e entronizar o antipapa. Mas Luís morreu no curso dessa empresa e os seus, derrotados, retornaram à França. Enquanto isso, o Papa foi-se a Nápoles, onde mandou para a prisão nove cardeais que eram partidários da França e do antipapa. Em seguida se zangou com o rei, por este não ter nomeado príncipe de Cápua um sobrinho seu, e fingindo que não dava importância a isso, pediu que lhe fosse concedida *Nocera* como residência. Assim que se fez forte ali, preparou-se para tirar o rei do reino. Por esse motivo o rei colocou suas tropas em campo, e o Papa fugiu para Gênova, onde fez morrer os cardeais que tinha prisioneiros. Dali foi-se a Roma, onde, para afirmar sua autoridade, nomeou vinte e nove cardeais.

Nessa época Carlos III, rei de Nápoles, viajou à Hungria, onde foi proclamado rei, mas morreu pouco depois. Deixou em Nápoles sua mulher com seus filhos Ladislau e Joana. Foi ainda nessa época que *Giovan Galeazzo Visconti* havia matado seu tio *Bernabò* e tomado todo o estado de Milão. E, não contente de ter-se tornado duque da Lombardia, pretendeu também ocupar a Toscana. Mas enquanto projetava tomá-la e coroar-se logo rei da Itália, morreu. A Urbano VI sucedeu Bonifácio IX. Morreu ainda, em Avinhão, o antipapa Clemente VII, e foi eleito Benedito XIII.

---

1. No cap. anterior.

2. *Charles de Duras, Carlo di Durazzo*, em italiano.

3. Joana fugiu para a França quando Nápoles foi conquistada por Luís da Hungria, em 1347, e foi morta por Carlos de Duras em 1382. Cf. *A. Montevecchi, op. cit.*

34. As Companhias de Ventura. Verona rende-se a Veneza

Nessa época estavam na Itália muitos soldados, ingleses, alemães, bretões, alguns conduzidos por príncipes que em épocas diversas tinham vindo à Itália, e outros, enviados pelos pontífices quando se encontravam em Avinhão. Durante muito tempo os príncipes italianos valeram-se desses soldados para suas guerras, até que surgiu *Lodovico da Conio*, da Romanha, e formou uma companhia de soldados italianos, que tinha o nome de São Jorge. Sua coragem e disciplina logo tiraram a fama dos exércitos estrangeiros, devolvendo-a aos italianos, de quem logo os príncipes da Itália passaram a servir-se nas lutas.

O Papa, por discórdias com os romanos, foi para Assis, onde permaneceu até que chegou o ano jubileu de 1400. Durante esse tempo, os romanos, a fim de que o Pontífice voltasse a Roma para o bem da cidade, ficaram contentes em aceitar novamente um senador forasteiro, nomeado por ele, e permitiram-lhe fortificar o Castelo de Santo Ângelo. Sob essas condições retornou o Papa, e, para conseguir mais riqueza para a Igreja, ordenou que quando ficasse vago algum benefício pagassem todos uma anuidade à Câmara Apostólica. Depois da morte de *Gian Galeazzo*, duque de Milão, mesmo que deixasse dois filhos, *Giovanmariangelo* e Filipe, muitas divisões aconteceram naquele estado, e nas confusões que se seguiram *Giovanmaria* foi morto e Filipe, encerrado durante algum tempo no Castelo de Pavia, de onde se salvou pela fé e pela virtude do castelão. E entre os outros que ocuparam as cidades em posse do pai deles está *Guglielmo della Scala*, que, fugitivo, foi preso por *Francesco* da *Carrara*, senhor de Pádua, e graças ao qual havia retomado o estado de Verona, onde permaneceu por pouco tempo, posto que, por ordem de *Francesco* foi envenenado e a cidade, tomada. Motivo pelo qual os vicenzinos[1], que tinham vivido seguros sob as insígnias dos *Visconti*, temendo a grandeza do senhor de Pádua, renderam-se aos venezianos, com a ajuda dos quais puderam empreender a guerra contra aquele, tirando-lhe primeiro Verona e logo, Pádua.

35. O povo romano chama Ladislau, rei de Nápoles. O Concílio de Pisa

Enquanto isso, morreu o papa Bonifácio e foi eleito Inocêncio VII, a quem o povo de Roma suplicou que devolvesse as fortalezas e lhes restituísse a liberdade, o que o Papa não quis consentir. Por isso o

---

1. Da cidade de *Vicenza*.

LIVRO I _____ *a Itália, da queda do Império Romano a 1434*

povo chamou em sua ajuda Ladislau, rei de Nápoles. Depois, como chegaram a um acordo, o pontífice voltou a Roma, pois, por medo do povo tinha fugido a Viterbo, donde tinha nomeado conde da Marca seu sobrinho Luís, que morreu pouco depois. Foi escolhido papa Gregório XII, com a obrigação de renunciar ao papado cada vez que o antipapa renunciasse. Para agradar aos cardeais e tentar unificar a Igreja, o antipapa Benedito foi a Porto Venere, e Gregório, a Lucca, onde falaram de muita coisa e não chegaram a conclusão alguma, de maneira que os cardeais de cada Papa os abandonaram; e enquanto Benedito foi a Espanha, Gregório foi a Rímini. Os cardeais, por conta própria, com o apoio de *Baldassare Cossa*, legado e cardeal de Bolonha, organizaram um concílio em Pisa[1], onde elegeram Alexandre V, que imediatamente excomungou o rei Ladislau, e investiu neste reino Luís de *Anjou*[2], e junto com os florentinos, os genoveses e os venezianos, e com o legado *Baldassare Cossa*, atacaram Ladislau e lhe tiraram Roma. Mas no ardor dessa guerra morreu Alexandre e foi eleito papa *Baldassare Cossa*, que se fez chamar João XXIII. Este partiu de Bolonha, onde tinha sido eleito, e foi a Roma, onde encontrou Luís de *Anjou*, que tinha vindo com o exército de Provença; e, lutando com Ladislau, o venceu. Mas por erro dos comandantes não pôde consumar a vitória, de maneira que em pouco tempo este rei recuperou forças e retomou Roma, tendo o Papa fugido para Bolonha e Luís, para Provença. O Papa, pensando em minguar o poder de Ladislau, conseguiu que fosse eleito imperador Sigismundo, rei da Hungria, e o animou a vir à Itália, encontrando-o em Mântua. Acordaram celebrar um concílio geral, mediante o qual se congregasse a Igreja, que, unida, facilmente poderia opor-se às forças de seus inimigos.

36. O Concílio de Constanza e o fim do cisma

Havia, naquele tempo, três papas, Gregório, Benedito e João, que mantinham débil e sem reputação a Igreja. Foi escolhida como sede do concílio a cidade alemã de Constança[1], contra a vontade do papa João; e este, mesmo que houvesse, com a morte do rei Ladislau, desaparecido o motivo que induzira o Papa a recorrer ao Concílio, não pôde negar-se a ir, por ter-se comprometido. E levado a Constança, no fim de não muitos meses, reconhecendo tarde seu erro, tentou fugir, pelo que foi

1. Em 1409.
2. O filho de Luís, do cap. XXXIII.

1. Em 1414.

77

encarcerado e obrigado a renunciar ao papado[2]. Gregório, que ainda era um dos antipapas, renunciou por meio de um enviado; e Benedito, o outro antipapa, ao não querer renunciar, foi condenado como herege. No final, abandonado por um dos seus próprios cardeais, foi também obrigado a renunciar, e o Concílio escolheu Oto, da família *Colonna*, que depois chamou-se Martinho V. E dessa maneira unificou-se a Igreja, depois de quarenta anos de cisma entre vários pontífices.

37. Filipe *Visconti* recupera o "estado" da Lombardia

Encontrava-se naquele tempo Filipe *Visconti*, como dissemos[1], na fortaleza de Pavia. Tendo morrido *Fazino*[2] *Cane*, que nos distúrbios da Lombardia se tinha apossado de *Vercelli*, *Alessandria*, Novara e Tórtona, e que tinha reunido muitas riquezas, deixou herdeira de seus estados, pois não tinha filhos, sua mulher Beatriz[3], ordenando a seus amigos que fizessem com que esta se casasse com Filipe. Tendo-se tornado poderoso com este matrimônio, Filipe reconquistou Milão e todo o estado da Lombardia. Depois, para agradecer os grandes benefícios recebidos, como costumam fazer sempre todos os príncipes[4], acusou, Beatriz, sua mulher, de adultério e a fez morrer[5]. Tornando-se, portanto, poderosíssimo, começou a planejar as guerras da Toscana, seguindo os projetos de *Giovan Galeazzo*, seu pai.

38. Joana II, Rainha de Nápoles

O rei Ladislau, de Nápoles, ao morrer, havia deixado à sua irmã Joana, além do reino, um grande exército capitaneado pelos principais comandantes da Itália, dentre eles *Sforza di Cotignuola*[1], considerado, no exército, valoroso. A rainha, para evitar qualquer maledicência por ter a seu lado um tal *Pandolfello*, que ela tinha criado, casou com *Iacopo della Marcia*[2], francês de estirpe real, com a condição que se contentasse com o título de príncipe de Táranto, deixando a ela o título e o governo

---

2. Além disso, o Papa foi acusado de numerosos vícios.

1. Cf. cap. 34.
2. *Facino* (16 de maio de 1412).
3. Beatriz de Tenda.
4. Ironia. Como princípio, aparece em *Discorsi sopra la prima Deca di Tito Livio*, I, XXIX e *Il principe*, XVII e XVIII.
5. *"...accusò Beatrice sua moglie di stupro e la fece morire."*

1. *Muzio Attendolo*, chamado *Sforza*, nascido em *Cotignola*, Ravena.
2. *Giacomo de Bourbon*, conde da Marca.

LIVRO I _____ *a Itália, da queda do Império Romano a 1434*

do reino. Mas os soldados aclamaram-no rei assim que chegou a Nápoles, de maneira que entre marido e mulher surgiram grandes discórdias, muitas vezes um superou o outro. Contudo, no final, a rainha ficou no poder, e tornou-se, depois, inimiga do pontífice, donde *Sforza*, para obrigá-la a penúrias e tê-la na palma de sua mão, renunciou a servi-la sem avisá-la. Por isso ela ficou de repente desarmada e, não tendo outro remédio, recorreu a Afonso, rei de Aragão e da Sicília, adotando-o como filho, e assoldadou *Braccio da Montone*, que no exército tinha tanta reputação quanto o próprio *Sforza* e era inimigo do Papa por ter-lhe tomado Perúgia e outros territórios da Igreja. Depois veio a paz entre ela e o Papa, mas o rei Afonso, temendo ser tratado como fora o marido dela, procurava cautelosamente apoderar-se das fortalezas; porém ela, astuta, previu isso e se guarneceu na fortaleza de Nápoles. Crescendo, portanto, entre um e outro as recíprocas suspeitas, foram às armas; e a rainha, com a ajuda de *Sforza*, que tinha retornado a seu serviço, venceu Afonso, expulsou-o de Nápoles, tirou-lhe a adoção e adotou Luís de *Anjou*, de onde novamente surgiu guerra entre *Braccio*, que seguia Afonso, e *Sforza*, que seguia a rainha. Enquanto preparava essa guerra, *Sforza*, ao passar o rio de Pescara, afogou-se, com o que a rainha ficou outra vez desarmada; e teria sido expulsa do reino se não fosse a ajuda de Filipe *Visconti*, duque de Milão, que obrigou Afonso a voltar a Aragão. Mas *Braccio*, sem desanimar, mesmo vendo Afonso tão abatido, continuou a guerra contra a rainha e assediou *L'Aquila*. Mas o Papa, pensando que a importância de *Braccio* não servia aos interesses da Igreja, assoldadou Francisco, filho de *Sforza*. Este foi ao encontro de *Braccio* em *L'Aquila*, onde o derrotou e matou. *Braccio* deixou um filho, *Oddo*, a quem o Papa tirou Perúgia, deixando-lhe [o castelo de] Montone. Ele porém foi pouco depois morto, combatendo na Romanha pelos florentinos; e dentre os que militavam com *Braccio*, *Niccolò Piccino*[3] foi quem com mais reputação ficou.

39. Condições em que se encontrava a Itália em meados do século XV

E como chegamos, com nossa narração, a tempos mais próximos dos que tínhamos planejado, e como o que nos falta tratar, na maior parte, não tem importância, senão as guerras feitas pelos florentinos e venezianos contra Filipe, duque de Milão, as quais descreveremos ao falar em particular de Florença[1], não desejo

3. Ou *Piccinino*.
1. No livro IV.

79

prosseguir. Eu me limitarei recordar brevemente em que condições, no que se refere a príncipes e armas, encontrava-se a Itália nos tempos onde chegamos escrevendo.

No que se refere aos estados principescos, a rainha Joana estava em posse do Reino de Nápoles; uma parte do Patrimônio, da Romanha e da *Marca* obedecia à Igreja, a outra era ocupada por seus vicários ou tiranos; assim eram Ferrara, Módena e *Reggio*, pelos *da Esti*; *Faenza*, pelos *Manfredi*; Ímola, pelos *Alidosi*; *Furli*, pelos *Ordelaffi*; Rímini e Pésaro, pelos *Malatesti*, e Camerino, pelos *de Verano*. Quanto à Lombardia, uma parte obedecia ao duque Filipe e outra aos venezianos, já que todos os outros que nela tinham estados próprios[2] haviam sido eliminados, exceto a casa Gonzaga, que dominava Mântua. Os florentinos eram senhores da maior parte da Toscana: só *Lucca* e Siena viviam segundo suas próprias leis: *Lucca* sob os *Guinigi* e Siena, livre. Os genoveses eram livres e servos, ora dos reis da França, ora dos *Visconti*, e viviam na desonra e se contavam entre os menores potentados; todos os maiores potentados estavam sem exércitos próprios[3]; o duque Filipe, encerrado em seus aposentos e sem se deixar ver, dirigia suas guerras por meio de comissários; os venezianos, ao se voltarem para o continente, desfizeram-se das armas que os tinham feito gloriosos no mar e, seguindo o costume dos italianos, administravam seu exércitos servindo-se de governos alheios. O Papa, por não lhe ficar bem o uso das armas sendo um eclesiástico, e a rainha Joana, de Nápoles, por ser mulher, faziam por necessidade o que os outros tinham feito por má escolha; os florentinos também obedeciam às mesmas necessidades porque, tendo-se destruído a nobreza com as freqüentes divergências e ficando aquela república nas mãos de homens formados no comércio, seguiam as ordens e a fortuna dos outros.

Estavam pois as armas da Itália em mãos de príncipes menores, ou de homens sem estado, porque os príncipes menores as usavam não movidos por desejos de glória alguma, mas para viver mais ricos ou mais seguros. Os outros, por se terem formado nelas desde pequenos, não sabendo outra arte, com as armas buscavam conseguir riqueza ou com o poder honrar-se. Entre eles, eram os mais famosos *Camignuola*[4], *Francesco Sforza*, *Niccolò Piccino*, discípulo de *Braccio*,

---

2. Limitados a só uma localidade.
3. Quer dizer, obrigados a se servir de milícias mercenárias.
4. *Francesco di Bussone*, conde de Carmangnola.

LIVRO I ———————————— *a Itália, da queda do Império Romano a 1434*

Agnolo della Pergola, Lorenzo e *Micheletto Attenduli, Tartaglia*[5], *Iacopaccio*[6], *Ceccolino da Perugia, Niccolò* da *Tolentino, Guido Torello, Antonio dal Ponte al Era*, e muitos outros parecidos. Com estes estavam aqueles senhores de quem falei antes, aos quais se acrescentavam os nobres de Roma, os *Orsini* e os *Colonna*, e também outros senhores e gentis-homens do reino de Nápoles e da Lombardia. Eles todos, estando em guerra perene, fizeram uma espécie de coalizão e, ao mesmo tempo, acordo, transformando-a em arte, com a qual de tal forma se equilibravam que, numa mesma guerra, ambas as partes perdiam; e no final estava tão aviltada a tal arte, que um medíocre capitão qualquer, no qual tivesse renascido alguma sombra da antiga virtude, os teria vituperado e ganho a admiração de toda a Itália que, pela sua pouca prudência, os honrava. Portanto, desses ociosos príncipes e dessas vilíssimas armas estará cheia minha história[7], à qual, antes que me estenda, é necessário, como prometi no início, voltar atrás para contar as origens de Florença, e amplamente fazer ver a todos qual era o estado desta cidade naqueles tempos, e como tinha chegado a isso através de tantas vicissitudes ocorridas na Itália ao longo de mil anos.

---

5. *Angelo Lavello*, chamado *il tartaglia*, o gago.
6. *Iacopo Caldora. Iacopaccio*, seria equivalente a Jacozão.
7. Para Gian Giono, é nesta frase que se encontra "le veritable sentiment de l'historien".

LIVRO II

Florença, das origens à peste de 1348

LIVRO II _____ *Florença, das origens à peste de 1348*

1. Benefícios que as repúblicas tinham ao fundar colônias

Entre outras grandes e maravilhosas ordenações das repúblicas e antigos principados já desaparecidos nesses nossos tempos, havia aquela por meio da qual, de novo e em cada época, muitos povoados e cidades se edificavam; porque nada é mais digno de um ótimo príncipe e de uma república bem organizada, nem mais útil a uma província[1], do que edificar novos povoados onde possam os homens, por comodidade de defesa ou cultivo, agrupar-se; coisas que podiam facilmente fazer, pelo costume que tinham de mandar aos territórios desocupados ou vencidos novas populações, que chamavam colônias. Porque essas ordenações, além de serem causa de criação de novos povoados, faziam dos já tomados localidades mais seguras para o vencedor, enchiam de habitantes os lugares desabitados e mantinham bem equilibrada a distribuição das pessoas nas províncias. Daí resultava que, vivendo nas províncias mais comodamente, as pessoas mais procriavam, mais se tornavam preparadas para o ataque, tornavam-se mais seguras na defesa. Mas perdido hoje esse costume, pelo mau proceder das repúblicas e dos príncipes, veio a ruína e a fraqueza das províncias; porque é esse o único modo de dar segurança aos impérios e, como já disse, manter as cidades copiosamente habitadas.

A segurança nasce do fato de que a colônia estabelecida por um príncipe em um povoado que recentemente ocupou é como uma fortaleza e um baluarte para manter fiéis os outros[2]. Sem esta ordenação não se pode manter uma província totalmente habitada, nem continuar a boa distribuição de seus habitantes; porque nem todos os lugares nela são férteis ou sãos, conseqüentemente, em uns os habitantes abundam, em outros, faltam. E se não se consegue tirá-los de onde excedem e transferi-los para onde faltam, essa província em pouco tempo se estraga, porque uma parte sua fica deserta, pelos poucos habitantes, e a outra se empobrece, pelo excesso deles. E como a natureza a isto não pode pôr

1. Cf. Livro I, Proêmio.
2. Os outros povoados ocupados.

remédio, é necessário que se ponha engenho, pois os povoados malsãos em sãos se convertem quando uma multidão os ocupa de repente; com o cultivo saneiam a terra e com o fogo purificam o ar, coisas que a natureza jamais poderia prover. Isso fica demonstrado pela cidade de Veneza, situada em um lugar paludoso e malsão; no entanto, os inúmeros habitantes que de repente se concentraram ali, tornaram-no são. Pisa também, porque com seu mau clima jamais ficou povoada completamente, senão quando Gênova e sua costa foram desfeitas pelos sarracenos, o que fez com que os que tinham sido expulsos de suas terras pátrias de repente em grande número para ali acorressem, tornando-a populosa e poderosa. Então, quando falta o costume de enviar colônias, com maior dificuldade conservam-se os povoados vencidos, os lugares desabitados jamais são plenamente ocupados, e os demasiadamente povoados jamais são aligeirados. Pelo que muitas cidades no mundo, e especialmente na Itália, ficaram desertas em relação ao que antes eram; e tudo aconteceu e acontece por não haver nos príncipes apetite algum de verdadeira glória, e nas repúblicas, ordenamento algum que mereça louvor. Nos antigos tempos, entretanto, pela virtude dessas colônias, surgiam freqüentemente novas cidades, ou aumentavam as já existentes; entre elas estava Florença, que teve em Fiésole a origem, e nas colônias seu desenvolvimento.

2. A origem de Florença e de seu nome

É coisa muito certa, segundo demonstram Dante e *Giovanni Villani*, que a cidade de Fiésole, estando no cume de uma montanha, para fazer com que seus mercados fossem mais freqüentados e dar maiores comodidades a quem quisesse suas mercadorias, tinha fixado para lugar deles não a montanha, mas a planície entre o pé da montanha e o rio Arno. Esses mercados, creio eu, foram motivo das primeiras edificações que naqueles lugares se fizeram: os mercadores eram movidos pelo desejo de ter depósitos cômodos onde colocar suas mercadorias e estes, com o tempo, sólidas edificações se tornaram; mais tarde, multiplicaram-se em grande número quando os romanos tornaram a Itália segura de invasões estrangeiras, vencendo os cartaginenses. Porque os homens jamais permanecem nas dificuldades se uma necessidade ali não os retém; assim, quando o temor das guerras os obriga, de bom grado vivem em lugares íngremes e ásperos, e uma vez terminado o medo, atraídos pela comodidade, mais voluntariamente vão viver em lugares acolhedores e fáceis. A segurança, portanto, que na Itália nasceu

Livro II _____ *Florença, das origens à peste de 1348*

da reputação da República Romana, pôde fazer crescer tanto as povoações nascentes já mencionadas, que em um vilarejo se transformaram, e chamou-se inicialmente Villa Arnina. Surgiram depois em Roma as guerras civis, primeiro entre Mário e Sila, depois entre César e Pompeu, depois entre os assassinos de César e os que queriam vingar sua morte. Sila, em primeiro lugar, e logo os três cidadãos romanos[1], depois de vingarem César, dividiram entre si o Império e mandaram colônias a Fiésole; todas, ou parte delas, fixaram morada na planície, junto à população já estabelecida, de tal forma que, com esse aumento, ficou aquele lugar tão cheio de edifícios e pessoas, e de tantos tipos de órgãos civis, que já podia se considerar uma cidade da Itália.

Mas de onde deriva o nome Florenzia, há várias opiniões. Alguns crêem em homenagem a Florino, um dos chefes da colônia; outros, não Florenzia mas Fluenzia crêem que no início fosse chamada, por estar próxima a um afluente do Arno, e aduzem o testemunho de Plínio, que diz: "os fluentinos vivem junto ao afluente do Arno." O que poderia ser falso, porque Plínio, no seu texto, mostra onde estavam os florentinos, não como se chamavam; e o tal vocábulo "fluentini" deve estar corrompido, porque Frontino e Cornélio Tácito, que escreveram quase na mesma época de Plínio, usam Florenzia e florentini; porque já nos tempos de Tibério eles se governavam segundo o costume das outras cidades italianas; e a esse propósito, refere Cornélio, apresentaram-se embaixadores florentinos ao imperador para pedir-lhe que não deixasse descarregar sobre seus vilarejos as águas dos pântanos; não é razoável que a cidade ao mesmo tempo tivesse dois nomes. Creio portanto que sempre foi chamada Florenzia, fosse qual fosse a razão; assim, seja qual for a origem, nasceu durante o Império Romano e começou a ser citada pelos escritores na época dos primeiros imperadores. E quando esse Império foi atormentado pelos bárbaros, também Florença foi destruída por Tótila, rei dos ostrogodos, sendo depois de duzentos e cinqüenta anos reedificada por Carlos Magno[2]. Desde então, até 1215, viveu a mesma fortuna daqueles que comandavam a Itália, tempos nos quais mandavam nela os descendentes de Carlos, depois os Berengários e, por fim, os imperadores alemães, como já dissemos em nosso anterior capítulo da história universal[3]. Não puderam os florentinos progredir durante essa época nem fazer coisa alguma digna de memória, dada a força daqueles a quem tinham que obedecer. Não obstante, no ano 1010,

1. Otaviano, Antonio e Lépido.
2. Isto é uma lenda, de qualquer maneira, seriam 350 anos.
3. Livro I.

no dia de São Rômulo, de festa para os fiesolanos, tomaram e destruíram Fiésole[4], coisa que fizeram ou com o consentimento dos imperadores, ou em um dos períodos de liberdade, entre a morte de um e a nomeação de outro. Mas depois que os pontífices adquiriram maior autoridade na Itália e a dos imperadores alemães se debilitou, todas as povoações daquela província com menor reverência do príncipe se governavam. Tanto que em 1080, no tempo de Henrique III[5], a Itália ficou abertamente dividida entre este e a Igreja; não obstante, os florentinos mantiveram-se unidos até o ano de 1215, obedecendo aos vencedores e não pretendendo outra coisa senão salvar-se. Mas como em nossos próprios corpos, quanto mais tardias são as enfermidades, mais perigosas e mortais se tornam, assim Florença, quanto mais tardou em seguir os partidos da Itália, depois mais por eles foi afligida. O motivo da primeira divisão é muito conhecido, pois foi por Dante[6] e por muitos outros escritores descrita; no entanto, bom seria que brevemente a contasse.

3. As desavenças entre os *Bondelmonti*, os *Amidei* e os *Uberti*

Havia em Florença, entre outras poderosas famílias, a dos *Buondelmonti* e a dos *Uberti*, e junto a estas estavam os *Amidei* e os *Donati*. À família dos *Donati* pertencia uma mulher viúva e rica que tinha uma filha belíssima, e planejava casá-la com *messer Buondelmonte*, jovem cavalheiro, chefe da família dos *Buondelmonti*. A ninguém tinha manifestado esse seu projeto, ou por negligência, ou por crer que sempre teria ocasião oportuna para fazê-lo. Quando por acaso *messer Buondelmente* noivou com uma jovem dos *Amidei*, coisa que desgostou muitíssimo àquela mulher, e esperando poder perturbar, com a beleza de sua filha, aquele matrimônio antes mesmo que ele se celebrasse, viu *messer Buondelmonte* que ia só para sua casa, desceu à rua levando-a consigo e, quando ele passou, saiu-lhe ao encontro dizendo: "Verdadeiramente me alegro muito que tenhais escolhido mulher, ainda que eu tivesse para vós reservado esta minha filha." E, empurrando a porta, mostrou-a.

O cavalheiro, ao ver a beleza da jovem, rara beleza, e considerando que a família e o dote dela não eram inferiores aos daquela que havia escolhido, acendeu-se de tal ardor de tê-la para si que, sem pensar em sua palavra já empenhada, nem na injúria que cometeria ao faltar com

---

4. Também sem confirmação, vem de *Cronica* de G. *Villani*, I, 38.
5. Trata-se de Henrique IV.
6. A Divina Comédia, Paraíso, XVI, vv. 136-144.

LIVRO II _____ *Florença, das origens à peste de 1348*

essa, nem nos males que com o rompimento derivariam, disse: "Posto que vós para mim a reservastes, seria um ingrato, estando ainda em tempo, ao recusá-la." E sem perda de tempo casou-se com ela. O fato, assim que foi conhecido, encheu de indignação a família dos *Amidei* e a dos *Uberti*, que com eles estavam aparentados, e reunidos com muitos outros parentes, chegaram à conclusão que a vergonha daquela injúria não se poderia tolerar, nem vingar senão com a morte de *messer Buondelmonte*. E, ainda que alguns pensassem nos males que poderiam derivar dessa morte, *Mosca Lamberti* disse que quem planejava muitas coisas jamais executava uma, e acrescentou a surrada e notória sentença: "Cosa fatta capo ha"[1].

Deram portanto o encargo desse homicídio a *Mosca, Stiatta Uberti, Lambertuccio Amidei* e a *Oderico Fifanti*. Esses, na manhã da Páscoa da Ressurreição, esconderam-se na casa dos *Amidei*, situada entre a Ponte Velha e Santo Estêvão, e, quando *messer Buondelmonte* atravessava o rio em seu cavalo branco, pensando que fosse tão fácil assim esquecer uma injúria ou renunciar a um parentesco, foi atacado pelo grupo e morto, junto à ponte, sob uma estátua de Marte. Esse homicídio dividiu a cidade toda; uma parte se acostou aos *Buondelmonti*, a outra aos *Uberti*; e como essas famílias eram fortes de casas, castelos e tropas, combateram-se muitos anos sem que uma vencesse a outra; e a inimizade deles se compunha com tréguas, embora sem que terminassem por fazer as pazes; e dessa maneira, segundo cada novo incidente, ora se aquietavam, ora se acendiam.

4. Origem dos guelfos e gibelinos. Expulsão e volta dos guelfos

Assim conturbada viveu Florença até o tempo de Frederico II, que, sendo rei de Nápoles, persuadiu-se de que poderia aumentar seu poder contra a Igreja e tornar mais sólido seu poderio na Toscana; favoreceu os *Uberti* e seus seguidores, os quais, com seu apoio, expulsaram os *Buondelmonti*; e assim também nossa cidade ficou dividida, como a Itália toda, durante muito tempo, entre guelfos e gibelinos. Não me parece supérfluo recordar as famílias que seguiram uma e outra facção.

Os que seguiram o partido guelfo foram *os Buondelmonti, Nerli, Frescobaldi, Mozzi, Bardi, Pulci, Gherardini, Foraboschi, Bagnesi, Guidalotti, Sacchetti, Manieri, Lucardesi, Chiaramontesi, Importuni, Bostichi,*

---

1. Provérbio e episódio mencionados por Dante em *La divina commedia*, cujo sentido é que o que se começa deve-se terminar, que alguma coisa já feita não pode simplesmente ser desfeita, há conseqüências.

Tornaquinci, Vecchietti, Tosinghi, Arrigucci, Agli, Sizi, Adimari, Visdomini, Donati, Pazzi, della Bella, Ardinghi, Tebaldi, Cerchi.

Do lado dos gibelinos estavam *Uberti, Manegli, Ubriachi, Fifanti, Amidei, Infangati, Malespini, Scolari, Guidi, Galli, Cappiardi, Lamberti, Soldanieri, Cipriani, Toschi, Amieri, Palermini, Migliorelli, Pigli, Barucci, Cattani, Agolanti, Brunelleschi, Caposacchi, Elisei, Abati, Tedaldini, Giuochi, Galigai*[1].

Além disso, a ambas as facções seguidas por essas famílias nobres se acrescentam muitas famílias do povo, de modo que a cidade toda foi corrompida por essa divisão. Os guelfos, ao serem expulsos, refugiaram-se em terras do *Valdarno* acima, onde tinham grande parte de suas fortalezas; desse modo se defendiam da melhor maneira contra as forças de seus inimigos. Mas ao morrer Frederico, os que não eram nobres nem gente do povo, e que diante do povo tinham mais crédito, pensavam que era melhor promover a união da cidade em vez de arruiná-la pela divisão. Agiram, portanto, de tal maneira que os guelfos, depostas as injúrias, retornaram, e o gibelinos, deposta a desconfiança, os receberam. E, unidos, pareceu-lhes que era aquele o momento oportuno para poder começar uma forma de vida livre e organizar sua defesa, antes que o novo imperador adquirisse maior poderio.

5. Ordenamento de Florença

Dividiram, portanto, a cidade em seis partes e elegeram doze cidadãos para governá-la, dois para cada *sestiere*[1]; chamavam-se Anciãos, e eram substituídos todos os anos. E, para eliminar os motivos das inimizades que nascem dos juízos divergentes, escolheram dois juízes forasteiros, denominando um Capitão do Povo e o outro, *Podestà*[2], que julgavam as causas civis e as criminais entre os cidadãos surgidas. E como ordem alguma é estável sem se provê-la de defensor, constituíram na cidade vinte bandeiras e setenta e seis no condado[3], sob as quais inscreveram toda a juventude; e ordenaram que cada um estivesse pronto e armado sob sua bandeira, sempre que fossem chamados pelo Capitão

---

1. Nomes tirados de *La divina commedia, Paradiso*, XVI, citados por *Cacciaguida*.
1. Porém os *sestieri*, cada uma das seis partes em que se dividia a cidade, como o é Veneza também, até hoje, foram criados antes desse período; e os Anciãos não eram autoridades de toda a cidadania, mas do *popolo grasso*, o setor mercantil. Finalmente, o *Podestà* tanto como o Capitão do Povo foram instituídos antes.
2. Chamado habitualmente de outra cidade, o *Podestà* devia também presidir uma das duas partes do legislativo: um conselho de 250 pessoas. A outra parte, de 300 integrantes, era presidida pelo Capitão do Povo, e devia defender a população das usurpações dos Grandes.
3. Noventa e seis bandeiras, quer dizer, companhias.

Livro II _____ *Florença, das origens à peste de 1348*

e pelos Anciãos. Os emblemas das tais bandeiras variavam de acordo com as armas, pois um emblema era usado pelos balestreiros[4] e outro pelos paveseiros[5]; e todos os anos, no Dia de Pentecostes, com grande pompa davam a novos homens os emblemas, e novos chefes a toda esta ordenação eram designados. E para dar majestade ao chefe de seus exércitos, a fim de que cada um dos que estavam metidos na luta tivesse onde se refugiar, e, protegido, pudesse de novo enfrentar o inimigo, um carro grande[6] foi disposto, puxado por dois bois cobertos por um pano vermelho, sobre o qual havia uma insígnia vermelha e branca. E quando desejavam mobilizar suas tropas, levavam esse carro ao Mercado Novo e com solene pompa o entregavam aos chefes do povo. Tinham ainda, para a magnificência de suas empresas, um sino chamado *Martinella*, que tocavam continuamente durante um mês quando iam tirar da cidade seus exércitos, para que o inimigo tivesse tempo de preparar a defesa: tanta era a virtude que então tinham aqueles homens e tanta a generosidade de ânimo com que se governavam; e quando hoje se considera atacar o inimigo de surpresa coisa prudente e generosa, então coisa vituperiosa e falaz era considerada. Esse pequeno sino era também levado com seus exércitos e com ele organizavam as guardas e demais tarefas da guerra.

6. Revolta e expulsão dos gibelinos. Os guelfos são derrotados por Manfredo na batalha junto ao rio Arbia

Foi nessas organizações civis e militares que os florentinos colocaram as fundações de sua liberdade. Nem se poderia imaginar quanta autoridade e força em pouco tempo conseguiu Florença: não somente em capital da Toscana se transformou, mas se colocou entre as maiores cidades da Itália, e a maior grandeza teria chegado se não tivesse sido assolada por novas e freqüentes divisões.

Viveram os florentinos dez anos sob esse governo[1], época em que forçaram os de Pistóia, de Arezzo e de Siena a se aliar com eles e, ao voltarem vitoriosos de Siena, tomaram Volterra, destruíram algumas fortalezas e levaram para Florença seus habitantes[2]. Essas empresas todas foram feitas por conselho dos guelfos, que muito mais forças tinham

---

4. Soldado portador de balestra, ou besta, arma formada de arco, corda e cabo.
5. Soldado portador de pavês, escudo retangular de um metro de largura por dois de altura.
6. O *carrocio*.

1. De 1250 até a batalha de *Montaperti* (1260).
2. Entre 1253-55.

do que os gibelinos, seja porque estes eram odiados pelo povo, pela soberbia que ostentavam quando governavam, no tempo de Frederico II, seja porque o partido da Igreja tinha mais simpatias do que o do imperador, pois com a ajuda da Igreja esperavam continuar com sua liberdade, enquanto sob o imperador temiam perdê-la. Os gibelinos, por isso, vendo minguar sua autoridade, não se podiam aquietar e só esperavam a ocasião para recuperar o estado. E pareceu-lhes que tal ocasião houvesse chegado quando viram que Manfredo, filho de Frederico II, tinha se assenhoreado do Reino de Nápoles e muito debilitado o poder da Igreja. Com ele em seguida estabeleceram negociações secretas para recuperar autoridade; mas não puderam fazê-lo sem que tais negociações fossem descobertas pelos Anciãos. Os quais, por isso, mandaram chamar os *Uberti*, que, não somente desobedeceram, mas tomaram armas e em suas casas se fortificaram. O povo, indignado com isto, armou-se e com a ajuda dos guelfos obrigou-os a abandonar Florença e, com toda a facção gibelina, ir a Siena. Dali pediram auxílio a Manfredo, rei de Nápoles, e, por mérito de *messer Farinata degli Uberti*, os guelfos foram derrotados pelas tropas daquele rei junto ao rio Arbia, em um tal massacre que os que escaparam da derrota foram refugiar-se em *Lucca* e não em Florença, por considerar já perdida a sua cidade.

7. O conselho dos gibelinos em Êmpoli. *Farinata degli Uberti* se recusa a destruir Florença

Manfredo tinha enviado aos gibelinos, para governá-los, o conde Giordano, homem naquele tempo de grande prestígio em armas. Depois da vitória, ele foi a Florença com os gibelinos e submeteu a cidade toda à obediência de Manfredo, anulando os magistrados e qualquer outra forma de organização civil sob a qual aparecesse alguma forma de sua liberdade. Essa injúria, com pouca prudência executada, foi recebida pelo povo com grande ódio, e ele, que dos gibelinos já era inimigo, passou a ser inimicíssimo, do que com o tempo originou-se a ruína destes. E o conde Giordano, por necessidades do reino, tendo que voltar a Nápoles, deixou em Florença como Vicário Real o conde *Guido Novello*, senhor de Casentino. Este reuniu um conselho de gibelinos em Empoli, onde todos chegaram à conclusão de que, se se quisesse manter poderoso o partido gibelino na Toscana, era preciso destruir Florença, a única capaz, por ser guelfo seu povo, de fazer o partido da Igreja recuperar sua força. A uma sentença tão cruel, dada contra uma cidade tão nobre, não houve cidadão nem amigo algum que se opusesse, exceto *Farinata*

Livro II _____ *Florença, das origens à peste de 1348*

degli Uberti, que abertamente e sem precaução alguma[1] defendeu Florença, dizendo que não tinha passado tantos perigos e fadigas senão para viver em sua pátria, nem estava disposto a renunciar ao que antes tanto tinha desejado e agora a fortuna lhe oferecia; e que os que se opunham a isso, dele eram tão inimigos quanto o tinham sido os guelfos. E se alguns deles temessem por sua pátria, que tentassem arruiná-la para ver como ele, que com a mesma virtude com que havia expulso os guelfos, a defenderia. Era *messer Farinata* homem de grande ânimo, excelente na guerra, chefe dos gibelinos e muito estimado junto a Manfredo: sua autoridade pôs fim àquelas argumentações e se estudaram outras formas de preservar o estado.

8. O papa Clemente IV e Carlos de Anjou apóiam os guelfos. Os gibelinos criam as Artes

Os guelfos, que se tinham refugiado em *Lucca*, expulsos pelos luqueses, diante das ameaças do conde[1] se foram a Bolonha. Dali foram chamados de Parma para lutar contra os gibelinos e, pela virtude com que venceram os adversários, estes concederam-lhes todas as suas posses. Assim, aumentando suas riquezas e honras, quando souberam que o papa Clemente tinha chamado Carlos de *Anjou*[2] para tirar de Manfredo o Reino de Nápoles, mandaram seus embaixadores ao Pontífice oferecendo-lhe ajuda; e o Papa não somente os recebeu como amigos, mas deu-lhes sua insígnia, a que então usaram sempre os guelfos em guerras e que se usa ainda em Florença[3]. Mais tarde foi Manfredo despojado do Reino de Nápoles e morto[4] por Carlos, com o que, por terem os guelfos participado da empresa, ficaram mais fortes, e mais fracos os gibelinos. Por isso, os que então governavam Florença com o conde *Guido Novello* julgaram que fosse bom ganhar o povo com alguns benefícios, o mesmo povo que antes tinham gravado de tanta injúria; mas os remédios que anteriormente tão úteis poderiam ter-lhes sido, e utilizados quando necessário, ao aplicá-los mais tarde e de má vontade não somente foram mal recebidos como aceleraram sua ruína. Pensaram, pois, que conseguiriam ganhar o povo e atraí-lo a seu partido se lhes

---

1. Gesto enaltecido por Dante: "colui che la difesi a viso aperto." *Op. cit.*, *Inferno*, X, 93.

1. *Guido Novello*.
2. Precisamente, foi chamado por Urbano IV (1261-64), mas fez a expedição no tempo de Clemente IV (1265).
3. Emblema com uma águia vermelha e uma serpente verde, em fundo branco.
4. Na batalha de Benevento (1266).

levolvessem parte das honras e da autoridade no passado subtraídas, e legeram trinta e seis cidadãos do povo para que, junto a dois cavalheiros razidos de Bolonha[5], reformassem o estado daquela cidade. Estes, assim [ue se reuniram, dividiram a cidade toda em Artes[6], e perante a cada ima delas colocaram um magistrado que administrasse justiça aos seus ntegrantes; além disso, a cada Arte deram uma bandeira para que cada iomem ali acudisse armado quando a cidade necessitasse.

Foram no princípio doze, sete maiores e cinco menores. Mais arde, as menores aumentaram até quatorze, chegando, portanto, a um otal de vinte e uma, como são agora. Trataram também os trinta e seis eformadores de outros assuntos do comum benefício.

). A expulsão dos gibelinos

O conde Guido, para o sustento dos soldados, ordenou aos cidadãos ima taxa, mas encontrou tamanha oposição que não cogitou obtê-la pela orça. Acreditando ter perdido o estado, reuniu-se com os chefes dos ;ibelinos e decidiram tirar do povo, com a força, o que com a pouca irudência tinham concedido. E quando lhes parecia que estavam prontos om as armas, estando juntos os trinta e seis, deflagraram um tumulto, inde aqueles, apavorados, retiraram-se a suas casas; em seguida as iandeiras das Artes estavam fora, com muita gente armada atrás, e ao aber que o conde Guido tinha se refugiado na Igreja de São João com eus partidários, eles também se congregaram na da Santíssima Trindade, iferecendo obediência a *messer Giovanni Soldanieri*. O conde, por outro ido, sabendo aonde tinha ido o povo, moveu-se a seu encontro, mas este ão fugiu ao embate e ao encontro do inimigo também se moveu, e o hoque deu-se onde hoje é o pórtico dos *Tornaquinci*. Ali foi derrotado o onde, com perdas e mortes de muitos dos seus; ficou desalentado e temia ue à noite, os inimigos, encontrando-os abatidos e desencorajados, o iatassem. E tão poderosa nele foi a imagem disso que, sem noutro emédio pensar, decidiu salvar-se, fugindo em vez de combater; e ontrariando os conselhos dos partidários e dos Reitores do Partido, foi

. *Catalano de' Malavolti e Loderingo degli Andalò*. Recordados também por Dante, *op. cit. Inferno*, XXIII, vv.103-108, como pessoas hipócritas.

Arti, plural de *Arte*, organizações juramentadas de pessoas da mesma profissão, coalizão das organizações de trabalhadores em geral ligados ao artesanato, teriam surgido para defendê-los de um patriciado comercial então existente. Eram regidas por um colegiado de priores. Estabeleciam o preço dos produtos e os salários, controlavam pesos e medidas e a qualidade dos produtos. Era proibida qualquer forma de propaganda e acúmulo de estoques. Dispunham de tribunal próprio, e podiam submeter os condenados à tortura ou penalidades corporais. Em 1266 foram estabelecidas só as Artes Maiores, e instituídos os Cônsules das Artes.

LIVRO II _____ *Florença, das origens à peste de 1348*

para *Prato*. Mas assim que se achou em lugar seguro, passou-lhe o medo, reconheceu seu erro, e na manhã seguinte, ao clarear o dia, voltou a Florença com os seus, para entrar pela força na cidade que por covardia tinha abandonado. Mas não conseguiu o que planejava porque o povo, que teria dificuldade para expulsá-lo, não a teve para mantê-lo fora; por isso, magoado e humilhado, teve de retirar-se a Casentino, e os gibelinos se retiraram a seus castelos. O povo, que havia resultado vencedor, por conselho dos que queriam o bem da república deliberou procurar a união da cidade e chamar todos os cidadãos que estavam fora, guelfos e gibelinos. Estavam de volta então os guelfos, decorridos seis anos de sua expulsão, e, quanto aos gibelinos, também lhes foi perdoada a recente injúria e foram readmitidos em sua pátria. Não pouco eram odiados, e intensamente, pelo povo e pelos guelfos, que não podiam apagar da memória os dias de desterro, e recordavam bem os dias de tirania gibelina. E isso fazia com que nem uma nem outra parte serenasse os ânimos.

Enquanto desse modo se vivia em Florença, correu a voz que Conradinho, sobrinho de Manfredo, vinha com suas tropas da Alemanha para conquistar Nápoles. Isso despertou nos gibelinos esperanças de poder recuperar autoridade, e os guelfos puderam pensar em sua segurança contra seus inimigos, e ao rei Carlos pediram auxílio para poderem se defender de Conradinho. Com a vinda das tropas de Carlos, os guelfos tornaram-se tão insolentes e de tal modo amedrontaram os gibelinos, que dois dias antes da chegada destes, sem serem expulsos, fugiram.

10. Os guelfos reordenam a cidade. O papa Gregório X tenta a reconciliação

Quando os gibelinos partiram, os florentinos reorganizaram o estado da cidade e elegeram doze chefes, que exerciam a magistratura durante dois meses e aos quais já não se chamou Anciãos, mas Bons Homens. Junto a estes colocaram um conselho de oitenta cidadãos, ao que deram o nome de *Credenza*[1]. Havia também cento e oitenta homens do povo, trinta por cada *sestiere*, os quais, juntos com a *Credenza* e os doze Bons Homens, formavam o Conselho Geral. Organizaram ainda um outro conselho, com cento e vinte cidadãos do povo e da nobreza, no qual se aprimorava tudo o que nos outros conselhos se deliberava, e com isso se distribuíam os cargos da república. Estabelecido esse governo, reforçaram ainda o partido guelfo com magistrados e outras disposições, a fim de que com maior força pudessem se defender dos gibelinos; e os

---

1. Crença, opinião, fé ou dogma; credência, pequeno móvel do altar ou da cozinha.

MAQUIAVEL ———————————————— HISTÓRIA DE FLORENÇA

bens destes dividiram em três partes, das quais uma tornaram pública, a outra destinaram à magistratura do partido, chamado dos Capitães, e a terceira, aos guelfos, por recompensa pelos danos que tinham recebido.

O Papa ainda, para conservar guelfa a Toscana, nomeou o rei Carlos Vicário Imperial da Toscana. Graças a esse sistema de governo, os florentinos mantinham seu prestígio dentro das cidades com as leis e fora delas com as armas, quando morreu o pontífice, sendo eleito o papa Gregório X, no fim de dois anos de longas disputas. Este, por haver estado muito tempo na Síria, onde ainda se encontrava no momento de sua eleição e tendo vivido assim alheio aos humores dos partidos, não lhes dava a importância que lhes haviam dado seus antecessores. Por isso, tendo vindo a Florença a caminho da França, estimou que fosse tarefa de bom pastor dar união à cidade. E tanto fez que os florentinos consentiram receber em Florença os procuradores dos gibelinos para negociar o retorno deles. E embora se houvesse concluído o acordo, os gibelinos ficaram tão assustados que não quiseram voltar, do que o Papa culpou a cidade e, indignado, a excomungou; e nessa condição permaneceu Florença enquanto viveu aquele Papa; mas, depois da sua morte[2], o papa Inocêncio V voltou a abençoá-la.

O pontificado tinha vindo a Nicolau III, da casa *Orsini* e, dado que os papas temiam sempre a todos cujo poderio tinha se tornado grande na Itália, mesmo que ela tivesse crescido com os favores da Igreja, e como procuravam sempre abaixá-lo, costumavam acontecer freqüentes tumultos e freqüentes mudanças se produziam. Pois o temor de um poderoso fazia fortalecer um débil, que, uma vez fortalecido, era temido; e temido, se procurava[3] abaixá-lo: isso fez com que se tirasse o Reino de Nápoles da mão de Manfredo, para concedê-lo a Carlos; e fez depois ter medo dele e buscar sua ruína. Nicolau III, portanto, movido por essas razões, tanto fez que, por meio do imperador, se tirou a Carlos o governo da Toscana; e àquela província mandou, em nome do império, *messer* Latino, legado seu.

11. O cardeal Latino reintegra os gibelinos à cidade. A batalha de Campaldino (1289)

Estava então Florença em muito más condições, porque a nobreza guelfa tinha se tornado insolente e não temia os magistrados; de maneira

---

2. Gregório X morreu em janeiro de 1276.
3. Cf. *Discorsi...*, I, XII. Abaixar: depor.

LIVRO II _____ *Florença, das origens à peste de 1348*

que todos os dias cometiam-se muitos homicídios e outras violências, sem que fossem punidos os responsáveis, ora por este, ora por aquele nobre favorecidos. Pensaram, por isso, os chefes do povo, para pôr freio a tanta insolência, em readmitir os exilados, o que deu ocasião ao Legado de unificar a cidade, e retornaram os gibelinos. E no lugar de doze governadores nomearam quatorze[1], sete de cada partido, que governavam durante um ano, e eram escolhidos pelo Papa[2]. Ficou Florença com esse tipo de governo durante dois anos, até que ao pontificado chegou o papa Martinho, de nacionalidade francesa[3], que ao rei Carlos restituiu toda aquela autoridade que Nicolau lhe havia tirado. Assim, logo ressurgiram na Toscana os partidos, pois os florentinos tomaram armas contra o governador a serviço do imperador e, para privar os gibelinos do governo e poder frear os poderosos, estabeleceram nova forma de administração. Era o ano de 1282, e o conjunto das Artes, já que lhes tinha sido concedido ter suas próprias insígnias e magistrados, eram muito reputadas; daí, por sua autoridade, ordenaram que fossem nomeados três cidadãos, no lugar de quatorze; que fossem chamados Priores, permanecessem dois meses no governo da república e pudessem ser populares ou nobres desde que fossem mercadores ou membros das Artes. Foram reduzidos a seis, depois da primeira magistratura[4], para que de cada *sestiere* houvesse um. Esse número manteve-se até o ano de 1342[5], quando dividiu-se a cidade em *quartieri* e os Priores passaram a ser oito, não obstante algumas vezes, naquela época, por algum incidente nomeassem doze. Essa magistratura foi motivo, como se viu com o tempo, da ruína dos nobres, porque foram, pelos diversos incidentes ocorridos, excluídos pelo povo e, ao final, dominados sem consideração alguma. Ao que os nobres consentiram, no início, por não estarem unidos: cada qual, desejando demais tirar o estado ao outro, acabaram todos por perdê-lo. Outorgaram um palácio a esse magistrado para nele viver continuamente, quando antes era costume que os magistrados e os conselhos se reunissem nas igrejas; e ainda com servidores e criados foram honrados. E, mesmo que no princípio fossem chamados somente Priores, depois, para maior magnificência, foi-lhes acrescentado o título de Senhores. Permaneceram

1. Esses governadores eram chamados Anciãos, oito guelfos e seis gibelinos.
2. Essa escolha papal não foi confirmada nas fontes.
3. *Simon de Brie*, ou *Brion*, papa Martinho IV, 1281-85.
4. Quer dizer, depois dos dois meses mencionados; ocorreu em 1282 e resultou, praticamente, na passagem do poder às Artes maiores.
5. 1343.

97

MAQUIAVEL ———————————————— HISTÓRIA DE FLORENÇA

quietos os florentinos dentro de sua cidade por algum tempo, quando só com *Arezzo* guerrearam, porque tinham expulsado os guelfos, e os venceram completamente em Campaldino[6]. E aumentando a cidade de população e riqueza, pareceu necessário também aumentá-la de muralhas; e alargaram o seu cinturão tal como no presente se vê, pois antes o seu diâmetro era somente o espaço que vai da Ponte Velha a São Lourenço.

12. Criação do cargo de gonfaloneiro de justiça

As guerras externas e a paz interna tinham como que apagado os partidos guelfo e gibelino em Florença; permaneceram somente acesos aqueles humores que naturalmente costumam existir nas cidades, entre os poderosos e o povo; porque o povo, desejando viver sob as leis, e os poderosos querendo exercê-las, não é possível que se entendam. Esses humores não ficaram expostos enquanto os gibelinos metiam medo; mas assim que foram dominados, demonstraram toda a sua força; a cada dia algum popular era injuriado e as leis e os magistrados não bastavam para vingá-lo, porque cada nobre, com a ajuda dos parentes e dos amigos, defendia-se das forças dos Priores e do Capitão. Por isso, os príncipes das Artes, desejosos de remediar esse inconveniente, decidiram que toda Senhoria, no início de seu mandato, nomeasse um magistrado de justiça[1], homem do povo, a cujas ordens se colocassem mil homens, inscritos sob vinte bandeiras; este, com seu gonfalão e com seus homens armados, estaria sempre pronto a defender a justiça, sempre que fosse chamado por eles ou pelo Capitão. O primeiro eleito foi *Ubaldo Ruffoli*: brandindo seu gonfalão, desfez as casas dos *Galletti*[2] porque um deles, na França, tinha matado um homem do povo.

Foi fácil às Artes estabelecer esse tipo de ordem pelas graves inimizades que persistiam entre os nobres, que, sem antes terem refletido sobre a medida contra eles tomada, perceberam a dureza de sua aplicação. O que, em um primeiro momento, os encheu de terror, mas em seguida voltaram à sua insolência, pois sendo ainda alguns deles Senhores, tinham facilidade de impedir o Gonfaloneiro[3] que não fosse capacitado para

6. Em 1289.
1. Tal nomeação foi instituída pelos Ordenamentos de Justiça de *Gianno della Bella*, de 1293. Cf. próximo cap.
2. Equívoco de Maquiavel: leia-se *Galli*.
3. *Gonfalone*, gonfalão, provém do franecônio ant. *gundfano*, bandeira de guerra ou insígnia de um município. *Gonfaloniere*, em português gonfaloneiro, (pode também significar porta-bandeira, alferes) era o magistrado municipal, inicialmente com funções específicas e posteriormente autoridade máxima civil (*gran gonfaloniere*), presidente da Senhoria de nove membros (Senhores) que também eram chamados priores. Mas cada bairro (*sestiere*) contava com quatro gonfaloneiros, que comandavam as quatro companhias. "...cargo em que enquanto uma pessoa nele se encontra torna-se quase príncipe da cidade..." Cf. Livro III, cap 10.

LIVRO II ———————————————— *Florença, das origens à peste de 1348*

seu trabalho. Além do que, tendo o acusador necessidade de testemunhas quando era alvo de alguma ofensa, não se encontrava ninguém que contra os nobres quisesse testemunhar; dessa maneira, em breve tempo Florença voltou às mesmas desordens, e o povo recebia dos nobres as mesmas injúrias, porque os juízes eram lentos e as sentenças não eram executadas.

13. *Giano della Bella* e os Ordenamentos de Justiça de 1293

E não sabendo o povo que partido escolher, *Giano della Bella*, de nobilíssima estirpe, mas amante da liberdade da cidade, deu ânimo aos chefes das Artes para reformar a cidade; e por seu conselho decidiu-se que o Gonfaloneiro residisse com os Priores e tivesse quatro mil homens às suas ordens[1]. Proibiram-se ainda aos nobres participar da Senhoria, obrigou-se os consortes dos réus às suas mesmas penas[2] e fez-se com que a fama pública bastasse para o julgamento. Por essas leis, que se chamaram Ordenamentos da Justiça, o povo adquiriu muita reputação, e *Giano della Bella*, muito ódio, porque estava em malíssimo conceito entre os poderosos, tido como destruidor do poder destes, e era invejado pelos homens mais ricos do povo, porque achavam demasiada a sua autoridade o que, assim que a ocasião permitiu, se demonstrou.

Quis entretanto a sorte que fosse morto um homem do povo numa luta onde intervieram muitos nobres, entre os quais *Corso Donati*, ao qual, por ter sido mais audaz do que os outros, foi atribuída a culpa. Por isso foi preso pelo Capitão do povo; e de qualquer forma, seja que *messer Corso* não tivesse errado, seja que o capitão temesse condená-lo, foi absolvido. Tal absolvição tanto desagradou ao povo que tomou armas e correu à casa de *Giano della Bella* para pedir-lhe que fizesse cumprir as leis criadas por ele mesmo. *Giano*, desejando a punição de *messer Corso*[3], não os fez depor armas, como muitos pensavam que devia fazer, mas instou-os a ir aos Senhores lamentar-se do caso e pedir-lhes providências. O povo, portanto, cheio de indignação, e achando ter sido ofendido pelo Capitão e abandonado por *Giano*, não aos Senhores mas ao palácio do Capitão se dirigiu, tomou-o e saqueou-o – coisa que desagradou a todos os cidadãos, e os que queriam a ruína de *Giano*, acusavam-no, atribuindo-lhe toda a culpa. De forma que, havendo entre os Senhores

---

1. As leis contra os nobres, como a criação do cargo de gonfaloneiro, são contemporâneas, cf. nota 1 do cap. anterior.
2. Uma multa.
3. Isso parece ser uma interpretação de Maquiavel, que não consta em sua fonte: *G. Villani*.

MAQUIAVEL _____ HISTÓRIA DE FLORENÇA

alguns que continuavam sendo seus inimigos, foi acusado ante o Capitão de sublevador do povo. E enquanto sua causa era julgada, o povo se armou e correu à sua casa, oferecendo-lhe defesa contra os Senhores e outros seus inimigos. Não quis *Giano* fazer uso desses favores populares, nem deixar sua vida em mãos dos magistrados, pois temia a malignidade destes e a instabilidade daqueles; assim, para tirar de seus inimigos a ocasião de injuriá-lo e aos amigos a de ofender a pátria, decidiu partir, evitar a inveja e liberar os cidadãos do temor que por ele tinham, e deixar sua cidade, que por custo e risco próprios tinha libertado da servidão dos poderosos. E escolheu o exílio voluntário[4].

14. Luta entre os nobres e o povo

Depois que *Giano della Bella* se foi, a nobreza aumentou sua esperança de poder recuperar a dignidade [cargos] e, julgando terem seus males nascidos de suas divergências, os nobres uniram-se e enviaram dois dos seus à Senhoria[1], que acreditavam estar em seu favor, para rogar que esta se contentasse em temperar de alguma forma a acerbidade das leis feitas contra eles. Pedido este que quando foi conhecido pelos homens do povo comoveu seus ânimos, porque duvidavam que os Senhores a concedessem. E assim, entre o desejo dos nobres e a suspeita do povo, chegou-se às armas. Os nobres se aquartelaram em três lugares: em *San Giovanni*, no Mercado Novo e na *Piazza de'Mozzi*; e com três chefes: *messer Forese Adimari*, *messer Vanni de'Mozzi* e *messer Geri Spini*.

A população com suas insígnias em grandíssimo número acudiu ao palácio dos Senhores, que então moravam perto de *San Brocolo*. E como o povo suspeitava da Senhoria, deputou seis cidadãos para que com eles governasse. Enquanto de uma e de outra parte se preparava a luta, alguns, quer nobres quer populares, e com estes certos religiosos de boa fama, colocaram-se no meio para pacificá-los, recordando aos nobres que, das honras tiradas e das leis contra eles feitas, a razão tinha sido a sua soberba e seu mau governo; e que o ter agora tomado armas e desejar reaver com a força aquilo que com a desunião e não boas maneiras tinham-se deixado tirar, nada mais era senão desejar a ruína da pátria e o agravo de suas condições; e que se recordassem que o povo em número, riqueza e ódio, era muito superior a eles e que aquela nobreza com a qual pareciam sobrar aos outros não lutava, e resultava só uma

4. Ocorrido em 5 de março de 1295.
1. Disto não há confirmação nas fontes.

Livro II _____ *Florença, das origens à peste de 1348*

palavra vá assim que se viesse às armas, que não bastava para defendê-los contra tantos.

Ao povo, por outro lado, recordaram o quanto não era prudente querer sempre no fim a vitória e o quanto nunca foi sábia escolha fazer os homens desesperar, porque quem não espera o bem, não teme o mal; e que deviam pensar que a nobreza era aquela que tinha honrado a cidade e, por isso, não ficava bem, nem era coisa justa, com tanto ódio persegui-la; e os lembraram ainda o quanto os nobres suportavam bem não dispor de seu supremo magistrado, mas não podiam suportar que mediante a ordem estabelecida estivesse na faculdade de qualquer um expulsá-los da própria pátria; e que, porém, seria bom mitigar aquelas leis e em benefício disto pousar as armas; e que não quisessem tentar a fortuna na luta confiando no número, porque tantas vezes se viu os que eram muitos serem vencidos por poucos.

Havia, entre o povo, opiniões diversas: muitos desejavam que se viesse à luta como coisa que um dia ocorresse necessariamente, e que porém era melhor fazê-lo agora do que esperar até que os inimigos ficassem mais fortes; e que se achassem que ficariam mais contentes mitigando as leis, que seria bom mitigá-las, mas que sua soberbia era tanta que jamais se aquietariam, senão pela força. A muitos outros, mais sábios e de ânimo mais sereno, parecia que não importava muito mitigar as leis, e vir à luta importava mais; de modo que prevaleceu esta opinião e se providenciou que às acusações dos nobres fossem necessárias também testemunhas[2].

15. Novo reordenamento político. Cresce a cidade

Depostas as armas, ambas as partes ficaram cheias de suspeitas, e cada uma com torres e com armas se fortificava. O povo reorganizou o governo, restringindo-o em número, pelo fato de que os Senhores tinham sido favoráveis aos nobres, dos quais ficaram príncipes *Mancini, Magalotti, Altoviti, Peruzzi* e *Carretani*. Estabelecido o estado, para maior magnificência e segurança da Senhoria construíram-lhe um palácio, em 1298[1], e fizeram uma praça no lugar onde eram as casas dos *Uberti*. Começaram ainda na mesma época as prisões públicas a ser construídas e em poucos anos foram acabadas. Não esteve a nossa cidade jamais em maior e mais feliz condição do que nessa época, sendo de homens de reputação e de riqueza repleta. Os cidadãos aptos às armas eram trinta

---

2. Cf. *Villani*, manteve-se a acusação por fama, mas tornaram-se necessárias três, e não só duas testemunhas, como antes.

1. Segundo a contagem florentina, mas na verdade 1299. É o atual *Pallazzo Vecchio*.

MAQUIAVEL _____ HISTÓRIA DE FLORENÇA

mil e os de seu condado chegavam a setenta mil. Toda a Toscana, parte submetida, parte amiga, a obedecia. E mesmo que entre os nobres e o povo houvesse ainda alguma indignação e suspeita, não ocasionavam maligno efeito algum, e em paz e unidos viviam. Esta paz, se pelas novas inimizades internas não fosse turbada, as externas não podia temer, porque era a cidade em seu todo que não mais temia o império, nem a seus exilados, e todos os estados da Itália com as suas forças poderia responder. O mal, porém, que não puderam fazer-lhe as forças externas fizeram-lhe as internas.

16. Discórdia entre os *Cerchi* e os *Donati*. Origem dos Brancos e dos Pretos

Havia em Florença duas famílias, as dos *Cerchi* e a dos *Donati*, que por seus homens, riquezas e nobreza eram poderosíssimas. Vizinhas tanto em Florença como no condado, haviam tido alguns desentendimentos, porém não tão graves que as fizessem vir às armas, e estes talvez nem tivessem grande efeito se os maus humores não fossem acrescidos de novos motivos. A dos *Cancelleri* era uma das principais famílias de Pistóia[1]. Acontece que *Lore*, filho de *messer* Guilherme, brincando com *Geri*, filho de *messer Bertacca*, membros todos da citada família, passou das palavras aos fatos e feriu *Geri* levemente. O caso aborreceu*messer* Guilherme, que achando que com humanidade desfaria o fato clamoroso, agravou-o, pois pediu ao filho que fosse à casa do pai do ferido e lhe pedisse perdão. *Lore* obedeceu a seu pai; apesar deste humano ato, não se adoçou o acerbo ânimo de *messer Bertacca* de forma alguma e fazendo seus criados prenderem Lore, fez cortarem-lhe a mão, por maior desprezo em cima de uma manjedoura, e disse-lhe: "Volta a teu pai e diz-lhe que feridas com ferro, e não com palavras, se medicam." A crueldade desse fato desgostou tanto *messer* Guilherme, que fez os seus tomarem armas para vingar o filho. Também *messer Bertacca* se armou para defender-se, e assim não somente aquela família ficou dividida, mas a cidade toda de Pistóia. E como os *Cancelleri* eram descendentes de *messer Cancelleri* que tinha tido duas mulheres, das quais uma se chamava *Bianca*, denominou-se Branca a facção que contava com seus descendentes, e outra, para tomar nome contrário, Preta.

---

1. É bom lembrar que Maquiavel conhecia bem a situação de Pistóia: escreveu para a Senhoria a "Relação das Coisas Feitas pela República Florentina para Apaziguar os Partidos em Pistóia" (*Ragguaglio delle cose fatte dalla Repubblica fiorentina per quietare le parti di Poistoia*) e o *Sommario delle cose della città di Lucca*; e veja-se ainda *Discorsi...*, *op. cit.*, II, XXI e XXV, e *Il príncipe*, cap. XX.

LIVRO II ————————————— *Florença, das origens à peste de 1348*

Durante muito tempo muita luta seguiu-se entre eles, com tanta morte e destruição de casas. Até que, não podendo unir-se, cansados dos danos e desejosos de pôr um final às discórdias, ou de impedir que elas se estendessem aos outros, vieram a Florença. Os Pretos, por ter parentesco com os *Donati*, foram favorecidos por *messer Corso*, chefe da família, razão pela qual os Brancos, para ter um apoio poderoso que os defendesse contra os *Donati*, recorreram a messser *Veri de'Cerchi*[2], homem de qualidades, em aspecto algum inferior a *messer Corso*.

17. O legado papal tenta a conciliação entre Brancos e Pretos

Esse humor chegado de Pistóia aumentou o antigo ódio entre os *Cerchi* e os *Donati*, e era tão manifesto que os Priores e os outros bons cidadãos temiam que viessem às armas entre eles a qualquer momento e, depois, se dividisse a cidade toda. Por isso recorreram ao Pontífice[1], pedindo-lhe que àqueles agitados humores com sua autoridade pusesse o remédio que não tinham conseguido pôr.

O Papa mandou chamar *messer Veri* e o obrigou a fazer as pazes com os *Donati*, com o que *Veri* mostrou surpreender-se, dizendo não haver nenhuma inimizade entre eles e como a paz pressupõe a guerra, não havendo guerra entre eles, não sabia por que fosse necessária a paz. Tendo então *messer Veri* retornado de Roma sem outra conclusão, aumentaram os humores de tal maneira que qualquer pequeno incidente, como ocorreu, podia fazê-los transbordar. Corria o mês de maio[2] e naquele tempo os dias de folga eram celebrados publicamente em Florença. Por isso, alguns jovens da família dos *Donati*, com seus amigos, a cavalo, se detiveram para ver algumas mulheres dançando na Santíssima Trindade, onde chegaram alguns dos *Cerchi*, acompanhados de muitos nobres. E não sabendo que os *Donati* estavam mais adiante, desejosos eles também de ver, tocaram os cavalos, empurrando-os, donde os *Donati*, considerando-se ofendidos, empunharam armas, ao que, com galhardia, responderam os *Cerchi*[3]; depois de muitos ferimentos dados e recebidos de ambas as partes, separaram-se. Esta desordem foi o princípio de muitos

2. Ou *Vieri*.

1. Bonifácio VIII, fim do séc. XIII.
2. De 1300.
3. Villani e Stefani escreveram o contrário disso.

103

males, porque a cidade toda dividiu-se, tanto o povo quanto os Grandes[4]; e os partidos tomaram os nomes de Brancos e Pretos.

Os Brancos eram chefiados pelos *Cerchi*, e a eles se acostaram os *Adimare*, os *Abati*, parte dos *Tosinghi*, dos *Bardi*, dos *Rossi*, dos *Frescobaldi*, dos *Nerli* e dos *Manneli*, todos os *Mozzi*, os *Scali*, os *Gherardini*, os *Cavalcanti*, os *Malespini*, os *Bostichi*, os *Giandonati*, os *Vecchietti* e os *Arriguci*; a estes se ajuntaram muitas famílias do povo e mais todos os gibelinos que estavam em Florença, de tal forma que, pelo número que somavam, tinham quase todo o governo da cidade.

Os *Donati*, por outro lado, chefiavam os Pretos e com eles estavam os restantes das já citadas famílias que não se uniam aos Brancos, e mais ainda todos os *Pazzi*, os *Bisdomini*, os *Manieri*, os *Bagnesi*, os *Tornaquinci*, os *Spini*, os *Buondeldonti*, os *Gianfigliazzi*, os *Brunelleschi*.

Esse humor contaminou não só a cidade mas dividiu também o condado todo; por isso os capitães dos guelfos, e todos que os seguiam e eram partidários da república, temiam seriamente que essa divisão não terminasse por ressuscitar, com a ruína da cidade, o partido gibelino.

E novamente ao papa Bonifácio recorreram, pedindo que pensasse em um remédio, se não desejasse ver aquela cidade, que tinha sempre sido escudo da Igreja, se arruinar, ou virar gibelina.

Por isso o Papa mandou a Florença *Matteo d'Acquasparta*, cardeal português, como legado. Este, encontrando dificuldades na facção Branca, que lhe pareceu mais potente e menos temível, retirou-se de Florença indignado, e a interditou. De modo que a cidade em maior confusão ficou do que antes de sua vinda.

18. Alguns membros dos Pretos e os *Donati* são confinados. Participação de Dante Alighieri

Estando agitados os ânimos de todos, aconteceu que em um enterro encontraram-se muitos *Cerchi* e *Donati*, e passaram às palavras e destas às armas, das quais então nasceram só tumultos. De volta às

---

4. "Grande" é um título e dignificação característica da antiga monarquia espanhola. De origem incerta, com segurança só pode ser referido ao reinado de Carlos V, que pessoalmente definiu a diferença entre Grandes e Nobres. "Grande de Espanha" era então título supremo, diferente dos títulos nobiliários dos dois reinos de Castilha e do de Aragão. Podiam não descobrir a cabeça perante o rei (a esposa podia permanecer sentada diante do rei). Na verdade tornaram-se *gentiluomini di camera* (cujas esposas eram Damas da Corte), todavia, sem exercer influência política. Na Itália de então, como a leitura pode comprovar, essas características são ligeiramente diversas. A partir do Trezentos são feudatários que gradualmete perdem algumas de suas características para substituí-las por outras, dos mercadores, nos negócios e nas empresas. Cf. Livro III, 21: "...antigos nobres, chamados Grandes..."

Livro II _____ *Florença, das origens à peste de 1348*

suas casas, os *Cerchi* deliberaram atacar os *Donati*, e com grande número de gente foram-lhes ao encontro; mas pela virtude de *messer Corso* foram repelidos e grande parte deles feridos[1]. A cidade toda estava em armas, os Senhores e as leis vencidos pela fúria dos poderosos, os melhores e mais sábios cidadãos cheios de suspeitas. Os *Donati* e seus partidários temiam mais porque podiam menos, daí, para tomar providências, *messer Corso* se reuniu[2] com os outros chefes Pretos e os capitães dos partidos e convieram que se pedisse ao Papa uma pessoa de Sangue real para vir reformar Florença, achando que desta maneira se poderia vencer os Brancos. Essa reunião e deliberação foi notificada aos Priores, porém a parte adversa apontou-a como conjura contra o livre convívio. E como ambas as partes estavam armadas, os Senhores, graças ao conselho e à prudência de Dante[3] que naquele tempo encontrava-se entre eles, animaram-se e mandaram armar o povo, ao qual muitos do condado se agregavam. E depois forçaram os chefes das facções a depor armas, e confinaram[4] *messer Donati* com muitos dos Pretos. E para mostrar que eram imparciais na decisão, confinaram ainda alguns da facção Branca, os quais, pouco depois, assegurando honestas intenções, voltaram.

19. Os Pretos revidam. O Papa envia Carlos de Valois a Florença

Messer Corso e os seus, por julgarem o Papa a seu favor, foram a Roma e o persuadiram verbalmente do que já lhe haviam escrito. Encontrava-se na corte do pontífice Carlos de Valois, irmão do rei da França, que à Itália tinha sido chamado pelo rei de Nápoles, para passar pela Sicília. Pareceu bem, portanto, ao Papa, muitíssimo solicitado pelos exilados florentinos, mandá-lo a Florença enquanto era bom o tempo para navegar[1]. Veio portanto Carlos, e mesmo que os Brancos, que governavam, dele tivessem suspeitas, por ser chefe dos guelfos e enviado do Papa, não tramaram contra a sua vinda e, ao contrário, para ter sua amizade, deram-lhe autoridade para dispor da cidade segundo seu arbítrio. Carlos, com essa autoridade, armou seus amigos e partidários, o que tanta suspeita provocou no povo de que quisesse tomar-lhe a liberdade, que cada um tomou armas e ficou em casa, para estar pronto caso Carlos fizesse algum movimento.

1. Em 1297.
2. Isto, porém, teria ocorrido só em 1301(!).
3. O poeta foi prior em 1300, ano em que também houve expulsões de ambas as partes.
4. Trata-se da acepção jurídica de confinar: residência obrigatória em uma determinada localidade, sob vigilância e com a proibição de sair dali.

MAQUIAVEL ———————————————————*HISTÓRIA DE FLORENÇA*

Por terem sido chefes da república por algum tempo, e por comportarem-se de forma soberba, os *Cerchi* e os chefes do partido Branco eram odiados por todos. Coisa que deu ânimo a *messer Corso*, como aos outros exilados Pretos, de virem a Florença, principalmente sabendo que Carlos e os capitães dos partidos estariam dispostos a favorecê-los. E quando a cidade, por não confiar em Carlos, estava em armas, *messer Corso*, com todos os exilados e muitos outros que o seguiam, sem ser impedido por ninguém, entrou em Florença. E mesmo que a *messer Veri de'Cerchi* fosse de conforto enfrentá-lo, não desejou fazê-lo, dizendo desejar que o povo de Florença, contra quem marchava, o castigasse. Aconteceu, porém, o contrário, porque foi recebido e não castigado; e a *messer Veri* conveio, querendo salvar-se, fugir; porque *messer Corso*, tendo forçado a porta dos Pinti, barricou-se em *San Pietro Maggiore*, lugar próximo a sua casa; e reunindo muitos amigos e populares que, desejosos de ver coisas novas, ali tinham acudido, como primeira medida tirou dos cárceres todos que por pública ou particular razão encontravam-se prisioneiros; obrigou os Senhores a se retirarem às suas casas como simples cidadãos e elegeu os novos, do povo e do partido Preto; e por cinco dias se deteve a saquear aqueles que do partido Branco eram os principais. Os *Cerchi* e os outros dirigentes de seu partido tinham saído da cidade e se retirado a seus lugares fortificados, vendo que Carlos estava contra eles e que a maior parte do povo lhes era hostil; e quando antes nunca tinham querido seguir os conselhos do Papa, agora eram forçados a recorrer a ele por ajuda, fazendo ver a Carlos que viera para desunir, não para unir Florença. Onde novamente o Papa enviou seu legado *messer Matteo d'Acquasparta*, o qual fez os *Cerchi* e os *Donati* fazerem as pazes e as solidificou com matrimônios e novos esponsais, mas querendo que os Brancos também dos cargos públicos participassem, os Pretos, que tinham o Estado, não o consentiram, de forma que o legado não partiu sem menor satisfação, nem menos irado do que na outra ocasião[1]; e deixou a cidade, por desobediente, interditada.

20. Novas injúrias. Confinamento dos Brancos e de Dante

Permaneceu portanto em Florença um e o outro partido, e cada um descontente: os Pretos, por ver próximo o inimigo, temiam não retomar, arruinando-se, a autoridade perdida, e os Brancos viam-se faltosos de sua autoridade e honras. A essas indignações e naturais

1. Cf. capítulo XVII.

LIVRO II _____ *Florença, das origens à peste de 1348*

suspeitas acrescentaram-se novas injúrias. Ia *messer Niccola de'Cerchi* com muitos amigos às suas propriedades, quando, chegando à ponte sobre o rio *Affrico*[1], foi atacado por *Simone*, filho de *messer Corso Donati*. Grande foi a luta e por ambas as partes teve triste fim, porque *messer Niccola* morreu e *Simone* de tal forma ficou ferido que morreu na noite seguinte. Esse caso perturbou de novo toda a cidade, e mesmo que o partido Preto tivesse a culpa, era defendido por quem governava. Mas ainda não tinha sido pronunciada a sentença quando se descobriu uma conjura dos Brancos, tramada com *messer Piero Ferrante*, barão da corte de Carlos, com quem planejavam reformar o governo. Coisa que veio à luz por cartas escritas pelos *Cerchi* àquele, embora que se suspeitasse que essas cartas fossem falsas e encontradas pelos *Donati* para ocultar a infâmia adquirida pela morte de *messer Niccola*. Foram portanto confinados[2] todos os *Cerchi* com seus seguidores dos Brancos, entre os quais estava o poeta Dante, e seus bens foram confiscados e suas casas destruídas. Dispersos, erraram por muitos lugares, com muitos gibelinos que a eles se haviam unido, com novas atribuições, buscando nova fortuna; e Carlos, tendo feito o que tinha vindo fazer em Florença, foi-se, e retornou ao Papa para seguir sua empresa na Sicília: nela não se mostrou mais sábio, nem esteve melhor do que em Florença, tanto que, vituperado e com perda de muitos dos seus, voltou à França.

21. Ambições de *messer Corso Donati*. O incêndio do Horto de São Miguel e do Mercado Novo

Vivia-se em Florença, depois que partiu Carlos, muito tranqüilamente; só *messer Corso* estava inquieto, porque não lhe parecia ocupar na cidade o lugar que merecia; aliás, sendo um governo popular, via a República ser administrada por muitos que lhe eram inferiores. Então, movido por essas paixões, pensou encobrir com uma honesta razão a desonestidade de seu ânimo, e caluniou muitos cidadãos que tinham administrado dinheiros públicos, como tendo-os usado em proveito particular, e dizia que era preciso encontrá-los e puni-los. Esta sua opinião, entre os que tinham as mesmas intenções, por muitos era aceita. Acrescia-se a isso a ignorância de muitos outros, que pensavam que *messer Corso* era movido por amor à pátria. Por outro lado, os cidadãos caluniados, tendo o favor do povo, se defendiam. E tanto

1. Riacho das imediações de Florença.
2. Cf. Livro II, 18, n. 4.

MAQUIAVEL _____ HISTÓRIA DE FLORENÇA

transcorreram essas divergências que, após os meios civis, às armas se
veio. De um lado estavam *messer Corso* e *messer Lottieri*, bispo de Florença,
com muitos dos Grandes e alguns do povo; do outro, os Senhores, com
a maior parte do povo, e em diversos lugares da cidade se combatia. Os
Senhores, vendo o grande perigo em que se encontravam, mandaram
pedir ajuda ao luqueses e logo se apresentou em Florença todo o povo
de *Lucca*, por imposição do qual no momento se compuseram as coisas
e pararam os tumultos; com seu Estado e sua liberdade permaneceu o
povo, sem que, entretanto, fossem punidos os promotores daquele
clamoroso fato.

Tinha o Papa[1] ouvido dos tumultos de Florença, e para detê-los
mandou *messer Niccola del Prato* como seu legado. Este, sendo homem
de categoria, doutrina e costumes de grande reputação, logo adquiriu
tanta confiança que se fez conceder autoridade para ter um governo
regido à maneira sua; e como era gibelino de nascimento, tinha intenção
de repatriar os exilados, mas quis antes ganhar-se o povo e, para isso,
recomeçou com as antigas Companhias do Povo[2], medida que muito
aumentou o poder deste e diminuiu o dos Grandes. E parecendo ao
legado que com isso o povo lhe devia obrigação, quis fazer voltar os
exilados, mas ao tentá-lo por diversos caminhos, não somente nada
conseguiu como caiu em suspeita entre os que governavam, de modo
que se viu obrigado a ir embora; e cheio de indignação voltou ao
pontífice, deixando Florença plena de confusões e sob interdição.

Aquela cidade não só por um, mas por muitos humores era
perturbada, dadas as inimizades entre o povo e os Grandes, os gibelinos
e os guelfos, os Brancos e os Pretos. Estava portanto toda a cidade em
armas e plena de brigas, porque muitos ficaram descontentes com a
saída do legado e desejavam a volta dos exilados. Os principais
promotores do alvoroço eram os *Medici* e os *Giugni*, os quais se tinham
declarado, juntamente com o legado, a favor dos rebeldes: combatia-se,
portanto, em diversos lugares em Florença. A esses males se acrescentou
um incêndio que se ateou de início no Horto de São Miguel, na casa
dos *Abati*, e dali saltou à dos *Capo*, e com esta queimou a dos *Macci*, a
dos *Amieri*, a dos *Toschi*, a dos *Cipriani*, a dos *Lamberti*, a dos *Cavalcanti*,
e todo o Mercado Novo; dali passou ao Portal Santa Maria, queimando-
o todo, e indo para a Ponte Velha, queimou também as casa dos
Gherardini, dos *Pulci*, dos *Amidei* e dos *Lucardesi*, e com estas tantas

---

1. Beato Benedito XI (*Niccolò Boccasini*, dominicano).
2. Cf. capítulo 5.

108

LIVRO II _____ *Florença, das origens à peste de 1348*

outras que a mais de mil e setecentas chegou. Foi opinião de muitos que por acaso e no ardor da luta se ateou o fogo; outros afirmam que o foi por *Neri Abati*, prior de *San Piero Scheraggio*, homem dissoluto e amante do mal, que, vendo as pessoas ocupadas no combate, pensou fazer uma maldade que os homens, por estarem ocupados, não poderiam remediar; e para que tudo lhe saísse melhor, pôs fogo em casas de seus famíliares, onde tinha mais facilidade para fazê-lo. Foi no ano de 1304 e no mês de julho[3] e Florença pelo ferro e pelo fogo foi perturbada.

Só *messer Corso Donati* não tomou armas em meio a tantos tumultos, porque assim julgava mais facilmente tornar-se árbitro de ambas as partes quando, cansadas das lutas, aos acordos se voltassem. Foram depostas as armas, mais por saciedade do mal do que por união que entre eles devesse nascer. Só que não retornaram os rebeldes, e ficaram inferiorizados os que os seguiam.

22. Outras reformas.
A tomada do cárcere de *Stinche*. Retorna *Corso Donati*

O legado, voltando a Roma e ouvindo dos novos alvoroços ocorridos em Florença, persuadiu o povo de que, se quisesse unir Florença, seria preciso chamar à sua presença doze de seus principais cidadãos, já que, tirando do mal seu nutrimento, facilmente se poderia pensar em extingui-lo. Esse conselho foi aceito pelo Pontífice, e os cidadãos chamados obedeceram, entre os quais *messer Corso Donati*. Depois que estes partiram, o legado convenceu os exilados que, tendo Florença ficado sem seus chefes, era esta a oportunidade de voltar; de modo que, reunindo suas forças, vieram a Florença, entraram na cidade pelas muralhas ainda não terminadas e até pela praça *San Giovanni* passaram. E coisa notável se deu, pois os mesmos que pouco tempo antes tinham lutado para fazer voltar aqueles que, desarmados, pediam seu retorno à pátria, quando os viram armados e querendo pela força ocupar a cidade tomaram armas contra eles (mais estimaram o bem comum do que amizades particulares) e, unidos com todo o povo, os obrigaram a retornar ao lugar de onde tinham vindo. Os exilados faliram na empresa por haverem deixado parte de suas tropas em Lastra[1], e por não terem esperado *messer Tolosetto Uberti*[2], que devia chegar de Pistóia

---

3. Em 10 de junho, segundo alguns cronistas.
1. *Lastra a Signa*, perto de Florença.
2. Ou Tolosatto *Uberti*, Capitão de Pistóia.

MAQUIAVEL———————————————————HISTÓRIA DE FLORENÇA

com trezentos homens a cavalo. Pensavam que a celeridade, mais do que a força, poderia dar-lhes a vitória, e assim com freqüência em semelhantes empresas acontece, a lentidão tira a ocasião, a celeridade, as forças.

Quando partiram os rebeldes, Florença retornou a suas antigas divisões, e para subtrair autoridade aos Cavalcanti, o povo tirou-lhes pela força Stinche, castelo situado em *Val di Grieve*[3], que antigamente lhes pertencia; e como os prisioneiros que ali se encontravam foram os primeiros a serem recluídos na prisão recém-construída[4], e eles provinham desse castelo, foi chamado *Stinche*, nome que ainda conserva.

Foram ainda restabelecidas as Companhias do Povo, e lhes deram as insígnias sob as quais se reuniam as Companhias das Artes[5], e a seus chefes deram o título de Gonfaloneiro e Colegas dos Senhores. E decidiram que tais companhias estivessem sempre a serviço da Senhoria, com as armas nos momentos de tumulto e com conselhos nos momentos de paz. Aos dois antigos chefes[6] se acrescentou um executor que, ao lado do gonfaloneiro, deveria agir contra a insolência dos Grandes.

Enquanto isso, havia morrido o Papa e *messer Corso* voltara de Roma com os já citados cidadãos, e a vida em Florença teria permanecido tranqüila se não fosse o ânimo inquieto de *messer Corso* de novo a perturbá-la. Para dar-se reputação, sempre ostentava opinião contrária à dos mais poderosos, e para onde se inclinava o povo, procurando conquistá-lo, voltava sua autoridade; de maneira que era o porta-voz de qualquer novidade ou divergência surgida e a ele se dirigiam todos que alguma coisa extraordinária desejavam obter; assim, muitos reputados cidadãos o odiavam. E de tal maneira via-se crescer esse ódio que os Pretos abertamente o manifestavam, mas *messer Corso* só das forças e autoridade próprias se valia e os adversários, das do estado; mas tal era a autoridade que sua pessoa tinha, que todos o temiam. No entanto, para tirar-lhe a simpatia popular, que se pode facilmente ofuscar com certos métodos, espalharam que desejava a tirania: coisa que era fácil de disseminar, porque sua maneira de vida ultrapassava qualquer molde civilizado. Essa opinião muito cresceu quando se casou com uma filha de *Uguccione della Faggiuola*, chefe dos gibelinos e Brancos, e poderosíssimos na Toscana.

3. *Val*, elisão de *valle*, vale.
4. Cf. cap. 15.
5. Incorreto: as insígnias não foram mudadas nesta ocasião, como não foram criados os novos cargos mencionados.
6. O *Podestà* e o Capitão do Povo.

LIVRO II ——————————————— *Florença, das origens à peste de 1348*

23. *Corso Donati* é condenato. Resistência armada à sentença. Sua prisão e execução

Esse parentesco, assim que se tornou público, animou os adversários, que contra ele [*Corso Donati*] tomaram armas; e o povo, pela mesma razão, não o defendeu; aliás, a maior parte aliou-se a seus inimigos. Os chefes desses adversários eram *Rosso della Tosa*, *messer Pazzino de'Pazzi*, *messer Geri Spini* e *messer Berto Brunelleschi*. Estes, com seus seguidores e a maior parte do povo, armados reuniram-se junto ao palácio dos Senhores, por ordem dos quais foi entregue a *messer Piero Branca*, capitão do povo, uma acusação contra *messer Corso*, como homem que quisesse, com o auxílio de *Uguccione*, tornar-se tirano. Depois disso, ele foi intimado e logo, por contumácia, julgado rebelde: da acusação à sentença não houve espaço maior do que duas horas. Feito o julgamento, os Senhores, com as Companhias do Povo e suas insígnias, foram ao seu encontro. *Messer Corso*, por outro lado, não por ver-se abandonado por muitos dos seus, não pela sentença dada, não pela autoridade dos Senhores nem pela multidão de inimigos amedrontou-se. Fortificando-se em sua própria casa, esperou poder defender-se o bastante até que *Uguccione*, a quem mandara chamar, viesse socorrê-lo. Trancou sua casa e as ruas ao redor, e depois com partidários seus fortificou tudo, os quais de tal maneira fizeram a defesa que o povo, mesmo mais numeroso, não podia vencê-los. A luta, portanto, foi grande, com mortes e feridos de ambas as partes; e o povo, vendo que não podia vencê-lo atacando por lugares abertos, ocupou as casas vizinhas, e das que tinham sido destruídas conseguiu entrar em sua casa por lugares inesperados. *Messer Corso*, então, vendo-se circundado por inimigos, sem mais contar com a ajuda de *Uguccione*, desesperado pela vitória, decidiu ver se podia fazer alguma coisa para salvar-se, e com muitos outros de seus mais fortes e fiéis amigos, no comando juntamente com *Gherardo Bordini*, arremeteu contra o inimigo e abriu-lhe uma brecha de forma a poder passar combatendo, e saíram da cidade por *Porta alla Croce*. Não por poucos foram perseguidos, e *Gerardo* foi morto no [rio] *Affrico* acima, por *Boccaccio Cavicciuli*; também *messer Corso* foi alcançado e preso em *Rovezzano*, por alguns cavaleiros catalães a serviço da Senhoria; mas, quando estavam a caminho de Florença, para não ter que ver a face de seus inimigos vitoriosos e ser por eles trucidado, deixou-se cair do cavalo e, ainda caído no chão, foi degolado por um dos que o espancavam. Seu corpo foi recolhido pelos monges de *San Salvi* e sepultado sem honra alguma. Foi esse o fim de *messer Corso*, ao qual a pátria e os Pretos atribuíram muito bem e muito mal, e se houvesse tido um ânimo mais quieto, mais feliz teria sido a memória sua; no entanto, deve ser contado entre os mais dignos cidadãos que a nossa cidade jamais tenha tido. A verdade é que sua inquietação fez a pátria e o partido [dos Pretos] não recordarem as obrigações que lhe deviam, e no final a si mesmo causou a morte, e à pátria e ao partido, muitos males. Quanto a *Uguccione*, vindo em socorro do genro, em Remoli soube como estava *messer Corso* sendo atacado pelo povo, e achando não poder fazer-lhe favor algum, para não fazer mal a si sem beneficiá-lo voltou atrás.

24. Henrique VII, de Luxemburgo, ataca Florença. Sua morte em *Buonconvento*

Tendo morrido *messer Corso*, o que ocorreu em 1308, terminaram os tumultos e viveu-se tranqüilamente até que se soube que o imperador Henrique vinha à Itália com todos os rebeldes florentinos a quem tinha prometido restituir-lhes a pátria. Donde aos chefes do governo pareceu bom, para ter menos inimigos, diminuir o número destes, e por isso deliberaram que todos os rebeldes fossem restituídos como cidadãos, exceto os que a lei nominalmente proibia o retorno. Donde foi excluída a maior parte dos gibelinos e alguns Brancos, entre os quais *Dante Alighieri*, os filhos de *messer Veri de'Cerchi* e *Giano della Bella*. Além disso, mandaram pedir ajuda a Roberto de Nápoles, e como não puderam obtê-la como amigos, deram-lhe a cidade por cinco anos para que a defendesse como a seus próprios homens.

Na vinda, o imperador fez o caminho de Pisa e através das maremas chegou a Roma, onde tomou a coroa em 1312. Depois, decidido a domar os florentinos, veio a Florença, passando por Perúgia e *Arezzo*, e com seu exército colocou-se no mosteiro de *San Salvi*, a uma milha desta cidade, onde permaneceu sem resultado algum por cinqüenta dias[1]. Até que, desesperado por poder perturbar o governo daquela cidade, foi a Pisa, onde, aliando-se com Frederico[2], rei da Sicília, decidiu tomar o Reino de Nápoles; mas, em marcha com os seus, quando esperava a vitória e o rei Roberto temia pela própria ruína, morreu em *Buonconvento*[3].

---

1. Quarenta e dois, de 19 de setembro a 31 de outubro de 1312.
2. Trata-se de Frederico III, de Aragão.
3. Em 24 de agosto de 1313.

LIVRO II ———————————————— *Florença; das origens à peste de 1348*

25. Ameaçada por *Della Faggiulla*, a cidade se entrega a Roberto, rei de Nápoles. A tirania de *Lando d'Agobbio*

Ocorreu, pouco depois, que *Uguccione della Faggiola* tornou-se senhor de Pisa e a seguir tomou *Lucca* com a ajuda do partido gibelino. E com o favor dessas cidades gravíssimos danos ocasionou aos vizinhos, pelo que os florentinos pediram ao rei Roberto que Piero, seu irmão, comandasse seus exércitos. *Uguccione*, por outro lado, não cessava de aumentar seu poder, e pela força e com ardis tinha ocupado muitos castelos no vale do Arno e no vale Nievole; e tendo ido assediar Montecatini, os florentinos julgaram que fosse necessário socorrê-la, não querendo que aquele incêndio queimasse toda Florença. E reunindo um grande exército dirigiram-se ao vale Nievole, onde enfrentaram no mesmo dia *Uguccione*; depois de uma grande luta foram derrotados; ali morreu Piero, irmão do rei, cujo corpo nunca foi encontrado, e com ele mais de dois mil homens foram mortos. Nem *Uguccione* teve uma vitória alegre[1], porque ali morreu um filho seu, com muitos chefes de seu exército. Os florentinos, depois dessa derrota, fortificaram seu território ao redor; o rei Roberto mandou para capitaneá-los o conde de Andria, chamado o *Conte Novello*[2]; seja pelas atitudes deste, seja porque é natural para os florentinos que aborreçam um estado e cada incidente os divida, a cidade se dividiu em amigos e inimigos do rei Roberto, apesar da guerra com *Uguccione*. Os chefes dos inimigos eram *messer Simone della Tosa*, os *Magalotti* e outros do povo, que tinham maioria no governo. Estes conseguiram que se mandasse à França, depois à Alemanha, alguns mensageiros, para trazer chefes e tropas e, com a chegada destes, expulsar o conde que governava em nome do rei; mas quis a fortuna que nada pudessem conseguir. Entretanto, não abandonaram a empresa, e buscando alguém para implorar e não podendo trazê-lo da França nem da Alemanha, trouxeram-no de *Agobio*: tendo primeiro expulsado o conde, trouxeram *Lando d'Agobio*[3] como executor, ou seja, como aguazil, e com pleníssima podestade sobre os cidadãos. Este era um homem rapace e cruel, andava pelas terras acompanhado de muita gente armada, tirando a vida deste e daquele, segundo a vontade dos que o tinham eleito. E a tanto chegou sua insolência, que emitiu uma moeda falsa com o cunho florentino sem que ninguém ousasse se opor: a tal grandeza conduziram-no as discórdias de Florença! Grande, realmente, e miserável

---

1. "Vittoria allegra" lembra Alighieri: *Non ne potrebbe aver vendetta allegra* (Inferno, XIV, 60).
2. *Novello*: noviço, novato. Chamava-se *Bertrando del Balzo*, cunhado de Roberto de *Anjou*.
3. *Lando dei Becchi*, da cidade de *Gubbio*.

113

cidade que nem a lembrança das divisões passadas, nem o medo de *Uguccione*, nem a autoridade de um rei tinham podido sujeitar; tal era o malíssimo estado em que se encontrava que escapando de *Uguccione* caíra no saqueio de *Lando d'Agobio*.

As famílias nobres e os mais importantes do povo, e os guelfos todos, eram contrários a Lando e seus seguidores. No entanto, os adversários, por terem em mãos o governo, não podiam manifestar-se senão com grave perigo. Mesmo assim, decididos a libertar-se de tão desonesta tirania, escreveram secretamente ao rei Roberto para que constituísse vicário seu o conde *Guido da Battifolle*. O que em seguida foi ordenado pelo rei, e a parte inimiga, ainda que os Senhores a ele fossem contrários, não ousou opor-se, dadas as boas qualidades do conde. Contudo, não tinha muita autoridade, porque os Senhores e os chefes das Companhias estavam do lado de Lando e de seus seguidores.

E enquanto em Florença vivia-se em meio a essas vicissitudes, passou por esta cidade a filha do rei Alberto da Alemanha[4], que ia ao encontro de Carlos, seu marido e filho do rei Roberto. Foi muito venerada pelos amigos do rei, e para ela muito se lamentaram das condições da cidade e da tirania de Lando; tanto que, antes[5] que ela partisse, graças a seus favores e os que do rei chegaram, os cidadãos se uniram e tiraram o poder a Lando, e cheio de butim e sangue a *Agobio* o mandaram. Com a reforma do governo, ao rei foi prorrogada a senhoria da cidade por três anos[6], e como já havia sete Senhores eleitos dentre os partidários da Lando, elegeram-se seis dos do rei; e algumas senhorias continuaram com treze. Depois, também seguindo o antigo costume, a sete se reduziram.

26. Guerra contra *Castruccio Castracani*, de Lucca

A Senhoria de *Lucca* e de Pisa, naquela época[1], foi tirada a *Uguccione*; *Castruccio Castracani* de cidadão passou a ser senhor de *Lucca*; e como era jovem, ousado e cruel, e afortunado em suas empresas, em brevíssimo tempo passou a ser príncipe dos gibelinos da Toscana. Razão pela qual os florentinos, deixadas as discórdias civis, pensaram em como fazer, durante muitos anos, para que as forças de *Castruccio*, primeiro, não crescessem, depois, crescidas contra a vontade deles, como fazer

4. Catarina era filha de Alberto I, da Áustria, não da Alemanha, então noiva de Carlos, Duque da Calábria.
5. Não antes, mas só depois que ela chegou a Nápoles.
6. Cf. cap. anterior.
1. Em 1316.

LIVRO II _____ *Florença, das origens à peste de 1348*

para se defender delas. E para que os Senhores com mais ponderação deliberassem e com maior autoridade exigissem, escolheram doze cidadãos, a quem chamaram Bons Homens, sem o conselho e consenso dos quais nada de importante podiam fazer.

Enquanto isso, havia chegado ao fim a senhoria do rei Roberto e a cidade, tornando-se príncipe de si mesma, se reordenou com os mesmos reitores e magistrados; e o grande temor que tinha de *Castruccio* a manteve unida. Este, depois de muitas empresas próprias contra os senhores de *Lunigiana*, assaltou *Prato*. Com o que os florentinos, decididos a socorrer esta cidade, fecharam tudo em Florença e para lá foram em massa, chegando a reunir vinte mil a pé e quinhentos a cavalo. E para tirar forças a *Castruccio* e acrescentá-las às suas, os Senhores, com um pregão, anunciaram que qualquer rebelde guelfo que viesse em socorro de *Prato* seria, terminada a empresa, readmitido à pátria: mais de quatro mil rebeldes se apresentaram. E o exército era tal, e tal foi a rapidez com que se conduziu, que *Castruccio* se intimidou a ponto de não querer tentar a fortuna na luta, e rumou a *Lucca*. Daí nasceu, entre os florentinos, divergência entre os nobres e o povo: este desejava seguir *Castruccio* e combatê-lo para esmagá-lo, aqueles queriam retornar, pois já chegava de pôr Florença em perigo para libertar *Prato*; e que até aqui tinham agido bem porque obrigados pela necessidade, mas agora ela não mais existia, e não era de se tentar a fortuna, podendo-se pouco obter e muito perder. Não podendo chegar a um acordo, deixou-se a decisão aos Senhores, que, nos Conselhos, entre o povo e os Grandes, encontraram-se com as mesmas divergências. Isto, assim que foi do conhecimento da cidade, fez com que se reunisse na praça muita gente com palavras cheias de ameaças contra os Grandes: tanto que estes, por temor, cederam. Decisão que, por ter sido tomada tarde, e por muitos de má vontade, deu tempo ao inimigo de retirar-se a salvo para *Lucca*.

27. Tentam voltar nobres e exilados

De tal maneira essa desordem indignou o povo contra os Grandes que estes não quiseram cumprir a palavra dada aos exilados, que por sua ordem e conforto tinham pedido. Pressentindo isso, os exilados decidiram se antecipar e, para entrar primeiro, apresentaram-se às portas da cidade antes que o exército chegasse. Coisa que, por ter sido prevista, não resultou bem, e foram repelidos pelos que haviam ficado em Florença. Mas para ver se podiam obter com um acordo o que não tinham podido conseguir com a força, mandaram oito homens como embaixadores, a recordar aos Senhores a palavra dada e os perigos que correram por crer nela na espera do prêmio a eles particularmente prometido. E mesmo que os nobres, que achavam ser devedores desse favor por terem particularmente prometido aquilo com o que se haviam empenhado com os Senhores, muito fatigassem em benefício dos exilados, mesmo assim, pela indignação que se tinha generalizado, não conseguiram vencer a empresa contra *Castruccio* da maneira que se podia ter vencido, o que ficou por conta e desonra da cidade. Por isso, indignados como estavam muitos dos nobres, tentaram conseguir pela força o que pedindo lhes havia sido negado, e combinaram com os exilados para que viessem armados à cidade, que eles, de dentro, tomariam armas em sua ajuda. A coisa foi descoberta na véspera do dia marcado, de maneira que os exilados encontraram a cidade em armas, preparada para conter os de fora e amendrontar os de dentro, tanto que ninguém ousara empunhar armas. E assim, sem motivo algum, desistiram da empresa.

Depois que se foram estes, desejava-se castigar os que tivessem a culpa de havê-los feito vir; e mesmo que todos soubessem quem eram os delinqüentes, ninguém ousava dizer seus nomes, muito menos acusá-los. Por isso, para poder entender a verdade sem véus, ficou decidido que nos Conselhos cada um escrevesse os nomes dos delinqüentes, e que estas listas secretamente ao Capitão se levassem. Donde foram acusados *messer Amerigo Donati*, *messer Theghiaio Frescobaldi* e *messer Lotteringo Gherardini*, que, tendo tido um juiz mais favorável do que talvez poderiam merecer seus delitos, foram apenas multados.

28. Novo ordenamento político

Os tumultos surgidos em Florença com a vinda dos rebeldes às suas portas demonstraram que não bastava às Companhias do Povo um só chefe; por isso, decidiram que cada uma delas tivesse, doravante, três ou quatro chefes, e a cada gonfaloneiro acrescentaram dois, ou três, que foram chamados *pennonieri*[1]; isso tudo para que em casos de necessidade, quando não fosse preciso que acudisse a companhia toda, pudessem empregar só uma parte da mesma, às ordens de um capitão. E como acontece em todas as repúblicas, onde sempre depois de algum acidente algumas velhas leis se anulam e algumas outras se renovam, assim aqui, onde de tempos em tempos a Senhoria se constituía, os Senhores e

1. Porta-estandarte

LIVRO II _____ *Florença, das origens à peste de 1348*

colegas então[2] em exercício, dado que tinham muita força, fizeram-se atribuir autoridade para nomear os outros Senhores com quem deveriam compartilhar tal cargo durante os próximos quarenta meses, e os nomes destes colocaram em uma bolsa, da qual seriam extraídos a cada dois meses. Mas antes que os quarenta meses chegassem a seu término, fizeram-se novos ensaques[3], porque muitos cidadãos suspeitavam não terem ali seus nomes[4]. Esta foi a origem do costume de colocar nas bolsas, durante muito tempo, os nomes dos magistrados, tanto os da cidade como os de fora, enquanto antes, ao terminar as magistraturas, elegiam-se os sucessores através dos Conselhos; a esses ensaques depois se deu o nome de escrutínio. E já que eram feitos a cada três, no máximo a cada cinco anos, parecia que desta forma a cidade era poupada de fastios e de motivos de tumultos nascidos de cada nomeação dos magistrados, pelo grande número de competidores; e não sabendo como corrigir as desavenças, seguiram esse caminho, mas não entenderam os defeitos que se escondiam nesta pequena comodidade.

29. *Castruccio* derrota os florentinos em *Altopascio*

Corria o ano de 1325, e *Castruccio*, que havia ocupado Pistóia, tinha se tornado de tal forma poderoso que os florentinos, temendo a sua força, deliberaram atacá-lo, antes que ele tivesse o domínio pleno daquela cidade, e subtraí-la a sua obediência. E entre seus cidadãos e amigos reuniram vinte mil peões e três mil cavaleiros, e acamparam em *Altopascio*, com a intenção de ocupá-lo e impedir que por esse caminho pudessem socorrer Pistóia. Conseguiram os florentinos tomar aquele lugar, depois foram em direção de *Lucca* e quebraram a cidade. Mas, pela pouca prudência e menor fé do capitão, não se fizeram muitos progressos. Era, tal capitão, *messer Ramondo di Cardona*; vendo os florentinos serem um tanto dissipadores de sua liberdade, e tendo sido esta concedida ora ao rei, ora aos Legados, ora a outros homens de menor qualidade, pensava que se os conduzisse a alguma necessidade facilmente poderia acontecer que o fizessem príncipe. Não deixava de recordá-lo freqüentemente, pedia que lhe dessem na cidade a autoridade que lhe tinham dado no exército, senão, mostrava, não poderia conseguir

2. Em 1323, quando foi feita esta reforma.
3. In(*borsa*)zioni. *Borsa*: bolsa, saco. Só quem estava com seus impostos em dia, era inscrito em algumas das Artes e contava com dois terços dos votos da Senhoria, é que podia concorrer a esta espécie de sorteio.
4. Era o ato prévio à nomeação a qualquer cargo público. Afonso V, de Aragão, também introduziu esse sistema na Espanha.

117

MAQUIAVEL ———————————————————— HISTÓRIA DE FLORENÇA

a obediência devida a um capitão. E como a isso não acediam os florentinos, ia perdendo tempo, e *Castruccio*, ganhando. Até que chegou a ajuda que os *Visconti* e outros tiranos da Lombardia tinham-lhe prometido. E apesar de contar com numerosa tropa, da mesma forma que antes não tinha sabido vencer por sua pouca fé, *messer Ramondo*, agora, pela pouca prudência não soube salvar-se: avançando com seu exército com demasiada lentidão, foi por *Castruccio* atacado e quebrado perto de *Altopascio* depois de grande luta, onde ficaram muitos cidadãos presos e mortos, e com estes *messer Ramondo*, que pela sua pouca fé e maus conselhos, recebeu da fortuna a punição que merecia dos florentinos. Os danos que fez *Castruccio* aos florentinos depois da vitória, os butins, prisões, ruínas e incêndios não se poderia narrar, porque, sem ter mais ninguém que se lhe antepusesse, onde quis cavalgou e correu durante meses, e para os florentinos, depois de tanta ruína, foi muito salvar a cidade.

30. Carlos, duque da Calábria, enviado do Duque de Atenas a Florença. Luís da Baviera entra na Itália com dinheiro e promessas de *Galeazzo Visconti*. *Castracani* toma Pisa e morre em *Lucca*

Porém não se apoquentaram ao ponto de não fazer grandes provimentos de dinheiro, contratar tropas e mandar pedir ajuda a seus amigos. No entanto, nenhuma medida bastava para deter tal inimigo, de modo que estavam obrigados a eleger Senhor Carlos, duque da Calábria e filho do rei Roberto, se quisessem que viesse a sua ajuda. Porque os que se haviam acostumado a senhorear Florença queriam mais sua obediência do que sua amizade. Mas por estar Carlos empenhado nas guerras da Sicília, e por isso não podendo tomar posse na Senhoria, mandou *Gualtieri*[1], de nacionalidade francesa e Duque de Atenas. Este, como vicário do Senhor, tomou posse da cidade e segundo arbítrio seu nomeava os magistrados. Foi porém por suas atitudes modestas e de tal modo contrárias a sua natureza[2] que todos o amavam. Carlos, uma vez terminadas as guerras da Sicília, com mil cavaleiros veio a Florença, onde fez sua entrada em julho de 1326. Entrada esta que fez com que *Castruccio* não mais pudesse saquear livremente o território florentino. No entanto, a reputação que Carlos adquiriu fora da cidade a perdeu dentro, e os danos que pelos inimigos não foram feitos, pelos amigos foram suportados, porque os Senhores, sem o

1. *Gauthier*, em francês.
2. Que apareceriam depois (cf. cap. 33), quando se tornou Senhor.

Livro II — *Florença, das origens à peste de 1348*

consenso do duque, nada faziam. E este, ao cabo de um ano, da cidade tirou mais de quatrocentos mil florins, não obstante, segundo os acordos com ele feitos não devessem passar de duzentos mil, tantas eram as despesas com que ele, ou seu pai, gravavam a cidade. A esses danos se acrescentaram por outro lado novas suspeitas e novos inimigos; porque os gibelinos da Lombardia de tal maneira ficaram suspeitosos com a vinda de Carlos à Toscana que *Galeazzo Visconti* e outros tiranos lombardos, com dinheiro e promessas, proporcionaram a Luís de Baviera a passagem pela Itália, eleito imperador contra a vontade do Papa. Veio este à Lombardia e dali foi à Toscana, e com a ajuda de *Castruccio* se assenhoreou de Pisa, de onde, com dinheiro renovado, rumou a Roma. O que fez com que Carlos deixasse Florença, temendo pelo Reino de Nápoles, e deixasse como vicário *messer Filippo* de *Sagginetto*. *Castruccio*, depois da partida do imperador, assenhoreou-se de Pisa, e os florentinos, conforme acordo, tiraram-lhe Pistóia, para a qual rumou em campanha; nela, com tanta virtude e obstinação esteve que, mesmo que os florentinos por diversas vezes tentassem socorrê-la e atacassem ora o seu exército, ora as imediações, jamais puderam, nem com a força nem com o engenho, removê-lo da empresa: tamanha era a sede que tinha de castigar os pistoienses, de bater os florentinos! De modo que os pistoienses foram obrigados a recebê-lo como Senhor. Coisa que, ainda que lhe tenha trazido tanta glória, trouxe-lhe também tanto desconforto que, voltando a *Lucca*, morreu. E como raras vezes acontece que a fortuna não acompanhe um bem ou um mal com outro bem ou outro mal, morreu também, em Nápoles, Carlos, duque da Calábria e Senhor de Florença. De modo que os florentinos, em pouco tempo e fora do que pudessem prever, da senhoria de um e do temor de outro se libertaram. Uma vez livres, reformaram a cidade e desfizeram a organização dos velhos Conselhos, e criaram dois, um de trezentos cidadãos do povo, outro de duzentos e cinqüenta, com gente do povo e dos Grandes. Um foi chamado Conselho do Povo, o outro, do Município.

31. Os alemães oferecem *Lucca* por 30 mil florins aos florentinos, e os genoveses a compram. *Giotto* constrói a torre de *Santa Reparata*

O imperador, assim que chegou a Roma, criou um antipapa, deu diversas disposições contra a Igreja, e sem conseguir tentou outras; de modo que no fim, envergonhado, partiu para Pisa, onde, por desdém ou porque não lhes pagavam, rebelaram-se cerca de oitocentos cavaleiros

MAQUIAVEL _____ *HISTÓRIA DE FLORENÇA*

alemães, que em *Montechiaro*, sobre o *Ceruglio*, se reforçaram. Ocuparam *Lucca* e expulsaram dali *Francesco Castracani*, que o imperador tinha colocado antes de ir para Pisa. E pensando desse espólio tirar algum proveito, ofereceram *Lucca* aos florentinos por oitenta mil florins, o que, por conselho do *messer Simone della Tosa*, foi recusado. Posição esta que à nossa cidade teria sido proveitosíssima se os florentinos sempre a mantivessem, mas como pouco depois mudaram, foi danosíssima, pois assim como poderiam então tê-la possuído pacificamente por tão pouco e não a quiseram, depois, quando a quiseram, não a obtiveram, ainda que muito maior preço pudessem pagar. Coisa que foi a razão, inúmeras vezes, de mudanças de governo em Florença, com seu grandíssimo dano. *Lucca*, portanto, recusada pelos florentinos, foi comprada por trinta mil florins pelo genovês *messer Gherardino Spinoli*. E como os homens são mais lentos para apanhar o que podem ter do que para desejar o que não podem atingir, assim que se soube da compra do *messer Gherardino*, e do pouco que tinha pago, acendeu-se na população de Florença um extremo desejo de tê-la, reanimando-se e reanimando a quem não tinha caído no desconforto. E para tê-la forçosamente, já que não quiseram comprá-la, mandaram os seus a predar e fazer correrias sobre os luqueses.

Nesse ínterim, havia o imperador saído da Itália e o antipapa ido prisioneiro à França por ordem dos pisanos. E os florentinos, desde a morte de *Castruccio*, em 1328, permaneceram quietos até 1340 no aspecto interno, pois no externo, na Lombardia, pela vinda do rei *Giovanni* de *Bohemia*, e na Toscana, por causa de *Lucca*, promoveram muitas guerras. Ornamentaram ainda a cidade com muitos edifícios; inclusive a torre de *Santa Reparata*[1] foi construída segundo projeto do pintor *Giotto*, famosíssimo naqueles tempos. E como, em 1333, uma chuva torrencial fez as águas do Arno subirem mais de doze braças em alguns lugares de Florença, arruinando parte das pontes e muitos edifícios, com grande solicitude e recursos acudiram os florentinos para reparar os estragos.

---

1. É o chamado Campanário de *Giotto*, atualmente na catedral de *S. Maria del Fiore*. *Reparare*, forma arcaica de *riparare*, significa "defender, proteger, consertar, remediar, prover". O significado arcaico de *reparare*, no entanto, é "ornamentar, enfeitar" ou "esquivar, evitar, fugir".

Livro II _____ *Florença, das origens à peste de 1348*

32. A conspiração dos *Bardi* e dos *Frescobaldi* é descoberta e esmagada.

Mas chegado o ano 1340, novos motivos de desordem surgiram. Tinham os cidadãos poderosos duas maneiras de aumentar ou manter seu poder: uma era limitar as indicações dos nomes dos aspirantes à magistratura, que sempre recaíam em seus amigos, ou neles mesmos; outra era conduzir a eleição dos Reitores para que estes posteriormente lhes fossem favoráveis em seus juízos. E estimavam tanto esta segunda maneira que, como se não lhes bastassem os Reitores de praxe, nomeavam um terceiro. Foi assim que, então, nomearam extraordinariamente *Iacopo Gabrielli D'Agobio*, com o título de capitão da guarda, dando-lhe autoridade plena sobre os cidadãos. Este, seguindo a vontade de quem governava, a cada dia injuriava os outros; entre estes foram ofendidos *messer Piero de'Bardi* e *messer Bardo Frescobaldi*. Nobres e naturalmente soberbos, estes não puderam suportar que um forasteiro, sem razão e só para agradar a uns poucos poderosos, os ofendesse. E para se vingarem dele e de quem governava, conspiraram. Muitas famílias nobres, também algumas do povo, participaram da conjura porque lhes desagradava a tirania dos governantes. O que combinaram foi reunir muita gente armada em casa e na manhã seguinte ao solene Dia de Todos os Santos, quando todos se encontrassem nos templos a rezar pelos mortos, apanhar as armas, matar o Capitão e os principais governantes e depois, com novos Senhores e nova ordem, reformar o estado. Mas, assim como as escolhas perigosas quanto mais são examinadas, com mais dificuldade se adotam, assim acontece com as conjuras, quanto mais tempo tardam para serem executadas mais facilmente são descobertas. Estava entre os conspiradores *messer Andrea de'Bardi* o qual, ao reconsiderar a coisa, pôde mais nele o temor da pena do que a esperança na vingança; e revelou tudo a *Iacopo Alberti*, seu cunhado, e este aos Priores, e os Priores tudo refeririam aos Reitores. E por ser a coisa tão perigosa, estando próximo o Dia de Todos os Santos, muitos cidadãos reuniram-se no palácio; e julgando que fosse perigoso postergar mais, os Senhores mandaram tocar o sino, convocando o povo às armas. Era gonfaloneiro *Taldo Valori*, e *Francesco Salviati* um dos Senhores. E a estes, por serem parentes dos *Bardi*, não agradou ouvir os sinos e alegaram que não ficava bem armar o povo por uma coisa qualquer, porque a autoridade dada à multidão não regrada por freio algum jamais fez bem; e que tumultos são fáceis de se provocar, difíceis de se dominar; e que melhor escolha seria primeiro entender a verdade da coisa e aplicar punição civil do que corrigi-la através de simples

MAQUIAVEL ————————————————————— HISTÓRIA DE FLORENÇA

delação, tumultuosamente, com a ruína de Florença. Palavras que não foram ouvidas de forma alguma; ao contrário, os Senhores foram obrigados, com modos injuriosos e palavras vis, a tocar os sinos, ao que acorreu o povo armado na praça. Por outro lado, tanto os *Bardi* como os *Frescobaldi*, vendo-se descobertos, para vencer com glória ou morrer sem vexame tomaram armas, esperando poder defender a outra margem do rio, onde tinham suas casas. E se fortificaram nas pontes, esperando contar com o socorro dos outros nobres do condado e de outros amigos seus. Projeto esse que lhes foi estragado pela gente do povo que no mesmo lado da cidade com eles morava, e que tomou armas em favor dos Senhores; de forma que, encontrando-se entre dois fogos, os *Bardi* abandonaram as pontes e se dirigiram à rua onde moravam, que resultava mais fortificada do que qualquer outra, e a defenderam virtuosamente.

Messer Iacopo d'Agobio, sabendo que contra ele era toda essa conjuntura, temeroso da morte, todo entontecido e assustado, ficou em meio a sua gente armada, próximo ao Palácio dos Senhores; mas entre os outros regentes, onde havia menos culpa, havia mais ânimo; e mais ainda no *podestà* que se chamava *Maffeo da Carradi*. Este compareceu onde se combatia e sem temor a coisa alguma passou a ponte *Rubaconte*[1], meteu-se entre as espadas dos *Bardi* e fez sinal que desejava falar com eles: a reverência daquele homem, seus costumes e outras qualidades fizeram de repente parar as armas e quietamente ser ouvido[2]. Ele, com palavras graves e modestas, reprovou a conjura, mostrou o perigo em que se encontravam se não cedessem àquele ímpeto popular, deu-lhes esperança de que depois seriam ouvidos e com misericórdia julgados e prometeu que se ocuparia fossem suas razoáveis queixas escutadas. Voltando-se depois aos Senhores, persuadiu-os a não querer vencer com o sangue de seus cidadãos nem a julgá-los sem ouvi-los. E tanto fez que, com o consentimento dos senhores, os *Bardi* e os *Frescobaldi* puderam retornar a seus castelos sem serem impedidos. Afastados estes e desarmado o povo, os Senhores somente procederam contra os famíliares dos *Bardi* e dos *Frescobaldi* que tinham tomado armas; e para subtrair-lhes poder compraram os castelos de Mangona e de Vernia, e proibiram por lei que cidadão algum possuísse castelos nas proximidades de Florença a menos de vinte milhas. Poucos meses depois foi decapitado *Stiatta Frescobaldi* e declarados rebeldes muitos membros dessa família. Não bastou aos que governavam ter os *Bardi* e os *Frescobaldi* vencidos e

1. Atualmente *Ponte Alle Grazzie* (das Graças).
2. "Concluo, portanto, que não há mais firme e mais necessário remédio para conter uma multidão exaltada do que a presença de um homem que por sua presença, pareça e seja respeitado." *Discorsi...*, Livro I, 54.

122

LIVRO II ———————————————— *Florença, das origens à peste de 1348*

dominados; mas, como quase sempre fazem os homens que quanto mais autoridade têm pior a usam e mais insolentes se tornam, onde antes havia um capitão de guarda que afligia Florença, agora elegeram mais outro no condado, e com muitíssima autoridade, de modo que as pessoas por eles tidas como suspeitas não podiam morar nem em Florença, nem fora dela.

E tanto se concitava contra os nobres que estes estavam preparados para vender a cidade para se vingar; esperaram a ocasião e ocorreu uma boa, e melhor eles a usaram.

33. Os florentinos compram *Lucca*. Roberto, rei de Nápoles, envia *Gualtieri* a Florença.

Pelas diversas aflições que a Toscana e a Lombardia tinham passado, a cidade de *Lucca* tinha ficado sob o mando de *Mastino Della Scala*, senhor de Verona, que mesmo tendo por obrigação[1] entregá-la aos florentinos, não o fez, porque, sendo senhor de Parma, julgava poder conservá-la, e do que tinha prometido não se importava. Então os florentinos, para vingar-se, uniram-se aos venezianos e tanta guerra lhe moveram, que esteve a ponto de perder tudo. No entanto nada melhor lhes resultou do que um pouco de satisfação por terem vencido Mastino, porque os venezianos, como fazem todos os que se aliam aos menos poderosos, depois que ganharam Treviso e *Vicenza* assinaram um acordo sem ter em conta os florentinos. Mas pouco depois, tendo os *Visconti*, senhores de Milão, tirado a *Mastino* a cidade de Parma, este, acreditando que por isso já não podia conservar *Lucca*, decidiu vendê-la. Os competidores eram os florentinos e os pisanos, e ao estreitar negociações, os pisanos viram que os florentinos, mais ricos, estavam por obtê-la. Por isso decidiram-se pela força, e com a ajuda dos *Visconti* saíram em campanha. Os florentinos por isso não voltaram atrás na compra, e assinaram a documentação com *Mastino*; pagaram uma parte, deixaram reféns como garantia do restante e enviaram a tomar posse *Naddo Rucellai, Giovanni di Bernardino de'Medici* e *Rosso di Ricciardo de'Ricci*, que entraram pela força em *Lucca*, a qual lhes foi entregue pela gente de Mastino. Os pisanos, enquanto isso, seguiram sua empresa e por todos os meios procuravam obtê-la pela força, e os florentinos, a livrar-se do assédio. E depois de uma longa guerra, foram expulsos os florentinos, perdendo dinheiro e ganhando vexame, e os pisanos, estes tornaram-se senhores.

1. Pela Liga de Castelbado (1332), entre os Estensi, Florença, os Gonzaga, os *Scaligeri*, os *Visconti* e o Reino de Nápoles.

A perda dessa cidade, como em ocasiões semelhantes acontece sempre, provocou indignação no povo de Florença contra os que governavam, e publicamente eram difamados em todos os lugares, em todas as praças, e eram acusados de cobiçosos e maus conselheiros.

No início dessa guerra, a vinte cidadãos tinha-se dado autoridade para organizá-la, e escolheram para capitanear a empresa *messer* Malatesta, de Rímini, que com pouco ânimo e menos prudência a tinha governado. E como haviam pedido ajuda a Roberto, rei de Nápoles, este lhes mandou *Gualtieri*, Duque de Atenas, que, como queriam os céus, que já preparavam o mal futuro dessas coisas, chegou a Florença justamente quando a empresa de *Lucca* estava de todo perdida. Então os tais vinte, vendo a indignação do povo, quiseram enchê-lo de esperança escolhendo novo capitão, ou quiseram detê-lo, ou evitar motivos de calúnias. Mas para que o povo continuasse a ter razões para temer e o Duque de Atenas com mais autoridade os pudesse defender, os vinte o elegeram primeiro Conservador[2], depois Capitão dos homens em armas.

Os Grandes, pelas razões ditas acima, viviam descontentes, e tendo muitos deles já conhecido *Gualtieri* quando outras vezes em nome de Carlos, duque da Calábria, governara Florença, pensaram que havia chegado o momento de aplacar o ódio que tinham contra o povo com a ruína da cidade; e julgando não haver outra maneira de domar aquele povo que os tinha afligido, concluíram que era necessário submetê-lo a um príncipe que, conhecendo a virtude de uma parte e a insolência de outra, freasse uma e premiasse a outra: ao que acrescentaram a esperança do benefício que eles mesmos poderiam ter, quando por obra deles, aquele houvesse conseguido o principado. Foram portanto encontrá-lo secretamente muitas vezes, e persuadiram-no a tomar a Senhoria toda, oferecendo-lhe a maior ajuda que pudessem dar. Ao estímulo e autoridade destes acrescentaram-se famílias do povo, como os *Peruzzi, Acciauoli, Antellesi* e *Buonaccorsi*, que, carregados de dívidas, sem meios para saldá-las, queriam pagá-las através dos outros, e salvar-se da servidão de seus credores pela servidão da própria pátria.

Estas persuasões acenderam de maior desejo de domínio o ambicioso ânimo do duque que, para se dar reputação de severo e justo, e dessa forma cair nas graças da plebe, perseguiu os que haviam iniciado a guerra de *Lucca*. De *messer Giovanni de'Medici, Naddo Rucellai* e *Guglielmo Altoviti* tirou a vida, muitos mandou ao exílio, muitos condenou à multa.

2: Conservador e Protetor da cidade de Florença.

LIVRO II _____ *Florença, das origens à peste de 1348*

34. Manobras do Duque de Atenas para chegar à Senhoria. Discurso de um dos Senhores.

Essas medidas muito desalentaram o cidadão médio, e só causaram satisfação aos Grandes e à plebe: a esta porque sua natureza é regozijar-se com o mal, àqueles por verem-se vingados de tantas injúrias recebidas pelo povo. E quando passava pelas ruas, o duque *Gualtieri* era louvado pela sua franqueza de ânimo; publicamente todos o animavam a encontrar as fraudes dos cidadãos e a castigá-los. Tinha diminuído a competência dos Vinte, grande se tornava a reputação do duque, e o temor, grandíssimo; era tal que cada um, para demonstrar-lhe amizade, mandava pintar seu brasão na fachada de suas casas: para ser príncipe não lhe faltava senão o título. Assim, parecendo-lhe poder tentar qualquer coisa, fez entender aos Senhores que julgava necessário, para o bem da cidade, ter a senhoria absoluta, e para isso, como todos o consentiam, que eles também o consentissem. Os Senhores, mesmo que muito antes tivessem previsto a ruína de sua pátria, ficaram perturbados com essa pretensão, e mesmo cientes do perigo que corriam, ainda, para não trair sua pátria, o negaram com firmeza. Tinha o duque, para dar de si maior mostra de religiosidade e de humanidade, escolhido para seu alojamento o convento dos Frades Menores da Santa Cruz; e desejoso de levar a efeito suas malvadas idéias, mandou publicar um bando para que, na manhã seguinte e perante a sua pessoa, o povo todo estivesse junto. Esse bando muito mais assustou os Senhores do que suas palavras antes haviam assutado; e com os cidadãos que se julgavam amantes da pátria e da liberdade se reuniram. E pensaram que outra coisa não poderiam fazer senão rogar-lhe, conhecidas as forças do duque, e ver, já que as palavras deles não eram suficientes, se o pedido bastava a demovê-lo da empresa, ou a tornar sua Senhoria menos acerba. E, para isso, parte dos Senhores foi a seu encontro e um deles falou nestes termos:

Vimos, ó Senhor, a vós, movidos primeiro pelo vosso pedido, depois pelas ordens que destes para reunir o povo, porque[1] obter o que de maneira ordinária nós não vos havíamos dado. E não é nossa intenção opor-nos com força aos desígnios vossos, mas só demonstrar-vos o quanto vos será grave o peso que vos jogareis em cima e o quão perigosa é a escolha que haveis tomado, a fim de que possais recordar-vos sempre de nossos conselhos, e daqueles que o mesmo fizeram não para o vosso bem, mas para suas raivas desafogar. Estais buscando tornar serva uma cidade que sempre livre viveu: porque a Senhoria que já concedemos aos reis de Nápoles foi aliança, não servidão. Considerastes o quanto isso é importante

---

1. Quer dizer, ilegalmente.

125

numa cidade como esta, e quão garboso o nome da liberdade que força alguma a doma, tempo algum a destrói, nem mérito algum a compensa? Pensai, Senhor, quantas forças sejam necessárias a subjugar tamanha cidade. As estrangeiras, de que sempre dispondes, não bastam; nas internas, vós não podeis confiar, porque os que agora são vossos amigos, e que vos confortam ao tomar esta decisão, assim que tenham batido seus inimigos com a ajuda de vossa autoridade, buscarão como puderem liquidar-vos para se tornarem príncipes. A plebe, em quem confiais, por qualquer incidente, mínimo que seja, se rebela; de maneira que, em pouco tempo, podeis temer ter inimiga esta cidade toda, o que será motivo da sua e da vossa ruína. Nem podereis a esse mal encontrar remédio, porque os Senhores podem tornar suas Senhorias seguras com poucos inimigos, fáceis de eliminar com a morte ou com o exílio. Mas no ódio generalizado não se pode encontrar segurança alguma, porque não se sabe onde há de nascer o mal, e quem teme a cada homem não pode pessoalmente estar seguro, e mesmo que se tente fazê-lo, aumentam os perigos, pois os que permaneceram mais se cimentam no ódio e mais são decididos à vingança. Que o tempo não baste para consumir a ânsia de liberdade, isso é certíssimo; porque amiúde se pensa que ela foi restabelecida numa cidade por aqueles que jamais a experimentaram, mas a amavam só pela memória que seus pais lhes deixaram, e por isso, uma vez recuperada, a conservam com toda obstinação e riscos; e mesmo que os pais não a tivessem recordado, os edifícios públicos, os dos magistrados, os letreiros das organizações civis a recordam, e é bom que esses lugares com o máximo interesse sejam conhecidos pelos cidadãos. Quais obras vossas desejais que sejam o contrapeso à doçura do viver livre ou que aos homens façam faltar o desejo das condições presentes? Nem mesmo se acrescentásseis todo o império da Toscana e todos os dias tornásseis triunfante de vossos inimigos a esta cidade; porque toda esta glória não seria dela, mas vossa, e os cidadãos não adquiririam súditos mas companheiros-servos, pelos quais ver-se-iam na servidão recair. E por mais que os costumes vossos fossem santos, benigno vosso comportamento, retos vossos juízos, não bastariam para fazer-vos amar. E se acreditásseis que bastariam, vos enganaríeis, porque a quem está acostumado a viver livre, pesa qualquer corrente e todo laço oprime. Mesmo encontrar um estado violento[2] com um príncipe bondoso é impossível, porque necessariamente se tornarão iguais, ou um arruinará o outro. Deveis pensar, portanto, ou em manter esta cidade com a máxima violência (para o que, muitas vezes, as fortalezas, as guardas, os amigos de fora, não bastam), ou de acontentar-vos com a autoridade que vos outorgamos. Vimos ao vosso conforto para recordar-vos que só é durável o domínio que é voluntário; e não queirais, cego de um pouco de ambição, conduzir-vos aonde não podendo ficar, nem mais alto subir, ser obrigado a cair com nosso e vosso máximo dano.

2. Um governo de força.

LIVRO II _____ *Florença, das origens à peste de 1348*

35. O Duque de Atenas aclamado Senhor vitalício de Florença.

Essas palavras em parte alguma moveram o endurecido ânimo do duque, que disse não ser sua intenção tirar daquela cidade a liberdade, mas restituí-la; porque só as cidades desunidas eram servas e livres as unidas; e se Florença por ordem sua se livrasse de facções, ambições e inimizades, teria restituída, e não perdida, a liberdade; e que não a sua ambição, mas os pedidos de muitos cidadãos o tinham conduzido a tomar esse cargo, por isso era bom que se contentassem com o que tinham, já que os outros tinham se contentado; e quanto aos perigos nos quais por isso podia correr, não os considerava, porque era ofício de homem não muito bom deixar o bem por temor ao mal, e de pusilânime o não perseguir uma gloriosa empresa por temor do dúbio final; e que acreditava que estava se comportando de maneira que em breve tempo saberiam ter nele confiado pouco e muito o tinham temido.

Decidiram então os Senhores, nada podendo fazer melhor, que na manhã seguinte o povo se reunisse em sua praça[1], e com sua autoridade se desse ao duque a Senhoria por um ano, sob as condições que já a Carlos, duque da Calábria, tinham sido dadas.

Era o oitavo dia de setembro, e o ano o de 1342, quando o duque, acompanhado por *messer Giovanni della Tosa*, por todos seus partidários e por muitos outros cidadãos, veio à praça; e juntamente com a Senhoria subiu à tribuna, que é assim que os florentinos chamam aquele lugar com degraus junto ao palácio dos Senhores, onde leu ao povo os acordos feitos entre a Senhoria e ele. E quando leu aquele trecho em que por um ano era-lhe concedida a Senhoria, gritou-lhe o povo: "Por toda a vida!" E levantando-se *messer Francesco Rustichelli*, um dos Senhores, para falar e mitigar o tumulto, teve suas palavras interrompidas pelos gritos; de maneira que, com o consenso do povo, não por um ano mas por toda a vida *Gualtieri* foi eleito Senhor, agarrado e carregado pela multidão que gritava seu nome pela praça.

É costume que quem é encarregado da guarda do palácio fique trancado no lado de dentro na ausência do Senhor. E a esse cargo estava então deputado Renato [*Rinieri*] *di Giotto*, que, corrompido pelos amigos do duque, sem ter sofrido constragimentos de força, colocou-o dentro, e os Senhores, desconcertados e desordenados, voltaram a suas casas. O palácio foi saqueado pela família do duque, o gonfalão do povo foi rasgado e insígnias do duque foram içadas. Coisas que os homens bons acompanhavam com incalculável dor, e com grande prazer eram por outros consentidas, por maldade ou ignorância.

1. A da Senhoria, não a da Santa Cruz, onde morava o Duque de Atenas.

36. O mau governo do Duque de Atenas

Para subtrair a autoridade dos que costumavam ser defensores da liberdade, o duque, assim que tevé a Senhoria, proibiu aos Senhores reunirem-se no palácio, e indicou-lhes uma casa particular para isso; tirou as insígnias dos gonfaloneiros das Companhias do Povo[1], suprimiu as disposições da justiça contra os Grandes, liberou os prisioneiros da prisão, fez os *Bardi* e os *Frescobaldi* retornarem do exílio, proibiu a todos portar armas e, para melhor se proteger dos de dentro, tornou-se amigo dos de fora. Para isso favoreceu muito os aretinos[2] e todos os outros povos submetidos aos florentinos, fez as pazes com os pisanos[3], mesmo que tivesse sido feito príncipe para mover-lhes guerra; suprimiu os pagamentos aos mercantes que na guerra contra *Lucca* tinham emprestado dinheiro à república; aumentou os tributos velhos e criou novos; tirou dos Senhores toda autoridade e nomeou chefes a *messer Baglione da Perugia e messer Guglielmo d'Ascesi*[4], com os quais, e com *messer Cerretieri Bismondi*, se aconselhava. As taxas que impunha aos cidadãos eram pesadas e seus julgamentos, injustos, e aquela severidade e humanidade que tinha fingido havia se convertido em soberba e crueldade; daí muitos dos Grandes e dos notáveis do povo[5] eram condenados, mortos ou atormentados com novos métodos. E para que as coisas não fossem governadas melhor de fora do que de dentro, instituiu seis dirigentes para o condado, que batiam nos camponeses e os espoliavam. Suspeitava dos Grandes, mesmo que deles tivesse sido beneficiado e que a muitos tivesse permitido voltar à pátria, porque não podia crer que as generosas almas que costumam existir na nobreza pudessem se contentar sob sua obediência; por isso começou a favorecer a plebe, pensando que, com o favor desta e com a ajuda de armas forasteiras, poderia conservar sua tirania. Tendo, portanto, chegado o mês de maio, época em que o povo costuma celebrar suas festas, fez a plebe e o povo miúdo formar várias companhias, às quais honrou com esplêndidos títulos, deu insígnias e dinheiro: donde uma parte destes andava pela cidade festejando, e a outra, com grandíssima pompa, recebia os festejos. Como se expandiu a fama dessa nova Senhoria, vieram a seu encontro muitos de origem francesa; a todos esses, como a homens da maior confiança, concedia elevadas posições; de maneira que Florença

---

1. Aboliu a milícia civil, que estava disposta em 19 gonfalões.
2. De *Arezzo*.
3. De Pisa.
4. Guilherme de Assis, mais adiante *Bismondi* e *Visdomini*.
5. *Nobili popolani*.

LIVRO II _____ *Florença, das origens à peste de 1348*

em pouco tempo converteu-se não só em súdita dos franceses, mas também de suas modas e costumes, porque homens e mulheres os imitavam sem consideração ao comportamento civil e sem constrangimento algum. Mas acima de qualquer coisa o que era lamentável era a violência que ele e os seus, sem respeito algum, faziam às mulheres.

Viviam então os cidadãos cheios de indignação vendo a grandeza de seu estado arruinada, os ordenamentos corroídos, as leis anuladas, todo honesto viver corrompido, toda civil moderação desaparecida: porque os que não costumavam ver pompa real alguma não podiam sem dor ver que andava circundado de homens armados a pé e a cavalo. Porque, vendo mais de perto sua vergonha, era aquele a quem mais odiavam que precisavam venerar. Ao que se acrescentava o temor, ao verem as freqüentes execuções e as contínuas taxas com que empobrecia e consumia a cidade. Essas indignações, esses medos, eram conhecidos e temidos pelo duque; no entanto, pretendia demonstrar a todo o mundo que estava convencido de ser amado. Por isso aconteceu que, tendo-lhe *Matteo di Morozzo* revelado, seja para ganhá-lo para si, seja para livrar-se de algum perigo, que a família dos *Medici*, com alguns outros, contra ele conjurava, o duque não só deixou de averiguar as coisas, mas fez o delator morrer miseravelmente. Decisão com a qual tirou ânimo aos que pelo seu bem desejavam avisá-lo, e deu-o aos que buscavam sua ruína. Mandou ainda cortar a língua a *Bettone Cini* com tamanha crueldade que este morreu, tudo porque tinha reclamado das taxas que aos cidadãos haviam sido impostas; isso aumentou a indignação dos cidadãos e o ódio contra o duque, porque aquela cidade que estava habituada a agir e a falar de qualquer coisa, não suportava ter as mãos atadas e a boca fechada.

Aumentaram, pois, de tal maneira essa indignação e esses ódios, não só aos florentinos, que não sabem conservar a liberdade e não podem sofrer a servidão, mas inflamariam à recuperação da liberdade qualquer povo servil. Donde muitos cidadãos, das mais diversas origens, decidiram perder a vida ou recuperar a liberdade. Três partidos, de cidadãos de três origens, três conjuras organizaram: Grandes, populares e artífices. Moveram-se, além dos motivos gerais, os Grandes por não terem recuperado o estado, os populares por terem-no perdido e os artífices por terem perdido seus ganhos.

Era arcebispo de Florença *messer Agnolo Acciaiuoli*, que com seus sermões já havia exaltado a obra do duque e lhe havia feito muitos favores junto ao povo; mas assim que o viu tornar-se Senhor e conheceu suas maneiras tiranas, pareceu-lhe ter enganado sua pátria. E, para emendar o erro cometido, pensou não haver outro remédio senão curar a ferida com a mesma mão que a tinha feito; e da primeira e mais forte conjura tornou-se chefe. Nela estavam os *Bardi*, os *Rossi*, os *Frescobaldi*, os *Scali*, os *Altoviti*, os *Magalotti*, os *Strozzi* e os *Mancini*. De uma das duas outras eram príncipes *messer Manno* e *Corso Donati*, e com estes estavam os *Pazzi*, os *Cavicciuli*, os *Cerchi* e os *Albizzi*. Da terceira era *Antonio Adimare*, e com ele os *Medici*, os *Bordoni*, os *Rucellai* e os *Aldobrandini*[6]. Estes pensaram matar o duque na casa dos *Albizzi*, onde iria no dia de São João ver a corrida de cavalos[7], mas não conseguiram, porque ele não foi. Pensaram atacá-lo quando saísse a passeio pela cidade, o que acreditavam difícil, porque bem acompanhado e armado andava, e sempre variava os passeios, de maneira que em nenhum lugar preciso podia ser esperado. Pensaram matá-lo nas reuniões do Conselho: aqui, porém, parecia-lhes que mesmo morto o duque, eles ficariam muito expostos às suas forças. Enquanto se consideravam essas coisas entre os conjurados, *Antonio Adimari* revelou-se junto a alguns amigos de Siena, para conseguir com eles mais gente, mencionando alguns nomes dos conjurados, e afirmando que a cidade toda estava disposta a recuperar sua liberdade. E um deles comunicou isso a *messer Francesco Brunelleschi*, não por delação mas porque acreditava ser este também um conjurado. *Messer Francesco*, por temer por si, ou por ódio aos outros, tudo revelou ao duque, donde *Pagolo del Mazzeca* e *Simone da Monterappoli* foram presos e, ao revelarem a qualidade e a quantidade dos conjurados, causaram ao duque grande estupefação. Este foi aconselhado a convocá-los em vez de prendê-los, porque, se fugissem, sem o clamor mas com o exílio destes, ficaria seguro.

O duque, portanto, mandou chamar *Antonio Adimare*, que confiando em seus companheiros, compareceu logo. Foi preso. *Messer Francesco Brunelleschi* e *messer Uguccione Buondelmonte* aconselharam o duque que tudo percorresse, armado, e fizesse morrer os presos, mas não aceitou o conselho porque lhe parecia ter muitos inimigos para poucas forças. Por isso tomou outra decisão graças à qual, se conseguisse executá-la, ficaria a salvo dos inimigos e com mais forças. Era costume do duque pedir aos cidadãos que o aconselhassem[8]; tendo para isso pedido gente, fez uma lista de trezentos cidadãos e mandou seu servidores chamá-los, aparentemente para que o aconselhassem: logo que estivessem

---

6. Cf. *A. Montevecchi, op. cit.*, há algumas imprecisões nestas listas, nomes de Grandes em lugar de populares e vice-versa.
7. O Pálio, dia 24 de junho.
8. Isto é incorreto. Cf. *A. Montevecchi*, idem.

LIVRO II _____ *Florença, das origens à peste de 1348*

reunidos desejava prendê-los ou matá-los. A captura de *Antonio Adimare* e a busca daquela gente, coisas que não podiam ser feitas secretamente, tinham alarmado os cidadãos, principalmente os culpáveis, donde os mais ousados se recusaram a obedecer. E como todos tinham lido a lista, uns se encontravam com os outros, e se encorajaram a pegar armas antes que fossem levados como vitelos ao matadouro: de maneira que em pouco tempo as três conjuras descobriram-se reciprocamente; e deliberaram no dia seguinte, que era 26 julho de 1343, criar um tumulto no Mercado Velho, e depois armar-se e chamar o povo à liberdade.

37. A expulsão do Duque de Atenas

Tendo então chegado, no dia seguinte, o toque da nona[1], conforme tinham combinado, tomaram armas. O povo todo também se armou ao ouvir o grito de liberdade, e cada um se entrincheirou no próprio bairro com as insígnias do povo que os conjurados tinham preparado em segredo. Vieram todos os chefes de família, tanto nobres como do povo, jurando realizar sua própria defesa e a morte do duque, exceto alguns dos *Buondelmonti* e dos *Cavalcanti* e as quatro famílias do povo que intervieram para dar-lhe a Senhoria da cidade. Todos esses, junto com os açougueiros e outros indivíduos da ínfima plebe, vieram à praça armados para ajudar o duque. Ao ouvir a agitação, ele preparou a defesa do palácio, e seus partidários que estavam afastados em diversas partes da cidade montaram a cavalo para ir à praça; mas no trajeto foram repetidamente atacados e muitos foram mortos. Apesar disso, trezentos daqueles cavaleiros conseguiram chegar até ali.

O duque estava hesitando entre sair, para combater o inimigo, ou ficar dentro para defender o palácio. Por outro lado, os *Medici*, os *Cavicciuli*, os *Rucellai* e outras famílias a quem o duque tinha ofendido mais, temiam que muitos dos que haviam tomado armas contra ele não se lhes declarassem agora amigos; e, desejosos de tirar-lhe a possibilidade de sair do palácio para aumentar sua força, puseram-se em ordem de batalha e atacaram aquela praça. Com a chegada destes, as famílias do povo que se haviam declarado a favor do duque, vendo a decisão com que se havia efetuado aquele ataque e que a fortuna tinha mudado para o duque, mudaram também de idéia, e se colocaram todas do lado dos cidadãos, exceto *messer Uguccione Buondelmonti*, que entrou no palácio, e *messer Giovannozzo Cavalcanti*, que, retirando-se com alguns de seus

---

1. De uso dos antigos romanos, era a nona hora a partir das seis, portanto, as (nossas) quinze horas.

ao Mercado Novo, subiu em um balcão, de onde pedia à multidão que se dirigia à praça que se colocasse ao lado do duque, e para meter-lhes medo exagerava as forças deste e ameaçava que morreriam todos caso se obstinassem naquela empresa contra o Senhor. Mas vendo que ninguém lhe dava atenção, nem sequer se preocupavam em castigar sua insolência, e que se fatigava em vão, não quis tentar mais a fortuna e se retirou para sua casa.

Enquanto isso, a luta na praça entre o povo e as tropas do duque era aguerrida; mas mesmo que estas contassem com a ajuda do palácio foram finalmente vencidas e, enquanto parte se entregava ao inimigo, outra parte foi refugiar-se no palácio, abandonando seus cavalos.

Enquanto se combatia pela praça, *Corso* e *messer Amerigo Donati* com parte do povo irromperam no cárcere *Stinche*[2], queimaram as escrituras do juiz e da Câmara Pública, saquearam as casas dos chefes e mataram todos os servidores do duque que puderam. Este, por outro lado, vendo que tinha perdido a praça e que toda a cidade lhe era hostil, e sem esperança de ajuda alguma, procurou conquistar o povo com algum ato de humanidade; e mandando buscar perante si os prisioneiros, deu-lhes a liberdade com palavras amáveis e corteses; e mesmo a contragosto do próprio *Antonio Adimari*, nomeou-o cavalheiro, mandando tirar suas próprias insígnias do alto do palácio colocando em seu lugar as do povo. Essas coisas, feitas tardia e inoportunamente, por ser obrigado a fazê-las, e a contragosto, pouca satisfação lhe davam. Estava por isso contrariado, assediado no palácio, e via como, por ter querido demais, tudo perdera; e temia morrer em poucos dias, pela fome ou pelo ferro.

Os cidadãos, para dar forma ao estado, reuniram-se em *Santa Reparata* e escolheram quatorze deles, a metade Grandes, metade do povo, a quem se conferiu plena autoridade para que pudessem, junto com o bispo, reformar o governo de Florença. Escolheram também outros seis que tinham podestade enquanto não tivessem empossado os eleitos.

Havia chegado a Florença, para ajudar o povo, muita gente; entre eles estavam os de Siena, com seis embaixadores de muito prestígio em sua pátria. Estes tentaram alguns acordos entre o povo e o duque, mas o povo os recusou se antes à sua podestade não lhe entregassem *messer Guglielmo Ascesi* e a seu filho, e também *messer Cerrettieri Bisdomini*. O duque não queria permitir isso; mas, ameaçado pelos que se tinham trancado com ele, acabou por ceder.

2. Cf. cap. 22.

Livro II _____ *Florença, das origens à peste de 1348*

Sem dúvida o rancor mostra-se maior, e mais graves são as feridas, quando se recupera uma liberdade do que quando é preciso defendê-la: *messer Guglielmo* e seu filho foram colocados entre milhares de seus inimigos. O jovem ainda não tinha ainda dezoito anos, mas nem sua juventude, nem sua beleza, nem sua inocência puderam salvá-lo da fúria da multidão. E os que não foram capazes de feri-los vivos, o fizeram depois de mortos; e não satisfeitos de os dilacerarem com suas armas, os despedaçaram com as mãos e os dentes. E para que todos os sentidos se saciassem na vingança, depois de ter ouvido seus lamentos e ter visto suas feridas e de ter tocado suas carnes laceradas, queriam também que seu paladar os saboreasse, a fim de que, saciados os sentidos externos, também se saciassem suas entranhas. Esse furor de raiva, quanto mais se voltou contra estes, mais resultou em benefício de *messer Cerretiero*, pois exausta a multidão das crueldades contra aqueles, esqueceu por completo dele, que, por não ter sido buscado por ninguém, ficou escondido no palácio, de onde o tiraram de noite alguns parentes e amigos seus, salvando-o.

Uma vez saciada a multidão com o Sangue daqueles dois, pôde-se chegar a esse acordo: que o duque saísse da cidade são e salvo com os seus, mas renunciando a todos os direitos que tivera sobre Florença; e que logo que estivesse fora do território, confirmasse em Casentino essa renúncia. Depois desse acordo, no dia 6 de agosto saiu de Florença acompanhado por muitos cidadãos, e tendo chegado em Casentino, ratificou essa renúncia mesmo a contragosto, pois não teria cumprido sua palavra se o conde *Simone* [*di Battifolle*] não tivesse ameaçado devolvê-lo a Florença.

Foi esse duque, como bem o demonstrou seu governo, avaro e cruel, pouco afável em suas audiências e soberbo em suas respostas. Queria a servidão, não a benevolência dos homens; por isso, desejava antes ser temido do que amado. Sua própria presença não era menos odiosa, também seus costumes, pois era pequeno, opaco, de barba longa e rala. Era, pois, odioso sob todos os aspectos e, de fato, depois de dez meses, seu mau proceder tirou-lhe a Senhoria que os maus conselhos de outros tinham-lhe dado.

38. Rebeliões dos territórios submetidos a Florença

Esses incidentes ocorridos na cidade incitaram todos os territórios submissos aos florentinos a recuperar sua liberdade: de maneira que

Arezzo, Castiglione, Pistóia, Volterra, Colle[1]*, San Gimignano* se rebelaram; de tal forma que Florença, de uma só vez, ficou livre do tirano e de seu domínio, e ao recuperar sua liberdade ensinou a seus súditos como recuperar a deles. Ocorrida então a expulsão do duque e a perda do domínio, os quatorze cidadãos e o bispo pensaram que seria bom aplacar seus súditos com a paz em vez de torná-los inimigos com a guerra e demonstrar-lhes que se alegravam da liberdade deles como se fosse a sua[2]. Mandaram então embaixadores a *Arezzo*, para renunciar ao poder que tivessem sobre a cidade e para assinar com eles um acordo, a fim de que, se não pudessem valer-se do mesmo como súditos, o pudessem fazer como amigos. Também com as outras cidades assinaram acordos como melhor puderam, desde que as mantivessem como amigas, para que, livres, pudessem ajudar os florentinos a manter sua liberdade.

Essa escolha, tomada com muita prudência, teve felicíssimo desfecho; porque *Arezzo*, não depois de muitos anos, voltou ao domínio dos florentinos, e os outros territórios em poucos meses foram reduzidos à anterior obediência. Assim, se obtém muitas vezes mais depressa e com menores riscos e esforços as coisas que nos escapam, do que perseguindo-as com toda a força e obstinação.

39. Nova reordenação. Oito Conselheiros substituem os Doze Homens Bons. O povo toma o governo

Calmas as de fora, os florentinos voltaram-se às coisas de dentro; e depois de algumas arengas entre os Grandes e os do povo, concluíram que os Grandes tivessem um terço dos lugares na Senhoria e a metade nos outros cargos. A cidade, como dissemos antes[1], estava dividida em seis partes, para as quais sempre eram nomeados seis Senhores, um para cada sexta parte; exceto quando, por alguns incidentes, eram designados às vezes doze ou treze, mas logo havia tornado a reduzir-se a seis. Pareceu oportuno, portanto, reformá-la nesse aspecto, seja porque essas sextas partes estavam mal distribuídas, seja porque, se se desejava dar participação aos Grandes, convinha aumentar o número de Senhores. Dividiram então a cidade em quartéis, e para cada uma dessas quatro partes nomearam três Senhores. Prescindiram do gonfaloneiro de justiça

---

1. *Colle Val d'Elsa.*
2. Linha política esta que não se confirma nas fontes da época mas na própria obra do Autor (in *Discorsi...*, II, XXIII, e in *Del modo di trattare i popoli della Valdichiana ribellati*).
1. No cap. XI.

LIVRO II _____ *Florença, das origens à peste de 1348*

e dos das Companhias do Povo e, no lugar dos doze Homens Bons, nomearam oito conselheiros, quatro de cada uma das partes.

Estabelecido o governo com essa organização, a cidade teria se aquietado se os Grandes tivessem se contentado em viver com a moderação que em uma convivência civil requer; mas eles faziam o contrário, já que, como particulares, não queriam companheiros e como magistrados queriam ser os amos; e todos os dias davam alguma prova de sua insolência e de sua soberba. Tudo isso aborrecia o povo, o qual se queixava que para cada tirano eliminado, havia surgido mil.

Tanto cresceram de um lado as insolências, de outro os ódios, que os chefes do partido do povo tiveram que expor ao bispo a má fé dos Grandes e o seu distanciamento do povo, e o convenceram que agisse para que os Grandes se contentassem em ter sua parte nos outros cargos, mas deixavam exclusivamente ao povo os pertencentes à Senhoria.

O bispo era bom por natureza, mas fácil para deixar-se levar a este ou àquele partido. Isso porque, mediante pressão de seus parentes, favorecera em um primeiro momento o Duque de Atenas; depois, aconselhado por outros cidadãos, conjurara contra ele. Tinha secundado os Grandes na reforma do Estado, mas agora parecia-lhe oportuno favorecer o povo, movido pelas citadas razões que alguns cidadãos do povo haviam-lhe exposto. E acreditando que nos outros encontraria a mesma falta de estabilidade que nele havia, persuadiu-se que poderia fazê-los chegar a um acordo. E convocou os Quatorze que ainda não tinham perdido o poder e, com as melhores palavras que lhe ocorreram, exortou-os a ceder o cargo da Senhoria ao povo, prometendo a paz da cidade ou então a ruína e a destruição deles mesmos.

Essas palavras alteraram intensamente os ânimos dos Grandes, e *messer Ridolfo de'Bardi* reprovou-o com ásperas palavras, chamando-o de homem sem palavra e criticando-lhe seja a amizade com o duque como coisa de pessoa de pouco caráter, seja a expulsão deste como uma traição. Concluiu dizendo-lhe que as honras que tinham conquistado afrontando diversos perigos, também estavam dispostos a defendê-las igualmente afrontando perigos. E, deixando a presença do bispo, todo alterado, junto com outros, foi comunicá-lo a seus parentes e a todas as famílias nobres.

O povo manifestou aos demais suas intenções, e enquanto os nobres se organizaram com a ajuda destes para a defesa dos seus Senhores,

MAQUIAVEL ————————————————— HISTÓRIA DE FLORENÇA

não pareceu ao povo que ficar esperando seria bom, e correu armado ao palácio, gritando que queria que os grandes renunciassem à magistratura.

Grande era o tumulto e a algazarra: os Senhores ficaram abandonados, porque os Grandes, vendo todo o povo armado, não se atreveram a empunhá-las, e cada um ficou em sua casa. De maneira que os Senhores do partido do povo, tendo primeiramente procurado aquietar este, afirmando que seus companheiros eram homens modestos e bons, e não conseguindo isso, decidiram, por não ser a pior alternativa, mandá-los às suas casas, onde a duras penas chegaram salvos. Com a saída dos Grandes do palácio, foi ainda tirado o cargo aos quatro conselheiros Grandes[2] e nomeados doze do povo. Os oito Senhores que permaneceram designaram um gonfaloneiro de justiça e outros dezesseis para as companhias do povo, e reformaram os conselhos, de maneira que o governo todo ficou ao arbítrio do povo.

40. Andrea Strozzi: os Grandes tentam tomar o governo

Ao mesmo tempo que aconteciam essas coisas, houve uma grande penúria na cidade, motivo pelo qual tanto os nobres quanto o povo estavam muito descontentes, este pela fome, aqueles por terem perdido seus cargos: o que deu ânimo a *messer Andrea Strozzi* de poder ocupar a liberdade da cidade. Este vendia seu trigo a menor preço do que os outros e por isso à sua casa vinha muita gente, tanto que uma manhã teve a audácia de montar a cavalo e juntamente com alguns destes chamar o povo às armas; e em pouco tempo reuniu mais de quatro mil homens, com os quais foi à praça dos Senhores e pediu que abrissem a porta do palácio. Mas os Senhores, com ameaças e com os guardas da praça os afastaram, e depois de tal maneira os conturbaram com advertências, que pouco a pouco cada um se retirou à sua casa; de maneira que *messer Andrea*, ficando só, a muito custo se salvou das mãos dos magistrados. O acidente, mesmo temerário e mesmo tendo o fim que esses movimentos costumam ter, deu esperanças aos Grandes de poder tirar forças ao povo[1], vendo que a plebe miúda estava em discórdia com este; e, para não perder a ocasião, decidiram armar-se com todo o tipo de recursos para obter com toda a razão e a força o que pela força lhes tinha sido tirado. E de tal maneira cresceu a confiança deles na vitória, que abertamente juntavam armas, fortificavam suas casas e enviavam

2. Trata-se dos "...,quatro de cada uma das partes..." referidos neste mesmo capítulo.

1. Cf. Proêmio, n.4.

2. Na verdade só chegou ajuda ao povo.

Livro II _____ *Florença, das origens à peste de 1348*

seus amigos para buscar ajuda até na Lombardia. O povo também, de acordo com os Senhores, tomava suas medidas, armando-se e pedindo ajuda à gente de Perúgia e Siena.

Ajuda já tinha chegado a ambas as partes[2] e a cidade toda estava em armas. Os Grandes tinham-se fortificado do lado de cá do Arno em três pontos: na casa dos *Cavicciuli*, próxima de *San Giovanni*, na dos *Pazzi* e dos *Donati* em *San Pietro Maggiore*, e na dos *Cavalcanti*, no Mercado Novo. Os do lado de lá do Arno tinham-se fortificado nas pontes e nas ruas de suas casas: os *Nerli* defendiam a ponte da *Carraia*, os *Frescobaldi* e os *Mennegli*, a Santíssima Trindade, os *Rossi* e os *Bardi*, a Ponte Velha e a ponte *Rubaconte*. O povo, por outro lado, sob o gonfalão da justiça e as insígnias das Companhias do Povo se agrupava.

41. Derrota dos Grandes

Estando assim as coisas, ao povo pareceu que não convinha mais transferir a luta. Os primeiros que se colocaram em movimento foram os *Medici* e os *Rondinegli*, que atacaram os *Cavicciuli* pelo lado da praça *San Giovanni*, que dá às casas destes. A luta ali foi dura, porque das torres eram atacados com pedras e de baixo com as balestras.

Três horas durou essa batalha, mas o povo crescia tanto que os *Cavicciuli*, vendo-se dominar pela multidão e faltar ajuda, se apavoraram e se colocaram à podestade do povo, que lhes salvou as casas e os pertences, e tirou-lhes só as armas, ordenando que, desarmados, se dispersassem pelas casas dos do povo de quem fossem parentes ou amigos.

Vencido este primeiro ataque, os *Donati* e os *Pazzi* também foram facilmente vencidos, que eram menos fortes do que aqueles. Só ficaram do lado de cá do Arno os Cavalcanti, fortes em número de homens e posição. No entanto, vendo-se a totalidade dos gonfalões contrários[1], os outros, que foram vencidos por só três destes, sem muito se defender se renderam. Já haviam caído nas mãos do povo três quartos da cidade, um permanecia em poder dos Grandes, o mais difícil, seja pelo poder dos que o defendiam, seja pela posição, pois pelo rio Arno era resguardado; portanto, era preciso ganhar as pontes que estavam defendidas conforme referi[2]. Foi então à Ponte Velha o primeiro ataque, e foi galhardamente defendida, porque as torres estavam bem armadas, as ruas foram barricadas e as trincheiras defendidas por homens muito

1. Às Companhias do Povo.
2. No cap. anterior.

aguerridos; tanto que o povo foi rechaçado com graves perdas. Vendo portanto que ali o esforço era em vão, tentaram passar pela ponte *Rubáconte*; e encontrando as mesmas dificuldades, deixaram quatro gonfalões para vigiar essas duas pontes, e com os outros atacaram a ponte da *Carraia*. E mesmo que os *Nerli* virilmente tenham se defendido, não puderam agüentar o furor do povo, seja porque a ponte era mais fraca (não tinha torres que a defendessem), seja porque os *Capponi* e as outras famílias do povo, vizinhas deles, os atacaram; de maneira que, acossados por todas as partes, abandonaram as barricadas e cederam passo ao povo que, a seguir, venceu os *Rossi* e os *Frescobaldi*, porque todos os do povo da outra margem do Arno com os vencedores se reuniram. Restavam, portanto, só os *Bardi*, os quais não conseguiam desencorajar nem a derrota dos outros, nem a união de todo o povo contra eles, nem as poucas esperanças que tinham de receber ajuda. Ao contrário, preferiram morrer combatendo do que ver suas casas incendiadas ou saquedas, em vez de se submeter ao arbítrio de seus inimigos. Defendiam-se por isso de tal maneira que o povo em vão tentou vencê-los mais de uma vez, seja da Ponte Velha, seja da ponte Rubaconte, pois foram sempre rechaçados, com muitos mortos e feridos.

Havia sido aberta tempos atrás uma rua por onde, passando pelas casas dos *Pitti*, podia-se da rua Romana chegar ao morro de São Jorge: por essa rua o povo enviou seis gonfalões, com a ordem de atacar a casa dos *Bardi* pela parte de trás. Esse assalto desalentou os *Bardi* e deu ao povo a vitória; porque os que defendiam as barricadas, assim que perceberam suas casa sendo atacadas, abandonaram a luta e correram à defesa destas. Isso fez com que a barricada da Ponte Velha fosse conquistada, e os *Bardi* desbaratados de onde estivessem. Foram acolhidos pelos *Quaratesi, Panzanesi e Mozzi*.

Enquanto isso o povo, e deste a parte mais ignóbil, sedento de butim, espoliou e devastou todas as suas casas com uma raiva tal que teria envergonhado o mais cruel inimigo da reputação florentina.

42. Novas reformas políticas. A peste de 1348

Uma vez vencidos os Grandes, o povo pôde reordenar o estado, e como deste havia três gêneros, o poderoso, o médio, o miúdo, decretou-se que os poderosos tivessem dois Senhores, os médios três, os miúdos três e o gonfaloneiro fosse ora de um ora de outro gênero. Além disso, foram restabelecidos todos os ordenamentos da justiça contra os Grandes; e a fim de torná-los mais fracos, misturaram muitos deles

Livro II _____ *Florença, das origens à peste de 1348*

entre a multidão do povo. Tão grande foi esta ruína dos nobres e de tal forma afligido o partido deles que jamais depois se atreveram a tomar armas contra o povo, aliás cada vez mais humanos e humildes se tornaram. O que foi causa de Florença não só as armas mas também qualquer generosidade abandonar. Manteve-se a cidade, após tal ruína, tranqüila até o ano de 1353, época em que ocorreu aquela memorável peste, pelo *messer Giovanni Boccaccio* com tanta eloqüência celebrada, pela qual em Florença mais de noventa e seis almas pereceram. Empreenderam ainda os florentinos a primeira guerra contra os *Visconti*, devido à ambição do arcebispo, então príncipe de Milão; guerra que assim que foi preparada os contendores a iniciaram dentro da cidade, e não obstante a destruição da nobreza, nem mesmo à fortuna faltaram modos para que renascessem para novos conflitos, novas aflições.

LIVRO III

das discórdias civis até a morte de Ladislau, de Nápoles

LIVRO III_____*das discórdias civis até a morte de Ladislau, de Nápoles*

1. Paralelo das discórdias em Roma e Florença

As graves e naturais inimizades que existem entre as pessoas do povo e os nobres, causadas porque estes querem mandar e aquelas não querem obedecer, são os motivos de todos os males que surgem nas cidades, porque desta diversidade de humores nutrem-se todas as outras coisas que perturbam as repúblicas. Foi isso o que manteve Roma desunida; isso, se lícito for igualar pequenas e grandes coisas, manteve Florença dividida; diversos foram os efeitos resultantes numa e noutra cidade, convenha-se, porque as inimizades que no início surgiram em Roma entre o povo e os nobres definiram-se discutindo, e em Florença, combatendo; as de Roma com a lei, as de Florença, com a morte e com o exílio de muitos cidadãos terminaram; as de Roma, sempre a virtude militar aumentaram, as de Florença, de todo apagaram-na; as de Roma, de uma igualdade entre os cidadãos a uma grandíssima desigualdade conduziram, as de Florença, de uma desigualdade a uma assombrosa igualdade reconduziram[1]. Esta diversidade de resultados é natural que provenha dos diversos fins a que se propuseram estes povos; porque enquanto o povo de Roma o que pretendia era poder gozar de supremas honras junto aos nobres, o de Florença lutava para ser único no governo, sem que os nobres deste participassem. E porque mais razoável era o desejo do povo romano, eram as ofensas aos nobres mais suportáveis, assim essa nobreza facilmente e sem vir às armas cedia, de maneira que, depois de algumas discrepâncias, convinham em criar uma lei que satisfizesse o povo e mantivesse aos nobres sua dignidade. Por outro lado, o desejo do povo florentino era injurioso e injusto, por isto· a nobreza com maiores forças às suas defesas se preparava, e assim ao sangue e ao exílio dos cidadãos se chegava; e as leis que depois se criavam, não à utilidade pública, mas ao vencedor todas beneficiavam. Disto ainda procedia que, com as vitórias do povo, a cidade de Roma mais virtuosa se tornava; porque este povo podendo participar da administração das magistraturas dos exércitos e dos impérios juntamente com os ;nobres

---

1. Nódulo da estruturação política de um Estado, do paralelo Florença e Roma, das relações do povo com os Grandes, ver *Discorsi...* (I, II, IV, V) e *Il principe* (IX).

prepostos, da mesma virtude que nestes havia, se impregnava; e a cidade, acrescida de virtude, crescia em potência. Mas em Florença, quando saía vencedor o povo, ficavam os nobres despojados de magistrados; e desejando readmiti-los, era necessário com os governos, com o ânimo e com o modo de viver, não só ser semelhantes ao povo, mas parecê-lo[2]. Daí as mudanças que faziam os nobres em suas insígnias, segundo o parecer do povo; pois aquela virtude em armas e generosidade de ânimo que existia na nobreza se apagava, e no povo, onde não existia, não podia se reacender; assim Florença sempre mais humilde e mais abjeta se tornou[3]. Roma, tendo sua virtude convertida em soberba, a tal ponto reduziu-se que sem um príncipe não se podia manter, e Florença chegou ao ponto de ser, tendo um sábio formulador de leis, facilmente regida por qualquer forma de governo.

Estas coisas, pela leitura do livro precedente, em parte facilmente podem-se reconhecer, tendo mostrado o nascimento de Florença e o início de sua liberdade, com as causas de suas divisões, e como os partidos, dos nobres e do povo, e a ruína da nobreza, foram acabar na tirania do Duque de Atenas. Ficam ainda para narrar as inimizades entre o povo e a plebe, e os diversos incidentes a que conduziram.

2. Discórdias entre os *Albizzi* e os *Ricci*

Domado o poder dos nobres e acabada a guerra com o arcebispo de Milão, não parecia restar em Florença motivo algum para clamor. Mas a má sorte de nossa cidade e a sua não boa organização fizeram com que entre a família dos *Albizzi* e a dos *Ricci* nascesse inimizade. Coisa que dividiu a cidade, como antes os *Buondelmonti* e os *Uberti*, e depois os *Donati* e os *Cerchi*. Os pontífices que então se encontravam na França e os imperadores que estavam na Alemanha, para manter sua reputação na Itália, em diversas ocasiões mandaram-nos multidões de soldados de várias nações, de tal forma que em épocas diversas tivemos ingleses, franceses, bretões. Estes, quando terminavam as guerras e sem salário ficavam, seguiam uma bandeira de ventura, e por um outro príncipe faziam-se pagar. Assim chegou à Toscana, em 1353, uma dessas companhias de ventura[1], capitaneada pelo provençal *Monreale*[2], cuja vinda trouxe espanto a todas as cidades da província; e os florentinos

2. Como o príncipe que não precisa ser virtuoso, mas parecê-lo.
3. Cf. Livro II, 42.

1. *Compagnie di ventura*, companhias de mercenários, comuns entre os sécs. XIV a XVI, desprezadas e combatidas por Maquiavel.
2. Trata-se de *Montréal di Albano*, chamado *fra* (frei) *Moriale*.

LIVRO III _____ *das discórdias civis até a morte de Ladislau, de Nápoles*

proviram-se de tropas não só com o povo, mas com muitos cidadãos, entre os quais os *Albizzi* e os *Ricci*, que por conta própria se armaram, e cheios de ódio estavam entre aqueles. Cada um pensava na maneira de dominar o outro para obter o principado na república. Não tinham ainda chegado às armas e se enfrentavam somente através dos magistrados e nos Conselhos. E estando assim armada a cidade toda, surgiu por acaso uma discrepância no Mercado Velho à qual acudiu muita gente, como acontecia em casos semelhantes. E comunicou-se aos *Ricci* que os *Albizzi* estavam atacando, e aos *Albizzi* que os *Ricci* estavam vindo; pelo que, a cidade toda se alçou, e os magistrados a duras penas uma e outra família puderam aquietar, para que de fato não ocorresse a luta que por acaso, e sem culpa deles, se anunciava. Este incidente, mesmo de pouca importância, aqueceu ainda mais os ânimos e cada qual mais diligentemente procurou ganhar partidários.

E porque já os cidadão tinham chegado, pela ruína dos Grandes, a uma tal igualdade, que os magistrados que eram reverenciados mais do que costumavam ser, pretendiam prevalecer pelas vias ordinárias e sem qualquer violência.

3. Os declarados e os repreendidos

Narramos, antes, como após a vitória de Carlos I criou-se o magistrado do partido guelfo e a este se deu grande autoridade sobre os gibelinos. Mas esta autoridade o tempo, os diversos incidentes e novas divisões, tinham se colocado de tal maneira no esquecimento que muitos descendentes de gibelinos já ocupavam importantes magistraturas. Então *Uguccione de'Ricci*, chefe desta família, agiu para modificar a lei contra os gibelinos, dentre os quais, era opinião de muitos, estivessem os *Albizzi*, que, nascidos há muito em *Arezzo*, tinham vindo viver em Florença. Donde *Uguccione* se propunha, com a renovação desta lei, privar os *Albizzi* das magistraturas, pois dispunha que fosse condenado qualquer descendente de gibelino que exercesse a magistratura.

Piero di Filippo degli Albizzi descobriu o que projetava *Uguccione* e pensou favorecê-lo, julgando que, opondo-se, por si só se declararia gibelino. Esta lei, portanto, renovada por ambição dos *Ricci*, não tirou mas deu reputação a *Piero degli Albizzi*, e de muitos males foi o princípio: para uma república não se pode fazer mais danosa lei do que uma que se refira a tempos já há muito passados.

E como esta lei veio resultar favorável a *Piero*, o que seus inimigos tinham encontrado para obstaculizá-lo foi o caminho para seu engrandecimento, porque, fazendo-se príncipe desta nova ordem, tomou sempre mais autoridade e tornou-se o mais favorecido deste novo partido dos gibelinos. Como não se encontrava magistrado algum disposto a investigar quem era gibelino, portanto, não era de muito valor essa lei, então *Piero* decidiu que se desse aos Capitães autoridade para declarar[1] quem era gibelino, e declarados, fossem avisados e repreendidos[2] para não ocupar magistratura alguma, e serem condenados em caso de não levar em conta a repreensão. É por isto que, todos que em Florença estão privados de exercer a magistratura, chamam-se repreendidos.

Com isto cresceu a audácia dos Capitães e com o passar do tempo repreendiam sem respeito algum não somente quem merecia, mas a quem bem entendiam, motivados por mesquinhez ou ambição qualquer; de modo que, desde 1357, quando começou a aplicar-se tal disposição, até 1366, encontravam-se repreendidos mais de duzentos cidadãos. Donde os Capitães e o partido guelfo tinham adquirido poder porque todos, com temor de serem repreendidos, os respeitavam, principalmente os chefes, que eram *Piero degli Albizzi, messer Lapo da Castiglionchio* e *Carlo Strozzi*. Este modo insolente de proceder, convenha-se, a muitos desgostava, e os *Ricci*, entre todos, eram os mais desgostosos, pois parecia-lhes serem estes a causa da desordem, pelo que viam o arruinar-se da república, e os *Albizzi*, seus inimigos, tornarem-se, contra seus desígnios, poderosíssimos.

4. O partido dos guelfos retoma força

Por isso, estando *Uguccione dei Ricci* no Conselho dos Senhores, desejou pôr fim ao mal de que ele e os seus tinham sido a causa, e com uma nova lei fez com que aos seis Capitães de cada setor se acrescentassem outros três, dos quais dois das Artes Menores; e quis que, quando alguém fosse declarado gibelino, isto ficasse confirmado por vinte e quatro cidadãos guelfos. Esta medida atenuou em boa parte o poder dos então Capitães, de maneira que diminuíram muito as repreensões, e se ainda ocorriam, eram poucas. No entanto partidários dos *Albizzi* e dos *Ricci* pululavam, e leis, empresas, deliberações umas por ódio das outras se

---

1. *Chiarire*, do latim, *clarere*, de *clarus*, esplendente, resplendente significa clarificar, no sentido de revelar, aqui transparece porém o de denunciar. *Chiarito*, declarado, valia praticamente, entre outras coisa, ter seus direitos políticos cassados.
2. *Ammunire*, forma arcaica de *amonnire*, do lat. Culto, *ad/monere*, admoestar, repreender, advertir.

Livro III_____*das discórdias civis até a morte de Ladislau, de Nápoles*

contendiam. Viveu-se, portanto, com tais atribulações de 1366 a 1371, ano em que o partido dos guelfos retomou forças.

Havia na família dos *Buondelmonti* um cavalheiro chamado *messer Benchi*, que, pelos seus méritos numa guerra contra Pisa, tinha sido integrado no partido do povo e por isto habilitado a integrar a Senhoria; *Albizzi* decidiram bater os mais pequenos do partido do povo com a repreensão e ser único no governo. Os favores de que *messer Benchi* gozava com a antiga nobreza e os que tinha *Piero degli Albizzi* com a maior parte dos poderosos do partido do povo fizeram o partido guelfo retomar forças; e com novas reformas que introduziram dentro do próprio partido dos guelfos, as coisas ordenaram de tal maneira que podiam dispor à vontade seja dos Capitães, seja dos vinte e quatro cidadãos. Donde as repreensões voltaram com mais audácia do que antes; e a casa dos *Albizzi*, enquanto chefe deste partido, mais crescia. Por outro lado, os *Ricci*, com seus partidários, não deixavam de impedir, enquanto podiam, seus desígnios; de tal maneira que em grande suspeita se vivia, cada um temia por uma ruína qualquer.

5. Discurso em frente à igreja *de San Piero Scheraggio*

Em vista disto muitos cidadãos, movidos pelo amor da pátria, reuniram-se na igreja de *San Piero Scheraggio* e discorrendo muito sobre estas desordens aos Senhores se dirigiram, quando, entre aqueles, o de mais autoridade assim falou: Tínhamos dúvidas, Magníficos Senhores, muitos de nós, se lícito era, mesmo por razões públicas, reunirmo-nos em forma privada[1], expondo-nos a ser notados como presunçosos, ou condenados como ambiciosos. Mas considerando depois que todos os dias e sem muito cuidado tantos cidadãos nos alpendres e nas casas se reúnem não por pública utilidade, mas por própria ambição, julgamos que, se não temem os que pela ruína da república se juntam, não teriam de temer os que pelo bem e pela utilidade pública se reúnem. Nem deveríamos nos importar com o que os outros pensem a nosso respeito, pois não têm estima alguma de nosso juízo sobre eles. O amor que temos, Magníficos Senhores, pela pátria nossa, primeiramente nos reuniu, e agora nos fez vir a vós para debater sobre o mal que já se vê grande e todavia cresce na nossa república, e para oferecer a nossa ajuda a fim de logo curá-lo. O que poderíeis conseguir, mesmo que a empresa pareça difícil, quando quisésseis deixar de lado os escrúpulos pessoais e usar com a força pública a vossa autoridade. A corrupção geral de todas as cidades da Itália, Magníficos Senhores, corrompeu e ainda corrompe a nossa cidade; porque depois que esta província[2] se subtraiu às forças do Império, suas cidades, sem um freio poderoso que as

1. *San Piero Scheraggio* ficava perto do *Palazzo Vecchio*.
2. A Itália.

MAQUIAVEL _____ HISTÓRIA DE FLORENÇA

corrigisse, ordenaram estados e governos não como cidades livres, mas divididas em partidos. Disto nasceram todos os outros males, todas as outras desordens que apareceram. Primeiro não se encontra união nem amizade entre os seus cidadãos, senão entre os que são, contra a pátria ou contra pessoas quaisquer, responsáveis por alguma infâmia. E como em todos o temor de Deus e a religião desapareceram, o juramento e a palavra empenhada são respeitados só quando podem resultar úteis, e os homens disto se valem não para cumprir, mas como meio de poder melhor enganar; e tanto mais fácil e seguramente o engano é conseguido, mais louvores e glória adquirem: por isto os homens nocivos são louvados como laboriosos e os bons como tolos são ralhados.

Na verdade, por todas cidades da Itália amontoa-se o que pode ser corrompido e corromper os outros: são ociosos os jovens, lascivos os velhos, e ambos os sexos e todas as idades estão cheios de maus costumes, ao que as boas leis, por serem mal aplicadas, não põem remédio. Daqui nasce esta avareza[3] que se nota nos cidadãos e aquele apetite não de verdadeira glória, mas das vituperiosas honras de que dependem os ódios, as inimizades, os desprazeres, os partidos: de onde vêm mortes, exílios, aflições de bondosos, exaltações de malvados. Porque os bondosos, confinados em sua inocência, não buscam, como os malvados, quem fora da lei os defenda e respeite, e se arruínam indefesos e desonrados. É disto que provém o amor pelos partidos e o poderio destes: seguem-nos os malvados por avareza e por ambição, e os bondosos por necessidade. E o mais pernicioso é ver como seus promotores e chefes coonestam as próprias intenções e finalidades com um piedoso linguajar; porque sob as cores de um estado, seja aristocrático seja popular, todos os inimigos da liberdade sempre oprimem a cidade. O prêmio desejado pela vitória não é a glória de tê-la libertado, mas a satisfação de ter superado os outros e o principado desta ter usurpado, ao ponto de não haver coisa tão injusta, tão cruel, tão avara, que os faça parar de ousar. Daí que as ordenações e leis não pelo público, mas pelo próprio benefício são feitas; daí que as guerras, a paz, as inimizades não para glória comum, mas para satisfação de poucos se decidem. E se as outras cidades estão plenas dessas desordens, a nossa mais do que qualquer outra está manchada: porque as leis, os estatutos, as ordenações civis não segundo o viver livre, mas segundo as ambições do partido que aí permaneceu superior sempre se ordenaram e se ordenam. É por isto que sempre que é derrotado um partido ou solucionada uma divisão, surge outra; porque a cidade que mais com partidos do que com leis deseja se manter, assim como um partido que ficou sem oposição, é necessário que dentro de si mesma se divida, porque dos interesses privados não pode se defender, estes, ela mesma para viver tinha antes organizado. E que isso seja verdade o demonstram as velhas e novas divisões de nossa cidade. Todos pensavam que, derrotados os gibelinos, por muito tempo viveriam depois felizes e respeitados os guelfos; no entanto, logo após, em Brancos e Pretos se dividiram. Vencidos depois os Brancos, a cidade não ficou mais sem partidos: ora para favorecer exilados, ora pelas inimizades do povo e dos Grandes, sempre lutamos; e para dar o que não conseguimos ter por nosso próprio acordo, ou porque não queríamos ou

3. Ou cobiça. Cf. Livro I, 5.

LIVRO III _____*das discórdias civis até a morte de Ladislau, de Nápole*

porque não podíamos, ora ao rei Roberto ora ao irmão, ora ao filho e finalmente ao Duqu de Atenas submetemos nossa liberdade. No entanto, em uma só forma de estado jama permanecemos, como jamais ficamos de acordo para viver livres, também o ser servos jama nos contentou. Nem hesitamos, tanto são nossas ordenações dispostas à divisão, mesm vivendo sob a obediência do rei, em submeter a majestade de nossa cidade a um vilíssim homem nascido em *Agobio* [4].

Por respeito a esta cidade, do Duque de Atenas não nos devemos recordar, se acerbo e tirânico ânimo devia ter-nos tornado sábios e nos ensinado a viver. No entanto assim que foi derrubado, tivemos as armas em mãos e lutamos com mais ódio e com raiv maior do que nunca tínhamos lutado; tanto é que nossa antiga nobreza foi vencida e a arbítrio do povo se colocou. Tampouco acreditaram muitos que jamais um motivo de clamo ou um partido tornasse a surgir em Florença, tendo sido posto freio àqueles que por su soberba e insuportável ambição pareciam haver sido o motivo. Mas disto se vê agora, po experiência, quanto é falaz a opinião dos homens e falsos seus juízos; porque a soberba a ambição dos Grandes não se apagaram, mas foram do povo subtraídas, e agora estes como costumam os homens ambiciosos, buscam obter os melhores cargos na república, não tendo outro caminho para fazê-lo senão pela discórdia, outra vez dividiram a cidade e as palavras guelfo e gibelino, que se tinham apagado e bom seria que jamais tivesser existido nesta república, ressurgiram. E querem os céus, a fim de que nas coisas human nada seja perpétuo ou imóvel, que em toda república existam famílias fatais que para a ruín dessas mesmas repúblicas surgem. E a nossa, mais do que qualquer outra, destas famílias f copiosa, porque não uma, mas muitas famílias a perturbaram e afligiram, como fizeram c *Buondelmonti* e os *Uberti* antes, depois os *Donati* e os *Cerchi*, e agora, coisa mais vergonhos e ridícula, os *Ricci* e os *Albizzi* a perturbam e dividem!

Nós não vos recordamos nossos corrompidos costumes e antigas e contínuas divisõe para desalentar-vos, mas para recordar-vos as razões destas e demonstrar-vos que, com podeis recordá-las, nós as recordamos, e para dizer-vos que seu exemplo não vos deve faze perder a confiança em poder freá-las. Porque naquelas antigas famílias tamanho era o poderio e tão grandes os favores havidos dos príncipes, que os ordenamentos e as normas civis pa freá-las não bastavam. Mas agora que o império não mais tem força, não se teme o Papa[5], a Itália toda, e esta cidade, é conduzida em tanta igualdade que por si mesma se mantém, nã há muitas dificuldades. E esta nossa república muito mais pode não obstante os antigo exemplos em contrário, não somente manter-se unida, mas reformar-se de bons costumes normas civis, desde que Vs. Sas. vos disponhais a desejar fazê-lo. Ao que nós, movidos pel amor da pátria, não por alguma paixão pessoal, conclamamos. E mesmo que a corrupção des seja grande, aplacai por agora o mal que nos enferma, a raiva que nos consome, o veneno qu nos mata; atribuí as antigas desordens não à natureza dos homens, mas aos tempos, que tend mudado, permitem tenhais esperanças que a vossa cidade, mediante melhores ordenamento

---

4. *É Lando da Gubbio*, cf. Livro II, 25.
5. 1356, Carlos IV reinava desde Avinhão, os interesses políticos estavam no Oriente.

tenha melhor fortuna. Seus males podem com a prudência ser vencidos, pondo freio à ambição de alguns e anulando as disposições que nutrem os partidos, e criando as que com o viver livre e civil se coadunam. E ficai contentes de fazê-lo agora, com a benevolência das leis, antes que os homens necessitem fazê-lo com o favor das armas.

6. Medidas de exceção

Os Senhores, antes movidos pelo que por eles mesmos conheciam e depois pela autoridade e garantia dos cidadãos, deram autoridade a cinqüenta e seis florentinos para que tomassem providências para a saúde da República. É mesmo verdade que as pessoas quando são numerosas são mais aptas para conservar um bom ordenamento, do que o são para criá-lo por si próprias[1]. Estes cidadãos mais pensaram em acabar com os partidos atuais do que em eliminar os motivos de criação de novos partidos. Nem uma nem outra coisa conseguiram: porque os motivos dos novos não foram eliminados, e tornaram os já existentes, um mais potente do que o outro, mais perigosos para a República. Para tal, privaram de todas as magistraturas, exceto os do partido guelfo, durante três anos, três membros da família dos *Albizzi* e três da dos *Ricci*, entre os quais *Piero degli Albizzi* e *Uguccione de'Ricci*. Proibiram a todos os cidadãos entrar no palácio, exceto quando os magistrados se reuniam. Providenciaram que qualquer um que fosse espancado ou impedido da posse de seus bens pudesse apresentar acusação com uma denúncia aos Conselhos e declarar[2] o acusado Grande, e, declarado, submetê-lo às sanções previstas contra estes. Esta providência tirou a ousadia ao partido dos *Ricci* e aumentou a dos *Albizzi*, porque, mesmo que igualmente ela os tenha marcado, os *Ricci* muito mais foram atingidos; se a *Piero* foi fechado o Palácio dos Senhores, o dos guelfos ficou-lhe aberto, onde tinha grandíssima autoridade, e se antes ele e quem o seguia era aguerrido, com as repreensões, depois desta injúria, tornou-se aguerridíssimo. E a esta má vontade, ainda novos motivos se acrescentaram.

7. A Guerra dos Oito Santos

Ocupava o pontificado o papa Gregório XI que, encontrando-se em Avinhão, governava a Itália como seus antecessores tinham feito, por meio dos legados que cheios de avareza e de soberba haviam colmado

---

1. Cf. *Discorsi...*, *op. cit.*, I, IX.
2. Declarar no sentido da nota n.1, cap. 3, deste Livro.

LIVRO III_____*das discórdias civis até a morte de Ladislau, de Nápoles*

de aflição muitas cidades. Um deles[1], que naquela época encontrava-se em Bolonha, aproveitando a ocasião de penúria que naquele ano havia em Florença, pensou assenhorear-se da Toscana. E não só deixou de providenciar víveres aos florentinos mas, para tirar-lhes a esperança de futuras colheitas, assim que surgiu a primavera atacou-os com grande exército, esperando, como estavam desarmados e famintos, poder facilmente vencê-los. E talvez tivesse conseguido, se as tropas[2] que utilizou no ataque não tivessem resultado infiéis e venais; porque os florentinos, não tendo melhor remédio, deram cento e trinta mil florins a seus soldados e os fizeram abandonar a empresa. Começam-se guerras quando outros querem, mas não terminam quando outros o querem. Esta guerra, pela ambição do legado começada, pelo desprezo dos florentinos foi vivida; e fizeram coalizão com *messer Bernabò*[3] e com todas as cidades inimigas da Igreja; e nomearam oito cidadãos que a administrassem, com autoridade de agir sem apelos contrários e gastar sem prestar contas[4].

Esta guerra contra o Pontífice fez ressurgirem, não obstante a morte de *Uguccione*[5], os partidários dos *Ricci*, os quais contra os *Albizzi* tinham sempre apoiado *messer Bernabò* e se oposto à Igreja; e mais ressurgiram ainda porque os Oito eram todos inimigos do partido dos guelfos. O que fez com que *Piero degli Albizzi, messer Lapo da Castiglionchio, Carlo Strozzi* e os outros ficassem mais unidos no ataque aos adversários; e enquanto os Oito faziam a guerra, eles repreendiam[6]. Durou esta guerra três anos, e só teve término com a morte do Pontífice; foi com tanta virtude e tanta satisfação de todos administrada que aos Oito foi prorrogada a magistratura ano após ano. E os chamaram de Santos, mesmo que tivessem sido pouco estimados pelas excomunhões, por terem espoliado as igrejas de seus bens e forçado o clero a celebrar seus ofícios: tanto os cidadãos de então estimavam mais a pátria do que a própria alma; mostraram à Igreja como antes, enquanto amigos a tinham defendido, agora inimigos, a podiam afligir, pois contra ela fizeram se rebelar a Romanha toda, a *Marca* e a Perúgia.

---

1. O cardeal de Santo Ângelo.
2. Era a companhia de ventura (cf. n.1, cap. 2, deste Livro) de *John Hawkood, Giovanni Aguto* para os italianos.
3. *Bernabò Visconti.*
4. Estes oito magistrados foram chamados os Oito Santos, e deram o nome à guerra que durou de 1375 a 1378.
5. Em 1383.
6. Cf. cap. 3, n. 2, deste Livro.

8. Os capitães guelfos tentam se assenhorear da cidade

Mesmo assim, enquanto ao Papa faziam tanta guerra, não conseguiam se defender dos Capitães dos partidos, nem dos do próprio partido; porque a inveja que os guelfos tinham dos Oito fazia destes aumentar a audácia, e não se abstinham de injuriar outros respeitáveis cidadãos, mas a diversos dos Oito também o faziam. E tanto aumentou a arrogância dos Capitães do partido [guelfo] que mais do que os Senhores eram temidos, e ia-se a estes com menor reverência do que àqueles, e mais se respeitava o palácio desse partido do que o dos Senhores, tanto é que não chegava embaixador em Florença que não se apresentasse aos Capitães. Tendo então morrido o papa Gregório, e ficado a cidade sem guerras externas, internamente se vivia em grande confusão: porque se de um lado a audácia dos guelfos era insuportável, do outro não se via maneira de poder derrotá-los. No entanto julgava-se necessário vir às armas para ver que cetro devia prevalecer. Estavam do lado dos guelfos todos os antigos nobres, com a maior parte dos populares mais potentes, onde, como dissemos, eram chefes *messer Lapo*, *Piero* e *Carlo*[1]; do outro lado estavam todos os populares de menor condição, de quem eram chefes os Oito da Guerra, *messer Giorgio Scali*, *Tommaso Strozzi*; com estes os *Ricci*, os *Alberti* e os *Medici* se uniam; o restante da multidão, como quase sempre ocorre, do lado descontente se colocava. Aos chefes do partido guelfo as forças dos adversários pareciam poderosas, e grande o perigo que representavam em qualquer ocasião que uma Senhoria inimiga desejasse humilhá-los; e pensando que fosse bom prevenir, reuniram-se para examinar as condições da cidade e do estado. E parecia-lhes que os repreendidos, por haverem tanto aumentado em número, tinham-lhes trazido tanta hostilidade, que a cidade toda tinha se tornado inimiga deles. Ao que não viam outro remédio senão, dado que lhes tinham retirado o respeito, tirar-lhes ainda a cidade, ocupando com a força o Palácio dos Senhores e fazendo ficar o estado todo no partido deles, imitando os antigos guelfos, que não viveram seguros na cidade enquanto não expulsaram todos os adversários. Todos estavam de acordo com isso, não, porém, quanto à ocasião.

9. *Salvestro de 'Medici* gonfaloneiro. Lei em favor dos repreendidos

Corria então o ano 1378 e era o mês de abril. *Messer Lapo* não parecia discordar de que nada é pior do que dar tempo ao tempo, e segundo

---

1. *Lapo da Castiglionchio, Piero degli Albizzi e Carlo Strozzi.*

LIVRO III _____ *das discórdias civis até a morte de Ladislau, de Nápoles*

esta máxima, à próxima Senhoria poderia facilmente chegar a gonfaloneiro *Salvestro de'Medici*, que sabia ser contrário a seu partido. *Piero degli Albizzi*, por outro lado, tinha um diverso parecer, porque julgava que de forças precisavam, mas não era possível reuni-las sem revelá-las, e quando fossem descobertas incorreriam em manifesto perigo. Julgava por isso ser necessário esperar até o próximo São João [dia 24 de junho] ocasião em que, por ser o mais solene dia da cidade e ali acorrer muita gente, esconder na multidão quantos quisessem; e para remediar o que de *Salvestro* se temia, era bom que fosse repreendido; e se isto não lhes parecesse coisa a se fazer, se repreendesse um[1] do Colégio[2] do seu bairro, e sorteando[3] o substituto, por estarem as bolsas vazias[4], a sorte podia fazer com que este ou algum outro parente seu fosse contemplado, e assim permaneceria sem a faculdade de ser gonfaloneiro[5]. Assim decidiram, mesmo que *messer Lapo* tivesse consentido a contragosto, mas pensando ser nocivo dissentir e jamais haver uma ocasião de todo favorável para se fazer uma coisa, porque quem a espera completamente favorável, nunca tenta coisa alguma, ou se a empreende, o faz, as mais da vezes, à sua desvantagem. Repreenderam todos do Colégio, mas não conseguiram barrar *Salvestro* porque quando os Oito descobriram o motivo do sorteio, impediram-no. Foi portanto sorteado gonfaloneiro *Salvestro*, filho de *messer Alamanno de'Medici*.

Este, nascido de influente família do povo[6], não podia suportar que fosse este oprimido por poucos poderosos; e tendo pensado em pôr fim a esta insolência, e contando com o favor popular, como também com muitos notáveis do povo[7], comunicou seus planos a *Benedetto Alberti*, *Tommaso Strozzi* e *messer Giorgio Scali*, que lhe prometeram toda a ajuda para conduzi-los. Estabeleceram então secretamente uma lei que modificava as disposições da justiça contra os Grandes, diminuía a autoridade dos Capitães de Partido, a aos repreendidos dava oportunidade de recuperar dignidade [cargo]. E para que quase ao mesmo tempo se discutisse e se aprovasse, tendo-se deliberado primeiro nos Colégios e depois nos Conselhos, e encontrando-se *Salvestro* na chefia da Senhoria (cargo em que enquanto uma pessoa nele se encontra,

1. Provavelmente refere-se a um dos Doze Bons Homens.
2. Os Colégios eram formados por 16 gonfaloneiros das Companhias do Povo e os Doze Bons Homens. Os Conselhos eram dois, o do Capitão do Povo e o do *Podestà* e Município.
3. Cf. Livro II, 28.
4. O mandato dos Doze terminava no dia 12 de maio.
5. Era proibido acumular cargos e/ou ter parentes nestes.
6. Cf. Proêmio, n. 4.
7. *Nobili popolani.*

torna-se quase príncipe da cidade) fez reunir numa única manhã o Conselho e o Colégio. A este, separado do Conselho, propôs a lei elaborada: a qual, como coisa nova, entre tão poucos tanto desfavor encontrou que não foi aprovada. Donde, vendo *Salvestro* como lhe tinham sido fechados os primeiros caminhos para obtê-la, fingiu sair dali para fazer suas necessidades e sem que os outros percebessem foi ao Conselho. E indo para o alto, onde todos pudessem vê-lo e ouvi-lo, disse que acreditava ter-se tornado gonfaloneiro não para ser juiz de causas privadas, que têm seus juízes ordinários, mas para cuidar do estado, corrigir a insolência dos poderosos e temperar as leis pelo uso das quais a república viesse a ser arruinada; em ambas as coisas tinha com diligência pensado e, enquanto lhe era possível, tomado providências, mas a maldade dos homens de tal maneira se opunha a suas justas empresas que se lhe proibia o caminho de fazer o bem e, a eles, não só de deliberar, mas de ouvi-lo. Donde, vendo que não podia mais contribuir com alguma coisa para a república, nem para o bem de todos, não sabia por que razão tinha de conservar aquela magistratura que ou não a merecia ou outros acreditavam que não a merecia; e por isso queria ir embora para sua casa, a fim de que o povo pudesse pôr em seu lugar um outro que mais virtude ou melhor fortuna do que ele tivesse. E ditas essas palavra saiu do Conselho e foi para sua casa.

10. O Tumulto dos *Ciompi*

Os que no Conselho disso ficaram sabendo e outros que desejavam novidades, fizeram uma algazarra à qual correram os Senhores e os do Colégio e, vendo seu gonfaloneiro partir, com súplicas e com autoridade fizeram-no parar e ao Conselho retornar, donde muitos nobres cidadãos foram ameaçados com palavras injuriosíssimas, entre os quais *Carlo Strozzi*, que foi apanhado pelo peito, ameaçado de morte por um artesão e defendido com dificuldade pelos que estavam próximos. Mas quem maior confusão causou e a cidade colocou em armas foi *Benedetto degli Alberti*, que das janelas do palácio em alta voz chamou o povo às armas e em seguida a praça estava repleta de homens armados; e os Colégios, o que aos pedidos tinham recusado, ameaçados e apavorados concederam. Os Capitães de Partido, enquanto isto, haviam reunido em palácio muitos cidadãos para aconselharem-se quanto à defesa das disposições dos Senhores; mas assim que escutaram cessar o tumulto e entenderam o que se havia deliberado nos Conselhos, refugiaram-se em suas casas. Que não pense alguém que numa cidade mova uma alteração

LIVRO III_____*das discórdias civis até a morte de Ladislau, de Nápoles*

poder depois detê-la a seu gosto ou orientá-la a sua maneira. Foi intenção de *Salvestro* criar aquela lei e aquietar a cidade, e as coisas de outra forma aconteceram; porque os humores movidos a cada um tinham de tal forma alterado, que as lojas não se abriam, os cidadãos se entrincheiravam em suas casas, muitos escondiam seus móveis nas igrejas e mosteiros e parecia que cada um temesse algum mal vindouro. Reuniram-se os representantes das Artes e cada uma escolheu um síndico; então os Priores convocaram seus Colégios e síndicos, e durante o dia todo se indagaram como a cidade poderia se aquietar; mas, como as opiniões eram diversas, não chegaram a um acordo.

No dia seguinte[1], as Artes colocaram fora suas bandeiras. Os Senhores, vendo isso e temendo o que de fato aconteceria depois, chamaram o Conselho para remediar a situação. Mas assim que se reuniram começou o tumulto, e logo as bandeiras às Artes, seguidas por numerosas pessoas armadas, encheram a praça. Onde o Conselho, para dar às Artes e ao povo esperança de contentá-los e tirar-lhes ocasião de fazer mal, concedeu podestade geral, que em Florença chama-se *balìa*[2], aos Senhores, aos Colégios, aos Oito, aos Capitães de Partido e aos síndicos das Artes, de poder reformar o estado da cidade para o benefício comum desta. E enquanto se organizava isso algumas bandeiras das Artes [Maiores] e outras das [Artes] Menores[3], guiadas pelos que desejavam vingar-se das recentes injúrias recebidas dos guelfos, das outras separaram-se, e saquearam e queimaram a casa de *messer Lapo da Castiglionchio*. Este, assim que soube haver a Senhoria tomado medidas contra as disposições dos guelfos e viu o povo em armas, não tendo outro remédio senão esconder-se ou fugir, primeiro escondeu-se em *Santa Croce*, depois, vestido de padre fugiu, para *Casentino*; onde inúmeras vezes ouviu queixas contra si mesmo por ter dado ouvidos a *Piero degli Albizzi*, e contra *Piero* por ter querido esperar o São João para garantir-se o estado. E *Piero* e *Carlo Strozzi* se esconderam com os primeiros tumultos, acreditando que, cessados estes, pudessem ficar seguros em Florença porque tinham muitos parentes e amigos. Queimada a casa de *messer Lapo*, porque os males com dificuldade se iniciam e com facilidade se aumentam, muitas outras casas, por ódio geral ou por inimizade particular, foram queimadas e saqueadas. E para ter companhia de quem com maior sede do que a deles fosse roubar os bens alheios,

1. Dia 22 de junho de 1378.
2. Assembléia eleita pelo povo na praça da Senhoria, podia tomar decisões sem apelação, ainda que permanecessem as magistraturas ordinárias, à *balìa* sempre se recorria em caráter emergencial.
3. Cf. Livro II, cap. 8. O tumulto a que se refere é o célebre Tumulto dos Ciompi, vocábulo que não aparece ao longo do texto, e que designa os *sottoposti*, os serventes, da Arte da Lã.

arrombaram as prisões públicas e depois saquearam o Mosteiro dos Anjos e o Convento do Espírito Santo, onde muitos cidadãos tinham seus mobiliários escondidos. Nem a Câmara [do erário público] escapava se não tivesse sido defendida pela reverência de um dos Senhores, que a cavalo e seguido por muitos homens armados se opôs como pôde à raiva daquela multidão. Em parte mitigado este furor popular, seja pela autoridade dos Senhores, seja por ter chegado a noite, no dia seguinte a *balìa* concedeu perdão aos repreendidos[4] desta forma: por três anos não poderiam exercer magistratura alguma.

Anularam as leis feitas pelos guelfos em prejuízo dos cidadãos, declaram[5] rebeldes *messer Lapo da Castiglionchio* e seus consortes, bem como muitos outros odiados por todos. Os novos Senhores divulgaram as novas deliberações e o nome de seu gonfaloneiro, *Luigi Guicciardini*, com a presença dos quais adquiriu-se esperança de deter os tumultos, parecendo a todos que se tratava de homens pacíficos e amantes da pública quietude.

11. Guicciardini em vão faz diversas concessões aos sublevados

No entanto as lojas não abriam, e os cidadãos não depunham as armas, e grandes guardas eram montadas por toda a cidade, motivo pelo qual os Senhores não assumiram a magistratura fora do palácio com a costumeira pompa, mas dentro, sem observar cerimônia alguma. Estes Senhores julgaram que coisa alguma seria mais útil a se fazer no início de sua magistratura do que pacificar a cidade; e fizeram depor as armas, abrir as lojas, sair de Florença muitos do condado que tinham sido chamados pelos florentinos em seu favor, colocar guardas em muitos lugares da cidade: de modo que, se os repreendidos pudessem ser aquietados, a cidade teria se aquietado. Mas estes não estavam contentes de ter de esperar três anos para reaver os cargos, tanto que, para sua satisfação, as Artes se reuniram novamente, e aos Senhores pediram que, pelo bem e pela quietude da cidade, qualquer cidadão, em qualquer ocasião, não pudesse ser repreendido, mesmo sendo Senhor, ou por ser gibelino, do Colégio, Capitão de Partido, ou cônsul de qualquer Arte. E mais: que novos ensaques[1] do partido guelfo fossem feitos e que queimassem os já feitos. Esses pedidos não só pelos Senhores, mas logo por todos os Conselhos foram aceitos, com o que os tumultos, que já

4. Cf. cap. 3, n. 2.
5. Cf. cap. 3, n. 1.
1. Cf. nota Livro II, cap. 28.

LIVRO III _____*das discórdias civis até a morte de Ladislau, de Nápoles*

tinham recomeçado, pareceram acalmar-se. Mas como aos homens não basta recuperar o que lhes pertence e querem tomar o que é dos outros e vingar-se, os que contavam com as desordens mostravam aos artífices que não estariam seguros jamais se muitos de seus inimigos não fossem expulsos e destruídos. Coisas que fizeram os Senhores, ao pressenti-las, mandar chamar os magistrados das artes juntamente com seus síndicos, aos quais o gonfaloneiro *Luigi Guicciardini* desta forma falou:

Se estes Senhores e eu, juntos, não conhecêssemos há um bom tempo a fortuna desta cidade, segundo a qual terminadas as guerras de fora começam as de dentro, não mais nos maravilharíamos com os tumultos ocorridos e mais desgostos haveríamos tido. Mas como as coisas usuais trazem consigo fainas menores, suportamos as passadas confusões com paciência, principalmente tendo começado sem nossa culpa, esperamos que as mesmas, segundo exemplo do passado, algum dia tenham fim, tendo-vos atendido em tantos e tão graves pedidos; mas pressentindo que não vos aquietais, antes desejais que a vossos cidadãos novas injúrias se façam, e a novos exílios sejam condenados, aumenta com a vossa desonestidade o nosso desgosto. E realmente, se tivéssemos acreditado que nos tempos de nossa magistratura a nossa cidade, para contrapor-nos a vós ou para satisfazer-vos, tivesse de se arruinar, com a fuga ou com exílio haveríamos escapado a estas honras; mas esperando lidar com homens que possuíssem alguma humanidade, ou algum amor à pátria sua, aceitamos com muito gosto a magistratura, acreditando com a nossa humanidade vencer de qualquer maneira a vossa ambição.

Mas vemos agora por experiência que quanto mais humildemente nos comportamos e mais vos concedemos, mais vos ensoberbeceis e mais desonestos são vossos pedidos. E se assim falamos, não o fazemos para ofender-vos, mas para fazer-vos reconsiderar; porque desejamos que outro seja aquele que vos diga o que vos agrada, nós desejamos dizer-vos o que vos seja útil. Pela vossa fé, dizei-nos: o que é que podeis honestamente mais desejar de nós? Desejastes que se tirasse autoridade aos capitães de partido? Tirou-se. Desejastes que se queimassem seus ensaques e se procedesse novas reformas? Nós o consentimos. Quisestes que os repreendidos tornassem a ocupar seus cargos? Permitiu-se. Nós, pelos vossos pedidos, perdoamos quem queimou casas e saqueou igrejas, e para contentar-vos foram mandados ao exílio tantos honrados e potentes cidadãos. Os Grandes, para contemplar vossas exigências, com novas disposições foram freados. Que fim terão esses pedidos vossos ou quanto tempo usareis mal a vossa liberdade? Não vedes que nós suportamos ser vencidos com mais paciência do que vós suportais a vitória? Estas vossas desuniões aonde conduzirão esta vossa cidade? Não vos recordais que quando esteve desunida, *Castruccio*, um vil cidadão de Lucca a venceu? Um Duque de Atenas, vosso *condottiere*[2] particular, a subjugou? Mas quando esteve unida não pôde superá-la um arcebispo de Milão e um

---

2. Forma arcaica de *condottiero. Condotta*, "... quantidade de tropas que um chefe conduz sob remuneração de outrem".

MAQUIAVEL————————————————————HISTÓRIA DE FLORENÇA

Papa, os quais depois de tantos anos de guerra ficaram vexados. Porque desejais então que as vossas discórdias na paz a façam serva quando com guerra tantos inimigos potentes a deixaram livre? O que obtereis de vossas desuniões, além da servidão? O que obteremos dos bens que nos roubastes ou continuais roubando, além da pobreza? Porque são estes que, também com o trabalho nosso, nutrem a cidade; são estes de que, sendo espoliados, não a poderemos nutrir. E os que a ocuparão, como coisa mal adquirida, não a saberão preservar: então à cidade seguirá a fome e a pobreza.

Eu e estes Senhores vos ordenamos, e se a dignidade o permite vos rogamos, ponhais um freio à vossa animosidade e serenamente aceiteis as coisas que nós ordenemos, e mesmo quando desejardes algumas coisas novas, queirais civilmente e não com tumulto e com as armas pedi-las; porque quando forem honestas, sempre sereis atendidos, e não dareis ocasião a homens malvados, às vossas costas, a vosso cargo e dano, de arruinar vossa cidade.

Estas palavras, porque eram verdadeiras, muito comoveram os ânimos dos cidadãos, humanamente agradeceram o gonfaloneiro por ter oficiado com eles como bom senhor e com a cidade como bom cidadão, oferecendo-se a estar prontos a obedecer ao quanto lhes tinha sido pedido. E os Senhores, para dar-lhes razão, destacaram dois cidadãos para qualquer das maiores magistraturas, que junto com os síndicos das Artes examinassem se alguma coisa havia a reformar para a tranqüilidade comum, e aos Senhores a referissem.

12. As causas da rebelião

Enquanto tais coisas assim procediam, um outro tumulto nasceu que muito mais do que o primeiro ofendeu à república. A maior parte dos incêndios e roubos ocorridos nos dias que se seguiram tinha sido feita pela ínfima plebe, e os que entre eles mais audazes se haviam mostrado temiam, compostas e aquietadas as maiores diferenças, ser punidos pelas faltas cometidas e, como acontecia-lhes sempre, ser abandonados por aqueles que os tinham instigado a fazer mal. Ao que se acrescentava um ódio do povo miúdo contra os cidadãos ricos e os príncipes das Artes, não lhes parecendo ser compensados por seus esforços pelos quais acreditavam ser justamente merecedores. Porque nos tempos de Carlos I a cidade foi dividida em Artes[1], deu-se chefe e governo a cada uma delas e proveu-se que os súditos de cada Arte fossem julgados pelos respectivos chefes nas coisas civis. Artes estas que, como já dissemos, foram no início doze; depois, com o tempo, tantas foram acrescidas que chegaram a vinte e uma; e foram de tal poderio que tomaram em poucos anos o governo da cidade. E como, entre estas,

1. Cf. Livro II, cap. 8.

LIVRO III_____*das discórdias civis até a morte de Ladislau, de Nápoles*

encontravam-se das mais e das menos respeitadas, dividiram-se em maiores e menores, e sete foram chamadas Maiores e quatorze Menores. Desta divisão, e por outras razões que acima narramos, nasceu a arrogância dos capitães de partido; porque os cidadãos que antigamente foram guelfos, sob o governo dos quais aquela magistratura sempre girava[2], favoreciam os do povo das Artes Maiores e os das Menores e seus defensores perseguiam, donde nasceram contra estes os numerosos tumultos que narramos. Mas como ao serem organizadas, ficaram sem Arte própria muitos dos que exerciam atividades nas quais o povo miúdo e a ínfima plebe labutavam, estes submeteram-se[3] em diversas Artes, conforme o tipo de suas atividades, e acontecia que quando estavam satisfeitos ou não com suas fadigas, ou de algum modo oprimidos pelo patrão, não tinham outro lugar aonde dirigir-se senão ao magistrado da Arte que os governava, e do qual não lhes parecia que tivesse sido dada a justiça que julgavam conveniente dar.

E, de todas as Artes, a que mais tinha destes subordinados[4] era e é a da lã, que, por ser potentíssima e a primeira de todas em autoridade, com sua atividade a maior parte da plebe e povo miúdo nutria e nutre.

13. Um discurso de incitação à revolta

Então os plebeus, tanto os subordinados à Arte da Lã como a outras Artes, pelas razões mencionadas, estavam cheios de indignação, à qual acrescentou-se o temor da punição pelos incêndios e roubos cometidos, e por isso discutiram em inúmeras reuniões noturnas os casos ocorridos e mostraram uns aos outros os perigos em que se encontravam. Quando um dos mais ousados e de maior experiência, para animar os outros, falou desta maneira:

Se tivéssemos de deliberar agora se as armas deveriam ser tomadas, as casas dos cidadãos queimadas e roubadas, as igrejas despojadas, seria eu um dos que julgaria coisa a ser ponderada, e talvez aprovaria que fosse melhor uma plácida pobreza do que uma arriscada ganância; mas como tomaram-se as armas e muitos males se fizeram, parece-me que se tenha de considerar que aquelas não se devam pousar, e de que maneira podemos assegurar-nos contra males como os já cometidos. Acredito certamente que, quando outra coisa não nos ensina, a necessidade nos ensina. Vedes a cidade toda cheia de queixas e

---

2. Passava de um a outro por rotação.
3. *Si sottomissono*, de *sottomettere*, submeter, subordinar.
4. Trata-se dos *sottoposti* (part. pass. de *sottoporre*, do lat. *supponere*, sub/meter), "intraduzível" na ensaística meneirista. Eram remunerados em moedas de cobre (*quattrini*, cujo valor era inferior ao das de prata e/ou das de ouro); em geral eram serventes, como na Arte da Lã, os *ciompi. Cf.* cap. 10, n. 3, dete Livro.

ódios contra nós: os cidadãos fecham-se entre si mesmos, a Senhoria está sempre com os magistrados; podeis crer, contra nós estreitam-se laços, e novas forças sobre nossas cabeças se preparam. Nós devemos portanto procurar duas coisas e ter em nossas deliberações duas finalidades: uma é não ser nos próximos dias castigados pelas coisas que fizemos, a outra, poder viver com mais liberdade e maior satisfação própria do que no passado. Convém-nos, portanto, segundo me parece, desejar que sejam os erros velhos perdoados e fazer novos, redobrando os males e multiplicando os incêndios e roubos, e para isto conseguir ter muitos companheiros: porque onde muitos erram a nenhum se castiga e quando as faltas pequenas são punidas, as grandes e graves são premiadas; e quando muitos padecem poucos procuram se vingar; porque as injúrias gerais com mais paciência do que as particulares se suportam. Portanto, o multiplicar nos males nos fará mais facilmente encontrar perdão, e nos dará a via para obter aquelas coisas que desejamos para conseguir nossa liberdade. E me parece que vamos a uma certeira conquista, porque os que nos poderiam impedir são desunidos e ricos: a desunião destes, portanto, nos dará a vitória, e suas riquezas, quando as fizermos nossas, a manterão. Que não vos desconcerte aquela antiguidade do sangue de que nos cobram a falta, porque todos os homens, tendo tido a mesma origem, são igualmente antigos e pela natureza foram criados de um só modo. Fiquemos todos nus, e nos vereis semelhantes; vistamo-nos com as roupas deles e eles com as nossas: nós sem dúvida nobres e eles não nobres[1] pareceremos; porque só a pobreza e as riquezas nos desigualam. Muito me condói ver como tantos de vós arrependem-se profundamente das coisas feitas, e de outras desejam abster-se; e certamente, se isto é verdade, não sois os homens que pensei que fôsseis: porque nem consciência nem infâmia vos devem desconcertar, porque os que vencem, de qualquer maneira que vençam, jamais têm de que se envergonhar. E a consciência não devemos ter em conta, porque onde está, como está em nós o medo da fome e do cárcere, não pode nem deve conter o do inferno. Mas se notardes a maneira de proceder dos homens, vereis que todos os que chegam a possuir grandes riquezas e grande potência aí chegaram com a fraude ou com a força: e depois, as coisas que usurparam com engano ou com violência, para cobrir a sujeira da aquisição, as coonestam com o falso nome de lucro. E os que por pouca prudência ou demasiada tolice escapam deste molde, na servidão ou na pobreza naufragam; porque os servos fiéis sempre servos são, e os homens bons sempre pobres são; jamais saem da servidão senão os infiéis e audazes, e da pobreza, os rapaces e fraudadores. Porque Deus e a natureza colocaram todas as fortunas dos homens em meio a estes, fortunas expostas mais às rapinas do que ao trabalho, às más do que às boas artes: daí é que os homens devoram uns aos outros, e levam sempre a pior os que podem menos.

Deve-se então usar a força quando é dada a ocasião; e esta não pode ser-nos oferecida pela maior fortuna, estando ainda os cidadãos desunidos, a Senhoria incerta, os magistrados conturbados, de tal maneira que podem, antes que se unam e serenem os ânimos, com facilidade

---

1. Curioso efeito no original: *...noi sanza dubbio nobili e eglino ignobili parranno;...* Do latim douto, *ignobile(m)*, compõe-se de *in*, negação, e *nobile(m)*, e significa sem nome, *nomen*, desconhecido.

LIVRO III_____*das discórdias civis até a morte de Ladislau, de Nápoles*

ser oprimidos; donde, ou nos tornaremos totalmente príncipes da cidade, ou ficaremos com tamanha parcela que não só os erros passados nos faremos perdoar, mas teremos autoridade de podê-los com novas injúrias ameaçar. Reconheço que esta escolha é audaz e perigosa, mas quando preme a necessidade, a audácia julga-se prudência, e dos grandes perigos os homens de ânimo jamais têm conta; porque sempre as empresas que com perigo se começam, com prêmio se terminam, e jamais de um perigo se saiu sem perigo: creio eu ainda que, quando se nos avizinham prisões, tormentos e mortes, deva-se mais temer ficar inativos do que procurar ficar seguros, porque no primeiro caso são certos os males, no outro, dúbios. Quantas vezes vos ouvi lamentar da avareza de vossos superiores e da injustiça de vossos magistrados! Agora é tempo não somente de livrarmo-nos deles, mas de tornarmo-nos muito superiores, que tenham eles muito mais a lamentar-se e a temer-vos, do que vós a eles. A oportunidade, que da ocasião é porta, voa, e quando fugiu em vão se busca depois recuperá-la. Podeis já ver os preparativos de vossos adversários: antecipemos seus pensamentos, e quem de nós tomará primeiro as armas, sem dúvida será vencedor, para sua exaltação e a ruína do inimigo: donde a muitos de nós resultará honra, e a todos, segurança.

Estas exortações acenderam muito os já por si mesmos acesos ânimos ao mal, tanto que deliberaram tomar armas, porque já haviam trazido muitos companheiros à suas determinações, e se comprometeram com un juramento a socorrer-se quando porventura algum deles fosse oprimido pelos magistrados.

14. Os *ciompi* incendeiam as casas dos mesmos que nomeiam cavaleiros. As desordens continuam

Enquanto estes para ocupar a república se preparavam, seus desígnios chegaram aos Senhores; coisa pela qual tiveram pelas mãos um tal *Simone dalla Piazza*[1], do qual souberam da conjura toda e de como pretendiam no dia seguinte alçar a confusão. Donde, visto o perigo, foram aos Colégios e aos cidadãos que juntamente com os síndicos das Artes procuravam arranjar a união da cidade (e antes que todos estivessem reunidos já tinha caído a noite); por estes os Senhores foram aconselhados que fizessem vir os Cônsules das Artes: eles aconselharam que fossem chamados todos os homens em armas de Florença, e que os gonfaloneiros do povo estivessem de manhã com suas companhias em armas na praça. Consertava o relógio do palácio, enquanto era torturado Simone e os cidadãos se reuniam, um tal *Niccolò* da *San Friano*, que se deu conta do que acontecia e, chegando em casa, tumultuou a vizinhança toda, de

---

1. *Gino Capponi*, uma das fontes de Maquiavel, afirma que é *Simoncino*, chamado *Bugigatto dalla Porta* a *San Piero Gattolini*. Já *Fiorini*, afirma que é *dalla* Piazza, da praça, vindo do povo. E o historiador *Carli* acredita se trate de uma distração do autor.

modo que de repente na praça do Espírito Santo mais de mil homens armados se reuniram. O clamor chegou a outros conjurados, e *San Piero Maggiore* e *San Lorenzo*, lugares que eles designaram, encheram-se de homens armados.

Já havia amanhecido, e era o dia 21 de julho, quando na praça em favor dos Senhores mais do que oitenta homens em armas não havia; e dos gonfaloneiros não veio nenhum, porque, ouvindo a cidade toda se armar, temiam abandonar suas casas. Os primeiros da plebe que foram à praça eram os que se tinham reunido em *San Piero Maggiore*, com cuja chegada não se moveram os que aí estavam em armas. Compareceu junto a estes a outra multidão[2], e, não tendo resposta, com terríveis gritos à Senhoria reclamavam seus prisioneiros; e para obtê-los pela força, porque não haviam sido devolvidos com as ameaças, incendiaram a casa de *Luigi Guicciardini*: de modo que os Senhores, temendo o pior, os entregaram. Reavidos estes, tiraram do executor[3] o gonfalão da justiça e, empunhando-o, as casas de muitos cidadãos incendiaram, perseguindo os que por pública ou particular razão eram odiados. E muitos cidadãos, para vingar suas injúrias particulares, os conduziram às casas de seus inimigos: para isso bastava que uma voz em meio à multidão gritasse "à casa do Fulano", ou que quem carregasse o gonfalão para ali se dirigisse. Queimaram ainda todos os documentos da Arte da Lã. A estes fatos de muita maldade, para acompanhá-los de algum outro louvável, nomearam cavaleiro *Salvestro de'Medici* e muitos outros cidadão, cujo número total chegou a sessenta e quatro, entre os quais *Benedetto* e *Antonio degli Alberti*, *Tommaso Strozzi* e alguns próximos seus, de confiança destes, mesmo que muitos tenham aceitado forçosamente. Neste incidente, mais do que qualquer coisa a se notar, foi ver muitos terem suas casas incendiadas e pouco depois, no mesmo dia, eles mesmos (tanto estava próximo o favor da injúria) serem feitos cavaleiros: coisa que ocorreu ao gonfaloneiro da justiça *Luigi Guicciardini*. Os Senhores, entre tantos tumultos, vendo-se abandonados pelos homens em armas, pelos chefes das Artes e por seus gonfaloneiros, estavam conturbados porque, segundo as ordens dadas, nenhum tinha vindo socorrê-los e dos dezesseis gonfalões somente a insígnia do Leão de Ouro e a do *Vaio*, de *Giovenco della Stufa* e *Giovanni Cambi*, compareceram; e estes pouco tempo na praça permaneceram, porque não vendo os outros segui-los também partiram. Os cidadãos, por outro lado, vendo o furor desta desenfreada multidão e o palácio abandonado, alguns dentro de suas casas ficaram,

2. Refere-se aos *ciompi*.
3. Executor dos Ordenamentos de Justiça.

LIVRO III_____*das discórdias civis até a morte de Ladislau, de Nápoles*

outros seguiam a turba dos armados para poder, estando em meio a eles, melhor defender suas casas e as de seus amigos. E assim seu poderio aumentava e o dos Senhores diminuía. Durou este tumulto o dia todo, e, chegada a noite, pararam diante do palácio de *messer Castruccio*, atrás da igreja de São *Bernabò*. Em número passavam de seis mil, e antes do amanhecer, com ameaças mandaram trazer as insígnias de sua Arte. Vinda depois a manhã, com o gonfalão da justiça e com a insígnia da Arte na frente ao palácio do podestade se dirigiram; e este, recusando-se a dar-lhes posse, foi combatido e vencido.

15. Inutilmente os Senhores aceitam exigências gravosas e desonrosas. O palácio em mãos da plebe

Os Senhores, querendo tentar negociar com eles, porque pela força não viam maneira de freá-los, chamaram quatro representantes de seus Colégios e os enviaram ao palácio do podestade, para saber o que pensavam lá; e ficaram sabendo que os síndicos das Artes e alguns cidadãos tinham já deliberado o que desejavam pedir à Senhoria. De maneira que voltaram com quatro representantes da plebe e estes pedidos: que a Arte da Lã não mais pudesse ter um juiz forasteiro[1]; que três novas Artes fossem criadas, uma para os cardadores e tintureiros, outra para os barbeiros, coleteiros, alfaiates e artes mecânicas similares, a terceira para o povo miúdo; que para estas três Artes novas houvesse dois Senhores, e três para as quatorze Artes Menores; que a Senhoria providenciasse sedes para as reuniões dessas novas Artes; que ninguém destas Artes, até dois anos, fosse obrigado a pagar dívida inferior a cinqüenta ducados; que *il Monte*[2] não mais cobrasse os juros e só os capitais fossem restituídos; que os condenados e confinados[3] fossem absolvidos; que fossem restituídos os cargos aos repreendidos.

Pediram muitas outras coisas em benefício de seus fautores, como vice-versa, pediram que muitos de seus inimigos fossem confinados e repreendidos. Estas exigências, mesmo gravosas e desonrosas à república, foram logo aceitas pelos Senhores, o Colégio e o Conselho. Mas para que fossem válidas era necessário que fossem ainda aprovadas pelo Conselho. No entanto parecia que por ora as Artes estavam contentes e a plebe satisfeita, e prometeram que, dada a perfeição da lei, cessaria qualquer tumulto.

1. Desde 1293, havia um juiz forasteiro designado para os *ciompi*.
2. Il Monte: a Dívida Pública.
3. Cf. Livro II, cap.18, n. 4.

MAQUIAVEL————————————————————HISTÓRIA DE FLORENÇA

Na manhã seguinte, enquanto o Conselho deliberava, a multidão, impaciente e volúvel, veio à praça com as costumeiras insígnias, em brados tão altos e apavorantes que o Conselho todo, e os Senhores, se assustaram. Coisa pela qual *Guerriante Marignolli*, um dos Senhores, movido mais pelo temor do que por alguma outra particular motivação, desceu e, aparentando examinar a porta de baixo, fugiu para sua casa. Não pôde, porém, ao sair, dissimular o suficiente para não ser reconhecido pela turba, mas não lhe foi feita injúria alguma, só que, ao vê-lo, a multidão gritou que todos os Senhores abandonassem o palácio, senão matariam seus filhos e queimariam suas casas. Enquanto isto a lei foi aprovada e os Senhores retiraram-se às suas casas; e os do Conselho, tendo ido para baixo e sem sair, inquietos pela situação em que se encontrava a cidade, deambulavam pelo alpendre e pelo pátio, tal era a desonestidade que viam na multidão e tal a maldade e o temor daqueles que a teriam podido frear ou oprimir. Os Senhores estavam ainda confusos e duvidosos pela situação da pátria, vendo-se por uns e por outros abandonados, e por cidadão algum auxiliados, nem mesmo aconselhados. Estando portanto incertos sobre o que podiam ou deviam fazer, *messer Tommaso Strozzi* e *messer Benedetto Alberti*, movidos por própria ambição, desejando ficar senhores do palácio ou acreditando que também assim estavam agindo bem, persuadiram-nos de ceder a este ímpeto popular e voltar privadamente às suas casas. Este conselho, dado aos que tinham sido chefes do tumulto, fez dois senhores, *Alamanno Acciaiuoli* e *Niccolò del Bene*, mesmo que os outros cedessem, ficarem indignados, e tendo-lhes trazido de volta um pouco de vigor, disseram que se outros queriam ir-se não o podiam remediar, mas não queriam deixar já seus cargos, antes que o término chegasse, se com isto não perdiam a vida. Estas opiniões redobraram nos Senhores o medo, e no povo, a indignação, tanto que o gonfaloneiro, querendo terminar seu mandato antes com vergonha do que com risco, recomendou-se a *messer Tommaso Strozzi*, que o tirou de casa e o conduziu ao palácio. Os outros Senhores foram-se um após o outro, donde *Alamanno* e *Niccolò*, para não serem considerados mais dispostos do que prudentes, vendo que ficaram sós, também se foram; e o palácio ficou nas mãos da plebe e dos Oito da Guerra, que ainda não tinham acabado[4] a magistratura.

---

4. A magistratura já acabara no dia 19 de julho.

VRO III_____*das discórdias civis até a morte de Ladislau, de Nápoles*

5. O cardador Miguel de Lando, gonfaloneiro

Quando a plebe entrou no palácio, a insígnia do gonfaloneiro de stiça era carregada por um tal Miguel de Lando, cardeador de lã. Este, :scalço e com pouca roupa, com a turba toda atrás de si, subiu a escada assim que chegou no salão de audiência dos Senhores parou, e voltando-à multidão disse: "Vede: este palácio é vosso, e esta cidade está em ossas mãos. O que vos parece que se faça agora?" Ao que todos sponderam que queriam fosse ele o gonfaloneiro e senhor, e governasse cidade para eles e como achava ele que devia governar. Miguel aceitou Senhoria e, como era homem sagaz e prudente, e mais grato à natureza o que à fortuna, decidiu aquietar a cidade e parar os tumultos. E para anter o povo ocupado e dar a si mesmo tempo para se organizar, ·denou que se buscasse um tal *ser*[1] *Nuto*, que tinha sido designado icial de diligências[2] por *messer Lapo da Castiglionchio*, e a maior parte os que estavam ao seu redor obedeceu. Para começar com justiça aquele overno que tinha com benevolência conquistado, ordenou iblicamente que ninguém queimasse ou roubasse coisa alguma, e para sustar a todos, alçou forcas na praça. E para iniciar a reforma da cidade, :stituiu os síndicos das Artes, nomeou outros, privou da magistratura ; Senhores e os Colégios, e queimou as bolsas dos ensaques. Enquanto to *ser Nuto* foi arrastado pela multidão à praça e numa daquelas forcas :lo pé foi pendurado, e tendo cada um que estava ao redor tirado-lhe n pedaço, não ficou dele nada além do pé. Os Oito da Guerra, por itro lado, acreditando com a saída dos outros terem-se tornado ·íncipes da cidade, haviam já designado os novos Senhores. Miguel, ·essentindo isto, mandou dizer-lhes que deixassem já o palácio porque ieria mostrar a todos que com ou sem o conselho deles sabia governar. euniu depois os síndicos das Artes e criou a Senhoria: quatro da plebe iúda, dois da Artes Maiores e dois das Artes Menores. Fez, além disso, ovo escrutínio e dividiu o estado em três partes, e quis que uma ficasse om as novas Artes, a outra com as Menores, e a terceira com as Maiores. eu a *messer Salvestro de'Medici* as entradas das lojas da Ponte Velha, a si esmo o cargo de podestade de *Empoli*. A muitos outros cidadãos amigos a plebe fez muitos outros benefícios, não tanto para recompensá-los or seus trabalhos quanto para que o defendessem sempre contra a inveja.

Elisão de *sere*, senhor. Também título honorífico dado a tabelião ou padre.
Bargello: magistrado encarregado do serviço de polícia. Chefe de polícia ou secretário de segurança pública.

17. A plebe se rebela contra Lando que a supera em ânimo, prudência e bondade

Pareceu à plebe que Miguel, ao reformar o estado, tivesse si demasiado favorável aos mais importantes do povo, e não ter deix tanto espaço no governo quanto necessário para manter-se nele e p defender-se, caso fosse necessário. Tanto que, impelidos pela costume audácia, retomaram as armas e tumultuando vieram à praça com s insígnias; e pediam que descessem os Senhores, que se reuniram balaustrada para deliberar. Miguel, dada a arrogância destes, para r os fazer indignar mais, sem escutar o que desejavam reprovou o mc que mantinham ao apresentar seus pedidos e os exortou a depor armas, e disse que assim lhes seria concedido o que com a força a Senhc não podia conceder com dignidade. Por isto a multidão, indignada con o palácio, reuniu-se em *Santa Maria Novella*. Ali nomeram oito chel com subalternos e outras atribuições que lhes deram reputaçã reverência; assim, a cidade ficou com dois governos e era por d príncipes diferentes governada.

Estes chefes entre eles deliberaram que sempre oito, eleitos en suas respectivas Artes, residissem no palácio com os Senhores, e tud que a Senhoria deliberasse teria que ser confirmado por eles. Tirarar *messer Salvestro de'Medici* e a Miguel de Lando tudo o que nas out deliberações lhes tinha sido concedido. Nomearam muitos dele diversos cargos com subvenções para que os pudessem exercer c dignidade. Fixadas estas deliberações, para fazê-las válidas mandar dois deles à Senhoria a fim de pedir que fossem confirmadas, con propósito de querê-las à força se por acordo não as pudessem ob Estes, com grande audácia e maior presunção, as expuseram a Senhores, e ao gonfaloneiro reprovaram a grande ingratidão e a po consideração que lhes havia ministrado, apesar da dignidade e das hon que lhe haviam conferido. E, tendo vindo às ameaças, findas as palav Miguel não pôde suportar tamanha arrogância e, considerando mai cargo que tinha do que sua a ínfima condição, achou que era prec frear de uma forma extraordinária uma extraordinária insolência. extraindo a arma que cingia, primeiro os feriu gravemente, depois mandou atar e encerrar. Isto, assim que se divulgou, encheu a multic de ira, e pensando poder conseguir armada o que desarmada não tir obtido, com furor e tumulto tomou armas para enfrentar os Senhor Miguel, por outro lado, temendo pelo que podia ocorrer, decic prevenir, pensando que maior glória sua seria atacar os outros em v de esperar o inimigo atrás das muralhas, e ter de fugir do palácio cor

LIVRO III_____*das discórdias civis até a morte de Ladislau, de Nápoles*

seus antecessores, com desonra e vergonha. Tendo reunido, então, grande número de cidadãos, que já haviam começado a reconhecer seu erro, montou a cavalo e seguido por muitos homens armados dirigiu-se a *Santa Maria Novella* para combatê-los.

A plebe, que tinha tomado, como dissemos acima, a mesma deliberação, ao mesmo tempo que Miguel saiu, também se dirigiu à praça, e o acaso fez com que percorressem diferentes caminhos, de maneira que pelas ruas não se encontraram. Donde Miguel, retornando, encontrou a praça já tomada, e no palácio se lutava; empreendendo luta, os venceu, e parte expulsou da cidade, parte obrigou a deixar as armas e esconder-se.

Com a batalha vencida, os tumultos se acalmaram só pela virtude do gonfaloneiro, que superou em ânimo, prudência e bondade qualquer cidadão nesses acontecimentos, e merece ser citado entre os poucos que tenham beneficiado sua pátria; porque se nele houvesse a disposição maligna ou benigna, a república em seu todo perderia sua liberdade e numa tirania maior do que a do Duque de Atenas cairia. Mas sua bondade não deixou jamais virem a seu ânimo idéias que fossem contrárias ao bem comum, sua prudência fez conduzir as coisas de tal maneira que cederam os que estavam a seu lado, e os outros potentes foram domados.

Estas coisas desconcertaram a plebe e os melhores artífices consideraram quanta ignomínia era, para os que tinham domado a soberba dos Grandes, suportar o fedor da plebe.

18. *Tria* e *Baroccio,* do povo miúdo, excluídos da Senhoria

Já tinha sido eleita a nova Senhoria quando Miguel obteve a vitória contra a plebe. Nela havia duas pessoas de tão vil e infame condição que nos outros cresceu o desejo de se livrar de tamanha infâmia. Então, quando se encontrava a praça cheia de homens armados, no primeiro dia de setembro, quando tomaram posse na magistratura os novos Senhores, assim que os Senhores mais velhos se retiraram elevou-se com tumulto uma voz entre os armados, dizendo que não queriam que ninguém do povo miúdo contasse entre os Senhores. Assim, a Senhoria, para satisfazê-los, privou aqueles dois da magistratura, um chamava-se o *Tria* o outro, *Baroccio*[1], no lugar dos quais foram eleitos *messer Giorgio Scali* e *Francesco di Michele*. Anularam ainda a Arte do povo miúdo e os cargos de seus inscritos, com exceção de Miguel de Lando e *Lorenzo di Puccio* e alguns outros de mais qualificação; dividiram os cargos em

1. *Giovanni di Domenico,* chamdo *il Tria,* e *Bartolo di Jacopo Costa,* chamado *Baroccio.*

duas partes, uma às Maiores outra às Menores, foi destinada; quiseram que com os Senhores ficassem cinco artífices das Artes Menores e quatro das Artes Maiores, e que o gonfaloneiro fosse escolhido ora num ora noutro desses grupos. Este estado assim ordenado fez com que a cidade se aquietasse, e mesmo que a república tenha sido tirada das mãos da plebe miúda, ficaram mais potentes os artífices de menor qualidade do que notáveis do povo. Estes ficaram necessitados de ceder para contentar as Artes, tirando ao povo miúdo os favores destas. Coisa que foi ainda favorecida pelos que desejavam que ficassem derrotados os que sob o nome do partido guelfo tinham com tanta violência ofendido a tantos cidadãos. E como, entre outros, *messer Giorgio Scali*, *messer Giorgio*, *messer Salvestro de'Medici* e *messer Tommaso Strozzi* tinham favorecido este tipo de governo, tornaram-se quase príncipes da cidade. As coisas feitas e organizadas assim confirmaram a já iniciada divisão entre os notáveis do povo e os artífices das Artes Menores, pela ambição dos *Ricci* e dos *Albizzi*. A estas coisas, como em diversas ocasiões posteriores, seguiram-se efeitos gravíssimos, e muitas vezes se terá de fazer menção chamaremos um, partido popular, o outro, plebeu. Este estado de coisas durou três anos, e de exílios e mortos ficou repleto, porque os que governavam viviam em grandíssimo alarme por serem muitos os descontentes dentro e fora da cidade. Os descontentes de dentro tentavam, ou pensavam que tentavam, coisas novas; os de fora, não havendo respeito que os freasse, ora por meio de um príncipe, ora de uma república, semeavam desordens ora neste ora noutro lugar.

19. *Piero degli Albizzi* executado

Encontrava-se naquela época em Bolonha *Gianozzo da Salerno*, capitão de Carlos de Duras[1], descendente dos reis de Palermo, o qual projetava conquistar o reino da rainha Joana[2] e mantinha este seu capitão naquela cidade pelos favores que recebera do papa Urbano[3], inimigo da rainha. Estavam em Bolonha também muitos exilados florentinos que com ele e Carlos mantinham estreito relacionamento, e isso era visto, pelos que governavam Florença, com grandíssima suspeita, como era motivo também para que se desse fé às calúnias que se faziam contra os cidadãos suspeitos. Em tal tensão de ânimos foi revelado ao magistrado de que forma *Gianozzo da Salerno* reunia-se com os exilados e com muitos

1. Cf. Livro 1, cap. 22, n.2.
2. Joana I, de *Anjou*, cf. Livro I, cap. 30, n.1.
3. Urbano VI, cf. Livro I, cap. 28.

LIVRO III_____*das discórdias civis até a morte de Ladislau, de Nápoles*

de dentro da cidade iria tomar armas e entregá-la ao mencionado capitão. Em base a isso muitos foram acusados, os primeiros *Piero degli Albizzi* e *Carlo Strozzi* e, depois destes, *Cipriano Mangioni, messer Jacopo Sacchetti, messer Donato Barbadori, Filippo Strozzi* e *Giovanni Anselmi*, e todos, exceto *Carlo Strozzi* que fugiu, foram apanhados. Os Senhores, para que ninguém ousasse tomar armas em favor daqueles, indicaram *messer Tommaso Strozzi* e *messer Benedetto Alberti*, com muita gente armada, para tomar guarda da cidade.

Os cidadãos apanhados foram interrogados e depois da acusação e acareação não se encontrou culpa alguma neles, e como o capitão não desejava condená-los, seus inimigos necessariamente os condenaram, tanto tinham rebelado e instigado o povo contra eles. A *Piero degli Albizzi* não adiantou a grandeza da linhagem nem sua antiga reputação por haver sido durante muito tempo o mais venerado e temido dos cidadãos. Tanto assim era que alguém, talvez seu amigo, para torná-lo mais humano em sua tamanha grandeza, talvez seu inimigo, para ameaçá-lo com a volubilidade da fortuna, tendo muitos cidadãos como convivas, mandou-lhe uma taça de prata cheia de confeitos, entre os quais escondia-se um prego, com o qual, ao ser descoberto e visto por todos os convivas, foi-lhe sugerido que espetasse a roda [da fortuna] pois, tendo esta o conduzido ao seu topo, se continuasse a girar, não deveria deixar de trazê-lo à sua parte mais baixa. Antes da ruína e depois de sua morte esta interpretação foi verificada.

Depois dessa execução a cidade ficou plena de desordens, porque nos vencidos e nos vencedores havia temor; porém mais malignos eram os temores nascidos nos que governavam: qualquer mínimo incidente os fazia dirigir ao partido [guelfo] novas injúrias, condenando, repreendendo ou mandando ao exílio seus cidadãos; e a isto se acrescentavam novas leis e ordenações que com freqüência se faziam para fortalecer o estado, coisas que se seguiam com a injúria dos que se julgava pertencessem ao partido do governo. Por isto nomearam-se quarenta e seis cidadãos que, juntamente com os Senhores, purgassem a república dos suspeitos. Estes repreenderam trinta e nove cidadãos e tornaram Grandes muitos homens do povo, e muitos Grandes, homens do povo. E para poder opor-se às forças de fora, contrataram *messer Giovanni Auguto*[4], de nacionalidade inglesa, reputadíssimo nas armas e de longa militância pelo Papa e por outros. De fora, a suspeita tinha origem no fato de saber-se que diversas companhias de gente de armas

---

4. *John Hawkwood*. Cf. cap. 7, n. 2, deste Livro. Ou Livro I, cap. 32, n.4.

MAQUIAVEL ——————————————— HISTÓRIA DE FLORENÇA

eram organizadas para Carlos de Duras conquistar o reino, a quem, dizia-se, muitos exilados florentinos apoiavam. A estes perigos, além das forças reunidas, providenciou-se dinheiro: tendo Carlos chegado a *Arezzo*, teve dos florentinos quarenta mil ducados e prometeu não molestá-los. Depois continuou a sua empresa e com êxito ocupou o reino de Nápoles, e a rainha Joana mandou presa à Hungria[5]. Esta vitória aumentou o temor em Florença, entre os que tinham o estado, porque não conseguiam acreditar que aquele dinheiro teria mais peso no ânimo do rei, do que aquela antiga amizade que aquela Casa mantinha com os guelfos, que com tanta injúria eram por eles oprimidos.

20. *Scali* é decapitado e *Strozzi* obrigado a fugir

Crescendo este temor, cresciam as injúrias, que não o eliminavam, mas o aumentavam, de maneira que a maioria das pessoas vivia em grandíssima insatisfação. Ao que se acrescentava a insolência de *messer Giorgio Scali* e de *messer Tommaso Strozzi*, que com sua autoridade superavam a dos magistrados e faziam as pessoas temerem ser por eles oprimidas, com o favor da plebe. E não só aos bons, mas aos sediciosos aquele governo parecia tirânico e violento. Mas algum dia a insolência de *messer Giorgio* devia terminar, e um seu famíliar acusou *Giovanni di Cambio* de ter conspirado[1]; este foi julgado inocente pelo Capitão [de Justiça], porque assim o juiz queria punir o acusador com a pena com a qual teria sido punido o réu, caso fosse julgado culpado; e não podendo *messer Giorgio* com súplicas nem com autoridade alguma salvá-lo, juntou-se a *Tommaso Strozzi* e uma multidão armada, e o libertaram com a força, saquearam o palácio do Capitão e o obrigaram, para salvar-se, a esconder-se. Este ato de tanto ódio encheu a cidade contra *Giorgio* que seus inimigos pensaram poder eliminá-lo e tirar a cidade não só de suas mãos mas dos da plebe, que a tinha subjugado por três anos com arrogância. Disto o capitão deu grande ocasião: cessado o tumulto, foi aos Senhores e disse que havia vindo com muito prazer à casa para a qual a Senhoria o tinha eleito, porque pensava ter a servir homens justos que estavam dispostos a tomar armas para favorecer, não para impedir a justiça; porém já que havia experimentado e visto os governos da cidade e a maneira de viver desta, o cargo que de bom gosto tinha aceitado para ter vantagens e veneração, de bom gosto o restituía para evitar perigo e dano.

---

5. Isto não é exato, cf. Livro I, cap. 33. *A. Montevecchi, op. cit.*

1. Ter conspirado: *"..., per avere contro allo stato tenuto pratiche,..."*

LIVRO III_____*das discórdias civis até a morte de Ladislau, de Nápoles*

Os Senhores apoiavam o Capitão e o animaram prometendo-lhe, pelos danos sofridos, compensações e, para o futuro, segurança. E parte deles, reunida com alguns cidadãos entre os que se tinham por amadores do bem comum e menos suspeitos ao estado, concluíram ter chegado a grande ocasião de tirar a podestade de *messer Giorgio* e da plebe, tendo todos se afastado dele por esta última insolência, e para isso utilizar tal ocasião antes que os ânimos indignados se reconciliassem, porque sabiam que o favor das pessoas ganha-se e perde-se a cada pequeno incidente; e julgaram que para bem conduzir as coisas era necessário trazer ao encontro de seus desejos *messer Benedetto Alberti*, sem o consentimento do qual acreditavam ser perigosa a empresa.

Messer Benedetto era um homem riquíssimo, humano, severo, amador da liberdade de sua pátria e a quem muito desgostavam as maneiras tirânicas, de forma que foi fácil convencê-lo a consentir a ruína de *messer Giorgio*. Porque a razão pela qual tornou-se inimigo dos notáveis do povo e do partido guelfo e amigo da plebe, tinha sido a insolência destes e seus modos tirânicos; assim, vendo depois que os chefes da plebe se haviam tornado semelhantes àqueles, muito tempo antes afastou-se deles, e as injúrias que a muitos foram feitas tinham sido por ele acompanhadas completamente fora de seu consentimento. Assim, as razões pelas quais esteve da parte da plebe são as mesmas pelas quais dela se afastou.

Atraídos então *messer Benedetto* e os chefes das Artes, e armando-se, apanharam *messer Giorgio* mas *messer Tommaso* fugiu. No dia seguinte[2] foi *messer Giorgio* decapitado, e tal foi o terror dos seus, que ninguém se moveu, ao contrário, cada um rivalizava para participar de sua ruína. Donde, vendo-se conduzir à morte pelo povo que pouco tempo antes venerara, pôde considerar com dor a malvadez de sua sorte e a maldade dos cidadãos, que, por tê-lo erroneamente injuriado, tinham-no obrigado a favorecer e honrar uma multidão na qual não havia fé[3] nem gratidão alguma. E reconhecendo *messer Giorgio* entre os armados, disse-lhe: "E tu, *messer Benedetto*, consentes que a mim se faça esta injúria quando, se fosse tu, eu não permitiria jamais que a ti fosse feita? Mas te anuncio que este dia é o dia do fim dos males meus, e dos teus o princípio." Depois condoeu-se de si mesmo, tendo confiado demais em um povo que qualquer voz, qualquer ato, qualquer suspeita demovia e corrompia.

---

2. 17 de janeiro de 1381. O episódio é mencionado em *Il principe*, IX, como exemplo de comportamento de massa.

3. Fé aqui está provavelmente no sentido atual de lealdade.

21. Novo ordenamento da Senhoria desfavorece a plebe

E com essas mágoas faleceu, em meio a seus inimigos armados e alegres com sua morte. Alguns de seus mais estreitos amigos, depois disso, foram mortos e arrastados pelo povo.

A morte deste cidadão comoveu toda a cidade, porque, na execução da mesma, muitos cidadãos tomaram armas para favorecer a Senhoria e o Capitão do Povo; muitos outros também as tomaram, porém por suas próprias ambições ou suspeitas. E como a cidade estava cheia de diversos humores, cada um diversos fins tinha, e todos, antes de pousá-las, desejavam atingi-los. Os antigos nobres, chamados Grandes, não podiam suportar ficar sem os cargos públicos, e por isto se engenhavam de qualquer maneira para recuperá-los, e para isto desejavam que se desse autoridade aos Capitães de Partido; desagradava aos notáveis do povo e às Artes Maiores o fato de o estado ter acomunado as Artes Menores e o povo miúdo; por outro lado, as Artes Menores queriam aumentar ao invés de diminuir sua dignidade[1]; e o povo miúdo temia perder seus cargos nos Colégios de suas Artes. Estas discrepâncias ocasionaram muitos tumultos, durante um ano, em Florença; ora tomavam armas os Grandes, ora as Artes Maiores, ora as Menores e, com estas, o povo miúdo; e muitas vezes de repente diversos pontos do território estavam em armas. Donde seguiram-se, dentre eles ou com os do palácio, muitos entreveros, porque a Senhoria, ora cedendo ora combatendo, remediava da melhor forma possível tantos inconvenientes. Tanto que, no fim, depois de dois colóquios e duas *balìe*[2] feitas para reformar a cidade, depois de muitos danos, aflições e gravíssimos perigos, estabeleceu-se um governo, pelo qual puderam voltar todos os que tinham sido confinados[3] quando *messer Salvestro de'Medici* havia sido gonfaloneiro; retiraram-se preeminências e verbas a todos que tinham sido contemplados com a *balìa* de 1378; renderam-se toda espécie de honras ao partido guelfo; destituíram-se as estruturas e direções das duas Artes novas, e todos os seus subordinados às antigas Artes foram destinados: destituíram os gonfaloneiros de justiça das Artes Menores e seus cargos, que eram da metade, reduziram-se à terça parte dos cargos públicos, tirando-lhes o de maior importância. Assim, o partido dos notáveis do povo e o dos guelfos reassumiu o estado, e o da plebe o

---

1. Refere-se a aumentar ou diminuir os cargos (*dignità*).
2. Plural de *balìa*.
3. Cf. Livro II, cap.18, n.4.

LIVRO III _____ *das discórdias civis até a morte de Ladislau, de Nápoles*

perdeu, depois de ter sido seu príncipe de 1378 a 1381[4], quando essas novidades aconteceram.

22. Confinados Miguel de Lando, notáveis e chefes plebeus. Os florentinos compram *Arezzo*

E não foi este estado menos injurioso nem menos grave com seus cidadãos do que o tivesse sido o estado da plebe, porque muitos notáveis do povo que eram desta eméritos defensores foram confinados[1] junto com grande número de chefes plebeus, entre os quais Miguel de Lando, a quem nem os inúmeros benefícios, dos quais tinha sido motivo a sua autoridade, salvaram da raiva de partido quando a desenfreada muldidão licenciosamente arruinou a cidade. Às suas boas ações, a pátria foi, portanto, pouco grata; erro que muitas vezes cometem príncipes e repúblicas, o que faz com que os homens, desconcertados por tais exemplos, antes que possam ter a ingratidão de seu príncipe, ofendam-no. Esses exílios e esses mortos, como sempre costumavam desgostar, desgostaram *messer Giorgio*, que pública e privadamente os reprovava. Por isto os príncipes do estado o temiam, porque o julgavam um dos principais amigos da plebe e acreditavam que a ela havia consentido a morte de *messer Giorgio Scali*, não porque o proceder deste lhe desagradava, mas para ser único no governo. Acrescentavam depois suas palavras e suas suspeitas: coisa que fazia com que o partido inteiro que era príncipe tivesse os olhos voltados para ele, para ter oportunidade de poder oprimi-lo.

Vivendo-se nestes termos, as coisas de fora não foram muito graves, já que as poucas que se seguiram foram mais de alarme do que de dano. Porque nesta época veio Luís de *Anjou* à Itália para entregar o Reino de Nápoles à rainha Joana e expulsar Carlos de Duras. Sua passagem assustou muito os florentinos, porque Carlos, segundo o costume entre velhos amigos, pedia ajuda a estes, e Luís pedia que permanecessem neutros, segundo o costume dos que buscam novas amizades. Donde os florentinos, para mostrar que desejavam satisfazer Luís e ajudar Carlos, demoveram, dispensaram *Giovanni Auguto*[2] de seu pagamento e o enviaram ao papa Urbano, que era amigo de Carlos, engano este que foi facilmente advertido por Luís, que considerou-se muito injuriado pelos florentinos. E enquanto a guerra entre Luís e

---

4. *Ab incarnatione*, segundo o estilo florentino, pois trata-se de 1382.

1. Cf. Livro II, cap.18 n.4.

2. *John Hawkwood*.

MAQUIAVEL————————————————HISTÓRIA DE FLORENÇA

Carlos se combatia, em favor de Luís veio da França gente nova, que, chegada à Toscana, foi conduzida a *Arezzo* pelos exilados aretinos e expulsou os que governavam para Carlos. Mas quando projetavam mudar o estado de Florença como tinham mudado o de *Arezzo* aconteceu a morte de Luís. As coisas, tanto na Púlia como na Toscana, mudaram seu curso com a fortuna, já que Carlos se assegurou naquele reino que tinha já quase perdido, e os florentinos que duvidavam poder defender Florença, compraram*Arezzo*, adquiriram-na dos que a governavam para Luís. Então Carlos, já assegurado da Púlia, foi ao reino da Hungria, que por herança lhe cabia, e deixou a mulher na Púlia com Ladislau e Joana, seus filhos ainda pequenos, como já referimos[3]. Carlos conquistou a Hungria, mas pouco depois foi morto.

23. Confinados Miguel de Lando, notáveis e chefes plebeus. Os florentinos compram *Arezzo*

Fez-se dessa conquista alegria solene em Florença, como jamais em cidade alguma se havia feito por uma vitória, com grande mostra de magnificência pública e privada, porque muitas famílias disputaram seus festejos com os do governo.

Mas a que em pompa e magnificência superou as outras, foi a família dos *Alberti*, porque os aparatos, espetáculos e torneios que por esta foram montados, não de uma família peculiar, mas de um príncipe foram dignos. Estas coisas trouxeram muita inveja, a qual ajuntada à suspeita que o estado tinha de *messer Benedetto Alberti*, ocasionou a ruína da família, porque os que governavam não podiam com este sentir-se tranqüilos, acreditando que a qualquer momento podia acontecer que, com o favor do partido, recobrasse sua reputação e os expulsasse da cidade. E em meio a essas dúvidas aconteceu que, sendo este gonfaloneiro das companhias, *messer Filippo Magalotti*, seu genro, foi escolhido gonfaloneiro de justiça, coisa que redobrou os temores nos príncipes do estado, acreditando eles que a *messer Benedetto Alberti* acrescentavam-se demasiadas forças e ao estado demasiados perigos. E desejando remediar sem ocasionar tumulto, animaram *Bese Magalotti*, seu colega e amigo, a que comunicasse à Senhoria que *messer Filippo*, sem a idade necessária para o exercício daquele cargo, não podia nem devia obtê-lo. A coisa foi examinada entre os Senhores e, parte destes por ódio, parte para evitar escândalo, julgaram *messer Filippo* inábil àquele cargo. Em seu lugar foi

3. Cf. Livro II, cap. 33.

174

Livro III_____*das discórdias civis até a morte de Ladislau, de Nápoles*

designado Bardo *Mancini*, homem de todo contrário ao partido da plebe e inimicíssimo de *messer Benedetto Alberti*, tanto que, feito magistrado, criou uma *balìa*, a qual ao retomar e reformar o estado, confinou *messer Giorgio* e repreendeu o restante da família, com exceção de *messer Antonio*.

Messer Benedetto chamou, antes de partir, todos os seus familiares e, vendo-os acabrunhados e cheios de lágrimas, disse-lhes: "Vede, pais e velhos meus, como a fortuna me arruinou e ameaçou vocês; coisa de que nem eu me maravilho nem vós vos deveis maravilhar, porque sempre assim aconteceu àqueles que entre muitos malvados querem ser bons e manter o que muitos querem arruinar. O amor de minha pátria me aproximou de *messer Salvestro de'Medici*, depois me afastou de *messer Giorgio* [*Scali*] e me fez odiar os hábitos dos que agora governam. Estes, como não tinham quem os castigasse, também não queriam que os reprovassem. E eu estou contente de liberar-vos, com meu exílio, do temor não só de mim, mas de todos os que conhecem seus modos tirânicos e celerados, que, com os golpes desferidos contra mim, ameaçam os outros. Não me lastimo, porque as honras que me deu a pátria livre, a pátria serva não as pode tirar, e sempre me dará maior prazer a memória da vida passada do que o desprazer da infelicidade que se arrastará atrás de meu exílio. Grande dó tenho que minha pátria fique à mercê de poucos e submetida à soberba e avareza destes; grande dó tenho de vós, porque duvido que os males, que hoje terminam em mim e em vós começam, com maiores danos que não me perseguiram, a vós persigam. Desejo confortá-los para que tenham firme o ânimo contra qualquer infortúnio e para que vos comporteis de maneira que, se alguma coisa adversa vos acontecer, e acontecerão muitas, todos saibam ter acontecido com vossa inocência e sem a vossa culpa." Depois, para não dar de si mesmo menor conceito de bondade fora do que tivesse dado em Florença, peregrinou até o Sepulcro de Cristo, e retornando dali, morreu em Rodes. Seus restos foram levados a Florença e sepultados com grandes honras por aqueles que, quando vivia, perseguiram-no com todo tipo de calúnia e injúria.

24. Outros *repreendidos e confinados*

Nessas aflições da cidade não só a família dos *Alberti* foi ofendida, mas, com esta, muitos dos cidadãos repreendidos foram também confinados[1], entre os quais *Piero Benini*, *Matteo Alderotti*, *Giovanni* e *Francesco del Bene*, *Giovanni Benci*, *Andrea Adimari*, e com estes grande

1. Cf. Livro II, 18, n.4.

175

número de artífices menores. Entre os repreendidos estavam os *Covoni*, os *Benini*, os *Rinucci*, os *Formiconi*, os *Corbizzi*, os *Mannegli*, e os *Alderotti*. Era habitual criar a *balìa* por um certo tempo, mas seus integrantes, uma vez feito o que tinha motivado suas nomeações, por honestidade renunciavam mesmo que a nomeação não tivesse esgotado seu prazo. Parecendo-lhes portanto ter satisfeito ao estado, desejavam renunciar como de costume. Ao saber disso, muitos correram armados ao palácio, pedindo que antes da renúncia confinassem e repreendessem muitos outros. Coisa que molestou muito os Senhores que com belas promessas os entreteram o bastante para reunir suas forças, e depois fizeram com que o medo lhes fizesse pousar as armas que a raiva tinha feito apanhar. Contudo, para em parte satisfazer um humor tão raivoso e tirar mais autoridade aos artífices plebeus[2], providenciaram para que onde tinham a terça parte dos cargos, ficassem com a quarta. E, para que sempre estivessem entre os Senhores dois dos mais confiáveis ao estado, deram autoridade ao gonfaloneiro de justiça e a quatro outros cidadãos de fazer uma bolsa[3] de nomes selecionados, da qual, em cada Senhoria, dois fossem extraídos.

25. Guerra contra *Giovan Galeazzo Visconti,* duque de Milão

Estabelecido assim o estado, depois de seis anos, em 1381 foi constituído, a cidade nele viveu em muita quietude até '93. Nesta época *Giovan Galeazzo Visconti*[1], chamado *Conte di Virtù*[2], aprisionou *messer Bernabò*, seu tio, e por isto tornou-se príncipe de toda a Lombardia. Acreditou poder tornar-se, por meio da força, rei da Itália, pois com o engano tinha-se tornado duque de Milão[3]. E moveu uma grandíssima guerra aos florentinos em 1390. De tal maneira esta variou que muitas vezes o duque esteve mais perto de perder do que os florentinos, os quais, se não morresse este, teriam perdido. Contudo as defesas foram entusiastas e admiráveis para uma república; e o final foi muito menos mau do que a guerra tinha sido pavorosa, porque quando o duque tomou Bolonha, Pisa, Perúgia e Siena, e estava preparada a coroa para ser em Florença coroado rei da Itália, morreu[4]. A morte não lhe deixou saborear as vitórias passadas e aos florentinos não deixou sentir suas perdas presentes.

2. Os das Artes Menores.
3. Um ensaque, quer dizer, proceder a um sorteio de nomes. Cf. Livro II, cap. 28.

1. Cf. Livro I, cap. 33.
2. Conde de Vertus, cf. Livro I, 27.
3. Na verdade tornou-se duque só em 1395, dez anos depois do "engano" a seu tio.
4. Em setembro de 1402.

Livro III_____*das discórdias civis até a morte de Ladislau, de Nápoles*

Enquanto continuavam as aflições desta guerra, foi nomeado gonfaloneiro de justiça *messer Maso degli Albizzi*, a quem a morte de *Piero* tinha tornado inimigo dos *Alberti*. E como os [maus] humores ainda vigiavam os partidos, *messer Maso* pensou vingar-se antes de deixar seu cargo, ainda que *messer Benedetto* tivesse morrido no exílio. E colheu a ocasião quando alguém foi interrogado sobre certos encontros tidos com os rebeldes, e mencionou Alberto e *Andrea degli Alberti*. Estes foram presos logo, e toda a cidade se alterou a tal ponto que os Senhores, provendo-se de armas, chamaram o povo para tratar e nomearam pessoas para a *balìa*. Esta confinou[5] muitos cidadãos e novos ensaques foram feitos. Entre os confinados estavam quase todos os *Alberti*. Foram também repreendidos e mortos muitos artífices, donde, por tantas injúrias, as Artes e o povo miúdo se alçaram em armas, parecendo-lhes que lhes tivessem tirado o respeito e a vida. Uma parte daqueles outros[6] veio à praça, uma outra[7] correu à casa de *messer Veri* [Vieri] *de'Medici*, que depois da morte de *messer Salvestro* havia se tornado chefe daquela família. Aos que tinham ido à praça os Senhores, para acalmá-los, deram como chefes *messer Rinaldo Gianfigliazzi* e *messer Donato Acciaiuoli*, como homens do povo, aceitos entre a plebe mais do que quaisquer outros. Os que correram à casa de *messer Veri* pediram-lhe que ficasse feliz de tomar o estado e libertá-los da tirania daqueles cidadãos que eram os destrutores dos bons e do bem comum. Acordam todos que destes tempos deixaram alguma memória que se *messer Veri* tivesse sido mais ambicioso do que bom podia sem impedimento algum fazer-se príncipe da cidade; porque as graves injúrias que justa ou injustamente haviam sido feitas às Artes e aos amigos destas tinham de tal maneira aceso os ânimos à vingança que não faltava, para satisfazer seus apetites, senão um chefe que os conduzisse. E não faltou quem recordasse a *messer Veri* o que podia fazer, porque *Antonio de'Medici*, que com ele havia tido por muito tempo particular amizade, o persuadia a tomar o domínio da república. Disse-lhe *messer Veri*: "As tuas ameaças, quando eras meu inimigo, jamais me meteram medo, e agora que és meu amigo não me farão mal teus conselhos"; e dirigindo-se à multidão deu-lhes força para se animarem, porque desejava ser seu defensor desde que se deixassem ser aconselhados por ele. E indo em meio a eles na praça e dali subindo ao palácio, diante dos Senhores disse não poder se condoer de forma alguma de ter vivido de maneira que o povo de Florença o amasse, mas

5. Cf. Livro II, 18, n.4.
6. Dos que apoiavam o governo e as Artes Maiores.
7. A das Artes Menores.

MAQUIAVEL ——————————————— HISTÓRIA DE FLORENÇA

que se condoía muito que dele se fizesse o julgamento que a sua vida
passada não merecia. Por isso que, não tendo jamais mostrado ser
agitador ou ambicioso, não sabia de onde vinha a idéia que ele fosse
inquieto, portanto agitador, e usurpador de cargos, portanto ambicioso.
Assim, pedia a Ss. Sas. que a ignorância da maioria não fosse julgada
um pecado seu, porque, no que dependia dele, logo que pudesse,
colocava-se à sua disposição. Recomendava muito que se contentassem
de usar a fortuna modestamente, que era melhor uma vitória reduzida
com o bem-estar da cidade do que desejar uma vitória completa
arruinando-a. Foi *messer Veri* louvado pelo Senhores e exortado a fazer
pousar as armas, e assegurado que depois não deixariam de fazer o que
fosse aconselhado por ele e pelos cidadãos.

Voltou *messer Veri* depois destas palavras à praça e suas brigadas
juntou às que conduziam *messer Rinaldo* e *messer Donato*. Depois disse a
todos ter encontrado nos Senhores uma muito boa vontade para com
eles, e muitas coisas foram discutidas, mas, pela brevidade do tempo e
pela ausência dos magistrados, não foram concluídas. Portanto pedia-
lhes pousar as armas e obedecer, fazendo-lhes crer que a humanidade
mais do que a soberba, os pedidos mais do que as ameaças, comoviam os
Senhores. E que não lhes faltaria autoridade e segurança se se deixassem
governar por ele. Assim, sob sua palavra, todos voltaram a casa.

26. A Senhoria confina e mata. Reação e confinamento de *Donato Acciauli*

Pousadas as armas, os Senhores primeiramente fortificaram a praça,
arrolaram depois dois mil cidadãos de confiança do estado igualmente
divididos por gonfalões, deram-lhes ordens que ficassem preparados
para socorrê-los sempre que os chamassem e aos não inscritos proibiram
armar-se. Feitos estes preparativos, confinaram[1] e mataram muitos
artífices que se tinham demonstrado mais encarniçados do que os outros
nos últimos tumultos. E a fim de que o gonfaloneiro de justiça tivesse
mais majestade e reputação, determinaram que, para exercer o cargo,
contasse mais de quarenta e cinco anos. Em fortalecimento do estado
tomaram ainda mais outras medidas, intoleráveis para aqueles contra
quem se dirigiam e odiosas aos cidadãos que supunham defender: não
julgavam ser bom ou seguro um estado que com tanta violência precisava
ser defendido. E não somente aos *Alberti*, que permaneceram na cidade,

1. Cf. Livro II, cap.18, n.4.

LIVRO III_____*das discórdias civis até a morte de Ladislau, de Nápoles*

e aos *Medici*, que acreditavam ter enganado o povo, mas a muitos outros molestava tanta violência. E o primeiro que procurou opor-se-lhes foi *messer Donato di Iacopo Acciaiuoli*. Este, mesmo que fosse um Grande na cidade e mais um superior que um companheiro de *messer Maso degli Albizzi*, o qual pelas coisas feitas em seu gonfaloneirato era uma espécie de chefe da república, não podia entre tantos descontentes viver contente, e não buscar, como muitos fazem, fazer o dano comum redundar em privadas vantagens. Para isto, pensou tentar devolver a pátria aos exilados ou, pelo menos, os cargos aos repreendidos. E ia nos ouvidos deste ou daquele cidadãos semeando esta sua opinião, mostrando como não podia de outra forma aquietar o povo e deter o humor dos partidos e como não esperava senão integrar a Senhoria para levar a efeito este seu desejo. Mas como em nossas ações o vacilar traz tédio e a pressa, perigo, preferiu, para fugir ao tédio, tentar o perigo. Eram da Senhoria *Michele Acciaiuoli*, seu parente, e *Niccolò Ricoveri*, seu amigo, donde a *messer Donato* pareceu que lhe tinha sido dada ocasião que não se devia perder, e pediu-lhe que deveriam fazer uma lei nos conselhos, restituísse aos cidadãos seus direitos. Estes, persuadidos por ele, falaram disso com seus companheiros, que responderam que não estavam dispostos a tentar coisas novas onde o adquirido é incerto mas o perigo, certo. Donde *messer Donato*, depois de tentar em vão todos os caminhos, motivado pela ira fez-lhes entender de que forma a cidade, já que não a queriam em mãos aos partidos, com as armas seria ordenada. Estas palavras tanto desagradaram que, quando comunicadas aos príncipes do governo, *messer Donato* foi intimado e ao comparecer, foi convencido de sua culpa por seu próprio emissário aos Senhores, e condenado ao confinamento em Barletta. Foram ainda confinados *Alamano* e *Antonio de'Medici*, e todos os descendentes da família de *messer Alamano*, com muitos artífices não nobres, mas de crédito junto à plebe. Coisas essas que aconteceram dois anos depois que *messer Maso* tinha retomado o estado.

27. Em parte mortos, em parte presos os exilados que tentam voltar

Estando assim a cidade, com muitos descontentes dentro e muitos descontentes e desterrados fora, em Bolonha encontravam-se entre os desterrados *Picchio Cavicciuli*, *Tommaso de'Ricci*, *Antonio de'Medici*, *Benedetto degli Spini*, *Antonio Girolami*, *Cristofano di Carlone*, com outros dois de vil condição, mas todos jovens corajosos e dispostos a tentar qualquer fortuna para retornar à pátria. A estes foi mostrado em forma secreta, por *Piggiello* e *Baroccio Cavicciuli*, que viviam em Florença na condição de repreendidos, que se viessem secretamente à cidade seriam acolhidos à casa deles e podiam depois, saindo, matar *messer Maso degli Albizzi* e chamar o povo às armas, que estando descontente, facilmente podia se sublevar, principalmente porque seriam seguidos pelos *Ricci*, *Adimari*, *Medici*, *Mannegli* e muitas outras famílias.

Movidos por essas esperanças, no dia 4 de agosto de 1397 vieram a Florença e, entrando secretamente onde lhes havia sido ordenado, mandaram observar *messer Maso*, querendo de sua morte mover o tumulto. *Messer Maso* saiu de sua casa e se deteve em uma drogaria próxima a *San Piero Maggiore*. O homem que tinha ido observá-lo correu para avisar os conjurados, estes apanharam as armas e chegando ao lugar indicado constataram que *Messer Maso* já tinha partido. Então, sem se acabrunhar por este seu primeiro projeto não ser realizado, voltaram-se ao Mercado Velho, onde mataram um do partido adversário. E levantando o tumulto aos gritos "povo, armas, liberdade" e "morram os tiranos", ao voltar em direção do Mercado Novo, no final de Calimala, mataram outro. Continuando seu caminho com os mesmos gritos, como ninguém se ajuntava empunhando armas, reuniram-se no alpendre dos *Nighittosa*.

Ali se colocaram em um lugar elevado, tendo grande muldidão ao redor, que mais para vê-los do que para apoiá-los tinha acorrido. E em alta voz exortavam os homens a tomar armas e sair daquela servidão que tanto odiavam, afirmando que os lamentos dos descontentes da cidade, mais do as próprias injúrias, tinham-lhes movido a querer libertá-los. E como haviam ouvido dizer que muitos rogavam a Deus que lhes desse ocasião para poder vingar-se, coisa que fariam assim que tivessem chefe que os movesse, agora que a ocasião tinha chegado e tinham chefe que os movia, olhavam uns aos outros, como estupefatos esperavam que os promotores de sua liberação fossem mortos e eles na servidão fossem agravados. E que se maravilhavam pelo quanto aqueles que por uma mínima injúria costumavam tomar armas, por tantas outras não se moviam, e preferiam suportar que tantos cidadãos seus fossem desterrados e tantos repreendidos. Mas que havia lugar em seus arbítrios para dar pátria aos desterrados e estado aos repreendidos. Palavras que, mesmo verdadeiras, não moveram de forma alguma a multidão: seja por temor seja porque a morte daqueles dois tivesse feito odiosos os matadores. De maneira que, vendo os promotores do tumulto que nem as palavras nem os fatos tinham força para mover algum deles, tarde constataram o quanto é perigoso querer tornar livre um povo que de qualquer maneira quer ser servo[1] e, desesperados da empresa, retiraram-

1. Cf. *Discorsi...*, I, XVII, XVIII.

LIVRO III_____*das discórdias civis até a morte de Ladislau, de Nápoles*

se ao templo de *Santa Reparata*, onde se trancaram, não para resguardar a vida mas para diferir a morte.

Os Senhores, turbados já com o primeiro clamor, armaram e fecharam o palácio; mas depois que souberam de que se tratava e quem eram os que moviam o escândalo e onde se tinham fechado, tranqüilizaram-se; e ordenaram ao capitão com muitos outros homens armados fosse apanhá-los. Assim, sem muito esforço as portas do templo foram arrombadas, e parte deles ao defender-se foram mortos, parte, foram presos. Interrogados, entre estes não se encontrou culpa, senão em *Baroccio* e *Piggiello Cavicciuli*, que juntamente àqueles outros foram mortos.

28. Nova tentativa de exilados: articulação com residentes. Confinados membros das famílias *Alberti, Ricci e Medici*

Depois desse incidente surgiu outro de maior importância. Tinha a cidade nessa época, como dissemos acima[1], uma guerra contra o duque de Milão, o qual vendo que para oprimir aquela cidade as forças abertas não bastavam, voltou-se às ocultas; e por meio dos exilados florentinos, dos quais a Lombardia estava cheia, estipulou um acordo, do qual sabiam muitos que residiam na cidade e que estabelecia que, em um certo dia, desde os lugares mais próximos de Florença, partissem grande parte dos exilados aptos às armas e entrassem na cidade pelo rio Arno, e, juntamente com seus amigos de dentro da cidade, às casas dos principais magistrados corressem, e mortos estes, reformassem, segundo a vontade deles, a república.

Entre os conjurados de dentro estava um dos *Ricci*, chamado *Saminiato*; e como acontece amiúde nas conjuras às quais poucos não bastam e tantos as descobrem[2], enquanto procurava aliciar companheiros encontrou um delator. *Saminiato* havia referido a coisa a *Salvestro Cavicciuli*, a quem as injúrias feitas a seus parentes e a si mesmo tornavam confiável. No entanto, este mais considerou o temor próximo do que a esperança futura, e logo tudo o que sabia abriu aos Senhores, os quais, uma vez apanhado *Saminiato*, obrigaram-no a revelar toda a organização da conjura. Mas não conseguiram prender senão *Tommaso Davizi*[3], que, vindo de Bolonha e não sabendo o que acontecia em Florença, antes de chegar foi preso. Os outros todos, depois da captura de Saminiato, fugiram assustados. Punidos portanto segundo seus erros *Saminiato* e

1. Cf. cap. 25.
2. Cf. *Discorsi...*, III, cap.6.
3. Não precisamente, trata-se de um filho deste.

Tommaso, deu-se *balia*[4] a outros cidadãos para que com sua autoridade buscassem os delinqüentes e assegurassem o estado. Estes apontaram como rebeldes seis da família dos *Ricci*, seis da família dos *Alberti*, dois dos *Medici*, três dos *Scali*, dois dos *Strozzi*[5], *Bindo Altoviti* e *Bernardo Altimari*, bem como muitos não nobres. Repreenderam por dez anos[6] também toda a família dos *Alberti*, a dos *Ricci* e a dos *Medici*, com exceção de poucos. Entre os da família *Alberti* não repreendido estava *messer Antonio*, por ser considerado homem quieto e pacífico. Mas aconteceu que, ainda não se tendo apagado a suspeita da conjura, foi preso um monge que fora visto ir, no período que os conjurados se reuniam, muitas vezes de Bolonha a Florença. Ele confessou ter levado cartas muitas vezes a *messer Antonio* [*Alberti*], que foi logo preso e, embora no início negasse, foi desmentido pelo monge, e por conseqüência multado e confinado[7] a trezentas milhas da cidade. E para que cada dia os *Alberti* não colocassem em perigo o estado, confinaram todos os que naquela família tivessem mais de quinze anos de idade.

29. A conquista de Pisa. Guerra contra Ladislau, de Nápoles. Tomada de *Cortona*

Isto aconteceu em 1400[1], e dois anos depois morreu *Giovan Galeazzo*, duque de Milão, morte esta, como dissemos acima[2], que pôs fim à guerra que durou doze anos. Nesta época, tendo o governo tomado mais autoridade, ficando sem inimigos fora e dentro, fez a empresa de Pisa, que venceu gloriosamente, e em quietude se viveu dentro [de Florença] de 1400 ao 1433.

Só em 1412, porque os *Alberti* romperam o confim, criou-se contra eles nova *balia*, que com novas medidas reforçou o estado, e perseguiu-se os *Alberti* com recompensas oferecidas aos delatores. Nessa época os florentinos também fizeram guerra contra Ladislau, rei de Nápoles, a qual terminou com a morte do rei, em 1414. Nas aflições desta guerra, estando o rei em condições inferiores, concedeu aos florentinos a cidade de *Cortona*[3], da qual era senhor. Mas pouco depois retomou forças e renovou guerra contra eles, guerra esta que foi muito

---

4. Cf. cap. 10.
5. Correção: cinco dos *Ricci*, dois dos *Medici*, três dos *Strozzi*.
6. Algumas fontes dizem vinte.
7. Cf. Livro II, cap. 18, n.4.
1. Sempre *ab incarnazione*, segundo nosso calendário: 1401.
2. Cf. cap. XXV.
3. Foi em 1411.

LIVRO III_____*das discórdias civis até a morte de Ladislau, de Nápoles*

mais perigosa do que a primeira; e se não tivesse terminado com sua morte, como terminou aquela do duque de Milão, tinha também ele, como o duque, conduzido Florença ao perigo de perder sua liberdade.

Não terminou esta guerra com menor ventura do que aquela: porque quando ele tomou Roma, Siena, a *Marca* toda e a Romanha, e já não lhe faltava senão Florença para com seu poderio arremeter contra a Lombardia, morreu. E assim a morte foi sempre mais amiga dos florentinos do que nenhum outro amigo, e mais potente a salvá-los do que qualquer outra virtude. Depois da morte desse rei a cidade permaneceu em quietude, fora e dentro, por oito anos; no fim desse período, juntamente com a guerra de Filipe[4], duque de Milão, renovaram-se as lutas partidárias; estas não cessaram antes da ruína daquele estado, que de 1381 a 1434[5] tinha reinado e feito com tanta glória tantas guerras, e conquistado para seu império *Arezzo*, Pisa, Cortona, Livorno e *Monte Pulciano*. E maiores coisas teria feito se a cidade se mantivesse unida e nela não se reacendessem os antigos humores, como no seguinte livro particularmente se demonstrará.

4. Filipe Maria *Visconti*, terceiro Duque de Milão.
5. Em vez de 1381, leia-se 1382. Em 1434 foi quando houve o retorno de *Cosimo*, fim do regime oligárquico.

_____*LIVRO IV*

da conquista da Toscana ao retorno de Cosimo

Livro IV_____*da conquista da Toscana ao retorno de Cosimo*

1. Da servidão ao desregramento: quando uma cidade pode se chamar livre

As cidades, e principalmente as que não estão bem ordenadas, que sob o nome de república se administram, com freqüência variam seus governos e estados não da liberdade à servidão, como muitos acreditam, mas da servidão ao desregramento. Porque da liberdade só é celebrado o nome pelos criados da permissão, que são o povo[1], ou pelos da servidão, que são os nobres, desejando, todos estes, não ser pelas leis nem pelos homens submetidos.

A verdade é que, mesmo quando acontece (e acontece raramente) que nelas surja um homem sensato, bom e poderoso, do qual venham leis que aquietem esses humores nos nobres e nos cidadãos, ou de tal maneira os limitem que não possam fazer mal, então é quando esta cidade pode-se chamar livre, e este estado pode-se julgar estável e firme: por estar fundado em boas leis e boas ordenações, não tem necessidade das virtudes de um bom homem, como têm outros, que o mantenha.

Com semelhantes leis e ordenações foram dotadas muitas repúblicas antigas, e seus estados longa vida tiveram; de semelhantes ordenações e leis faltaram e faltam todas as que amiúde passaram e passam seus governos do estado tirânico ao permissivo e deste àquele; porque nestes estados, pelos poderosos inimigos que cada um deles tem, não há nem pode haver estabilidade alguma: um não agrada aos homens de bem, o outro, aos sensatos, um pode fazer mal facilmente, o outro dificilmente pode fazer bem; em um os insolentes têm demasiada autoridade, em outro os tolos: um ou outro haverá de se manter pela virtude e fortuna de um homem, que por morte pode vir a faltar, ou por fadiga pode tornar-se inútil.

2. Situação de Florença

Afirmo, portanto, que o estado que se iniciou em Florença com a morte de *messer Giorgio Scali*, em 1381, foi sustentado primeiro pela

---

1. Cf. Proêmio, n. 4.

virtude de *messer Maso degli Albizzi*, depois pela de *Niccolò da Uzano*. Quietamente a cidade viveu de 1414 até o 1422, pois tinha morrido o rei Ladislau e o estado da Lombardia em diversas partes ficou dividido, de maneira que, nem do interior nem do exterior, coisa alguma a ameaçava. Junto a *Niccolò da Uzano* eram cidadãos de autoridade *Bartolommeo Valori, Nerone di Nigi, messer Rinaldo degli Albizzi, Neri di Gini* e *Lapo Niccolini*.

Os partidos que nasceram das discórdias entre os *Albizzi* e os *Ricci*, que foram depois por *messer Salvestro dei Medici* com tanto escarcéu ressuscitadas, jamais desapareceram; e mesmo aquele que mais apoio teve da maioria só por três anos reinou, permanecendo derrotado em 1381, apesar de abarcar o humor da maior parte da cidade, jamais pôde apagar-se completamente. Na verdade, as freqüentes assembléias e as contínuas perseguições feitas contra os chefes do mesmo, de 1381 a 1400, reduziram-no quase que a nada.

As primeiras famílias que foram perseguidas, enquanto chefes deste partido, foram as dos *Alberti*, dos *Ricci* e dos *Medici*, que muitas vezes foram espoliadas de homens e riquezas; e se alguns permaneceram na cidade, foram subtraídos de seus cargos: os golpes tornaram o partido humilde e quase que o anularam. Permaneceu, no entanto, a lembrança das injúrias recebidas e o desejo de vingá-las, que, por não encontrar onde se apoiar, ficou oculto em seus peitos. Os notáveis do povo, que pacificamente governavam a cidade, cometeram dois erros que arruinaram seu estado: um, tornaram-se insolentes pelo exercício contínuo da dominação; outro, não tiveram o cuidado que deviam ter em relação aos que poderiam atacá-los, seja pela inveja que uns tinham dos outros, seja pela prolongada posse do estado.

3. *Giovanni di Bicci* [*de' Medici*] restaura a autoridade da família na cidade. Acordo com Filipe *Visconti*

Com seus sinistros modos, cada dia o governo refrescava o ódio na população, e sem vigiar as coisas nocivas, por não temê-las, ou nutrindo-as pela inveja que uns tinham dos outros, fez a família *Medici* retomar autoridade. O primeiro que nesta começou a ressurgir foi *Giovanni di Bicci*.

Este, tendo se tornado riquíssimo e sendo bom e humano por natureza, por concessão dos que governavam foi conduzido[1] à suprema

---

1. Na verdade foi eleito, em 1421.

LIVRO IV_____*da conquista da Toscana ao retorno de Cosimo*

magistratura. Por isto a maioria das pessoas da cidade, parecendo-lhes ter encontrado um defensor, tomou-se de tal alegria que imediatamente aos mais sensatos isso pareceu suspeito, porque viam-se todos os antigos humores começarem a reaparecer. E *Niccolò da Uzano* não deixou de adverti-lo aos outros cidadãos, mostrando o quanto era perigoso apoiar uma pessoa que na maioria tinha tanta reputação, e como era fácil opor-se às desordens apenas iniciadas, porém, deixando-as crescer, tornava-se difícil remediá-las; e que sabia que em *Giovanni* havia muitas qualidades que superavam as de *messer Salvestro*.

Niccolò não foi ouvido por seus semelhantes, porque, invejosos de sua reputação, desejavam ter companheiros para batê-lo. Vivendo-se portanto em Florença em meio a estes humores, que ocultamente recomeçavam a ferver, Filipe *Visconti*, segundo filho de *Giovanni Galeazzo*, tendo se tornado pela morte do irmão senhor de toda Lombardia, e parecendo-lhe poder projetar qualquer espécie de empresa, extremamente desejava reassenhorear-se de Gênova, que então se libertava do governo ducal de *messer Tommaso da Campo Fregoso*; mas duvidava conseguir esta ou aquela empresa se antes não divulgasse novo acordo com os florentinos, cuja reputação lhe resultava suficiente para satisfazer a seus desejos.

Mandou para isso a Florença seus embaixadores a fim de pedir o acordo. Muitos cidadãos aconselharam que não o fizesse, porque sem fazê-lo preserva-se a paz que há tantos anos mantinham, mas ao firmá-lo sabiam do favor que lhe faziam e o pouco que a cidade recebia. Muitos outros achavam que devia fazê-lo e em virtude do mesmo impor termos que, uma vez traspassados, cada um ficasse sabendo das más intenções do outro e quando fosse rompida a paz mais justificadamente fazer a guerra. E assim, com as coisas tão disputadas, assinou-se[2] a paz, na qual Filipe prometeu não se envolver com coisas que estivessem do lado de cá dos rios Magra e Panaro.

4. Suspeitas alteram os ânimos da cidade

Feito este acordo, Filipe ocupou Brescia e pouco depois Gênova, contra a opinião dos que em Florença apoiavam a paz, porque acreditavam que Brescia fosse defendida pelos venezianos e Gênova se defendesse por si mesma. E como no acordo que Filipe tinha firmado com o duque de Gênova deixava-lhe *Serezana* e outras terras do lado de cá do rio Magra, com a condição de dá-las aos genoveses caso quisesse

2. Em 1420.

aliená-las, significava que Filipe tinha violado a paz; e além disso tinha firmado acordo com o Legado de Bolonha.

Essas coisas alteraram os ânimos de nossos cidadãos, que suspeitando de novos males pensaram em novos remédios. E destas alterações veio a ter notícias Filipe, que, para justificar-se, para provar o ânimo dos florentinos ou para distraí-los, enviou embaixadores a Florença, manifestando maravilhar-se com as suspeitas suscitadas e declarando renunciar a qualquer ação sua que tivesse sido feita e que pudesse ser geradora de alguma suspeita.

Os tais embaixadores não conseguiram senão dividir a cidade: porque uma parte deles, os mais reputados no governo, julgava que era bom armar-se e preparar-se a estragar os planos do inimigo, pois quando estivessem prontos os preparativos, mesmo quieto permanecendo Filipe, a guerra não estava sendo feita mas estavam-se dando as razões da paz. Muitos outros, por inveja dos que governavam ou por temor da guerra, julgavam que com leviandade não se suspeitava de um amigo, e que as coisas por este feitas não eram dignas de tanta suspeita, mas sabiam perfeitamente bem que instituir o Conselho dos Dez e assalariar tropas queria dizer guerra.

E esta, se feita contra um príncipe graúdo, era a ruína certa da cidade, e sem se poder esperar qualquer proveito, para a cidade, não podíamos nos tornar senhores de território algum conquistado, por ter de meio a Romanha, como não podíamos nem mesmo pensar nas coisas da Romanha, pela proximidade da Igreja. No entanto valeu mais a autoridade dos que desejavam preparar-se para a guerra do que a dos que queriam organizar-se para a paz, e nomearam os Dez, assalariaram tropas, mais taxas gravaram. Estas, como foram mais gravadas aos menores do que aos cidadãos maiores, encheram de lamento a cidade. E cada um condenava a ambição e a avareza dos poderosos, acusando-os de querer mover uma guerra desnecessária para desafogar seus apetites e oprimir, para dominar, o povo.

5. *Visconti* toma *Furli*

Com o duque de Milão Filipe Maria Visconti não tinha chegado ainda à manifesta ruptura; mas estava tudo pleno de suspeitas, porque Filipe havia mandado tropas a Gênova a pedido do legado desta cidade, temeroso de *messer Antonio Bentivogli*, que exilado, encontrava-se em *Castel Bolognese*. Estas tropas, por encontrarem-se próximas aos domínios de Florença, mantinham o governo desta cidade em receio. Porém o que mais fez assustar a todos e deu amplo motivo de declarar a guerra

Livro IV_____*da conquista da Toscana ao retorno de Cosimo*

foi a empresa que o duque moveu contra *Furli*. *Giorgio Ordelaffi* era senhor de *Furli* e, morrendo, deixou Tibaldo, seu filho, sob a tutela de Filipe, e mesmo que à mãe o tutor parecia suspeito e o tivesse mandado a seu pai, *Lodovico Alidosi*, senhor de Ímola, foi forçada pelo povo de *Furli*, seguindo o testamento do pai, a recolocá-lo em mãos do duque.

Pelo que Filipe, para dar menos suspeitas de si e melhor dissimular seu ânimo, ordenou que o marquês de Ferrara mandasse *Guido Torello* em qualidade de seu procurador, com tropas para tomar o governo[1] de *Furli*. Assim, aquele território veio à podestade de Filipe. Isto, quando se soube em Florença, juntamente com a notícia de tropas chegadas à Bolonha, tornou mais fácil a declaração da guerra, não obstante a grande oposição e *Giovanni de'Medici*, que publicamente também a desaconselhava mostrando que mesmo estando bem certos das más intenções do duque, era melhor esperar que atacasse do que ir a seu encontro com tropas, porque dessa maneira justificávamos a guerra para os outros príncipes da Itália tanto de parte do duque como de nossa parte, e ele não poderia animosamente pedir a ajuda que lhe caberia se ficasse revelada a sua intenção; e acrescentou que com mais ânimo e mais forças se defendem as próprias coisas, não as alheias.

Os outros diziam que em casa não era conveniente esperar o inimigo, melhor era ir a seu encontro, e que a fortuna é mais amiga de quem ataca do que de quem se defende; e que com menos danos, mesmo com mais despesas, melhor na casa dos outros do que na nossa se faz a guerra.

Prevaleceu esta opinião e deliberou-se que os Dez usassem de qualquer remédio para tirar *Furli* das mãos do duque.

6. *Visconti* bate os florentinos em *Zagonara*

Filipe, vendo que os florentinos queriam ocupar o que ele tinha empenho em defender, colocados os respeitos à parte, enviou *Agnolo della Pergola* com numerosa tropa a Ímola a fim de que o senhor dessa cidade, tendo de se preocupar em se defender, não pensasse na tutela do neto[1]. Chegando *Agnolo* perto de Ímola quando as tropas florentinas estavam ainda em *Modigliana*, e sendo então o frio muito grande a ponto de congelar os poços da cidade, uma noite, de surpresa a tomou e mandou *Lodovico* preso à Milão.

---

1. "*... gente a pigliare il governo di Furli.*"

1. Trata-se de Tibaldo, cf. cap. anterior; o Senhor é *Ludovico Alidosi*.

191

Os florentinos, vendo Ímola perdida e a guerra declarada, mandaram contra *Furli* suas tropas, que cercaram a cidade estreitando-a de todos os lados. E a fim de que as forças do duque não pudessem unidas socorrê-la, remuneraram o conde *Alberigo*, que de seu castelo em *Zagonara* todos os dias fazia incursões com suas tropas até as portas de Ímola.

Agnolo della Pergola compreendia que não era possível socorrer *Furli* com segurança, pela firmeza dos postos que nossas tropas tinham tomado. Mas pensou lançar-se à expugnação de *Zagonara*, julgando que os florentinos não se retirariam para não perder aquela posição; e se desejassem defendê-la, não tinham outro remédio senão abandonar a empresa de *Furli* e vir à luta em desvantagem. As tropas do duque obrigaram, então, *Alberigo* a capitular, prometendo que entregaria a posição se dentro de quinze dias não fosse socorrido pelos florentinos.

Soube-se deste contratempo nos campos dos florentinos e na cidade, e enquanto todos desejavam que o inimigo não conquistasse aquela vitória, fizeram com que conseguisse outra maior, porque, saindo o exército de *Furli* para socorrer *Zagonara*, assim que se encontrou com o inimigo foi derrotado, não tanto pela virtude dos adversários mas pelo mau tempo, porque tendo os nossos caminhado muitas horas no lodo profundíssimo, e debaixo de chuva, encontraram o inimigo descansado que facilmente os venceu[2]. No entanto, em tamanha derrota, comentada em toda a Itália, não morreu senão *Lodovico degli Obizzi*, juntamente com outros dois dos seus que, caídos do cavalo, se afogaram no lodo[3].

7. A notícia da derrota entristece os florentinos. *Rinaldo degli Albizzi* demonstra a necessidade da guerra

Toda a cidade de Florença com a notícia dessa derrota entristeceu-se, porém mais os cidadãos Grandes que tinham aconselhado a guerra, porque viam o inimigo galhardo, e eles mesmos, desarmados, sem amigos e com o povo contra, que, pelas praças todas os atormentava com palavras injuriosas, queixando-se dos gravames suportados e da guerra movida sem motivo, dizendo: "Agora eles nomearam os Dez para amedrontar o inimigo? Agora socorreram *Furli* e tiraram-na das mãos do duque? Eis que se desmascararam suas intenções e os fins que perseguiam: não para defender a liberdade, que é inimiga deles, mas para aumentar o próprio poder, que Deus justamente diminuiu. E não só com esta empresa oneraram a cidade,

---

2. Em 28 de julho de 1424.

3. O morto era um *condottiero* contratado por Florença. Nota-se que o Autor deliberadamente diminui o número vítimas de batalhas conduzidas por mercenários. Cf. *A. Montevecchi, op. cit.*

Livro IV _da conquista da Toscana ao retorno de Cosimo_

mas com muitas, e uma delas foi aquela contra o rei Ladislau[1]. A quem recorrerão agora para ajuda? Ao papa Martinho, ofendido por eles para agradar _Braccio_? À rainha Joana, que por tê-la abandonado a fizeram girar no colo do rei de Aragão?

E além destas diziam todas aquelas coisas que costuma dizer um povo irado. Por isso pareceu bom aos Senhores reunir muitos cidadãos que com boas palavras aquietassem os agitados humores da multidão. Pelo que _messer Rinaldo degli Albizzi_, que era primogênito de _messer Maso_ e aspirava com suas virtudes e com a memória do pai ao primeiro cargo da cidade, falou muito, mostrando que não era prudente julgar as coisas pelo resultado, porque muitas vezes as coisas bem aconselhadas não têm bom final e as mal aconselhadas os têm.

E se são louvados os maus conselhos pelo bom resultado obtido, não se está fazendo senão dar ânimo aos homens para errar: o que resulta em grande dano para as repúblicas, porque sempre os maus conselhos não têm felizes conseqüências. Assim, igualmente se errava ao reprovar uma sábia escolha que tivesse obtido resultado infeliz, porque se tirava ânimo aos cidadãos de aconselhar a cidade e a dizer o que pretendiam.

Depois mostrou a necessidade que havia de se fazer aquela guerra, porque se não fosse feita na Romanha teria sido feita na Toscana. Mas como Deus havia querido aquela derrota, a perda teria sido mais grave se muitos outros se desencorajassem, e caso se mostrasse o rosto à fortuna[2] e os remédios fossem adotados, nem eles sentiriam a perda nem o duque festejaria a vitória.

E não deviam acabrunhar-lhes as despesas e os gravames futuros, porque estes era bom que mudassem e aquelas seriam muito menores do que as passadas, já que aparatos menores são mais necessários para quem deseja se defender do que para quem deseja atacar.

Exortou, finalmente, a imitar seus pais, que, por não terem desanimado em qualquer adversidade, conseguiram defender-se sempre contra qualquer príncipe.

8. Exatores de impostos com autoridade para matar inadimplentes causam revolta

Animados os cidadãos por sua autoridade, remuneraram o conde _Oddo_, filho de _Niccolò Piccino_[1], discípulo de _Braccio_ e mais reputado do que qualquer outro que sob a insígnia deste tivesse militado. E

---

1. Foi em 1412, cf. Livro III, cap. 29.
2. Típica expressão maquiaveliana: lembra o nosso "enfrentar a situação".

1. _Niccolò Picinino_.

MAQUIAVEL _____ HISTÓRIA DE FLORENÇA

agregaram-lhe outros *condottieri*, dando cavalos a alguns destes que tinham ficado sem. Para aplicar novos impostos nomearam vinte cidadãos, que animados ao ver os poderosos cidadãos debilitados pela passada derrota, os oneraram sem respeito algum[2]. Este gravame muito ofendeu os cidadãos Grandes, que a princípio, para parecerem mais honestos, não se lamentaram do ônus mas o reprovaram como injusto em geral, e aconselharam que se deveria fazer um desconto.

Coisa que, conhecida por muitos, foi impedida nos Conselhos: por isso, para mostrar pelos fatos a dureza da medida e torná-la odiada por muitos outros, fizeram com que os exatores a cobrassem com toda acerbidade, dando-lhes autoridade de poder matar quem se lhes colocasse contra. Disto nasceram muitos incidentes perversos, com mortes e cidadãos feridos, onde parecia que os envolvidos lutariam à morte; e os prudentes temiam por um futuro mal, porque os nobres, habituados a ser preservados, não podiam suportar ser humilhados; enquanto outros desejavam que os impostos recaíssem sobre todos igualmente.

Muitos dos principais cidadãos agruparam-se estreitamente e concluíram que era necessário retomar o estado, porque tendo sido pouco diligentes haviam animado os homens a retomar as atividades públicas e dado ousadia aos que costumam ser chefes das multidões. E tendo discutido estas coisas entre eles muitas vezes, deliberaram reunirem-se todos num momento, e encontraram-se na igreja de *Santo Stefano* mais de setenta cidadãos com permissão de *messer Lorenzo Ridolfi* e de *Francesco Gianfigliazzi*, que tinham então o cargo de Senhores. Com eles não se reuniu *Giovanni de'Medici*, ou porque ali não foi convidado por suspeito, ou porque ali não tivesse querido intervir por ser contrário à opinião deles.

9. *Albizzi*: os Grandes tornaram-se humildes e a plebe insolente

Falou a todos *messer Rinaldo degli Albizzi*. Expôs as condições da cidade e mostrou como, por negligência deles, ela tinha caído na podestade da plebe, de quem seus pais a tinham tirado em 1381. Recordou a iniqüidade daquele governo que reinou de 1378 a 1381, e como pelo qual tinham sido mortos de alguns o pai, de outros o avô, de todos os que estavam ali presentes.

Mostrou como a cidade nos mesmos perigos e nas mesmas desordens recaía, porque já a maioria tinha, à sua maneira, colocado uma taxa, e logo, se não fosse detida por uma maior força ou uma melhor

---

2. Com 150 mil florins de ouro. Cf. *A. Montevecchi, op. cit.*

LIVRO IV_____*da conquista da Toscana ao retorno de Cosimo*

ordem, nomearia magistrados segundo seu próprio arbítrio. E que, quando isso acontecesse, usurparia seus cargos e estragaria o estado que durante quarenta e dois anos tinha com tanta glória regido a cidade, e Florença seria governada ou ao acaso, sob o arbítrio da multidão, onde por um lado se viveria licenciosamente e por outro perigosamente, ou sob o império de alguém que dela se fizesse príncipe.

Por isso, afirmou, todos os que amavam a pátria e a própria honra eram convocados a se manifestar e a recordar a virtude de *Bardo Mancini*[1], que tirou a cidade, com a ruína dos *Alberti*, dos perigos em que se encontrava. E que a razão dessa audácia que a multidão havia tido agora nascia dos largos escrutínios[2] que por negligência deles haviam sido feitos e o Palácio [do Governo] estava repleto de homens desconhecidos e vis. Concluiu então que só dessa maneira se remediaria: entregar o estado aos Grandes e tirar autoridade às Artes Menores, reduzindo-as de quatorze a sete.

Com isto, continuou, a plebe nos Conselhos teria menos autoridade, seja por seu número ficar diminuído, seja porque naqueles os Grandes teriam mais autoridade e pela antiga animosidade lhes fariam oposição; e acrescentou que prudência era saber se valer dos homens segundo a ocasião: pois se seus pais se valeram da plebe para anular a insolência dos Grandes, agora que os Grandes se tinham tornado humildes e a plebe insolente, seria bom frear a insolência desta com o auxílio daqueles; e para conduzir essas coisas, afirmou, havia o engano ou a força, à qual com facilidade se poderia recorrer pertencendo alguns deles ao Conselho dos Dez e podendo introduzir secretamente tropas na cidade.

Foi louvado *messer Rinaldo* e seus conselhos foram por todos aprovados. E *Niccolò da Uzano*, entre outros, falou que todas as coisas que *messer Rinaldo* tinha dito eram verdadeiras, que eram bons os remédios e acertados, caso se pudesse aplicá-los sem se chegar a uma manifesta divisão da cidade, o que aconteceria de qualquer maneira se não se trouxesse a estes planos *Giovanni de'Medici*, porque caso este viesse a se aliar com eles, a multidão, privada de chefe e de forças não poderia atacar, e caso não viesse a se aliar, não se poderia deixar de proceder sem armas, e com estas, acreditava ser perigoso não poder vencer, ou não poder gozar a vitória.

---

1. Eleito gonfaloneiro em 1387, tomou graves medidas contra os *Alberti*. Cf. Livro III, cap. 23.
2. Escrutínios alargados, estendidos à plebe.

E modestamente trouxe-lhes à memória suas próprias experiências passadas, quando não tinham desejado remediar aquelas dificuldades que facilmente poderiam ter remediado; mas agora não era mais ocasião de fazê-lo sem temer maior dano, e não restava outro remédio senão aliar-se com ele. Foi dado o encargo a *messer Rinaldo* que fosse ter com *Giovanni* para tentar trazê-lo a estes planos.

10. *Giovanni de' Medici* recusa-se a alterar os consuetos ordenamentos da cidade

O cavaleiro executou o encargo e com todas as palavras que soube melhor o exortou a participar da empresa e não desejar tornar a plebe audaz, ao favorecê-la, arriscando a ruína do estado e da cidade.

Ao que *Giovanni* respondeu acreditar ser ofício de um sensato e bom cidadão o não alterar os consuetos ordenamentos de sua cidade, não havendo coisa que tanto ofenda os homens quanto o mudá-los, porque é preciso atacar a muitos, e quando muitos ficam descontentes pode-se todos os dias temer um grave acidente.

E acreditava que a deliberação deles fazia duas coisas perniciosíssimas: uma era a de dar cargos a quem, por não tê-los tido jamais, menos os estimava e menos motivos tinha de queixar-se por não tê-los[1], a outra, de tirá-los aos que, estando habituados a tê-los, jamais se aquietariam se não se lhes restituíssem, e assim a injúria a uma parte viria a ser maior do que os benefícios feitos à outra, de tal maneira que quem disso fosse o autor conquistaria poucos amigos e muitos inimigos, e estes seriam mais ferozes a injuriá-lo do que aqueles o seriam a defendê-lo, sendo os homens mais dispostos à vingança da injúria do que à gratidão do benefício, parecendo que esta nos traga dano, aquela, proveito e prazer[2].

Depois dirigiu-se a *messer Rinaldo* e disse: "E vós, se vos recordásseis das coisas acontecidas e com quais enganos caminhamos nesta cidade, menos caloroso seríeis nesta deliberação: porque quem a aconselha, se tivésseis com vossas forças tirado a autoridade do povo, de vós a tiraria, com a ajuda do povo, que vosso inimigo se tornaria por esta injúria; e vos ocorreria o que a *messer Alberti* ocorreu, o qual consentiu, pela persuasão de quem não vos amava, a ruína de *messer Giorgio Scali* e de *messer Tommaso Strozzi*, e pouco depois pelos mesmos que o persuadiram foi mandado ao exílio.

---

1. Refere-se aos nobres.
2. É uma frase de Tácito. Cf. *"Discorsi..."*, I,29.

LIVRO IV_____*da conquista da Toscana ao retorno de Cosimo*

Exortou-o portanto a pensar de forma mais madura nas coisas e a procurar imitar seu pai[3], que para obter a benevolência de todos abaixou o preço do sal, dispôs que quem tivesse sido taxado em menos de meio florim, pudesse pagá-lo ou não, se assim julgasse, e que a cada dia de reunião do Conselho cada um estivesse em segurança contra seus credores. Enfim, concluiu que era, no que se referia a si mesmo, favorável a deixar a cidade em seus atuais ordenamentos.

11. Manifesta divisão: aumenta a reputação de *Giovanni* e o ódio aos outros

Estas coisas assim tratadas[1] foram divulgadas fora e trouxeram ódio aos outros cidadãos e reputação a *Giovanni*, a qual ele evitava para dar menos ânimo aos que sob seus favores desejassem coisas novas[2]; e cada vez que falava dizia a todos que não era preciso criar novos partidos[3] mas era bom extingui-los, e, no que se referia a ele mesmo, não buscava senão a união da cidade, o que fez muitos descontentes entre seus partidários que desejariam vê-lo mais ativo. Entre estes estava *Alamanno de'Medici*, que sendo por natureza violento não cessava de incitá-lo a perseguir os inimigos e favorecer os amigos, condenando sua frieza e seu lento modo de proceder; coisas que acreditava ser o motivo de os inimigos agirem sem medo contra ele, e que um dia arruinariam a casa e os amigos seus. Encorajou também *Cosimo*, seu filho [de *Giovanni*], a fazer a mesma coisa. Não obstante, *Giovanni,* por coisa que lhe fosse revelada ou prognosticada, não se movia de seu propósito. No entanto, com tudo isto, um partido já se tinha criado e a cidade estava em manifesta divisão.

Estavam no Palácio, a serviço dos Senhores, dois chanceleres, *ser Martino* e *ser Pagolo*: um do partido de *Uzano*, outro do dos *Medici*; e *messer Rinaldo*, vendo como *Giovanni* não tinha querido se reunir a eles, pensou privar *ser Martino* de seu cargo, julgando ter depois o Palácio sempre mais a seu favor. Coisa que, antevista pelos adversários, não só defenderam *ser Martino* como destituíram *ser Pagolo* para desgosto e injúria de seus partidários.

---

3. *Maso degli Albizzi*.

1. Tinham sido discutidas reservadamente.
2. Que sob seu governo conspirassem.
3. *Sètte* – seitas, de seguidores, partidários. O Autor alterna esta palavra com *parte(i)*.

MAQUIAVEL ———————————————— HISTÓRIA DE FLORENÇA

Isto teria causado efeito nocivo se não fosse a guerra que assolava a cidade, a qual estava apavorada pela derrota recebida em *Zagonara*, porque enquanto estas coisas afligiam Florença *Agnolo della Pergola*, com tropas do duque, tinha tomado todas as terras da Romanha que estavam em posse dos florentinos, exceto *Castrocaro* e *Modigliana*, parte por fraqueza das posições destes lugares, parte por incompetência de quem a defendia.

Na ocupação desses territórios ocorreram duas coisas pelas quais se viu o quanto entre os homens a virtude é aceitada, mesmos pelos inimigos, e quanto desagrada a covardia e a maldade.

12. Monte Petroso: heroísmo de *Giagio del Melano*. *Galeata*: covardia de *Zanobi del Pino*

Biagio del Melano governava o castelo de *Monte Petroso*. Este, tendo sido circundado por fogueiras do inimigo e não vendo saída alguma para salvar o castelo, lançou, pelo lado que ainda não incendiava, panos e palha, e sobre estes, dois de seus filhos pequenos, dizendo ao inimigo: "Tomai estes bens que me deu a fortuna e que podeis tomar-me, mas os que tenho no ânimo, onde estão a honra e a glória, nem eu os darei nem vós me tomareis!" Os inimigos se apressaram em salvar as crianças e estenderam-lhe cordas e escadas para se salvar, mas ele não as aceitou; preferiu antes morrer nas chamas do que viver tendo sido salvo pelas mãos dos inimigos da pátria sua. Exemplo verdadeiramente digno desta louvada antiguidade! E é tanto admirável quanto raro entre nós.

Foram a seus filhos restituídas as coisas que se puderam salvar e com máximos cuidados foram enviados a seus parentes, e a república a estes não foi menos amorável porque foram sustentados com recursos públicos enquanto viveram.

Tudo ao contrário disto aconteceu em *Galeata*, onde *Zanobi del Pino* tinha a podestade. Este, sem dar defesa alguma, entregou o castelo ao inimigo, além disso exortou *Agnolo* [*della Pergola*] a deixar as montanhas da Romanha e vir às colinas da Toscana, onde podia fazer a guerra com menos riscos e maior ganância. *Agnolo* não pôde suportar a covardia e o malvado ânimo deste, e o entregou como presa a seus segundos, que depois de muito escárnio serviram-lhe para comer papéis com cobras pintadas[1], dizendo que de guelfo o tornariam gibelino. Assim definhou e em breves dias morreu.

---

1. Como no emblema dos *Visconti*.

Livro IV_____*da conquista da Toscana ao retorno de Cosimo*

13. Aliança com *Faenza* e com os venezianos

O conde *Oddo*, enquanto isso, junto com *Niccolò Piccino* tinha entrado em *Val di Lamona*, para tratar de trazer o senhor de *Faenza* à amizade dos florentinos, ou pelo menos para impedir *Agnolo della Pergola* de fazer livremente incursões pela Romanha. E como aquele vale estava bem defendido e seus habitantes eram belicosos, o conde *Oddo* foi morto, e *Niccolò Piccino*, levado preso para *Faenza*.

Mas quis a fortuna que os florentinos conseguissem obter, por ter perdido, o que com a vitória talvez não tivessem obtido, porque *Niccolò* tanto fez com o senhor de *Faenza* e sua mãe que os tornou amigos dos florentinos. Com isso, foi libertado *Niccolò Piccino*, que não fez uso do conselho que tinha dado aos outros, porque negociando com a cidade o seu comando vindouro[1] ou porque os termos pareciam-lhe escassos ou porque os encontrasse melhor em algum outro lugar, quase abruptamente deixou *Arezzo*, onde estava acampado, e foi à Lombardia com soldo do duque.

Os florentinos, atemorizados por estes incidentes e acabrunhados pelas freqüentes perdas, julgaram não poder mais sustentar sós esta guerra e mandaram embaixadores aos venezianos para pedir-lhes que se opusessem, enquanto era fácil, à grandeza de um homem que, se o deixassem crescer, a eles como aos florentinos se tornaria pernicioso. Nesta mesma empresa era apoiado por *Francesco Carmignuola*[2], homem que, considerado naquela época excelentíssimo na guerra, já tinha sido assoldadado pelo duque e que contra esse depois se rebelou.

Estavam desconfiados os venezianos, não sabiam quanto poderiam confiar em *Carmignuola*, e cogitavam se a inimizade deste com o duque não seria fingida. E nessa desconfiança ocorreu que o duque fez envenenar *Carmignuola* por meio de um servidor deste. O veneno não foi tão forte que o matasse, mas o reduziu ao extremo. E descoberto o motivo daquele mal os venezianos abstiveram-se da desconfiança e como os florentinos continuavam a solicitá-lo, fizeram uma coalizão com eles[3]; e cada um dos integrantes comprometeu-se de fazer a guerra compartilhando as despesas, e de que as conquistas da Lombardia fossem dos venezianos, as da Romanha e da Toscana coubessem aos florentinos; e *Carmignuola* foi designado capitão-geral da coalizão.

---

1. Trata-se de seu contrato como *condottiero*.
2. *Carmagnola*, *condottiero* que posteriormente foi justiçado pelos venezianos por traição e que *Manzoni* celebrizou em sua obra homônima.
3. Foi em dezembro de 1425; aderiram também Ferrara, Mântua, Savóia, Afonso de Aragão e depois Siena.

MAQUIAVEL ——————————————— HISTÓRIA DE FLORENÇA

A guerra, centrada mediante este acordo na Lombardia, foi conduzida com virtude por *Carmignuola*, que em poucos meses tirou muitos territórios do duque, juntamente com a cidade de *Brescia*, cuja expugnação, naquela época e considerando aquele tipo de guerra, foi considerada admirável.

14. O cadastro

Esta guerra[1] tinha durado de 1422 a 1427, e os cidadãos de Florença estavam exaustos pelos impostos havidos até então, de maneira que resolveram modificá-los. E para que fossem proporcionais às riquezas, dispuseram que se aplicassem aos bens, e que para cada cem florins avaliados correspondesse meio florim de imposto. Sendo a modificação estabelecida por lei e não aplicada por critério particular dos homens, os cidadãos poderosos seriam mais gravados, e antes que a estabelecessem colocaram-se contra. Só *Giovanni de'Medici* abertamente a louvava, e tanto, que acabou aprovada. E como ao aplicá-la somavam-se os bens de cada um, o que os florentinos chamam cadastrar, este imposto chamou-se cadastro[2]. Isto em parte moderou a tirania dos poderosos: já não podiam golpear os inferiores ou silenciá-los com ameaças nos Conselhos, como o faziam antes. Por isso esta taxa foi aceita pela maioria, e pelos poderosos recebida com grandíssimo desgosto.

Porém como acontece que os homens jamais se satisfazem, que tendo alguma coisa, interiormente descontentes desejam outra, o povo, não contente com a igualdade que a lei conferia ao imposto, pedia que se fosse ao passado e se verificasse o que os poderosos tinham pagado a menos, e que deles se cobrasse tanto que ficassem nas condições dos que, para pagar o que não deviam, tinham vendido seus bens.

Muito mais do que o cadastro, este pedido assustou os Grandes, que para defender-se não cessavam de condená-lo, afirmando que era injustíssimo, inclusive porque era posto sobre os bens imóveis, que hoje se têm, amanhã se perdem, e além disso, havia muitas pessoas que tinham dinheiro oculto que o cadastro não podia encontrar. Acrescentavam ainda que os que para governar a república deixavam seus negócios deviam ser menos tributados do que os outros, dos quais já eram suficientes seus esforços pessoais, e que não era justo que a cidade usufruísse das coisas e do trabalho destes e, dos outros, só do dinheiro.

Os outros, a quem satisfazia o cadastro, respondiam que se os bens imóveis variavam, podiam também variar os impostos e com a

1. Descrita no cap. anterior, contra Filipe Maria *Visconti*.
2. *Accatastare, catasto*.

200

Livro IV———————— *da conquista da Toscana ao retorno de Cosimo*

freqüente variação podia-se corrigir os inconvenientes; e que não era preciso levar em conta os que possuem dinheiro oculto, porque o dinheiro que não rende não é razoável que seja tributado, e se rende é porque está revelado; e se não gostavam de trabalhar muito pela república, que deixassem-na de lado e não se angustiassem, porque ela encontraria cidadãos amoráveis, aos quais não pareceria difícil ajudá-la com dinheiro e conselhos; e que são tantas as vantagens e as honras que o governar carrega consigo que deveriam bastar-lhes, sem desejar eximir-se dos impostos. Mas onde estava o mal não o diziam: doía-lhes não mais poder mover uma guerra sem seu próprio dano, tendo de participar das despesas como os outros; e se esta tributação tivesse sido antes encontrada, não se teria feito a guerra com o rei Ladislau de Nápoles, nem a com o duque Filipe [Maria *Visconti*], que tinham sido feitas para enriquecer alguns cidadãos, não por necessidade.

Estes humores agitados eram aquietados por *Giovanni de'Medici*, ao mostrar que não era bom ir às coisas já passadas mas prover às futuras; e se os gravames no passado tinham sido injustos devia-se dar graças a Deus por se ter encontrado a maneira de torná-los justos, e desejar que isto servisse para unir e não para dividir a cidade, como aconteceria se fossem buscar impostos do passado e ajuntá-los aos presentes; e quem se contenta de uma mediana vitória vai sempre melhorar, pois os que desejam sempre arrasar perdem repetidamente[3].

E com tais considerações aquietou esses humores, e fez com que desse acréscimo de impostos não mais se discutisse.

15. Paz firmada com Milão

Enquanto isso continuava a guerra com o duque, e por meio de um legado do Papa, assinou-se um acordo de paz em Ferrara. No início, o duque não observou as condições[1], de maneira que a coalizão novamente retomou armas e, tendo vindo às vias de fato, o derrotou em *Maclovio*[2].

Depois dessa derrota o duque moveu novas propostas de paz, às quais os venezianos e os florentinos consentiram: estes as aceitaram mais por receio dos venezianos, porque parecia-lhes estar gastando muito

---

3. Cf. *"Discorsi..."*, II, XXVII.

1. Em fevereiro de 1427, depois de ter prometido ceder o castelo de *Chiari* aos venezianos, Filipe Maria fez-lhes uma emboscada. A paz tinha sido assinada em 30 de dezembro de 1426, o legado a que se refere foi *Niccolò Albergati*, cardeal de *Santa Croce*.
2. Batalha de 12 de outubro de 1427.

MAQUIAVEL ——————————————— HISTÓRIA DE FLORENÇA

para tornar poderosos outros, e os venezianos, porque tinham visto *Carmignuola*, depois de haver derrotado o duque, mover-se com tamanha lentidão que já não podiam confiar nele. Fez-se então o acordo de paz de 1428, pelo qual os florentinos reouveram os territórios perdidos na Romanha e aos venezianos restou *Brescia*, e a mais, o duque deu-lhes Bérgamo e o condado correspondente. Nesta guerra os florentinos gastaram três milhões e quinhentos mil ducados[3] e através dela acrescentaram estado e grandeza aos venezianos, e a eles, pobreza e desunião.

À paz externa seguiu-se a paz interna. Não podendo os cidadãos grandes suportar o cadastro e não vendo uma maneira de extingui-lo, cogitaram maneiras de criar-lhe mais inimigos, para ter mais companheiros para atacá-lo. Demonstraram aos funcionários encarregados de sua aplicação que também deveriam cadastrar os bens dos distritais[4], para verificar se entre eles havia bens dos florentinos. Foram então citados todos os súditos para apresentar dentro de um certo prazo as escrituras de seus bens. Donde os volterranos enviaram uma comitiva à Senhoria para protestar contra isso, de modo que os funcionários mencionados, indignados, mandaram dezoito deles à prisão. Este fato indignou demais os volterranos; no entanto, por respeito a seus concidadãos presos, não se moveram.

16. Morte de *Giovanni de' Medici*

Nessa época adoeceu *Giovanni de'Medici*, e sabendo ser fatal seu mal, chamou seus filhos *Cosimo* e *Lorenzo* e disse-lhes:

"Creio já ter vivido o tempo que Deus e a natureza me concederam. Morro contente porque vos deixo ricos, saudáveis e com qualidades que vos permitirão viver, caso sigais meus passos, com o respeito e a estima de todos em Florença. Porque coisa alguma me fará morrer tão contente quanto lembrar que jamais ofendi alguém, aliás, ao contrário, enquanto pude beneficiei as pessoas. E assim os exortou a proceder.

Do estado, se desejais viver seguros, tomai o que vos é dado pelas leis e pelos homens: isto jamais vos trará inveja ou riscos, porque aquilo que o homem toma, não o que ao homem é dado, é o que o torna odioso; e sempre tereis mais do que aqueles que, desejando o que é dos outros, perdem o que é deles, e antes de perdê-lo vivem em contínuo afã. Com tais artes, nesta cidade não só mantive tantos opositores, entre tantos inimigos, como aumentei minha reputação. Assim, quando sigais minhas pegadas, mantereis

---

3. Florins, não ducados. Cf. *A. Montevecchi, op. cit.*
4. Quer dizer, dos habitantes dos distritos toscanos sob domínio dos florentinos.

LIVRO IV_____*da conquista da Toscana ao retorno de Cosimo*

e aumentareis as vossas. Mas quando procedais diversamente, lembrai-vos que vosso fim não há de ser tão feliz como não o foi o dos que, em nossa lembrança, permanecem sendo aqueles que se arruinaram e destruíram suas casas.

Faleceu pouco depois, e na cidade toda deixou uma grande saudade, merecida por suas ótimas qualidades. *Giovanni* foi misericordioso e não só dava esmola a quem lhe pedia como ia muitas vezes ao socorro dos pobres sem que lhe pedissem. Amava a todos, elogiava os bons e tinha compaixão dos maus. Jamais pediu honrarias e as teve todas. Jamais foi ao Palácio sem ser chamado. Amava a paz, fugia à guerra. Dava sustento na adversidade, ajudava na prosperidade. Foi alheio à rapina das coisas públicas, multiplicador dos bens comunais. Em suas magistraturas foi generoso, não de muita eloqüência, de muita prudência. Tinha o aspecto melancólico, mas logo sua conversação o mostrava agradável e faceto. De riquezas morreu pleno, porém mais de boa fama e estima. Sua herança, dos bens materiais e dos anímicos, foi por *Cosimo* não só conservada como aumentada.

17. Florentinos esmagam rebelião em Volterra

Os volterranos estavam fartos do cárcere, e para serem libertados prometeram fazer o que lhes ordenassem. Então, livres e de retorno a Volterra, chegou o período dos priores novos tomarem posse. Entre estes estava um tal *Giusto*, homem plebeu mas de prestígio entre a plebe, um dos que tinham sido aprisionados em Florença. Essa injúria pública e privada acendeu nele o ódio, do qual por si só já estava pleno, contra os florentinos, e para isso ainda foi estimulado por *Giovanni [di Contugi]*[1], um nobre que com ele ocupava a magistratura, a mover o povo através da autoridade dos priores e de sua benevolência para tirar a terra dos volterranos das mãos dos florentinos e torná-lo seu príncipe. E seguindo os conselhos de *Giovanni*, *Giusto* tomou armas, invadiu a cidade, aprisionou o capitão colocado pelos florentinos, e se fez senhor de Volterra com o consentimento do povo.

A notícia do que acontecera nessa cidade desagradou aos florentinos, porém como tinham assinado paz com o duque e recentes eram os acordos, julgaram que para reconquistá-la ainda poderiam ter a ocasião; e para não perder esta, designaram comissários *messer Rinaldo degli Albizzi* e *messer Palla Strozzi*.

---

1. O sobrenome *Contugi*, que está faltando nos manuscritos e nas primeiras edições, é provavelmente uma interpolação, uma dedução de pesquisa. Cf. *A. Montevecchi, op. cit.*

Giusto, enquanto isso, pensando que os florentinos o atacariam, pediu ajuda aos sieneses e luqueses. Os sieneses se negaram dizendo estar em coalizão com os florentinos, e *Pagolo Guinigi*, que era senhor de *Lucca*, para readquirir a simpatia do povo de Florença, que parecia-lhe haver perdido na guerra com o duque por se ter mostrado amigo de Filipe, não só negou auxílio como mandou preso a Florença o emissário que tinha vindo pedi-lo.

Enquanto isso os comissários, para apanhar desprevenidos os volterranos, reuniram todos os seus em armas, muita infantaria do baixo Valdarno e do condado de Pisa e se dirigiram a Volterra.

Giusto não desanimou por ter sido abandonado pelos vizinhos, nem pelo ataque dos florentinos, que via próximo; confiante nas fortificações do lugar e na abundância da terra, preparava-se para a defesa.

Havia em Volterra um *messer Arcolano*, irmão daquele *Giovanni* que tinha persuadido *Giusto* a tomar a Senhoria, homem de crédito na nobreza. Este reuniu certos confidentes seus e fez-lhes ver que Deus, por este incidente ocorrido, tinha vindo em socorro da cidade: porque se estavam dispostos a empunhar armas, tomar a Senhoria de *Giusto* e entregar a cidade aos florentinos, tornar-se-iam os primeiros da cidade e esta preservaria seus antigos privilégios. De acordo nestas coisas, dirigiram-se ao Palácio onde residia o Senhor, deixando parte deles embaixo, subiu à sala *messer Arcolano* com três deles e vendo *Giusto* em companhia de alguns cidadãos, chamou-o à parte, como se desejasse falar-lhe de alguma coisa importante, e entre uma conversa e outra conduziu-o ao recinto, onde os outros que o acompanhavam atacaram-no. Não foram tão rápidos para não lhe dar tempo para empunhar suas armas, e antes que o matassem *Giusto* feriu gravemente dois e, não podendo resistir a tantos, foi morto e do Palácio jogado à rua.

E os que estavam com *messer Arcolano* tomaram armas e entregaram a cidade aos comissários florentinos que tinham se aproximado com suas tropas e, sem fazer outros acordos, entraram.

Depois disso Volterra piorou sua situação porque, entre outras coisas, desmembraram a maior parte do condado e reconduziram-no ao vicariato.

18. *Fortebraccio* ataca *Lucca*

Então, perdida e reconquistada Volterra quase que em um instante, não se via motivo de nova guerra se a ambição dos homens não a tivesse movido. Havia militado por muito tempo na cidade de Florença nas

1. O duque: Filipe Maria *Visconti*, de Milão.

LIVRO IV _____ *da conquista da Toscana ao retorno de Cosimo*

guerras do duque[1] *Niccolò Fortebraccio*, filho de uma irmã de *Braccio da Perugia*. Este, estabelecida a paz, foi liberado pelos florentinos, e quando ocorreram os acontecimentos de Volterra ainda se encontrava alojado em *Fucecchio*, então, valeram-se dele os comissários naquela empresa. Era opinião geral que *messer Rinaldo*, ao mesmo tempo que com ele conduzia aquela guerra, tinha procurado persuadi-lo de atacar *Lucca* sob qualquer falsa querela, e se o fizesse, trataria de colocar Florença nesta empresa contra *Lucca*, e ele [*Fortebraccio*] seria o chefe.

Assim, conquistada Volterra, e *Niccolò* de volta à prisão em *Fucecchio*, pelas persuasões de *messer Rinaldo* ou por sua própria vontade, em novembro de 1429, com trezentos homens a cavalo e trezentos de infantaria, ocupou *Ruoti* e *Compito*, cidadelas dos luqueses; depois, descendo à planície, fez grandíssimo butim. Divulgada em Florença a notícia deste ataque, promoveram-se reuniões de todo o tipo de pessoas pela cidade toda, e a maioria delas era favorável à empresa de *Lucca*. Entre os cidadãos Grandes[2] que a favoreciam estavam os partidários dos *Medici* e, do lado destes, *messer Rinaldo*, motivado ou porque julgava que fosse uma coisa útil à república, ou por própria ambição, acreditando vir a ser o chefe daquela vitória. Os que a desfavoreciam eram *Niccolò da Uzano* e seus partidários.

E parece coisa de não se acreditar que existam tão diversas opiniões numa cidade sobre o mover ou não uma guerra: porque aqueles mesmos cidadãos e aquele mesmo povo que depois de dez anos de paz haviam lamentado a guerra feita contra o duque Filipe, para defender sua liberdade, agora, depois de tantas despesas feitas e estando a cidade com tamanhas aflições, com toda ênfase pediam que se movesse a guerra contra *Lucca* para usurpar a liberdade dos luquenses; e por outro lado, os que desejavam aquela guerra, lamentavam esta; tão variantes são as opiniões no tempo e tanto a multidão está mais pronta a tomar aquilo que é dos outros do que guardar o que é seu, e tanto mais são os homens movidos pela esperança de conquistar do que pelo temor de perder, porque no perder não se crê senão quando está próximo e a esperança, mesmo longínqua, se conserva.

E de esperanças o povo de Florença estava repleto, pelas conquistas que tinha feito e estava fazendo *Niccolò Fortebraccio* e pelas cartas dos regentes das proximidades de *Lucca*. Porque os vicários de *Vico* e de *Pescia* escreviam pedindo lhes fosse dada licença de tomar conta das fortaleza que a eles se renderam, e logo todo o condado de *Lucca* seria conquistado. A isto acrescentou-se que o senhor de *Lucca* tinha mandado

2. Cf. Livro I, cap. 17, n.4.

MAQUIAVEL _____ HISTÓRIA DE FLORENÇA

um embaixador a Florença para queixar-se dos ataques feitos por *Niccolò* e pedir à Senhoria que não movesse guerra contra um vizinho seu, uma cidade que sempre tinha sido amiga. O embaixador chamava-se *Iacopo Viviani*. Este, pouco tempo antes, fora aprisionado por *Pagolo*[3] porque contra ele havia conspirado, e mesmo tendo-o apanhado com culpa perdoara-lhe a vida, e como acreditava que *messer Iacopo* havia lhe perdoado a injúria, tinha confiança nele.

Porém *messer Iacopo*, lembrando mais do perigo que do benefício, secretamente exortava os cidadãos à empresa. Exortações estas, acrescentadas a outras esperanças, fizeram com que a Senhoria reunisse o Conselho, onde compareceram quatrocentos e noventa e oito cidadãos, diante dos quais o assunto foi discutido.

19. *Rinaldo degli Albizzi* deseja a empresa, *Niccolò da Uzano*, não

Entre os principais que desejavam a empresa, como dissemos acima, estava *messer Rinaldo*. Mostrou este a utilidade que se obteria da conquista, evidenciou a boa ocasião da empresa, tendo sido deixados pelos venezianos e pelo duque[1] à mercê dos florentinos e não podendo ser impedida pelo Papa, atarefado com as coisas do Reino [de Nápoles]. A isto acrescentou a facilidade que seria a sua expugnação, sendo serva de um de seus cidadãos e tendo perdido aquele vigor natural e aquele antigo empenho em defender sua liberdade, de tal forma que esta ser-lhes-ia concedida ou pelo povo para expulsar o tirano, ou pelo tirano por temor do povo. Narrou as injúrias feitas por este Senhor à nossa república[2], recordou a malvadez de seu ânimo para com esta e assinalou o quanto era perigoso se outra vez o duque ou o Papa movessem guerra contra a cidade. Concluiu que empresa alguma jamais feita pelo povo florentino foi mais fácil, mais útil e mais justa. Contra tal opinião, *Niccolò da Uzano* disse que a cidade de Florença jamais fez empresa mais injusta, nem mais perigosa, nem mais passível de danos. E, antes, disse que se estava por ferir uma cidade guelfa, que tinha sido sempre amiga do povo florentino e que, em seu seio e com seu risco, tinha muitas vezes recebido os guelfos que não podiam permanecer em sua pátria. E que na memória das coisas nossas jamais se encontraria *Lucca* livremente ofendendo Florença, e se alguém já tinha feito isto, como o tinha feito *Castruccio*, a ofendeu, e a esta cidade não se podia pôr culpa, mas ao

3. *Paolo Guinigi*, cf. cap: anterior.

1. Filipe Maria *Visconti*.

2. *Paolo Guinigi* não ajudou Florença na guerra contra o duque de Milão, e não pagou algumas de suas dívidas feitas, por causa de *Braccio da Montone*.

LIVRO IV_____*da conquista da Toscana ao retorno de Cosimo*

tirano. E se a este se pudesse mover guerra sem movê-la aos cidadãos, lhe desgostaria menos, mas como isto não podia ser assim, não podia também consentir que uma população amiga fosse espoliada de seus bens. Porém como atualmente do justo e do injusto não se tinha muito em conta, desejava deixar este aspecto de lado e só pensar no bem da cidade.

Acreditava, portanto, que as coisas que se podiam chamar úteis eram as que não podiam facilmente trazer dano, e que então não sabia como podia alguém considerar útil aquela empresa onde os danos eram certos e duvidosa sua utilidade. Os danos certos eram as despesas que acarretava, as quais eram tantas que deviam apavorar uma tranqüila cidade, exausta que se estava de uma longa e onerosa guerra como estava a cidade deles. A utilidade que se podia ter era a tomada de *Lucca*, o que era bastante, mas se tinha de considerar os riscos que comportava, e estes pareciam-lhe tantos que julgava impossível tomá-la.

E que não acreditassem que os venezianos e Filipe fossem ficar contentes com aquela conquista: só demonstravam consenti-lo para não parecer ingratos, tendo pouco tempo antes adquirido tanto império com o dinheiro de Florença. Quanto ao outro [Filipe], este queria que nós nos implicássemos em uma nova guerra e em novas despesas, a fim de que, enfraquecidos e exaustos em todos nossos postos, pudesse ele de novo atacá-los. E mencionou que a Filipe não faltaria ocasião para, quando estivéssemos em meio à empresa e na maior esperança da vitória, mandar ajuda ao luqueses em dinheiro ou secretamente dando baixa[3] em parte de suas próprias tropas, para mandá-las como soldados de ventura em auxílio destes.

Exortava, portanto, a absterem-se da empresa e conviverem com o tirano de modo que, dentro da cidade, se lhe surgisse o maior número possível de inimigos, porque não havia maneira mais fácil de subjugá-la do que deixá-la viver sob o tirano e por este ser afligida e debilitada; porque a coisa sendo levada prudentemente, aquela cidade chegaria a tal ponto que o tirano não poderia mantê-la, e ela mesma, não sabendo nem podendo governar-se, por necessidade cairia a seus pés.

Mas via agitados os humores e suas palavras não serem ouvidas. No entanto desejava prognosticar-lhes isso: que fariam uma guerra onde gastariam muito, em seu transcurso correriam muitos perigos; e em lugar de ocupar *Lucca* a libertassem do tirano, que, de uma cidade amiga, subjugada e débil fariam uma cidade livre, inimiga deles e, com o tempo, um obstáculo à grandeza desta república.

3. Secretamente: ficticiamente. Uma manobra para desviar a atenção do inimigo.

20. Aprovada a guerra. Exemplar crueldade e avareza de *Astorre Gianni*

Dito, então, o que contra e a favor da empresa havia, chegou-se à busca secreta, segundo o costume, da vontade dos homens[1], e da totalidade dos presentes apenas noventa e oito foram contra. Feita portanto a deliberação e nomeados os Dez para tratar da guerra[2], assoldadaram gente de infantaria e de cavalaria, designaram comissários *Astorre Gianni* e *messer Rinaldo degli Albizzi* e fizeram um acordo com *Niccolò Fortebraccio* para ter dele os territórios que tinha tomado e para que continuasse a empresa como soldado nosso. Os comissários, chegando com seus exércitos em *Lucca*, os dividiram: *Astorre* seguiu pela planície para *Camaiore* e *Pietrasanta*, *messer Rinaldo* foi pelos morros, acreditando que espoliada de seu condado a cidade seria coisa fácil de expugnar.

Foram infelizes as empresas destes, não porque não conquistassem muita terra, mas pelas acusações que um moveu ao outro no manejo dessa guerra. Na verdade *Astorre Gianni* para as acusações recebidas deu evidentes justificações. Em um vale próximo a *Pietrasanta*, chamado *Seravezza*, rico e cheio de habitantes, estes, percebendo a chegada do comissário, foram a seu encontro e pediram-lhe ser aceitos como fiéis servidores do povo florentino. *Astorre* mostrou aceitar as ofertas, depois fez suas tropas ocuparem todos os caminhos e fortificações do vale e fez reunir os homens no principal templo destes, os fez todos prisioneiros, e aos seus deu ordem de saquear e destruir a cidade toda com exemplar crueldade e avareza, não perdoando nem os lugares pios, nem mulheres, fossem virgens ou casadas.

Destas coisas, da maneira como aconteceram, soube-se em Florença, e desgostaram não só os magistrados, mas a cidade toda.

21. Queixa dos saravecenses

Algumas pessoas de *Seravezza* que tinham conseguido fugir das mãos do comissário correram para Florença, e por todas as estradas, para cada um que encontravam, narravam suas misérias; e apoiados pelos tantos que desejavam que se punisse o comissário, ou como homem malvado ou como contrário ao partido deles, dirigiram-se aos Dez e pediram para ser ouvidos. Atendidos, um deles falou desta forma:

1. Uma votação.
2. Em dezembro de 1424.

LIVRO IV _____ *da conquista da Toscana ao retorno de Cosimo*

Estamos certos, magníficos Senhores, que nossas palavras encontrarão crédito e compaixão junto a Vs. Sas., quando souberdes de que maneira o vosso comissário teria ocupado nossa cidade e de que maneira, depois, fomos tratados por este. Nosso vale, como podem estar plenas vossas memórias, sempre foi guelfo, e também foi, muitas vezes, uma fiel recepção a vossos cidadãos que perseguidos pelos gibelinos a ele recorreram.

E sempre nossos antepassados, e nós mesmos, veneramos o nome dessa ínclita república, por ter sido cabeça e príncipe deste partido. Enquanto Lucca era guelfa, com satisfação servimos seus desígnios. Mas depois que veio a ficar sob o tirano, que abandonou seus antigos aliados e seguiu o partido gibelino, mais forçados a ouvi-lo do que fomos voluntários. E sabe Deus quantas vezes rogamos que nos desse ocasião de demonstrar o ânimo nosso para com o antigo partido. Quão cegos são os homens em seus desejos! O que desejávamos para nosso bem foi nossa ruína. Porque, assim que percebemos que vossas insígnias vinham em nossa direção, não como inimigos mas como antigos Senhores nossos, fomos ao encontro do vosso comissário, e colocamos o vale, nossas fortunas e nós mesmos em suas mãos; e à sua boa-fé, nos encomendamos acreditando haver nele ânimo, senão de florentino, ao menos de homem. Vs. Sas. haverão de nos perdoar, por não podermos suportar mais do que já suportamos, temos ânimo para falar.

Esse vosso comissário de homem não tem senão a presença, como de florentino só tem o nome: uma peste mortal, uma fera cruel, um monstro horrendo que jamais um escritor ima *Ginou*, porque reunindo-nos em nosso templo com o propósito de falar-nos, aprisionou-nos e o vale todo arruinou e queimou, e a seus moradores e suas coisas roubou, espoliou, saqueou, golpeou, matou; estuprou mulheres, violou virgens, tirou-as dos braços de suas mães e as deu como espólio a seus soldados.

Se nós, por alguma injúria feita ao povo florentino ou a ele, tivéssemos merecido tanto mal, ou se armados e defendendo-nos nos tivesse aprisionado, doer-nos-ia menos e, ao contrário, nos acusaríamos por tê-lo merecido com nossas injúrias ou com a nossa arrogância; mas estando desarmados, livremente entregues, que depois nos tenha roubado e com tanta injúria e ignomínia nos tenha espoliado, disso somos forçados a nos queixar.

E mesmo podendo encher a Lombardia de querelas e às custas desta cidade espalhar por toda a Itália as injúrias nossas, não o quisemos fazer para não manchar uma tão honesta e piedosa república com a desonestidade e crueldade de um mau cidadão.

Se antes de nossa ruína tivéssemos conhecido a sua avareza, nos teríamos esforçado para estufar seu guloso ânimo, mesmo que este não tenha medida nem fim, com parte do que tínhamos, salvando o restante. Mas como já perdemos a ocasião, desejávamos recorrer a vós e vos rogar socorro à infelicidade de vossos súditos, a fim de que outras pessoas não se acabrunhem perante vosso exemplo quando devam estar sob vossas ordens. E quando não vos mova nossos infinitos males, que vos mova o medo da ira de Deus, que viu seus templos saqueados, incendiados, e em seu seio o nosso povo traído.

E dito isso atiraram-se ao solo, gritando e rogando lhes fossem devolvidas as coisas e a pátria; e que restituíssem, (já que a honra não podiam) pelo menos as mulheres aos maridos, e aos pais as filhas. A atrocidade de tudo, conhecida antes, ouvida depois de viva voz dos que a tinham suportado, comoveu os magistrados. Sem demora fizeram *Astorre* voltar e logo foi condenado e repreendido[1]. Foram procurados os bens dos saravecenses, e os que se encontraram puderam ser restituídos; aos outros, a cidade indenizou de diversas maneiras.

22. *Rinaldo degli Albizzi* difamado

Messer Rinaldo degli Albizzi, por outro lado, era difamado, dizia-se que não fazia a guerra em benefício do povo florentino, mas em seu interesse; que, quando já era comissário, tinha-lhe escapado do ânimo aquela avidez de tomar *Lucca* porque lhe bastava saquear o condado e encher suas terras de gado e suas casas de butim; que, como já não lhe bastava o butim que seus guarda-costas tiravam em seu próprio benefício, comprava o de seus soldados, de tal maneira que de comissário passou a ser mercante.

Estas acusações, chegadas a seus ouvidos, moveram seu íntegro e altivo ânimo mais do que convinha a um homem sério; e tanto o perturbaram que indignado contra o magistrado e seus cidadãos, sem esperar ou pedir licença, voltou a Florença. E apresentando-se perante os Dez disse que sabia bem o quanto era difícil e perigoso servir a um povo disperso e a uma cidade dividida, porque aquele qualquer rumor abala e esta as más causas segue, não premia as boas e acusa as arriscadas: tanto é que vencendo ninguém te louva, errando todos te condenam, perdendo todos te caluniam, pois a parte amiga te condena por inveja e a inimiga por ódio te persegue; no entanto, jamais tinha deixado de fazer, por temor de uma acusação falaz, uma obra de seguro benefício a sua cidade.

Verdadeiramente, porém, a desonestidade das presentes acusações tinha vencido sua paciência e mudado sua atitude. Por isso, rogava ao magistrado que no porvir mais estivesse pronto a defender seus cidadãos, a fim de que estes estivessem ainda mais prontos para agir bem pela pátria; e como em Florença não se costumava conceder-lhes as honras do triunfo, que se acostumassem pelo menos a defendê-los dos falsos vitupérios; que se recordasse que também eles eram cidadãos daquela cidade, e como tais a qualquer momento se poderia dar-lhes um cargo, com o qual entenderiam bem quanta ofensa trazem aos homens íntegros as falsidades das calúnias.

---

1. Cf. Livro III, cap.3, nota n.2. Não houve porém punição alguma, cf. *Alessandro Montevecchi, op. cit.*

LIVRO IV _____ *da conquista da Toscana ao retorno de Cosimo*

Os Dez se engenharam para acalmá-lo, como exigia a circunstância, e para cuidar da campanha chamaram *Neri di Gino* e *Alamanno Salviati*. Estes, deixando de lado as incursões pelo condado de *Lucca*, aproximaram-se para cercar a cidade, e como ainda era a temporada de frio ficaram em *Capannole*, onde se perdia tempo, segundo os comissários, queriam cingir mais o cerco, mas não o acataram os soldados pelo mau tempo, não obstante os Dez solicitassem sitiar e não aceitassem escusa alguma.

23. Fracassa inundação de *Lucca* projetada pelo arquiteto *Brunelleschi*.

Estava naquela época em Florença um excelentíssimo arquiteto chamado *Filippo di ser Brunellesco*, de cujas obras a nossa cidade está repleta a tal ponto que mereceu, depois de sua morte, que sua imagem fosse esculpida em mármore na principal igreja de Florença, com inscrição ao pé, que ainda continua a testemunhar suas virtudes a quem a lê.

Ele mostrou que *Lucca* poderia ser inundada, considerando a situação da cidade e do rio *Serchio*, e foi tão persuasivo que os Dez decidiram que a experiência fosse feita. Disto só veio desordem ao nosso cerco e segurança ao inimigo: os luqueses alçaram com um dique o terreno em cuja direção viriam as águas do *Serchio* e depois, à noite, romperam o dique da fossa que conduzia as águas, de tal maneira que, chocando-se com a parte alçada em direção de *Lucca*, e encontrando passagem aberta na fossa, espalharam-se em direção da planície, e em vez de cingir o cerco, tivemos de nos afastar.

24. O Duque de Milão envia *Francesco Sforza* oficialmente a Nápoles mas realmente a *Lucca*

Não tendo tido êxito esta empresa, os Dez que novamente assumiram a magistratura, designaram comissário *messer Giovanni Guicciardini*. Este, assim que pôde, armou o cerco, donde o Senhor dessa cidade [*Guinigi*], vendo-se sitiado, por conselho do sienense *messer Antonio del Rosso*, que junto a este era representante do município de Siena, enviou *Salvestro Trenta* e *Lionardo Buonvisi* para pedir ajuda ao duque de Milão. Estes, encontrando-o pouco receptivo, pediram-lhe secretamente tropas, em troca e em nome do povo entregar-lhes-iam o Senhor [*Guinigi*] preso e depois a própria cidade. E o advertiram que se não aceitasse logo esta proposta o Senhor a daria aos florentinos, que a pediam com muitas promessas.

MAQUIAVEL ———————————— HISTÓRIA DE FLORENÇA

O temor que o duque teve disso o fez deixar de lado as reverências e ordenar que o conde *Francesco Sforza*, soldado seu, lhe pedisse publicamente permissão para ir ao Reino [de Nápoles][1]. Este, com a tal permissão, dirigiu-se com sua companhia a *Lucca*, por isso os florentinos retiraram suas tropas para *Librafatta*[2], e o conde logo acampou em *Pescia*, onde era vicário *Pagolo*[3] *da Diacceto*. O qual, mais aconselhado pelo temor do que por algum outro melhor remédio, fugiu a Pistóia, e se aquela praça não estivesse defendida por *Giovanni Malavolti*, que ali estava a fazer-lhe a guarda, teria sido perdida. O conde, assim, não podendo tomá-la ao primeiro assalto, dirigiu-se a *Borgo a Buggiano* e a tomou; e *Stigliano*, castelo ali perto, o queimou.

Os florentinos, vendo esta ruína, recorreram àqueles remédios que muitas vezes os tinham salvado: sabiam que com soldados mercenários quando não bastam as forças, a corrupção funciona; então ofereceram dinheiro ao conde para que não somente partisse, mas lhes entregasse a cidade. Este, acreditando que de *Lucca* não poderia tirar mais dinheiro, facilmente se voltou a tirá-lo de quem o tinha, e combinou com os florentinos não de lhes entregar *Lucca*, no que por honestidade não quis consentir, mas de abandoná-la quando lhe dessem cinqüenta mil ducados[4]. E feito este acordo, para que o povo de *Lucca* lhe desse uma forma de não comprometer o duque, ajudou os luqueses a expulsar seu senhor.

25. *Sforza* ajuda a depor *Guinigi,* de *Lucca.* Derrota dos florentinos

Estava em *Lucca,* como dissemos acima[1], *messer Antonio del Rosso*, embaixador sienense. Este, com o apoio do conde [*Sforza*], conspirou com os cidadãos para a ruína de *Pagolo*. Os chefes da conjura foram *Piero Cennami* e *Giovanni da Chivizzano*. Encontrava-se o conde acampado fora da cidade, rio *Serchio* acima, e com ele estava *Lanzilao*, filho do Senhor [*Guinigi*].

À noite os conjurados, em número de quarenta, armados, foram ter com *Pagolo*, que, atônito pelo barulho feito quando se aproximavam, perguntou pelo motivo da vinda deles. *Piero Cennami* respondeu que tinham sido governados por ele há muito tempo, com o inimigo ao redor e na expectativa de morrer pelo ferro ou pela fome, porém haviam

1. Quer dizer, era um falsa permissão, um pretexto. Cf. cap. 19, nota 3.
2. *Ripafratta.*
3. Forma arcaica de *Paolo*, Paulo.
4. Consta em *Cavalcanti*, uma das fontes para este período, que se trata de florins. Cf. *A. Montevecchi. op. cit.*
1. No cap. anterior.

212

LIVRO IV_____*da conquista da Toscana ao retorno de Cosimo*

decidido que doravante governariam eles mesmos, e pediram-lhe as chaves da cidade e seu tesouro. *Pagolo* respondeu que o tesouro tinha acabado, as chaves e ele mesmo estavam em suas podestades; e só lhes pedia que disso se contentassem, que sua Senhoria tinha começado e vivido sem sangue, que sem sangue terminasse. *Pagolo* foi levado ao conde *Francesco* e o filho, ao duque, ambos depois morreram na prisão[2]. A saída do conde tinha deixado livre *Lucca* do tirano e os florentinos, dos temores dos luqueses, donde aqueles se prepararam para a defesa e estes voltaram aos ataques; e tinham escolhido como capitão o conde de Urbino, que cerrando o sítio obrigou os luqueses a recorrer ao duque novamente, o qual, com o mesmo pretexto que tinha mandado o conde, mandou em ajuda *Niccolò Piccino*. Este, quando estava por entrar em *Lucca*, os nossos foram a seu encontro, e quando se cruzaram deu-se o entrevero, e fomos derrotados. O comissário, com poucos dos nossos, se refugiou em Pisa.

Esta derrota entristeceu toda nossa cidade; e como a empresa tinha sido feita por todos, não sabendo contra quem se dirigir, os populares caluniavam quem a tinha administrado, já que não podiam caluniar quem a havia deliberado, e ressuscitaram as acusações feitas a *messer Rinaldo*. Porém quem mais foi lacerado pelas acusações foi *messer Giovanni Guicciardini*, acusado de poder ter terminado a guerra depois da partida do conde *Francesco[Sforza]*, mas fora corrompido com uma soma de dinheiro que havia enviado para sua casa, e indicavam quem a havia levado e quem recebido. E circularam tanto estes rumores e estas acusações que o Capitão do Povo, motivado por tais versões públicas e pressionado por seus contrários, o intimou. *Messer Giovanni* compareceu pleno de indignação, e seus parentes em defesa de sua honra tanto diligenciaram que o Capitão abandonou a empresa.

Depois da vitória os luqueses não só reouveram seu território como ocuparam todo o do condado de Pisa, exceto *Bietina*, *Calcinaia*, Livorno e *Librafatta*; e se não se houvesse descoberto uma conjura em Pisa, ter-se-ia perdido também esta cidade. Os florentinos reorganizaram suas tropas e designaram seu capitão *Micheletto*, aluno de *Sforza*.

Por outro lado o duque continuou suas vitórias, e para com mais força afligir os florentinos fez com que os genoveses, os sienenses e o Senhor de *Piombino*[3] se aliassem na defesa de *Lucca* e remunerassem *Niccolò Piccino* como capitão: isso revelou por completo suas intenções.

---

2. Não há confirmação disto.
3. *Jacopo Appiani*.

Com isso os venezianos e os florentinos renovaram sua aliança, e a guerra começou abertamente na Lombardia e na Toscana. E tanto em uma como na outra dessas províncias diversos entreveros aconteceram com diversos desfechos. Tanto que, exaustas ambas as partes, fizeram paz em maio de 1443, estabelecendo que os florentinos, os luqueses e os sienenses, que durante a guerra mais tinham ocupado castelos uns dos outros, os deixassem todos e tornassem cada um ao seu.

26. *Cosimo de' Medici*: virtudes que acusam os outros

Enquanto lutavam nessa guerra, na cidade eboliam os humores dos partidos; *Cosimo de'Medici* governava, depois da morte de *Giovanni* , seu pai, com mais ânimo nas coisas públicas e com mais cuidado e mais liberdade para com seus amigos do que seu pai. De maneira que os que se tinham alegrado com a morte de *Giovanni* , vendo como era *Cosimo*, se entristeciam.

Era um homem prudentíssimo, *Cosimo*, de grave e grata presença, totalmente liberal, totalmente humano. Jamais tentou fazer coisa alguma contra o Partido[1], nem contra o estado, mas buscava beneficiar a todos, e com sua liberalidade tornar muitos cidadãos seus adeptos. De maneira que seu exemplo acusava os outros que governavam, e ele acreditava que deste modo poderia como ninguém viver poderoso e em segurança em Florença, ou, caso a ambição dos adversários exigisse ações extraordinárias[2], ser-lhes superior em armas e em adeptos.

Grandes instrumentos que forjaram seu poder foram *Averardo de'Medici* e *Puccio Pucci*. *Averardo* com a audácia, *Puccio* com a prudência e a sagacidade, ambos traziam-lhe adeptos e grandezas. E era tão estimado o conselho e o parecer de *Puccio*, e tão conhecido por todos, que o partido de *Cosimo* não pelo seu nome era chamado mas pelo de *Puccio*[3]. Com uma cidade tão dividida foi feita a empresa de Lucca, e os humores dos partidos se acenderam em vez de se aplacarem. Mesmo que tenha sido o partido de *Cosimo* o que mais a tivesse patrocinado, foram do partido adversário os encarregados de executá-la, por serem homens mais reputados pelo estado.

Não podendo isto remediar, *Averardo de'Medici* e os outros procuravam com todas as artes e meios caluniá-los, e se alguma baixa

---

1. O Partido Guelfo, da oligarquia.
2. Ações violentas.
3. Os adeptos dos Medici eram conhecidos como puccini.

LIVRO IV_____*da conquista da Toscana ao retorno de Cosimo*

havia, e não houve muitas, não era acusada a fortuna ou a força do inimigo, mas a pouca prudência do comissário. Assim foram agravados os pecados de *Astorre Gianni*[4]. Assim foi levado à indignação *messer Rinaldo degli Albizzi*, e a deixar seu cargo sem se apresentar[5]. A mesma coisa fez o Capitão do Povo intimar *messer Giovanni Guicciardini*[6]. Disso nasceram todas as outras acusações levadas contra os magistrados e os comissários, as verdadeiras se acrescentavam, as falsas se inventavam, e aquele povo que comumente os odiava, as aceitava todas.

27. Desconfiança e razões de *Niccolò da Uzano*

As coisas feitas assim e essas maneiras extraordinárias[1] de proceder eram muito bem conhecidas por *Niccolò da Uzano* e pelos outros chefes de seu partido; e muitas vezes tinham discutido conjuntamente sobre os remédios, e não os encontravam porque lhes parecia perigoso deixar isto tudo aumentar, e difícil isto tudo deter. E *Niccolò da Uzano* era quem menos desejava as vias extraordinárias.

Vivendo-se essa guerra externa e essas aflições internas, *Niccolò Barbadoro*, querendo fazer *Niccolò da Uzano* consentir com a ruína de *Cosimo*, foi a sua casa, onde o encontrou pensativo em um escritório seu, e o exortou com as razões que melhor lhe ocorreram a se aliar com *messer Rinaldo* para expulsar *Cosimo*. *Niccolò da Uzano* respondeu-lhe assim: Ser-te-ia oportuno, para a tua casa e para a nossa república, que tu e os que te seguem nesta opinião tivésseis a barba de prata ao invés da barba de ouro[2] como dizem que a tens: porque vossos conselhos, procedentes de cabeças embranquecidas e plenas de experiência, seriam mais sensatos e úteis a todos. E quer me parecer que os que pensam expulsar *Cosimo* de Florença tenham, antes de mais nada, de medir as suas com as forças de *Cosimo*. Este nosso partido o batizaram Partido dos Nobres e o adversário, Partido da Plebe: mesmo que a verdade viesse a corresponder às denominações, de qualquer maneira incerta seria a vitória, e mais deveríamos temer do que esperar, se lembrarmos o exemplo da nossa antiga nobreza, anulada pela plebe desta cidade. Porém nós temos muito mais a temer, porque nosso partido foi desmembrado e o dos adversários está unido.

Em primeiro lugar, *Neri di Gino* e *Nerone di Nigi*, dois dos principais cidadãos desta cidade, jamais se declararam de maneira que se possa dizer que mais sejam amigos nossos do que vossos. Há muitas famílias, até muitas casas, divididas, pois muitos, por invejas de irmãos ou de cônjuges, terminam por não nos apoiar e apoiar a vós. Quero te

4. Cf. cap. 20.
5. Cf. cap. 20 e 22.
6. Cf. cap. anterior.

1. O uso da força. Cf. n.2, cap. anterior.
2. Obviamente alude ao sobrenome Barbadoro.

MAQUIAVEL _____ HISTÓRIA DE FLORENÇA

lembrar os mais importantes, os outros, os julgarás por ti mesmo. Dos filhos de *messer Maso degli Albizzi*, Luca, por inveja de *messer Rinaldo*, virou-se para o partido deles. Na família *Guicciardini*, dos filhos de *messer Luigi*, *Piero* é inimigo de *messer Giovanni* e apóia nossos adversários; *Tommaso* e *Niccolò Soderini*, pelo ódio que têm a seu tio *Francesco*, estão abertamente contra nós.

De maneira que se se considera quem são eles e quem somos nós, não sei por que mais se deva chamar o nosso partido de nobre do que o deles. E se for porque são seguidos por toda a plebe, em piores condições estamos nós, em melhores estão eles; e seja que a contenda se dê pelas armas ou pelos partidos, não estamos em condições de poder resistir. E se estamos ainda numa posição digna, é por causa da antiga reputação deste estado, que se tem mantido por cinqüenta anos. Mas chegado um momento de prova e desvendada nossa fraqueza, perderíamos. E se disseres que a razão de justiça que nos move nos traria crédito e a eles o tiraria, te responderei que é bom que se creia nesta justiça e que seja entendida pelos outros como por nós mesmos.

E trata-se absolutamente do contrário: a razão que nos move é toda fundada na suspeita que [*Cosimo*] venha a se tornar príncipe desta cidade. Se temos essa suspeita, os outros não, ao contrário, e o que é pior, nos acusam do que nós o acusamos. As ações de *Cosimo*, as que o tornam suspeito são: oferece seu dinheiro a qualquer um, e não só a particulares, também ao [poder] público; não só aos florentinos, também aos condottieri; ajuda a este e àquele cidadão junto aos magistrados; pela benevolência com que é tido por todos, conduz a maiores graus de dignidades [cargos] a este ou àquele amigo seu.

Então, é preciso ajuntar estes outros motivos de sua expulsão — é bondoso, solícito, generoso e amado por todos. Dize, qual é a lei que proíbe, censura ou condena nas pessoas a piedade, a generosidade o amor? E mesmo que sejam esses os comportamentos que conduzem voando os homens ao principado, as pessoas não entendem isso e nós não somos capazes de revelar-lhes a intenção, porque os nossos comportamentos tiraram-nos o crédito; e a cidade, que naturalmente é partidária e, por ter sempre vivido em partidos, é corrompida, não consegue prestar ouvidos a semelhantes acusações.

Mas suponhamos que vós conseguísseis expulsá-lo, o que poderia acontecer facilmente tendo a Senhoria propícia, como conseguiríeis, entre os tantos amigos dele que permaneceriam e com ardor desejariam sua volta, impedir que jamais retornasse? Isto seria impossível, porque nunca estariam seguros sendo eles tantos e tendo a benevolência de todos; e quanto mais os seus principais amigos declarados expulsardes, mais inimigos teríeis; assim, depois de pouco tempo retornaria, e vós teríeis ganho isto: foi expulso bom e voltou mau. Porque sua natureza seria corrompida pelos que o tivessem trazido de volta, aos quais, por obrigação, não se poderia opor.

E se planejásseis fazê-lo morrer, nunca o conseguiríeis com aquiescência dos magistrados, porque sua fortuna, com vossos ânimos corruptíveis, sempre o salvaria.

Mas suponhamos que morra, ou que, expulso, não volte. Não vejo que aquisição isso seja para nossa república: se fica livre de *Cosimo*, torna-se serva de *messer Rinaldo*; e,

216

Livro IV_____*da conquista da Toscana ao retorno de Cosimo*

para mim, sou desses que desejam que nenhum cidadão de poder e autoridade derrube outro, mas quando um desses dois tivesse de prevalecer, não sei que motivo me faria amar mais *messer Rinaldo* do que *Cosimo*.

Nada desejo te dizer senão que Deus guarde esta cidade de algum cidadão que queira se tornar seu príncipe, mas quando nossos pecados a fizerem merecer isso, que a guarde de ter de obedecer a *messer Rinaldo*. Não queiras então aconselhar que se assuma uma escolha que de qualquer forma é danosa, e não creias que acompanhado por poucos te possas opor à vontade de muitos: porque todos esses cidadãos, parte por ignorância, parte por malícia, estão aparelhados para vender esta república. E a fortuna é tão amiga deles que já encontraram um comprador. Portanto, governa-te pelo meu conselho: procura viver modestamente, e terás como suspeitos, em relação à liberdade, tanto os que estão de nosso lado como os nossos adversários. E quando surja alguma aflição, vivendo em forma neutra, serás grato a ambos, e assim te farás bem e não farás mal à tua pátria.

28. *Messer Rinaldo* faz com que *Guadagni* prenda *Cosimo*

Essas palavras seguraram um tanto o ânimo de *Barbadoro*, de maneira que as coisas ficaram quietas enquanto durou a guerra de Lucca; mas tendo chegado a paz e com esta a morte de *Niccolò da Uzano*, a cidade permaneceu sem guerra e sem freio, donde cresceram sem respeito algum os maus humores. E *messer Rinaldo*, crendo ter se tornado o único príncipe do Partido, não cessava de pedir e molestar a todos os cidadãos que acreditava poderem ser gonfaloneiros que se armassem para liberar a pátria de um homem como aquele, que, pela malvadez de poucos e pela ignorância de muitos, a conduzia à servidão.

Tal atitude de *messer Rinaldo* e a dos que pertenciam ao partido adversário mantinham a cidade cheia de desconfiança; cada vez que se empossava uma magistratura, dizia-se publicamente quantos de um, quantos de outro partido a constituíam; e a cada escolha¹ a cidade toda ficava em sobressalto. Qualquer caso que chegava aos magistrados, mesmo mínimo, terminava em uma competição entre eles; as coisas secretas eram divulgadas, tanto o bem como o mal eram apoiados e combatidos; os bons como os maus eram igualmente atacados, magistrado algum cumpria com seu dever.

Estando então Florença nessa confusão, *messer Rinaldo*, com aquele desejo de abaixar o poder de *Cosimo* e sabendo que *Bernardo Guadagni* podia ser gonfaloneiro, pagou seus impostos, a fim de que tal dívida

---

1. "... nella tratta de'Signori stava tutta città sollevata." Tratta, extração, trarre, extrair. É a escolha dos Senhores mediante sorteio por extração dos nomes. Cf. Livro II, 28, "...uma bolsa, da qual seriam extraídos a cada dois meses...".

pública não lhe viesse a tirar o cargo. Chegada depois a escolha dos Senhores, a fortuna, amiga de nossas discórdias, fez com que *Bernardo* fosse escolhido gonfaloneiro para exercer em setembro e outubro[2]. *Messer Rinaldo* foi logo fazer-lhe uma visita e disse-lhe que os nobres, e todos os que desejavam viver em paz, muito se alegravam pelo cargo que vinha ocupar, e que a ele cabia agir de maneira que esta alegria não fosse em vão.

Mostrou-lhe depois os riscos que se corria na desunião, e que outro remédio para a união não havia senão anular *Cosimo*, porque só ele, pelo apoio proveniente de sua desmesurada riqueza, os preocupava; e que se tinha conduzido a tamanha altura que, caso fossem tomadas providências, se tornaria príncipe; que um bom cidadão devia remediar isso, chamar o povo à praça e retomar o estado, para devolver à pátria sua liberdade.

Recordou-lhe que *messer Salvestro de'Medici* injustamente freou a grandeza dos guelfos[3], a quem pertencia o governo pelo sangue derramado de seus antepassados, e que o que este fizera injustamente contra tantos, contra um só e justamente poderia muito bem fazer. Exortou-o a não temer, porque os amigos estariam com as armas prontos para ajudá-lo, e com a plebe, que adorava *Cosimo*, não se preocupasse, porque este não conseguiria dela outros favores que *messer Giorgio Scali* já não tivesse conseguido[4]; que por suas riquezas não vacilasse, porque enquanto estivessem em poder da Senhoria, seriam dele; e concluiu que isto faria a república unida e segura, e ele, glorioso.

A essas palavras *Bernardo* respondeu brevemente que julgava ser necessário fazer o que acabava de dizer, mas como era preciso empregar seu tempo com obras, que se preparasse com as forças para estar pronto, e com os companheiros já aliciados. Assim que *Bernardo* assumiu a magistratura, dadas as disposições a seus companheiros e de acordo com *messer Rinaldo*, intimou *Cosimo*: este compareceu, desaconselhado por muitos amigos, mais confiante em sua inocência do que na misericórdia dos Senhores.

Cosimo apenas chegou ao Palácio da Senhoria foi preso; *messer Rinaldo* saiu de casa com muitos homens armados, atrás dele todo seu partido, e se dirigiram à praça; então os Senhores mandaram chamar o povo e criaram uma *balìa* de duzentos homens[5] para reformar o estado da cidade.

---

2. Era a duração do cargo: dois meses.
3. Cf. Livro III, cap 9.
4. Que lhe aconteceria o mesmo que a *Giorgio Scali*. Exemplo maquiaveliano clássico da inconfiabilidade do povo. Cf. Livro III, cap. 20, e Il principe, IX.
5. Na verdade esta *balìa* (cf. Livro III, cap.10) só foi feita dois dias depois deste tumulto.

LIVRO IV_____ *da conquista da Toscana ao retorno de Cosimo*

Nesta *balìa*, assim que foi possível, se tratou da reforma, e da vida e morte de *Cosimo*. Muitos queriam que fosse mandado em exílio, muitos que fosse morto, muitos outros calavam por compaixão dele ou medo dos outros. Essas diferenças não permitiam conclusão alguma.

29. Preso na torre do palácio, *Cosimo* envia mil ducados ao gonfaloneiro e consegue salvar a vida. Confinamento em Veneza

Há na torre do Palácio um lugar tão grande quanto permitem as dimensões desta, chamado *Alberghettino*, onde foi enclausurado *Cosimo*, sob a guarda de *Federigo Malavotti*. Como ouvia as vozes da praça, o rumor das armas, a campainha da *balìa* com freqüência, temia por sua vida. Porém mais temia que seus particulares inimigos recorressem a uma maneira ilegal para fazê-lo morrer. Por isso se abstinha do alimento, tanto que em quatro dias não havia querido comer senão um pouco de pão. Percebendo-o, disse-lhe *Federigo*:

Temes ser envenenado, *Cosimo*, e te deixas morrer de fome e a mim desonrado, pensando que fosse capaz de meter minhas mãos em coisa tão facinorosa. Não creio que estejas por perder a vida, tantos amigos são os que tens dentro e fora do Palácio; porém mesmo que o estivesses, fica certo de que arranjarão para isso outras maneiras em vez de usar a minha pessoa, porque não desejo sujar minhas mãos com sangue de ninguém, muito menos com o teu, pois jamais me ofendeste. Ânimo, portanto; faz tuas refeições e mantém-te vivo para os amigos e para a pátria. E para que possas fazê-lo com maior confiança, desejo de teu próprio prato comer e em tua companhia.

Estas palavras foram de total conforto a *Cosimo*, que com lágrimas nos olhos abraçou e beijou *Federigo*, e com vívidas e eficazes palavras agradeceu-lhe a bondade e compaixão, prometendo-lhe ser gratíssimo se algum dia a fortuna disso lhe desse ocasião.

Estando *Cosimo* bastante reconfortado, e enquanto ainda se discutia seu caso entre os cidadãos, aconteceu que *Federigo*, para lhe agradar, acompanhou-se à janta de um famíliar do gonfaloneiro, chamado *Farganaccio*, homem divertido e chistoso. E quase por terminar a janta, *Cosimo* pensou valer-se da vinda deste, que muito bem conhecia, e fez sinal para *Federigo* se retirar.

Entendendo o motivo, *Federigo* fingiu ir à procura de alguma coisa que faltava para a janta de *Cosimo* e depois de bondosas palavras para com *Farganaccio*, deu-lhe uma contra-senha e o mandou ao hospital Santa Maria Nuova apanhar mil e cem ducados. Que ficasse com cem e levasse mil ao gonfaloneiro, e lhe pedisse que, encontrada uma boa ocasião, viesse a falar com ele. Aceitou o encargo, e o dinheiro foi pago.

Então *Bernardo* tornou-se mais humano, e *Cosimo* foi confinado[1] em Pádua, contra a vontade de *messer Rinaldo*, que desejava sua morte. Foram também desterrados *Averardo* e muitos da família dos Medici, com estes, *Puccio* e *Giovanni Pucci*. E para desanimar os que ficaram descontentes com o exílio de *Cosimo*, deram *balìa*[2] aos Oito de Guarda e ao Capitão do Povo.

Depois dessas deliberações, *Cosimo* compareceu, no dia 3 de outubro de 1433, perante os Senhores, que lhe comunicaram o confinamento, exortando-o a obedecer se não quisesse procedimentos mais ásperos contra si e contra seus bens. Aceitou com manifesta alegria o desterro, afirmando que onde quer que aquela Senhoria o mandasse iria de muito bom grado. Encarecia muito que, já que lhe tinham poupado a vida, que a defendessem, porque sabia que desejavam o seu sangue. Ofereceu depois, em qualquer lugar que fosse, à cidade, ao povo e à Senhoria, sua pessoa e seus bens. Foi confortado pelo gonfaloneiro, que o conservou no palácio até que a noite chegasse, depois conduziu-o à sua casa e o fez jantar consigo, e fez muitos homens armados acompanharem-no ao confim. Foi, onde passou[3], recebido com respeito, e pelos venezianos com públicas homenagens, não como banido, mas com honras de máxima autoridade de sua cidade.

30. *Albizzi* procura base política nos Grandes

Florença tinha ficado viúva de um cidadão tão considerado e tão amado pela maioria que igualmente tinham medo os vencedores e os vencidos. Daí que *messer Rinaldo*, desconfiado por um mal futuro, para não se perder nem o seu partido, reuniu muitos cidadãos amigos e disse-lhes que via preparada a ruína deles por se terem deixado levar por súplicas, lágrimas e dinheiro de seus inimigos; e não percebiam que depois eles é que teriam de suplicar e chorar, que suas súplicas não seriam ouvidas, que de suas lágrimas não encontrariam quem tivesse compaixão; que o dinheiro ganho teria de ser restituído e os juros, pagos com tormentos, mortes e exílios; que melhor seria terem ficado quietos do que deixar *Cosimo* vivo e seus amigos livres em Florença; porque nos grandes homens ou não se toca ou, tocados, devem ser eliminados.

Afirmou que não via outro remédio senão se tornarem fortes na cidade, a fim de que, quando voltassem os inimigos, e deveriam voltar

---

1. Cf. Livro II, 18 n.4.
2. Deram plenos poderes. Isto também é mencionado em *Discorsi*... I, 49. *Balìa*, cf. Livro III, cap. 10.
3. Em Pistóia, Módena e Ferrara.

Livro IV_____*da conquista da Toscana ao retorno de Cosimo*

logo, se pudesse expulsá-los com as armas, o que por vias civis era impossível de fazer. Que o remédio ele mesmo o tinha indicado muito tempo atrás[1] : reconquistar a eles o apoio dos Grandes, entregando e concedendo-lhes todas as honras da cidade, e fortalecer-se com este partido, já que seus adversários tinham-se fortalecido com o apoio da plebe. E que assim o. partido seria mais forte, tendo mais vitalidade, mais virtude, mais ânimo e mais crédito do que já tinha, e ainda que, se este único e verdadeiro remédio não se adotava, não via de que outra maneira se poderia conservar um estado entre tantos inimigos, e antevia uma próxima ruína do partido e da cidade.

A isso se opôs *Mario Baldovinetti*, um dos presentes, mostrando a soberbia dos Grandes e sua natureza insuportável, e que não precisava recorrer a uma certa tirania deles por um incerto risco com a plebe.

Vendo *messer Rinaldo* que seu conselho não era ouvido, condoeu-se de sua desventura e da de seu partido, tudo atribuindo mais aos céus, que desse modo tudo tinha querido, do que à ignorância e cegueira dos homens.

E estando assim as coisas, sem se ter tomado alguma medida necessária, encontrou-se uma carta escrita por *messer Agnolo Acciaiuoli* a *Cosimo*, a qual mostrava a boa disposição da cidade para com ele e o exortava a mover uma guerra [contra Florença] e a tornar-se amigo de *Neri di Gino*, porque pensava que como a cidade estava precisando de dinheiro, não encontraria quem o desse e a lembrança sua se refrescaria na mente dos cidadãos, e com isso o desejo de fazê-lo voltar; e se *Neri* se desligasse de *messer Rinaldo*, o Partido tanto se enfraqueceria que não seria suficiente para defendê-lo. Tal carta, caindo em mãos dos magistrados, foi motivo para que *Agnolo* fosse preso, torturado nas cordas e mandado ao exílio. Nem por tal exemplo se alterou o humor que favorecia *Cosimo*. Tinha já passado quase um ano desde o dia que este fora expulso, e chegando o fim de agosto de 1434, foi escolhido gonfaloneiro para os dois meses seguintes *Niccolò di Cocco*, e com ele oito Senhores todos partidários de *Cosimo*. Esta Senhoria atemorizou *messer Rinaldo* e todo o seu partido. E como antes que os Senhores tomem posse como magistrados ficam três dias na qualidade de simples cidadãos, *messer Rinaldo* reuniu-se de novo com os chefes de seu partido e mostrou-lhes o certeiro e próximo perigo.

Acrescentou que o remédio era tomar armas e fazer *Donato Velluti*, que então era gonfaloneiro, reunir o povo na praça, fazer nova *balìa*, privar os novos Senhores do magistrado e nomear outros responsáveis

1. Cf. cap. 9.

221

pelo estado, queimar as bolsas com os últimos ensaques[2] e enchê-las de nomes amigos. Essa proposta[3] foi julgada por uns como segura e necessária, por muitos outros muito violenta e de pesadas conseqüências.

E entre os que não gostaram estava *messer Palla Strozzi*, homem sereno, gentil e humano, mais apto ao estudo das letras do que a deter um furor partidário ou opor-se a discórdias civis. Porém, disse, as escolhas astutas ou audazes no princípio parecem boas, porém são depois, quando postas em prática, difíceis e, ao concluí-las, danosas; e que acreditava que o temor de novas guerras vindas de fora, estando as tropas do duque [Filipe Maria Visconti] na Romanha, em nossos confins, faria os Senhores pensarem mais naquelas do que em nossas discórdias internas; todavia, se percebessem que queriam alterar a ordem estabelecida (não poderiam fazê-lo sem que se percebesse), sempre teriam tempo para tomar armas e fazer o necessário para o bem comum, coisa que, sendo necessária, provocaria menos estupor no povo e menos responsabilidade para eles.

Concluiu-se, portanto, que deixassem entrar em posse os novos Senhores e que se vigiassem seus movimentos, e que quando se percebesse qualquer coisa contra o partido, todos tomassem armas e se reunissem na praça de *San Pulinari*[4], lugar próximo ao Palácio, dali depois poderiam se dirigir aonde lhes parecesse necessário.

31. *Albizzi* toma armas contra a Senhoria e fracassa

Depois de se retirarem com esta conclusão, os novos Senhores assumiram a magistratura, e o gonfaloneiro, para dar-se reputação e para intimidar quem quisesse fazer-lhes oposição, condenou *Donato Velluti*, seu antecessor, à prisão, por se ter valido de dinheiros públicos. Depois disso consultou os colegas para trazer de volta *Cosimo*, e encontrando-os dispostos falou com os que julgava chefes do partido dos Medici, dos quais recebeu apoio; e intimou *messer Rinaldo, Ridolfo Peruzzi* e *Niccolò Barbadoro* à sua presença enquanto chefes do partido adversário.

Depois de tal intimação *messer Rinaldo* julgou que não havia mais tempo a perder e saiu de casa com grande número de homens armados aos os quais se juntaram logo *Ridolfo Peruzzi* e *Niccolò Barbadoro*[1]. Entre estes estavam muitos outros cidadãos e muitos soldados que se

---

2. Cf. Livro II, cap. 28, n.2. Por ocasião dos squittini, forma arcaica de scrutini, escrutínios, nas bolsas estavam os nomes dos candidatos a serem "extraídos".

3. "Questo partito da molti era giudicado sicuro..."

4. Santo Apolinário.

1. Em 26 de setembro de 1434.

LIVRO IV_____*da conquista da Toscana ao retorno de Cosimo*

encontravam sem salário em Florença[2]. Reuniram-se todos, como tinham combinado, na praça *San Pulinari*.

Messer Palla Strozzi, mesmo tendo aliciado muita gente, não saiu, e o mesmo fez *Giovanni* Guicciardini, pelo que *messer Rinaldo* mandou chamá-los e os reprochou pelo atraso. *Messer Giovanni* respondeu que já fazia muita guerra ao inimigo conseguindo, com o permanecer em casa, que Piero, seu irmão, não saísse em socorro do Palácio. Quanto a *messer Palla*, depois de ter sido chamado por muitos mensageiros, veio a *San Pulinari* a cavalo, com dois homens a pé, e desarmado.

Messer Rinaldo foi-lhe ao encontro, fortemente o reprochou por sua negligência e afirmou que a recusa de se reunir com os outros era porque tinha pouca fé ou pouco ânimo, e, seja em um ou em outro caso, estas coisas não se adequavam a um homem que era considerado da maneira como era considerado; e se pensava não se prejudicar deixando de agir contra o Partido, e que seus inimigos, tendo vencido, fossem poupar-lhe a vida ou o exílio, estava sonhando. No que se referia a ele [*Rinaldo*], vindo algum desastre, antes do perigo teria a satisfação de não ter faltado com seu conselho, já no perigo, com a força; mas quanto a ele [*Palla*] e aos outros, os desgostos seriam redobrados quando se dessem conta de ter traído a pátria por três vezes. Uma quando salvaram *Cosimo*, outra quando não aceitaram seus conselhos, e a terceira, quando não a socorreram com as armas.

A essas palavras *messer Palla* respondeu alguma coisa que os circunstantes não puderam entender, e murmurando voltou o cavalo e retornou para sua casa.

Os Senhores, percebendo *messer Rinaldo* e o Partido terem tomado armas e vendo-se abandonados, fecharam o Palácio e, desorientados, não sabiam o que fazer. Mas *messer Rinaldo*, ao protelar sua ida à praça para esperar pelas forças que terminaram não vindo, perdeu a ocasião de vencer, deu-lhes ânimo para organizar a defesa e oportunidade a muitos cidadãos de ir encontrá-los e apoiá-los no sentido de negociar os termos da deposição das armas.

Dentre os menos desconfiados, foram, então, de parte dos Senhores, falar com *messer Rinaldo* e disseram-lhe que a Senhoria não sabia porque se faziam tais agitações e que jamais tinha pensado em ofendê-lo. E se tinham cogitado o nome de *Cosimo*, não era para trazê-lo de volta, e se esta era a razão de suas inquietações, dava sua garantia; que tivessem a bondade de vir ao Palácio, seriam bem-vistos e satisfeitos em suas solicitações.

2. Mercenários desempregados.

MAQUIAVEL ———————————————— HISTÓRIA DE FLORENÇA

Essas palavras não fizeram *messer Rinaldo* mudar de propósito; para ficar seguro, disse, desejava que voltassem a ser simples cidadãos, e depois, em benefício de todos, se reordenasse a cidade.

Mas sempre acontece que quando as autoridades são iguais e os pareceres diferentes, raras vezes se resolve alguma coisa satisfatoriamente. *Ridolfo Peruzzi*, motivado pelas palavras daqueles cidadãos, disse que para ele não se procurava senão que *Cosimo* não retornasse, e estando isso acordado parecia-lhe uma grande vitória e que esta não precisava ser maior enchendo-se de sangue a cidade, e queria, por isso, obedecer à Senhoria. E com os seus se dirigiu ao Palácio, onde foi recebido com alegria.

A demora de *messer Rinaldo* em *San Pulinari*, o pouco ânimo de *messer Palla* e a partida de Ridolfo tiraram a vitória da empresa a *messer Rinaldo*; além disso, aquele calor inicial do ânimo dos cidadãos que o seguiam tinha começado a diminuir. A isso tudo acrescente-se a autoridade do Papa.

32. O papa Eugênio IV mediador

O papa Eugênio[1] encontrava-se então em Florença, expulso de Roma pelo povo. Percebendo estes tumultos e acreditando ser sua tarefa apaziguá-los, mandou o patriarca[2] *messer Giovanni Vitalleschi*, muito amigo de *messer Rinaldo*, pedir-lhe que viesse falar consigo, pois não faltaria junto à Senhoria nem autoridade nem crédito para atendê-lo e dar-lhe garantias, sem sangue nem dano dos cidadãos.

Messer Rinaldo, persuadido pelo amigo, dirigiu-se com todos os homens armados que o acompanhavam à [igreja de] *Santa Maria Novella*, onde o Papa demorava. Eugênio comunicou-lhe que os Senhores em sua pessoa haviam depositado confiança bem como colocado a solução de todas as diferenças; e que quando depusessem as armas se ordenariam as coisas como desejava ele. E *messer Rinaldo*, tendo em vista a frieza de *messer Palla* e a ligeireza de *Ridolfo Peruzzi*, escasso de melhores escolhas colocou-se em suas mãos, pensando até que a autoridade do Papa o preservaria. Pelo que o Papa mandou dizer a *Niccolò Barbadoro* a aos outros que o esperavam fora, que depusessem as armas porque *messer Rinaldo* permanecia com o pontífice a fim de negociar o acordo com os Senhores. Ouvindo isto, todos se acalmaram e se desarmaram.

---

1. Trata-se de Eugênio IV (1431-1447), que os Colonna expulsaram de Roma, e contra o qual se tinham rebelado as Marche e Bolonha, com a participação de Filipe Maria Visconti. Cf. A. Montevecchi, op. cit.
2. Espécie de governador, no caso das Marche, e futuro arcebispo de Florença. Cf. A. Montevecchi.

LIVRO IV_____*da conquista da Toscana ao retorno de Cosimo*

33. *Balìa* restitui *Cosimo* à pátria e confina *Albizzi*

Os Senhores, ao verem seus adversários desarmados, esperaram para colocar em prática o acordo conseguido por meio do Papa. Por outro lado, mandaram buscar secretamente força de infantaria às montanhas de Pistóia, de onde veio para Florença, à noite, toda sua gente armada. Ocuparam os pontos principais da cidade, chamaram o povo à praça e estabeleceram nova *balìa*[1], que, assim que se reuniu, restituiu *Cosimo* à pátria e os outros que com este tinham sido desterrados. E do partido inimigo desterrou *messer Rinaldo degli Albizzi*, *Ridolfo Peruzzi*, *Niccolò Barbadoro*, *messer Palla Strozzi* e muitos outros cidadãos, e em tal quantidade que foram poucos os lugares na Itália, que não receberam exilados, e muitos, fora da Itália os que ficaram deles repletos. Assim, pelo incidente, Florença não somente se privou de homens de bem, como de riquezas e de indústria.

O Papa, vendo tanta ruína abater-se sobre aqueles que por suas súplicas tinham deposto armas, ficou muito descontente. A *messer Rinaldo* manifestou seu pesar pela injúria sofrida sob suas garantias, e o exortou à paciência e à esperança na modificação da fortuna. Respondeu-lhe *messer Rinaldo*:

A pouca fé dos que em mim deviam crer e a muita que em Vós prestei arruinaram a mim e a meu partido; mas a ninguém senão a mim mesmo eu lamento, pois julguei que Vós, que de Vossa pátria fostes expulso, pudésseis me manter na minha. Dos jogos da fortuna tenho muito boa experiência e como pouco tenho confiado na prosperidade, na adversidade pouco me ofendem; e sei que, quando desejar, a mim se mostrará mais alegre; mas se nunca o desejar, sempre pouco estimarei viver numa cidade onde possam menos as leis do que os homens: porque a pátria querida é aquela onde dos bens e dos amigos podemos seguramente desfrutar, não aquela onde aqueles nos podem ser facilmente tirados, e os amigos, por temores seus, nos abandonam em nossas maiores necessidades. Sempre, aos homens sensatos e bondosos, foi menos pesado ouvir dos males da pátria do que vê-los, consideram melhor ser um rebelde respeitável do que um cidadão escravo.

E abandonando o Papa, cheio de indignação e reprochando consigo mesmo os conselhos deste e a frieza de seus amigos, foi-se ao exílio[2].

Cosimo, por outro lado, tendo notícia da restituição de seus direitos, voltou a Florença[3]. E raras vezes aconteceu que um cidadão, voltando triunfante de uma vitória, tivesse sido recebido por sua pátria com tamanha afluência de povo e com tanta demonstração de benevolência quanto foi recebido voltando do exílio. E por todos voluntariamente foi saudado benfeitor do povo e pai da pátria.

1. Em 28 de setembro de 1434.
2. Para Nápoles, de onde não voltou.
3. Em 6 de outubro de 1434.

LIVRO V

do retorno de Cosimo à tomada do Casentino

LIVRO V_____*do retorno de Cosimo à tomada do Casentino*

1. O ciclo da ruína à ordem. A extinção da virtude: as guerras são tão fracas que começavam sem medo, se travavam sem risco e acabavam sem dano

Costumam as províncias[1], as mais das vezes, nas mudanças a que são submetidas, da ordem vir à desordem, e novamente, depois, passar da desordem à ordem: porque não estando na natureza das coisas deste mundo o deter-se, quando chegam à sua máxima perfeição, não mais podendo se elevar, convém que precipitem; e de igual maneira, uma vez caídas e pelas desordens chegadas à máxima baixeza, necessariamente não podendo mais cair convém que se elevem: assim, sempre do bem se cai no mal e do mal eleva-se ao bem. Porque a virtude gera tranqüilidade, a tranqüilidade, ócio, o ócio, desordem, a desordem, ruína; e igualmente, da ruína nasce a ordem, da ordem a virtude, e desta, a glória e a prosperidade.

Donde, observam os sensatos, as letras costumam vir depois das armas, e nas províncias como nas cidades os capitães vêm primeiro do que os filósofos. Porque tendo as boas e ordenadas armas gerado vitórias, e as vitórias, tranqüilidade, não se pode corromper a fortaleza dos ânimos guerreiros com mais honesto[2] ócio senão com o das letras, nem pode o ócio com maior e mais perigoso engano do que este[3] penetrar em uma cidade bem instituída. Isto foi muito bem percebido por Catão quando foram mandados a Roma Diógenes e Carneades como embaixadores junto ao Senado. Vendo que a juventude romana começava a segui-los com admiração, e sabendo o mal que daquele honesto ócio podia resultar à sua pátria, providenciou para que nenhum filósofo pudesse ser recebido em Roma.

Por isso as províncias vêm à ruína, e aí chegadas, com os homens tornados sensatos pelos castigos, retornam à ordem, como foi dito, caso não sejam sufocadas por uma força extraordinária. Estas razões fizeram,

---

1. As nações, os impérios. Cf. Proêmio, n.1.
2. Usava-se com freqüência honesto, em italiano, também como sinônimo de modesto ou de digno, honrado.
3. As letras.

antes pelos antigos toscanos[4], depois pelos romanos, ora feliz ora infeliz a Itália. E mesmo que, depois, sobre as ruínas romanas não se tenha construído alguma coisa que a tivesse resgatado das mesmas, que sob um virtuoso príncipe tenha podido gloriosamente operar, surgiu tanta virtude em algumas das novas cidades e novos impérios nascidos em meio àquelas ruínas que, se bem que entre estes nenhum dominasse o outro, de tal maneira eram concordes e ordenados que a libertaram e defenderam dos bárbaros.

Entre tais impérios os florentinos, se eram de menor domínio, não eram de autoridade e de poder menores. Ao contrário, por estarem no meio da Itália, ricos e prontos ao ataque, ou sustentavam uma guerra movida por eles mesmos ou davam a vitória a quem se tivessem aliado.

Da virtude então destes novos principados, se não vieram tempos que foram tranqüilos pela longa paz, tampouco foram perigosos pela aspereza da guerra. Porque paz não pode se afirmar exista onde amiúde os principados com as armas se atacam uns aos outros; e guerras tampouco se podem chamar as que nelas os homens não se matam, as cidades não são saqueadas, não são destruídos os principados, pois tão fracas vinham que se começavam sem medo, se travavam sem risco e terminavam sem dano[5]. Tanto que a virtude que costumava desaparecer nas outras províncias pela longa duração da paz, se extinguiu na Itália pela covardia destas, como claramente se poderá ver pelo que descreveremos de 1434 a 1494, onde se compreenderá como no fim abriu-se novamente o caminho aos bárbaros e se recolocou a Itália na servidão destes.

E se as coisas feitas fora e em casa por nossos príncipes não serão lidas com admiração pela virtude e grandeza destes, como são as dos antigos, serão talvez por outras qualidades com não menor admiração consideradas, vendo como tão nobres povos com tão débeis e mal administradas armas fossem mantidos subjugados. E se ao descrever as coisas acontecidas neste desarranjado mundo não se mencionará força nos soldados, virtude nos capitães ou amor de cidadãos pela pátria, é porque se verá com que enganos, com que astúcias e artes os príncipes, os soldados, os dirigentes das repúblicas, para manter a reputação que não tinham merecido, governavam-se. O que será talvez não menos útil do que conhecer as coisas antigas, porque se os ânimos nobres a estas aspiram, os outros aspirarão a evitá-las e anulá-las.

4. Refere-se aos etruscos.
5. Cf. Livro IV, cap.6, n.3.

LIVRO V_____*do retorno de Cosimo à tomada do Casentino*

2. As escolas de guerra *Braccesca* e *Sforzesca* atacam o papa Eugênio IV, que se refugia em Florença

A Itália tinha sido levada a tal ponto pelos que a governavam que, quando pela concórdia dos príncipes vinha uma paz, pouco depois era perturbada pelos que tinham armas em mãos[1]; assim, com a guerra não conseguiam glória nem com a paz tranqüilidade.

Estabelecida a paz entre o duque de Milão e a coalizão, em 1433, os soldados, desejando viver em guerra, voltaram-se contra a Igreja. Havia então duas escolas de guerra[2] na Itália: a *Braccesca* e a *Sforzesca*. Desta era chefe o conde *Francesco*, filho de *Sforza*, da outra os príncipes eram *Niccolò Piccino* e *Niccolò Fortebraccio*; às duas estavam ligadas quase todas as armas italianas. A *Sforzesca* era a de maior prestígio, seja pela virtude do conde, seja pela promessa que o duque de Milão fizera de dar-lhe como esposa dona *Bianca*, sua filha natural, expectativa de parentesco esta que lhe trazia grandíssima reputação.

As duas escolas, por razões diversas, atacaram o papa Eugênio depois da Paz da Lombardia. *Niccolò Fortebraccio* tinha como motivo a antiga inimizade de *Braccio* com a Igreja, já o conde por ambição movia-se, tanto que *Niccolò* atacou Roma e o conde se assenhoreou da *Marca*[3]. Donde os romanos, por não quererem a guerra, expulsaram Eugênio de Roma.

Este, fugindo com riscos e dificuldades, refugiou-se em Florença, onde considerando o perigo em que se encontrava e vendo-se abandonado pelos príncipes, que não estavam dispostos a tornar a empunhar por ele as armas que tinham deposto com o máximo desejo, fez um acordo com o conde e concedeu-lhe a senhoria da *Marca*, mesmo que o conde à injúria de tê-la ocupado tivesse acrescentado seu desprezo, porque, ao indicar aos seus o lugar de onde enviava suas cartas, em latim, segundo o costume italiano, escreveu: *Ex Girfalco nostro Firmano, invito Petro et Paulo*[4]. Não só não ficou contente com a concessão das terras como desejou ser nomeado gonfaloneiro da Igreja, e tudo lhe foi concedido. A tal ponto temia Eugênio uma guerra perigosa que preferiu uma vituperiosa paz.

1. Refere-se aos mercenários.
2. "...sètte di armi...", seitas de armas (de *condottieri*).
3. O conde *Francesco Sforza* apoderou-se da *Marca* (cf. Livro I, cap.12, n.3) revoltado contra a má administração do governador do pontífice (cf. Livro IV, cap. 32); *Fortebraccio* atacou Roma em agosto de 1433.
4. *Girfalco*, gavião, era o nome do castelo. Fermo, cidade ao norte da Itália: "De nosso Girfalco, de Fermo, contra a vontade de Pedro e Paulo."

Tornando-se o conde amigo do Papa, perseguiu *Niccolò Fortebraccio*, e entre eles aconteceram, em território da Igreja, por muitos meses muitos incidentes, os quais, em sua totalidade, vieram mais a dano do Papa e de seus súditos do que daqueles que manejavam a guerra. Até que entre eles, por intermédio do duque de Milão, depois de uma trégua concluiu-se um acordo, onde um e o outro nas terras da Igreja permaneceram príncipes.

3. *Canetto* expulsa o governador do Papa e pede ajuda ao Duque, e o pontífice, aos venezianos e florentinos

Essa guerra, terminada em Roma, foi recomeçada na Romanha por *Batista da Canneto*[1]. Ele matou, em Bolonha, alguns membros da família *Grifoni* e expulsou da cidade o governador do pontífice[2]; e para conservar com a violência aquele estado, pediu ajuda a Filipe [Maria Visconti]; e o Papa a pediu aos venezianos e aos florentinos, para vingar-se da injúria[3]. Foram ambos atendidos, tanto que logo encontravam-se na Romanha dois grandes exércitos.

De Filipe era capitão *Niccolò Piccino*, e as tropas venezianas e florentinas estavam, sob as ordens de *Gattamelata* e de *Niccolò da Tolentino*, de menos de um dia próximas de Ímola, onde venezianos e florentinos foram derrotados, e preso e enviado ao duque foi *Niccolò da Tolentino*, que, ou por burla daquele, ou pela dor do dano recebido, morreu em poucos dias. O duque, depois dessa vitória, ou por estar fraco pelas recentes guerras, ou por crer que a coalizão recebendo essa derrota se aquietasse, não seguiu a fortuna e deu tempo ao Papa e aos membros da coalizão de unir-se novamente. Estes escolheram como capitão o conde *Francesco* [Sforza] e procuraram expulsar *Niccolò Fortebraccio* das terras da Igreja, para ver se podiam ultimar aquela guerra que tinham começado em favor do Papa.

Os romanos, ao verem o Papa galhardo pelos campos[4], procuraram fazer acordo com ele, foram a seu encontro e receberam um comissário seu. *Niccolò Fortebraccio*, entre outras terras, possuía Tiboli, *Montefiasconi*, *Città di Castello*, e Assis. Nesta, não podendo estar em acampamento militar, refugiou-se, e aí o conde *Sforza* o assediou; e durando muito o assédio, porque *Niccolò* virilmente se defendia, ao duque pareceu

1. *Canetoli.*
2. *Marco Condulmer*, em junho de 1434.
3. Era porém claro que aos venezianos e florentinos interessava contrastar os *Visconti* na Lombardia e Emília-Romanha.
4. Militarmente forte.

LIVRO V_____*do retorno de Cosimo à tomada do Casentino*

necessário ou impedir a vitória da coalizão ou, depois desta, organizar a defesa das coisas suas. Desejando para isso distrair o conde do assédio, ordenou a *Niccolò Piccino* que atravessando a Romanha fosse à Toscana, de maneira que a coalizão, julgando ser mais necessário defender a Toscana do que ocupar Assis, ordenou ao conde impedir a passagem a *Niccolò*, que já estava com seu exército em *Furli*. O conde, por outro lado, moveu suas tropas e veio até Cesena, tendo deixado com *Lione*[5], seu irmão, a guerra da Marca e o cuidado de seus estados.

E enquanto *Piccinino* procurava passar, e o conde, impedi-lo, *Niccolò Fortebraccio* atacou *Lione* e com grande glória sua o prendeu, saqueou sua gente e, continuando a vitória, ocupou com o mesmo ímpeto muitas terras da Marca. Esse fato muito entristeceu o conde, acreditando ter perdido todos os seus estados; e, deixando parte de seu exército com *Piccino*, com o restante marchou contra *Fortebraccio*, combateu-o e o derrotou. Nessa derrota *Fortebraccio* foi aprisionado e ferido, e dessa ferida morreu.

Tal vitória restituiu ao pontífice todas as terras que *Niccolò Fortebraccio* tinha-lhe tomado e obrigou o duque de Milão a pedir paz, a qual se concluiu por mediação de *Niccolò da Esti*, marquês de Ferrara[6]. Este acordo restituiu ao pontífice as terras que o duque ocupara na Romanha, e suas tropas retornaram à Lombardia.

E *Batista da Canneto*, como acontece aos que por força e virtudes alheias se mantêm em um estado, assim que se foram da Romanha as tropas do duque, não podendo suas forças e virtude mantê-lo em Bolonha, fugiu: donde *messer Antonio Bentivoglio*, chefe do partido adversário, retornou[7].

4. A revanche dos partidários de *Cosimo* e outros injuriados. A aliança com o Papa e com os venezianos

Essas coisas todas aconteceram durante o exílio de *Cosimo* e depois de seu retorno os que haviam proporcionado sua volta, bem como muitos outros cidadãos injuriados, pensaram, sem consideração alguma, assegurar-se do poder que tinham. E os membros da Senhoria, que assumiram para os meses de novembro e dezembro, não contentes com o que os antecessores haviam feito em favor do próprio partido, de

---

5. *Leone Sforza*.
6. Em agosto de 1435.
7. Em dezembro de 1435. *Bentivoglio*, porém, foi morto pouco depois de seu retorno. Ímola e Bolonha voltaram ao poder do Papa.

MAQUIAVEL _____ HISTÓRIA DE FLORENÇA

muitos prolongaram e permutaram o confinamento, de outros decretaram novos[1]; e os cidadãos foram perseguidos não só pelos humores dos partidos, mas por suas riquezas, por seus famíliares, pelas inimizades pessoais.

Se essa proscrição tivesse sido seguida de derramamento de sangue, teria sido comparável à de Otaviano e Sila; mesmo não o sendo, em algum lugar, sim, se tingiu: *Antonio di Bernardo Guadagni* foi decapitado, e a outros quatro cidadãos, entre estes *Zanobi de'Belfrategli* e *Cosimo Barbadori*, tendo atravessado o confim e já estando em Veneza, os venezianos, estimando mais a amizade de *Cosimo* do que a própria honra, mandaram-nos à prisão, onde de modo vil foram mortos.

Coisa que ao Partido deu grande reputação e ao inimigo grandíssimo terror, considerando-se que tão poderosa república tivesse vendido sua liberdade aos florentinos. Isso acreditou-se ter sido feito não tanto para beneficiar *Cosimo* como para atiçar mais as paixões partidárias em Florença e tornar, mediante o sangue, a divisão da nossa cidade mais perigosa, porque os venezianos não viam outra oposição à sua grandeza senão na união dos florentinos.

Espoliada então a cidade de inimigos ou suspeitos ao estado, dedicaram-se a beneficiar outras pessoas para tornar mais forte o partido deles; a família dos *Alberti* e todas as outras que se havia rebelado foram restituídas à pátria; todos os Grandes, exceto poucos, foram inscritos nas organizações populares[2], e os bens dos rebeldes por pouco preço foram divididos entre eles.

Juntamente com essas medidas, procuraram fortalecer-se com novas leis e organizações, com novos escrutínios, tirando das bolsas[3] os nomes dos inimigos e substituindo-os com os dos amigos. E, advertidos da ruína dos adversários, julgando que não bastavam os escrutínios depurados para lhes garantir o estado, decidiram que aqueles magistrados que em penas capitais têm autoridade fossem sempre do partido deles.

E acrescentaram que os *accoppiatori*[4] tivessem, juntamente com os integrantes da Senhoria precedente, autoridade para escolher a nova; deram aos Oito de Guarda autoridade para derramar sangue; estabeleceram que os confinados, acabada a condenação, não pudessem retornar sem que antes houvesse entre os Senhores e os Colégios, em um total de trinta e sete membros, trinta e quatro favoráveis ao retorno;

1. Entre estes, dos Senhores a cargo do bimestre setembro-outubro de 1433; foi ainda prolongado o exílio de *Rinaldo degli Albizzi*.
2. Ficava-lhes, assim, permitido o acesso a cargos públicos.
3. Cf. Livro II, cap. 28.
4. Magistrados encarregados dos escrutínios. Accopiare significa emparceirar, acasalar, emparelhar.

LIVRO V_____*do retorno de Cosimo à tomada do Casentino*

lhes proibiram receber e escrever cartas. E qualquer palavra, aceno, gesto que de alguma maneira desagradasse os que governavam era severamente punido.

E se em Florença permaneceu algum suspeito que por estas medidas não tivesse sito atingido, o foi pelos novos gravames. Em pouco tempo, tendo expulsado e empobrecido todo o partido inimigo, asseguraram-se o estado. E para não ficar sem auxílio de fora e tirá-lo de quem quisesse atacá-los, com o Papa os venezianos e o duque de Milão fizeram uma aliança[5].

5. Morre a rainha Joana, de Nápoles, e este reino é disputado por Renato de Anjou e Afonso V, de Aragão

Estando então desta maneira as coisas em Florença, morreu Joana[1], rainha de Nápoles, deixando pelo seu testamento Renato de *Anjou* como herdeiro do trono. Afonso[2] de Aragão encontrava-se então na Sicília, e por sua amizade com muitos barões preparava-se para ocupar aquele reino. Os napolitanos e muitos barões estavam a seu favor. Por outro lado o Papa não desejava que Renato nem Afonso o tomassem, mas que um de seus administradores o fizesse.

Veio então Afonso ao reino de Nápoles e foi recebido pelo duque de Sessa. Assoldou alguns príncipes que ficaram a seu comando (já tinha Cápua, que o príncipe de Tarento governava em seu nome) para submeter os napolitanos a sua vontade. E mandou sua frota atacar Gaeta, cidade que estava do lado dos napolitanos. Foi quando estes mandaram pedir ajuda a Filipe Maria *Visconti*, que persuadiu os genoveses a se fazer cargo dessa empresa. Estes, não só para agradar o duque Filipe [Maria *Visconti*], de quem eram súditos, mas para salvar suas mercadorias, que tinham em Nápoles e em *Gaeta*, armaram uma poderosa frota. Afonso, por outro lado, ao saber disso reforçou a sua e pessoalmente foi ao encontro dos genoveses. E acima da ilha de Ponzio se embateram, a frota aragonesa foi derrotada, Afonso e muitos príncipes foram aprisionados pelos genoveses e entregues a Filipe.

Essa vitória acabrunhou muitos príncipes que na Itália temiam a potência de Filipe, porque acreditavam que era muito boa ocasião de apoderar-se do todo. Mas ele (tão diferentes são as opiniões dos homens) tomou uma decisão totalmente contrária a essa opinião.

5. Em agosto de 1435.

1. Em 11 de fevereiro de 1435.

2. Afonso V, chamado o Magnânimo, reinou na Sicília de 1442 até sua morte, em junho de 1458, com o nome de Afonso I, de Aragão. Cf. *F. F. Murga, op. cit.*

MAQUIAVEL ———————————————————— HISTÓRIA DE FLORENÇA

Afonso era homem prudente e, assim que pôde falar com Filipe, mostrou-lhe o quanto estava enganado ao apoiar Renato e opor-se a ele, porque Renato, tornando-se rei de Nápoles, teria de fazer o máximo esforço para que Milão viesse a pertencer ao rei da França, e para ter ajuda próxima e não ter de procurar, em caso de necessidade, por quem lhe abrisse caminho a seus socorros; e não poderia de outra forma estar seguro senão com a própria ruína, tornando francês aquele mesmo estado.

E o contrário, disse, aconteceria quando ele, Afonso, se tornasse príncipe, porque não temendo outro inimigo senão os franceses era necessário amar, afagar e, principalmente, obedecer àquele que a seus inimigos podia abrir caminho. E por isso o título de rei viria estar consigo, mas a autoridade e poder com ele, Filipe. Portanto muito mais a si mesmo do que a Filipe competia considerar os riscos de uma e a utilidade de outra escolha, isto se não desejasse mais satisfazer a um apetite seu do que se assegurar o estado; porque no primeiro caso seria príncipe e livre, no segundo, estando em meio a dois poderosíssimos monarcas, ou perderia o poder ou viveria sempre sob suspeita e como servo teria de obedecer aos dois.

Tal foi o poder que essas palavras tiveram no ânimo do duque que, mudando propósito, libertou Afonso e dignamente o enviou a Gênova, de onde seguiu para o reino de Nápoles. E transferiu-se logo para Gaeta, que tinha sido tomada por seus partidários assim que souberam de sua libertação.

6. Disputas entre os *Fregosi* e os *Adorni* em Gênova

Os genoveses indignaram-se todos contra o duque porque, sem respeito por eles, tinha libertado o rei, e dos riscos e recursos deles se tinha servido; e porque a este tinha ficado a gratidão pela libertação e, a eles, a injúria da captura e da derrota.

Na cidade de Gênova, quando vive em liberdade, escolhe-se por livre sufrágio um chefe que é chamado *Doge*, não para que seja príncipe absoluto nem para que delibere sozinho, mas como chefe proponha o que seus magistrados e conselhos devem decidir. Há nesta cidade famílias que são tão poderosas que dificilmente obedecem ao império dos magistrados. Entre todas, a família *Fregosa* e a *Adorna* são poderosíssimas, delas nascem as divisões dessa cidade e os motivos pelos quais se estragam as ordenações civis: porque lutam entre eles, não civilmente, mas com as armas na maioria das vezes, disputando este principado, e acontece sempre

236

Livro V_____*do retorno de Cosimo à tomada do Casentino*

que um partido é derrotado e o outro governa; e às vezes acontece que os que se encontram sem cargos recorrem a armas forasteiras, e a pátria que não conseguem governar submetem a um forasteiro. E daí acontecia e acontece que quem reina na Lombardia na maioria das vezes governa Gênova. Como acontecia então, quando Afonso de Aragão foi preso.

Entre os principais cidadãos que submeteram Gênova a Filipe [Maria *Visconti*] estava *Francesco Spinula*[1], que, não muito depois de fazer sua pátria serva, como em tais casos sempre acontece, tornou-se suspeito ao duque. Por isso, indignado, escolheu uma espécie de exílio voluntário em *Gaeta*, onde se encontrava quando ocorreu o combate naval com Afonso[2]; e tendo-se comportado virtuosamente a serviço dessa empresa, julgou ter de novo reconquistado a confiança do duque e merecer ao menos, em prêmio pelos méritos, viver em segurança em Gênova. Mas percebendo que este continuava com suas suspeitas, porque não podia crer que o amasse quem que não amava a liberdade da própria pátria, decidiu tentar novamente a sorte e de uma só vez dar liberdade à pátria, e a si mesmo, fama e segurança, pois estimava, em relação a seus concidadãos, que não havia outro proceder senão agir onde iniciada a ferida e ali começar o remédio e a saúde.

E vendo a indignação geral nascida contra o duque pela libertação do rei, julgou que fosse oportuno tornar efetivos seus planos. Comunicou isso a todos que eram da mesma opinião, e os exortou e os motivou a segui-lo em seus desígnios.

7. *Francesco Spinola* expulsa de Gênova o governador do Duque de Milão

Havia chegado o célebre dia de São João Batista[1], quando *Arismino*[2], o novo governador enviado pelo duque, devia chegar à cidade. E tendo já entrado, acompanhado pelo governador precedente *Opicino*[3] e muitos genoveses, *Francesco Spinola* não julgou que fosse de mais protelar-se, e saiu de casa armado, juntamente com os que sabiam de sua decisão; e quando estava na praça, em frente a sua casa gritou a palavra liberdade. Foi admirável ver a rapidez com que concorreram aquele povo e aqueles cidadãos: nenhum dos que por sua atividade ou

1. No cap. seguinte: *Spinola*.
2. Cf. cap. anterior.
1. Na verdade trata-se de São João Evagelista, 27 de dezembro, de 1435.
2. *Erasmo Trivulzio*.
3. *Opizzino d'Alzate*, ou *Algiate*.

por outra razão qualquer estavam ligados ao duque teve tempo de empunhar armas, podendo apenas prover a própria fuga.

Arismino, com alguns dos genoveses que o acompanhavam, fugiu para o castelo guardado por tropas do duque. *Opicino*, pensando refugiar-se no palácio, onde tinha dois mil homens armados para defendê-lo, e assim salvar-se ou dar ânimo aos amigos para se defender, dirigiu-se para lá e antes que chegasse à praça foi morto e cortado em muitos pedaços, que foram arrastados por Gênova.

Entregue a cidade a magistrados livres, em poucos dias os genoveses ocuparam o castelo e as outras fortificações do duque, e do jugo deste completamente se libertaram.

8. Discurso de *Rinaldo degli Albizzi* exortando o Duque a declarar guerra a Florença

Essas coisas assim conduzidas, que no início tinham acabrunhado os príncipes da Itália, porque temiam que o duque se tornasse demasiado poderoso, deram-lhes, vendo o fim que tiveram, esperança de poder mantê-lo sob controle. E não obstante a coalizão ter sido de novo constituída[1], os florentinos e os venezianos fizeram um acordo com os genoveses[2]; os florentinos mandaram a Gênova *Baldaccio d'Anghiari*. Donde *messer Rinaldo degli Albizzi* e outros chefes dos exilados florentinos, vendo as coisas perturbadas e o mundo de cara mudada, ficaram com esperança de poder induzir o duque a uma guerra aberta contra Florença; em Milão, *messer Rinaldo* disse ao duque: Se nós, que já fomos teus inimigos, vimos agora com confiança suplicar-te para voltar à nossa pátria em nosso auxílio, nem tu nem qualquer um que considere como procedem as coisas humanas e quanto muda a fortuna deve se maravilhar, não obstante podemos ter manifestas e razoáveis escusas contigo pelas coisas passadas e pelas nossa ações presentes, e com a pátria pelo que já fizemos e pelo que agora fazemos.

Nenhum homem bom repreenderá jamais alguém que procure defender sua pátria, seja qual for a maneira de defendê-la. Nem foi jamais nossa finalidade injuriar-te, mas salvaguardar a nossa pátria das injúrias: coisa de que podes ser testemunha, no curso das maiores vitórias de nossa coalizão, quando te reconhecemos voltado a uma verdadeira paz e dela fomos mais desejosos do que tu mesmo, tanto é que não duvidamos de jamais ter feito alguma coisa que temêssemos não pudesse obter de ti um favor.

Nem nossa pátria pode se condoer de nós, que a defendemos com tanta obstinação, agora que te pedimos tomar armas contra ela. Porque esta pátria merece ser por todos os

1. Tratado de paz de 1435.
2. Em maio de 1436.

LIVRO V_____*do retorno de Cosimo à tomada do Casentino*

cidadãos amada, esta pátria ama igualmente a todos os seus cidadãos, e não aquela que, pospostos todos os outros, só a pouquíssimos adora.

Que ninguém condene as armas que de qualquer forma contra a pátria se movem, porque as cidades, mesmo sendo corpos complexos, assemelham-se a corpos simples, e assim como nestes nascem muitas vezes enfermidades que sem o fogo e o ferro não podem ser sanadas, naqueles surgem muitas vezes tantos inconvenientes que mesmo um pio e bom cidadão, quando o ferro ali fosse necessário, muito mais pecaria ao deixá-las sem curas do que ao tentar curá-las. Então qual enfermidade pode ser maior no corpo de uma república do que a servidão? Qual o remédio é mais necessário ao uso do que aquele que dessa enfermidade o alivia? Somente são justas as guerras que são necessárias, e são piedosas as armas quando sem elas não há esperança alguma[3].

Não sei qual necessidade é maior do que a nossa, nem que piedade possa superar aquela que a pátria tira da servidão. É muito certo, portanto, que a nossa causa é piedosa e justa, e isto é coisa que deve ser considerada por nós e por ti. E de tua parte não falta esta justificação, porque os florentinos não se envergonharam, depois de uma paz com tanta solenidade celebrada, de se ter aliado com os genoveses insurgidos contra ti, de tal maneira que, se a causa nossa não te move, a indignação te mova. E muito mais vendo que a empresa é fácil, porque não te devem acabrunhar os exemplos passados, quando viste a pujança do povo florentino e sua obstinação na defesa, ambas coisas que com razão te deveriam ainda fazer temer porque nelas há ainda a mesma virtude de então.

Mas agora encontrarás todo o oposto, porque, que pujança queres que exista numa cidade que tenha se despojado da maior parte de sua riqueza e de sua indústria? Que obstinação queres que exista em um povo desunido por tão variadas e recentes inimizades? Essa desunião é razão que ainda não se possam gastar as riquezas restantes da mesma maneira que se gastavam, porque os homens de bom grado gastam seu patrimônio quando estão convencidos de que o fazem para a glória, para a honra e a pátria, esperando readquirir na paz o que perderam na guerra; mas não quando, seja em tempo de paz seja em tempo de guerra, estão oprimidos, tendo, no primeiro caso, de suportar as injúrias dos inimigos, no outro, a insolência dos que os governam.

Aos povos é mais nociva a avareza de seus cidadãos do que a voracidade de seus inimigos: porque desta se espera um dia ver o fim, da outra, jamais. No passado movias tuas armas contra uma cidade inteira, agora contra uma mínima parte desta as moves; vinhas tomar o estado a muitos cidadãos, e bons, agora vens tomá-lo a poucos, e maus; vinhas para tirar a liberdade da cidade, agora, para dá-la. E não é razoável que a tanta disparidade de razões corresponda igualdade de efeitos, ao contrário, pode-se esperar uma vitória certa. Esta, o quanto fortaleceria teu estado, podes facilmente julgar: terias como amiga a Toscana, com tamanha e tal obrigação que esta mais te valeria em tuas empresas do que a própria cidade de Milão.

---

3. Idéia presente também em *Il principe*, XXVI, e *Discorsi...*,III, 12.

MAQUIAVEL————————————————————HISTÓRIA DE FLORENÇA

E enquanto em outra ocasião essa posse seria julgada ambiciosa e violenta, no presente será estimada justa e piedosa.

Não deixa, portanto, passar esta ocasião, e pensa que se as outras tuas empresas contra aquela cidade te ocasionaram despesas e infâmia, com dificuldade, esta te proporcionará grandíssimo lucro, muito honesta fama, com facilidade.

9. O Duque envia *Niccolò Piccino* contra os aliados

Não eram necessárias muitas outras palavras para persuadir o duque que movesse guerra contra os florentinos, porque estava motivado por um hereditário ódio e uma cega ambição que assim o governavam, e mais ainda pelas novas injúrias pelo acordo feito com os genoveses. Muito o desanimavam os gastos feitos, os perigos passados, a memória das recentes perdas e as vãs esperanças nos exilados.

Este duque, assim que soube da rebelião de Gênova, mandou *Niccolò Piccino,* com todas as suas tropas e infantaria que pôde reunir, para aquela cidade, para tentar recuperá-la, antes que os cidadãos tivessem readquirido confiança e ordenado o novo governo, tendo muita confiança no castelo que dentro de Gênova era guardado por gente sua. E apesar de *Niccolò* ter expulsado os genoveses de cima dos colinas, de ter-lhes tirado o vale de *Polzeveri*[1] onde se tinham fortificado, e os obrigado a ficar dentro das muralhas da cidade, encontrou tanta dificuldade para ir mais adiante por causa do obstinado ânimo dos cidadãos que se defendiam, que foi obrigado a se afastar daquela cidade.

Por isso o duque, persuadido pelos exilados florentinos, ordenou a *Piccino* que atacasse a costa do Levante e, nas proximidades dos confins de Pisa, fustigasse o território genovês tanto quanto pudesse, julgando que esta empresa deveria indicar-lhe periodicamente que decisões deveria tomar. *Niccolò* atacou, então, *Serezana*[2] e a tomou. Depois, causando grandes danos, para confundir mais os florentinos foi a *Lucca,* dizendo querer por aí passar para ir ao encontro de rei de Aragão.

O papa Eugênio, em vista desses novos incidentes, saiu de Florença, e foi à Bolonha[3], onde negociava novos acordos entre o duque e a coalizão, mostrando ao duque que se não aceitasse o acordo, ele [Eugênio] ficaria necessitado de oferecê-lo ao conde *Francesco* [*Sforza*], no momento seu aliado e militante sob seu estipêndio. E apesar de que o pontífice nisso muito se esforçasse, em vão resultaram todos seus

1. *Val Polcevera.*
2. *Sarzana.*
3. Em abril de 1436, porém a vinda de *Piccino* a *Lucca* é posterior: outubro do mesmo ano.

240

LIVRO V_____*do retorno de Cosimo à tomada do Casentino*

esforços, porque o duque sem Gênova não desejava acordo, e a coalizão queria que Gênova ficasse livre. Assim, cada um desconfiando com a paz, preparava a guerra.

10. Perto de Barga, *Francesco Sforza* bate *Piccino*, que logo também é derrotado em *Chiaradada* por Gonzaga

Tendo *Niccolò Piccino* ido a *Lucca*, os florentinos suspeitaram de novos movimentos e fizeram *Neri di Gino* cavalgar com suas tropas no território de Pisa, e do Pontífice conseguiram que o conde *Francesco* ao lado deles se colocasse, e com seus exércitos pararam em *Santa Gonda*. *Piccino*, que estava em *Lucca*, pediu passagem para ir ao Reino de Nápoles e, já que o negaram, ameaçou tomá-la pela força. Eram iguais de exércitos e capitães, por isso, não querendo nenhum dos dois tentar a fortuna, estando ainda presos pelo tempo frio, porque era dezembro, esperaram muitos dias para se atacar. O primeiro deles que se moveu foi *Niccolò Piccino*, ao qual foi indicado que se atacasse à noite o povoado de *Vico Pisano*, a tomaria facilmente. *Niccolò* fez a empresa e, não conseguindo ocupar Vico, saqueou a área ao redor, e saqueou e incendiou o vilarejo de *San Giovanni alla Vena*[1].

Esta empresa, mesmo que tenha em grande parte sido em vão, deu a *Niccolò* ânimo de ir mais adiante, tendo principalmente visto que o conde *Sforza* e *Neri* não se haviam movido. Por isso atacou *Santa Maria in Castello* e *Filetto*, e venceu. E as tropas florentinas ainda assim não se moveram, não porque o conde tivesse temor, mas porque em Florença os magistrados ainda não tinham decidido a entrada em guerra, pela reverência que se tinha ao Papa, que negociava a paz. E aquilo que os florentinos faziam por prudência, os inimigos acreditavam que o fizessem por temor, e isto dava-lhes ânimo para novas empresas, de maneira que deliberaram expugnar *Barga* e para lá se dirigiram com todas as suas forças. Esse novo ataque fez com que os florentinos, colocados de lado os respeitos, deliberassem não só socorrer *Barga*, mas atacar todo o território de *Lucca*. Para isso o conde *Sforza* marchou ao encontro de *Niccolò*, e travada a luta perto de *Barga* o venceu e o repeliu daquele cerco quase desbaratado[2].

Os venezianos, enquanto isso, julgando que o duque Filipe Maria tivesse rompido o acordo de paz, mandaram tropas capitaneadas por

1. No fim de 1436.
2. Em fevereiro de 1437.

Giovan Francesco da Gonzaga atacar *Ghiaradada*, e este, danificando muito o território do duque, obrigou *Niccolò Piccino* a se retirar da Toscana. Tal retirada, juntamente com a vitória conseguida contra *Niccolò*, deu ânimo aos florentinos de atacar *Lucca* e esperança de tomá-la. Nesse ataque não tiveram temor nem respeito algum, porque viram o duque, o único a quem temiam, ser atacado pelos venezianos, e quanto aos luqueses, por terem recebido em casa seus inimigos e permitido que estes os atacassem, de modo algum se condoíam.

11. Os florentinos atacam *Lucca*. Discurso de um ancião

Por tudo isso, em abril de 1437 o conde *Sforza* moveu seu exército e os florentinos e antes de atacar outros, quiseram recuperar o que era deles, e retomaram *Santa Maria in Castello* e todos os outros lugares ocupados por *Piccino*. Depois, voltaram-se a *Lucca* e atacaram *Camaiore*, cujos homens se renderam mesmo sendo fiéis a seus Senhores, podendo neles mais o temor do inimigo próximo do que a fé no amigo distante. Da mesma maneira[1] tomaram *Massa* e *Serezana*. Feitas estas coisas todas, perto do fim do mês de maio acamparam nas proximidades de *Lucca*, e estragaram o trigo e os grãos todos, incendiaram os povoados, cortaram as videiras e as árvores, predaram o gado e não deixaram de fazer coisa alguma que se costumava ou podia fazer ao inimigo.

Os luqueses, por outro lado, vendo-se abandonados pelo duque, haviam abandonado suas terras, perdida que tinham a esperança de poder defendê-las, e com reparos e qualquer oportuno remédio fortificaram a cidade, na qual não perderam a fé, esperando um dia tê-la cheia de defensores e poder defendê-la, motivados pelo exemplo de outras empresas que contra eles os florentinos tinham feito. Somente temiam os móveis ânimos da plebe que, zangada pelo assédio e mais preocupada com seus próprios perigos do que com a liberdade dos outros, viessem a obrigá-los a um vituperioso e danoso acordo. Donde, para animá-la à defesa, reuniram-na na praça, e um dos mais velhos e mais sensatos assim falou:

Deveis já ter ouvido que das coisas feitas por necessidade não se deve nem se pode merecer louvor nem censura. Portanto se vós nos acusásseis, julgando que esta guerra que agora nos movem os florentinos nós a merecemos por termos acolhido em casa as tropas do duque e permitido que os atacassem, muito vos enganaríeis. Já vos é notória a antiga inimizade do povo florentino para convosco, causada não por vossas injúrias, não pelo

---

1. Sem derramamento de sangue, ou luta.

Livro V _____ *do retorno de Cosimo à tomada do Casentino*

temor deles mesmos, mas pela vossa fraqueza e pela ambição deles, porque esta lhes dá esperança de poder oprimir-vos e aquela os incita a fazê-lo. Não julgueis que mérito algum vosso possa demovê-los de tal desejo, nem ofensa alguma vossa possa mais incitá-los a vos injuriar. Pensarão em vos tirar a liberdade, vós, em defendê-la; e as coisas que eles e nós com este fim fazemos, a cada um de nós devem condoer, não maravilhar.

Condoemo-nos, portanto, que nos ataquem, que nos expugnem as terras, que nos incendeiem as casas e depredem nosso território. Mas quem de nós é tão tolo que disso se maravilhe? Porque, se pudéssemos, lhes faríamos o mesmo ou pior. E se eles iniciaram esta guerra por causa da vinda de *Niccolò*, mesmo que não tivesse vindo, fariam-na de qualquer maneira, e se este mal tivesse sido postergado, teria sido maior. Assim, essa vinda não deve ser apontada como a causa, mas a má sorte vossa e a natureza ambiciosa deles; além do que, ao duque não nos podíamos negar de receber os seus, e uma vez chegados, não podíamos impedi-los de vos mover guerra.

Sabeis que sem ajuda de um poderoso não nos podemos salvar, e que não há poder que com mais fé ou mais força nos possa defender do que o duque: ele deu-nos a liberdade, é razoável que ele mesmo a mantenha, ele, de nossos inimigos perpétuos sempre foi muito inimigo. Se então[2] para não injuriar os florentinos o tivéssemos aborrecido, teríamos perdido o amigo e feito o mais poderoso inimigo, o mais pronto a nos atacar. Assim, é muito melhor termos esta guerra conservando sua amizade do que a paz com seu ódio. E devemos esperar que nos venha a tirar daqueles perigos em que nos colocou, desde que a estes não nos abandonemos. Sabeis com quanta raiva os florentinos tantas vezes nos atacaram e com quanta glória nos defendemos deles, e muitas vezes não esperamos senão em Deus e no tempo, e um e o outro nos salvaram.

E se então nos defendemos bem, qual a razão de não o fazermos agora? Naquela época a Itália toda nos abandonou, agora temos o duque de nosso lado, e devemos crer que os venezianos serão cautelosos ao nos atacar, enquanto lhes desagrada que cresça o poder dos florentinos. Antes os florentinos eram mais livres e tinham mais esperança de ajudas, e eles mesmos sabiam ser mais fortes, e nós sabíamos ser mais fracos: naquela época defendíamos um tirano, agora nos defendemos, naquela época a glória da defesa era de outros, agora é nossa, naquela época eles nos atacavam unidos, agora desunidos nos atacam estando toda a Itália cheia de seus rebeldes. Porém se estas esperanças não existissem, uma extrema necessidade nos tornaria obstinados à defesa.

Todo inimigo deve ser por vós razoavelmente temido, porque todos desejarão a própria glória e a vossa ruína, porém mais do que todos os outros os florentinos vos devem meter medo, porque não lhes bastaria a obediência e os tributos nossos obtidos com o domínio de nossa cidade, mas iriam querer as pessoas e os nossos bens, para poder saciar sua crueldade com o sangue e sua avareza com as coisas. De maneira que cada um, de alguma maneira, deve temê-los. Porém não vos comovais ao ver vossos campos estragados, incendiadas vossas cidades, ocupadas as vossas terras, porque se nós conseguimos salvaguardar

---

2. Refere-se à época de *Paolo Guinigi*.

esta cidade, necessariamente salvaremos as coisas; se nós a perdermos, as coisas sem nosso benefício se salvarão, porque mantendo-nos livres, nosso inimigo só as possuirá com dificuldade, enquanto que perdendo a liberdade em vão as possuiremos. Tomai, portanto, as armas, e quando combaterdes, pensai que o prêmio de vossa vitória será a salvação não só de vossa pátria, mas de vossas casas e vossos filhos.

Foram suas últimas palavras recebidas por este povo muito calorosamente, e juntos todos prometeram morrer antes de se abandonar ou pensar em acordo que de alguma maneira maculasse sua liberdade. E, entre eles organizaram tudo o que é necessário para defender uma cidade.

12. O Duque decide usar muita força contra os florentinos

O exército florentino, enquanto isso, não perdia tempo e depois de muitos danos causados na região, tomou, por meio de acordo, Monte Carlo. Depois disso acampou em *Nozzano*, para que os luqueses, cercados por toda parte, não pudessem esperar por ajuda e pela fome fossem obrigados a pedir ajuda. O castelo era muito bem fortificado e repleto de guardas, de maneira que sua expugnação não foi tão fácil como as outras. Os luqueses, como era razoável, vendo-se cercados recorreram ao Duque de Milão e a este dirigiram súplicas as mais doces e as mais ásperas; e ao falar ora mostravam seus méritos, ora as ofensas dos florentinos; quanto ânimo dariam a seus amigos ao defendê-los e quanto terror deixando-os indefesos; e se com a liberdade perdiam a vida dos amigos, ele perdia o respeito e a confiança de todos aqueles que por sua amizade tivessem que jamais correr algum risco e acrescentaram lágrimas às palavras para que se o dever não o movesse, a compaixão o fizesse. Assim o Duque tendo ao antigo ódio pelos florentinos acrescentado a recente obrigação para com os luqueses, e principalmente para que os florentinos não acabassem fortalecidos, deliberou enviar muitas tropas, ou atacar com tamanha fúria os venezianos que os florentinos precisassem deixar suas empresas para socorrê-los.

13. Divididos entre a vontade de ter *Lucca* e o temor ao Duque de Milão

Feita essa deliberação, soube-se logo em Florença que o duque Filipe Maria se dispunha a mandar tropas à Toscana, o que fez os florentinos começarem a perder a esperança em sua empresa. E para que o Duque ficasse ocupado na Lombardia pediram aos venezianos que fosse atacado com todas suas forças. Mas estes estavam ainda atemorizados porque o

Livro V_____ *do retorno de Cosimo à tomada do Casentino*

marquês de Mântua os tinha abandonado e sido assoldadado pelo duque. E, por isso, sentindo-se como desarmados, responderam que não podiam aumentar nem mesmo manter aquela guerra se não lhes mandavam o conde *Francesco* como chefe do exército deles, com a condição, porém, de se comprometer a atravessar pessoalmente o rio Pó. E que não desejavam respeitar os antigos compromissos caso ele não se obrigasse a atravessá-lo: sem capitão não queriam ir à guerra, nem podiam confiar noutro senão no conde, e no conde só podiam confiar caso se comprometesse estar presente em cada lugar de luta.

Aos florentinos parecia que a guerra na Lombardia tinha de ser feita com vigor. Por outro lado, ficando sem o conde, viam arruinada a empresa de *Lucca,* e sabiam muito bem que este pedido feito pelos venezianos não era tanto pela necessidade que teriam do conde mas para impedir-lhes que tomassem essa cidade. Por outro lado, o conde preferia ir à Lombardia, satisfazendo à coalizão, mas não desejava alterar os compromissos, como também não desejava privar-se da esperança do prometido parentesco com o duque[1].

Os florentinos estavam divididos entre duas paixões diversas: a vontade de ter *Lucca* e o temor de guerra com o duque. Venceu, no entanto, como sempre acontece, o temor. E ficaram contentes que o conde, tendo tomado *Nozano,* fosse à Lombardia. Permanecia ainda uma outra dificuldade que, não estando sob o arbítrio dos florentinos compô-la, deu-lhes mais paixão e mais lhes dividiu do que antes: o conde não queria atravessar o rio Pó e os venezianos não aceitavam isso.

Como não se encontrava uma maneira de colocar livremente de acordo uns com os outros, os florentinos persuadiram o conde de que se obrigasse por meio de uma carta endereçada à Senhoria de Florença, a atravessar o rio mostrando-lhes que esta promessa privada não rompia os compromissos públicos e, depois, podia até não atravessá-lo. Ficariam com esta vantagem: os venezianos, começada a guerra, precisariam continuá-la, e disso viria a modificação da atitude destes, a qual temiam. E aos venezianos, por outro lado, mostraram que esta carta privada era suficiente para obrigar o conde, e que, por isso, ficassem satisfeitos com esta, porque era bom para eles envolver *Sforza* pelo seu respeito devido ao futuro sogro. Assim, com este encaminhamento deliberou-se que o conde passasse pela Lombardia. E tendo expugnado Nozano e construído bastidas ao redor de *Lucca* para manter os luqueses sitiados, e confiado a comissários as operações de guerra, atravessou os Alpes e foi a *Reggio*[2].

1. Alude ao matrimônio com *Bianca Maria Visconti.*
2. Em outubro de 1437.

245

Foi quando os venezianos, desconfiados por seus progressos, antes de mais nada para descobrir suas intenções, pediram-lhe que atravessasse o Pó e se reunisse com o restante das tropas venezianas. O conde recusou-se a tudo isso, e entre ele e o enviado dos venezianos, *Andrea Mauroceno*[3], houve injuriosas palavras, um acusando o outro de muita soberba e pouca confiança. E feitas entre eles muitas queixas, um de não ter obrigação de prestar este serviço, o outro, de pagá-lo, voltou o conde à Toscana e o outro a Veneza.

O conde foi alojado em Pisa, onde os florentinos esperavam poder induzi-lo a renovar a guerra aos luqueses. A isso não o encontraram disposto porque o duque de Milão, sabendo que por respeito a ele o conde não quis atravessar o Pó, julgou que também por sua causa podia salvaguardar os luqueses, e pediu-lhe que procurasse fazer um acordo entre luqueses e florentinos, incluindo-o se fosse possível nesse acordo e oferecendo ao conde *Sforza* sua filha como esposa.

Esse parentesco fortemente motivava o conde, porque por meio dele esperava, não tendo o duque filhos homens, ensenhorear-se de Milão. Portanto, aos florentinos sempre obstaculizava os andamentos de guerra e afirmava não ser favorável a esta ação enquanto os venezianos não o pagassem e entregassem a ele o comando. Nem só o pagamento bastava, porque, desejando viver em segurança em seus estados, convinha-lhe ter outros além do apoio dos florentinos. Por isso, se os venezianos o abandonavam, tinha de se preocupar consigo mesmo, e habilmente ameaçava fazer acordo com o duque.

14. *Cosimo* vai a Veneza. Acordo com *Lucca*

Essas manhas e esses enganos desagradaram fortemente aos florentinos, porque viam perdida a empresa de *Lucca*, e mais temiam pela própria segurança cada vez que estivessem juntos o conde e o duque. E para obrigar os venezianos a manter o comando com o conde, *Cosimo de'Medici* foi a Veneza acreditando convencê-los usando sua reputação, e no senado destes discutiu longamente a questão, mostrando os termos em que encontrava-se o estado da Itália, quantas eram as forças do duque, onde estava a reputação e o poder das armas; e concluiu que se o conde se aliasse com o duque eles voltariam ao mar[1] e os florentinos teriam de lutar por sua liberdade.

3. *Morosini.*

1. Os venezianos perderiam suas posses em terra firme.

Livro V _____ *do retorno de Cosimo à tomada do Casentino*

A isso os venezianos responderam que conheciam suas forças e a dos italianos, e pensavam poder defender-se de qualquer maneira, afirmando não estarem habituados a pagar soldados que serviam a outros: por isso, que os florentinos se encarregassem de pagar o conde, já que contavam com seus serviços[2] e que para eles, venezianos, era mais necessário, desejando viver com segurança, diminuir a soberba do conde em vez de pagá-lo, porque os homens não têm fim em sua ambição, e se agora fosse pagado sem servir, pouco depois pediria alguma coisa mais desonesta e mais perigosa. Por isso, perecia-lhe necessário colocar freio à sua insolência de uma vez por todas e não deixá-la aumentar tanto que depois se tornasse incorrigível; e se mesmo eles, florentinos, por temor ou outro motivo, desejassem mantê-lo amigo, que o pagassem.

Retornou, então, *Cosimo* sem alguma outra conclusão. No entanto, os florentinos se esforçavam para que o conde não saísse da coalizão, da qual ele mesmo não desejava se desligar; porém o desejo de realizar as núpcias o deixava em dúvida, de tal maneira que qualquer mínimo incidente, como ocorreu, poderia fazê-lo decidir.

O conde tinha deixado *Furlano*[3], um de seus principais *condottieri* na guarda de suas terras na *Marca*, o qual foi tão solicitado pelo duque que renunciou ao estipêndio do conde e passou ao serviço daquele. Isto fez com que o conde, sem hesitar e por temer por sua segurança, fizesse um acordo[4] com o duque, e entre outras coisas, ficou estabelecido que não se ocupasse da Romanha e da Toscana. Depois desse acordo o conde instou os florentinos a fazer acordo com os luqueses, e o fez de tal maneira que, não vendo outro remédio, aceitaram fazê-lo no mês de abril de 1438.

Por esse acordo aos luqueses restou a própria liberdade, e aos florentinos, *Monte Carlo* e algumas outras fortalezas[5]. Esses, depois, encheram com cartas cheias de lamentos toda a Itália, dizendo que, como Deus e os homens não tinham querido que os luqueses ficassem subordinados a eles, tinham feito um acordo de paz com os mesmos. E raras vezes acontece que alguém tenha tanto desgosto em ter perdido suas coisas como então tiveram os florentinos por não tê-las tomado dos outros.

---

2. *Francesco* era pago por eles.

3. *Taliano Friulano*.

4. A confirmação da promessa de núpcias com *Bianca Maria*, as cidades de Asti e Tórtona e trinta mil florins.

5. E mais *Uzzano* e *Motrone*; foram melhorados os limites com *Lucca*.

15. Eugênio IV pede *Borgo a San Sepolcro*. Os florentinos pedem-lhe que consagre a catedral *Santa Reparata*

Nessa época, mesmo que os florentinos em tantas empresas estivessem ocupados, não deixaram de pensar em seus vizinhos e de adornar sua cidade. Havia morrido, como dissemos, *Niccolò Fortebraccio*[1] com quem estava casada uma filha do conde de *Poppi*[2]. Este, com a morte de *Niccolò*, tinha *Borgo a San Sepolcro* e a fortaleza daquele território em suas mãos e em nome do genro, este ainda vivo, o comandava. Depois da morte de *Niccolò*, o conde dizia ser sua a posse deste, enquanto dote de filha, e não queria concedê-la ao Papa, que a pedia enquanto bem usurpado à Igreja, tanto que enviou o patriarca[3] com suas tropas para tomá-lo.

O conde, visto que não podia resistir a esse ataque, ofereceu tal território aos florentinos, os quais não o quiseram e, tendo o Papa retornado a Florença[4], procuraram intermediar um acordo entre este e o conde, e, encontrando dificuldade para isso, o patriarca atacou [a região do] *Casentino* e tomou *Prato Vecchio* e Romena, que igualmente ofereceu aos florentinos, os quais também não a aceitaram se o Papa não permitisse que dessem isso tudo ao conde. Depois de muitas discussões o Papa ficou satisfeito, porém quis que os florentinos lhe prometessem fazer com que o conde de *Poppi* lhe restituísse o *Borgo a San Sepolcro*.

Ficou tranqüilizado com isso o ânimo do Papa, e pareceu aos florentinos de pedir-lhe, como já havia chegado o momento de celebrar os santos ofícios da igreja chamada *Santa Reparata*, cuja construção há muito tinha começado, que pessoalmente a consagrasse catedral da cidade[5], ao que o Papa de bom grado consentiu; e para maior magnificência da cidade e do templo e para maior honra do pontífice, construiu-se um tablado desde *Santa Maria Novella*, onde morava o pontífice, até o templo a ser consagrado, de quatro braças de largura por duas de altura, coberto acima e dos lados por riquíssimos panos, pelo qual passou só o pontífice e sua corte, juntamente com os magistrados e os cidadãos que foram designados para acompanhá-lo. O restante dos cidadãos e o povo juntaram-se nas ruas, nas casas e no templo para assistir a tamanho espetáculo.

1. Cf. cap. 3.
2. *Lodovica*, filha de *Francesco Guidi di Battifolle*.
3. *Giovanni Vitelleschi*.
4. Dia 27 de janeiro de 1439.
5. *Santa Reparata*, depois *Santa Maria del Fiore*, foi consagrada em 25 de março de 1436, dia do início do ano *ab Incarnatione*.

Livro V_____*do retorno de Cosimo à tomada do Casentino*

Feitas então todas as cerimônias que em tais ocasiões costumam ser feitas, o Papa, para dar sinal de mais amor, fez cavalheiro *Giuliano Davanzati*[6], então gonfaloneiro de justiça e sempre muito reputado cidadão, ao qual a Senhoria, para não parecer menos amorável do que o Papa, concedeu a capitania em Pisa por um ano.

16. Igreja grega versus romana: Concílio de Florença

Nessa mesma época havia entre a Igreja Romana e a Grega algumas diferenças, tanto que não coincidiam em todas as passagens do divino culto; e tendo os prelados da Igreja ocidental falado muito sobre esta matéria no último concílio realizado em Basiléia[1], deliberou-se que fossem executadas todas as diligências a fim de que o imperador[2] e os prelados gregos se reunissem neste concílio, para tentar, se pudessem, chegar a um acordo com a Igreja Romana. E mesmo que esta deliberação estivesse contra a majestade do império grego e ceder ao pontífice romano desagradasse à soberba de seus prelados, mesmo ameaçados pelos turcos e julgando não conseguirem por si sós se defender e a fim de poderem mais seguramente pedir ajuda a outros, deliberaram ceder.

Assim, o imperador, juntamente com o patriarca, outros prelados e alguns barões gregos, veio a Veneza para ir a Basiléia, conforme a deliberação do concílio. Porém, assustados com a peste, decidiram em Florença que suas diferenças terminassem. Reunidos então muitos dias na catedral com os prelados gregos e romanos, depois de muitas e longas discussões, os gregos cederam e fizeram um acordo com a Igreja e o pontífice romano.

17. Retomadas as armas na Lombardia e na Toscana. O Papa dá cinco mil ducados a *Piccino*. Bolonha, Ímola e *Furli* invadidas por *Piccino* a serviço do Duque de Milão

Depois de estabelecida a paz entre luqueses e florentinos e o duque e o conde[1], acreditava-se que se pudessem pousar as armas em toda a Itália, principalmente as que assolavam a Lombardia e a Toscana, e como no Reino de Nápoles entre Renato de *Anjou* e

---

6. Avô do ilustre historiador Bernardo.

1. Esse concílio, aberto em 1431, em seguimento ao de Constança (1417) e continuado depois no de Ferrara e no de Florença (1437-39), mais tarde não foi aceito pelo clero e pelo povo de Constantinopla e não teve efeito prático nenhum. Cf. *A. Montevecchi, op. cit.*

2. *Giovanni* VIII, o Paleólogo.

1. Filipe Maria *Visconti* e *Francesco Sforza*.

Afonso de Aragão se combatia, necessariamente aconteceria que fossem pousadas, para a ruína de um ou de outro. E mesmo que o Papa tivesse ficado descontente por ter muitos de seus territórios perdidos, e que se soubesse quanta ambição havia no duque e nos venezianos, estimava-se que o Papa por necessidade e os outros por cansaço, tivessem que parar.

Mas de outra maneira procederam as coisas, porque nem o duque nem os venezianos pararam, e seguiu-se que de novo foram retomadas as armas e a Lombardia e a Toscana ficaram plenas de guerras. O altaneiro ânimo do duque não podia suportar que os venezianos permanecessem em posse de Bérgamo e *Brescia*, principalmente vendo-os de armas a postos e todos os dias em correrias e a perturbar; pensava não só pôr-lhes freio como reconquistar seus territórios em qualquer ocasião que o Papa, os florentinos e o conde os abandonassem. Para isso planejou tirar a Romanha ao Papa, acreditado que, tendo-a, o Pontífice não poderia atacá-lo, e os florentinos, vendo o fogo próximo, ou não se moveriam por temor dos venezianos, ou, se se movessem, não poderiam comodamente atacá-lo.

O duque conhecia muito bem a indignação dos florentinos, pelos acontecimentos de *Lucca*, contra os venezianos, e por isso os julgava menos prontos a tomar armas por estes; e quanto ao conde *Francesco*, pensava que a nova amizade e a esperança do parentesco consigo eram suficientes para mantê-lo quieto. E para escapar às acusações e dar menos oportunidade a cada um de mover-se, principalmente não podendo atacar a Romanha, pelos acordos feitos com o conde, ordenou que *Niccolò Piccino* entrasse nessa empresa como se fosse coisa de sua própria ambição.

Niccolò estava na Romanha quando foi feito o acordo entre o duque e o conde; e previamente de combinação com o duque, mostrou estar indignado pela amizade feita entre este e o conde, seu perpétuo inimigo, então, com suas tropas retirou-se a *Camurata*, lugar situado entre *Furli* e Ravena, onde se fortificou como se estivesse desejando demorar-se muito ou até encontrar nova escolha[2]. E tendo sua indignação se espalhado por toda a parte, *Niccolò* comunicou ao pontífice quais tinham sido seus méritos em relação ao duque e quanta ingratidão em troca tinha sido a sua, e que este dava a entender que queria dominar a Itália toda por já contar com

---

2. Encontra um novo soberano ao qual oferecer seus serviços "...infino che trovassi nuovo partito..."

LIVRO V————————————*do retorno de Cosimo à tomada do Casentino*

todas as armas desta sob seus dois primeiros capitães; mas se Sua Santidade desejasse, poderia fazer com que, desses dois capitães, um se tornasse seu inimigo e o outro, inútil; porque se Sua Santidade o provisse de dinheiro e o tivesse no comando do exército, atacaria os estados da Igreja que o conde havia ocupado, assim, tendo este de se preocupar com suas próprias coisas, não poderia auxiliar as ambições de Filipe Maria *Visconti*.

O Papa acreditou nestas palavras, parecendo-lhe razoáveis, e enviou cinco mil ducados a *Niccolò* e o encheu de promessas, oferecendo estados a ele e a seus filhos; e mesmo advertido por muitos do engano cometido não acreditou, nem queria ouvir quem lhe dissesse o contrário.

Em nome da Igreja *Ostasio da Polenta* governava a cidade de Ravena. *Niccolò*, parecendo-lhe que já era tempo de não postergar mais sua empresa, porque seu filho *Francesco*, para a ignomínia do Papa, tinha saqueado *Spoleto*, decidiu atacar Ravena, seja porque julgava mais fácil esta empresa seja porque tinha com *Ostasio* entendimentos secretos. E em poucos dias depois do assalto a tomou por rendição[3]. Depois dessa conquista, Bolonha, Ímola e *Furli* foram por ele ocupadas. E o que mais foi surpreendente foi que das vinte fortalezas que naqueles estados guarneciam o Papa nenhuma deixou de vir à podestade de *Niccolò*. Não bastou-lhe com esta injúria ter ofendido o pontífice, mas quis também com palavras, como já o tinha feito com fatos, debochar dele, e escreveu-lhe ter merecidamente ocupado aqueles territórios porque não tinha tido vergonha de querer desfazer uma amizade como a que havia entre o duque e ele, e de ter enchido a Itália de cartas dizendo que ele havia abandonado o duque e se aliado aos venezianos.

18. *Piccino* ataca os venezianos. Os florentinos pedem providências a *Sforza*

Niccolò, tendo ocupado a Romanha, deixou-a sob a guarda de seu filho *Francesco*, e este com a maior parte de seu exército foi para a Lombardia e juntando-se com o restante do exército luquês atacou o condado de *Brescia*[1], que em pouco tempo tomou completamente e depois pôs sítio. O duque, que desejava que os venezianos ficassem

3. Em abril de 1438.
1. Em junho de 1438.

como seu butim, se escusava com o Papa, com os florentinos e com o conde, mostrando que as coisas feitas por *Niccolò* na Romanha não só estavam contra o que haviam tratado como eram contra a sua própria vontade; e por emissários secretos assegurou que, assim que o tempo e a ocasião o permitissem, tornaria evidente a sua desaprovação por essa desobediência.

Os florentinos e o conde não lhe acreditaram; pensavam, e era verdade, que estas eram armas que ele usava para mantê-los de lado enquanto pudesse domar os venezianos. Estes, plenos de soberba, pensando poder resistir por conta própria às forças do duque, não se dignaram pedir ajuda a ninguém e lutaram com *Gattamelata* no comando.

O conde *Francesco Sforza* desejava, com o favor dos florentinos, ir socorrer o rei Renato, se os acidentes da Romanha e da Lombardia não o tivessem retido; e os florentinos de bom grado o teriam também favorecido pela antiga amizade havida sempre entre a cidade deles e a casa da França; mas o duque teria seus favores endereçados a Afonso pela amizade feita com este quando foi prisioneiro. Porém tanto um como o outro, ocupados com as guerras próximas, abstiveram-se das empresas longínquas. Os florentinos, então, vendo a Romanha ocupada pelas forças do duque e os venezianos serem batidos, como os que pela ruína dos outros passam a temer pela sua, pediram ao conde que viesse à Toscana, onde se examinaria o que fazer para opor-se às forças do duque, que eram maiores do que nunca tinham sido antes, afirmando que se sua insolência não fosse de alguma forma detida, todos os que na Itália tivessem um estado em breve sofreriam.

O conde sabia ter fundamento o temor dos florentinos, todavia mantinha-se indeciso por desejar que seu parentesco com o duque viesse a acontecer; e o duque, que sabia de seu desejo, dava-lhe muitas esperanças enquanto contra ele este não lhe movia armas. E como a jovem já tinha idade para as núpcias, muitas vezes providenciou que na casa se fizessem todos os preparativos convenientes; depois, com diversas artimanhas tudo se resolveu. E para fazer o conde acreditar mais, acrescentou às promessas os atos, e mandou-lhe trinta mil florins, que segundo os acordos do parentesco[2] lhe devia dar.

2. Cf. cap. 14, n.4.

19. Vicissitudes das lutas

No entanto crescia a guerra na Lombardia, cada dia os venezianos perdiam mais territórios e todas as suas armadas lançadas naqueles rios e lagos tinham sido batidas pelos luqueses, as terras de Verona e de *Brescia* tinham sido completamente ocupadas e estas duas cidades de tal maneira assediadas que, segundo a opinião geral, pouco tempo poderiam resistir. O marquês de Mântua, que havia sido *condottiere* dos venezianos, a despeito das opiniões destes tinha abandonado essa república e se aliado ao duque; assim, aquilo que o orgulho no início da guerra não os deixou fazer, o medo os obrigou a fazer no transcurso desta, porque sabendo não ter outro remédio senão a amizade dos florentinos e a do conde, começaram a pedi-la mesmo com vergonha e plenos de suspeitas, porque temiam que os florentinos não lhes dessem aquela mesma resposta que deles tinham obtido na empresa de *Lucca* e na do conde. Mas os encontraram mais fáceis do que esperavam e que pelo seu comportamento não mereciam, tão mais poderoso nos florentinos era o ódio pelo antigo inimigo do que a indignação contra a velha e consueta amizade. E tendo pouco tempo antes sabido da necessidade em que deveriam cair os venezianos, os florentinos haviam mostrado ao conde que a ruína deles seria a sua ruína, e que se enganava se pensava que o duque Filipe Maria o estimava mais na boa do que na desfavorável fortuna e que o motivo de ter-lhe prometido a filha era pelo medo que tinha dele. E como as coisas que a necessidade obriga a prometer obrigam também a cumprir, era-lhe necessário conservar o duque naquela necessidade, coisa que sem os meios dos venezianos, não se podia fazer.

Portanto, devia o conde considerar que se os venezianos fossem obrigados a abandonar seu domínio em terra firme ficaria privado não só daquelas ajudas, que estes poderiam prestar-lhe, como também das que poderia conseguir de outros por medo deles. E se bem considerava os estados italianos, podia ver qual era pobre, qual seu inimigo. Que, como ele mesmo tinha afirmado, os florentinos sozinhos não bastavam para defendê-lo. Assim, para ele, de qualquer maneira que examinasse a questão, deveria manter poderosos os venezianos em terra firme. Essas persuasões, unidas ao ódio abrigado pelo conde contra o duque de Milão por parecer-lhe ter sido debochado com aquela promessa de parentesco, fizeram-no aceitar o acordo, mas não por isso quis se obrigar a atravessar o Pó.

Tais acordos se assinaram em fevereiro de 1438, onde os venezianos com dois terços e os florentinos com um terço das despesas concorreram. E cada um se comprometeu, às próprias expensas, defender os estados que o conde tinha na *Marca*. E não contou só com essas forças a coalizão, porque a ela se uniram o senhor de *Faenza*, os filhos de *messer Pandolfo L'Aquila*, de Rímini, e *Pietrogiampaulo Orsino*. E mesmo tentando o marquês de Mântua com grandes promessas não conseguiram removê-lo da amizade e do estipêndio do duque; e o senhor de *Faenza*, já que a coalizão permaneceu firme em sua conduta, aliou-se ao·duque, que lhe ofereceu melhor acordo, coisa que a este tirou a esperança de poder em breve resolver a questão da Romanha.

20. Florença envia *Neri di Gino Caponi* a Veneza

Nessa época a Lombardia encontrava-se com essas aflições: *Brescia* estava de tal forma assediada pelas tropas do duque que se suspeitava que a qualquer momento se renderia pela fome, e Verona, tão apertada, que se temia o mesmo fim. E quando se perdesse uma dessas duas cidades, julgavam-se inúteis todos os outros preparativos à guerra e perdidas as despesas até então feitas. E não se via um melhor remédio senão fazer o conde com suas forças ir à Lombardia.

Para isso havia três dificuldades: uma, dispor o conde a passar o Pó e ficar pronto para a guerra em qualquer lugar; a segunda, que parecia bom aos florentinos ficarem à discrição do duque na ausência do conde (porque facilmente o duque podia retirar-se às suas fortalezas e com parte de suas tropas manter o conde à distância, e com outras vir à Toscana com seus rebeldes, dos quais o estado então vigente[1] tinha um enorme terror); a terceira era por qual caminho deveria seguir o conde com seus homens, para ser levado em segurança até o território paduano, onde tropas[2] venezianas aguardavam.

Dessas três dificuldades a segunda, a dos florentinos, era a de maior risco, mas apesar delas, sabendo da necessidade e fartos dos venezianos que a todo momento pediam a presença do conde dizendo que sem este se retiravam, prepuseram a necessidade dos outros a seus próprios receios. Permanecia ainda a dificuldade do caminho que, foi decidido, tivesse sua segurança a cargo dos venezianos. E, já que para negociar estes acordos com o conde e para dispô-lo a atravessar o Pó tinha-se deliberado enviar *Neri di Gino Caponi*, pareceu à Senhoria que devia ir também a Veneza, para tornar mais aceitável aquele favor e estabelecer o caminho e a passagem seguros ao conde.

---

1. Refere-se ao partido então no poder, o de *Cosimo*.
2. Sob o comando de *Gattamelata*.

LIVRO V_____*do retorno de Cosimo à tomada do Casentino*

21. *Ouvido com a atenção devida a um oráculo,* o discurso de *Caponi* arranca lágrimas aos venezianos

Neri partiu então de *Cesena* e dali em um barco chegou a Veneza. Jamais príncipe algum foi recebido com tanta honra por aquela Senhoria, porque de sua vinda e daquilo que por seu intermédio se iria deliberar e ordenar julgava-se depender a saúde daquela república. Então, apresentado ao Senado, falou da seguinte maneira:

Os meus Senhores, Sereníssimo Príncipe[1], foram sempre de opinião que o poderio do duque fosse a ruína de vosso Estado e da república deles[2], e que a saúde destas duas repúblicas estivesse no vosso e no nosso poderio. Se fosse esta mesma a opinião das vossas Senhorias, nós nos encontraríamos em melhores condições e vosso estado estaria seguro dos perigos que agora o ameaçam. Mas como na época em que deveríeis não nos destes ajuda nem ouvidos, não pudemos acorrer logo com os remédios ao vosso mal; nem vós pudestes estar prontos para pedi-los, pois tendo na vossa prosperidade como em vossa adversidade nos conhecido pouco e não sabeis que somos de tal forma que a quem amamos uma vez, amamos sempre, e a quem uma vez odiamos, odiamos sempre. O amor que temos tido a esta Vossa Sereníssima Senhoria vós mesmos o conheceis, muitas vezes vistes, para socorrer-vos, a Lombardia plena de nossos dinheiros e de nossas tropas.

O ódio que temos de Filipe Maria e de sua casa o conhecem todos e não é possível que um amor ou um antigo ódio por novos méritos e novas ofensas facilmente se apaguem. Estávamos e estamos certos que nesta guerra podíamos ter ficado à parte, com a gratidão do duque [Filipe Maria] e sem grande risco nosso, porque mesmo que este com a vossa ruína se tivesse tornado Senhor da Lombardia, nos restaria na Itália tanta força viva que não deveríamos desesperar por nossa saúde. Porque acrescentando-nos de poderio e de estados acrescentamo-nos também de inimizades e inveja, coisas das quais costumam vir guerra e dano. Sabíamos também quanta despesa deixaríamos de fazer deixando as presentes guerras; quantos iminentes perigos se evitariam; como sabíamos que esta guerra que agora está na Lombardia, assim que nos movêssemos, se derramaria sobre a Toscana. No entanto todos esses receios foram apagados dada uma antiga afeição por este estado, e deliberamos socorrer vosso Estado com o mesmo empenho que teríamos ao socorrer o nosso se fosse atacado.

Por isso os meus Senhores, julgando que fosse necessário antes de mais nada socorrer Verona e *Brescia*, e que sem o conde *Sforza* isso não poderia ser feito, enviaram-me primeiro a persuadi-lo a ir à Lombardia e a combater em qualquer lugar (mas sabeis que ele não está obrigado a atravessar o rio Pó. Convenci-o com as razões que a nós mesmos nos movem. E ele, como acredita ser invencível com as armas, também não quer ser vencido em cortesia, e a

---

1. Dirigia-se ao *doge Francesco Foscari. Doge*, do latim *duce* (m), em dialeto veneziano *doze*, era como se designavam os primeiros mandatários das repúblicas de Veneza e Gênova. Cf. cap. 6 deste Livro.
2. A república florentina.

255

MAQUIAVEL ———————————————————— HISTÓRIA DE FLORENÇA

generosidade que nos viu usar em relação a vós ele a quis superar, porque bem sabe quantos são os perigos em que pode ficar a Toscana depois de sua partida. E vendo que tínhamos posposto os nossos perigos à vossa saúde, a esta quis também pospor os seus interesses.

Venho, então, oferecer-vos o conde com sete mil cavaleiros e dois mil infantes, para ir ao encontro do inimigo em qualquer lugar. Muito vos rogo, e assim o fazem os meus Senhores, que do mesmo modo como o número de suas tropas ultrapassa o que a obrigação exige, também vós com vossa generosidade tenhais a bondade de recompensá-lo, a fim de que ele não se arrependa de ter vindo a vosso serviço e nós de tê-lo aconselhado.

Foi *Neri* ouvido por aquele Senado com a atenção devida a um oráculo e tanto se exaltaram os ouvintes com suas palavras que não tiveram paciência que o príncipe, como era de costume, respondesse; e em pé, com as mãos para alto, em lágrimas a maior parte deles, agradeciam aos florentinos por tão afável missão, e a este por tê-la efetuado com diligência e celeridade; e prometiam que isso em tempo algum não só de seus corações como do de seus descendentes não se apagaria, e que Veneza seria sempre pátria comum dos florentinos e deles.

22. *Sforza* vem a Lombardia

Aquietadas essas excitações, discutiu-se o caminho que deveria seguir o conde a fim de dar-se-lhe meios para construir pontes, rampas e tudo que fosse necessário. Havia quatro caminhos.

Um, de Ravena, ao longo da costa, este, por ser reduzido pelo mar e pelos banhados não foi aprovado. Outro, em linha reta, estava impedido por uma torre chamada do *Uccelino*, sob a guarda do duque [de Milão, Filipe Maria], e querendo passar por esta precisava tomá-la, coisa que era difícil de se fazer em um tempo tão breve que não fosse suficiente para obter o socorro que com celeridade e rapidez pediria. O terceiro era pela mata de *Lugo*[1]; porém, como o Pó tinha ultrapassado suas margens, tornava sua travessia não só difícil mas impossível. Restava a quarta via: ir pelos campos de Bolonha, depois pela ponte *Puledrano*, por *Cento* e *Pieve*, e, passando entre o *Finale* e o *Bondeno,* conduzir-se a Ferrara, onde, depois, por água e por terra, podiam transferir-se ao território paduano e reunir-se com as tropas venezianas.

Este caminho, mesmo pleno de dificuldades e podendo proporcionar ataque do inimigo em qualquer de seus pontos, foi escolhido como menos perigoso, e assim que foi comunicado ao conde, partiu ele com muitíssima celeridade e no dia 20 de junho[2] chegou ao Paduano.

1. A cidade de Lugo, província de Ravena, na Romanha.
2. De 1439.

256

LIVRO V_____*do retorno de Cosimo à tomada do Casentino*

A vinda deste capitão à Lombardia encheu Veneza e todo seu domínio de esperança e, enquanto antes os venezianos pareciam desesperar por sua segurança, agora pareciam esperar em novas conquistas. O conde [*Sforza*] antes de mais nada foi ao socorro de Verona, e, para impedi-lo, *Niccolò*[3] dirigiu-se com seu exército a *Soave*, fortaleza situada entre os territórios vicenzinos e o veronês e cingida com um fosso que ia de *Soave* até os pântanos de Ádige.

O conde, vendo impedido o caminho pela planície, julgou poder ir pelas montanhas e por aí aproximar-se de Verona, pensando que *Niccolò* ou não iria imaginar que percorreria aquele caminho áspero e inclinado ou, quando o imaginasse, já não o faria em tempo para impedi-lo; e munido de víveres para oito dias passou com seu exército as montanhas e chegou à planície junto a Soave. E mesmo que *Niccolò* tivesse feito algumas paliçadas para impedir mais aquele caminho ao conde, não foram suficientes para detê-lo. *Niccolò*, então, vendo o inimigo passar apesar de suas previsões, para não enfrentá-lo em desvantagem dirigiu-se à outra margem do Ádige, e o conde sem obstáculo algum entrou em Verona.

23. Vitória de *Piccino* sobre os venezianos junto ao lago Garda. *Sforza* bate *Piccino* em Brescia. *Piccino* salvo dentro de um saco às costas e um alemão

Acabada portanto facilmente a primeira tarefa do conde, de libertar Verona do assédio, permanecia a segunda, socorrer *Brescia*. Essa cidade está tão próxima do lago de Garda que mesmo assediada por terra sempre se poderia subministrar-lhe víveres. Tal tinha sido a razão pela qual o duque fizera cidadela no lago, e em suas primeiras vitórias tinha ocupado todos os territórios através dos quais ele podia levar ajuda a *Brescia*.

Os venezianos também tinham ali galés, mas não eram suficientes para combater as forças do duque. Por isso o conde julgou necessário apoiar com as forças de terra a armada veneziana, pelo que esperava facilmente poder conquistar aqueles territórios que mantinham *Brescia* faminta. Acampou junto a *Bardolino*, castelo próximo ao lago, pensando que, uma vez tomado este, os outros se renderiam. A fortuna foi adversa ao conde nessa empresa, porque boa parte de suas tropas adoeceu; assim abandonando o empreendido, foi a *Zevio*, castelo veronês, lugar fértil e rico.

Niccolò Piccinino, vendo que o conde havia se retirado, para não perder a oportunidade que lhe parecia ter, de assenhorear-se do lago,

---

3. Verona estava assediada por *Niccolò Piccinino*, em sua defesa, entre outros, estava o famoso *condottiere* Bartolomeu *Colleoni*.

257

MAQUIAVEL ———————————————————— HISTÓRIA DE FLORENÇA

deixou em *Vegasio* suas tropas e com homens escolhidos foi ao lago, com grande ímpeto e maior fúria atacou a armada veneziana e de quase toda ela se apoderou. Por esta vitória foram poucos os castelos junto ao lago que não se renderam. Os venezianos, acabrunhados por essa perda e por isso temendo que os brechianos não se entregassem, solicitavam com núncios e cartas o conde ao socorro desta.

Vendo que através do lago a esperança de socorrê-la tinha acabado, e pelo campo era impossível pelos fossos, paliçadas e outros impedimentos ordenados por *Niccolò*, e que neles entrando e com um exército inimigo ao encontro ia-se a uma manifesta derrota, o conde *Sforza* decidiu que se o caminho através das montanhas o tinha feito salvar Verona, também o faria socorrer *Brescia*. Tendo feito este projeto, partiu de *Zevio* e pelo vale de *Acri* foi ao lago de Santo André, chegando em *Torboli* e *Peneda*, junto ao lago de Garda. Dali foi a *Tenno*, onde acampou, porque se quisesse ir a *Brescia* seria necessário ocupar este castelo.

Niccolò, percebidas as intenções do conde, conduziu seu exército a *Peschiera*; depois, com o Marquês de Mântua e suas mais escolhidas tropas, foi ao encontro do conde; travando luta, *Niccolò* foi derrotado[1] e suas tropas foram desbaratadas, destas, parte foram aprisionadas, parte se refugiou no exército e na armada. *Niccolò* retirou-se para *Tenno*, mas ao cair a noite pensou que se esperasse o amanhecer naquele lugar não poderia evitar de cair nas mãos do inimigo, e para fugir de um perigo certo enfrentou um incerto. Tinha *Niccolò* um só servidor entre tantos dos seus homens, de nacionalidade alemã, de corpo fortíssimo, que havia permanecido fidelíssimo. *Niccolò* persuadiu-o que o colocasse em um saco e, carregando-o ao ombro[2] como se transportasse utensílios de seu patrão, o levasse a um lugar seguro.

Estavam no acampamento em torno a *Tenno* no qual, pela vitória obtida aquele dia, não havia guarda nem ordem alguma, de maneira que ao alemão foi fácil salvar seu senhor, porque levando-o ao ombro e vestido como carregador, atravessou todo o acampamento sem impedimento algum, tanto é que o conduziu a salvo até suas tropas.

24. *Piccino* toma Verona

Se fosse essa vitória usada com a mesma felicidade com que foi obtida, teria trazido a *Brescia* maior ajuda, e aos venezianos, mais

1. Em 9 de novembro de 1439.
2. *Piccinino* (pequenininho), ou *Piccino* (pequenino), era gago e capenga, discípulo de *Braccio* e filho de um açougueiro de Perúgia; assassinou sua primeira mulher, suspeita de adultério. Sem poder suportar uma armadura, combatia a descoberto e depois desta derrota jamais foi batido. Cf. *Histoires Florentines, Machiavel*, já citada.

LIVRO V _____ *do retorno de Cosimo à tomada do Casentino*

felicidade; mas o ter dela feito um mau uso fez a alegria logo acabar, e nas mesmas dificuldades ficou *Brescia*. Porque, voltando *Niccolò* às suas tropas, pensou que convinha com alguma nova vitória cancelar aquela derrota e tirar dos venezianos a conveniência de socorrer *Brescia*. Sabia qual era a situação da cidadela de Verona, e dos prisioneiros feitos naquela guerra ficou sabendo que sendo fracamente guardada, como era fácil conquistá-la e de que maneira. Pareceu-lhe, portanto, que a fortuna o havia colocado diante de coisas próprias para reaver seu respeito e para fazer com que a satisfação que o inimigo tinha tido pela recente vitória se tranformasse em dor por uma mais recente derrota.

A cidade de Verona está situada na Lombardia, ao pé das montanhas que dividem a Itália da Alemanha, numa posição tal que participa destas e da planície. O rio Ádige, saindo do vale de Trento e ao entrar na Itália não se estende logo pelos campos, mas dirigindo-se à esquerda, segue ao longo das montanhas, encontra a cidade e passa pelo meio desta, porém não de maneira que as duas partes sejam iguais porque muito mais deixa do lado da planície do que do lado das montanhas, sobre as quais há duas fortalezas, uma chamada *San Pietro*, a outra *San Felice*, que mais pela sua situação parecem fortes do que por suas muralhas, e estando em lugar alto dominam a cidade toda.

Na planície, do lado de cá do Ádige e ao lado das muralhas da cidade, há outras duas fortalezas, distantes mil passos uma da outra; destas, uma é chamada de Cidadela Velha, e de Cidadela Nova é chamada a outra. Da parte interna de uma delas sai um muro que vai encontrar a outra, como uma espécie de corda do arco que forma a muralha comum da cidade que vai de uma a outra cidadela. Todo este espaço entre uma e outra muralha está cheio de habitantes e chama-se *Borgo di San Zeno*. Essas cidadelas, esse burgo, *Niccolò Piccino* planejou ocupar, achando consegui-lo facilmente, seja pela negligente guarda que continuamente se fazia, seja porque pela recente vitória a negligência seria maior, ou ainda, por saber que na guerra empresa alguma é tão realizável como aquelas que o inimigo não acredita que possamos empreender.

Feita então uma seleção entre seus homens, junto com o marquês de Mântua[1] à noite dirigiu-se a Verona, e sem ser ouvido escalou a muralha e tomou a Cidadela Nova. Então, suas tropas desceram até a cidade e romperam o portal de Santo Antonio, por onde introduziram a cavalaria toda. Os que guarneciam a Cidadela Velha, tendo antes ouvido o ruído quando foram mortos os guardas da Cidadela Nova, depois, quando romperam a porta e viram que eram os inimigos, começaram a

---

1. *Giovan Francesco Gonzaga*, com quem se reunira em *Peschiera*.

gritar e a soar o alarme ao povo. Com o que os cidadãos despertaram, todos confusos, e alguns tiveram mais ânimo e empunhando as armas correram à Praça dos Regentes.

Enquanto isso as tropas de *Niccolò* tinham saqueado o burgo de *San Zeno* e seguido mais adiante, e os cidadãos, vendo que estavam dentro da cidade as tropas do duque e sem ver maneira de se defenderem, exortaram os dirigentes venezianos a se refugiar nas fortalezas, salvar suas pessoas e a cidade, mostrando-lhes que era melhor se conservarem vivos e a cidade rica esperar uma melhor fortuna do que, para evitar a presente, morrerem eles e a ela empobrecer. E assim os chefes e quem quer que fosse veneziano se refugiaram na fortaleza de *San Felice*. Depois disso, alguns dos principais cidadãos vieram ao encontro de *Niccolò* e do marquês de Mântua pedir-lhes que mais valia ocupar aquela cidade rica com o respeito deles do que pobre com vitupério dos mesmos; principalmente porque assim como por defender-se, junto aos anteriores invasores não se tinham granjeado méritos, nem deles teriam o ódio. Foram apoiados por *Niccolò* e pelo marquês, e enquanto puderam suas licenças militares, defendidos do saqueio.

E como estavam certos de que o conde viria recuperar a cidade, se engenharam de todas as formas para ter em mãos as fortificações. E as que não podiam ter, com fossos e barreiras separavam da cidade, a fim de que o inimigo encontrasse dificuldade para entrar.

25. *Sforza* retoma Verona

O conde *Francesco* estava com suas tropas em *Tenno* e, tendo ouvido essa notícia, primeiro achou que era falsa, depois, confirmada a verdade por outras fontes, quis com rapidez superar a negligência precedente. E mesmo que todos os comandantes de seu exército o aconselhassem a deixar a empresa de Verona e *Brescia,* para não ser assediado pelos inimigos ao demorar-se aí, e ir a *Vicenza*, não quis ceder a tais conselhos mas tentar a fortuna e recuperar a cidade de Verona. Em meio às hesitações, dirigiu-se aos provedores venezianos e a *Bernardetto de'Medici*, comissário dos florentinos junto a ele, prometendo com certeza a recuperação se ao menos uma das fortalezas resistisse até sua chegada. Organizado seu exército, o conde com máxima celeridade foi a Verona, e, ao vê-lo, *Niccolò* pensou que estava se dirigindo a *Vicenza*, conforme tinha sido aconselhado, mas vendo-o depois encaminhar-se em sua direção e voltar-se à fortaleza de *San Felice*, quis ordenar sua defesa. Mas não teve tempo, porque as barreiras às fortalezas não tinham sido construídas e os soldados estavam divididos pela cobiça do butim

Livro V_____ *do retorno de Cosimo à tomada do Casentino*

e das recompensas, e não pôde reuni-los tão brevemente que pudessem impedir o exército do conde de se aproximar da fortaleza e por aí descer à cidade, que foi recuperada completamente, para a vergonha de *Niccolò* e dano de suas tropas. Este, junto com o marquês de Mântua, refugiou-se primeiro na cidadela, depois, nos campos de Mântua. Então, reuniu o restante de seu exército que tinha conseguido se salvar com os que estiveram no assédio de *Brescia*. Donde Verona pelo exército do duque em quatro dias foi conquistada e perdida.

O conde, depois desta vitória, sendo já inverno e grande o frio, tendo com muita dificuldade mandado mantimentos a *Brescia*, estanciou suas forças em Verona e ordenou que em *Torboli*, durante o inverno, fossem construídas algumas galés, para poder, na primavera, ter forças para libertar completamente *Brescia*.

26. *Visconti* decide atacar a Toscana

O duque, vendo a guerra detida pelo mau tempo e acabada a esperança que tivera de ocupar Verona e *Brescia*, e vendo ainda como de tudo isso o motivo era o dinheiro e os conselhos dos florentinos, os quais nem pelas injúrias dos venezianos tinham se alienado da amizade destes, como tampouco as promessas que lhes fizera foram suficientes para ganhá-los, decidiu, a fim de que mais de perto sentissem[1] o fruto de suas sementes, atacar a Toscana, no que foi apoiado pelos exilados florentinos e por *Niccolò Piccino*. Este, movia-lhe o desejo de conquistar os estados de *Braccio* e expulsar o conde *Sforza* da *Marca*; aqueles, eram impelidos pela vontade de voltar à própria pátria. E cada um tinha exortado o duque com razões oportunas e conforme seus desejos.

Niccolò mostrou-lhe que podia mandá-lo à Toscana e, ao mesmo tempo, manter assediada *Brescia*, para ser senhor do lago e ter os postos de terra fortificados e bem abastecidos, sobrando capitães e tropas para poder opor-se ao conde quando este desejasse fazer outra empresa (mas que ele não o cogitaria sem libertar *Brescia*, e libertá-la era impossível); de modo que vinha à Toscana a fazer guerra e a não deixar a empresa da Lombardia. Mostrou-lhe ainda que os florentinos estariam necessitados, logo que o vissem na Toscana, de chamar o conde [*Sforza*] ou perder, e se qualquer dessas coisas acontecesse, resultaria na vitória do duque [Filipe Maria *Visconti*].

Os exilados afirmavam que era impossível, se *Niccolò* se aproximasse de Florença com o exército, que aquele povo, exausto das

1. Que sentissem "na própria carne".

ofensas e das insolências dos poderosos, não tomasse armas contra ele. Mostraram-lhe ser fácil aproximar-se de Florença, prometendo-lhe aberta a estrada por *Casentino* pela amizade que *messer Rinaldo* tinha com o conde[2], de maneira que o duque Filipe Maria antes por suas próprias convicções, depois pelas persuasões dos exilados, teve certeza de querer fazer essa empresa.

Os venezianos, por outro lado, apesar do rigor do inverno, não deixavam de solicitar o conde *Sforza* para socorrer *Brescia* com todo o exército, coisa que este negava que se pudesse fazer naquele momento, mas que se podia esperar a próxima estação, e enquanto isso, colocar em ordem o exército, depois socorrê-la por água e por terra. Donde os venezianos ficaram de má vontade, e se tornaram lentos para cada novo mantimento, a tal ponto que no exército deles já faltava muitos.

27. Informantes revelam traição do cardeal *Vitelleschi*, apanhado com astúcia por *Antonio Rido*

Certos de todas essas coisas, os florentinos se assustaram vendo a guerra precipitar e na Lombardia não terem feito muitos progressos. E não lhes davam menos aflição as suspeitas que tinham sobre as tropas da Igreja. Não porque o Papa fosse inimigo deles, mas porque viam que esses exércitos mais obedeciam ao Patriarca, grande inimigo deles, do que ao Pontífice. Era *Giovanni Vitelleschi*, de Corneto, primeiro escrivão apostólico, depois bispo de *Ricanati*, mais tarde Patriarca de Alexandria. Tornando-se enfim cardeal, ficou conhecido como Cardeal Florentino[1]. Era decidido e astuto, por isso fez com que o Papa muito o estimasse e o colocasse à frente dos exércitos da Igreja. Foi capitão de todas as empresas feitas pelo Pontífice na Toscana, na Romanha e na Lombardia, donde veio-lhe tanta autoridade sobre as tropas e sobre o Papa que este temia dar-lhe ordens, e o exército a ele só e não a outros obedecia.

Estando então o cardeal *Giovanni Vitelleschi* em Roma com seu exército quando se soube que *Niccolò Piccino* queria vir à Toscana, duplicou-se nos florentinos o medo, por ter sido *Vitelleschi*, depois que *messer Rinaldo* foi expulso, sempre inimigo deles, porque os acordos feitos em Florença entre os partidos não foram observados, ao contrário, foram manejados em prejuízo de *messer Rinaldo*, que por intermediação desse cardeal depôs armas, facilitando aos florentinos sua expulsão.

2. Com *Francesco di Battifolle*, conde de *Poppi*, cf. cap. 15.
1. Foi arcebispo de Florença em 1435 e cardeal dois anos depois. Cf. Livro IV, cap. 22. *A. Montevecchi, op. cit.*

LIVRO V——————————*do retorno de Cosimo à tomada do Casentino*

Assim, os chefes de governo acreditavam que para *Vitteleschi* tinha chegado o momento de recompensar *messer Rinaldo* pelos danos, se este viesse à Toscana, aliando-se a *Niccolò Piccino*. E mais pensavam assim por acreditar ser inoportuna a partida de *Niccolò* da Lombardia deixando uma empresa quase vitoriosa para começar outra de todo duvidosa, o que, julgavam, não o faria sem algum novo acordo ou secreto engano. Dessas suspeitas tinham advertido o Papa, que já tinha reconhecido seu erro por ter dado a outros demasiada autoridade. Mas enquanto os florentinos estavam tão desconfiados, a fortuna mostrou-lhes a maneira de poder defender-se do Patriarca.

Tinha a república florentina em toda parte diligentes informadores que vigiavam o trabalho dos portadores de cartas, para descobrir se alguns destes contra seu estado tramavam alguma coisa. Aconteceu que em *Montepulciano* foram apreendidas cartas escritas pelo Patriarca, sem o consentimento do Pontífice, a *Niccolò Piccino*, que o magistrado preposto à guerra em seguida apresentou ao Papa. E mesmo que fossem escritas com caracteres não consuetos[2] e o sentido de tal forma obscuro que não se pudesse obter sentimento especificado algum, apesar desta obscuridade, ao tratar com o inimigo tanta suspeita veio ao pontífice que resolveu averiguar; e os cuidados dessa empresa deu a *Antonio Rido de Pádua*, que estava na guarda do castelo de Roma. Esse, preparado para obedecer, esperava que chegasse a ocasião.

O Patriarca tinha deliberado vir à Toscana, e querendo partir de Roma no dia seguinte determinou ao castelão que de manhã estivesse na ponte do castelo porque ao passar por ali queria conversar com ele. Pareceu a Antonio que a ocasião tinha chegado e deu ordens aos seus para se prepararem; e no momento estabelecido esperou o Patriarca na ponte que, por estar junto à fortaleza, para a sua segurança pode-se retirar ou colocar. E assim que o Patriarca ficou sobre a ponte, tendo primeiro entretido este com algumas palavras, *Antonio Rido* fez sinal aos seus para que a levantassem. Então, o Patriarca em um só instante passou de comandante de exércitos a prisioneiro de um castelão. Os que estavam com ele primeiro se agitaram, depois, sabendo que isso era a vontade do Papa, se aquietaram.

E o castelão, consolando o Patriarca com palavras gentis e dando-lhe esperança de bem-estar, disse-lhe que não se apanhavam grandes homens para soltá-los, e que quem merecia ser apanhado não merecia ser solto. Assim, pouco depois[3] morreu no cárcere e o Pontífice prepôs

2. Em código.
3. Em abril de 1440.

MAQUIAVEL ——————————————————————— HISTÓRIA DE FLORENÇA

aos seus Ludovico, Patriarca de Aquiléia. O Pontífice, não tendo antes jamais querido implicar-se nas lutas entre a coalizão e o duque, ficou satisfeito de intervir agora, e prometeu logo quatro mil cavalos e dois mil infantes para a defesa da Toscana.

28. *Piccino* atravessa o Pó

Liberados deste temor, aos florentinos restou o medo de *Niccolò* e da confusão das coisas na Lombardia pelas divergências entre os venezianos e o conde *Sforza*[1]. E para tudo entender melhor, enviaram a Veneza *Neri di Gino Capponi* e *messer Giuliano Davanzati*, ao quais encarregaram de estabelecer como iriam manejar a guerra no próximo ano. A *Neri* ordenaram que, ouvida a opinião dos venezianos, fosse ao conde ouvir a dele e persuadi-lo das coisas que fossem necessárias para a coalizão.

Esses embaixadores não tinham ainda chegado em Ferrara e já ficaram sabendo que *Niccolò Piccino* com seis mil cavaleiros havia atravessado o Pó[2], coisa que os fez se apressarem. Chegando em Veneza encontraram toda a Senhoria desejosa de socorrer *Brescia* sem mais demora alguma, porque essa cidade não podia esperar a nova estação[3] nem que se construísse a nova armada, e não vendo outros auxílios se renderia ao inimigo, coisa que tornaria o duque Filipe vitorioso em absoluto e os faria perder todos os estados em terra firme.

Por esse motivo *Neri* foi a Verona a fim de encontrar o conde e ouvir seus motivos. Esse com muita razão mostrou ao conde *Sforza* que cavalgar até *Brescia* era inútil por agora e, para o futuro, danoso, porque nem a atual estação nem o sítio seriam de proveito algum a *Brescia* e só desordenariam e cansariam suas tropas, de maneira que, chegada a nova estação, mais adequada para tais coisas, seria obrigado a voltar a Verona com o exército, para reabastecer-se do que havia sido consumido no inverno e do necessário para o próximo verão: assim, o tempo necessário à guerra se consumiria no ir e vir.

Tinham sido enviados a Verona para discutir essas coisas *messer Orsatto Iustiniani* e *messer Giovani Pisani*. Com estes, depois de muitas discussões, concluiu-se que os venezianos no próximo ano dessem ao conde oito mil ducados, e ao restante da tropa, quarenta por lança, e que se apressasse o conde em sair com todo o exército e atacasse o

1. Alude à oportunidade de libertar *Brescia* ou não.
2. Dois dias antes de eles chegarem a Ferrara, dia 7/2/1440.
3. A primavera.

264

Livro V_____*do retorno de Cosimo à tomada do Casentino*

duque, a fim de que este, por temor de perder o que era seu, fizesse *Niccolò* voltar à Lombardia. Depois de concluir isso voltou a Veneza.

Os venezianos, como era grande a soma de dinheiro a entregar, procediam preguiçosamente.

29. *Piccino* entra na Romanha

Enquanto isso *Niccolò Piccino* seguia sua marcha: já tinha chegado a Romanha e tanto já havia feito com os filhos de *Pandolfo Malatesti* que, deixando os venezianos, ligaram-se ao duque. Isso desagradou Veneza, porém mais aos florentinos, porque acreditavam que com os *Malatesti* podiam fazer resistência a *Niccolò*, mas vendo-os rebelados se acabrunharam, principalmente porque temiam que *Pietrogiampaulo Orsino*, capitão florentino que se encontrava em terras dos *Malatesti*, fosse saqueado, ficando desarmados.

Essa notícia igualmente acabrunhou o conde, porque temia, ao vir *Niccolò* à Toscana, perder a *Marca*. Disposto a socorrer os seus, veio a Veneza e em presença do príncipe[1] mostrou como a sua passagem na Toscana era útil à coalizão, porque a guerra devia ser feita onde estava o exército e o comando do inimigo, não onde estavam suas posições e suas guarnições, porque vencido o exército se vence a guerra, mas vencida uma posição e restando o exército inteiro, muitas vezes a guerra se torna mais acesa. Afirmou que a *Marca* e a Toscana estavam perdidas se a *Niccolò* não fosse feita vigorosa oposição, e que uma vez perdidas, a Lombardia ficava sem remédio, porém mesmo que ficasse sem remédio, não abandonaria seus súditos e seus amigos; e se como senhor tinha vindo à Lombardia, como *condottiere* não queria sair.

A isso respondeu-lhe o príncipe veneziano que era-lhe coisa manifesta o fato de que, se não somente partisse da Lombardia mas com seu exército tornasse a atravessar o Pó, perderiam todos os seus estados em terra firme. E que não eram os venezianos favoráveis a gastar coisa alguma para defendê-lo, porque não é sensato aquele que tenta defender alguma coisa que de qualquer maneira há de se perder. E é menos danoso, e menor o vexame, perder só os estados do que os estados e o dinheiro. E quando acontecesse a perda, ver-se-ia então o quanto era importante à reputação dos venezianos manter o controle da Toscana e da Romanha.

E que, ajuntou, os venezianos eram totalmente contrários à sua opinião, porque acreditavam que quem vencesse na Lombardia venceria em qualquer outro lugar; que vencer era fácil, ficando fraco o estado do

---

1. O *doge Francesco Foscari. Doge*, cf. Livro V, cap. 21, n.1.

duque de Milão pela ausência de *Niccolò Piccino*, fraco ao ponto de se arruinar antes mesmo de chamar de volta *Niccolò* ou prover outros remédios. E que quem examinasse tudo com sensatez compreenderia que o duque de Milão não tinha mandado *Niccolò* à Toscana por outro motivo senão para tirar o conde *Sforza* dessa empresa e fazer noutro lugar a guerra que se fazia em casa sua. Assim, o conde ao seguir *Piccino*, se não fosse por uma extrema necessidade, seria para cumprir os projetos do duque e desfrutar do que continham suas intenções. Porém, continuou, se deixarmos as tropas na Lombardia e na Toscana nos arranjarmos como pudermos, o duque se dará conta tarde da má escolha, quando terá sem remédio perdido na Lombardia e não conseguido vencer na Toscana.

Afirmada e respondida a opinião de cada um, concluiu-se que era bom esperar alguns dias para ver o que produziria o acordo dos *Malatesti* com *Niccolò*, se os florentinos podiam contar com *Pietrogiampaulo Orsini* e se o Papa acertava o passo com a coalizão, como tinha prometido. Depois de chegarem a essa conclusão, em poucos dias puderam verificar que os *Malatesti* tinham feito o acordo mais por temor do que por alguma malvada razão, que *Pietrogiampaulo* tinha ido à Toscana e que o Papa estava de melhor boa vontade para ajudar a coalizão do que antes.

Tais notícias calmaram o ânimo do conde *Sforza*, que se contentou em ficar na Lombardia e que *Neri Capponi* voltasse a Florença com mil homens de sua cavalaria e quinhentos outros; e mesmo que as coisas na Toscana procedessem de maneira que a ação do conde *Sforza* ali fosse necessária, que se comunicasse isso por carta, que então o conde, sem demora alguma, acorreria. *Neri* chegou com essas tropas em Florença em abril[2] e no mesmo dia chegou Giampaulo.

30. O castelo *Marradi* tomado por covardia.
Correrias de *Piccino* até as proximidades de Florença

Niccolò Piccino, enquanto isso, acertadas as coisas na Romanha, planejava descer à Toscana; e querendo passar pela montanha de *San Benedetto* e pelo vale de *Montone*, encontrou esses lugares tão bem defendidos de Pisa por *Niccolò* que julgou ser em vão qualquer esforço seu. E como os florentinos estavam mal providos de soldados e capitães para este imprevisto ataque, haviam mandado muitos de seus cidadãos às passagens daquelas montanhas, com corpos de infantaria formados repentinamente. Entre eles estava o cavaleiro *messer Bartolommeo*

2. De 1440.

LIVRO V_____*do retorno de Cosimo à tomada do Casentino*

Orlandini, a quem se tinha dado a defesa do castelo de *Marradi* e a passagem da respectiva montanha.

Niccolò Piccino, julgando não poder superar o passo de *San Benedetto* pela virtude de quem o defendia, julgou poder fazê-lo no de *Marradi* pela covardia de quem tinha de defendê-lo. *Marradi* é um castelo que está ao pé das montanhas que dividem a Toscana da Romanha, mas à frente da Romanha e no início do *Val di Lamona*; mesmo que não tenha muralhas e apesar do rio, as montanhas e os habitantes o tornam forte, porque os homens são belicosos e fiéis.

O rio de tal forma escavou o terreno e tem margens tão altas que atravessá-lo desde o vale é impossível sempre que uma pequena ponte que há sobre ele seja bem defendida; e do lado das montanhas as ribanceiras são tão altas que tornam o lugar muito seguro.

Apesar disso tudo a covardia de *messer Bartolommeo* tornou aqueles homens covardes, e o lugar, com defesa muito fraca, pois assim que escutou o rumor das tropas inimigas abandonou todos os pertences e fugiu com todos os seus, e não parou até chegar ao *Borgo a San Lorenzo*.

Niccolò, entrando nos lugares abandonados pleno de surpresa por não terem sido defendidos e de alegria por tê-los conquistado, desceu a *Mugello*, onde ocupou alguns castelos; e em *Pulicciano*[1] deteve seu exército e fez muitas incursões armadas em toda a região, até as montanhas de Fiesole. E tão audaz foi que atravessou o Arno, fez correrias e saqueou tudo o que encontrou.

31. *Piccino* toma diversas localidades do *Casentino*, inclusive o castelo *San Niccolò*

Os florentinos, no entanto, não se acabrunharam, e antes de tudo procuraram manter firme o governo, do qual pouco podiam duvidar pela benevolência do povo para com *Cosimo* e por este ter restringido os magistrados a poucos poderosos, com severidade mantidos quietos, mesmo se algum ficasse descontente ou se mostrasse desejoso de novas coisas. Sabiam ainda os florentinos, pelos acordos feitos na Lombardia, com que forças retornava *Neri*, porém esperavam, por outro lado, as tropas do Papa; esta esperança manteve vivos seus ânimos até a volta de *Neri*. Este, vendo a cidade tomada pelo medo e a desordem, decidiu sair para o campo para deter, em parte, o saqueio que *Niccolò* fazia livremente. No comando de um corpo de infantaria, com todos do povo, e a cavalaria

1. *Montepulciano.*

267

de que no momento dispunha, saiu e tomou *Remole*, ocupada pelo inimigo. Aí acampado, impedia a *Niccolò* suas incursões e dava esperanças aos cidadãos de se livrarem do inimigo ao redor.

Niccolò, vendo que os florentinos quando se encontravam sem as tropas que os tinham ocupado não fizeram movimento algum e tendo entendido com quanta segurança se vivia nessa cidade, julgou inútil perder tempo e decidiu fazer outras empresas, a fim de que os florentinos tivessem motivo para mandar contra ele suas tropas, dando-lhe enfim ocasião de batalha: vencendo esta, todo o restante lhe viria bem.

Estava no exército de *Niccolò* o conde *Francesco* de *Poppi*, o qual, quando o exército inimigo entrou em *Muggelo*, tinha se rebelado contra os florentinos, com quem integrava a coalizão[1].

E mesmo que no início os florentinos dele tivessem desconfiança, para torná-lo amigo oferecendo benefícios, aumentaram seus proventos e o designaram comissário de todos os territórios ao dele vizinhos. Mesmo assim, benefício nem medo algum (tanto consegue nos homens o amor ao partido), pôde fazer-lhe esquecer a afeição que devia a *messer Rinaldo* e a outros que no estado anterior governaram; tanto que, logo que soube que *Niccolò* se aproximava, uniu-se a ele, e com todo o seu empenho, aconselhou-o que se afastasse de Florença e se aproximasse de *Casentino,* mostrando-lhe a posição forte da comunidade e com que segurança poderia dali controlar os inimigos.

Niccolò aceitou esse conselho e chegando em território casentino ocupou *Romena* e *Bibbiena,* acampando depois em *Castel San Niccolò*. Este castelo fica localizado ao pé das montanhas que dividem o *Casentino* de *Val d'Arno*, e como dentro tinha bastantes guardas foi difícil a sua expugnação, mesmo que *Niccolò* com *briccole*[2] e artilharia similar continuamente o combatesse. Esse assédio havia durado mais de vinte dias, período no qual os florentinos tinham conseguido reunir tropas; já em *Fegghine*[3] contavam com muitos *condottieri* e três mil homens a cavalo sob o comando do capitão *Pietrogiampaulo* [*Orsini*] e os comissários *Neri Capponi* e *Bernardo d'Medici*. A estes, quatro enviados de *Castello San Niccolò* vieram pedir socorro. Os comissários, examinado o local, viram que não podiam socorrê-los senão pelas montanhas que vêm de *Val d'Arno*, cujos cumes podiam ser ocupados antes pelos inimigos do que por eles, porque tinham de percorrer um caminho mais curto e porque não podiam ocultar sua chegada ali. De maneira

---

1. O conde *Poppi* tinha recebido dos florentinos diversos encargos e benefícios; procurou dar a própria filha *Gualdrada* como esposa a *Piero* di *Cosimo* d'*Medici*, que preferiu *Lucrezia Tuarnaboni*.
2. Máquina de arremessar pedras.
3. *Figline*.

LIVRO V_____*do retorno de Cosimo à tomada do Casentino*

que se tratava de tentar uma coisa que não se podia conseguir e podia acarretar a ruína de suas tropas. Por isso os comissários louvaram a fidelidade dos defensores do castelo e lhes mandaram dizer que, quando não mais pudessem se defender, se rendessem. Então, depois de trinta e dois dias de assédio, *Niccolò* o tomou, e tanto tempo perdido por tão pouca conquista foi em boa parte motivo da ruína de sua empresa. Porque se mantinha suas tropas ao redor de Florença, fazia a quem governasse essa cidade não poder, senão duvidosamente, deixar de obrigar seus cidadãos a pagar pesadas somas de dinheiro; e com mais dificuldade reuniam as tropas e conseguiam qualquer tipo de mantimentos, tendo o inimigo próximo em vez de longe, e muitos teriam disposição de fazer algum acordo para assegurar-se a paz com *Niccolò* vendo que a guerra devia durar.

Mas o desejo que o conde *Poppi* tinha de se vingar contra os do castelo, seus inimigos há muito, foi o que lhe fez dar aquele conselho, e *Niccolò*, para satisfazê-lo, aceitou-o. E isto foi a ruína tanto de um como do outro: são raras as vezes que as paixões particulares não prejudicam o bem geral. *Niccolò*, depois da vitória, tomou *Rassina* e *Chiusi*. Nestes lugares o conde *Poppi* o persuadia a deter-se, mostrando-lhe como podia espalhar suas tropas entre *Chiusi*, *Caprese* e *Pieve*, tornando-se senhor das montanhas e podendo, quando bem o desejasse desde *Casentino*, descer a *Val d'Arno*, *Val di Chiana*, e a *Val di Tevere* pronto para qualquer movimento que o inimigo fizesse.

Mas *Niccolò*, considerando a aspereza do solo, disse-lhe que seus cavalos não comiam pedra, e foi a *Borgo a San Sepolcro* onde cordialmente foi recebido. Nesse lugar tentou granjear os ânimos dos de *Città di Castello*, mas esses, por serem amigos dos florentinos, não lhe deram ouvidos. E querendo ter a devoção dos perugianos, com quarenta cavaleiros se dirigiu à Perúgia, onde, sendo cidadão dessa cidade, foi recebido amigavelmente. Mas em poucos dias ali se tornou suspeito, tentou com o Legado e com os perugianos diversas coisas sem conseguir nenhuma. Tanto é que assim que recebeu deles oito mil ducados[4], voltou ao exército. Daí foi a Cortona, onde apresentou propostas para tirá-la aos florentinos; mas como seus propósitos foram descobertos antes do tempo, seus projetos faliram.

Entre os principais cidadãos daquela cidade estava *Bartolommeo di Senso*; este foi uma noite à guarda de uma porta, por ordem de um capitão, e lhe foi dado a entender, por um amigo seu daquele condado, que não fosse ali se não desejasse ser morto. Quis saber o fundamento disto e

4. Na verdade seriam florins.

MAQUIAVEL ——————————————— HISTÓRIA DE FLORENÇA

acabou descobrindo uma trama de negociações secretas feitas com *Niccolò*. Coisa que *Bartolommeo* pontualmente revelou ao capitão, o qual prendeu os chefes da conjura, e duplicou os guardas às portas e esperou, conforme tinha dado instruções, que viesse *Niccolò*, que chegou à noite e na hora estabelecida, e, ao ver-se descoberto, voltou a seu alojamento.

32. *Sforza* e os venezianos fustigam *Visconti. Piccino* chamado em ajuda

Enquanto essas coisas e dessa maneira afligiam a Toscana, na Lombardia não estavam quietas, com perdas e danos e com poucas vitórias das tropas do duque de Milão. Porque o conde *Francesco Sforza*, assim que o tempo lhe permitiu, saiu com seu exército pelos campos; e como os venezianos tinham reconstruído sua frota no lago Garda, o conde *Francesco* quis, antes de mais nada, ensenhorear-se das águas e expulsar o duque do lago, julgando, uma vez feito isso, que as outras coisas ficar-lhe-iam mais fáceis. Para isso com a frota dos venezianos atacou a do duque de Milão, venceu-a, e com as tropas de terra tomou os castelos que a este obedeciam. Assim, as outras tropas do duque, que por terra cercavam *Brescia*, sabendo dessa ruína, se afastaram, e desta forma *Brescia*, que durante três anos esteve assediada, ficou livre.

Após esta vitória o conde foi ao encontro dos inimigos que se tinham reunido em *Soncino*, castelo situado acima do rio *Oglio*, os expulsou dali e os obrigou a se retirar a Cremona[1], de onde o duque o enfrentou e defendia seus estados. Mas dia após dia, sendo mais acossado pelo conde, que estava duvidando perder todos ou grande parte de seus estados, percebeu a má escolha feita ao enviar *Niccolò* à Toscana e, para corrigir seu erro, escreveu a *Niccolò* dizendo em que condições se encontrava e onde tinham ido parar suas empresas: por isso, o quanto antes pudesse, saindo da Toscana, fosse à Lombardia.

Os florentinos, enquanto isso, tinham reunido sob seus comissários suas tropas com as do Papa, e tinham parado em *Anghiari*, castelo situado ao pé das montanhas que separam *Val di Tevere* de *Val di Chiana*, distante quatro milhas de *Borgo a San Sepolcro* em estrada plana, campos próprios para cavalaria e para conduzir batalhas. E como tiveram notícias das vitórias do conde e da retirada de *Niccolò Piccino*, pensaram que sem desembainhar espadas nem levantar polvadeira haviam vencido aquela guerra, e por isso escreveram aos comissários ordenando-lhes que se

1. Trata-se de Crema. Cf. *A. Montevecchi, op. cit.*

Livro V_____*do retorno de Cosimo à tomada do Casentino*

abstivessem de travar combate, uma vez que *Niccolò* já não poderia permanecer por muitos dias na Toscana.

Esta notícia chegou a *Niccolò* e este, vendo a necessidade de partir mas sem deixar coisa alguma a ser tentada, decidiu combater, pensando encontrar o inimigo desprevenido e com as idéias afastadas da guerra. Nisto tinha o apoio de *messer Rinaldo*, do conde *Poppi* e dos outros exilados florentinos que compreendiam, caso *Niccolò* se fosse, estar em manifesta ruína, enquanto, havendo o combate, pensavam poder vencê-lo ou perder honrosamente. Feita então esta escolha, *Piccino* movimentou seu exército de onde se encontrava, entre *Città del Castello* e o *Borgo*, e entrando no *Borgo* sem que os inimigos se dessem conta, tirou dali dois mil homens, que, confiantes na virtude do capitão e em suas promessas, desejosos de predar, o seguiram.

33. A vitória dos florentinos em *Anghiari*

Dirigiu-se então *Niccolò Piccino* com suas formações para *Anghiari*. Já se encontrava a menos de doze milhas dali quando *Micheletto Attendulo*[1] avistou uma grande polvadeira e, percebendo que se tratava do inimigo, gritou o alarme. O tumulto no campo dos florentinos foi grande, porque as tropas ao acamparem, habitualmente sem disciplina, a isso tinham acrescentado negligência, por parecer-lhes estar longe o inimigo e mais disposto à fuga do que à luta.

De maneira que todos estavam desarmados, afastados do acampamento em lugares onde, à vontade, ou para fugir do calor que era grande, ou para satisfazer a um gosto próprio, os tinha conduzido. Porém foram tantas as diligências dos comissários e do capitão que, antes que tivessem chegado os inimigos, estavam a cavalo e organizados para poder resistir-lhes ao ímpeto. E *Micheletto,* assim como foi o primeiro a descobrir o inimigo, foi o primeiro que armado saiu a seu encontro, correndo com suas tropas para a ponte no rio que atravessa a estrada, não muito longe de *Anghiari*.

E como antes da chegada do inimigo *Pietrogiampaulo* tinha mandado aplanar os fossos que circundavam a estrada, tendo-se Micheletto colocado em frente à ponte, Simoncino, *condottiere* da Igreja, e o Legado colocaram-se à direita, e à esquerda, os comissários florentinos com Pietrogiampaulo, capitão destes. A infantaria, a espalharam por toda parte à margem do rio acima. Não ficava, portanto, ao inimigo, outro caminho livre para ir ao encontro de seu adversário, senão o reto,

---

1. *Micheletto Sforza Attendolo.*

em frente à ponte, nem precisavam os florentinos de outro lugar para combater, exceto que tinham dado ordens à sua infantaria que, se a do inimigo saísse da estrada para ficar ao lado de suas tropas, atacassem-nos com as bestas[2] para que não pudessem ferir de flanco os cavalos que passassem pela ponte.

Foram, portanto, as primeiras tropas que compareceram, não só energicamente freadas como rechaçadas por*Micheletto*. Mas vieram Astorre e *Francesco Piccino* com tropas escolhidas e com tal ímpeto golpearam que tiraram *Micheletto* da ponte, empurrando-o até a escarpadura que chega até o burgo de*Anghiari*. Esses, porém, depois foram rechaçados e expulsos da ponte pelos que os atacavam pelos flancos.

Esse entrevero durou duas horas, onde ora *Niccolò,* ora os florentinos eram senhores da ponte; e mesmo que ficasse empatado em cima da ponte, além e aquém desta a desvantagem de *Niccolò* era grande. É que quando seus homens a atravessavam, encontravam o inimigo mais numeroso, porque pelas aplanadas feitas melhor podiam se deslocar e os que estavam exaustos podiam pelos que estavam em boa forma ser socorridos. Porém quando os florentinos a cruzavam, *Niccolò* não podia facilmente substituir os seus, por estar encurralado entre os fossos e a trincheira ao longo da estrada, como aconteceu, porque muitas vezes as tropas de *Niccolò* superaram a ponte e sempre foi impelido para trás pelos adversários que se encontravam em boa forma.

Quando a ponte foi definitivamente tomada pelos florentinos, conseguindo estes já entrar na estrada, *Niccolò*, dado o ímpeto dos atacantes e a incomodidade do lugar em que se encontrava, não teve possibilidade de relevar suas tropas, os que iam adiante misturaram-se com os que iam atrás, de maneira que um desordenou o outro e o exército todo teve de voltar atrás, e cada um, sem o menor cuidado, tratou de refugiar-se no burgo.

Os soldados florentinos deram-se ao butim, que foi em prisioneiros, armas e cavalos muito grande, porque com *Niccolò* não saíram salvos mil cavaleiros. Os habitantes do burgo, que tinham seguido *Niccolò* para participar do butim, de predadores se tornaram presas, foram todos presos e obrigados a pagar resgate, perdendo insígnias e carros.

A vitória foi mais útil à Toscana do que danosa para o duque de Milão, porque se os florentinos perdessem a batalha, a Toscana era sua, e perdendo o duque, não perdia senão as armas e cavaleiros de seu exército, que com não muito dinheiro podia recuperar.

---

2. Cf. Livro II, cap. 5, n.4.

3. Polêmica asserção do autor. Segundo Biondi, teria havido em *Anghiari* pelo menos setenta mortes. Cf. Livro IV, cap. 6, n.3. *A. Montevecchi, op. cit.*

LIVRO V_____*do retorno de Cosimo à tomada do Casentino*

Jamais houve uma ocasião em que uma guerra levada em território alheio fosse menos perigosa para quem a move do que aquela. Em tamanha derrota e tão longo entrevero que durou de vinte a vinte e quatro horas não morreu senão um homem: este não morreu de ferimentos e de algum outro virtuoso golpe, mas tendo caído do cavalo, expirou pisoteado[3]. Tal era a segurança com que combatiam então os homens, porque estando todos a cavalo e cheios de armas, estavam assegurados contra a morte uma vez que se rendessem, não havia motivos porque tivessem de morrer: no combate defendiam-se com as armas, e quando não mais podiam combater, com a rendição.

34. A falta de ordem e disciplina militar. Morte súbita de *Rinaldo degli Albizzi*

É este combate, pelo que aconteceu durante e depois dele, um exemplo da grande infelicidade dessas guerras, porque, vencidos os inimigos e encurralado *Niccolò* no burgo de *San Sepolcro*, os comissários queriam segui-lo e ali assediá-lo para ter a vitória completa, mas nenhum *condottiero* nem soldado quis obedecer, dizendo que queriam pôr a salvo o butim e medicar os feridos. E, o que é mais notável, no dia seguinte, ao meio-dia, sem permissão nem respeito algum de comissário ou de capitão, foram até *Arezzo*, ali deixaram o butim e retornaram a *Anghiari*: coisa tão contrária a qualquer louvável ordem e disciplina militar que uma sobra qualquer de exército organizado tinham fácil e merecidamente podido tirar-lhes a vitória que haviam imerecidamente conquistado. Além disso, querendo os comissários que os soldados permanecessem prisioneiros para não dar ocasião ao inimigo de se recuperar, libertaram-nos contra a vontade desses. Coisas todas que surpreendem, como em um exército nessas condições, houvesse tanta virtude que pudesse obter vitória e como no inimigo houvesse tanta vileza que pudesse ser vencido por tropas tão desordenadas.

Então, no ir e vir dos florentinos a *Arezzo*, *Niccolò* teve tempo para sair do burgo com suas tropas, dirigiu-se a Romanha, e com ele também foram os rebeldes florentinos. Esses, vendo perdida a esperança de retornar a Florença, dispersaram-se por diversos lugares da Itália e do estrangeiro, segundo a conveniência de cada um.

Estava entre estes *messer Rinaldo*, que escolheu residência em Ancona, e para ganhar a pátria celeste, já que havia perdido a terrestre, foi ao sepulcro de Cristo, de onde ao retornar, na festa de casamento de uma filha sua, à mesa, morreu subitamente; e nisto foi-lhe favorável a fortuna, que o fez morrer no menos infeliz dia de seu exílio. Homem realmente honorável em qualquer fortuna, mais o teria sido se a natureza o tivesse feito nascer numa cidade unida, porque muitas qualidades suas o ofenderam numa cidade dividida, quando numa unida, o teriam premiado. Os comissários, então, tendo suas tropas retornado de *Arezzo* e partido as de *Niccolò*, entraram no mencionado burgo, e seus habitantes queriam entregar-se aos florentinos, que o recusaram.

E, enquanto tratavam disso, o legado do Pontífice suspeitou que os comissários quisessem tirar da Igreja aquele território. Tanto é que trocaram palavras injuriosas, e teriam acontecido desordens entre os florentinos e as tropas eclesiásticas se isso houvesse durado mais, mas como acabou como desejava o Legado, tudo se pacificou.

35. *Capponi* recupera o *Casentino* para Florença. As amargas palavras do conde de *Poppi* e a dura resposta de *Capponi*

Enquanto se discutiam as coisas do burgo de *San Sepolcro*, soube-se que *Niccolò Piccino* tinha ido a Roma, outras notícias diziam ter ido a *Marca*: então o Legado e as tropas do conde *Sforza* decidiram ir a Perúgia para prover de auxílio a *Marca* ou Roma, segundo *Niccolò* tivesse se deslocado; decidiram também que com aquelas tropas fosse *Bernardo de'Medici* e para tomar o *Casentino* fosse *Neri* com as tropas florentinas.

Feita tal deliberação, *Neri* acampou perto de *Rassina* e a tomou, e com o mesmo ímpeto tomou *Bibbiena*, *Prato Vecchio* e *Romena*; e daí foi acampar em *Poppi*, cercando-a por dois lados, um, o da planície de *Certomondo*, o outro, de cima das colinas que se estendem até *Fronzoli*.

O conde de *Poppi*, vendo-se abandonado por Deus e pelos homens, se havia fechado nessa cidade, não porque esperava poder ter algum auxílio, mas para conseguir, caso pudesse, uma capitulação menos danosa. Tendo *Neri* apertado o cerco, pediu condições para sua rendição e obteve as que então podia esperar: salvaguardar a si, a seus filhos e às coisas que pudesse carregar e entregar o território e o estado aos florentinos. Feita a rendição, desceu até a ponte do Arno, que passa junto à cidade, e condoído e aflito disse a *Neri*:

LIVRO V_____*do retorno de Cosimo à tomada do Casentino*

Se bem tivesse ponderado minha fortuna e vosso poderio, viria a vós como amigo congratular-me convosco pela vitória, não como inimigo a suplicar-vos que fizésseis menos grave minha ruína. A presente sorte, que para vós é magnífica e feliz, para mim é doída e mísera. Tive cavalos, armas, súditos, estado e riqueza: o que há de surpreendente se com muito desgosto deixo isso tudo? Mas se quiserdes, podereis comandar a Toscana toda, e necessariamente vos convém que nós vos obedeçamos; e se eu não tivesse cometido este erro, a minha fortuna não teria sido conhecida e não teria sido conhecida a vossa generosidade, porque se me preservardes dareis ao mundo um eterno exemplo de vossa clemência. Que vossa piedade vença minha falta e deixeis pelo menos só esta casa ao descendente daquele de quem vossos antepassados receberam inúmeros benefícios.

A isso *Neri* respondeu que o ter esperado demais dos que pouco podiam lhe dar era o que o tinha levado a errar contra a república de Florença, e, considerando as atuais circunstâncias, era necessário que cedesse todas as suas coisas e abandonasse enquanto inimigo dos florentinos o lugar que como amigo não quis manter. Porque tinha dado tal exemplo de si que não podia ser mantido onde a cada mudança da fortuna pudesse prejudicar a república. Que não era ele, mas seus estados é que eram temidos, e que se pudesse ser príncipe na Alemanha, Florença o via bem e, por consideração aos antepassados mencionados, o apoiaria.

O conde, cheio de indignação, respondeu que desejaria ver os florentinos de bem mais longe. Assim, deixadas todas as expressões amistosas, não vendo outro remédio, entregou a cidade e todas as suas razões aos florentinos, e com todos os seus pertences, com a mulher e os filhos partiu chorando, condoendo-se de ter perdido um estado que seus pais tinham tido por novecentos anos[1].

Essas vitórias todas apenas foram noticiadas em Florença, causaram maravilhosa alegria aos dirigentes do governo e ao povo. E como *Bernardo de'Medici* acreditava ser falsa a notícia que *Niccolò* tinha se dirigido à *Marca* ou a Roma, retornou com suas tropas onde estava *Neri*, e voltando juntos a Florença, foram-lhe tributadas as maiores honras que segundo o costume da cidade podem-se tributar a seus cidadãos vitoriosos, e pelos Senhores, pelos capitães dos partidos e depois por toda a cidade como triunfantes foram recebidos.

---

1. Deduzido de *Cacciata del Conte Poppi* (Expulsão do Conde de *Poppi*), do próprio *Neri Capponi*. A posse, porém, dessa família não era anterior ao séc. X. Cf. *A. Montevecchi, op. cit.*

# LIVRO VI

da retomada da guerra contra Milão à posse de Ferdinando I

LIVRO VI_____ *da retomada da guerra contra Milão à posse de Ferdinando I*

1. A finalidade das guerras. As desordens das guerras atuais

A finalidade dos que movem uma guerra sempre foi, e é razoável que assim seja, enriquecer-se e empobrecer o inimigo. Não é por outro motivo que se busca a vitória, nem as conquistas por outra razão se procuram senão para tornarmo-nos poderosos e tornar fraco o adversário. Donde se segue que em qualquer ocasião em que uma vitória empobreça ou uma conquista enfraqueça, deve ser porque se descuidou ou não se chegou ao objetivo pelo qual são movidas as guerras.

O príncipe ou a república que de uma guerra sai enriquecido é aquele que extingue os inimigos e dos butins e recompensas é senhor. O príncipe que nas vitórias empobrece é aquele que mesmo vencendo não consegue extinguir os inimigos, e os butins e recompensas não a si mas aos soldados pertencem; é infeliz nas derrotas e nas vitórias infelicíssimo, porque perdendo suporta as injúrias feitas pelo inimigo, e vencendo, as que são feitas pelos amigos, e estas, por serem menos racionais, são menos suportáveis; e principalmente por ficar necessitado de gravar seus súditos com mais taxas e novas ofensas, e se nele há alguma benevolência, não pode se alegrar inteiramente com essa vitória com a qual estão descontentes todos os seus súditos.

Costumavam as antigas e bem ordenadas repúblicas, em suas vitórias, encher de ouro e de prata o erário público, distribuir doações ao povo, eximir de tributações os súditos, festejá-las com jogos e festas solenes; mas nas da época que aqui descrevemos, primeiro esvaziavam o erário, depois empobreciam o povo, e contra nossos inimigos não nos asseguravam.

Isso tudo vinha da desordem com que as guerras eram conduzidas: porque despojando o inimigo vencido sem aprisioná-lo ou matá-lo, esse tardava tanto a tornar a atacar o vencedor quanto tardavam as armas e cavalos fornecidos pelo novo senhor. E como as recompensas e os butins eram dos soldados, os príncipes vencedores não podiam enfrentar essas novas despesas com esses novos dinheiros e das entranhas do povo os extraíam. E a vitória não só não gerava coisa alguma em benefício do

MAQUIAVEL ——————————————————————— HISTÓRIA DE FLORENÇA

povo como este era mais gravado pelo príncipe, mais exigente e menos moderado.

E a tal ponto esses soldados haviam conduzido a maneira de fazer guerra que igualmente o vencedor ou o vencido, se desejavam poder comandar suas tropas, de novos dinheiros precisavam, o primeiro para premiá-las, o outro, para rearmá-las, pois estes não podiam ficar sem ser recolocados a cavalo e aqueles sem novos prêmios não queriam mais combater. Por isso uns desfrutavam pouco a vitória, os outros pouco sentiam a derrota, pois o vencido estava sempre em tempo para se recuperar, e o vencedor não o estava para continuar a vitória.

2. Como conseguiu se recuperar *Niccolò Piccino*. Acordo de paz entre *Visconti* e *Sforza*

Esta desordem e esta pervertida milícia fez com que, antes que *Niccolò Piccino* montasse a cavalo já se soubesse de sua ruína em toda a Itália; e mais dura guerra moveu ao inimigo depois da derrota do que jamais o fizera antes. Foi isso que lhe permitiu, depois da derrota de *Tenna*, conquistar Verona[1]. Foi isso que lhe permitiu, tendo ficado sem tropas em Verona, ir à Toscana com grande exército. Foi por isso que, derrotado em *Anghiari* antes de ir a Romanha, tinha em sua campanha mais força do que antes, e pôde cumular o duque de Milão da esperança de poder defender a Lombardia, que este pensava, pela ausência de *Piccino*, estar perdida; porque, enquanto *Niccolò* enchia a Toscana de tumultos, o duque tinha chegado ao ponto de duvidar da posse de seus estados. E julgando que sua ruína acontecesse antes que *Niccolò Piccino*, que tinha sido chamado, viesse a socorrê-lo para frear o ímpeto do conde e poder contemporizar essa fortuna com o engenho pois não podia sustentá-la com a força, recorreu àqueles remédios que em ocasiões semelhantes muitas vezes lhe deram satisfação: mandou *Niccolò da Esti*, príncipe de Ferrara, a *Peschiera,* onde estava o conde *Sforza*.

Niccolò da Esti exortou o conde *Sforza* à paz, e mostrou-lhe que aquela guerra não lhe era de propósito algum, porque se o duque de Milão se enfraquecesse a tal ponto de não poder manter sua reputação, seria ele, *da Esti*, o primeiro a sofrer as conseqüências, porque não mais seria bem-visto pelos venezianos e florentinos. E como demonstração de que o duque desejava a paz, ofereceu-lhe a conclusão do parentesco

1. O autor se refere aqui à derrota de *Anghiari*, cf. Livro 5, caps. 33-34, e às vitórias mencionadas nos caps. 22-24 do mesmo livro.

280

LIVRO VI_____*da retomada da guerra contra Milão à posse de Ferdinando I*

.com o mesmo: enviaria sua filha a Ferrara, e lhe prometia a mão assim que fosse a paz concluída.

O conde lhe respondeu que se o duque realmente buscava a paz, com facilidade a obteria, porque era coisa desejada pelos florentinos e pelos venezianos; era verdade, entretanto, que com dificuldade se lhe poderia crer, porque sabia-se que jamais tinha feito paz senão por necessidade, e assim que esta não mais existia, voltava-lhe o desejo de guerra; e tampouco poder-se-ia dar crédito a seu parentesco, do qual tantas vezes debochou; mesmo assim, depois que se concluísse a paz, em relação ao parentesco faria o que aconselhassem os amigos.

3. Ravena se entrega a Veneza para não voltar ao poder da Igreja. *Piccino* ataca de surpresa domínios brechianos

Os venezianos, que suspeitam de seus soldados até de maneira pouco razoável, razoavelmente tomaram essas negociações em grande suspeita, e para anulá-la o conde *Sforza* continuou energicamente a guerra. Mesmo assim os ânimos de tal maneira se tinham amornado, este por ambição, os venezianos pelas suspeitas, que no restante do verão poucas empresas foram realizadas. De maneira que, tendo retornado *Niccolò Piccino* à Lombardia, e já tendo começado o inverno, os exércitos todos voltaram aos quartéis: os do conde a Verona, os do duque a Cremona, os florentinos à Toscana e os do Papa à Romanha. Esses, depois que venceram em *Anghiari*, atacaram *Furli* e Bolonha, para tirá-las das mãos de *Francesco Piccino*, que as governava em nome de seu pai, mas não o conseguiram porque foram energicamente defendidas por *Francesco*.

No entanto, esse ataque causou aos de Ravena tanto temor de cair sob o domínio da Igreja que, combinando-o com seu próprio senhor *Ostasio di Polenta*, colocaram-se sob a podestade dos venezianos que, como recompensa pelo território recebido, a fim de que *Ostasio* por algum tempo não pudesse tirar-lhes pela força aquilo que pela pouca prudência lhe haviam dado, com seu filho mandaram-no morrer em *Candia*.

Durante essas empresas, não obstante à vitória de *Anghiari*, por falta de dinheiro o Papa vendeu aos florentinos o castelo do *Borgo a Santo Sipulcro* por vinte e cinco mil ducados.

Estando as coisas nesses termos, e como pelo inverno a cada um parecia estar em segurança contra a guerra, não se pensava na paz, principalmente o duque de Milão, alentado pela estação fria e pelas forças de *Niccolò Piccino*. Foi por isso que rompeu todas as negociações com o conde *Sforza*, com muita diligência equipou as tropas de *Niccolò* e tomou todas as providências que para uma futura guerra seriam necessárias. Coisas das quais tendo notícia o conde, foi a Veneza para aconselhar-se com o Senado do que tinham a governar para ano vindouro.

Niccolò, por outro lado, estando com tudo bem ordenado e vendo o inimigo desordenado, não esperou a primavera e no mais frio inverno atravessou o rio *Adda*, invadiu o *Bresciano*[1] e ocupou todos os povoados, fora *Asola* e *Orci*. Assim, desvalijou e aprisionou do conde mais de dois mil homens a cavalo, que não esperavam esse ataque. Porém o que mais desgostou *Sforza* e mais acabrunhou os venezianos, foi que *Ciarpellone*, um dos seus principais capitães, rebelou-se contra ele.

O conde, ao saber disso, saiu logo de Veneza e, chegando a Brescia, constatou que *Niccolò*, depois de fazer aqueles danos, tinha voltado a seu quartel; assim, não pareceu ao conde ter de refazer a guerra que encontrou desfeita, mas quis, já que o tempo e o inimigo davam-lhe ocasião para reordenar-se, usar isso para poder depois, com a nova estação, vingar a velha ofensa. E fez os venezianos chamarem de volta as tropas que na Toscana foram servir os florentinos, e para o cargo do recém-falecido *Gattamelata*, nomeassem *Micheletto Attendulo*.

4. A insolência de *Piccino* reconcilia *Visconti* e *Sforza*

Chegada a primavera, *Niccolò Piccino* foi o primeiro a sair em campanha e assediou *Cignano*, castelo distante doze milhas de *Brescia*; em seu socorro veio o conde *Sforza*, e entre os dois capitães a guerra era conduzida segundo seus hábitos.

Temendo por Bérgamo, o conde assediou Martiningo, castelo situado em lugar onde, uma vez expugnado, com facilidade podia socorrer Bérgamo, gravemente atacada por *Niccolò*. Este tinha previsto não poder ser rechaçado pelo inimigo senão através de Martiningo, e havia guarnecido aquele castelo de toda a defesa possível, de maneira que o conde teve de ir ao ataque com todas as suas forças.

Então *Niccolò*, com todo o seu exército, colocou-se num lugar que impedia o abastecimento do exército do conde, e com tranqueiras e bastidas de tal maneira se fortificou que *Sforza* não podia atacar sem manifesto perigo; as coisas foram dispostas de maneira que o atacante ficava em maior risco do que aqueles que estavam em Martiningo, que estava sendo assediada. Donde o conde, que já não podia acampar pelos mantimentos,

---

1. Território de *Brescia*.

LIVRO VI _____ *da retomada da guerra contra Milão à posse de Ferdinando I*

não podia se retirar pelo perigo; e se antevia para o duque uma manifesta vitória e, para os venezianos e o conde, uma expressa ruína.

Mas a fortuna, à qual não falta maneira de ajudar os amigos e desfavorecer os inimigos, fez crescer tanta ambição e insolência em *Niccolò Piccino* pela esperança dessa vitória que, sem ter respeito pelo duque nem por si, mandou-lhe dizer que, tendo militado muito tempo sob sua insígnia e não tendo ainda conquistado terra que bastasse para nela ser enterrado, gostaria que ele mesmo lhe dissesse quais eram os prêmios que obteria por seus esforços; porque em sua podestade estava o torná-lo senhor da Lombardia e colocar seus inimigos na própria mão; e, parecendo-lhe que de uma garantida vitória tivesse de vir um garantido prêmio, desejava que lhe concedesse a cidade de Piacenza; para que, cansando de tão longa milícia, pudesse algum dia repousar. E, finalmente, não se envergonhou de ameaçar o duque de deixar a empresa se esse seu pedido não fosse atendido.

Essa injuriosa e insolente forma de pedir ofendeu o duque, o qual ficou tão indignado que decidiu antes perder a empresa do que atendê-lo. E o que tantos riscos e tantas ameaças dos inimigos não conseguiram dobrar, as insolentes maneiras do amigo dobraram: decidiu fazer um acordo com o conde *Sforza*. E a este enviou *Antonio Guidobono da Tortona*, para oferecer-lhe a filha e as condições de paz[1], coisas que foram avidamente aceitas por ele e seus aliados.

E estabelecidos secretamente os acordos entre eles, o duque mandou *Niccolò* fazer trégua com o conde por um ano, mostrando estar tão sobrecarregado com as despesas que não podia deixar uma paz certa por uma incerta vitória. *Niccolò* ficou surpreso com a escolha, não podia compreender qual o motivo que permitia ao duque de Milão fugir de tão gloriosa vitória, nem podia crer que por não querer premiar os amigos quisesse salvar seus inimigos. Por isso, da maneira que melhor lhe pareceu, a essa decisão se opôs. Então o duque foi obrigado a, desejando aquietá-lo, ameaçar de entregá-lo como presa a seus soldados e seus inimigos, caso não obedecesse.

Niccolò consentiu, não com outro ânimo senão o de quem é obrigado a abandonar os amigos e a pátria, condoendo-se de sua má sorte, já que ora a fortuna, ora o duque tiravam-lhe a vitória sobre seus inimigos.

---

1. Para *Sforza*: Cremona e seu território sem *Pizzighettone*, e alguns dos menores povoados do Bergamasco (território de Bérgamo). Ficou também com *Pontremoli*.

Estabelecida a trégua[2], as núpcias da senhora Bianca com o conde foram celebradas, e como dote desta foi-lhe concedida a cidade de Cremona. Isso feito, assinou-se a paz em novembro de 1441, testemunhada pelos venezianos *Francesco Barbadico* e *Paulo Trono*, pelos florentinos *messer Agnolo Acciaiuoli*, pela qual[3] os venezianos obtiveram *Peschiera*, *Asola* e *Lonato*, fortificações do marquês de Mântua.

5. Afonso V, de Aragão, disputa Nápoles com Renato de Anjou

Terminada a guerra na Lombardia continuou a do Reino de Nápoles, e não podendo esta deter-se, retomou-se a da Lombardia.

Renato de *Anjou*, durante a guerra da Lombardia, foi despojado de todo o seu reino por Afonso de Aragão[1], exceto de Nápoles. De maneira que Afonso, acreditando já ter em suas mãos a vitória, decidiu, enquanto cercava Nápoles, tirar Benevento do conde *Sforza* e outros estados que possuía nos arredores, porque acreditava conseguir isso sem seu risco, estando o conde ocupado.

Afonso conseguiu facilmente a empresa, e com pouca faina ocupou todo aquele território; mas, chegada a notícia da paz na Lombardia, temeu que o conde voltasse para retomar suas terras em favor do rei Renato, o qual, pelos mesmos motivos, esperou por isso. E esse monarca solicitou o conde, pedindo-lhe que viesse socorrer um amigo e de um inimigo vingar-se.

Por outro lado Afonso pedia a Filipe *Visconti* que, pela amizade que tinha com ele, desse tanto trabalho ao conde que, ocupado com maiores empresas, precisasse abandonar aquela. Filipe aceitou esse convite, sem pensar que turbava a paz que pouco antes tinha feito com tanta desvantagem sua. Fez o papa Eugênio entender que era aquele o momento de reaver as terras da Igreja que o conde ocupava e com esta finalidade ofereceu-lhe, remunerado enquanto durasse a guerra, *Niccolò Piccino*, que desde que tinha sido assinada a paz, estava com suas tropas na Romanha.

O papa Eugênio aceitou com avidez esse conselho, pelo ódio que tinha do conde e pelo desejo de reaver o que era seu; e se em outra ocasião com esta mesma esperança fora enganado por *Niccolò*, pensava que agora, intervindo o duque de Milão, não poderia desconfiar de engano, e juntando suas tropas com as de *Niccolò* atacou a *Marca*. O

---

2. Em 3 de agosto de 1441, as núpcias tiveram lugar em outubro.

3. É a Paz de Cavriana, de 20 de novembro desse ano, da qual foi mediador e artífice o conde *Sforza*.

1. Trata-se de Afonso V, o Magnífico, rei da Aragão de 1416 a 1458.

LIVRO VI_____*da retomada da guerra contra Milão à posse de Ferdinando I*

conde, golpeado por tão imprevisto ataque, à frente de seu exército marchou contra o inimigo. Enquanto isso o rei Afonso ocupou Nápoles[2], portanto, todo aquele reino, exceto *Castelnuovo*, veio à sua podestade.

O rei Renato, depois de prover de boa guarda *Castelnuovo*, partiu, e vindo a Florença foi recebido com muita honra. Daqui, depois de poucos dias, vendo que não mais podia continuar a guerra, se dirigiu a Marselha.

Enquanto isso Afonso tinha tomado *Castelnuovo*, e as tropas do conde, na *Marca*, eram inferiores às do Papa e às de *Niccolò*: por isso recorreu aos venezianos e florentinos para ajuda de exército e de dinheiro, mostrando-lhes que se então não procurassem frear o Papa e o rei de Nápoles, enquanto estava vivo, pouco depois teriam que se preocupar com a própria segurança, porque o rei e o Papa se aliariam com Filipe *Visconti* e dividiriam entre eles a Itália.

Os florentinos e os venezianos ficaram perplexos por um certo tempo, seja por julgarem não ser bom inimizar-se com o Papa e com o rei de Nápoles, seja por estarem ocupados com os problemas dos bolonheses.

Annibale Bentivogli tinha expulso *Francesco Piccinino*[3], e para se defender do duque, que favorecia *Francesco*, tinha pedido ajuda aos florentinos e aos venezianos e estes não a haviam negado, assim, ocupados nessas empresas, não podiam decidir ajudar o conde. Mas como seguiu-se a vitória de *Annibale* sobre *Francesco Piccinino*[4], e parecendo que as coisas estavam quietas, os florentinos decidiram ajudar o conde, mas antes, para assegurar-se com o duque, renovaram a aliança com este, da qual o duque não se afastou, porque foi ele quem consentiu que se fizesse guerra a *Sforza* enquanto o rei Renato continuava de armas em mão; porém, vendo-o derrotado e sem posses no reino, não lhe agradava que o conde fosse espoliado de seus estados. Por isso não só consentiu que a este se ajudasse, mas escreveu a Afonso que ficasse contente de retornar ao Reino de Nápoles e não mais mover guerra ao conde.

E mesmo que isso não fosse feito de bom grado por Afonso, pelas obrigações que tinha com o duque, decidiu satisfazê-lo e se retirou com suas tropas à outra margem do *Tronto*.

---

2. Em 2 de junho de 1442.
3. Filho de *Niccolò*, que este tinha deixado em Bolonha em 1442.
4. Na verdade *Annibale Bentivoglio* derrotou outro *condottiero* visconriano: *Ludovico dal Verme*.

MAQUIAVEL _____ HISTÓRIA DE FLORENÇA

6. *Neri di Gino Capponi* e *Baldaccio di Anghiari* muito reputados

Se na Romanha as coisas desta forma eram sofridas, em Florença tampouco estavam muito quietas. Encontrava-se nesta cidade, entre os cidadãos mais reputados do governo, *Neri di Gino Capponi*, cuja reputação *Cosimo de'Medici* temia mais do que qualquer outro, porque ao grande crédito que possuía na cidade se acrescentava o que possuía entre os soldados: porque tendo estado muitas vezes no comando dos exércitos, com sua virtude e seus méritos os havia conquistado. Além disso, a lembrança das vitórias que ele e Gino, seu pai (tendo este expugnado Pisa[1] e aquele vencido *Niccolò Piccino* em *Anghiari*[2]), tinham conseguido os tinham tornado queridos por muitos, e temidos por aqueles que desejavam não partilhar o governo com outros.

Entre muitos outros comandantes do exército florentino estava *Baldaccio di Anghiari*, homem em guerra excelentíssimo, porque naquela época não havia ninguém na Itália que o superasse em virtude de corpo e de ânimo; e na infantaria, porque desta havia sempre sido o comandante, tinha tanta reputação que todos estavam dispostos a segui-lo em qualquer empresa e em qualquer desejo seu. Era muito amigo de *Neri* por suas virtudes, das quais sempre foi testemunha, o amava. Isto aos outros cidadãos muitos receios trazia, e julgando que deixá-lo seria perigoso e mantê-lo, perigosíssimo, decidiram eliminá-lo, idéia esta à qual foi favorável a fortuna.

Era gonfaloneiro de justiça *messer Bartolommeo Orlandini*. Este, mandado à defesa do castelo de *Marradi* quando, como dissemos acima, *Niccolò Piccino* entrou na Toscana, vilmente fugiu, abandonou aquela passagem que por sua natureza quase por si só se defendia[3]. Tanta covardia desgostou *Baldaccio*, o qual com palavras injuriosas e com cartas tornou público o ânimo menor do gonfaloneiro. *Bartolommeo* passou grande vergonha e desgosto, e sobretudo desejava vingar-se, pensando poder com a morte do acusador apagar a infâmia de suas culpas.

7. *Orlandini* organiza assassinato de *Anghiari*. Nova *balìa*

Este desejo de *messer Bartolommeo* era conhecido por outros cidadãos, tanto que sem muita fadiga conseguiram convencê-lo de que devia eliminá-lo e, de uma só vez, vingar a injúria pessoal e livrar o estado de um homem a quem seria necessário manter com risco ou licenciar com dano.

1. Cf. Livro III, cap. 29.
2. Cf. Livro V, caps. 33-34
3. Cf. Livro V, cap. 30.

LIVRO VI_____ *da retomada da guerra contra Milão à posse de Ferdinando I*

Tomada a decisão de matá-lo, *Bartolommeo* fechou-se em sua casa com muitos jovens armados, e tendo vindo *Baldaccio* à praça, onde diariamente vinha tratar com os magistrados seu contrato de serviço, o gonfaloneiro mandou buscá-lo e este sem suspeitar obedeceu. *Bartolommeo* foi a seu encontro e deu duas ou três voltas no corredor ao longo da salas dos Senhores, falando de seus serviços. Depois, quando lhe pareceu ser o momento, tendo chegado em frente à sala que escondia os jovens armados, deu-lhes um sinal. Estes saíram e, encontrando-o desarmado e sozinho, mataram-no.

Já morto, jogaram-no pela janela do palácio que dá para a Alfândega, levaram o corpo à praça e cortaram-lhe a cabeça, e a deixaram o dia todo exposta ao povo[1]. Deixou só um filho, que poucos dias antes *Annalena*, sua mulher, tinha lhe dado, e que pouco tempo viveu. E ficando sem o marido e sem o filho, *Annalena* não quis a companhia de outro homem. Fez de sua casa um convento com muitas mulheres nobres que com ela desejaram enclausurar-se, e nele viveu e morreu santamente. Sua memória, pelo convento por ela criado e dela denominado, vive no presente e viverá sempre. Esse fato diminuiu em parte o poderio de *Neri* e tirou-lhe reputação e amigos.

E não bastou aos que estavam no poder, porque já passados dez anos do início desse governo, tendo terminado a autoridade[2] da *balìa*, e como muitos no falar e nas ações se animavam mais do que o necessário, os chefes julgaram que se não desejassem perder o governo era necessário retomá-lo, dando novamente autoridade aos amigos e batendo os inimigos[3]. Para isso criaram em 1444 uma nova *balìa* para os Conselhos, que reformou as funções, limitou a poucos a autoridade de poder nomear a Senhoria, renovou a chancelaria das reformas afastando *ser Filippo Peruzzi* e propondo alguém que governasse segundo o parecer dos poderosos, prolongou o tempo de exílio dos desterrados, colocou no cárcere *Giovanni di Simone Vespucci* e afastou dos cargos os funcionários do partido inimigo[4], entre eles os filhos de *Piero Baroncelli*, todos os *Serragli, Bartolommeo Fortini, messer Francesco Castellani* e muitos outros. E com estes procedimentos a si mesmos trouxeram autoridade e reputação e aos inimigos e suspeitos tiraram o orgulho.

1. Foi em 6 de setembro de 1441.
2. Esgotado o prazo que vigoravam as listas de magistrados feitas pelos amigos de *Cosimo*.
3.» ... *dando di nuovo autorità agli amici e gli nimici battendo.*» Ou seja, foi feito um novo ensaque (*imborsazione*, Cf. Livro II, cap. 28, n. 2), depois do de 1434 e do de 1439. A nova *balìa* (Cf. Livro III, cap. 10) a que se refere foi levada ao poder em maio de 1444, com duzentos e cinqüenta cidadãos, constituindo-se em órgão ditatorial. Cf. *A. Montevecchi, op. cit.*
4. "...*dello stato nimico,...*"

8. *Piccino* morre em Milão, com o filho prisioneiro e traído por *Visconti*

Assim afirmados e tendo recuperado o estado, voltaram-se às coisas de fora. *Niccolò Piccino*, como dissemos acima, foi abandonado pelo rei Afonso, e o conde *Sforza*, pela ajuda que havia recebido dos florentinos, tinha se tornado poderoso, por isso atacou *Niccolò* nas proximidades de *Fermo* e o derrotou. De modo que *Niccolò*, sem quase todo o seu exército, com poucos homens se refugiou em *Montevecchio*, onde tanto se fortificou e defendeu que em breve todo o seu exército voltou a seu lado, e foram tantos que puderam se defender com facilidade do conde, principalmente porque já tinha chegado o inverno, pelo que os capitães tiveram de mandar os seus aos quartéis.

Niccolò passou o inverno todo reforçando seu exército, e nisso foi ajudando pelo Papa e pelo rei Afonso. Tanto é que chegada a primavera seus capitães, saindo ao campo, eram superiores, e colocaram o conde em extrema dificuldade[1]; e este teria sido derrotado, se os planos de *Niccolò* não tivessem sido desmantelados por Filipe Maria *Visconti*.

O duque de Milão mandou pedir a *Piccino* que viesse logo encontrá-lo porque devia dizer-lhe pessoalmente coisas importantíssimas. Donde *Niccolò*, desejoso de ouvi-lo, abandonou um benefício certo por uma incerta vitória, e, deixando seu filho *Francesco* no comando de seu exército, foi a Milão. O conde não quis perder a ocasião de combater sabendo *Niccolò* ausente, e vindo à luta perto do castelo de *Monte Loro* derrotou o exército de *Niccolò* e aprisionou *Francesco*[2].

Niccolò chegou a Milão e, vendo-se enganado por Filipe Maria e inteirando-se da derrota e prisão de seu filho, morreu de dor no ano de 1445[3], com setenta e quatro anos. Foi um capitão mais virtuoso do que feliz. Deixou *Francesco* e *Iacopo*, que foram menos virtuosos e mais desafortunados do que o pai, assim as armas *braccesche*[4] quase se extinguiram, e as *sforzesche*, sempre ajudadas pela fortuna, tornaram-se mais gloriosas. O Papa, vendo o exército de *Niccolò* vencido e este morto, esperando muito da ajuda de Afonso de Aragão buscou a paz com o conde *Sforza*, que por intermédio dos florentinos se concluiu[5]. Por essa paz, ao Papa couberam as *Marche*, e as cidades de *Osimo, Fabriano* e *Ricanati*: o restante ficou sob o domínio do conde.

---

1. Em *Fano dal Piccino* (outono de 1444).
2. Em agosto de 1444.
3. Correção: em setembro de 1444. Cf. *A. Montevecchi, op. cit.*
4. Refere-se à "escola" de *Braccio. Sforzesche*, de *Sforza*. Cf. Livro V, cap. 2.
5. A paz foi assinada em Perúgia, em setembro de 1444.

LIVRO VI _____ *da retomada da guerra contra Milão à posse de Ferdinando I*

9. Graves incidentes entre os *Canneschi* e os *Bentivogli,* em Bolonha

Depois da paz das *Marche*, a Itália toda seria pacificada se não fossem os bolonheses a perturbá-la. Havia duas famílias poderosíssimas em Bolonha, os *Canneschi* e os *Bentivogli*[1]. Destes era chefe*Annibale*, daqueles, Batista. Para poderem se fiar mais uns nos outros, tinham contraído parentesco; mas entre homens que aspiram a uma mesma grandeza pode-se facilmente realizar parentesco, não amizade. Havia uma aliança entre os florentinos e os venezianos que tinha sido feita através de *Annibale Bentivogli* depois da expulsão de *Francesco Piccinino*[2]. E sabendo Batista o quanto o duque de Milão desejava ter o favor daquela cidade, com ele entabulou negociações para matar *Annibale* e colocar aquela cidade sob sua insígnia. E, tendo combinado com o duque a maneira de fazê-lo, no dia 24 de junho de 1445 *Annibale* com suas tropas atacou Batista e o matou, depois, aclamando o duque, percorreu a cidade.

Estavam em Bolonha os comissários venezianos e florentinos, que no início dos tumultos se retiraram para suas casas. Porém, como depois viram que o povo não favorecia os assassinos, ao contrário, um grande número deles, armados e reunidos na praça, lamentava o fato, se encorajaram e com os homens de que dispunham se uniram àqueles, e à frente de todos estes atacaram as forças dos *Canneschi* e em pouco tempo os venceram. Destes, parte os mataram, parte os expulsaram da cidade.

Batista, não tendo fugido em tempo, nem tendo sido morto pelo inimigo, escondeu-se em um buraco em sua casa, feito para conservar cereais. Seus inimigos, tendo-o procurado o dia todo e sabendo que não tinha saído da cidade, ameaçaram tanto seus servidores que um de seus rapazes o delatou. E tirado dali ainda com suas armas, primeiro foi morto, depois arrastado pela cidade e queimado.

Assim, a autoridade do duque foi suficiente para animá-lo a fazer aquela empresa e seu poderio não o foi para socorrê-lo em tempo.

10. *Santi,* supostamente filho de *Ercule Bentivogli,* no governo de Bolonha

Acalmados assim os tumultos pela morte de Batista e pela fuga dos *Canneschi*, os bolonheses ficaram em grandíssima confusão[1], não havendo, na casa *Bentivogli*, ninguém apto ao governo, tendo restado

1. *Canetoli* e *Bentivoglio*.
2. Cf. cap. 5.

1. Episódio mencionado no início de *Il principe* (XIX) como exemplo da importância do apoio popular numa conjura.

289

somente um filho chamado *Giovanni*, de seis anos de idade. De maneira que se temia que não viessem a nascer divergências entre os amigos de *Bentivogli* que fizessem retornar os *Canneschi*, com a ruína da pátria e do partido deles. E enquanto estavam com essas dúvidas *Francesco,* que tinha sido conde de *Poppi*, encontrando-se em Bolonha comunicou aos mais importantes da cidade que se desejavam ser governados por um descendente de *Annibale* podia mostrar-lhes um. E narrou saber que, quando *Ercule*, primo de *Annibale*, estava em *Poppi*, havia tido uma relação com uma jovem daquele lugar, da qual nasceu um filho chamado *Santi*, que *Ercule* lhe afirmou diversas vezes ser seu; nem poderia negá-lo, porque quem conheceu *Ercule* e conheceu o filho constatava uma semelhança muito grande entre eles.

Os cidadãos deram crédito às suas palavras e, sem diferir em nada, mandaram alguns dos seus a Florença para reconhecer o jovem e para tratar que *Cosimo* e *Neri* o entregassem. Quem era considerado o pai de *Santi* havia morrido, e o jovem estava sob a tutela de um tio seu chamado *Antonio da Cascese*. *Antonio* era rico, sem filhos e amigo de *Neri*. Por isso *Neri*, quando o soube, julgou que não era coisa de se desprezar nem de aceitar temerariamente. E quis que *Santi* falasse com os que tinham sido mandados de Bolonha, em presença de *Cosimo*.

Quando se encontraram todos juntos, *Santi* não só foi honrado pelos bolonheses mas quase adorado, tal era o ânimo partidário neles. E de momento não se concluiu coisa alguma, até que *Cosimo* chamou *Santi* à parte e lhe disse: Ninguém, neste caso, pode te aconselhar melhor do que tu mesmo, porque tens de tomar o partido que teu ânimo indica: porque se és filho de *Ercule Bentivoglio* te dirigirás àquelas empresas que dignificam tua casa e teu pai; e se és filho de *Agnolo da Cascese*, ficarás em Florença, vilmente a consumir tua vida numa Arte da Lã.

Essas palavras comoveram o jovem, e se antes tinha quase negado aceitar essa escolha, disse agora que estava de acordo com tudo o que *Cosimo* e *Neri* deliberassem. Assim, de comum acordo com os enviados bolonheses, foi honrado com vestes, cavalos e servidores, e pouco depois, acompanhado por muitos, conduzido à Bolonha e colocado no governo da cidade, com a tutela do filho de *Annibale*[2]. Governou com tanta prudência que, onde seus ancestrais tinham todos sido mortos por seus inimigos, ele pacífica e respeitabilíssimamente viveu e morreu.

---

2. *Giovanni*, antes mencionado. *Santi* governou de 1445 até sua morte, em 1462.

LIVRO VI_____ *da retomada da guerra contra Milão à posse de Ferdinando I*

11. Guerra generalizada na Itália. Desvantagem de *Visconti*

Depois da morte de *Niccolò Piccino* e estabelecida a paz na *Marca*, Filipe Maria desejava ter um capitão que comandasse seus exércitos; e manteve negociações secretas com *Ciarpellone*, um dos principais comandantes do conde *Francesco Sforza*. Estabelecido um acordo entre eles, *Ciarpellone* pediu licença ao conde para ir a Milão para entrar em posse de algumas fortalezas que Filipe Maria *Visconti* lhe tinha doado nas guerras passadas. Mas o conde, suspeitando do que se tratava, a fim de que o duque não se aproveitasse de *Ciarpellone* e prejudicasse seus projetos, mandou primeiro detê-lo, depois matá-lo, alegando ter descoberto tratar-se de um traidor.

Filipe ficou muito desgostado e indignado com isso, o que agradou aos florentinos e aos venezianos porque ambos temiam muito que as armas do conde e o poderio de Filipe se tornassem amigos. Essa indignação foi portanto razão para se suscitar nova guerra na *Marca*.

Era senhor de Rímini *Gismondo Malatesi*[1], que, por ser genro do conde *Sforza*, esperava a Senhoria de Pésaro; mas o conde, tendo ocupado esta cidade, deu-a a seu irmão *Alessandro*[2], o que causou muita indignação a *Gismondo*. A esta indignação acrescentou-se o fato de seu inimigo, *Federigo di Montefeltro*, com a ajuda do conde ter ocupado Urbino; isto fez *Gismondo* aliar-se ao duque e solicitar ao Papa e ao rei[3] moverem guerra conta o conde. Este, para fazer *Gismondo* provar os primeiros frutos da guerra que desejava, quis precedê-lo, e o atacou de surpresa. Daí, em seguida a Romanha e a *Marca* ficaram repletas de combates[4], porque Filipe, o rei e o Papa mandaram forte ajuda a *Gismondo*, e os florentinos e os venezianos, senão tropas, dinheiro mandaram ao conde.

E a Filipe não bastou a guerra da Romanha, quis tirar[5] do conde Cremona e *Pontremoli*, mas *Pontremoli* foi defendida pelos florentinos e Cremona foi defendida pelos venezianos. De maneira que na Lombardia também se renovou a guerra, na qual, depois de algumas dificuldades na região de Cremona, *Francesco Piccinino*, capitão do duque, em *Casale* foi derrotado por *Micheletto* e as tropas venezianas[6]. Por essa vitória os venezianos esperaram tirar o estado ao duque, mandaram um comissário a Cremona e atacaram a *Ghiaradadda*, ocupando-a quase totalmente,

---

1. *Sigismondo*, em italiano contemporâneo; casou com uma filha de *Sforza* em 1442.
2. *Francesco Sforza*, irmão de *Alessandro*, comprou a cidade de *Galeazzo Malatesta*, primo de *Sigismondo*. Cf. A. *Montevecchi, op. cit.*
3. Afonso de Aragão.
4. Isso foi em agosto de 1445.
5. Em abril de 1446.
6. A batalha se deu em *Casalmaggiore*, em setembro de 1446.

MAQUIAVEL ———————————————— HISTÓRIA DE FLORENÇA

fora Crema. Depois, passado o [rio]*Adda*, em suas incursões chegaram até Milão, pelo que o duque teve de recorrer a Afonso de Aragão, e pedir-lhe que o socorresse mostrando-lhe os perigos do Reino de Nápoles quando a Lombardia estivesse em mãos dos venezianos. Afonso prometeu mandar-lhe ajuda, que, sem o consentimento do conde, com dificuldade poderia fazer chegar.

12. Veneza e *Visconti* se disputam o conde *Sforza*

Por isso Filipe Maria *Visconti* recorreu ao conde *Sforza* com súplicas: que não viesse a abandonar o sogro já velho e cego. O conde se considerava ofendido pelo duque porque este moveu-lhe guerra[1]. Por outro lado não gostava do poderio dos venezianos, e o dinheiro já lhe faltava, a coalizão lhe mandava pouco, porque os florentinos tinham perdido o temor pelo duque, coisa que os fazia estimar o conde. E os venezianos desejavam sua ruína porque julgavam que outros não podiam tirar-lhes o estado da Lombardia senão o próprio conde. Entretanto, enquanto Filipe procurava atraí-lo a seu estipêndio oferecendo-lhe o comando de todas as suas tropas, desde que abandonasse os venezianos e restituísse a *Marca* ao Papa, estes mandaram-lhe embaixadores prometendo-lhe Milão, caso a tomassem, e a perpetuidade do comando de suas tropas, desde que continuasse a guerra na *Marca* e impedisse a chegada de reforços de Afonso na Lombardia.

Eram grandes, portanto, as promessas dos venezianos e grandíssimos os seus méritos, tendo movido aquela guerra para salvar Cremona do conde; por outro lado, eram recentes as injúrias do duque, suas promessas falsas e pequenas. Mesmo assim o conde permanecia em dúvida sobre que partido tomar. Porque de um lado moviam-no o compromisso com a coalizão, a palavra dada, os méritos recentes e as promessas das coisas futuras; de outro, as súplicas do sogro e, sobretudo, o veneno que julgava escondido sob as grandes promessas dos venezianos. Julgava que, mesmo vencendo, as promessas e o estado ficariam à discrição.deles: a esta príncipe prudente algum jamais, senão por necessidade, se confiou.

As dificuldades em se decidir foram retiradas do conde pela ambição dos venezianos. Esses, tendo esperança de ocupar Cremona por alguns entendimentos que tiveram nessa cidade, com outro pretexto aproximaram suas tropas dali. Mas isso foi descoberto pelos que a defendiam para o conde *Sforza*, e foram em vão seus propósitos: não

1. A de *Malatesti*.

LIVRO VI_____ *da retomada da guerra contra Milão à posse de Ferdinando I*

tomaram Cremona e perderam o conde, o qual, pospostos todos os respeitos, se aliou ao duque[2].

13. A morte de Filipe Maria *Visconti*. Grande oportunidade de *Sforza*

Havia morrido o papa Eugênio e sido nomeado seu sucessor[1] Nicolau V. O conde já tinha seu exército todo em *Cutignuola,* para ir à Lombardia, quando chegou-lhe a notícia de que Filipe Maria tinha morrido no último dia de agosto[2], correndo o ano de 1447. Isso encheu o conde de preocupações: não acreditava que suas tropas estivessem em ordem, por não ter recebido inteiro o pagamento; temia os venezianos, por estarem em armas e serem agora um inimigo, por tê-los abandonado e se aliado ao duque; temia Afonso, seu inimigo perpétuo; não esperava nada do Papa nem dos florentinos, destes por estarem aliados aos venezianos, daquele por ser possuidor dos territórios da Igreja. No entanto decidiu enfrentar a fortuna e segundo os incidentes desta aconselhar-se, porque muitas vezes agindo se descobrem os conselhos que, sem ação, permaneceriam escondidos.

Dava-lhe grande esperança pensar que, se os milaneses quisessem se defender das ambições dos venezianos, não poderiam se dirigir a outras armas senão às suas. Donde, enchendo-se de disposição, passou pela região de Bolonha, depois pelas de Módena e *Reggio,* deteve-se com suas tropas sobre as margens do *Enza* e dali mandou oferecer seus serviços a Milão.

Morto o duque, parte dos milaneses queria viver livre, parte sob o governo de um príncipe; e entre os que queriam um príncipe, parte desejava o conde, parte o rei Afonso. E como os que queriam a liberdade eram mais unidos, prevaleceram sobre os outros, e à sua maneira organizaram uma república[3] que não foi obedecida por muitas cidades do ducado, julgando que podiam, como Milão, ainda gozar sua liberdade. Os que não aspiravam à liberdade tampouco desejavam a Senhoria de Milão. Então *Lodi* e *Piacenza* entregaram-se aos venezianos, *Pavia* e *Parma* tornaram-se livres.

O conde, ao saber dessas confusões, foi a Cremona, onde seus representantes, reunidos com os representantes dos milaneses, concluíram que fosse o conde o comandante dos milaneses, nas condições

---

2. Isso aconteceu no inverno de 1447.

1. *Tommaso Parentucelli,* de *Sarzana.*
2. Na verdade, foi no dia 13 desse mês. Cf. *A. Montevecchi, op. cit.*
3. Ficou conhecida como a República Ambrosiana.

293

MAQUIAVEL _____ HISTÓRIA DE FLORENÇA

estabelecidas ultimamente com o duque Filipe Maria, às quais acrescentou-se que *Brescia* fosse do conde, e tomando Verona, ficasse com esta e restituísse *Brescia*.

14. Os venezianos obstaculizam os movimentos do Papa para pacificar a Itália

Antes da morte do duque de Milão, o papa Nicolau, assim que assumiu o pontificado, buscou estabelecer a paz entre os príncipes italianos, e para isso tratou com os embaixadores que os florentinos enviaram à sua posse que se criasse uma assembléia em Ferrara para negociar uma longa trégua ou uma duradoura paz. Vieram, então, àquela cidade o legado do Papa, embaixadores venezianos, florentinos e os do duque. Os do rei Afonso não compareceram, ele encontrava-se em Tívoli com muitas tropas a pé e a cavalo e dali dava apoio ao duque; acreditava-se que, como atraíram para si o conde *Sforza*, queriam abertamente atacar os florentinos e os venezianos, e enquanto faziam vacilar as tropas do conde paradas na Lombardia, entabulavam negociações de paz em Ferrara, por isso o rei não enviou representantes, afirmando que ratificaria o que o duque de Milão concluísse.

A paz foi negociada durante muitos dias e só depois de muitas discussões[1] formulou-se um acordo para sempre ou uma trégua por cinco anos, à escolha do duque. E quando os embaixadores deste foram a Milão para ouvir sua resposta, encontram-no morto. Os milaneses, não obstante essa morte, quiseram respeitar o acordo; mas os venezianos não, porque ficaram muito esperançosos de ocupar esse estado, vendo principalmente que *Lodi* e *Piacenza*, logo depois da morte do duque, se haviam entregado a eles. Até esperavam, por força ou por acordo, poder em breve espoliar Milão de todo o estado, e depois, oprimi-la a tal ponto que essa cidade também se rendesse antes que alguém viesse em seu auxílio. E mais se persuadiram disso quando viram os florentinos envolvidos na guerra com o rei Afonso.

15. Afonso V ataca Florença

Afonso estava em Tívoli e, desejando continuar a empresa da Toscana como tinha decidido com Filipe Maria, parecendo-lhe que a guerra que já se havia começado na Lombardia era para dar-lhe tempo

---

1. Durante as negociações foram discutidas as pretensões de *Sforza* sobre *Iesi*, desejada também pelo Papa, que terminou adquirindo-a do *condottiero* por 35 mil florins. Cf. *A. Montevecchi, op. cit.*

LIVRO VI———————*da retomada da guerra contra Milão à posse de Ferdinando I*

e facilidade, queria ter um pé no território florentino antes de mover-se abertamente: fez um acordo com os habitantes da fortaleza de *Cennina*[1], ao norte de *Valdarno*, e a ocupou.

Os florentinos, chocados com o golpe imprevisto, e vendo Afonso declarar-se abertamente contra eles, assalariaram tropas, criaram o Conselho dos Dez e, segundo era costume, prepararam-se para a guerra.

O rei de Nápoles tinha chegado em território sienense e fazia de tudo para atrair a cidade a seus desígnios, mesmo assim seus cidadãos permaneceram firmes na amizade com os florentinos e não receberam o rei em Siena nem em algum outro lugar. Providenciavam-lhe boa quantidade de víveres, porque não podiam ignorar o poderio do inimigo e a pouca força que tinham.

Ao rei não pareceu bem entrar pelo caminho de *Valdarno*, como antes pretendia, seja porque tinha perdido *Cennina* outra vez, seja porque os florentinos já haviam de alguma maneira conseguido tropas. Dirigiu-se a Volterra e ocupou muitos castelos[2]. Dali foi a Pisa e, com a ajuda de *Arrigo*[3] e de *Fazio*, ambos da família dos condes da *Gherardesca*, ocupou outros, e destes atacou *Campiglia*, que não pôde expugnar porque foi defendida pelos florentinos e pelo inverno. Por isso nas terras tomadas o rei deixou tropas de guarda, para defendê-las e percorrer a região, e com o restante do exército se retirou a seus quartéis em Siena.

Os florentinos, enquanto isso, ajudados pela estação invernal, com todo o cuidado proveram-se de tropas, comandantes das quais eram *Federigo*, senhor de Urbino, e *Gismondo Malatesti*, de Rímini; e mesmo que entre estes houvesse discórdia, pela prudência dos comissários *Neri di Gino* e *Bernardetto de'Medici* mantiveram-se de tal maneira unidos que saíram em campanha, sendo ainda intenso o inverno, e reconquistaram as terras perdidas em Pisa e *Ripomerance*, em Volterra; os soldados do rei que ainda recorriam às marismas foram contidos, de maneira que tinham dificuldade para manter a guarda como deviam.

Mas, chegada a primavera, os comissários se detiveram em *Spedaletto* com todas as suas tropas, cinco mil cavaleiros e dois mil infantes, e o rei trouxe as suas, quinze mil homens, a três milhas de *Campiglia*. E quando se supunha que fosse cercar o território, lançou-se a *Piombino*[4] pensando poder tomá-la com facilidade por estar mal defendida e porque julgava

1. Em agosto de 1447.
2. Em outubro de 1447.
3. Henrique.
4. *Piombino* havia estado sob a senhoria dos *Appiani*, e então encontrava-se em mãos de *Rinaldo Orsini*, que se tinha casado com *Caterina d'Appiano*.

MAQUIAVEL ———————————————————————— HISTÓRIA DE FLORENÇA

aquela conquista muito útil a si e perniciosa aos florentinos, podendo
reabastecê-la por mar e perturbar toda a região de Pisa.

Esse ataque desagradou muito aos florentinos, que aconselhados
a propósito do que deveriam fazer, julgaram que se conseguissem ficar
com o exército nos bosques de *Campiglia* o rei seria forçado a sair
derrotado ou vituperado. Por isso armaram quatro galés que tinham
em Livorno e com elas levaram trezentos infantes a *Piombino*, e se
fortificaram nas *Caldane*, onde só com dificuldade podiam ser atacados,
porque julgaram perigoso acampar nos bosques da planície.

16. Afonso V é obrigado a se retirar

O exército florentino recebia víveres dos povoados circunstantes,
que por serem poucos e pouco habitados o faziam com dificuldade;
assim, o exército sofria, faltava principalmente vinho, porque ali não
havia colheita e não podiam trazê-lo de outro lugar, logo não era possível
que houvesse para todos. Mas o rei, mesmo controlado estreitamente
pelo florentinos, tinha abundantemente tudo, exceto a palha e o feno,
porque se abastecia por mar.

Quiseram os florentinos tentar também se abastecer por mar e
carregaram suas galés de víveres, mas estas no trajeto foram encontradas
por sete galés do rei, que prenderam duas das embarcações dos florentinos
e outras duas fugiram.

Essa perda fez as tropas florentinas perderem as esperanças de
contar com víveres frescos, donde duzentos infantes, ou mais, por falta
principalmente de vinho, passaram ao campo do rei; e o resto da tropa
resmungava, afirmando não estarem dispostos a permanecer em lugares
tão quentes onde não havia vinho e a água não era boa. Por isso os
comissários decidiram abandonar aquele lugar, dirigindo seus esforços
à recuperação das fortalezas que ainda continuavam em mãos do rei de
Nápoles. Este, por outro lado, mesmo não sofrendo falta de víveres e
sendo seu exército superior em número, se sentia fraco ao ver seus
homens cheios das enfermidades que nessa época do ano produziam as
marismas, e que naquele momento foram tão fortes que morreram
muitos soldados e quase todos os outros adoeceram.

Por isso iniciaram-se negociações de paz. Nelas o rei pedia cinqüenta
mil florins e que *Piombino* fosse deixado a sua discrição. Essa proposta,
consultada em Florença, foi aceita por muitos que desejavam a paz e
afirmavam não saber como podiam esperar a vitória em uma guerra que,
para ser mantida, requeria tamanhas despesas; mas *Neri Capponi*, tendo

LIVRO VI_____*da retomada da guerra contra Milão à posse de Ferdinando I*

ido a Florença, tanto os desconfortou com suas argumentações que todos os cidadãos concordaram em recusá-la; e acolheram o senhor de Piombino prometendo-lhe auxílio na paz ou na guerra, desde que não se rendesse e, como tinha feito até agora, se defendesse.

Ao saber dessa deliberação, o rei de Nápoles, vendo que seu enfermo exército não podia conquistar aquelas terras, retirou-se como se tivesse sido derrotado, deixando em campo mais de dois mil homens mortos; e com o restante do enfermo exército abrigou-se em Siena, e dali foi a Nápoles, indignado contra os florentinos, ameaçando-os, para a nova estação[1], com nova guerra.

17. *Sforza* rechaça ataque veneziano

Enquanto essas coisas assim afligiam a Toscana, o conde *Sforza,* na Lombardia, tendo se tornado comandante do exército milanês, antes de qualquer outra coisa tornou-se amigo de *Francesco Piccinino*, que militava também por Milão, a fim de que o ajudasse em suas empresas e com mais respeito o injuriasse[1]. Saiu então com seu exército, e os de Pavia julgaram não poder defender-se contra suas forças; mas não desejando, por outro lado, submeter-se aos milaneses, ofereceram-lhe entregar a cidade com a condição de não os colocar sob o domínio de Milão.

O conde desejava a posse dessa cidade, parecendo-lhe ser um consistente início para dar cor a seus projetos, e não o detinha o temor ou a vergonha de quebrar promessas, porque os grandes homens chamam vergonha o perder, não o conquistar através do engano[2]; mas temia, tomando-a, não irritar os milaneses ao ponto de se aliarem aos venezianos e, ao não tomá-la, temia o duque de Savóia, a quem muitos cidadãos queriam se entregar[3]. Seja em um seja em outro caso, parecia-lhe ficar sem o domínio da Lombardia.

Mesmo assim, pensando que havia menos perigo em tomar aquela cidade do que em deixar que outro a tomasse, decidiu aceitá-la, convencido de poder aquietar os milaneses, a quem fez compreender quais perigos corriam se não a tivesse aceitado, porque seus cidadãos teriam se entregado aos venezianos ou ao duque, e, seja em um seja em outro caso, Milão perdia aquela cidade; e que podiam ficar mais satisfeitos

---

1. A primavera.

1. ...*con più rispetto lo ingiuriasse.*

2. Formulação tipicamente maquiaveliana. Cf. entre outros, em *Il principe,* XVIII, *Discorsi*..., II, XIII, e *Vita di Castruccio Castracani.*

3. O duque *Ludovico di Savóia* era, na verdade, cunhado de Filipe Maria *Visconti.*

de ter a ele como vizinho e amigo do que poderosos, como eram os venezianos ou o duque, e inimigos.

Os milaneses se preocuparam muito com o caso, acreditando ter descoberto a verdadeira ambição do conde e a finalidade que perseguia[4], mas pensavam não poder revelar tal descoberta, porque desligando-se do conde não viam outro lugar aonde se dirigir senão aos venezianos, de quem temiam a soberba e suas pesadas condições. Assim, deliberaram não se separar do conde, e com ele remediar os males que os acossavam, esperando que, liberados destes, poderiam também liberar-se dele, porque não só pelos venezianos mas também pelos genoveses e pelo duque de Savóia, em nome de Carlos de Orléans, filho de uma irmã de Filipe Maria *Visconti*[5], foram atacados. Ataque este que o conde com pouco esforço rechaçou. Então só restaram inimigos os venezianos, que com um poderoso exército quiseram ocupar aquele estado, tendo já *Lodi* e *Piacenza*, a qual o conde sitiou, e *Lodi*, depois de muito esforço, tomou e saqueou[6].

Depois, como não tinha chegado o inverno, mandou suas tropas a seus alojamentos e se foi a Cremona onde descansou todo o inverno em companhia de sua esposa.

18. *Sforza* ataca *Caravaggio* e dá lição de moral a provedor

Mas chegada a primavera, os exércitos milanês e veneziano saíram em campanha. Os milaneses queriam tomar *Lodi* e depois fazer um acordo com os venezianos, porque suas despesas com a guerra tinham se tornado pesadas e escassa era a confiança no capitão[1], assim, antes de tudo desejavam a paz, para descansar e para proteger-se do conde *Sforza*. Decidiram portanto que suas forças fossem à conquista de *Caravaggio*, esperando que no momento em que esta cidadela fosse tirada das mãos do inimigo *Lodi* se rendesse. O conde obedeceu aos milaneses, mesmo que desejasse atravessar o [rio] *Adda* e atacar a região de *Brescia*. E, tendo cercado *Caravaggio*, cavaram fossos e armaram outras defesas, de maneira que se os venezianos tentassem expulsá-los dali, teriam de atacá-lo em circunstâncias desvantajosas. Os venezianos, por outro lado, vieram com suas forças, sob o comando de *Micheletto*, à distancia de duas flechadas do acampamento do conde *Sforza;* ali ficaram por muitos dias

---

4. Tomar Milão.

5. *Valentina Visconti;* Carlos tinha pretensões sobre Asti, mas foi derrotado por *Colleoni* (em outubro de 1447), a serviço de Milão. Cf. *A. Montevecchi, op. cit.*

6. Em novembro de 1447. O saque foi particularmente grave e cruel. Idem.

1. *Micheletto Attendolo.*

LIVRO VI _____ *da retomada da guerra contra Milão à posse de Ferdinando I*

e travaram muitas lutas. Mesmo assim o conde continuava o assédio ao castelo e chegou a colocá-lo em condições de render-se; isso desagradou aos venezianos, aos quais parecia que com essa perda perderiam a empresa toda. Portanto, entre seus capitães, houve muita discussão sobre a maneira de socorrê-lo, e não se via outra maneira senão penetrar suas defesas em busca do inimigo, o que era uma grandíssima desvantagem; e a perda desse castelo foi de tal maneira considerada que o senado veneziano, naturalmente reservado e alheio a decisões com riscos e perigosas, quis, antes de perdê-lo, colocar em risco tudo, porque essa perda era a perda da empresa toda.

Decidiram então ir ao assalto de qualquer maneira, e numa manhã ao despertar cedo e em armas, atacaram-no na parte menos guarnecida, e no primeiro ímpeto, como acontece nos ataques inesperados, perturbaram todo o exército de *Sforza*. Mas o conde logo colocou tudo em ordem, e a tal ponto que os inimigos, depois de muitos esforços para superar os entrincheiramentos, foram não somente rechaçados mas expulsos e de tal maneira desfeitos que, de todo o exército de mais de doze mil cavaleiros, não se salvaram mil; todos os seus equipamentos e carros foram predados, e jamais até aquela data os venezianos tiveram maior e mais pavorosa ruína[2].

Entre o butim e os prisioneiros encontrava-se um provedor muito triste que, antes da luta e enquanto se organizava a guerra, falara vituperiosamente do conde, chamando-o de bastardo e covarde; de maneira que, na prisão depois da derrota, recordando-se de seus erros porque temia ter o que merecia, chegou diante do conde, tímido e assustado, segundo a natureza dos homens soberbos e covardes que a prosperidade os torna insolentes e a adversidade abjetos e humildes, lançou-se lacrimejante de joelhos e pediu-lhe perdão pelas injúrias de que tinha usado.

O conde levantou-o e, tomando-o pelo braço, alentou-o e o exortou a ter boas esperanças. Depois disse-lhe que se admirava que um homem da prudência e seriedade com que desejava ser considerado tivesse caído em tamanho erro, como o falar tão sordidamente de quem não o merecia; e no que se referia às coisas que este tinha-lhe reprovado, não sabia o que seu pai *Sforza* tinha feito com a senhora *Lucia*, sua mãe, porque não estava lá e não podia ter providenciado a maneira como se uniram, assim, pelo que tivessem feito, ele não podia merecer escárnio nem louvores; mas que sabia bem o que tinha feito ele mesmo, tinha se conduzido de maneira que ninguém podia reprová-lo, disso ele e o senado veneziano podiam

2. A batalha foi em 15 de setembro de 1448.

dar recente e verdadeiro testemunho. Exortou-o a ser no futuro mais modesto ao falar dos outros, e mais cauteloso em suas empresas.

19. O conde obriga os venezianos a pedir a paz

Depois dessa vitória o conde com seu exército vencedor foi à região de *Brescia* e ocupou todo esse condado. Depois fez acampamento a duas milhas dessa cidade. Os venezianos, por outro lado, depois da derrota, temendo, como ocorreu, que *Brescia* fosse a primeira a ser atacada, deram-lhe a defesa que melhor e mais depressa puderam arranjar. Depois, com todo o cuidado reuniram forças e ajuntaram tudo o que sobrou de seu exército, e aos florentinos, em nome da aliança, pediram reforços. Estes, livres da guerra com o rei Afonso, mandaram-lhes em ajuda mil infantes e dois mil cavaleiros. Os venezianos, com essas forças, tiveram tempo para pensar os próximos acordos.

Houve uma época em que era quase fatal que os venezianos perdessem na guerra e ganhassem nos acordos de paz; e as coisas que perdiam na guerra, na paz as recuperavam em dobro. Os venezianos sabiam que os milaneses desconfiavam do conde e que ele não desejava ser dos milaneses capitão mas senhor, e como deveriam escolher fazer a paz com um dos dois, um a desejando por ambição, o outro, por temor, decidiram fazê-la com o conde e oferecer-lhe ajuda àquela conquista. E se convenceram de que assim que os milaneses se vissem enganados pelo conde desejariam, motivados pela indignação, submeter-se antes a qualquer outro que não fosse este; e chegando ao ponto de não poder se defender por si mesmos nem poder confiar no conde seriam forçados, não tendo para onde se dirigir, a cair em braços deles.

Tomada tal decisão, sondaram o ânimo do conde e o encontraram muito disposto à paz, desejando que a vitória havida em *Caravaggio* fosse dele e não dos milaneses. Por isso assinaram um acordo[1] pelo qual os venezianos se comprometiam a pagar ao conde, durante o tempo que precisasse para ocupar Milão, treze mil florins por mês e, além disso, durante essa guerra, fornecer-lhe quatro mil cavaleiros e dois mil infantes. O conde, por outro lado, se comprometeu a restituir aos venezianos alguns territórios[2], os prisioneiros e qualquer outra coisa que tivesse tomado naquela guerra, e a se contentar somente com os territórios que o duque Filipe Maria possuía quando morreu.

1. Em *Peschiera*, aos 18 de outubro de 1448.
2. Crema, os territórios de *Brescia* e da *Ghiaraddada*.

LIVRO VI_____*da retomada da guerra contra Milão à posse de Ferdinando I*

20. Amargo discurso contra *Sforza*

Esse acordo, assim que foi conhecido em Milão, contristou mais a cidade do que a vitória de *Caravaggio* a tinha alegrado. Condoíam-se os príncipes, lamentavam-se os populares, choravam mulheres e crianças, e todos juntos chamavam o conde *Sforza* de traidor e desleal; e como não acreditavam nem com súplicas nem com promessas demovê-lo de seu ingrato propósito, enviaram-lhe embaixadores para ver que semblante e que palavras acompanhavam sua selvageria.

Chegando perante o conde, um deles assim falou: Costumam os que desejam de alguém alguma coisa com súplicas, benefícios ou ameaças acometê-lo, a fim de que este, motivado pela misericórdia, pelo lucro ou pelo medo, faça o que desejam. Mas nos homens cruéis, muito avaros e poderosos segundo a opinião deles mesmos, não há para essas três maneiras lugar algum, em vão se esforçam os que pensam fazê-los humildes com súplicas, conquistá-los com benefícios ou acabrunhá-los com ameaças. Mesmo tarde conhecemos agora tua crueldade, ambição e soberba, e vimos a ti não para poder conseguir alguma coisa nem por pensar obtê-la se a tivéssemos pedido, senão para te recordar os benefícios que obtiveste do povo milanês, e mostrar-te com quanta ingratidão o recompensaste, a fim de que ao menos, em meio a tantos males pelos quais passamos, tenhamos o prazer de te reprovar por eles.

Muito bem te deves recordar quais eram tuas condições depois da morte de Filipe Maria: inimigo do Papa e do rei de Nápoles, tinhas abandonado os florentinos e os venezianos, deles havias te tornado quase inimigo, seja pela justa e recente indignação seja porque não mais precisavam de ti; estavas exausto da guerra que tinhas mantido contra a Igreja, com um pequeno exército, sem amigos, sem dinheiro e sem esperança alguma de poder manter teus estados e tua reputação anterior. Daí precipitarias se não fosse nossa credulidade: só nós te recebemos em casa, pelo respeito que tínhamos à feliz memória do nosso duque, de quem eras parente e ligado por recentes laços de amizade, pensávamos então que tua amizade continuaria conosco, já que vimos a ser herdeiros dele.

Pensávamos também que se a seus benefícios se acrescentassem os nossos, esta amizade devia não só ser sólida mas inseparável. Por isso aos acordos anteriores acrescentamos Verona e *Brescia*. O que mais poderíamos dar-te ou oferecer-te? E tu, o que poderias, não digo de nós, mas de qualquer um naquela época, não digo conseguir, mas desejar? Portanto, recebeste de nós um inesperado bem, e nós recebemos de ti como recompensa um inesperado mal.

Nem esperaste até o presente para demonstrar-nos teu iníquo ânimo, porque assim que te tornaste príncipe de nossas armas recebeste Pavia[1] contrariamente a qualquer critério de justiça, coisa que deveria advertir-nos do fim de tua amizade. Essa injúria nós a suportamos pensando que essa conquista devia com sua grandeza saciar tua ambição. Ai de nós, que os que tudo desejam com uma parte não se contentam! Prometeste-nos que desfrutaríamos de

---

1. Aceitou Pavia sem direito algum. Cf. cap. 13.

MAQUIAVEL ———————————————————— HISTÓRIA DE FLORENÇA

tuas conquistas posteriores porque sabias bem que o que davas em muitas vezes, em uma só podias tirar, como aconteceu depois da vitória de *Caravaggio*, preparada antes com nosso sangue e nosso dinheiro, conseguida depois com nossa ruína.

Que infelizes são as cidades que têm de defender sua liberdade da ambição dos que as querem oprimir! Porém mais infelizes são as que para se defender precisam de armas mercenárias e infiéis como as tuas! À posteridade valha ao menos este nosso exemplo, já que o de Tebas e de Filipe da Macedônia a nós não valeu. Este, depois da vitória sobre os inimigos, de capitão, primeiro, tornou-se inimigo dos tebanos, depois, príncipe.

Não podemos, portanto, ser acusados de outra culpa senão da de ter confiado muito naquilo em que pouco devíamos ter confiado; porque o passado de tua vida, as desmesuradas ambições de teu ânimo jamais satisfeito de cargo ou posse alguma, deveria nos servir de advertência; e não devíamos ter esperança alguma em quem tinha traído o senhor de *Lucca*, extorquido os florentinos e venezianos, desconsiderado o duque, vilipendiado um rei e, sobretudo, perseguido com tantas injúrias Deus e sua Igreja. Não devíamos crer jamais que para *Francesco Sforza* tantos príncipes fossem de menor autoridade do que os milaneses, e que tivesse em nós praticado a lealdade que nos outros violou diversas vezes.

Apesar dessa pouca prudência de que nos acusas, ela não escusa tua perfídia nem purga a infâmia que nossas justas querelas pelo mundo todo te causaram, nem fará com que o justo estímulo de tua consciência não te persiga quando essas armas, preparadas por nós mesmos para atacar e turbar outros, a nós virão ferir e injuriar; porque tu mesmo te julgarás digno das penas que os próprios parricidas merecem.

E quando até a ambição te cegue, o mundo todo, testemunha de tua iniqüidade, te fará abrir os olhos. O próprio Deus te fará abri-los, se os perjúrios, se a lealdade violada, se as traições O desagradem, e se sempre, como até agora por qualquer oculto bem o fez, não desejar ser amigo dos homens malvados. Não te prometas, então, a vitória certeira porque ela te será impedida pela justa ira de Deus. Nós com a morte estamos dispostos a perder nossa liberdade, e quando não a pudermos defender, antes de entregá-la a ti, a qualquer outro príncipe a submeteremos; e se tais fossem nossos pecados que contra toda nossa vontade viéssemos a cair em tuas mãos, fica bem certo de que o reinado que por ti começar com engano e infâmia, em ti, ou em teus filhos, com vitupério e dano terminará[2].

21. O conde responde e começa a preparar o ataque aos milaneses

O conde *Sforza*, ainda sentindo-se por toda parte ferido pelos milaneses, sem demonstrar com palavras nem com gestos nenhuma particular alteração, respondeu que se contentava em conceder a grave

---

2. É notória a solenidade "togada" que o Autor conferiu a este discurso, semelhante àquele atribuído aos cidadãos reunidos em *San Piero Scheraggio* (Livro III, cap. 5), ou a do velho aristocrata luquense (Livro V, cap. 11), precedidos da fórmula clássica "assim falou" (*parlò in questa sentenza*), o que demonstra o quanto seja institucional a intenção retórica do Autor.

302

LIVRO VI_____*da retomada da guerra contra Milão à posse de Ferdinando I*

injúria de suas pouco sábias palavras a seus irados ânimos, às quais responderia detalhadamente se houvesse ali, entre algum deles, alguém que pudesse ser juiz dessas diferenças, porque se veria não tê-los injuriado mas provido que não o pudessem injuriar. Que sabiam muito bem como se tinham conduzido depois da vitória de *Caravaggio*: em vez de premiá-lo com Verona ou *Brescia* buscaram um acordo de paz com os venezianos, a fim de que só em seus ombros ficasse o fardo da inimizade, e com eles, os frutos da vitória, o mérito da paz e todos os benefícios que se tirou da guerra. Então, não se podiam condoer de que ele tivesse feito o acordo que eles antes haviam tentado fazer, escolha esta que se tivessem demorado a fazer, agora seria ele quem lhes reprovaria a ingratidão que presentemente vinham reprovar-lhe. Se fosse verdade ou não, o demonstraria com o fim dessa guerra o Deus esse que eles invocavam como vingador de suas injustiças padecidas e perante o qual se haveria de ver qual dos dois era mais seu amigo e quem com mais justiça tinha combatido.

Ao se retirarem os embaixadores, o conde organizou-se para poder atacar os milaneses e estes se prepararam para a defesa: com *Francesco* e *Iacopo Piccino*, que permaneciam-lhes fiéis pelo antigo ódio existente entre os da escola *braccesca* e os da *sforzesca*[1], organizaram a defesa de sua liberdade pelo menos até que pudessem separar os venezianos do conde, porque pensavam não serem reciprocamente fiéis nem amigos por muito tempo. Isso, por outro lado, o próprio conde sabia e pensou que era uma sábia escolha[2] mantê-los quietos, se não bastava a obrigação, com a recompensa. Por isso, ao distribuir as empresas de guerra, ficou contente que os venezianos atacassem Crema e ele, com outras tropas, atacaria o restante daquele estado.

Tal incentivo oferecido aos venezianos foi o motivo pelo qual perduraram tanto na amizade com o conde enquanto ele já tinha ocupado todo o território milanês e de tal maneira cercado a cidade que os milaneses não se podiam reabastecer das coisas mais necessárias; tanto é que, desesperançados de receber outra ajuda qualquer, mandaram embaixadores a Veneza a encarecer-lhes compaixão por seus problemas, e se limitassem, segundo deve ser o costume das repúblicas, a apoiar-lhes a liberdade, não ao tirano, porque se este conseguisse ensenhorear-se daquela cidade, não mais conseguiriam detê-lo quando chegasse a vez deles. E não pensassem que ele iria se limitar aos confins usuais das capitulações, mas que iria querer o reconhecimento dos antigos limites daquele estado.

1. Cf. Livro V, cap. 2.
2. "... *savio partito*,..."

Os venezianos ainda não tinham tomado Crema e, querendo fazê-lo antes de mudar de rosto[3], responderam não poder ajudá-los pelos acordos feitos com o conde, mas, reservadamente, deram-lhes a entender que, se pudessem contar com novo acordo, poderiam transmitir a seus Senhores sólidas esperanças.

22. Os venezianos se aliam aos milaneses. *Sforza* engana os milaneses fingindo retirar-se

O conde estava com seu exército tão perto de Milão que já lutava nos burgos, quando os venezianos, tendo tomado Crema, decidiram não mais retardar a aliança com os milaneses. Com estes fizeram um acordo e entre os primeiros itens estava a defesa de sua liberdade.

Feito o acordo, ordenaram às suas tropas que estavam junto ao conde que deixassem seus acampamentos e se retirassem a Veneza. Comunicaram ainda ao conde que tinham assinado um acordo com os milaneses e deram-lhe vinte dias de prazo para aceitá-lo[1]. *Sforza* não se surpreendeu com esta decisão dos venezianos, porque muito tempo antes a tinha previsto e temia que acontecesse a qualquer momento: mesmo assim, não pôde impedir que, acontecendo, viesse a se condoer e sentisse o mesmo desgosto que sentiram os milaneses quando os abandonou.

. Pediu aos embaixadores que tinham sido enviados de Veneza para propor-lhe o acordo dois dias para responder: enquanto isso decidiu entreter os venezianos e não abandonar a empresa. Assim declarou publicamente aceitar a paz e mandou seus embaixadores a Veneza com amplos poderes para ratificá-la, porém, à parte, instruiu-lhes que não o fizessem de maneira alguma, e com diversas invenções e ardis a postergassem.

E para fazer crer aos venezianos que falava seriamente, estabeleceu trégua por um mês com os milaneses, afastou-se de Milão e dividiu suas tropas em alojamentos nos lugares cujas imediações já tinha ocupado. Essa escolha foi a razão de sua vitória e da ruína dos milaneses, porque os venezianos, confiando na paz, foram mais lentos na preparação da guerra; enquanto que o milaneses, vendo a trégua estabelecida, o inimigo afastado e os venezianos aliados, acreditaram inteiramente que o conde estivesse por abandonar a empresa. Certeza esta que os prejudicou de duas maneiras: primeiro descuidaram a organização de sua defesa;

3. Refere-se à aliança com os milaneses, quer dizer, romper com os acordos de outubro de 1448 com *Sforza*, que asseguravam, precisamente, a Veneza a posse de Crema (cf. cap. XIX).

1. Segundo esse acordo *Sforza* tinha de renunciar a qualquer pretensão sobre Milão, *Como* e *Lodi*, e conservava Cremona, Parma, *Piacenza*, Pavia, Novara, Tórtona e *Alessandria*.

LIVRO VI_____ *da retomada da guerra contra Milão à posse de Ferdinando I*

segundo, porque sendo época de colheita tinham semeado muito grão em terras que o inimigo tinha deixado livres, resultando que o conde podia até cingi-los com a fome.

Quanto ao conde, por outro lado, tudo o que prejudicou o inimigo, o ajudou; além disso, aquela trégua proporcionou-lhe tempo para poder respirar e arranjar recursos.

23. Em Florença *Cosimo de' Medici* apóia *Sforza*, e *Neri Capponi* se opõe.

Nessa guerra da Lombardia os florentinos não tinham se manifestado em apoio a qualquer uma das partes, nem favor algum tinham prestado ao conde, nem quando ele defendia os milaneses nem depois, porque, não tendo necessitado, não o pediu de forma muito particular; e ele somente mandou ajuda aos venezianos depois da derrota de *Caravaggio* em virtude dos compromissos com a aliança.

Mas tendo o conde *Francesco* ficado só, e sem a quem recorrer, precisou pedir ajuda aos florentinos com insistência, ao estado publicamente, aos amigos em privado e, em especial, a *Cosimo de' Medici*, com quem sempre teve uma sólida amizade, sempre tinha sido por ele fielmente aconselhado e substancialmente ajudado em cada uma de suas empresas. Desejava ainda que a cidade em forma pública o ajudasse, e aqui encontrou dificuldade.

É que em Florença *Neri di Gino Capponi* tinha muito poder. Não lhe parecia ter sido em benefício da cidade que o conde viesse a ocupar Milão, e acreditava que era melhor para a Itália que este tivesse ratificado a paz[1] ao invés de continuar a guerra. Em primeiro lugar, *Neri* suspeitava que os milaneses, pela indignação que tinham contra *Sforza*, se dessem inteiramente aos venezianos, o que seria a ruína de todos; depois, mesmo que *Neri* conseguisse ocupar Milão, parecia-lhe que tanto exército e tanto estado juntos eram uma coisa formidável, e se ele [*Sforza*] era já insuportável como conde, como duque seria insuportabilíssimo. Portanto, afirmava, era melhor para a república de Florença e para a Itália que o conde permanecesse com sua reputação nas armas e que a Lombardia em duas repúblicas se dividisse, estas jamais poderiam se unir em defesa de outros, e cada uma, por si só, não poderia atacar ninguém. E para fazer isso não via outro melhor remédio senão deixar de ajudar o conde e manter a velha aliança com os venezianos.

---

1. Cf. cap. anterior.

Estas razões não eram aceitas pelos amigos de *Cosimo*, porque estavam certos de que *Neri* pensava assim não porque julgasse ser esse o bem da república, mas por não querer que o conde, amigo de *Cosimo*, se tornasse duque, parecendo-lhes que assim se tornava demasiado poderoso.

E *Cosimo* ainda mostrou os motivos pelos quais era muito útil para a república, como para a Itália, ajudar o conde, porque era pouco sábia opinião crer que os milaneses pudessem se conservar livres, porque a qualidade dos cidadãos, a sua maneira de viver, as facções já antigas naquela cidade eram contrárias a qualquer forma de governo civil[2]; de tal maneira, era inevitável que o conde se tornasse duque ou os venezianos senhores, e em tal escolha não havia ninguém tão tolo que duvidasse o que era melhor, ter de seu lado um poderoso amigo ou ter um inimigo poderosíssimo. Nem acreditava que era de se duvidar que os milaneses, para poder ter uma guerra com o conde, se submetessem aos venezianos; porque o conde em Milão tinha partidários. Assim, se os milaneses não pudessem se defender como homens livres, submeter-se-iam antes ao conde do que aos venezianos.

Essa diversidade de opiniões manteve muito suspensa a cidade e no final deliberaram que se mandassem embaixadores ao conde para tratar os termos de um acordo, e se o encontrassem firme como para poder esperar que vencesse, que o assinassem, e se não, usassem artimanhas e o diferissem.

24. Entrada triunfal de *Sforza* em Milão

Estavam esses embaixadores em *Reggio* quando souberam que o conde havia se tornado senhor de Milão. Este, passado o período da trégua, tinha se concentrado com suas tropas naquela cidade, esperando em breve ocupá-la para o pesar dos venezianos, porque não podiam socorrê-la senão pelo lado do rio *Adda*, coisa que ele facilmente podia cortar. Não temia, por estar ainda no inverno, que os venezianos o fustigassem; e esperava, passada essa estação, ter a vitória, principalmente tendo morrido *Francesco Piccinino* e restando só *Iacopo*, seu irmão, como chefe dos milaneses.

Os venezianos tinham enviado um embaixador deles a Milão para motivar os cidadãos a estarem prontos para a defesa, prometendo-lhes muita e imediata ajuda. Deram-se então, durante o inverno, entre os

---

2. Quer dizer, as facções, com seus procedimentos já antigos naquela cidade, tornariam impossível a instauração de um regime republicano. Este conceito é mantido em *Discorsi...*, I, 17.

LIVRO VI_____ *da retomada da guerra contra Milão à posse de Ferdinando*

venezianos e o conde, algumas rápidas escaramuças, e ao tornar-se melhc
o tempo, os venezianos, comandados por [*Sigismondo*] *Pandolfo Malatest*
detiveram-se com seu exército às margens do *Adda*. Ali discutiram s
para socorrer Milão deviam atacar o conde e tentar a fortuna na lut:
Pandolfo, capitão deles, julgou que não era de se fazer esta tentativ:
conhecendo a virtude do conde e de seu exército. Pensava que se podi
vencer com segurança sem combater, porque o conde estava cor
problemas de ração e frumento. Sugeriu portanto que permanecessei
naquele lugar para dar esperança de socorro aos milaneses, a fim d
que, desesperados, não se entregassem ao conde.

Essa sugestão foi aprovada pelos venezianos, seja por terem-n
julgado segura, seja ainda porque mantendo os milaneses ness
dificuldade, seriam forçados a colocar-se sob seu domínio, convencidc
que estavam que jamais se entregariam ao conde dadas as ofensas qu
dele tinham recebido.

Enquanto isso os milaneses haviam sido levados quase que
extrema miséria e, sendo essa cidade comumente abundante de pobre:
morriam de fome pelas ruas. Donde surgiram distúrbios e protestos ei
diversos lugares da cidade; os magistrados os temiam muito e faziai
todas as diligências possíveis para que as pessoas não se reunissem. ,
multidão hesita muito a dispor-se ao mal, mas quando já está dispos1
move-a qualquer pequeno incidente[1].

Foi então que duas pessoas de modesta condição soci:
conversavam, próximas à *Porta Nuova*, sobre as calamidades da cidade
a miséria deles, sobre as maneiras de resolver tudo, quando outrc
começaram a se aproximar, até formar um bom número. E espalhou-:
a voz pela cidade que os de *Porta Nuova* estavam em armas contra c
magistrados. Por isso a multidão toda que outra coisa não esperav
para se mover, armou-se, tornou seu chefe *Gasparre da Vicomercato*[2] e :
dirigiu ao lugar onde os magistrados estavam reunidos[3], e com tal ímpet
que mataram todos os que não puderam fugir. Mataram, entre este
Lionardo Venero, embaixador veneziano, por ser causador da fome e est:
contente com a miséria deles.

Assim, tornando-se quase que príncipes da cidade, entre ele
dispuseram o que era necessário fazer para sair das dificuldades
descansar um pouco. E todos julgavam que era melhor, já que nã
podiam se conservar livres, refugiar-se sob um príncipe que os defendess·

1. Cf. *Discorsi...*
2. *Gaspare da Vimercate*, juntamente com *Piero Cotta* e *Cristoforo Pagano*.
3. Na igreja de *Santa Maria della Scala*.

havia quem o rei Afonso, quem o duque de Savóia, quem o rei da França, queriam invocar como senhor.

O conde ninguém invocou, tão forte era a indignação que ainda tinham para com ele. Mesmo assim, não havendo concordância entre os outros nomes, *Gasparre da Vicomercato* foi o primeiro a citar o nome do conde, e mostrou amplamente que, desejando livrar-se da guerra, não havia outra maneira senão chamá-lo; porque o povo de Milão, do que necessitava era de uma paz segura e imediata, não de uma demorada esperança em um futuro socorro. Com suas palavras escusou as empresas do conde e acusou os venezianos e todos os outros príncipes da Itália, que por ambição e avareza não tinham querido que vivessem livres. E se sua liberdade, afirmou, tivesse que ser dada, que o fosse a quem soubesse e pudesse defendê-la, para que da servidão pelo menos a paz viesse, e não maiores danos e mais perigosa guerra.

Foi ouvido com extraordinária atenção e, ao terminar, todos gritaram que se chamasse o conde, e designaram *Gasparre* para ir chamá-lo. Este, por ordem do povo, foi ao encontro do conde e levou-lhe a tão grata e feliz notícia; *Sforza* recebeu-a com satisfação, e entrando em Milão como príncipe em 26 de fevereiro de 1450, foi com o máximo e extraordinário regozijo recebido por aqueles que não muito tempo antes com tanto ódio o tinham infamado.

5. O novo duque de Milão se alia a Florença e Veneza a Nápoles

Assim que a notícia dessa conquista chegou em Florença, ordenou-se aos embaixadores florentinos[1] que estavam a caminho que, em vez de tratar de negociar acordos com o conde, felicitassem-no como duque, pela vitória. Foram recebidos com honrarias e copiosamente obsequiados pelo agora duque, porque sabia bem que contra o poderio dos venezianos não podia haver na Itália aliado mais galhardo e fiel do que os florentinos; que estes, depondo o temor que tinham pela família *Visconti*, sabiam que agora teriam de combater as forças aragonesas e venezianas: porque os aragoneses do Reino de Nápoles eram seus inimigos, pela amizade que sabiam que o povo florentino sempre teve com essa família da França os venezianos, porque o antigo temor dos *Visconti* agora era temor por eles, e porque sabiam com quanto cuidado tinham perseguido os *Visconti*, e temendo as mesmas perseguições, buscavam a ruína destes.

. Eram os mais influentes cidadãos da cidade depois de *Cosimo*: seu filho *Piero, Neri Capponi, Dietisalvi Neroni* e *Luca Pitti*.

LIVRO VI_____ *da retomada da guerra contra Milão à posse de Ferdinando I*

Tais fatos foram motivo para que o novo duque com facilidade estreitasse relações com os florentinos, e que os venezianos e o rei Afonso fizessem acordo contra o inimigo comum[2]; comprometeram-se a mover seus exércitos simultaneamente e que o rei atacasse os florentinos, e os venezianos o duque, o qual, por ser novo no estado, pensavam que não pudesse enfrentá-los nem com as próprias forças nem com a ajuda de outros. Porém, como a aliança entre os florentinos e os venezianos durava, e o rei depois da guerra de *Piombino* tinha feito paz com aqueles, não lhes pareceu bom romper a paz sem que antes, com algum motivo, se justificasse a guerra. Por isso, ambos mandaram embaixadores a Florença, os quais, de parte de seus respectivos senhores, comunicaram que a aliança feita não era para atacar alguém mas para defender seus estados. Depois os venezianos se queixaram de que os florentinos tinham dado passagem a *Alessandro*, irmão do duque, por *Lunigiana,* a caminho da Lombardia, e além disso tinham auxiliado e aconselhado o acordo feito entre o duque e o marquês de Mântua[3]. Coisas que, afirmavam, eram contrárias ao estado veneziano e à amizade que entre eles existia; e por isso os recordavam amistosamente que quem ofende sem razão dá motivo a outros a se ofenderem com razão, e que quem rompe a paz espere a guerra.

A Senhoria pediu a resposta a *Cosimo*, que com longo e sábio discurso recordou todos os benefícios que sua cidade prestou à república veneziana, mostrou quanto poder esta tinha adquirido com o dinheiro, as armas e o aconselhamento dos florentinos; e lhes lembrou que, como dos florentinos procedia a razão da amizade, deles jamais viria a razão da inimizade; que tendo sido sempre amantes da paz, louvavam muito o acordo feito entre eles, quando por paz e não por guerra tinha sido feito, e que na verdade muito se maravilhava das querelas feitas vendo que em tamanha república tanto se tinha em conta coisas tão levianas e vãs, porém mesmo no caso de serem dignas de consideração, os florentinos queriam deixar claro a todos que desejavam que sua república fosse livre e aberta a todos, e que o duque era de uma espécie de pessoa que para fazer amizade com Mântua não precisava dos favores nem dos conselhos deles.

E por isso suspeitava que essas querelas tivessem algum outro veneno escondido que, quando se revelassem, mostrariam a todos que tanto a amizade dos florentinos é útil, quanto sua inimizade é danosa.

2. Florença e Milão. A aliança foi feita em 1451.
3. Ludovico III, Gonzaga.

MAQUIAVEL _____ HISTÓRIA DE FLORENÇA

26. As conseqüências dessa aliança

No momento a coisa passou levemente e pareceu que os embaixadores tivessem se retirado muito contentes. Apesar de feita a aliança, as maneiras dos venezianos e do rei faziam um tanto os florentinos e o duque mais temerem uma nova guerra do que esperarem uma paz duradoura. Portanto os florentinos aliaram-se ao duque, enquanto ficou clara a má disposição dos venezianos, porque fizeram aliança com Siena e expulsaram todos os florentinos e seus súditos da cidade e de seus domínios.

Pouco depois Afonso fez o mesmo, sem respeito algum pela paz assinada no ano anterior e sem ter nem motivo nem justo pretexto. Os venezianos procuraram ganhar a confiança dos bolonheses, e os exilados, reforçados com armas, os introduziram, à noite, com muitos soldados pelos esgotos; e assim que se soube da entrada deles, alçaram-se os gritos de revolta. Ao ser despertado por estes, *Santi Bentivogli* percebeu que a cidade toda estava ocupada pelos rebeldes, e mesmo sendo por muitos aconselhado com a fuga para salvar a vida já que ficando não podia salvar o estado, quis mostrar o rosto à fortuna[1]. Tomou armas, exortou os seus e à frente de alguns amigos atacou parte dos rebeldes, derrotou-os, matou muitos e expulsou os outros da cidade. Por isso todos julgaram ter dado autêntica prova de ser um autêntico membro da casa *Bentivogli*.

Essas demonstrações e esses feitos formaram em Florença sólida crença em guerra próxima, porém os florentinos voltaram-se às suas antigas e costumeiras defesas: criaram o Conselho dos Dez, assoldadaram novos *condottieri* e enviaram embaixadores a Roma, a Nápoles, a Veneza, a Milão e a Siena, para pedir ajuda aos amigos, esclarecer desconfianças, ganhar os desconfiados e descobrir os planos dos inimigos. Do Papa não se obteve senão expressões generalizantes, boa disposição e apoio à paz; do rei, escusas vãs por ter expulso os florentinos, oferecendo-se para dar salvo-conduto a quem o pedisse. E mesmo que se engenhasse muito para esconder os planos da nova guerra, os embaixadores descobriram a má disposição sua e seus preparativos para vir em dano da república florentina.

Com o duque, novamente com muitas obrigações se fortificou a aliança e, por mediação sua, se fez um pacto de amizade com os genoveses e foram compostas as antigas diferenças motivadoras de represálias e

---

1. "*...volle mostrare alla fortuna il viso;...*" Enfrentar a sorte. Cf. cap. 13, "...decidiu enfrentar a fortuna..."

Livro VI_____*da retomada da guerra contra Milão à posse de Ferdinando I*

muitas outras querelas, não obstante os venezianos buscassem de qualquer maneira turbar essa composição, inclusive não deixaram de suplicar ao imperador de Constantinopla[2] que expulsasse os florentinos de seu país, tanto podia nele a avidez de dominar que sem consideração alguma queriam destruir os que tinham sido o motivo de seu poderio; porém não foram ouvidos pelo imperador.

O senado veneziano proibiu os embaixadores florentinos de entrar no estado[3] daquela república, alegando que, sendo amigos do rei de Nápoles, não podiam ouvi-los sem a presença deste. Mas o senado de Siena recebeu os embaixadores com boas palavras, temendo ser desmantelados antes que a aliança os pudesse defender; e por isso pareceu-lhes melhor descansar as armas que não podiam brandir. Desejaram os venezianos e o rei de Nápoles, segundo o que então se conjeturou, mandar embaixadores para justificar a guerra. Mas não se permitiu a entrada do embaixador veneziano em território florentino, e o embaixador florentino, não querendo desempenhar aquela função sozinho, ficou sem ser feita essa legação; e os venezianos por isso ficaram sabendo ser menos estimados pelos mesmos florentinos que não muitos meses antes os tinham pouco estimado[4].

27. Chega em Florença o imperador Frederico III. Guerra entre o Duque de Milão e os venezianos

Em meio ao temor por esses movimentos, o imperador *Federigo* III veio à Itália para ser coroado, e aos 30 de janeiro de 1451 entrou em Florença com mil e quinhentos cavaleiros, foi recebido com muitas honras pela Senhoria e ficou na cidade até o dia 6 de fevereiro, quando partiu para Roma, para sua coroação.

Coroado solenemente, celebrou núpcias com a imperatriz[1] que tinha vindo a Roma por mar, e retornou à Alemanha; em maio voltou novamente a Florença, onde foram-lhe feitas as mesmas honras. E ao voltar, tendo sido beneficiado[2] pelo marquês, para retribuir-lhe concedeu-lhe Módena e *Reggio*.

---

2. Constantino XI.

3. *...entrare nello stato di quella republica...* no território; aqui a palavra *stato* não parece ter outro uso senão o da sinonímia de preferência do Autor, diversamente quando a utiliza no sentido de governo ou poder.

4. Maquiavel omite negociações já iniciadas entre Florença e Carlos VII, da França, das quais resultou uma aliança assinada em 21/2/1452. Cf. *A. Montevecchi, op. cit.*

1. Trata-se de Eleonora, de Portugal, sobrinha de Afonso I, de Aragão; o casamento foi em 16 de março. Cf. *A. Montevecchi, op. cit.*

2. Com dinheiro. Idem.

MAQUIAVEL ———————————————————— HISTÓRIA DE FLORENÇA

Enquanto isso, os florentinos não deixaram de se preparar para a guerra iminente, e para conseguir reputação para si e terror para o inimigo, eles e o duque aliaram-se ao rei da França na defesa dos estados comuns, dando disso público conhecimento com grande pompa e regozijo. Tinha chegado o mês de maio de 1452 quando os venezianos julgaram não dever diferir mais a guerra ao duque, e com dezesseis mil cavaleiros e seis mil infantes por *Lodi* o atacaram. E ao mesmo tempo o marquês de *Monferrato*, seja por sua própria ambição, seja por pressão dos venezianos, também o atacou por *Alessandria*. O duque, por outro lado, tinha reunido dezoito mil cavaleiros e três mil infantes, e tendo providenciado tropas para *Alessandria* e *Lodi*, como igualmente para todos os lugares onde os inimigos o pudessem ofender, com os seus, atacou *Brescia*, onde aos venezianos causou enormes danos.

Ambas as partes predavam os vilarejos e saqueavam os povoados não fortificados. Mas o marquês de *Monferrato*, tendo sido derrotado em *Alessandria* pelas tropas do duque, depois, com mais forças pôde opor-se aos venezianos e atacá-los.

28. Ferdinando I, de Aragão, filho de Afonso V, de Nápoles, invade a Toscana

Travando-se portanto a guerra na Lombardia com vários porém débeis incidentes, e pouco dignos de memória, na Toscana também começou a guerra do rei Afonso com os florentinos, que não foi conduzida com maior virtude nem com maiores riscos do que a da Lombardia.

Veio à Toscana Ferdinando I[1], filho ilegítimo de Afonso, com doze mil soldados capitaneados por *Federigo*, senhor de Urbino. A primeira empresa deles foi o ataque a *Foiano*, em *Val di Chiana*, porque sendo amigos dos sienenses, por ali entraram no domínio florentino. O castelo era fraco de muralhas, pequeno, portanto não contava com muitos homens que, porém, naquele momento, tinham fama de aguerridos e fiéis. Eram duzentos os soldados, e tinham sido mandados ali pela Senhoria para a sua defesa.

Em um castelo nessas condições Ferdinando I pôs o cerco, e foi tamanha a virtude dos que estavam dentro, ou tão pouca a sua, que não antes mas só depois de trinta e seis dias o tomou. Esse tempo proporcionou à cidade oportunidade de prover a outros lugares de maior importância, de reunir suas tropas e organizar melhor suas defesas. E os

---

1. Ou *Ferrante*. Cf. H. R. Loyn (org.), *Dicionário da Idade Média. Op. cit.*

LIVRO VI _____ *da retomada da guerra contra Milão à posse de Ferdinando I*

atacantes desse castelo foram a *Chianti*, onde não puderam expugnar duas pequenas vilas de propriedade de cidadãos particulares. Então, deixando estas, cercaram *Castellina*, fortaleza situada nos limites de *Chianti*, a dez milhas de Siena, débil de apetrechos e muito débil de posição, mas essas duas debilidades não puderam superar a do exército atacante, por isso depois de quarenta e quatro dias que esteve lutando, teve de retirar-se com vexame.

Tão formidáveis eram aqueles exércitos e tão perigosas eram as guerras que os territórios que hoje se abandonam como lugares impossíveis de se defender, naquela época eram defendidos como impossíveis de se tomar.

E enquanto Ferdinando I mantinha o cerco em *Chianti*, fez muitas incursões e saques em território florentino, aproximando-se até seis milhas da cidade, para o temor e dano de seus súditos. Esses, naqueles momentos, tendo conduzido suas tropas, oito mil soldados sob o comando *de Astor* de *Faenza* e *Gismondo Malatesti*, ao castelo de *Colle*, mantinham-nas distantes do inimigo, temendo que fosse necessário uma batalha, porque julgavam que se não perdessem esta não perdiam a guerra, porque as pequenas fortificações, perdendo-as, eram recuperáveis em tempos de paz, e as grandes ficavam seguras, sabendo-se que o inimigo não estava por atacar.

O rei tinha ainda uma armada de cerca de vinte barcos, entre galés e fustas, nos mares de Pisa. E enquanto por terra combatia na *Castellina*, apostou essa armada na fortaleza de Vada, que ocupou por pouca diligência do castelão. Como depois os inimigos por mar molestavam os vilarejos ao redor, esta moléstia foi resolvida porque os florentinos mandaram soldados a Campiglia, que os mantinham junto à marina.

29. O romano *Stefano Porcari* conspira contra o Papa e é executado

O Pontífice nestas guerras não se afligia a não ser quando acreditava poder fazer acordo entre as partes. E mesmo que se abstivesse de guerra externa, acabou por encontrá-la mais perigosa em casa própria.

Havia naquela época um tal *messer Stefano Porcari*, cidadão romano, nobre de sangue e de doutrina, mais nobre ainda por excelência de ânimo. Segundo o costume dos que de glória têm apetite, desejava fazer ou tentar fazer alguma coisa digna de memória; e julgou não poder tentar outra coisa senão tirar sua pátria das mãos dos padres e reconduzi-la a seu antigo viver, esperando assim, quando o conseguisse, ser chamado novo fundador ou pai da cidade. Faziam-no esperar no feliz fim dessa empresa os maus costumes dos prelados e o descontentamento dos barões e do povo romano, mas sobretudo davam-lhe esperança os versos de Petrarca, no canto que começa: *Alma gentil que estes membros governa,* onde diz:

> Sobre o morro Tarpeio, canção minha, verás
> um cavaleiro que toda a Itália respeita
> mais cuidadoso com os outros do que consigo mesmo[1].

Messer Stefano sabia os poetas muitas vezes serem plenos de espírito divino e profético, assim, julgava que de qualquer maneira devia acontecer o que Petrarca naquela canção profetizava, e que era ele quem deveria ser o executor de tão gloriosa empresa, parecendo-lhe ser por eloqüência, por doutrina, por estima popular e por amigos, superior a qualquer outro romano. Imerso nessa convicção, não pôde se conduzir de maneira suficientemente cautelosa para que as palavras, os hábitos e a maneira de viver não o revelassem, e tanto que tornou-se suspeito ao Pontífice, o qual, para dificultar-lhe qualquer ação maligna, o confinou em Bolonha, e ao governador daquela cidade encarregou de controlar sua presença todos os dias.

Não se acabrunhou *messer Stefano* por este primeiro empecilho, ao contrário, melhor planejou sua empresa e, pelos meios de que dispunha, mais cauteloso manteve conversações com seus amigos. Muitas vezes foi e voltou de Roma com tal rapidez que conseguiu em tempo apresentar-se ao governador conforme os termos estabelecidos. Mas depois que pareceu-lhe ter atraído muitos a seu favor, decidiu não diferir mais a tentativa, e encarregou os amigos que estavam em Roma que em um momento determinado ordenassem uma esplêndida janta, onde estariam todos os conjurados, com ordem de cada um trazer os mais mais fiéis amigos, e prometeu chegar antes de a ceia ser servida.

Tudo foi feito como desejava, *messer Castruccio* chegou à casa onde se ia jantar e, servida a mesa, apresentou-se aos convivas em roupas de ouro, com colares e outros ornamentos que lhe davam majestade e reputação e, abraçando-os, com longo discurso os exortou à firmeza e a tão gloriosa empresa; depois enunciou a maneira de consegui-la, e ordenou que uma parte deles ocupasse o palácio do Pontífice na manhã seguinte e a outra percorresse Roma chamando o povo às armas.

---

1. *Spirito gentil che quelle membra reggi, dove dice:*
   Sopra il monte Tarpeio, canzon, vedrai
   un cavalier che Italia tutta onora,
   pensoso più d'altrui che di se stesso.

LIVRO VI_____ *da retomada da guerra contra Milão à posse de Ferdinando I*

À noite o Pontífice veio a saber da coisa: alguns dizem que foi por pouca lealdade dos conjurados, outros porque se sabia que *messer Stefano* encontrava-se em Roma. Seja como for, o Papa, na própria noite da ceia, prendeu *messer Stefano* com a maior parte de seus companheiros e depois, segundo mereciam por suas faltas, mandou matá-los. Assim foi o final dessa empresa, e verdadeiramente qualquer um pode louvar suas intenções, mas também poderá sempre reprovar-lhe o critério, porque tais empresas, se em si têm alguma sombra de glória, têm em sua execução[2] sempre um certíssimo dano.

30. *Gherardo Gambacorti* tenta negociar *Val di Bagno* com o Papa. Os florentinos enviam tropas

A guerra tinha durado na Toscana quase um ano, e em 1453 já tinha chegado a hora de os exércitos reconduzirem-se à campanha, quando em socorro dos florentinos veio o senhor *Alessandro Sforza*, irmão do duque, com dois mil homens a cavalo. Por isso, tendo crescido o exército dos florentinos e diminuído o do rei de Nápoles, quiseram os florentinos ir recuperar as coisas perdidas, e com pouco o conseguiram em alguns territórios.

Depois puseram cerco em *Foiano*, que por negligência dos próprios comissários tinha sido saqueada; por isso, seus habitantes, dispersos, colocaram grandes dificuldades para retornar ali e só o fizeram ganhando isenção de taxas e outros benefícios. A fortaleza de *Vada* também se reconquistou, porque os inimigos, ao verem que não podiam defendê-la, abandonaram-na e a queimaram. E enquanto essas coisas eram feitas pelo exército florentino, o exército aragonês, não tendo ousado se aproximar do inimigo, havia se reconduzido próximo a Siena e fazia incursões em território florentino, provocando saques, tumultos e enorme temor. E o rei não deixou de tentar por outra via atacar o inimigo e dividir-lhe as forças, e com novas aflições e ataques diminuí-lo.

Era senhor de *Val di Bagno Gherardo Gambacorti*, o qual seja por amizade seja por obrigação tinha sido sempre, juntamente com seus antepassados, soldado ou aliado dos florentinos. Com ele o rei Afonso manteve negociações para que lhe concedesse aquele estado, e em recompensa recebesse um outro, do reino de Nápoles.

---

2. Mais uma vez Maquiavel sublinha a dificuldade das conjuras, onde "...poucos não bastam e tantos as descobrem" (Livro III, cap. 28, n.2) e em *Discorsi...*, III, 6, *op. cit.*

Essa negociação foi revelada em Florença, que; para descobrir a intenções de *Gambacorti*, mandou-lhe um embaixador que lhe recordasse das obrigações com seus antepassados e o exortasse a continuar fiel à república florentina.

Gherardo mostrou-se maravilhado e com graves juramentos afirmou jamais tão perverso pensamento ter-lhe caído na alma, e que viria pessoalmente a Florença empenhar sua palavra, mas, encontrando-se indisposto, o que ele não podia fazer o faria seu filho; e o entregou ao embaixador para que o levasse na qualidade de refém.

Essas palavras e essas demonstrações fizeram os florentinos crer que *Gherardo* dizia a verdade e seu acusador havia sido falso e inconsistente. Com tal idéia se tranqüilizaram. Porém *Gherardo* com mais freqüência continuou a negociação com o rei, pela qual, assim que foi concluída, esse soberano enviou a *Val di Bagno* frei *Puccio*, cavaleiro de Jerusalém, com ingente tropa, tomar posse das terras e das fortalezas de *Gherardo*. Mas o povo de *Bagno*, sendo afeiçoado à república florentina, com pesar prometia obediência aos comissários do rei.

Frei *Puccio* já tinha tomado posse de quase todo aquele estado, só lhe faltava ensenhorear-se da fortaleza de *Corzano*. Estava com *Gherardo* enquanto lhe fazia tais entregas e entre os seus, que o circundavam, estava *Antonio Gualandi*, de Pisa, jovem e ousado, a quem desagradava esta traição de *Gherardo*; e avaliando a posição da fortaleza e os homens que ali estavam de guarda, vendo nos semblantes e nos gestos o seu descontentamento e encontrando-se junto a porta para introduzir as tropas aragonesas, *Antonio* girou-se para dentro do castelo e empurrou *Gherardo* para fora com as duas mãos, e aos guardas ordenou que sobre o rosto de tão perverso homem fechassem a porta daquela fortaleza e a conservassem para a república florentina.

Assim que se soube dessa sublevação em *Bagno* e nos lugares vizinhos, todos tomaram armas contra os aragoneses, e içando as bandeiras florentinas, os expulsaram dali.

Os florentinos, logo que esta notícia chegou em Florença, aprisionaram o filho de *Gherardo* que lhes tinha sido dado como refém e mandaram a *Bagno* tropas para defender aquele povoado, e aquele estado que antes era governado por um príncipe[1], foi reduzido a vicariato. *Gherardo*, traidor de seu senhor e de seu filho, deixou a mulher[2] e com dificuldade conseguiu fugir. Muito foi considerado em Florença tal incidente, porque se o rei de Nápoles conseguisse assenhorear-se daquele

1. Dependente de Florença.
2. *Margherita*, filha de *Rinaldo degli Albizzi*.

LIVRO VI _____ *da retomada da guerra contra Milão à posse de Ferdinando I*

povoado, com pouco esforço e a seu gosto podia fazer incursões em *Val di Tevere* e em *Casentino*, e isto daria tanto trabalho à república que os florentinos não poderiam opor às forças aragonesas, que se encontravam em Siena, todo seu exército.

31. Renato de Anjou volta à Itália chamado pelos florentinos e ataca os venezianos ajudado por *Sforza*.

Além do aparato montado na Itália para conter as forças da aliança inimiga, tinham os florentinos mandado *messer Agnolo Acciaiuoli* como embaixador junto ao rei da França[1] para tratar de que se desse faculdade ao rei Renato de *Anjou* de vir à Itália em auxílio do duque e deles mesmos, a fim de que viesse a defender seus amigos e pudesse depois, estando na Itália, pensar na conquista do reino de Nápoles; e para isto prometiam auxílio de tropas e de dinheiro.

Assim, enquanto na Lombardia e na Toscana a guerra prosseguia, conforme narramos, o embaixador ultimou o acordo com o rei Renato[2] no sentido de este vir em junho à Itália com dois mil e quatrocentos cavaleiros, e assim que chegasse em *Alessandria* a aliança deveria dar-lhe trinta mil florins e depois, durante a guerra, dez mil por mês. Desejando então o rei, como previa o acordo, vir à Itália, foi retido pelo duque de Savóia e pelo marquês de *Monferrato*, os quais, por serem amigos dos venezianos, não lhe permitiram a passagem. Por isso o rei foi aconselhado a retornar a Provença, e por mar, com alguns dos seus, voltar à Itália; e por outro lado a se esforçar junto ao rei da França para que este agisse perante o duque para que suas tropas passassem por Savóia.

E assim como foi aconselhado aconteceu: Renato de *Anjou* por mar se dirigiu à Itália e suas tropas, por concessão ao rei da França, puderam entrar em Savóia. O rei Renato foi acolhido pelo duque *Sforza* com muita honra; e unidas as tropas francesas e italianas, atacaram os venezianos, infligindo-lhes tal terror que em pouco tempo as terras que estes tinham tomado em Cremona foram recuperadas. Não satisfeitos com isso ocuparam todas as de *Brescia*; e o exército veneziano não se encontrando mais seguro em campo, recolheu-se junto às muralhas desta cidade. Mas tendo chegado o inverno, o duque preferiu recolher suas tropas nos quartéis e ao rei Renato concedeu *Piacenza* para aquartelamento.

---

1. Trata-se de Carlos VII, cf. cap. 26, n. 4.
2. Em 11/4/1453.

MAQUIAVEL _____ HISTÓRIA DE FLORENÇA

Assim, transcorrendo o inverno de 1453 sem se fazer empresa alguma, e quando ao chegar o verão o duque decidiu sair em campanha e despojar os venezianos de seus territórios no continente, o rei Renato fez-lhe entender que necessitava voltar à França. Para o duque essa decisão foi nova e inesperada e por ela ficou muito desgostado. E mesmo tendo ido logo dissuadir o rei da partida, nem pedindo nem prometendo conseguiu demovê-lo, e só conseguiu a promessa de deixar parte de seu exército e de lhe enviar seu filho *Giovanni* para ficar em seu lugar a serviço da aliança.

A partida do rei Renato não desagradou aos florentinos, porque tendo recuperado seus castelos, não tinham mais temor pelo rei[3]; por outro lado, não desejavam que o duque recuperasse outras terras além das próprias. Foi-se, portanto, o rei Renato, e como tinha prometido mandou seu filho à Itália, que não ficou na Lombardia mas veio a Florença, onde com muitas honras foi recebido.

32. Pela tomada de Constantinopla pelos turcos, príncipes italianos ajustam paz geral mediada pelo Papa

A partida do rei Renato fez com que o duque se voltasse com muito gosto à paz; e os venezianos, o rei Afonso e os florentinos, por estarem exaustos, a desejavam; o Papa, por diversas demonstrações, também a tinha desejado e desejava, porque o Grande Turco Maomé tinha tomado Constantinopla e se apoderado de toda a Grécia.

Essa conquista acabrunhou todos os cristãos, e mais particularmente os venezianos e o Papa, parecendo-lhe já ouvir as armas dos turcos em toda a Itália.

O Papa pediu, portanto, aos potentados italianos que lhe mandassem embaixadores com autoridade para assinar uma paz geral; obedeceram, porém uma vez reunidos em mérito a isso encontraram muita dificuldade ao tratá-la: o rei de Nápoles queria ter ressarcidas suas despesas feitas naquela guerra, e os florentinos queriam ser eles os ressarcidos; os venezianos pediam Cremona ao duque, o duque lhes pedia Bérgamo, *Brescia* e Crema; assim, tais dificuldades pareciam impossível de se resolver. No entanto o que em Roma entre muitos parecia difícil de se fazer, muito facilmente em Milão e Veneza, entre dois, se resolvia; enquanto as negociações de paz se demoravam em Roma, em Veneza aos 9 de abril de 1454[1] se concluiu o acordo entre o duque e os venezianos.

3. O rei Afonso de Aragão.
1. A Paz de *Lodi*, depois do fracasso das negociações de Roma.

LIVRO VI _____ *da retomada da guerra contra Milão à posse de Ferdinando I*

Em virtude desse acordo, cada um voltou à posse dos territórios que possuía antes da guerra, e ao duque foi concedido poder recuperar os territórios que lhe haviam ocupado os príncipes de Monferrato e de Savóia; aos outros príncipes italianos foi concedido um mês para ratificá-lo. O Papa e os florentinos, e com eles os sienenses e outros menos poderosos, ratificaram-no em tempo. E não contentes com isso os florentinos, o duque e os venezianos, assinaram paz válida por vinte e cinco anos. Somente o rei Afonso, entre os príncipes italianos, mostrou não estar contente com esta paz, parecendo-lhe perder prestígio por não se incluir como seu promotor mas como simples aliado. Foi por isso que esteve muito tempo aguardando sem se pronunciar. Assim, tendo sido enviadas pelo Papa e outros príncipes a muitas solenes missões, deixou persuadir-se em parte por estas[2] e mais pelo pontífice, e juntamente com seu filho, entrou para esta aliança válida por trinta anos. E o duque e o rei fizeram um duplo parentesco mediante duplas núpcias, entregando e aceitando reciprocamente suas filhas para seus respectivos filhos.

No entanto, para que na Itália permanecessem as sementes da guerra, Afonso não consentiu a conclusão da paz se antes pelos aliados não lhe fosse permitido, sem que se ofendessem, fazer guerra aos genoveses, a *Gismondo Malatesti* e a *Astor*[3], príncipe de *Faenza*. Uma vez feito este acordo, seu filho Ferdinando I, que se encontrava em Siena[4], voltou para Nápoles, sem ter feito em sua vinda à Toscana nenhuma aquisição de território e sem ter perdido muitos homens.

33. Calisto III sucede a Nicolau V. Derrota da Cruzada em Belgrado

Estabelecida essa paz geral, só havia o temor de que o rei Afonso pudesse perturbá-la por sua inimizade com os genoveses. Mas os fatos aconteceram de modo diverso já que não foi abertamente pelo rei, mas, como antes sempre tinha ocorrido, foi perturbada pela ambição dos soldados mercenários. Firmado o acordo, os venezianos, como é de costume, licenciaram de seu estipêndio o *condottiere Iacopo Piccino*, com o qual se uniram outros *condottieri* sem soldo; passaram pela Romanha e dali a Siena, onde, depois de acampar, *Iacopo* atacou os sienenses e ocupou algumas fortalezas.

No início desses acontecimentos, no começo de 1455, morreu o papa Nicolau, e seu sucessor foi Calisto III[1]. Este pontífice, para reprimir

2. O rei assinou o acordo em 26/1/1455. O legado do Papa foi o cardeal *Capranica*.
3. Trata-se de *Astorre Manfredi* e *Sigismondo Malatesti*; este depois de receber seu soldo desertou Afonso.
4. Cf. cap. 28.
1. O cardeal espanhol Afonso Bórgia.

a nova e próxima guerra, logo reuniu, sob o comando de seu capitão *Giovanni Ventimiglia,* tanto exército quanto podia, ajuntou tropas florentinas e do duque, que também tinham vindo reprimir tais movimentos, e as enviou contra *Piccino.* A luta se deu próximo a Bolsena e não obstante *Ventimiglia* tenha ficado prisioneiro, foi *Piccino* o perdedor, e como tal se refugiou em *Castiglione della Pescaia*[2]; e se não tivesse sido subvencionado pelo rei Afonso, teria ficado definitivamente derrotado, coisa que fez crer a todos que os movimentos de *Iacopo* por ordem deste soberano tinham sido feitos.

De maneira que, parecendo a Afonso ter sido descoberto, para através da paz reconciliar-se com seus aliados, com os quais já tinha quase que rompido por causa dessa pequena guerra, fez com que *Iacopo* restituísse aos sienenses os territórios já ocupados e que estes lhe dessem vinte mil florins. Feito esse acordo, acolheu *Iacopo* com suas tropas no reino de Nápoles.

Nesse momento o Papa, mesmo não deixando de pensar em frear *Iacopo Piccino,* não deixou de organizar-se para poder custear a defesa da cristandade[3], porque a via prestes a ser oprimida pelos turcos; para isso enviou a todas as províncias cristãs predicadores e embaixadores para persuadir seus príncipes e povos a se armarem em favor de sua religião e apoiar com dinheiro e com suas pessoas a empresa contra o inimigo comum. Então, em Florença foram feitas inúmeras coletas; além disso, muitos portavam uma cruz vermelha, para significar que estavam pessoalmente prontos para aquela guerra. Fizeram também solenes procissões e não deixaram de demonstrar particular e publicamente que desejavam estar entre os primeiros cristãos com conselhos, dinheiro e homens para tal empresa.

Mas este entusiasmo pela cruzada foi contido quando chegou a notícia de que os turcos, quando estavam[4] para expugnar Belgrado, fortificação situada na Hungria, sobre o rio Danúbio, tinham sido derrotados e mortos pelos húngaros. Assim, cessado o temor que a perda de Constantinopla tinha causado ao pontífice e aos cristãos, com menos entusiasmo se procedeu na preparação já em curso da guerra; igualmente na Hungria diminuiu o entusiasmo, mas foi pela morte do capitão da referida vitória, *Giovanni Vaivoda*[5].

---

2. Castelo de Afonso de Aragão.
3. Dando seguimento à ordem de Nicolau V, em 1453, a cruzada foi começada por Calisto III na primavera de 1456.
4. Em julho de 1456.
5. *Giovanni Unniade*. O Autor confundiu *vaivoda*, que significa *condottiero*, com o sobrenome. Cf.

LIVRO VI_____ *da retomada da guerra contra Milão à posse de Ferdinando I*

34. Portentosa tempestade na Toscana

Mas, voltando às coisas da Itália, corria o ano de 1456 quando os tumultos de *Iacopo Piccinino* acabaram; então, tendo os homens pousado armas, parece que o próprio Deus quisesse tomá-las, tamanha foi a tempestade de ventos que aconteceu na Toscana e em tudo causou estragos inauditos, que haverão de se afigurar aos que deles ouvirem no futuro assombrosos e dignos de memória[1].

Começou no dia 24 de agosto, uma hora antes do amanhecer, no lado do mar superior, na direção de Ancona, e atravessando a Itália toda foi para o mar inferior[2] em direção de Pisa, um turbilhão formado por uma nuvem grande e densa, que ocupava o espaço de quase duas milhas em todas as direções. Empurrada por forças superiores, naturais ou sobrenaturais que fossem, ela mesma dilacerada, dilacerava; os pedaços de nuvens, ora subindo ao céu ora descendo à terra, batiam uns nos outros; ora girando ora se deslocando a velocidade muito grande, moviam-se produzindo diante delas um vento mais forte do que qualquer ímpeto; densos fogaréus e intensíssimas fulgurações surgiam de seus choques.

Dessas dilaceradas e confusas brumas, de tão furiosos ventos e densos resplendores, vinha um ruído de uma qualidade e uma intensidade jamais ouvidas em terremoto ou trovão algum, e um pavor que cada um que o ouviu julgava que o fim do mundo tinha chegado; e a terra, a água, o resto do céu e do mundo, juntos, se mesclavam no caos primordial. Onde passou, o pavoroso turbilhão teve efeitos inauditos e assombrosos, e os mais notáveis ocorreram diante do castelo de *San Casciano*. Está situado perto de Florença, a oito milhas, no morro que divide os vales de *Pesa* e de *Grieve*.

Quando a furiosa tempestade passou entre este castelo e o burgo de *Santo Andrea*, situado sobre o mencionado morro, não atingiu Santo *Andrea*, e só levemente *San Casciano*, abatendo alguns sanguinhos[3] e chaminés de algumas casas, mas além do espaço entre os dois lugares mencionados, muitas destas foram completamente arrasadas. Os tetos das igrejas de *San Martino*, em *Bagnolo*, e de *Santa Maria della Pace* foram jogados inteiros tal como estavam, a uma milha de distância. Um carreteiro e suas mulas foi arrastado da estrada e encontrado morto no

---

1. Com a descrição desta tempestade, o Autor cria uma espécie de cesura no desenvolvimento histórico, detendo-se em nos proporcionar uma poderosa representação do fenômeno natural, vinda provavelmente, afirmam alguns estudiosos, dos textos de *P. Bracciolini* e de relatos dos vizinhos de *S. Casciano*, onde então residia Maquiavel.

2. O mar Tirreno. O mar superior, o Adriático.

3. *Cornus sanguinea*, pequeno arbusto que se carrega de flores amarelas.

MAQUIAVEL ———————————————————— HISTÓRIA DE FLOREN(

vale vizinho. Os maiores carvalhos, as mais vigorosas árvores que nã
queriam ceder a tanto furor, foram não só desenraizados mas removid(
para muito longe de onde tinham raízes, pelo que, passada a tempestac
e chegado o novo dia, foram todos tomados de estupefação.

Estava tudo desolado e arrasado, as casas e as igrejas arruinada
ouviam-se os lamentos dos que viam suas propriedades destruídas e sc
as ruínas, seus animais e parentes mortos, coisas que traziam compaixã
e muito grande temor aos que as viam. Deus quis sem dúvida ameaç;
ao invés de castigar a Toscana: se tamanha tempestade tivesse entrad
numa cidade, entre os numerosos e amontoados habitantes, como entro
entre os poucos e espaçados carvalhos, árvores e casas, sem dúvida far;
uma ruína e um flagelo que mentalmente se pode conjeturar maio
Mas Deus quis que então bastasse este pequeno exemplo para refresc;
entre os homens a memória de seu poder.

35. Gênova se rende ao Rei da França

O rei Afonso, para voltar ao ponto onde me detive, estav
insatisfeito, como mencionamos acima, com aquela paz; e como a guern
que sob o comando de *Iacopo Piccino* ele tinha feito mover aos sienense
sem plausível motivo algum, não havia originado efeito nenhum, qu
ver o que proporcionava aquela que podia mover segundo as convençõe
da aliança. Por isso, em 1456 atacou Gênova por mar e por terra, porqu
desejava entregar esse estado aos *Adorni* e tirá-lo dos *Fregosi*, que
possuíam. Por outro lado, ordenou *Iacopo Piccino* atravessar o rio *Tront*
e atacar *Gismondo Malatesti*. Este, como tinha guarnecido bem suas terra;
pouco considerou o ataque de *Iacopo*, de maneira que por aí não obtev
resultado algum a empresa de Afonso, mas a de Gênova ocasionou-lhe
como a seu reino, mais guerras do que teria desejado.

Era então *duce*[1] de Gênova *Pietro Fregoso*. Este, temendo não pode
resistir ao ímpeto do rei, decidiu dar o que não podia defender a alguér;
que de seus inimigos o defendesse e que, ocasionalmente, lhe retribuíss
justa recompensa. Com tal finalidade mandou embaixadores ao rei d
França, Carlos VII, para oferecer-lhe o domínio de Gênova.

Carlos aceitou a oferta de tomar posse desses territórios e mando'
João de *Anjou*, filho do rei Renato, que pouco tempo antes tinha deixad(
Florença e retornado à França. Estava convencido de que João de *Anjou*
por ter adquirido muitos hábitos italianos, melhor do que qualque
outro poderia governar aquela cidade, e também acreditava que po

---

1. Chefe supremo. Do latim *ducere*, conduzir, guiar, comandar.

LIVRO VI _____ *da retomada da guerra contra Milão à posse de Ferdinando I*

isso podia pensar na conquista de Nápoles, de cujo reino seu pai, Renato, tinha sido espoliado pelo rei Afonso. João de *Anjou* foi então a Gênova, onde como príncipe foi recebido, e os castelos da cidade e do estado foram colocados à sua podestade.

36. Morre Afonso V, de Aragão. Pio II coroa Ferdinando I rei de Nápoles

Esse acontecimento desgostou Afonso, parecendo-lhe ter atraído contra si um inimigo demasiado importante; mesmo assim, sem se acabrunhar, continuou confiante sua empresa contra Gênova; e já tinha conduzido suas tropas a *Villamarina de Portofino* quando, acometido de súbita enfermidade, morreu[1]. Com sua morte ficaram livres da guerra João de *Anjou* e os genoveses, ao passo que Ferdinando I, que sucedeu no trono de Nápoles seu pai Afonso, estava cheio de temores por ter na Itália um inimigo de tal reputação e porque desconfiava da fidelidade de muitos de seus barões; temia ainda que esses, desejosos de coisas novas, se aliassem aos franceses. Temia, ainda, que o Papa, cuja ambição conhecia bem, procurasse tirar-lhe o reino que acabava de herdar.

Só confiava no duque de Milão, a quem os assuntos do reino de Nápoles não deixavam menos ansioso do que estava Ferdinando I, suspeitava que quando os franceses tivessem se ensenhoreado do reino, também desejassem ocupar seu estado, porque sabia que estes pensavam poder reivindicá-lo como sendo coisa que lhes pertencia[2]. Para isso o mencionado duque de Milão mandou cartas e tropas a Ferdinando I logo após a morte do rei Afonso. Estas para dar-lhe ajuda e reputação, aquelas para apoiá-lo e animá-lo, comunicando-lhe que não o abandonaria em necessidade alguma.

O Pontífice, depois da morte de Afonso, pensava dar esse reino a *Piero Lodovico Borgia*, seu sobrinho; e para coonestar tal empresa e contar com a participação de outros príncipes da Itália, declarou que ao domínio da Igreja Romana desejava reconduzir o referido reino; para isso procurou persuadir o duque a que não prestasse favor algum a Ferdinando, oferecendo-lhe terras que já possuía naquele reino. Mas em meio a tais preocupações e a novas aflições morreu Calisto[3], e sucedeu-lhe no pontificado Pio II, nascido em Siena, da família *Piccolomini*, de

---

1. Em 27/6/1458.
2. Cf. cap. 17, n. 5. São os direitos à coroa da França pelo matrimônio de Luís de Orléans com Valentina *Visconti*, irmã de Filipe Maria.
3. Em 6/8/1458.

MAQUIAVEL ———————————————————— HISTÓRIA DE FLORENÇA

nome *Enea*[4]. Este príncipe, pensando somente beneficiar os cristãos e respeitar a Igreja, deixando de lado qualquer outra paixão sua, pelas súplicas do duque de Milão coroou Ferdinando I rei de Nápoles, julgando pôr fim às guerras mais depressa mantendo o poder com quem já o tinha, em vez de dar seu apoio aos franceses para que estes lhe ocupassem aquele reino, ou, como tinha feito Calisto, tentassem tomá-lo. Mesmo assim Ferdinando I tornou príncipe *De Malfi Antonio*, sobrinho do Papa, e deu-lhe em casamento uma sua filha ilegítima. Também restituiu Benevento e *Terracina* à Igreja.

37. Dissensão entre os *Fregosi* e João de Anjou. Derrota de Ferdinando I

Parecia então que estivessem pousadas as armas na Itália, e o Pontífice preparava-se para mover a cristandade contra os turcos, como já tinha começado fazer o papa Calisto III, quando iniciou-se uma dissensão entre os *Fregosi* e João de *Anjou*, senhor de Gênova, a qual reiniciou guerras maiores e mais importantes do que as anteriores.

Petrino Fregoso encontrava-se em um castelo seu na Riviera, e não lhe parecia ter sido recompensado por João de *Anjou* de acordo com os méritos seus e de sua casa, tendo sido esta a torná-lo príncipe dessa cidade, chegando os dois por esse motivo a manifesta inimizade. Isso agradou Ferdinando I enquanto único remédio e exclusivo caminho para sua salvação, e forneceu tropas e dinheiro a *Petrino*, esperando por meio dele expulsar João de *Anjou* daquele estado. Este, conhecendo-os, mandou pedir ajuda à França, e com isso pôde enfrentar *Petrino*, que por ter recebido também muita ajuda estava muito fortalecido. Assim, João de *Anjou* limitou-se a defender a cidade. Nesta, entrou *Petrino* uma noite, tomou alguns lugares, mas ao amanhecer foi combatido e morto pelas tropas de João de *Anjou*, e todos os seus homens foram mortos ou presos.

Essa vitória deu ânimo a João de *Anjou* a fazer a empresa do Reino de Nápoles, e em outubro de 1459, com uma poderosa armada, saiu do porto de Gênova de volta ao referido Reino, desembarcou em *Baia* e daí dirigiu-se a *Sessa*, onde foi recebido pelo duque desta cidade[1]. Juntaram-se a João de *Anjou* o príncipe de Táranto, os habitantes de

---

4. *Enea Silvio Piccolomini*, nascido em *Corsignano* (depois *Pienza*) em 18/8/1405, foi eleito Papa aos 19/8/1458.

1. *Marino Marzano*, duque de *Sessa*.

324

LIVRO VI _____ *da retomada da guerra contra Milão à posse de Ferdinando I*

L'Aquila e muitas outras cidades e príncipes[2], assim, aquele reino ficou quase todo arruinado.

Tendo visto isso, Ferdinando I pediu ajuda ao Papa e ao duque, e para ter menos inimigos fez acordo com *Gismondo Malatesi*[3]. Isto de tal forma perturbou *Iacopo Piccinino*, por ser inimigo natural de *Gismondo*, que abandonou Ferdinando passando ao soldo de João de *Anjou*. Ferdinando I ainda mandou dinheiro a *Federigo*, senhor de Urbino; este, assim que pôde, reuniu um exército considerado bom naquela época, e junto ao rio *Sarni* enfrentou os inimigos; e vindos à luta, o rei Ferdinando I foi derrotado e muitos de seus capitães foram aprisionados. Depois desta ruína, fiel a esse rei ficou a cidade de Nápoles com poucos príncipes e territórios, que na maior parte foram dadas aos genoveses[4].

Iacopo Piccino desejava que João, com essa vitória, fosse a Nápoles e tomasse a capital do Reino, porém este não concordou, dizendo que primeiro queria espoliar Ferdinando I de todo o domínio e depois atacá-lo, acreditando que, uma vez privado de seus territórios, a conquista da cidade ficaria mais fácil. Escolha que, ao contrário, tirou-lhe a vitória desta empresa, porque ele não sabia que mais facilmente os membros obedecem à cabeça do que a cabeça aos membros.

38. Refortalecido Ferdinando I. João de Anjou derrotado perto de Tróia. *Piccino* se passa ao inimigo. Florentinos recusam ajuda pedida por João II, de Aragão

Ferdinando I tinha se refugiado em Nápoles depois da derrota, e ali acolheu seus desterrados; e com os meios que pôde reuniu dinheiro e fez uma ponta de exército. Pediu novamente ajuda ao Papa e ao duque, e por um e outro foi subvencionado com a maior celeridade, e mais copiosamente do que antes, porque eles tinham grande temor de perder aquele reino.

Tornando-se fortalecido, Ferdinando I saiu de Nápoles e, tendo começado a readquirir reputação, começou a readquirir terras. E enquanto se desenvolvia a guerra naquele reino, surgiu um incidente que tirou totalmente a João de *Anjou* a reputação e a oportunidade de vencer aquela empresa.

2. De Táranto era príncipe *Gian Antonio Orsini*. Entre outras cidades rebeldes, podem ser mencionadas *Foggia*, *Manfredonia*, *Nocera* e Tróia.

3. *Sigismondo Malatesti*, cf. cap. 32.

4. A batalha aconteceu na madrugado de 6/7/1460.

MAQUIAVEL————————————————————HISTÓRIA DE FLORENÇA

Os genoveses estavam incomodados com o governo avaro e soberbo dos franceses: tanto que tomaram armas contra o governador do rei francês e obrigaram-no a refugiar-se no *Castelletto*[1]; essa empresa foi conduzida pelos *Fregosi* e pelos *Adorni* e munida de tropas e dinheiro pelo duque de Milão, e estes auxílios serviram-lhes tanto para tomar o estado como para manter-se nele; assim, quando o rei Renato, que com uma armada veio depois em socorro de seu filho, esperando retomar Gênova começando pelo *Castelletto*, foi derrotado ao desembarcar suas tropas, teve de voltar envergonhado à Provença.

João de *Anjou* contristou-se quando essa notícia chegou ao Reino de Nápoles. Mesmo assim não abandonou a empresa, e ainda por muito tempo manteve a guerra, ajudado pelos barões que por se terem rebelado não pensavam poder contar com o perdão de Ferdinando I. Depois de muitos percalços, os dois exércitos reais encontraram-se, e João de *Anjou* foi derrotado perto de Tróia em 1463[2].

A derrota ofendeu-o menos do que a deserção de *Iacopo Piccino* em favor de Ferdinando I; assim, espoliado de suas forças, retirou-se a Ísquia, de onde depois voltou à França.

Durou essa guerra quatro anos, e foi perdida pela negligência de quem, pela virtude de seus soldados, inúmeras vezes já tinha vencido. E nela os florentinos não aparentaram participar: a verdade é que João de Aragão, novamente empossado na coroa daquele reino pela morte de Afonso[3], enviou-lhes embaixadores com o pedido de que socorressem seu sobrinho Ferdinando I, porque tinham obrigação disso enquanto participantes da aliança que novamente havia sido feita pelo já falecido Afonso.

Os florentinos responderam: não tinham obrigação alguma; e não queriam ajudar o filho naquela guerra que o pai com suas próprias armas havia começado, e que tinha sido iniciada sem o aconselhamento e o conhecimento deles; assim sendo, sem a ajuda deles a negociasse e a terminasse. Os embaixadores reivindicaram penalidade por descumprimento de obrigação e ressarcimento de danos, e se foram indignados com a cidade.

Durante essa guerra os florentinos conseguiram ficar em paz, no que se refere às coisas externas, porém, no que se refere às internas, não, como será exposto particularmente no livro seguinte.

1. Em março de 1461.
2. Incorreto: foi em 18 de agosto 1462. Cf. *A. Montevecchi, op. cit.*
3. Refere-se a Afonso V, que ao morrer deixou o reino de Aragão e da Catalúnia a seu irmão João II de Aragão, e a seu filho natural Ferdinando I, o Reino de Nápoles. Cf. *Félix Fernandez Murga, op. cit.*

LIVRO VII

Florença dos Medici: de Cosimo a Lourenço

LIVRO VII_____ *Florença dos Medici: de Cosimo a Lourenço*

1.Por que narrar outras coisas, além das florentinas. As divergências (divisões) nas repúblicas

Parecerá talvez, a quem o livro anterior leu, que tratando-se de um escritor das coisas florentinas tenha me estendido em demasia narrando as da Lombardia e do Reino de Nápoles. No entanto não omiti estas narrações, nem creio dever omiti-las no futuro porque, mesmo sem jamais ter prometido escrever das coisas de toda a Itália, não me parece que por tal razão deva deixar de lado, deixar de narrar, as que nessa província[1] sejam notáveis. Porque não as narrando, nossa história seria menos entendida e menos agradável, principalmente porque das ações de outros povos e outros príncipes italianos vêm, as mais das vezes, as guerras em que os florentinos são necessitados de se envolver, assim como vieram, da guerra de João de *Anjou* e de Ferdinando I, os ódios e as graves inimizades as quais continuaram entre Ferdinando I e os florentinos, em particular com a família *Medici*; porque o rei se lamentava de que, nessa guerra não só não tinha sido ajudado como o inimigo tinha sido alvo de favores, e sua indignação foi a causa de grandíssimos males, como em nossa narração se ilustrará.

E como, escrevendo das coisas externas, cheguei ao ano de 1463, é necessário, desejando escrever das aflições internas, voltar a muitos anos atrás. Mas antes de tudo desejo, discorrendo segundo é meu costume, afirmar que aqueles que esperam que uma república possa ser unida, muito se equivocam nessa esperança. Na verdade, algumas divisões as prejudicam, outras as beneficiam; as que as prejudicam nascem junto aos partidos e os partidários, as que as beneficiam, se mantêm sem estes nem aqueles. Então o fundador de uma república, não podendo impedir que nela existam inimizades, pelo menos deve providenciar que não existam partidos. É preciso porém saber que há duas maneiras de um cidadão adquirir reputação em uma cidade: no modo público ou no privado.

1. A Itália.

Publicamente, se adquire reputação vencendo uma batalha campal, tomando uma cidade, sendo solícito e prudente numa missão, aconselhando sábia e felizmente uma república. Pelo modo privado, beneficiando este e aquele cidadão, defendendo-o das magistraturas, dando-lhe empréstimos em dinheiro, conseguindo-lhe cargos públicos sem merecimento, com verbas e diversões públicas gratificando a plebe. Dessa maneira de proceder nascem os partidos e os partidários, e tanto esta reputação, obtida desta maneira ofende, quanto aquela que não está misturada com os partidos beneficia, por estar fundada no bem comum, não em um bem privado.

E ainda que também não se possa providenciar para que entre os cidadãos que assim agem não existam grandíssimos ódios, mesmo que não existam partidários que por seu próprio benefício os sigam, eles não podem prejudicar a república, ao contrário, a beneficiam, porque precisam, para vencer suas provas, voltar-se à exaltação desta, e particularmente respeitar uns aos outros, a fim de que não sejam traspassadas as normas civis.

As de Florença foram sempre inimizades partidárias, por isso sempre foram danosas. Jamais permaneceu unido um partido vencedor, senão enquanto ainda existia o partido inimigo; e assim que o vencido se extinguia, não tendo aquele que dominava temor algum que o impedisse nem ordem interna que o freasse, tornava a se dividir.

O partido de *Cosimo de' Medici* foi superior em 1434, mas por ser grande o partido vencido e estar cheio de poderosíssimos homens, manteve-se por um certo período unido e afável, enquanto entre si não cometeram erros nem desmando algum contra o povo os tornou odiosos; tanto é que em qualquer ocasião que o estado precisou do povo para retomar sua autoridade o encontrou sempre disposto a conceder-lhe toda a *balìa* e poder de que necessitava. Assim, de 1434 a 1455, que são vinte e um anos, por decisão do Conselho, ordinariamente [os *Medici*] assumiram a autoridade da *balìa*[2].

2. De como os *Cosimo de' Medici* e *Neri Capponi* adquiriram reputação pública. Reforma eleitoral favorável a *Cosimo*, e os "humores" adversos dos poderosos

Havia em Florença, como dissemos inúmeras vezes, dois cidadãos poderosíssimos, *Cosimo de' Medici* e *Neri Capponi*: destes, *Neri* era um dos que havia adquirido a referida reputação por via pública, de maneira

2. Plenos poderes. Cf. Livro III, n. 10.

LIVRO VII_____*Florença dos Medici: de Cosimo a Lourenço*

que tinha muitos amigos e poucos partidários. *Cosimo*, entretanto, por seu poderio, tinha abertas as vias pública e privada e contava com muitos amigos e partidários. Unidos, enquanto viveram ambos obtiveram o que desejavam do povo sem dificuldade alguma, porque juntamente com o poderio tinham a simpatia da população. Mas vindo o ano de 1455 morreu *Neri*[1] e, tendo se extinguido o partido adversário, o estado encontrou dificuldade em reassumir sua autoridade, e os próprios amigos de *Cosimo*, muito poderosos no estado, eram o motivo disso, porque não mais temiam o partido adversário, que havia se extinguido, e não desejavam diminuir o poder do estado.

Esses humores deram início às divisões que aconteceram depois[2] em 1466, de maneira que aqueles a quem o estado pertencia, no Conselho onde se discutia abertamente sobre a administração pública, sugeriam que seria bom que a podestade da *balìa* não se reinstituísse, que se fechassem as bolsas[3] e os magistrados fossem escolhidos por sorteio, segundo o resultado dos escrutínios passados.

Cosimo, para frear esse humor, tinha um destes dois remédios: retomar o estado pela força, com os que permaneciam seus partidários, e chocar-se com todos os outros, ou deixar a coisa andar e com o tempo mostrar a seus amigos que não a si mas a eles mesmos tiravam o estado e a reputação. Dessas duas alternativas escolheu a última, porque bem sabia que com esse modo de governar, por estarem as bolsas cheias de nomes de seus amigos, não corria risco algum, e chegado o momento seu estado poderia retomar.

A cidade, reconduzida a nomear magistrados por sorteio, parecia à maioria dos cidadãos ter recuperado sua liberdade, e os magistrados agiam não segundo a vontade dos poderosos, mas conforme seus próprios juízos; assim, agora era atingido ora um amigo de um poderoso ora de um outro qualquer. Então os que costumavam ver suas casas plenas de convivas e de regalos passaram a vê-las vazias de presentes e de pessoas. Agora iguais viam-se os que costumavam ser muito inferiores, e superiores viam-se os que costumavam ser iguais; os Grandes não eram considerados nem respeitados, ao contrário, muitas vezes eram motivo de burla e zombaria; e deles e da república, pelas ruas e praças, sem respeito algum se discorria; de maneira que bem cedo perceberam que não

1. Na verdade *Neri* morreu em novembro de 1457.
2. Cf. cap. 10 e seguintes, deste Livro.
3. Cf. Livro II, cap. 28, nota 2. Muitos nomes de seus amigos estariam nessas bolsas donde se extrairiam os nomes dos novos magistrados.

Cosimo mas eles mesmos tinham perdido o estado. Coisas estas que ele dissimulava, e assim que surgia uma deliberação que agradasse ao povo, era o primeiro a apoiá-la. Porém o que mais atemorizou os Grandes e mais deu ocasião a *Cosimo* de reconsiderar seu erro, foi a reinstituição do cadastro de 1427, em que não os homens mas a lei impunha os impostos.

3. Os Grandes pedem a *Cosimo* assembléia geral. *Lucca Pitti,* gonfaloneiro, estabelece governo oligárquico pela força

Aprovada essa lei e já nomeado o magistrado que a cumprisse, os Grandes reuniram-se e foram a *Cosimo*, suplicar-lhe que houvesse por bem livrá-los, e a si próprio, das mãos da plebe, e para procurar dar ao estado a reputação que a este tornava poderoso e àqueles, respeitáveis.

Cosimo respondeu-lhes que concordava com eles, mas desejava que a lei fosse promulgada ordinariamente e por vontade do povo, não pela força, e que de modo algum a contestassem. Tentou-se aprovar nos Conselhos uma lei para estabelecer uma nova *balìa* mas não se conseguiu, por isso os Grandes voltaram a *Cosimo* e com toda humildade suplicaram-lhe que aceitasse a abertura de um parlamento[1]: coisa que ele negou totalmente, querendo colocá-los em situação de reconhecer seu completo erro. E como *Donato Cocchi,* então gonfaloneiro de justiça, queria o parlamento sem seu consentimento, *Cosimo* fez com que os Senhores que estavam a seu lado no Conselho de tal maneira zombassem dele que enlouqueceu, e foi mandado a casa como doido.

No entanto, como não é bom deixar transcorrer as coisas tanto que depois não possam ser retomadas, tornando-se gonfaloneiro de justiça *Luca Pitti*, homem empreendedor e capaz, *Cosimo* pensou que aquele era o momento para deixá-lo governar o impasse, a fim de que se naquela empresa houvesse alguma coisa a ser reprovada, *Pitti,* e não ele, fosse o responsável.

Pitti no início de sua magistratura muitas vezes propôs ao povo o restabelecimento da *balìa* e, não conseguindo, ameaçou os que estavam no Conselho com palavras injuriosas e cheias de soberba. A estas fez seguir os fatos, porque em agosto de 1458, na véspera de São Lourenço[2], encheu o Palácio de homens armados, congregou o povo na praça e à força e com as armas os fez consentir o que antes, voluntariamente, não tinham consentido.

---

1. Uma assembléia geral.
2. Na verdade foi no dia seguinte, 11 de agosto. Cf. A. Montevecchi.

LIVRO VII_____*Florença dos Medici: de Cosimo a Lourenço*

Reassumindo o estado, portanto, e estabelecida a *balìa*, e depois empossados os principais magistrados segundo o parecer de poucos[3], para iniciar com terror o governo que estabeleceram com a força, desterraram *messer Girolamo Machiavelli* com alguns outros[4], e muitos ainda foram destituídos de seus cargos.

Messer Girolamo, por não ter aceitado o desterro, foi declarado rebelde, e tendo percorrido a Itália sublevando os príncipes contra a pátria, em *Lunigiana* por traição de um dos Senhores foi preso, levado a Florença e morto no cárcere[5].

4. Desmandos de *Lucca Pitti*

Esta forma de governo, pelos oito anos que durou, foi insuportável e violenta, porque *Cosimo*, já velho, cansado e enfraquecido pelas más condições de seu corpo, não podia estar presente com os cuidados públicos como costumava, e poucos cidadãos predavam a cidade.

Luca Pitti, como prêmio por seu trabalho em favor da república, foi feito *cavaliere*[1], e para não ser a esta menos grato do que ela tinha sido a ele, decidiu que os que antes se chamavam Priores das Artes, para que do cargo perdido reouvessem pelo menos o título, agora se chamassem Priores da Liberdade[2]. Quis ainda que em vez de o gonfaloneiro sentar-se à direita dos reitores, doravante em meio a estes se sentasse. E para que mesmo Deus parecesse partícipe desta empresa, fizeram-se procissões e solenes ofícios religiosos para agradecer-Lhe pelos cargos assumidos.

Messer Luca foi ricamente presenteado pela Senhoria e por *Cosimo*, e com isso começou uma disputa de presentes em toda a cidade, comentava-se que chegaram ao total de vinte mil ducados. Assim, subiu de tal maneira sua reputação que não era *Cosimo* mas *messer Luca* quem governava a cidade. Por isso ficou tão confiante que iniciou a construção de dois palácios, um em Florença, outro em Ruciano, lugar próximo uma milha da cidade, ambos soberbos e magníficos, mas o da cidade, maior do que qualquer outro que um cidadão privado havia construído

---

3. Dos Grandes, e de 250 cidadãos, pelo período de cinco anos. Era o poder oligárquico. Estabeleceram que a as magistraturas durassem sete anos. Cf. A. Montevecchi, op. cit.

4. *Girolamo* e *Pietro Machiavelli*, juntamente com *Paolo Benizzi*, foram condenados ao desterro por vinte e cinco anos.

5. Em janeiro de 1459.

1. Oficial do *podestà*.

2. Em janeiro de 1459.

MAQUIAVEL———————————————HISTÓRIA DE FLORENÇA

até o momento[3]. Para levar a termo as construções não hesitava em recorrer a meios ilegais: não só os cidadãos e homens comuns tinham que presenteá-lo e fornecer-lhe o necessário para a construção, como os municípios e inteiros povoados davam-lhe ajuda. Além disso todos os desterrados e qualquer um que tivesse cometido homicídio, furto ou outra coisa de que temer condenação oficial, desde que fosse útil à construção, ali encontrava refúgio seguro. Os outros cidadãos, por não construírem como ele, não eram menos violentos nem menos rapinadores: de maneira que se Florença não tinha uma guerra externa que a destruísse, por seus cidadãos era destruída.

Aconteceram, como já dissemos, durante esse período, as guerras do Reino de Nápoles, e algumas que o Pontífice fez na Romanha contra os *Malatesti*, porque desejava espoliar estes de Rímini e de Cesena, que lhes pertencia; assim o papa Pio[4] consumou seu pontificado entre estas empresas e a idéia de fazer guerra aos turcos.

5. Morte de *Cosimo*, seu perfil

Mas Florença continuou em suas desuniões e aflições. No partido de *Cosimo* a desunião começou em 1455 pelos motivos já mencionados, os quais, como também já referimos, por sua prudência foram apaziguados. Porém, chegado o ano de 1464, *Cosimo* a tal ponto teve sua saúde piorada que perdeu a vida[1]. De sua morte condoeram-se os amigos e os inimigos, porque os que por divergências no estado não o estimavam, vendo a tamanha rapinagem dos cidadãos enquanto ele vivia e cujo respeito lhes impedia serem mais desenfreados, temiam, com sua falta, serem completamente arruinados e destruídos. E em *Piero*, seu filho, não confiavam muito, porque não obstante fosse um bom homem, julgavam que por ser também um homem enfermo e sem prática no poder precisava ter-lhes respeito e, assim, os que não eram retos podiam tornar-se mais desregrados na rapinagem. Em cada um, portanto, deixou um grande pesar.

Cosimo foi o mais reputado e renomado cidadão alheio às armas que não só Florença, mas qualquer outra cidade de que se tem memória, jamais teve: porque não só superou todos de sua época em autoridade e riquezas, mas também em liberalidade e prudência; porque entre todas

3. O célebre *Palazzo Pitti*, construído pelo não menos célebre arquiteto *Brunelleschi*.
4. Pio II, o ilustre humanista Enéias Sílvio *Piccolomini*, Papa desde 1458, morto em Ancona (15/8/1464).

1. Aos 75 anos, em 10/8/1464.

Livro VII_____*Florença dos Medici: de Cosimo a Lourenço*

as outras qualidades que o tornaram príncipe em sua pátria tinha a de ser liberal e magnânimo como nenhum outro o foi. Sua liberalidade apareceu muito mais depois de sua morte, quando seu filho *Piero* desejou fazer o inventário de suas posses: não havia na cidade cidadão algum que tivesse alguma importância, a quem *Cosimo* não tivesse emprestado grande quantidade de dinheiro; muitas vezes, sem que lhe tivessem pedido, quando ficava sabendo da estreita situação financeira de algum nobre, o financiava.

A sua magnificência apareceu na abundância dos edifícios que construiu e nos conventos e templos que não só restaurou mas reconstruiu desde os alicerces em Florença, como os de São Marcos e São Lourenço, o mosteiro de Santa Viridiana, São Jerônimo e a abadia, nas montanhas de Fiesole, e um templo dos Freis Menores em *Mugello*. Além disso, fez esplêndidas capelas e altares em *Santa Croce*, nos *Servi*, nos *Angioli* e em *San Miniato*; estas, além de construí-las, encheu-as de paramentos e de todo o necessário para a ornamentação do culto divino.

A esses edifícios sagrados se acrescentam suas casas: uma na cidade, de grandeza conveniente à do cidadão que a possuía, e quatro fora, em *Careggi, Fiesole, Cafaggioulo* e *Trebbio*; palácios todos próprios não de um cidadão qualquer, mas régios. E como pela magnificência dos edifícios não lhe bastava ser conhecido na Itália, construiu em Jerusalém um hospital para peregrinos pobres e enfermos, no qual uma enorme soma de dinheiro dispendeu. E mesmo que essas casas e todas as outras obras e ações suas fossem régias, e que único em Florença fosse príncipe, foi sempre contido por sua prudência e jamais ultrapassou a modéstia de um simples cidadão; nas conversações com seus servidores, a cavalo ou em todos os seus hábitos cotidianos, como com seus parentes, comportou-se sempre como um modesto cidadão; sabia que as coisas extraordinárias, que a toda hora são vistas e aparecem, acarretam mais inveja aos homens do que o merecem de fato e com honestidade se acobertam.

Assim, tendo de dar mulher a seus filhos não buscou o parentesco de príncipes, e com *Giovanni* casou *Cornelia degli Alessandria* e com *Piero Lucrezia de'Tornabuoni*; e das netas que lhe deu *Piero*, casou *Bianca* com *Guglielmo de'Pazzi* e *Nannina* com *Bernardo Rucellai*.

Dos principados e das repúblicas[2] não surgiu ninguém em sua época que lhe igualasse em inteligência. Disto provém o fato de que com tanta variedade de fortuna, em tão diversificada cidade e com tão volúveis cidadãos, tenha conservado o governo por trinta e um anos: sendo muito prudente previa os males e, por isso, ou não lhes permitia

2. *"Degli stati de'principi e civili governi...".*

MAQUIAVEL ——————————————————— HISTÓRIA DE FLORENÇA

crescer ou preparava-se de maneira que, uma vez crescidos, não deixava que o perturbassem; desta forma não somente venceu as ambições domésticas e civis de seus cidadãos como superou as de muitos príncipes, com tal felicidade e prudência que todos os que com ele e com sua pátria se aliassem, tornavam-se ou iguais ou superiores ao inimigo, e todos os que se lhe opunham perdiam tempo, dinheiro ou o estado.

Disto os venezianos são um bom testemunho: aliados com ele contra o duque *Filippo Visconti* sempre foram vencedores, e separados dele foram, primeiro por *Visconti* depois por *Francesco Sforza*, derrotados e batidos; e quando com o rei Afonso contra a república de Florença se aliaram, *Cosimo*, dado o crédito de que dispunha, esvaziou de dinheiro Nápoles e Veneza, de maneira que foram obrigados a aceitar a paz que se lhes desejou oferecer. As dificuldades que *Cosimo* teve dentro e fora da cidade tiveram fim glorioso para ele e danoso para os inimigos, por isso em Florença as discórdias civis deram-lhe sempre mais poder, e as guerras externas, poderio e reputação; pelo que acrescentou ao domínio de sua república o *Borgo a San Sipolcro*, *Montedoglio*, o *Casentino* e *Val di Bagno*. Assim, sua virtude e sua fortuna aniquilaram todos os seus inimigos e exaltaram seus amigos.

6. A vida de *Cosimo*, suas qualidades, seu engenho. A consternação

Nasceu *Cosimo de'Medici* em 1389, no dia de São Cosme e Damião[1]. Teve seus primeiros anos cheios de aflições, como o exílio, a captura e os riscos de vida o demonstram. Do Concílio de Constança, onde tinha ido com o papa *Giovanni*[2], depois da ruína deste, teve de escapar disfarçado. Mas após completar quarenta anos sua vida foi muito feliz, tanto é que não só os que a ele se juntaram nas empresas públicas como os que também suas riquezas administraram por toda Europa, participaram de sua felicidade. Daí nasceram enormes riquezas em muitas famílias de Florença, como aconteceu com as dos *Tornabuoni*, dos *Benci*, dos *Portinari* e dos *Sassetti*; e, depois destes, enriqueceram todos os que dependiam de seu conselho e fortuna. Tanto era assim que na construção dos templos e nas esmolas que continuamente despendia se lamentava, às vezes, com os amigos, que jamais havia podido gastar o bastante em louvor de Deus para encontrar isso em seus livros de devedores.

1. No dia 27 de setembro.
2. Trata-se do antipapa João XXIII, deposto no Concílio de Constança de 1415. Cf. *A. Montevecchi, op. cit.*

LIVRO VII_____*Florença dos Medici: de Cosimo a Lourenço*

Tinha estatura normal, tez olívea e aspecto venerável. Não tinha erudição[3], mas era muito eloqüente e pleno de uma natural prudência, por isso era cortês com os amigos, misericordioso com os pobres, solícito nas conversações, cauto nos conselhos, rápido nas ações e, em suas declarações, arguto e grave. *Messer Rinaldo degli Albizzi* tinha lhe mandado dizer, nos primeiros tempos de seu exílio, que a galinha estava chocando, ao que *Cosimo* respondeu que ia chocar mal fora de seu ninho. E a alguns rebeldes que lhe disseram que não ficariam dormindo respondeu que bem lhes acreditava, tinha-lhes tirado o sono. Do papa Pio II disse, quando este exortava os príncipes na empresa contra os turcos, que era um velho a fazer empresa de jovem. Aos embaixadores venezianos que vieram a Florença juntamente com seus colegas do rei Afonso queixar-se da república, mostrou a cabeça descoberta e lhes perguntou de que cor era. Responderam: "Branca", e ele então acrescentou: "Não há de passar muito tempo e vossos senadores a terão tão branca quanto eu." Perguntando-lhe a esposa, poucas horas antes de morrer, por que estava com os olhos fechados, respondeu: "Para acostumá-los." Dizendo-lhe alguns cidadãos, depois de sua volta do exílio, que a cidade estava mal e que expulsar desta tantos cidadãos de bem era ir contra Deus, respondeu que para ele era melhor que a cidade estivesse mal ao invés de perdida, e que dois fios de pano cor-de-rosa[4] bastavam para fazer um homem de bem, e os estados não se mantinham só com um pai-nosso nas mãos. Essas tiradas deram motivo a seus inimigos para acusá-lo de ser homem que mais amava a si mesmo do que à pátria, e mais às coisas deste do que as do outro mundo. Poder-se-iam citar muitas outras de suas frases, mas serão omitidas por desnecessárias.

Cosimo também admirava e exaltava os literatos, por isso trouxe a Florença Argilópulo, um grego, naquela época de grande prestígio literário, a fim de que a juventude florentina pudesse aprender a língua e demais doutrinas suas[5]. Alojou em sua casa *Marsilio Ficino*, segundo pai da filosofia platônica, a quem sumamente estimou e, para com mais comodidade seguir seus estudos literários e poder freqüentá-lo, uma propriedade próxima à sua de *Careggi* lhe regalou. Essa sua prudência, portanto, essas suas riquezas, maneira de viver e fortuna, em Florença o tornaram querido e temido pelos cidadãos, e pelos príncipes não só da

3. No entanto *Cosimo* tinha sido aluno de Crisolara e freqüentava os mais cultos literatos florentinos da época, como *Bruni* e *Bracciolini*.
4. De *panno rosato* era feita a túnica dos priores.
5. Literatura grega e filosofia. João Argirópulo foi trazido em 1457.

Itália mas de toda a Europa, extraordinariamente estimado. Deixou, assim, a seus descendentes bases tais que puderam em virtude igualá-lo e em fortuna largamente superá-lo, e a autoridade que *Cosimo* teve em Florença puderam ter não só naquela cidade mas na cristandade toda[6]. Mesmo que tenha sentido enormes desgostos nos últimos tempos de sua vida, porque dos filhos nascidos, *Piero* e *Giovanni*, faleceu este, do qual mais esperava, e o outro era enfermo e, pela fraqueza do corpo, pouco apto para as atividades públicas e privadas. De maneira que, fazendo-se conduzir através de sua casa, depois da morte do filho, disse suspirando: É uma casa grande demais para tão pouca família. Angustiava ainda a grandeza de seu ânimo o não acreditar ter acrescido o império florentino de uma digna aquisição; e mais se condoía por acreditar ter sido enganado por *Francesco Sforza*, que quando ainda era conde havia lhe prometido, assim que tivesse se assenhoreado de Milão, fazer a empresa de *Lucca* para os florentinos. O que não aconteceu, porque o tal conde, com a fortuna, mudou de idéia e, ao tornar-se duque, quis com a paz desfrutar o governo que com a guerra tinha conquistado; por isso não quis satisfazer a *Cosimo* nem a qualquer outro com empresa alguma; nem fez, depois que se tornou duque, guerra alguma senão as de que tinha necessidade. Coisa que foi razão de imensa dor a *Cosimo*, acreditando ter muito labutado e gastado para tornar grande um homem ingrato e infiel. Parecia-lhe, além disso, pela enfermidade de seu corpo, não poder nas atividades públicas e privadas diligenciar como antes, que estas e aquelas arruinavam-se, a cidade se estava arruinando pelos próprios cidadãos, e as finanças, pelos ministros e pelos seus filhos. Todas essas coisas fizeram-no passar inquieto os últimos anos de sua vida. Mesmo assim morreu pleno de glória, com muito grande fama na cidade e fora. Os cidadãos todos e todos os príncipes cristãos se condoeram com seu filho *Piero* por sua morte, e foi com grande pompa acompanhado por todos ao enterro e sepultado na igreja de São Lourenço, e por decreto inscrita a epígrafe "Pai da Pátria."

Se escrevendo das coisas feitas por *Cosimo* imitei os que escrevem da vida dos príncipes, não os que escrevem a História Universal, não é de se admirar, porque tendo sido homem raro em nossa cidade, necessitei de modo extraordinário louvá-lo.

---

6. Alude ao papado de *Giovanni de'Medici* (Leão X) e ao de Júlio (Clemente VII, que encomendou-lhe *A História de Florença*).

LIVRO VII _____*Florença dos Medici: de Cosimo a Lourenço*

7. O duque de Milão toma Gênova. Ferdinando I, de Aragão, domina os rebeldes

Nessa época, em que a Florença e a Itália encontravam-se nas referidas condições, Luís XI, rei da França, era muito gravemente atacado por seus próprios barões com o auxílio de Francisco, duque de Bretanha, e de Carlos, duque de Borgonha. Era de tal empenho essa guerra que o cidadão rei não pôde pensar em ajudar o duque João de *Anjou* nas empresas de Gênova e do Reino de Nápoles[1]; ao contrário, julgando precisar dos auxílios de cada um, e posto que Savona estava em poder dos franceses, ensenhoreou desta *Francesco Sforza*, duque de Milão, e deu-lhe a entender que, se desejasse, com seu apoio podia fazer a empresa de Gênova. Coisa que *Sforza* aceitou, e com a reputação que lhe deu a amizade do rei e a ajuda dos *Adorni* tomou Gênova; e, para não mostrar-se ingrato ao rei pelos benefícios recebidos, enviou à França em seu socorro mil e quinhentos homens a cavalo, capitaneados por *Galeazzo*, seu primogênito.

Tinham permanecido, portanto, Ferdinando I, de Aragão, e *Francesco Sforza*, um, duque da Lombardia e príncipe de Gênova, outro, rei de todo o reino de Nápoles, e tendo-se tornado parentes[2] pensavam que assim podiam organizar seus estados e ali vivendo podiam desfrutar deles com segurança, e morrendo podiam livremente deixá-los a seus herdeiros. Para isso estimaram que Ferdinando I precisava encontrar-se em segurança com aqueles barões que o tinham atacado na guerra de João de *Anjou*, e que o duque agisse para liquidar as forças *braccesche*[3], naturais inimigas de sua família, que sob o comando de *Iacopo Piccinino* haviam adquirido muito grande reputação e este tinha se tornado o maior capitão da Itália e, não tendo territórios, todos os que os possuíam tinham motivos para temê-lo, principalmente o duque, motivado por seu próprio exemplo, não pensava poder conservar aquele território nem deixá-lo aos filhos enquanto vivesse *Iacopo*. O rei, portanto, de todas as formas procurou um acordo com seus barões e usou de toda arte para assegurar-se deles. Isto o conseguiu porque esses príncipes, permanecendo em guerra contra o rei viam manifesta a sua ruína, enquanto fazendo acordo e nele confiando corriam risco. E como os homens fogem sempre de muito bom grado do mal que é certo, os poderosos podem enganar facilmente os menos poderosos: aqueles

1. Cf. livro VI, caps. 37 e 38.
2. *Sforza* e Afonso de Aragão foram às núpcias de Hipólita em 1465, cf. Livro VI, cap. 32.
3. Cf. Livro V, cap. 2.

MAQUIAVEL ———————————————————— HISTÓRIA DE FLORENÇA

príncipes acreditaram no acordo de paz do rei porque viam manifestos os perigos da guerra, e colocando-se em suas mãos foram de várias maneiras e por diversos motivos por este aniquilados. Isto acabrunhou *Iacopo Piccinino,* que com suas tropas encontrava-se em Solmona; e para não dar ao rei ocasião de oprimi-lo, iniciou negociação com o duque *Francesco,* por meio de seus amigos, para reconciliar-se com este. E tendo-lhe o duque feito as maiores ofertas que pôde, *Iacopo* decidiu colocar-se em suas mãos, e acompanhado por cem homens a cavalo, foi a seu encontro em Milão.

8. *Sforza* dá fim a *Piccino*

Iacopo tinha militado para seu pai e com seu irmão[1] durante muito tempo, primeiro para o duque Filipe *Visconti,* depois para o povo de Milão; assim, pela longa convivência, tinha nessa cidade muitos amigos e geral benevolência, que as presentes circunstâncias haviam aumentado, porque aos *Sforza* a próspera fortuna e o presente poderio tinham gerado inveja, e a *Iacopo* as adversidades e a longa ausência tinham gerado naquela gente misericórdia e desejo de encontrá-lo. Tudo isso apareceu em sua chegada, pois só poucos da nobreza não o reencontraram, e as ruas por onde teve de passar estavam cheias de gente: seu nome em toda parte se gritava. Essas honras apressaram sua ruína, porque no duque aumentou, com a desconfiança, seu desejo de eliminá-lo; e para fazê-lo de maneira mais encoberta, quis que se casasse com *Drusiana,* sua filha natural, que antes a tinha dado como noiva. Depois combinou com Ferdinando I que o assoldasse com o título de capitão de suas tropas e cem mil florins de ordenado. Tudo concluído, *Iacopo,* juntamente com um embaixador do duque e *Drusiana* sua esposa, foi a Nápoles, onde foi recebido com alegria e honras, e por muitos dias homenageado com todo tipo de festa. Mas tendo pedido licença para ir a *Solmona,* onde estavam suas tropas, foi convidado pelo rei para ir ao castelo, e depois do convite, juntamente com seu filho Francisco, aprisionado e pouco tempo depois morto. E assim, nossos príncipes italianos a virtude que não tinham, temiam nos outros e a eliminavam, até que, não a tendo ninguém, expuseram esta província[2] à ruína que, depois de não muito tempo, a estragou e afligiu.

1. *Francesco Piccinino.*
2. A Itália.

LIVRO VII_____*Florença dos Medici: de Cosimo a Lourenço*

9. Vãos esforços de Pio II para organizar cruzada contra os turcos

O papa Pio II, nessa época, tinha composto as coisas na Romanha e por isso pareceu-lhe ser a ocasião, vendo que continuava uma paz generalizada, de mover os cristãos contra os turcos; retomou todos os procedimentos que tinham sido adotados por seus antecessores fazendo com que todos os príncipes prometessem dinheiros ou tropas, e em particular Matias, rei da Hungria, e Carlos, duque de Borgonha[1], prometeram colocar-se pessoalmente ao lado do Pontífice, que os fez capitães da empresa[2]. E tanto ainda fez com suas esperanças que saiu de Roma e foi a Ancona, onde tinha ordenado que se reunissem todas as tropas. Os venezianos haviam prometido as naves para transportá-las até a Eslavônia[3]. Por isso ali acorreu, depois da chegada do Pontífice, tanta gente que em poucos dias faltaram os víveres disponíveis na cidade e os trazidos dos lugares vizinhos, de maneira que estavam todos oprimidos pela fome. Além disso não havia dinheiro para prover os necessitados, nem armas para fornecer aos que não as tinham. Matias e Carlos não compareceram e os venezianos enviaram um capitão com algumas galés, mais para evidenciar a própria pompa e o cumprimento do prometido do que para transportar aquele exército. Então o Papa, que estava velho e enfermo, em meio a essas aflições e desordens morreu, depois do que retornaram todos a suas casas.

Morto o Papa, em 1465 Paulo II, veneziano, foi eleito[4] pontífice. E para que quase todos os principados da Itália mudassem de governo, morreu ainda no ano seguinte *Francesco Sforza*, duque de Milão, depois de dezesseis anos no ducado, e foi declarado duque seu filho *Galeazzo*.

10. As relações de *Neroni* com *Piero de'Medici*

A morte desse príncipe fez com que as divisões em Florença se tornassem mais fortes e mais depressa apresentassem seus efeitos. Depois que *Cosimo* morreu, seu filho *Piero,* herdando o dinheiro e o estado do pai, chamou para trabalhar consigo *messer Dietisalvi Neroni*, homem de grande autoridade e de grande reputação entre os outros cidadãos, e no qual *Cosimo* tanto confiava que ao morrer pediu a *Piero* que se aconselhasse com o mesmo em tudo de sua herança e do governo. *Piero* demonstrou a *messer Dietisalvi* a mesma confiança que *Cosimo* tinha-lhe

1. Equívoco: Filipe, o Bom, e não Carlos (chamado o Temerário), duque de Borgonha.
2. Em 1459 o Papa convocou convenção em Mântua para decidir essa cruzada e em 1461 foi assinada a bula onde se declarava guerra aos turcos, publicada em 1463.
3. Na Dalmácia.
4. Pio II na verdade morreu em 15 de agosto de 1464. *Piero Barbo* era o veneziano eleito 15 dias depois.

depositado, e como queria obedecer ao pai depois da morte como tinha obedecido em vida, queria se aconselhar com este em relação a seu patrimônio e ao governo da cidade. E para começar com suas próprias finanças, mandou trazer os livros da contabilidade e os entregou, a fim de que pudesse saber da ordem e desordem dos mesmos, e concluindo, o aconselhasse segundo sua prudência. *Messer Dietisalvi* prometeu diligência e honestidade em tudo, mas chegados os livros e estes bem examinados, viu que em tudo havia muitos passivos. E como mais lhe premia a própria ambição em vez do apreço por *Piero* ou os antigos benefícios recebidos de *Cosimo*, pensou que lhe seria fácil tirar a reputação e o estado que seu pai lhe deixara como herança. Veio a *Piero messer Dietisalvi* com um conselho que parecia de todo honesto e razoável mas sob o qual estava a ruína escondida. Mostrou-lhe a desordem das coisas e as quantias que precisava reaver, não querendo perder com o crédito o prestígio financeiro, nem o próprio estado. Por isso, disse-lhe que com maior honestidade não poderia remediar suas contas senão cobrando aquelas quantias que seu pai emprestara a muitos, forasteiros ou cidadãos. Porque *Cosimo*, para conquistar partidários em Florença e amigos fora, com seus dinheiros foi muito liberal com todos, de maneira que, por este motivo, o montante de que era credor não resultava pequeno nem de pouca importância. A *Piero* o conselho pareceu bom e honesto, e quis com seus próprios dinheiros remediar. Mas assim que deu ordens para que aqueles fossem cobrados, os cidadãos, como se ele quisesse tomá-los e não pedir o que era seu, protestaram, e sem respeito, falavam mal dele e o acusavam de ingrato e avaro.

11. A conjura de *Neroni*

Assim, *messer Dietisalvi,* vendo essa comum e conhecida desgraça em que *Piero* tinha caído por por seus conselhos, reuniu-se com *messer Luca Pitti, messer Agnolo Acciaiuoli* e *Niccolò Soderini*, e deliberaram tirar de *Piero* a reputação e o estado. Eram movidos por diversos motivos: *messer Luca* queria ser o sucessor de *Cosimo* porque tinha se tornado tão grande que lhe molestava colocar-se abaixo de *Piero* ; *messer Dietisalvi*, que sabia que *messer Luca* não estava apto a ocupar o governo, pensava que necessariamente, afastado *Piero*, a reputação inteira deveria recair sobre si mesmo; *Niccolò Soderini* queria que a cidade vivesse mais livremente e fosse governada pela livre decisão dos magistrados. *Messer Agnolo* tinha dos *Medici* particulares ódios pelas seguintes razões: seu filho Rafael tinha casado com *Alessandra de'Bardi* com muito grande dote, porém

LIVRO VII_____*Florença dos Medici: de Cosimo a Lourenço*

esta, por faltas suas ou por defeitos alheios, era muito maltratada, donde *Lorenzo di Larione*, um parente, por piedade da jovem, acompanhado de muitos homens armados a tirou da casa de *messer Agnolo*. A injúria de Bardi fez os *Acciaiuoli* moverem-lhe causa. *Cosimo* sentenciou que os *Acciaiuoli* deveriam restituir o dote a *Alessandra* e depois a sua volta ao marido deveria ficar ao arbítrio da jovem. Não pareceu a *messer Agnolo* que *Cosimo*, com este juízo, o tivesse tratado como a um amigo, e não podendo vingar-se de *Cosimo*, o fez com o filho.

Esses conjurados, apesar da diversidade de humores, declaravam uma mesma razão, afirmando querer que a cidade pelos magistrados e não com os conselhos de poucos se governasse. A isso se acrescentaram os ódios de muitos mercantes que faliram nessa época, do que publicamente *Piero* foi acusado, por ter desejado, sem que ninguém o esperasse, reaver seus dinheiros de maneira vituperiosa, causando-lhes a falência e à cidade, dano. Acrescenta-se a isso o fato de que estava negociando o casamento de *Clarice degli Orsini* com *Lorenzo*, seu primogênito; isso deu a todos mais motivos para caluniá-lo, dizendo que o modo como tinha se manifestado, desejando recusar para o filho um parentesco florentino, devia-se por já não se considerar um cidadão comum[1] e se preparava para ocupar o principado: quem não deseja os cidadãos como parentes os quer como servos, portanto é natural que não lhes seja amigo. A estes chefes da sedição parecia certa a vitória, porque a maior parte dos cidadãos os seguiam, enganados pelo nome da liberdade que tinham tomado como insígnia para coonestar sua empresa.

12. Espetáculos públicos. Os inimigos dos *Medici* se opõem à renovação do acordo de Milão

Com esses humores em ebulição na cidade, pareceu a quem as discórdias civis desagradavam[1], que seria bom acalmá-los com alguma nova alegria, porque as mais das vezes os povos ociosos são instrumento de quem deseja alterar a ordem. Para sair, portanto, deste ócio e dar às pessoas alguma coisa para pensar, que lhes tirasse a mente da vida pública, tendo já passado um ano da morte de *Cosimo*, colheram a oportunidade de alegrar a cidade e organizaram duas festas, solenes como se

---

1. Fica aqui reforçada a idéia contida em *Discursus florentinarum rerum*, de que os primeiros *Medici* distinguiram-se de seus sucessores por uma maior *familiaridade* e proximidade humana e social com seus cidadãos. Precisamente a falta dessa proximidade assinala o limite entre a simples proeminência de um *Cosimo* e de um Lourenço, e o surgimento da tirania dos sucessores. Cf. A. *Montevecchio, op. cit.*

1. Alude aos *Medici* e seus seguidores.

MAQUIAVEL ———————————————— HISTÓRIA DE FLORENÇA

costumavam fazer: uma representava os três reis vindos do Oriente com a estrela que assinalava o nascimento de Cristo, e era de tamanha pompa e magnificência que para organizá-la e executá-la a cidade toda ficava meses ocupada; a outra foi um torneio (assim chamam um espetáculo que representa uma briga entre homens a cavalo), onde os principais jovens da cidade se exercitam junto aos mais famosos cavaleiros da Itália. E entre esses jovens florentinos o mais reputado foi Lourenço, primogênito de *Piero*, que ganhou o prêmio principal não por favorecimento mas pelo próprio mérito.

Terminados esses espetáculos, aos cidadãos voltaram as mesmas preocupações, e cada um com mais tenacidade seguia suas opiniões, resultando disso grandes divergências e aflições que foram muito acrescidas por dois acidentes: foi suprimida a autoridade da *balìa* e morreu *Francesco Sforza*. Donde *Galeazzo*, o novo duque, enviou embaixadores a Florença para confirmar o tratado que seu pai, *Francesco*, tinha feito com esta cidade. Nesse tratado se estabelecia, entre outras coisas, que cada ano se pagaria ao duque de Milão uma determinada quantidade de dinheiro[2]. Os expoentes contrários aos *Medici*[3] colheram ocasião de se opor publicamente nos Conselhos a esta deliberação, alegando que o acordo tinha sido feito não com *Galeazzo* mas com *Francesco*; assim, morto *Francesco*, morreu o compromisso, e não havia motivo para ressuscitá-lo, porque não havia em *Galeazzo* a virtude de *Francesco* e por conseguinte não se devia nem podia dele esperar proveitos; e se de *Francesco* se havia obtido pouco, deste se obteria menos; e se algum cidadão quisesse assoldadá-lo para seu próprio poder, isto ia contra a vida civil e a liberdade da cidade.

Quanto a isso, *Piero* considerava que não era bom perder uma amizade tão necessária por avareza, e coisa alguma era tão saudável à república e a toda Itália quanto ser aliado do duque, a fim de que os venezianos, vendo tal aliança, não pretendessem, por amizade simulada ou guerra aberta, oprimir aquele ducado: assim que os venezianos viessem a saber que os florentinos tinham rompido com o duque, teriam em mãos as armas contra ele, e encontrando-o jovem, sem experiência no estado e sem amigos, facilmente poderiam, com enganos ou com a força, ganhá-lo; e em qualquer desses casos era evidente a ruína da república.

2. Quarenta mil ducados.
3. *Acciaiuoli, Pitti* e *Neroni*.

LIVRO VII_____*Florença dos Medici: de Cosimo a Lourenço*

13. Inimizades abertas. Nova conjura

Essas razões não foram aceitas e as inimizades abertamente começaram a se mostrar; e cada um dos partidos reunia-se à noite em diversos grupos. Os amigos dos *Medici* reuniam-se na *Crocetta*[1], os adversários, na *Pietà*. Estes, interessados na ruína de *Piero,* inscreveram muitos cidadãos como favoráveis à empresa. Em uma das muitas reuniões noturnas trataram de maneira particular seus modos de proceder, e a todos interessava diminuir o poder dos *Medici*, mas divergiam na maneira de fazê-lo. Uma parte, mais equilibrada e modesta, desejava que, como havia acabado a autoridade da *balìa*, se obstasse para que não a reassumisse; e, feito isto, ter-se-ia conseguido o objetivo de cada um porque o Conselho e os magistrados governariam a cidade e em pouco tempo acabaria a autoridade de *Piero*. E ele viria, perdendo a reputação do estado, a perder o crédito em seus negócios, porque suas finanças estavam ao ponto de, caso se impedisse de modo enérgico que se valesse de financiamento público, necessariamente se arruinaria: o que, se ocorresse, por ele a cidade não corria mais perigo algum e teria, sem exílios e sem sangue, recuperada sua liberdade, coisa que todo bom cidadão deveria desejar. Porém caso se buscava utilizar a força poder-se-ia incorrer em muitíssimos riscos: deixa-se cair quem cai por si, mas ajuda-se quem cai empurrado por outros. Além disso, enquanto não se ordenava nada de extraordinário contra ele, não haveria necessidade de armar-se ou buscar amigos. E se fosse ele quem o fizesse, seria pior para ele, e geraria tanta suspeita em todos que faria mais fácil a si a ruína, e aos outros daria mais oportunidade de oprimi-lo.

A muitos dos outros reunidos este desdobramento não agradava, e afirmavam que contra eles estava o tempo, não contra *Piero,* porque se voltassem a se contentar com as coisas ordinárias, ele não corria risco algum, e eles, muitos, porque os magistrados inimigos o deixariam desfrutar do domínio da cidade e os amigos o fariam príncipe, como aconteceu em 1458[2], para a conseqüente ruína dos conjurados. E se os conselhos que ali tinham sido dados eram de homens bons, este eram de homens sábios: como as pessoas estavam inflamadas contra ele, era melhor eliminá-lo. Assim, deviam armar-se dentro da cidade e fora assoldadar o marquês de Ferrara para que ficasse sempre pronto. E quando a sorte trouxesse uma Senhoria amiga, estar preparados para assegurá-la. Combinaram assim: que se esperasse a nova Senhoria e se agisse segundo ela viesse.

1. Cruzinha.
2. Cf. cap. 3, deste Livro.

MAQUIAVEL ———————————————— *HISTÓRIA DE FLORENÇA*

Entre os conjurados encontrava-se *ser Niccolò Fedini*, como secretário. Este, animado por mais seguras esperanças, revelou todas as discussões de seus inimigos a *Piero,* e lhe levou a lista dos conjurados e signatários. *Piero* se surpreendeu vendo o número e a qualidade dos cidadãos contrários a si, e depois de se aconselhar com seus amigos, deliberou também fazer uma subscrição. Encareceu disso um de seus amigos de maior confiança, e encontrou tanta variedade e instabilidade no ânimo dos cidadãos que muitos dos subscritos contra ele tinham assinado a favor.

14. *Niccolò Soderini,* gonfaloneiro

Enquanto essas coisas dessa forma afligiam a cidade, chegou a época de renovação do supremo magistrado, para o qual foi assumido o gonfaloneiro de justiça *Niccolò Soderini*[1]. Foi surpreendente ver a quantidade de pessoas, não somente de ilustres cidadãos mas de todo o povo, que o acompanharam até o Palácio de Justiça; e no caminho foi-lhe colocada uma grinalda de oliva na cabeça, para significar que dele dependia a saúde e a liberdade da pátria. Vê-se, por esta e por muitas outras experiências, que não é coisa desejável assumir um magistrado ou um principado com uma extraordinária expectativa, porque não podendo com obras a esta corresponder, os homens desejam mais do que podem conseguir, com o tempo vêm desordens e infâmia. *Messer Tomasso Soderini* e *Niccolò* eram irmãos: *Niccolò* era mais altivo e corajoso, *Tommaso* mais sensato. Este, como era muito amigo de *Piero* e conhecendo os sentimentos do irmão que só desejava a liberdade da cidade sem violência a ninguém e que o governo fosse confirmado[2], sugeriu-lhe que fizesse um novo escrutínio, mediante o qual se enchessem as bolsas[3] com os nomes dos cidadãos que amavam a liberdade: coisa que, uma vez feita, viria confirmar e garantir o governo sem tumulto nem injúria de ninguém, e segundo a vontade deles. *Niccoló* acreditou sem dificuldades nos conselhos do irmão e consumiu o período de sua magistratura nessas vagas idéias; e os mais proeminentes conjurados, seus amigos, deixaram-no proceder assim, porque não desejavam, por inveja, que o governo melhorasse com a atuação de *Niccolò,* pensando que poderiam igualmente melhorar com um outro gonfaloneiro. Veio portanto o fim do magistratura de *Niccolò* e, tendo começado muito sem terminar nada, deixou-a mais desonrosa do que honrosamente a tinha assumido.

1. Dia 1° de novembro de 1465.
2. *"Io stato si confermasse..."*
3. Cf. Livro II, 28.

Livro VII_____*Florença dos Medici: de Cosimo a Lourenço*

15. Os dois partidos tomam armas

Esse fato tornou o partido de *Piero* mais forte e seus amigos mais se confirmaram em suas esperanças, os que eram neutros aderiram a *Piero*. De maneira que, estando igualadas as coisas, sem tumulto algum transcorreram muitos meses. Entretanto o partido de *Piero* ganhava sempre mais forças, donde os inimigos consultaram-se e se uniram, e o que não souberam ou quiseram fazer por meio dos magistrados e facilmente, pensaram fazê-lo com a força: concluíram por mandar matar *Piero* que, enfermo, encontrava-se em *Careggi*; mandariam chamar à cidade o marquês de Ferrara[1] com suas tropas, e morto *Piero*, iriam à praça armados e fariam a Senhoria estabelecer um governo segundo a vontade deles, porque sabiam que se toda a cidade não estava com eles, a parte que estava contra cederia por medo. *Messer Dietisalvi*, para melhor selar suas intenções, amiúde visitava *Piero* e discutia com este sobre a união da cidade e o aconselhava.

Mas as intrigas tinham sido todas reveladas a *Piero,* e além disso *messer Domenico Martegli* disse-lhe que *Francesco Neroni*, irmão de *messer Dietisalvi*, tinha-lhe convidado para se juntar a eles mostrando-lhe a vitória certa e a situação garantida. Donde *Piero* decidiu ser o primeiro a tomar armas e colheu a ocasião das reuniões de seus adversários com o marquês de Ferrara. Para isso, fingiu receber uma carta de *messer Giovanni Bentivogli*, príncipe de Bolonha, dizendo que o marquês de Ferrara estava com suas tropas junto ao rio *Albo*[2], e publicamente diziam vir a Florença. Assim, por este aviso, *Piero* tomou armas e em meio a grande multidão armada veio a Florença. Seus partidários logo se armaram, e seus adversários fizeram o mesmo; mas os partidários o fizeram melhor, porque estavam preparados, os adversários não se organizaram como teriam desejado. *Messer Dietisalvi*, por ter suas propriedades próximas às de *Piero*, não se sentia seguro nelas, e ora ia ao Palácio apoiar a Senhoria no pedir a *Piero* a deposição de armas, ora ia ao encontro de *messer Luca,* para que se mantivesse firme em suas posições. Porém de todos o que mais vivaz se mostrou foi *Niccolò Soderini*, que tomou armas e foi, seguido por toda a plebe do bairro, até a casa de *messer Luca;* lá pediu-lhe que montasse a cavalo e viesse à praça apoiar a Senhoria, que estava do lado de seus acompanhantes, dizendo que assim teria certa a vitória, e não ficasse em casa, onde seria vilmente oprimido

1. *Borso d'Estè.*
2. *Fiumalbo,* em Módena.

MAQUIAVEL ———————————————————— HISTÓRIA DE FLORENÇA

pelos armados ou pelos desarmados vituperiosamente enganado; e
que então se arrependeria de não ter feito o que a seu tempo deveria
fazer; que se queria com a guerra a ruína de *Piero*, podia facilmente
tê-la, se queria a paz, era muito melhor estar pronto para estabelecê-
la, não para receber as condições desta.

Essas palavras não moveram *messer Luca* porque já tinha pousado
seu ânimo e tinha sido dissuadido por *Piero* com promessas de novos
parentescos e cargos públicos: tinha noivado uma sobrinha sua com
Giovanni Tornabuoni. De maneira que *Luca* instou *Niccolò* a depor
armas e voltar a casa, porque para ele estava bem que a cidade fosse
governada por magistrados e a seguir todos pousariam armas e os
Senhores, onde tinham maioria, seriam seus juízes. *Niccolò*, não
podendo dispô-lo de outra forma, voltou a casa, mas antes disse:
Não posso, sozinho, fazer bem à minha cidade, mas bem posso prognosticar-lhe o
mal: o partido que tomais fará nossa pátria perder sua liberdade, a vós, os cargos e
bens, a mim e a outros a pátria.

16. A maioria dos florentinos do lado de *Piero*. Solução política

A Senhoria com esses tumultos tinha fechado o palácio e se reunido
com seus magistrados, não mostrando favor a nenhum dos partidos.
Os cidadãos, principalmente os que favoreciam *messer Luca*, vendo *Piero*
armado e os adversários desarmados, começaram a pensar não como
teriam de atacar *Piero*, mas como poderiam se tornar seus amigos. Donde
os principais chefes das facções reuniram-se no Palácio em presença da
Senhoria, e discutiram muitas coisas do governo e da reconciliação da
cidade. E como *Piero* pela fraqueza física não podia participar,
combinaram ir a seu encontro em casa, exceto *Niccolò Soderini*, que,
tendo antes recomendado os cuidados de seus filhos e seus bens a *messer
Tomasso*, voltou a sua casa de campo para esperar ali o desenvolvimento
de tudo, que reputava não feliz para si e danoso para a pátria.

Chegando, então, os outros cidadãos à casa de *Piero*, um dos que
tinha sido indicado para falar queixou-se dos tumultos surgidos na cidade,
e mostrou que destes tinha a culpa quem primeiro havia tomado armas,
e não sabendo o que *Piero* pretendia ao empunhá-las primeiro, tinham
vindo ouvir sua vontade e, se esta se dirigia ao bem da cidade, apoiá-la.
A tais palavras respondeu *Piero* que o causador das agitações não é aquele
que primeiro toma armas, mas aquele que é o primeiro a dar razão a
tomá-las; e que se pensassem mais sobre quais tinham sido suas atitudes
em relação a ele, menos se maravilhariam do que tinha feito para salvar-

348

Livro VII_____*Florença dos Medici: de Cosimo a Lourenço*

se: veriam que as reuniões noturnas, as subscrições, as confabulações para tirar-lhe o governo e a vida tinham-no obrigado a se armar. Estas armas, não tendo sido movidas de suas casas, eram manifesto sinal de seu ânimo no sentido de se defender, não de atacar os outros, e para isso as tinha empunhado. E nada mais queria nem desejava outra coisa senão sua segurança e paz, e de si jamais dera sinal algum de desejar outra coisa, porque, acabando a *balìa,* jamais pensou em alguma maneira de reinstituí-la, e ficaria muito contente que os magistrados governassem a cidade contentando-os também. E deveriam se recordar que *Cosimo* e seus filhos puderam viver em Florença com a *balìa,* bem, e sem a *balìa,* com dignidade; que em 1458 eles, e não os *Medici,* tinham restituído a *balìa* à cidade; e que se agora não a desejavam, ele tampouco a queria, porém isto não lhes bastava, porque tinha visto que não acreditavam poder estar bem em Florença estando ele também. Coisa que jamais teria acreditado nem pensado: que seus amigos, e de seu pai, não acreditassem poder viver bem em Florença com sua presença, não tendo jamais dado sinal de si senão como de um homem tranqüilo e pacífico. Depois voltou suas palavras a *messer Dietisalvi* e seus irmãos que estavam presentes, e lhes reprovou com palavras graves e plenas de indignação pelos benefícios recebidos por *Cosimo,* a confiança que lhes foi emprestada e sua grande ingratidão. De tamanha força foram suas palavras em alguns dos presentes, que se *Piero* não os freasse, teriam agredido os *Dietisalvi.* Finalmente *Piero* concluiu que era preciso aprovar tudo aquilo que eles e a Senhoria deliberassem, e que de parte sua nada mais queria além do viver tranqüilo e seguro. De muitas outras coisas falou-se ainda, mas sem decidir nada em particular, só genericamente, e que era necessário reformar a cidade e pôr novo ordenamento no governo.

17. Nova *balìa* a favor de *Piero. Lucca Pitti* às traças

Era naquela época gonfaloneiro de justiça *Bernardo Lotti,* homem que não dispunha da confiança de *Piero.* De maneira que àquele não pareceu bom criar coisa alguma de novo, o que não julgou de muita importância estando no fim de sua magistratura. Mas chegada a eleição dos Senhores, que seria em setembro e outubro, em 1466 foi eleito à suma magistratura Roberto *Lioni;* este, assim que assumiu seu cargo, tendo preparado todas as outras coisas, chamou o povo à praça e fez uma nova *balìa* inteiramente a favor de *Piero;* esta pouco depois nomeou os magistrados segundo a vontade do novo governo.

Essas coisas atemorizaram os chefes da facção inimiga, e *messer Agnolo Acciaiuoli* fugiu para Nápoles, *messer Dietisalvi Neroni* e *Niccolò Soderini* para Veneza: *messer Luca Pitti* permaneceu em Florença, confiante nas promessas de *Piero* e no novo parentesco[1]. Os que haviam fugido foram declarados rebeldes[2], e toda a família d os *Neroni* foi dispersa; *messer Giovanni Neroni*, então arcebispo de Florença, para escapar a um mal maior, voluntariamente exilou-se em Roma. Diversos outros cidadãos que logo tinham saído foram confinados[3] em diversos lugares. E isso não bastou, organizou-se uma procissão para agradecer a Deus pela preservação do estado e pela união da cidade; na solenidade desta, alguns cidadãos foram aprisionados e logo torturados[4], depois, parte deles foram mortos, parte foi mandada ao exílio.

E dentre tantos acontecimentos o exemplo notável foi o de *messer Luca Pitti*, através do qual ficou clara a diferença entre a vitória e a derrota, o desrespeito e o respeito. Via-se uma enorme solidão em sua casa, onde antes costumava vir uma enorme quantidade de cidadãos; pelas ruas os amigos, os parentes temiam não só acompanhá-lo mas cumprimentá-lo, porque a alguns destes tinham sido tirados os cargos, a outros, os bens, e todos, igualmente, foram ameaçados. Os soberbos edifícios que tinha começado foram abandonados pelos construtores, os benefícios que antes lhes tinha feito tornaram-se injúrias, as honras, vitupérios. Por isso, muito daquilo de grande custo que se lhe tinha dado gratuitamente foi-lhe pedido de volta como coisa emprestada, e os que o louvavam até aos céus o louvavam, o reprovavam como homem ingrato e violento. De forma que tarde se arrependeu de não ter dado ouvidos a *Niccolò Soderini* e não ter procurado morrer com honra, com as armas em mãos, ao invés de viver desonrado entre os vitoriosos.

18. Sentido discurso de *Piero*

Os que tinham sido expulsos começaram a pensar entre eles nas diversas maneiras de retomar a cidade que não haviam sabido conservar. *Messer Agnolo Acciaiuoli*, no entanto, encontrando-se em Nápoles, antes de pensar renovar alguma coisa quis tentar o ânimo de *Piero*, para ver se podia esperar na reconciliação com ele: Me rio dos jogos da fortuna e de como por seu capricho torna os amigos inimigos e os inimigos amigos. Podes te lembrar que, no exílio de teu pai, considerando mais a sua injuriosa condição do que os meus próprios riscos,

---

1. Cf. cap. 15, deste Livro.
2. E condenados ao exílio por vinte anos.
3. Cf. Livro II, cap.18, n. 4.
4. Em setembro de 1466.

LIVRO VII_____*Florença dos Medici: de Cosimo a Lourenço*

perdi a pátria e estive por perder a vida; e jamais deixei de respeitar e de apoiar vossa casa enquanto vivi com *Cosimo,* como também jamais tive intenção de te ofender depois de sua morte. A verdade é que a tua débil compleição, a tenra idade de teus filhos tanto me acabrunhavam que pensei dar ao estado tal forma que depois de tua morte a pátria não se arruinasse. Essa é a origem das coisas feitas, não contra ti, mas em benefício de minha pátria; o que, mesmo sendo errado, merece ser apagado seja de minha boa mente seja de minhas obras já feitas. Não posso acreditar que, tua casa tendo me concedido confiança durante tanto tempo, não possa agora encontrar em ti misericórdia, e que tantos méritos meus por só uma falta tenham que ser destruídos[1].

Recebida essa carta, assim lhe respondeu *Piero* : Este teu rir aí é motivo que não chore eu aqui, porque se risses em Florença, eu choraria em Nápoles. Reconheço que estimavas meu pai, mas reconhecerás que dele recebeste muitos favores; de maneira que tua obrigação para conosco era maior do que a nossa para contigo, pois quando os fatos se devem observar mais do que as palavras. Tendo teu estado então te recompensado pelo bem que fizeste, não te deves agora surpreender que pelo mal recebas justos castigos. E o amor pela pátria não é uma boa escusa, porque jamais haverá alguém que creia que esta cidade foi menos amada e aumentada pelos *Medici* do que pelos *Acciaiuoli.* Portanto, vive desrespeitado aí, pois honrado aqui não soubestes viver.

19. Os exilados tramam contra *Piero*

Messer Agnolo desesperando de poder conseguir perdão, veio a Roma, e se aliou com o arcebispo e outros exilados, e com os mais poderosos meios tentaram tirar o crédito com que os *Medici* trabalhavam em Roma. A isto *Piero* providenciou com dificuldade, porém, já com ajuda de amigos, pôde fazer falir seus planos. Por outro lado *messer Dietisalvi* e *Niccolò Soderini* com diversas iniciativas procuraram mover o senado veneziano contra Florença, julgando que se os florentinos fossem acometidos de nova guerra, seu novo governo seria odiado e não poderia defender-se.

Achava-se naquela época em Ferrara *Giovan Francesco,* filho de *messer Palla Strozzi,* que tinha sido expulso com ele na transformação de 1434. Dispunha de grande crédito, e era considerado muito rico pelos outros mercantes. Mostraram-lhe, esses novos rebeldes, como era fácil repatriar quando os venezianos fizessem a empresa, e o fariam com facilidade quando de alguma forma contribuíssem com as despesas, mas, do contrário, duvidavam. *Giovan Francesco,* que desejava vingar-se das injúrias recebidas, acreditou facilmente nos conselhos destes e prometeu

---

1. A carta original parece ter sido profundamente reelaborada pelo Autor, provavelmente para colocar em primeiro plano o papel da *fortuna,* e dar ao período um cerrado andamento raciocinante. *Acciaiuoli,* porém, escreveu de *Siena,* não de Nápoles.

MAQUIAVEL _____ HISTÓRIA DE FLORENÇA

que ficaria contente em contribuir para a empresa com todas as suas faculdades; donde os mesmos foram ao encontro do *doge*[1], e se queixaram do exílio, o qual não por erro algum diziam suportar senão por ter querido que sua pátria pelas leis e os magistrados fosse governada, não por aqueles poucos cidadãos. E foi por isso que *Piero dei Medici*, com outros seguazes que estavam habituados a viver tranqüilamente, tinham tomado armas com o engano, com o engano as tinham passado e depois com o engano os tinham expulsado; e não satisfeitos disso, usaram Deus para oprimir os outros que, acreditando na palavra dada, permaneceram na cidade, e que na cerimônia sagrada e pública e solene súplica[2], para que Deus participasse de sua traição, encarceraram e mataram muitos: coisa de ímpio e nefasto exemplo. Acrescentaram que para vingar isso tudo não sabiam a quem recorrer com mais esperança senão àquele senado que, por ter sido sempre livre, deveria ter compaixão deles, que tinham perdido a liberdade. Concitavam portanto os homens livres contra os tiranos, contra os ímpios, os piedosos. E que se recordassem que a família dos *Medici* tinha-lhes tirado o domínio da Lombardia quando *Cosimo*, sem a vontade dos outros cidadãos, apoiou e financiou *Francesco [Sforza]* contra aquele senado. Assim, se não lhes movia uma justa causa, o justo ódio e o justo desejo de vingança deviam movê-los.

20. Escaramuças entre venezianos e florentinos. Paz assinada. Morte de *Soderini*

Essas últimas palavras comoveram todo o senado e deliberaram que seu capitão *Bartolommeo Colione*[1] atacasse o domínio florentino. O exército foi reunido o quanto antes possível e a este se juntou *Ercule da Esti*[2], enviado por *Borso,* marquês de Ferrara. E, no primeiro assalto, quando os florentinos ainda não estavam organizados, queimaram o burgo de *Davàdola* e causaram alguns danos nas povoações vizinhas. Mas os florentinos, tendo expulsado o partido inimigo de *Piero,* tinham feito aliança com *Galeazzo,* duque de Milão, e com o rei Ferdinando I, de Nápoles, sob o comando de *Federigo,* conde de Urbino; de maneira que, organizados com estes amigos, menos temeram os inimigos, porque Ferdinando enviou seu primogênito Afonso e *Galeazzo* veio pessoalmente, e cada um com forças convenientes. E se estabeleceram

1. Livro V, cap. 21, n.1.
2. Alude à procissão, cf. cap. 17, deste Livro.

1. *Colleone.*
2. Futuro *Ercole I,* marquês de Ferrara de 1471 a 1505.

LIVRO VII_____*Florença dos Medici: de Cosimo a Lourenço*

em *Castracaro*, fortaleza florentina situada ao pé dos Apeninos[3], que descem da Toscana à Romanha.

Os inimigos, enquanto isso, tinham-se retirado a Ímola; assim, entre um exército e outro prosseguiam, conforme o costume daqueles tempos, algumas ligeiras brigas; nem um nem outro exército fez ataque aberto, nem assédio, nem deu ao inimigo ocasião de batalha campal, mas, permanecendo cada um em suas tendas, com esplêndida covardia se conduziam. Isso aborreceu Florença, porque se encontrava oprimida por uma guerra que muito lhe custava e da qual pouco podia esperar; e os magistrados se queixaram com os cidadãos que tinham nomeado comissários para aquela empresa. Estes responderam que o culpado de tudo era o duque *Galeazzo*, que, por ter muita autoridade e pouca experiência, não sabia fazer escolhas úteis, nem confiava nos que sabiam, e era-lhe impossível, enquanto o exército ficasse acampado, fazer alguma coisa virtuosa ou proveitosa. Por isso os florentinos comunicaram ao referido duque que era importante e útil que tivesse vindo pessoalmente em sua ajuda, porque só sua reputação tinha acabrunhado o inimigo. Entretanto, consideravam mais sua própria incolumidade e a de seu estado que os interesses deles, porque, salvo ele, tudo estava salvo, mas acontecendo-lhe alguma coisa, temiam qualquer adversidade. Não julgavam, portanto, coisa muito segura ficar ausente de Milão por muito tempo, sendo novo no governo e tendo vizinhos poderosos e suspeitos, assim, podia alguém tramar alguma coisa contra ele. *Galeazzo* apreciou o conselho e sem pensar outra vez, voltou a Milão[4]. Ficaram então os capitães florentinos sem este impedimento e, para demonstrar verdadeira a razão do lento proceder de que lhe acusavam, aproximaram-se mais do inimigo, de maneira que chegaram a uma ordenada luta que durou meio dia, sem que nenhuma das partes se inclinasse. Mesmo assim, não houve mortos: só alguns cavalos feridos e alguns prisioneiros de ambas as partes[5].

Já tinha chegado o inverno, a época em que os exércitos costumavam reconduzir-se aos acampamentos. Assim *messer Bartolommeo* se retirou para Ravena, os florentinos, à Toscana, as tropas do rei e do duque, cada qual ao estado de seu respectivo senhor. Mas como a luta não havia causado em Florença movimento algum, conforme tinham prometido os rebeldes, e faltando o salário às tropas contratadas,

3. *Castrocaro*, como *Davàdola*, fica nos Apeninos de *Furlì*.
4. *Galeazzo Sforza* primeiro foi convidado a ir a Florença; as tropas sob o comando de *Federico di Montefeltro* bateram-se com as de *Colleoni* em 25 de julho 1467, e depois disso *Sforza* foi a Milão. Cf. *A. Montevecchi, op. cit.*
5. *Machiavelli* diminuiu voluntariamente a truculência das batalhas combatidas por tropas mercenárias (cf. Livro V, cap.33, n.3), estando no caso, historicamente errado. Cf. *A. Montevecchi, op. cit.*

negociou-se um acordo que depois de alguns encontros foi concluído. E os rebeldes florentinos, privados de qualquer esperança, partiram para lugares diversos. *Messer Dietisalvi* dirigiu-se a Ferrara, onde foi recebido e alojado pelo marquês *Borso*; *Niccolò Soderini*, para Ravena, onde com uma pequena pensão dos venezianos envelheceu e morreu. Foi um homem justo e corajoso, mas duvidoso e lento para se decidir, o que lhe fez, quando gonfaloneiro de justiça, perder aquela oportunidade de vencer que depois, em forma privada, quis readquirir e não pôde.

21. Desmandos dos partidários dos *Medici*. Faustoso casamento de *Lorenzo de'Medici* com *Clarice Orsina*

Estabelecida a paz, os cidadãos que em Florença eram vencedores, não lhes parecendo ter vencido senão infligindo toda espécie de injúria, e não só aos inimigos, mas aos considerados suspeitos pelo partido, obtiveram de *Bardo Altoviti*, então gonfaloneiro de justiça, que novamente a muitos se tirassem os cargos, a outros, a cidadania[1]. Isto aumentou-lhes o poder e aos outros trouxe temor. Este poder era exercido sem respeito algum e se comportavam de tal maneira que parecia que Deus e a fortuna lhes tinham dado como presa aquela cidade. Disto tudo *Piero* pouco ouvia, e sobre o pouco que vinha a saber, pouco podia remediar, pela enfermidade que o oprimia; estava de tal forma paralisado que além da língua nada podia utilizar. Nem podia remediar com outras coisas senão advertindo e pedindo-lhes que vivessem com civilidade, que desfrutassem de sua pátria incólume antes que destruída.

E para alegrar a cidade decidiu celebrar magnificamente as núpcias de *Lorenzo*, seu filho, com *Clarice* da família *Orsina;* essas núpcias foram realizadas com o aparato e a pompa que um homem daquela condição exigia, donde durante muitos dias celebraram-se novos tipos de bailes, banquetes e antigas representações.

A isto se acrescentou, para mostrar mais a grandeza da casa dos *Medici* e do estado, dois espetáculos militares, um feito por homens a cavalo, onde foi encenada uma batalha campal, o outro, a expugnação de um castelo. E tudo foi feito com a maior organização e a maior virtude possíveis.

22. Sisto IV eleito Papa

Enquanto essas coisas procediam dessa maneira em Florença, o restante da Itália vivia tranqüilamente, mas com grande apreensão pelo poder dos

---

1. Que fossem condenados ao exílio.

Livro VII_____*Florença dos Medici: de Cosimo a Lourenço*

turcos, que continuavam na empresa de combater os cristãos e tinham já expugnado *Negroponte,* com grande vexame e dano para a cristandade.

Nessa época morreu *Borso,* marquês de Ferrara, e a este sucedeu seu irmão *Ercule.* Morreu *Gismondo da Rimino,* inimigo perpétuo da Igreja, e herdeiro de seu estado ficou *Ruberto,* seu filho natural, que entre os capitães da Itália na guerra foi excelentíssimo. Morreu o Papa Paulo [II], e foi seu sucessor Sisto IV, antes chamado Francisco de Savona[1], homem de muito baixa e humilde condição social, mas que por suas virtudes tinha chegado a general da Ordem de São Francisco e depois a cardeal. Foi este o primeiro que começou a mostrar quanto poder tinha um pontífice e como tantas coisas antes chamadas de erros podiam ser escondidas sob a autoridade papal. Tinha em sua família *Piero e Girolamo,* que, segundo pensavam todos, eram seus filhos, mesmo assim os escondia sob nomes mais honestos. Conduziu *Piero,* que era padre, ao cargo de cardeal com o título de São Sisto; a *Girolamo* deu a cidade de *Furli,* tirando-a de *Antonio Ordelaffi,* cujos ancestrais tinham sido durante muito tempo príncipes dessa cidade.

Essa sua maneira ambiciosa de proceder o tornara mais estimado pelos príncipes da Itália e cada um procurou tornar-se seu amigo; por isso o duque de Milão deu como esposa a *Girolamo* sua própria filha natural, Catarina e, como dote, a cidade de Ímola, que tinha espoliado a *Taddeo degli Alidosi.* Ainda com este duque o rei Ferdinando contraiu novo parentesco, porque *Elisabella,* sua primogênita, casou-se com *Giovan Galeazzo,* primogênito do duque.

23. Insensato discurso de *Piero* para coibir abusos de seus partidários

Vivia-se então na Itália muito tranqüilamente, e o maior cuidado daqueles príncipes era vigiar um ao outro, e por meio de parentescos, novas amizades e alianças, uns se asseguravam dos outros. Malgrado tanta paz, Florença estava muito aflita pelo comportamento de seus cidadãos, e *Piero,* impedido pela doença, não podia opor-se àquelas ambições. Mesmo assim, para desagravo de consciência e para ver se podia fazê-los envergonhar, chamou-os todos a sua casa, e assim falou: Jamais teria cogitado que pudesse vir a época em que os modos e os costumes dos amigos me levariam a estimar e preferir os inimigos, e a preferir a derrota à vitória. Porque pensava encontrar-me entre homens que sabiam pôr termos e medidas a sua cobiça, que lhes bastasse estar seguros e ser respeitados em sua pátria e, além disso, ser

1. Paulo II morreu em julho de 1471, e pouco depois foi eleito *Francesco della Rovere*, com o nome de Sisto IV (1471-84).

MAQUIAVEL _____ HISTÓRIA DE FLORENÇA

vingados de seus inimigos. Mas agora sei o quanto me equivoquei, porque pouco sabia da natural ambição de todos os homens, e menos ainda da vossa: porque não lhes basta ser príncipes em uma cidade tão importante, nem ser os poucos que têm esses cargos, honrarias e benefícios que antes muitos outros costumavam ter; não vos basta haver repartido os bens de vossos inimigos, nem deixar recair em todos os outros os impostos e, livres destes, ter todas as utilidades públicas, que sobre os outros derramais toda espécie de injúrias. Espoliais vossos vizinhos de seus bens, vendeis a justiça, burlais os julgamentos civis, oprimis os homens pacíficos e exaltais os insolentes. Não creio que existam tantos exemplos de violência e avareza na Itália como os há nesta cidade. Então esta nossa pátria nos deu a vida para que nós a tiremos dela? Tornou-nos vitoriosos para que nós a destruamos? Respeita-nos para que nós a insultemos? Eu vos prometo, pela confiança que se deve dar e receber dos homens bons, que, se continuais a vos comportar de maneira que me arrependa de ter vencido, eu também me comportarei de maneira que vos arrependereis de ter feito mau uso do vitória.

Os cidadãos responderam segundo a oportunidade e o lugar requeriam, mesmo assim não retrataram as más ações. Tanto que *Piero* mandou chamar reservadamente em *Cafaggiuolo messer Agnolo Acciaiuoli* e com este falou muito das condições da cidade, e não há dúvida de que se a morte não o interrompesse teria trazido todos os exilados à pátria para frear a rapina dos que ali estavam. Mas a estes seus muito honestos pensamentos se opôs a morte, porque, oprimido pelos males do corpo e pelas angústias da alma, morreu aos cinqüenta e três anos de idade. A virtude e a bondade sua que a pátria não pôde inteiramente conhecer foi porque esteve a seu lado *Cosimo*, seu pai, até quase o fim de sua vida, e porque os poucos anos que sobreviveu a este os consumiu nas contendas civis e na enfermidade. *Piero* foi sepultado na igreja de São Lourenço, junto ao pai. E suas exéquias foram realizadas com a pompa que tal cidadão merecia. Deixou dois filhos, *Lorenzo* e *Giuliano*, que apesar da juventude[1] que preocupava a todos, davam esperança a todos de ser homens muito úteis à república.

24. *Tommaso Soderini* concitado ao mando da cidade

Estava em Florença, entre os principais cidadãos do governo, e muito superior aos demais, *messer Tommaso Sodrini*, cuja prudência e autoridade eram conhecidas não só em Florença mas junto a todos os príncipes da Itália. E depois da morte de *Piero* a cidade toda o observava: muitos cidadãos foram a sua casa concitá-lo como chefe da cidade, muitos

1. *Lorenzo* tinha vinte anos, *Giuliano*, dezesseis.

356

Livro VII —————————— *Florença dos Medici: de Cosimo a Lourenço*

príncipes lhe escreveram. Mas ele, que era prudente e muito bem conhecia a sua fortuna e a da casa que governava, não respondeu às cartas e aos cidadãos respondeu que não à sua mas à casa dos *Medici* deviam fazer visita. E para mostrar com um fato ao qual com palavras tinha acenado, reuniu os principais membros das famílias nobres no convento de Santo Antonio, onde fez vir também *Lorenzo* e *Giuliano de' Medici*, e ali proferiu um longo e grave discurso sobre as condições da cidade, da Itália e sobre os humores dos príncipes desta, e concluiu que, se quisessem que se vivesse unidos em Florença, e em paz, e seguros quanto às divisões internas e às guerras externas, era necessário respeitar àqueles jovens e manter a reputação daquela casa: porque os homens não se lamentam de fazer as coisas que costumam fazer, as novas, tão depressa se adotam, depressa se abandonam. Sempre foi mais fácil manter um poder que com o passar do tempo já tenha apagado a inveja, do que criar um novo, que por muitíssimas razões se pode facilmente apagar. Falou, depois de *messer Tommaso, Lorenzo*, e mesmo sendo jovem, com tal gravidade e modéstia que a todos deu esperança de ser aquele que depois se tornou. E antes que deixassem aquele lugar, os cidadãos juraram considerá-los seus filhos, e estes, considerá-los seus pais. Permanecendo essa a conclusão, *Lorenzo* e *Giuliano* foram saudados como príncipes do estado, e os cidadãos não se afastaram dos conselhos de *messer Tommaso*.

25. Em *Prato, Nardo* organiza rebelião contra Florença

E vivendo-se muito tranqüilamente dentro e fora da cidade, não havendo guerra que a paz comum perturbasse, surgiu um inesperado tumulto que foi como um presságio de futuros danos. Entre as famílias que com o partido de *messer Luca Pitti* tinham-se arruinado estava a dos *Nardi*; *Salvestro* e seus irmãos, chefes dessa família, primeiro foram mandados ao exílio, depois declarados rebeldes pela guerra movida por *Bartolommeo Colioni*. Entre eles estava Bernardo, irmão de *Salvestro* jovem decidido e corájoso. Não podendo viver no exílio por ser pobre, nem vendo, pelo acordo de paz feito, maneira alguma de retornar, decidiu tentar alguma coisa para ver se por meio dela criava algum motivo de guerra; porque muitas vezes um minúsculo princípio produz vultosos efeitos, os homens mais se dispõem a seguir uma coisa já iniciada do que a iniciá-la. Bernardo tinha muitos conhecidos em *Prato* e no condado de Pistóia muitíssimos, e principalmente junto aos *Palandra*, família que, apesar de ser camponesa, contava com muitos homens que, segundo seus conterrâneos, eram formados na disciplina das armas e da luta. Sabia como estes estavam descontentes com os magistrados florentinos por terem sido maltratados nos julgamentos de suas desavenças. Além disso sabia dos humores dos habitantes de *Prato* e que lhes parecia ser governados com soberba e avareza; e de alguns sabia da animosidade contra o governo; de maneira que estas coisas todas davam-lhe a esperança de poder acender uma chama na Toscana, fazendo rebelar *Prato*, onde depois tantos concorreriam a nutri-la que os que desejassem apagá-la não seriam suficientes. Comunicou essa idéia a *messer Dietisalvi* e perguntou-lhe, quando conseguisse ocupar *Prato*, por seu intermédio quanta ajuda poderia esperar dos príncipes. *Messer Dietisalvi* pensou que a empresa seria muito perigosa e quase impossível de alcançar, mesmo assim, com o risco alheio poder novamente tentar a fortuna, e animou-o a fazê-la, prometendo de Bolonha e de Ferrara ajuda muito certa, desde que agisse de maneira a poder manter e defender *Prato* ao menos por quinze dias. Então, pleno desta promessa de uma feliz esperança, reservadamente dirigiu-se a *Prato*, e comunicando essas coisas a alguns moradores, os encontrou muito dispostos. Este ânimo e determinação o encontrou também entre os de *Dietisalvi*. E acertando juntos o momento e a maneira de proceder, relatou tudo a *messer Dietisalvi*.

26. Tomam a cidade de surpresa

Pelo povo de Florença era *podestà* de *Prato Cesare Petrucci*. Estes governadores têm o hábito de manter as chaves da cidade junto a eles, e às vezes, principalmente em momentos sem risco, quando alguém pede para entrar ou sair à noite, o concedem. Bernardo, que sabia de tal hábito, ao amanhecer do dia estabelecido, juntamente com os de *Palandra* e cerca de cem homens armados, apresentou-se à porta de Pistóia; os seus cúmplices que estavam do lado de dentro também se armaram, e um deles pediu as chaves ao governador, fingindo que era um dos moradores da cidade e que precisava entrar. O governador, nada sabendo do que estava acontecendo, enviou-as com um de seus servidores, e assim que este se afastou do palácio, foram-lhe tiradas pelos conjurados. Aberta a porta, Bernardo e seus homens entraram, e reunindo-se com os outros, em duas partes se dividiram, uma delas, guiada por *Salvestro Pratese*, ocupou a cidadela, a outra, com Bernardo, tomou o Palácio. *Cesare*, com toda sua família, ficou sob a guarda de alguns dos homens de Bernardo. Depois acabaram com a confusão dando gritos de liberdade pela cidade. O dia já tinha surgido e com o ruído muitos populares correram à praça, e ao saber

LIVRO VII — Florença dos Medici: de Cosimo a Lourenço

que o castelo e a praça estavam ocupados, o *podestà* e os seus aprisionados ficaram admirados por não saber de onde vinha isso tudo. Os oito cidadãos de mais alta autoridade do lugar reuniram-se em seu palácio para aconselhar-se sobre o que deveriam fazer. Mas Bernardo e os seus, que tinham estado correndo por ali, ao verem que ninguém o seguia e tendo sabido que os Oito estavam reunidos, foi ao encontro destes e disse-lhes que a razão de sua empresa era libertá-los e à pátria da servidão; e que glória para eles seria tomar armas e acompanhá-lo nesta grande empresa, onde obteriam paz perpétua e eterna fama. Recordou-lhes a antiga liberdade em que viviam e as presentes condições, acenou à ajuda quando desejassem se opor mesmo só por poucos dias a todas as forças que os florentinos conseguissem reunir contra eles, afirmou ter entendimentos em Florença que se manifestariam assim que soubessem que aquele lugar estava unido em seu favor. Os Oito não se moveram por essas palavras, responderam-lhe não saber se Florença era livre ou serva, e que isto não se supunha ser atribuição deles, mas que sabiam bem que eles não desejavam outra liberdade senão a de servir os magistrados que governavam Florença, dos quais jamais haviam tido injúria alguma que os obrigasse a tomar armas contra estes. Portanto, lhe aconselharam a libertar o *podestà*, deixar o lugar livre de suas tropas e, a si mesmo, afastar-se rapidamente do perigo no qual com pouca prudência tinha se metido. Bernardo não desanimou com estas palavras, mas decidiu ver se o medo movia os homens de *Prato*, visto que os pedidos não os tinham movido, e para assustá-los pensou fazer morrer *Cesare Petrucci*, e mandou enforcar o prisioneiro numa janela do palácio. Estava ele já perto da janela, com a corda no pescoço, vendo Bernardo insistir para que morresse, quando, dirigindo-se a este, disse: Bernardo, me farás morrer acreditando ser depois seguido pelos de *Prato* e vais conseguir o contrário disso, porque é tal a reverência que este povo tem pelos governantes que o povo de Florença nos manda que, assim que vejam a injúria feita à minha pessoa, concitarão tanto ódio contra ti que isso fará vir a tua ruína. Portanto, não a morte mas a vida minha pode ser motivo da tua vitória, porque se ordeno eu o que tu desejares, mais facilmente obedecerão a mim do que a ti, e se eu sigo tuas ordens, vais obter o que desejas. Pareceu a Bernardo, que estava escasso de escolhas, bom este conselho; e ordenou-lhe que, do balcão que dá para a praça, ordenasse ao povo que lhe obedecesse. Assim que fez isso, *Cesare* foi mandado de volta à prisão.

MAQUIAVEL _____ HISTÓRIA DE FLORENÇA

27. Tumulto dominado

A fraqueza dos conjurados já estava à vista e muitos florentinos que eram ali residentes se reuniram, entre os quais *messer Giorgio Ginori,* cavaleiro de *Rodi.* Foi o primeiro que moveu armas contra eles, e atacou Bernardo, que estava percorrendo o lugar, ora tratando de arrolar partidários, ora ameaçando se não era seguido e obedecido; em uma investida que contra ele fez *messer Giorgio* e muitos que o seguiam, foi ferido e aprisionado. Feito isto, foi fácil libertar o *podestà* e dominar os outros, porque sendo poucos e estando muito divididos, foram quase todos presos ou mortos. Em Florença, enquanto isso, chegou a notícia desse episódio, porém em muito maiores dimensões das que realmente tinha acontecido: dizia-se que *Prato* tinha sido tomada, o *podestà* morto com sua família, o lugar cheio de inimigos, e que Pistóia estava em prontidão, com muitos de seus cidadãos com os conjurados. Tanto é que o Palácio logo ficou cheio dos que desejavam aconselhar-se com os Senhores.

Estava então em Florença *Ruberto da San Severino,* capitão muito reputado em guerra; e decidiu-se mandá-lo a *Prato,* com toda a tropa que puderam reunir, e encarregaram-no de aproximar-se do lugar para dar notícias detalhadas de tudo, e intervir da maneira que sua prudência aconselhava. *Ruberto,* assim que passou o castelo de *Campi,* encontrou um emissário de *Cesare Petrucci,* que lhe disse que *Bernardo Nardi* estava preso, seus companheiros, fugidos ou mortos, e o tumulto, acabado. Donde voltaram a Florença, para onde pouco depois foi conduzido Bernardo. Interrogado pelo magistrado, que achou fraca a explicação sobre a verdadeira motivação da empresa, respondeu que a tinha feito porque decidiu antes morrer em Florença do que viver no exílio, e queria que sua morte fosse acompanhada pelo menos de um fato memorável.

28. Luxúria, jogo e mulheres em Florença, milaneses inclusive

Surgido e reprimido de repente esse tumulto, os cidadãos retornaram a seu habitual modo de vida, pensando só em usufruir, sem temor algum, do estado que tinham estabelecido e defendido. Disso nasceram na cidade aqueles males que de sólito se geram na paz, porque os jovens, mais à vontade do que habitualmente, despendiam em excesso seu tempo e dinheiro no vestir, em banquetes e similares luxúrias, e, ociosos, também em jogos e mulheres. A intenção era parecer esplêndidos no vestir, sagazes e astutos no falar,

Livro VII_____*Florença dos Medici: de Cosimo a Lourenço*

e quem tinha mais jeito de satirizar os outros era mais esperto e estimado pelos outros. Esses tipos de comportamento foram fomentados pelos cortesãos do duque de Milão que, juntamente com sua mulher[1] e toda a sua corte, para cumprir, segundo se disse, um voto, veio a Florença[2], onde foi recebido com a pompa que convinha a um príncipe florentino, tão amigo era da cidade. E viu-se uma coisa que naquela época nossa cidade ainda não tinha visto, sendo período de Quaresma, no qual a Igreja manda fazer jejum de carne, a sua corte, sem respeito pela Igreja e por Deus, se alimentava inteiramente de carne.

Foram feitos muitos espetáculos para homenageá-lo, inclusive na Igreja do Espírito Santo, representando a visita do Espírito Santo aos apóstolos, e como pela quantia de luzes que nessas ocasiões costumam acender se incendiou a igreja toda, muitos pensaram que com aquele sinal Deus queria, indignado, mostrar sua ira contra nós. Então se o duque encontrou a cidade de Florença cheia de delicadezas cortesãs e costumes contrários à vida ordeira, também é verdade que a deixou pior: donde os bons cidadãos consideraram que fosse necessário colocar-lhe freios e terminaram com uma lei com aquelas vestimentas, funerais e banquetes.

29. Alume de Volterra causa tumulto e ódios

Em meio a tanta paz surgiu um novo e inesperado tumulto na Toscana. Foi encontrada no condado de Volterra, por alguns de seus cidadãos, uma mina de alume; e percebendo seu valor, e para ter apoio financeiro e meios para se defender, aproximaram-se de alguns cidadãos florentinos, e os lucros que dali obtinham, os dividiam com estes[1]. Isto foi no início, como muitas vezes acontece com as novas empresas, coisa sem importância para o povo de Volterra, mas com o tempo, ao saber do vulto do negócio, quiseram tardia e inutilmente remediar a situação que no momento propício teriam bem remediado. Nos Conselhos começaram a agitar as coisas, afirmando não ser conveniente que uma indústria encontrada em terreno público se convertesse em lucro privado.

---

1. *Bona di Savoia.*
2. Em março de 1471.

1. Na verdade dois volterranos, *Inghirami* e *Ricobaldi*, três florentinos e três sieneses, formaram um consórcio para explorar as minas encontradas. Entre os florentinos incumbidos da arbitragem da causa entre os cidadãos consorciados e Volterra estava *Lorenzo de'Medici*, que já possuía minas de alume em *Tolfa* e provavelmente mirava o monopólio da extração desse mineral, útil à indústria têxtil. Isto ocorreu em 1471-72. Cf. *A. Montevecchi, op. cit.*

Para resolver isso mandaram embaixadores a Florença, e a causa foi entregue a alguns cidadãos, os quais, ou porque foram corrompidos pelos empreendedores privados, ou porque assim o pensavam, sentenciaram que o povo volterrano não desejava o que era justo, desejando privar seus cidadãos de seus esforços e daquela atividade; por isso aos cidadãos privados, e não ao povo volterrano, pertenciam as minas, porém bem convinha que cada ano certa quantidade de dinheiro a este fosse anualmente paga em sinal de reconhecimento de sua superioridade. Esta sentença não diminuiu mas aumentou os tumultos e os ódios em Volterra, e nenhuma outra coisa senão aquilo, não só nos seus Conselhos, mas fora, na cidade toda se discutia, pedindo o povo o que parecia ter-lhe sido sacado e os particulares querendo conservar o que antes tinham adquirido e depois lhes fora confirmado pela sentença dos florentinos. A tanto se chegou nessas disputas que foi morto um cidadão reputado na cidade, chamado *il Pecorino*[2], e depois dele muitos outros que estavam de sua parte, e suas casas foram saqueadas e queimadas; e esse mesmo ímpeto com dificuldade foi contido para não matarem os reitores que ali representavam o povo florentino.

30. Volterra propõe acordo, *Lorenzo* recusa. Invasão e saque de Volterra

Depois dessa primeira violência, antes de mais nada decidiram enviar embaixadores a Florença, para comunicar aos Senhores desta cidade que se desejassem conservar as disposições que regiam as relações entre as duas cidades, também eles desejavam conservar sua cidade na antiga servidão. A resposta foi muito discutida. *Messer Tommaso Soderini* aconselhava que fossem os volterranos acolhidos de qualquer maneira que desejassem retornar, não lhe parecendo que fosse este o momento próprio para suscitar uma chama tão próxima que podia queimar nossa casa: temia o caráter do Papa, o poder do rei de Nápoles e não confiava nos venezianos nem no duque de Milão, por não saberem quanta confiança podia ter naquele nem quanta virtude podia haver neste; e recordou o surrado dito: é melhor um magro acordo do que uma gorda vitória. Por outro lado, *Lorenzo de'Medici*, acreditando ter oportunidade de demonstrar quanto podia valer com seu aconselhamento e habilidade, sendo nisto apoiado principalmente pelos que tinham inveja do poder de *messer Tommaso*, decidiu fazer a empresa e com as armas punir a arrogância dos volterranos, afirmando que se estes não fossem castigados como exemplo memorável, os outros não hesitariam, sem reverência ou

2. *Paolo Inghirami*, morto em 26 de abril de 1472.

LIVRO VII_____*Florença dos Medici: de Cosimo a Lourenço*

temor algum, em fazer a mesma coisa por qualquer ligeiro motivo. Decidida então a empresa, foi respondido aos volterranos que não podiam pedir a observância das disposições que eles mesmos não observaram, portanto ou se submetiam ao arbítrio daquela Senhoria ou esperassem a guerra. Retornados então os volterranos com esta resposta, prepararam-se à defesa fortificando seu território e pedindo ajuda a todos os príncipes italianos; foram ouvidos por poucos, porque somente os sieneses e o Senhor de *Piombino* deram alguma esperança de socorro. Os florentinos, por outro lado, pensando que o mais importante para a vitória fosse a rapidez com que agissem, reuniram dez mil infantes e dois mil cavaleiros sob o comando de *Federigo*, Senhor de Urbino, dirigiram-se ao condado de Volterra e facilmente o ocuparam[1]. Depois cercaram a cidade que, estando situada em lugar alto e escarpado, não se podia atacar senão de onde se ergue a igreja de *Santo Alessandro*. Os volterranos tinham conseguido reunir para sua defesa cerca de mil soldados, viam a vigorosa expugnação que estavam fazendo os florentinos e duvidavam poder se defender: eram lentos na defesa e muito rápidos nas injúrias que todo o dia faziam aos próprios volterranos. Então, aqueles pobres cidadãos eram por fora combatidos e por dentro oprimidos, a tal ponto que, ansiosos para se salvar, começaram a pensar em um acordo, e não conseguindo encontrar uma boa fórmula, colocaram-se em mãos dos comissários[2]. Estes mandaram abrir as portas, introduziram a maior parte do exército, e se dirigiram ao Palácio onde estavam os priores, aos quais lhes ordenaram que fossem para suas casas. E um deles no caminho, por desprezo, foi desnudado por um soldado. Desse início, como os homens mais ao mal do que ao bem estão dispostos, começou a destruição e o saqueio da cidade, que durante o dia todo ficou entregue a pilhagens e correrias. Nem as mulheres nem os lugares mais sagrados foram perdoados, e os soldados, tanto os que a tinham mal defendido como os que a combateram, a espoliaram. A notícia desta vitória foi recebida com enorme alegria pelos florentinos, e como tinha sido toda ela uma empresa de *Lorenzo*, ficou com grandíssima reputação. Foi por isso que um de seus mais íntimos amigos reprovou o conselho de *messer Tommaso Soderini*, dizendo-lhe: Que dizeis agora que tomamos Volterra? Ao que *messer Tommaso* respondeu: Parece-me que a perdemos. Se a tivésseis por meio de um acordo, obteríeis benefício e segurança; porém tendo-a pela força, em tempos adversos vos trará enfraquecimento e aborrecimento, em tempos pacíficos, dano e despesas.

1.Dia 7 de maio de 1472. Cf. *A. Montevecchi, op. cit.*
2.Os florentinos *Buogiovanni Gianfigliazzi e Giacomo Guicciardini*.Idem.

31. Origem da inimizade entre o papa Sisto IV e os *Medici*

Nessa época o Papa, ávido de ter as terras da Igreja sob a sua obediência, tinha mandado saquear *Spoleto* que por intrínsecas disputas se lhe tinha rebelado; depois, como *Città di Castello* estava com a mesma atitude, mandou assediá-la. Era seu príncipe *Niccolò Vitelli*[1], que tinha grande amizade com *Lorenzo de'Medici*, por isso dele a ajuda não foi tamanha que bastasse para sua defesa, mas suficiente para lançar as primeiras sementes da inimizade entre Sisto e os *Medici* que pouco depois produziram nefastos frutos. E não tardariam muito em aparecer se a morte do padre *Piero*, cardeal de São Sisto, não viesse a ocorrer: este cardeal tinha percorrido a Itália e ido a Veneza e a Milão, sob o pretexto de honrar as bodas de *Ercule*, marquês de Ferrara, mas estava na verdade averiguando o ânimo dos príncipes para ir contra os florentinos. Mas de volta a Roma morreu, não sem a suspeita de ter sido envenenado pelos venezianos, que temiam o poder de Sisto quando pudesse se valer do ânimo e da disposição do padre *Piero* porque a este, não obstante a natureza ter-lhe dado sangue humilde e depois ter sido humildemente nutrido no recinto de um convento, assim que chegou ao cardinalato nele surgiu tanta soberba e ambição que não só o cargo atingido não lhe bastava, mas o próprio papado, pois não hesitou em celebrar em Roma um banquete com gastos de mais de vinte mil florins, que a qualquer rei pareceria extraordinário. Sisto então, privado deste ministro, continuou seus projetos mais lentamente. Apesar de os florentinos, o duque de Milão e os venezianos terem renovado seu acordo e terem deixado ao Papa a faculdade de integrá-lo, Sisto e o rei também formaram uma liga deixando aos outros príncipes a possibilidade de participar dela. E já se via a Itália dividida em duas facções, porque todo dia surgiam coisas que entres estas duas ligas geravam ódio: como aconteceu com a ilha de Chipre, à qual o rei Ferdinando aspirava e os venezianos ocuparam; coisa que fez o Papa e o rei mais se unirem. Era então considerado excelentíssimo nas armas *Federigo*, príncipe de Urbino, que tinha militado pelo povo florentino durante muito tempo. O rei e o Pontífice decidiram portanto ganhar a sua simpatia a fim de que a liga inimiga não pudesse contar com ele; para isso, o Papa o aconselhou e o rei lhe pediu que viesse a seu encontro em Nápoles. *Federigo* obedeceu, para a estupefação e moléstia dos florentinos, que temiam lhe acontecesse

---

1. Citado em *Il principe*, cap. XX, como exemplo de escassa validade das fortalezas; cf. também *Discorsi...*, II, 24.

LIVRO VII_____*Florença dos Medici: de Cosimo a Lourenço*

o que tinha ocorrido a *Iacopo Piccino*[2]. Porém deu-se o contrário, porque *Federigo* retornou de Nápoles e de Roma muito homenageado, e capitão da referida liga. Não deixaram também, o Papa e o rei, de tentar os ânimos dos Senhores de Roma e dos sieneses para torná-los amigos e melhor poder atacar os florentinos. Coisa da qual tendo estes se apercebido, armaram-se com todo remédio oportuno contra a intenção daqueles; e tendo perdido *Federigo* de Urbino, assoldadaram *Ruberto* de Rímini. Renovaram a aliança com Perúgia e com o senhor de *Faenza* também fizeram um acordo. O Papa e o rei alegavam que o motivo do ódio contra os florentinos era que desejavam que os venezianos se aliassem a eles, pois o Pontífice julgava que a Igreja não podia manter sua reputação, nem o conde *Girolamo,* seus estados na Romanha, estando os florentinos e venezianos unidos. Por outro lado, os florentinos suspeitavam que queriam inimistá-los com os venezianos, não para ganhar-lhes a simpatia, mas para poder mais facilmente atacá-los. Nessas desconfianças e diversidade de humores se viveu na Itália dois anos antes que algum tumulto surgisse. E o primeiro que surgiu, mesmo pequeno, foi na Toscana.

32. Filho de *Braccio da Montone* ataca Siena que culpa Florença por isso

Braccio da Perugia[1], como já referimos, homem muito reputado na guerra, tinha dois filhos: *Oddo* e *Carlo.* Este era ainda pequeno, o outro foi morto pelos homens de *Val di Lamona,* como anteriormente mencionamos[2]. Mas *Carlo,* assim que chegou à idade do serviço militar, os venezianos o receberam entre os *condottieri* daquela cidade em homenagem à memória que tinham de seu pai e pela esperança que tinham nele. Naquela época havia chegado o final de seu compromisso, e não desejava que o senado o renovasse, ao contrário, decidiu ver se conseguia com seu nome e a memória de seu pai, retornar a seu estado de Perúgia. Ao que os venezianos facilmente consentiram, porque através de coisas novas costumavam aumentar seus domínios. *Carlo*, portanto, veio à Toscana e, encontrando as coisas difíceis em Perúgia, por ser aliada aos florentinos e querendo que este seu procedimento gerasse alguma coisa digna de memória, atacou os sieneses alegando serem eles seus devedores pelos serviços prestados por seu pai aos negócios daquela república e que por estes devia ser pago; e tal foi sua fúria no ataque que

2. Tinha sido aprisionado e morto em circunstâncias pouco esclarecidas. Cf. cap. 8.

1. *Braccio da Montone,* cf. Livro I, cap. 38.

2. Cf. Livro IV, cap. 13.

quase destruiu tudo. Aqueles cidadãos, vendo tal ataque, como facilmente julgavam mal dos florentinos, persuadiram-se de que tudo tinha sido feito com o consentimento destes e encheram o rei e o Papa de reclamações. Mandaram também embaixadores a Florença que se queixaram de tamanha injúria e, com habilidade, demonstraram que sem apoio *Carlo* não poderia com tanta segurança tê-los atacado. Disto os florentinos se escusaram afirmando estarem dispostos a fazer de tudo para que o *condottiero* se abstivesse de combatê-los, e como desejavam os embaixadores, ordernaram a *Carlo* deixar de atacá-los. Ele lamentou isso e mostrou-lhes que por não apoiá-lo tinham-se privado de uma grande conquista, e a ele, de uma glória, que em pouco tempo lhes daria a posse do território, tal era a covardia ali encontrada e tão mal guarnecida estava aquela praça. Foi-se então *Carlo* e retomou sua posição junto aos venezianos, e os sieneses, mesmo tendo sido livrados de tantos danos pelos florentinos, contra estes ficaram cheios de indignação, porque não lhes parecia ter obrigação alguma com quem lhes tinha liberado de um mal do qual eles mesmos tinham a culpa.

33. Conjura de jovens milaneses contra *Galeazzo Sforza*

Enquanto as coisas assim narradas acima afligiam o rei de Nápoles, o Papa e a Toscana, na Lombardia surgiu um acontecimento de maior vulto e que foi presságio de maiores males. Lecionava latim aos mais destacados jovens de Milão *Cola Montano*[1], literato e homem ambicioso. Ele, seja porque detestava a vida e os costumes do duque, seja que outra razão o movia, em todos os seus raciocínios condenava o viver sob um mau príncipe; e chamava gloriosos e felizes àqueles que a natureza e a fortuna tinham concedido nascer e viver em uma república, mostrando que todos os homens famosos nestas não sob os príncipes tinham-se nutrido, porque elas formam homens virtuosos, estes os anulam, tirando aquelas proveito da virtude dos outros, estes, temendo-os. Os jovens com quem tinha mais famíliaridade eram *Giovannandrea Lampognano, Carlo Visconti* e *Girolamo Olgiato*. Com estes, muitas vezes comentou a péssima natureza do príncipe e a infelicidade que era ser por ele governado. E a tal intimidade do ânimo e da vontade destes jovens chegou que os fez jurar que, assim que lhes permitisse a idade, libertariam a pátria da tirania daquele príncipe. Plenos então desse desejo, que sempre aumentou com os anos, estes jovens viram apressar sua concretização

---

1. *Niccolò Capponi di Gaggio Montano*, de Bolonha.

LIVRO VII_____*Florença dos Medici: de Cosimo a Lourenço*

pelos costumes e comportamento do duque, e mais ainda pelas particulares injúrias que lhes tinha dirigido.

Galeazzo era libidinoso e cruel, e estas duas coisas, por serem freqüentes, o tinham tornado muito odioso: não lhe bastava corromper as nobres mulheres, mas tinha prazer em divulgar isso; como não se contentava de fazer os homens morrer se não fosse de uma maneira cruel. Vivia com a fama de ter matado a mãe, porque com sua presença não lhe parecia ser o príncipe, e de tal maneira a tratou que ela desejou retirar-se a Cremona, seu dote matrimonial, em cuja viagem faleceu de súbita enfermidade. Donde muitos pensaram ter sido morta a mando do filho. Por meio de mulheres o duque desonrou *Carlo e Girolamo* e a *Giovannandrea* não concedeu a posse da abadia de *Miramondo*, outorgada pelo Papa a um seu parente. Essas injúrias particulares aumentaram a vontade nos jovens de vingar-se, libertar sua pátria de tantos males esperando que se de qualquer maneira conseguissem matá-lo, não só por muitos nobres mas por todo o povo seriam apoiados. Decididos à empresa, reuniam-se com freqüência, coisa que não chamava a atenção pela antiga famíliaridade deles. Falavam sempre nisso, e, para mais afirmar seus ânimos ao fato, com as bainhas das lâminas que àquela ação tinham destinado, batiam-se uns nos outros no peito e nos quadris. Falaram do momento e do lugar: o castelo não lhes parecia seguro, à caça, incerto e perigoso; nos momentos em que saía pela cidade a passear, difícil e sem possibilidades; nos banquetes, duvidoso. Portanto deliberaram atacá-lo em alguma cerimônia pública festiva onde estivessem certos que viria e eles tivessem muitos pretextos para reunir seus amigos. Concluíram ainda que, sendo alguns deles por algum motivo retidos pela corte, os outros teriam que matá-lo com suas espadas mesmo contra inimigos armados.

34. A morte do duque. A morte dos conjurados

Corria o ano de 1476 e estava próxima a festa de Natal, e como o príncipe costumava, no dia de Santo Estêvão, visitar com grande pompa a igreja deste mártir, decidiram que aquele era o lugar e o momento próprios para executar o plano. Chegada então a manhã daquele dia[1], mandaram armar alguns de seus mais fiéis amigos e servidores dizendo quererem ir em ajuda de *Giovannandrea*, que contra a vontade de alguns inimigos seus desejava conduzir um canal a suas terras; e assim armados entraram na igreja, alegando pedir licença ao príncipe antes de partir. Fizeram também vir àquele lugar, com diversos pretextos, outros amigos

1. Dia 26 de dezembro.

MAQUIAVEL———————————————————HISTÓRIA DE FLORENÇA

e parentes, esperando que, feito aquilo, todos os seguissem no restante da empresa. E a intenção deles era, morto o príncipe, reunir-se com os que estavam armados e agir naquela parte da cidade onde acreditavam com mais facilidade poder rebelar a plebe e armá-la contra a duquesa[2] e os príncipes da cidade. E pensavam que pela fome que gravava sobre o povo, este devia segui-los facilmente, porque pretendiam dar-lhes como butim a casa de *messer Cecco Simonetta*, a de *Giovanni Botti* e a de *Francesco Lucani,* todos príncipes do governo, e desta maneira conseguir segurança para eles e liberdade para o povo. Feito o plano e confirmada a firme disposição de executá-lo, *Giovannandrea* com os outros foram cedo à igreja, juntos assistiram à missa, durante a qual voltou-se para uma estátua de Santo Ambrósio e disse: Ó patrono de nossa cidade, sabeis qual é nossa intenção e o motivo pelo qual queremos nos meter em tamanhos perigos: sede favorável a esta nossa empresa e favorecendo a justiça fazei com que vos desagrade a injustiça. Ao duque, por outro lado, tendo de vir à igreja, apareceram muitos sinais de sua próxima morte, porque, ao amanhecer, vestiu, conforme tantas vezes ocorria, uma armadura que logo a seguir tirou, como se afetasse sua presença ou sua pessoa; quis assistir à missa no castelo, mas seu capelão tinha ido a Santo Estêvão com todos os paramentos litúrgicos da capela; quis, em vista disso, que o bispo de *Como* celebrasse a missa e este alegou certos impedimentos justificadores, até que, quase por necessidade, decidiu ir à igreja; e antes abraçou e beijou seus filhos *Giovangaleazzo* e *Ermes* tantas vezes que parecia não querer separar-se deles. Por fim, decidiu ir à igreja e fez-se acompanhar dos embaixadores de Ferrara e de Mântua.

Os conjurados, enquanto isso, para despertar menos suspeitas e remediar o frio que era muito grande, tinham se retirado a uma sala do arcipreste da igreja amigo deles, e escutando a chegada do duque entraram no templo; *Giovannandrea* e *Girolamo* colocaram-se à direita da entrada e *Carlo* à esquerda. Entraram os que precediam o duque, depois entrou ele, circundado de grande multidão, como convinha a uma solenidade ducal. Os primeiros a agir foram *Lampognano* e *Girolamo*. Estes, simulando abrir caminho, aproximaram-se dele e, estreitando as armas curtas e agudas que escondiam nas mangas, o atacaram. *Lampognano* fez-lhe duas feridas, uma no ventre, outra no pescoço. *Girolamo* atingiu-o também no pescoço e no peito. *Carlo Visconti*, como havia se colocado próximo à porta e tendo o duque passado a sua frente quando os companheiros atacaram, não pôde feri-lo de frente, e com dois golpes, no ombro e nas costas, o atravessou. E foram essas seis feridas tão rápidas e inesperadas que o duque caiu por terra sem que

2. *Bona di Savoia.*

LIVRO VII_____*Florença dos Medici: de Cosimo a Lourenço*

ninguém percebesse, nem este pôde dizer nada senão, ao cair, e uma só vez, invocar o nome de Nossa Senhora em sua ajuda.

Caído o duque, levantou-se grande clamor; muitas espadas se desembainharam, e como acontece em ocasiões imprevistas, alguns fugiam da igreja, outros corriam em direção do tumulto sem certeza ou sem motivo algum. Mesmo assim, aqueles que mais próximos estavam do duque e que o tinham visto morto e reconhecido os matadores, os perseguiram. Dos conjurados, *Giovannandrea,* querendo sair da igreja, entrou em meio às mulheres que eram muitas e, como costumavam sentar-se no chão, enredou-se nelas e foi alcançado e morto por um mouro, estribeiro do duque. Foi *Carlo* também morto pelos circundantes. E *Girolamo Olgiato,* saindo entre as pessoas e os sacerdotes, vendo seus companheiros mortos e não sabendo para que lugar se dirigir, foi para sua casa, onde não foi recebido pelo pai nem pelos irmãos. Somente a mãe, por compaixão do filho, recomendou-o a um padre, velho amigo da família, que vestindo-o com seus hábitos levou-o para sua casa, onde esteve dois dias não sem esperança que em Milão surgisse algum tumulto que o salvasse. Coisa que não aconteceu; e suspeitando ser encontrado naquele lugar, preferiu fugir disfarçado, mas, reconhecido, caiu em mãos da justiça onde revelou todo o plano da conjura.

Girolamo tinha vinte e três anos de idade e foi na morte tão corajoso quanto havia sido em ação, porque nu e com o carnífice em frente, com a espada em mãos para feri-lo, estas palavras disse em latim, porque era instruído: *Mors acerba, fama perpetua, stabit vetus memoria facti.*[3]

A empresa desses infelizes jovens foi secretamente planejada e corajosamente executada, e se arruinaram quando os que eles esperavam lhes seguissem e defendessem não os defenderam nem seguiram. Aprendam, portanto, os príncipes a viver de maneira que sejam respeitados e amados, que ninguém deseje, para salvar-se, matá-los; e aprendam os outros o quanto vã é a idéia que nos faz confiar em demasia que uma multidão, mesmo descontente, nos perigos nos siga ou nos acompanhe[4].

O acontecimento acabrunhou a Itália toda, porém muito mais quebrantaram os que em breve aconteceram em Florença, que romperam a paz que por doze anos se mantinha na Itália, como mostraremos no livro seguinte, o qual, se terá um final triste e lacrimoso, seu início será sangrento e pavoroso.

---

3. A morte é dura, a fama é eterna, duradoura será a memória do fato.
4. Da escassa possibilidade de sucesso das conjuras. Cf. *Il principe,* XIX, e *Discorsi...*, III, 6.

LIVRO VIII

da conjura dos Pazzi à morte de Lorenzo

Livro VIII _____ *da conjura dos Pazzi à morte de Lorenzo*

1. O poder dos *Medici*. O efeito da conjura

Estando o início deste oitavo livro em meio a duas conjuras, uma narrada e acontecida em Milão, a outra ainda por narrar e acontecida em Florença, pareceria conveniente, desejando continuar com o nosso costume, que dos tipos e da importância destas considerássemos. Isto com muito gosto o faria se não o tivesse feito em outro lugar[1] ou se se tratasse de matéria que com brevidade pudesse passá-la. Porém como é coisa que requer muita consideração, como já foi dito antes, a deixaremos para depois; e, passando a uma outra matéria, contaremos como o estado dos *Medici* tendo vencido todos os inimigos que abertamente o haviam atingido, querendo que aquela família tomasse toda a autoridade na cidade e com o viver civil se destacasse das outras, ficou necessitado também de superá-las, porque ocultamente tramavam contra eles. Enquanto os *Medici* em igualdade de autoridade e reputação lutavam com algumas das outras famílias, os cidadãos que deles invejavam o poderio podiam opor-se-lhes abertamente sem temer ser oprimidos nas suas motivações; porque tendo os magistrados se tornado livres, nenhum dos partidos tinha motivos para temer senão depois de ter perdido. Mas depois da vitória de 1466[2] o estado se concentrou todo com os *Medici*[3], os quais tanta autoridade tomaram que os que estavam descontentes precisavam com paciência suportar aquele modo de vida, ou, se quisessem eliminá-los, que o tentassem secretamente ou por intermédio de conjuras; e como estas dificilmente têm bom resultado em geral trazem a ruína a quem as move e o poder àquele contra o qual foram movidas. Donde quase sempre que o príncipe de uma cidade é atacado por uma dessas conjuras, se não é morto, como aconteceu ao duque de Milão, o que raras vezes acontece, sai delas com maior poder, e muitas vezes sendo bom torna-se mau, pois elas mesmas lhe dão motivo de

1. Está aludindo a *Discorsi...* III,6. Ou *Il príncipe,* XIX.
2. Cf. Livro VII, cap. 16.
3. O *poder* se concentrou.

temor, e o temor, de se assegurar; o assegurar-se, de agredir, donde se geram depois os ódios e muitas vezes sua ruína. Assim, estas conjuras logo oprimem aos que as movem, e com o tempo, de qualquer maneira causam dano àquele contra quem são movidas.

2. Dois grandes blocos de alianças na Itália. Parentesco e rivalidades entre os *Medici* e os *Pazzi*

A Itália se encontrava dividida, como antes mostramos[1], em duas facções: Papa e rei de um lado, do outro os venezianos, o duque e os florentinos. E mesmo que entre eles não houvesse estourado uma guerra, todos os dias davam-se motivos para que eclodisse, e principalmente o pontífice, em qualquer de suas empresas, arranjava modo de ofender o estado florentino. Assim, tendo morrido *messer Filippo de'Medici*, arcebispo de Pisa[2], o Papa, contra a vontade da Senhoria de Florença, concedeu o arcebispado da cidade a *Francesco Salviati*, sabendo ser este inimigo da família *Medici;* e a Senhoria não querendo empossá-lo, no tratar desta questão continuaram as ofensas. Além disso, aos *Pazzi* fazia muitos favores em Roma, e aos *Medici* em tudo desfavorecia.

Os *Pazzi* eram em Florença, por riquezas e nobreza, de máximo destaque. Seu chefe era *messer Iacopo*, a quem o povo deu o título de cavaleiro. Não tinha senão uma filha natural, mas contava com muitos sobrinhos, filhos de *Piero* e Antonio, seus irmãos; os mais destacados foram *Guglielmo, Francesco, Rinato, Giovanni* depois *Andrea, Niccolò* e *Galeotto.*

Cosme *de'Medici* vendo a riqueza e nobreza destes, casou sua sobrinha *Bianca*[3] com *Guglielmo,* esperando que este parentesco unisse as famílias e afastasse as inimizades e os ódios que dos receios muitas vezes costumam nascer. No entanto, tão ilusórios e incertos são nossos projetos que de outra forma procedem as coisas: porque quem aconselhava *Lorenzo* mostrava-lhe que era perigosíssimo para sua pessoa e para sua autoridade o acúmulo de riquezas e estado em alguns cidadãos. Foi por isso que a *messer Iacopo* e aos sobrinhos não foram concedidos os cargos de honra que mereciam em relação aos outros cidadãos. Disto nasceu nos *Pazzi* o primeiro aborrecimento, e nos *Medici,* o primeiro temor: e assim que uma destas coisas crescia, dava motivo à outra de aumentar: donde os *Pazzi* em cada causa civil disputada com os outros cidadãos eram desfavorecidos pelos juízes. E o magistrado do Conselho dos Oito

1. Livro VII, cap. 31.
2. Em 1474.
3. Filha de *Piero* e *Lucrezia Tornabuoni,* portanto irmã de *Lorenzo.*

LIVRO VIII ———————————*da conjura dos Pazzi à morte de Lorenzo*

por um motivo sem importância[4], estando *Francesco de'Pazzi* em Roma, sem ter por ele o respeito que os cidadãos importantes costumam ter, obrigou-o a voltar a Florença. Assim, os *Pazzi* em toda parte com palavras injuriosas e cheias de desgosto se queixavam, e isto aos outros trazia receios e a eles mesmos, injúrias. *Giovanni de'Pazzi* era casado com a filha de *Giovanni Buonromei*, homem muito rico cuja fortuna, ao morrer, não tendo outros herdeiros, coube à filha. Mesmo assim, *Carlo*, seu sobrinho apossou-se de parte desses bens, e vindo o litígio, promulgou-se uma lei em virtude da qual a mulher de *Giovanni* de'*Pazzi* foi espoliada da herança de seu pai, e concedida a *Carlo*, injúria esta que os *Pazzi* atribuíram completamente aos *Medici*[5]. Disto *Giuliano* de'*Medici* se queixou muito a seu irmão *Lorenzo,* dizendo-lhe que temia, por muito querer as coisas, perdê-las completamente.

3. Causas primeiras da conspiração

Mesmo assim *Lorenzo* no apogeu da juventude e do poder, queria tudo fazer e que todos lhe fossem reconhecidos. Não podendo os *Pazzi*, com tanto poder e tanta nobreza, suportar tanta injúria, começaram a pensar como fariam para se vingar. O primeiro que moveu uma arenga contra os *Medici* foi *Francesco*. Era mais corajoso e sensível do que qualquer dos outros, tanto que decidiu tomar o que lhe faltava ou perder o que tinha. E como odiava os governantes de Florença, vivia quase sempre em Roma, onde lidava, como costumavam fazer os mercadores florentinos, com muito dinheiro. E como era muito amigo do conde Girolamo, queixavam-se, um com o outro, dos *Medici*, tanto que depois de muitas dessas queixas chegaram à conclusão que para um poder viver à vontade em seu seus estados e o outro seguro em sua cidade, era necessário mudar o estado em Florença, coisa que, pensavam, não se podia fazer sem a morte de *Giuliano* e de *Lorenzo*. Julgaram que o Papa e o rei facilmente aceitariam isso desde que a um e outro se mostrasse a facilidade da coisa. Convencidos disso, comunicaram tudo a *Francesco Salviati*, arcebispo de Pisa, que por ser ambicioso e pouco antes ter sido ofendido pelos *Medici*, com satisfação aceitou. E entre si, considerando

4. O motivo: O papa Sisto IV queria comprar Ímola para seu sobrinho *Girolamo Riario*, e *Lorenzo* queria impedi-lo porque considerava que essa era uma área de expansão do domínio florentino. Por isso *Lorenzo* ordenou a *Francesco* não dar sua garantia econômica ao Papa para esta operação. *Francesco* não só não obedeceu mas contou isso ao Papa que colheu o pretexto para tirar o cargo de Depositário da Câmara Apostólica a *Lorenzo*. Cf. A. Montevecchi, op. cit.
5. Realmente *Lorenzo* fez aprovar uma lei, com efeito retroativo, segundo a qual, na falta de filhos homens e de testamento, a herança passaria não às filhas, mas aos sobrinhos homens.

MAQUIAVEL————————————————————HISTÓRIA DE FLORENÇA

o que haveria de se fazer, decidiram, para que tudo resultasse bem, convencer *Iacopo* de'*Pazzi* de seus planos, porque sem ele pensavam que nada poderia ser feito. *Francesco* de'*Pazzi* pensou ser bom que para isso fosse a Florença e que ficassem em Roma o arcebispo e o conde, para estarem junto ao Papa quando chegasse o momento de comunicar-lhe tudo. *Francesco* encontrou *messer Iacopo* mais hesitante e difícil de convencer do que teria desejado e, comunicando isto a Roma, pensou-se que era preciso mais autoridade para convencê-lo, donde o arcebispo e o conde contaram tudo ao *condottiero* do papa *Giovan Batista da Montesecco*, que era muito considerado em guerra, e com o conde e o Papa comprometido. Mesmo assim mostrou que a coisa era difícil e perigosa, perigos e dificuldades que o arcebispo se engenhava em liquidar mostrando as ajudas que o Papa e o rei trariam à empresa, além disso, os ódios que os cidadãos de Florença tinham aos *Medici* os parentes dos *Salviati* e os *Pazzi*, que os seguiriam, a facilidade de matá-los, já que andavam sem companhia e sem receio pela cidade, e, uma vez mortos, a facilidade que seria mudar o estado. Coisas em que *Giovan Batista* não acreditava inteiramente por ter ouvido outras de muitos florentinos.

4. *Iacopo de'Pazzi* adere. O filho de *Poggio Bracciolin* também. Renato *de'Pazzi* abomina

Enquanto ainda estavam com tais considerações e idéias, aconteceu que o Senhor de *Faenza, Carlo,* adoeceu, a ponto de temerem por sua morte. Pareceu ao arcebispo e ao conde a ocasião própria para mandar *Giovan Batista* a Florença e dali à Romanha, com o pretexto de reaver certas terras que o senhor de *Faenza* ocupava. O conde pediu portanto ao *condottiero* do papa *Giovan Batista* que falasse com *Lorenzo* e de parte sua lhe pedisse conselho sobre como lidar com os problemas da Romanha; depois falasse com *Francesco de'Pazzi* e tratassem juntos de convencer *Iacopo de'Pazzi* a juntar-se a eles. A fim de movê-lo com a autoridade do Papa, quiseram que *Giovan Batista* antes de partir falasse com o pontífice, o qual ofereceu-lhe tudo o que podia em benefício da empresa. Chegando portanto a Florença, *Giovan Batista* falou com *Lorenzo*, o qual foi recebido o mais humanamente possível e aos conselhos pedidos respondeu com a maior sensatez e benevolência: tanto que *Giovan Batista* ficou estupefato, parecendo-lhe ter encontrado um homem diferente do que lhe haviam falado, completamente humano, sensato e amigo do conde. Mesmo assim quis falar com *Francesco,* e não o encontrando por ter ido este a *Lucca,* falou com *messer Iacopo,* que no

Livro VIII _____ *da conjura dos Pazzi à morte de Lorenzo*

início mostrou-se muito distante das proposições. Entretanto, antes da separação, a autoridade do Papa um tanto o tinha movido; por isso lhe disse que fosse à Romanha e voltasse quando *Francesco* estivesse em Florença então mais particularmente poderiam discutir tudo. *Giovan Batista* foi e voltou, e com *Lorenzo* continuou a simulada conversação sobre o que lhe pedira o conde; depois reuniu-se com *messer Iacopo* e *Francesco de'Pazzi* e tanto fizeram que *messer Iacopo* aceitou participar da empresa. Discutiram a maneira: *messer Iacopo* não acreditava que aquilo fosse possível estando os dois irmãos em Florença, portanto era melhor esperar que *Lorenzo* fosse a Roma, como diziam que iria, e então se executasse tudo. *Francesco* preferia deixar tudo para a ocasião dessa viagem a Roma, no entanto, se não a fizesse, afirmava que ambos os irmãos poderiam ser atacados a caminho de um casamento, de um jogo ou de uma igreja. E com respeito à ajuda externa, parecia-lhe que o Papa poderia reunir tropas para a empresa do castelo de *Montone*, tendo justificação para tomá-lo do conde *Carlo,* por ter este protagonizado os tumultos de Siena e Perúgia, como já referimos anteriormente. Mas não se concluiu nada além de que *Francesco de'Pazzi* e *Giovan Batista* voltassem a Roma e aí resolvessem tudo com o conde e o Papa. A coisa novamente se discutiu em Roma e finalmente se concluiu, tendo sido resolvida a empresa de *Montone,* que *Gianfrancesco* de *Tolentino,* soldado do Papa, fosse à Romanha, e *messer Lorenzo*[1] à sua cidade, *Castello,* e cada um deles tivesse suas tropas prontas para as ordens de *Salviati* e *Francesco de'Pazzi*, e que estes últimos viessem a Florença com *Giovan Batista da Montesecco* para dispor o que era necessário à execução final da empresa, à qual o rei Ferdinando I tinha prometido, por intermédio de seu embaixador, toda ajuda. Vindos, portanto, o arcebispo e *Francesco de'Pazzi* a Florença, com suas argumentações atraíram *Iacopo,* filho de *messer Poggio*[2], jovem literato mas ambicioso e muito ávido de coisas novas. Convenceram também dois, *Iacopi Salviati,* um irmão, outro, parente do arcebispo, e finalmente, *Bernardo Bandini* e *Napoleoni Francesi* jovens ousados e devedores da família dos *Pazzi.* Entre os forasteiros, intervieram além dos já mencionados, *messer Antonio*[3], de Volterra, e o sacerdote *Stefano,* que lecionava latim na casa de *messer Iacopo* à sua filha. Renato *de'Pazzi,* homem prudente e responsável que muito bem conhecia os males que surgem de semelhantes empresas, não aceitou participar da conjura, ao contrário, abominou-a, e da maneira que modestamente pôde tratou de impedi-la.

1. *Lorenzo Giustini,* vicário do Papa na cidade de *Castello.*
2. *Poggio Bracciolini.* Cf. Proêmio, n. 3.
3. *Antonio Maffei,* escrivão apostólico.

5. Escolhem: em um banquete. *Giuliano* não comparece

O Papa mantinha *Raffaelo de'Riario,* sobrinho do conde *Girolamo,* na Universidade de Pisa, estudando direito canônico, e este, ainda quando ali estava, foi nomeado cardeal[1]. Pareceu aos conjurados uma boa ocasião para levar este cardeal a Florença e, na viagem, encobrir entre seus famíliares os conjurados que precisariam esconder o que podia facilitar a execução da conjura. Então o cardeal veio e foi recebido por *Iacopo de'Pazzi* em sua *villa*[2] em *Montughi,* perto de Florença. Os conjurados desejavam, por seu intermédio, reunir *Lorenzo e Giuliano de'Medici*, e, assim que isso acontecesse, matá-los. Arranjaram que os *Medici* o convidassem a sua *villa* em *Fiesole* e *Giuliano* por acaso ou de propósito, não foi; então, falido o projeto, julgaram que se os convidassem em Florença, ambos compareceriam necessariamente. Assim dispostas as coisas, escolheram o domingo 26 de abril de 1478. Pensaram os conjurados poder matá-los durante o banquete, e juntos para lá se dirigiram sábado à noite, a fim de organizar tudo para a manhã seguinte. Chegado o dia, *Francesco* foi avisado de que *Giuliano* não viria. Por isso os conjurados de novo se reuniram e concluíram que não iriam diferir mais a execução, porque era impossível, sendo sabida por todos, que não os descobrissem. Deliberaram matá-los na catedral de *Santa Reparata* onde, estando lá o cardeal, ambos compareceriam, como habitualmente o faziam. Queriam que *Giovan Batista Montesecco* se encarregasse de matar *Lorenzo* e *Francesco de'Pazzi* e *Bernardo Bandini, Giuliano*.

Giovan Batista recusou fazê-lo, porque a famíliaridade que tivera com *Lorenzo*[3] havia adoçado seu ânimo, ou por outra qualquer razão, e disse que coragem alguma jamais lhe bastaria para cometer tanto excesso na igreja e ajuntar à traição um sacrilégio. O que foi o início da ruína da empresa deles, porque, como premia o tempo, foram obrigados a encarregar disso *messer Antonio* de *Volterra* e o sacerdote *Stefano,* duas pessoas que, por vivência ou por natureza, haviam sido muito ineptos em muitas empresas. Se jamais em alguma ocasião precisa-se ânimo grande e firme, e ser resoluto nas ocasiões de vida ou morte, é em uma ocasião dessas em que isso é necessário, e se vê faltar muitas vezes em homens hábeis com as armas e habituados ao sangue.

---

1. *Raffaello Sansoni,* filho da irmã de *Girolamo Riario,* tornou-se cardeal em 1477, aos 19 anos de idade. Essa afronta aos *Medici,* dizem, causou no próprio jovem uma palidez que não abandonou seu semblante pelo resto da vida. Cf. *F. F. Murga, op. cit.*
2. A *villa* italiana é uma mansão com grande parque e em geral na periferia de uma cidade. Portanto, um sítio, ou chácara, com mansão.
3. Cf. cap. anterior.

Livro VIII _____ *da conjura dos Pazzi à morte de Lorenzo*

Feita então esta deliberação, decidiram que o sinal seria quando o padre que oficiava a principal missa tomasse a comunhão; e que, enquanto isso, o arcebispo *Salviati*, com os seus e com *Iacopo,* o filho de *messer Poggio*, ocupassem o palácio da Senhoria para que esta os secundasse, após a morte dos dois, espontaneamente ou pela força.

6. Desfecho na igreja: *Lorenzo* gravemente ferido e *Giuliano* assassinado

Tomada essa decisão, dirigiram-se à igreja, onde o cardeal já havia chegado com *Lorenzo de'Medici*. A igreja estava repleta de gente, o ofício divino iniciado, mas *Giuliano de'Medici* não havia chegado. Donde *Francesco de'Pazzi,* juntamente com *Bernardo,* que estavam incumbidos de sua morte, foram até sua casa e com súplicas e ardis o conduziram até a igreja. É realmente digno de memória que tanto ódio, tantas idéias de excessos, pudessem *Francesco* e *Bernardo* encobrir com tanto sentimento e persistência, pois na rua e na igreja o entretinham com brincadeiras e anedotas juvenis. E *Francesco* não deixou, fingindo afeição, de abraçá-lo e apalpá-lo para comprovar se não estava munido de armadura ou alguma outra semelhante defesa.

Giuliano e *Lorenzo* sabiam do acerbo ânimo dos *Pazzi* contra eles e que desejavam tirar-lhes o poder[1]; e não temiam pela vida, pois acreditavam que se tivessem de tentar alguma coisa, fariam-no civilmente e não com algum tipo de violência; por isso eles também, sem cuidar da própria vida, simulavam ser amigos dos *Pazzi*. Estando então preparados, alguns dos assassinos ficaram sem dificuldade junto a *Lorenzo* e sem destar suspeitas por causa de multidão que havia, os outros, junto a *Giuliano;* e quando chegou o momento, *Bernardo Bandini,* com uma arma curta, levada a propósito, atravessou o peito de *Giuliano*, que após poucos passos caiu. Sobre ele *Francesco de'Pazzi* lançou-se cobrindo-o de ferimentos, e tão encarniçado estava no percuti-lo que, na obsessão e no furor que o tomaram, em uma perna feriu-se gravemente. *Messer Antonio* e *Stefano* por outro lado atacaram *Lorenzo,* desferindo-lhe muitos golpes; e conseguiram feri-lo no pescoço, pois, pela negligência deles ou pelo ânimo de *Lorenzo* ao ver-se atacado defendeu-se com suas armas e foi ajudado por quem o acompanhava[2], anulando o esforço dos atacantes. Então estes, acabrunhados, fugiram e se esconderam; mas

---

1. ... *tòrre loro l'autorità dello stato.*
2. *Andrea* e *Lorenzo Cavalcanti,* Antonio *Ridolfi* e *Agnolo Poliziano.*

MAQUIAVEL ———————————————————— HISTÓRIA DE FLORENÇA

depois de alguns dias foram encontrados[3] e vituperiosamente mortos e arrastados por toda a cidade. *Lorenzo,* por outro lado, com os amigos que o acompanhavam, fechou-se na sacristia da igreja. *Bernardo Bandini* ao ver *Giuliano* morto, matou também *Francesco Nori*, muito amigo dos *Medici,* ou porque o odiava há muito, ou porque tentara ajudar *Giuliano*. E não satisfeito destes dois homicídios, correu em busca de *Lorenzo* para suprir com seu ânimo e rapidez o que os outros por lentidão e fraqueza deixaram de fazer. Em meio a esses graves e tumultuados acidentes, que foram tão terríveis que parecia vir abaixo a igreja, o cardeal se refugiou junto ao altar, onde a duras penas o protegeram os padres até que a Senhoria, cessado o tumulto, pôde conduzi-lo ao Palácio, no qual com grande temor demorou até ser liberado.

7. O arcebispo *Salviati, Iacopo de' Pazzi* e filho de *Poggio* tentam tomar a Senhoria: todos enforcados

Encontrando-se nessa época em Florença alguns perugianos expulsos de sua pátria por lutas partidárias, os *Pazzi,* prometendo-lhes o retorno, atraíram-nos a seus desígnios. Por isso o arcebispo *Salviati* os conduziu ao Palácio, onde foi se refugiar com *Iacopo,* filho de *messer Poggio,* seus famíliares e outros amigos. E lá chegando, deixou embaixo parte de seus amigos com ordem de, assim que ouvissem alguma confusão, ocupar a porta, subiu com a maior parte dos perugianos, soube que a Senhoria estava comendo, que era tarde, e ali foi introduzido não muito depois por *Cesare Petrucci,* gonfaloneiro de justiça. Uma vez lá dentro com poucos dos seus, deixou os outros fora; a maior parte deles trancou-se na chancelaria, porque de tal maneira tinha sido feita aquela porta que, uma vez fechada, seja por dentro seja por fora, só podia ser aberta com uma chave.

Entretanto o arcebispo, dirigindo-se ao gonfaloneiro com o pretexto de querer comunicar-lhe alguma coisa de parte do Papa, começou a falar com palavras entrecortadas e dúbias; de maneira que as alterações de seu rosto e das palavras geraram tal suspeita que de repente, gritando, saiu do recinto, e tendo encontrado *Iacopo,* filho de *messer Poggio,* tomou-o pelos cabelos e o entregou a seus guardas. E os Senhores alarmados e apenas com as armas que por acaso portavam, a todos que tinham subido com o arcebispo, parte dos quais estava encerrada, parte acovardada, a estes ou logo deram morte ou vivos foram lançados pelas janelas; entre eles o arcebispo, ambos os *Iacopi,* os *Salviati* e o filho de *messer Poggio*

3. Na abadia.

LIVRO VIII _____ *da conjura dos Pazzi à morte de Lorenzo*

foram enforcados. Os que ficaram embaixo, no palácio, tinham superado os guardas e ocupado a porta e todo o pavimento, de maneira que os cidadãos que pela confusão tinham acudido ao palácio nem ajuda armada nem conselhos desarmados puderam dar à Senhoria.

8. Detalhes do trágico fim dos conjurados

Enquanto isso *Francesco de'Pazzi* e *Bernardo Bandini*, vendo *Lorenzo* salvo e um deles, em quem estava toda a esperança da empresa, gravemente ferido, ficaram acabrunhados; donde *Bernardo*, com a mesma rapidez de determinação com que tinha atacado os *Medici*, fugiu para se salvar. *Francesco* ferido tentando voltar para casa experimentou se podia manter-se no cavalo, porque o estabelecido era percorrer a cidade com homens armados e chamar o povo à liberdade e às armas; mas não pôde fazê-lo, tão profundo era seu ferimento e tanto sangue havia perdido. Por isso atirou-se nu ao leito e pediu a *messer Iacopo* que fizesse o que ele não podia fazer. *Messer Iacopo*, mesmo velho e sem prática em semelhantes tumultos, para fazer a última experiência da fortuna deles montou a cavalo e com talvez cem homens armados, que antes haviam sido para isso preparados, se foi à praça do Palácio da Senhoria chamando em sua ajuda o povo e a liberdade. Mas, como o povo a fortuna[1] e a liberdade dos *Medici* o tinham tornado surdo, e a liberdade em Florença não era conhecida, ninguém respondeu[2]. Somente os Senhores, que dominavam a parte superior, o saudaram com pedradas e com as ameaças que puderam para desencorajá-lo. E demorando-se *messer Iacopo* em dúvida, foi a seu encontro *Giovanni Serristori*, seu cunhado, que primeiro o censurou pelo tumulto que fizera, depois o aconselhou a voltar para casa, afirmando-lhe que para os outros cidadãos como para ele o povo e a liberdade contavam muito. Privado de qualquer esperança, vendo inimigo o Palácio, *Lorenzo* vivo, *Francesco* ferido e ninguém a segui-lo, e não sabendo o que fazer, *messer Iacopo* decidiu salvar a vida, se pudesse, com a fuga; e com a companhia que tinha consigo na praça deixou Florença para ir à Romanha.

9. Fortuna e simpatia popular dos *Medici*. Duríssimas condenações e exéquias de *Giuliano*

Enquanto isso a cidade toda estava em armas, e *Lorenzo* com muitos homens armados tinha se recolhido à casa. O Palácio tinha sido

1. Aqui *fortuna*, é usado no sentido trivial, tão conhecido entre nós.
2. Notório sarcasmo do Autor.

recuperado pelo povo e todos os seus ocupantes estavam presos ou mortos. Na cidade toda já se gritava o nome dos *Medici*, e os membros dos mortos viam-se espetados nas pontas das armas ou arrastados pela cidade. E todos com palavras plenas de ira ou atos cheios de crueldade perseguiam os *Pazzi*. As suas casas já tinham sido ocupadas pelo povo e *Francesco*, assim nu como estava foi tirado de casa, levado ao Palácio e enforcado junto ao arcebispo e outros. Não foi possível fazê-lo dizer coisa alguma com as injúrias que lhe fizeram pelo caminho; depois, fixamente olhando os outros, sem queixa alguma, calado suspirava. *Guglielmo de'Pazzi*, cunhado de *Lorenzo*, conseguiu se salvar na casa deste, por inocência sua ou pela ajuda de sua mulher, *Bianca*. Não houve cidadão que com ou sem armas não fosse à casa de *Lorenzo* na ocorrência para oferecer-se, como a seus próprios bens, tal era a fortuna e a simpatia popular que aquela casa tinha adquirido junto ao povo por sua prudência e liberalidade. *Rinato de'Pazzi*, quando aquilo aconteceu, havia se refugiado em sua *villa*, e quando soube do que tinha acontecido quis fugir disfarçado, mas foi reconhecido no caminho, preso, e conduzido a Florença. Foi também preso *messer Iacopo*, ao passar os Apeninos, porque, tendo os montanheses sabido dos acontecimentos em Florença e vendo a sua fuga, o prenderam e conduziram à cidade; e não conseguiu, mesmo tendo pedido muitas vezes, ser morto por esses no caminho.

Messer Iacopo e *Rinato* foram condenados à morte quatro dias depois de acontecidos os fatos, e entre tantas mortes acontecidas naqueles dias em que se encheram as ruas de membros humanos, somente a de *Rinato* foi vista com misericórdia, por ter sido homem sensato e bom, e não dotado da soberba de que se acusava os outros membros da família.

E para que em tudo isso não faltasse alguma coisa extraordinária, *messer Iacopo* foi primeiro sepultado junto a seus ancestrais, depois, seus restos foram dali removidos, como se tivessido sido expulso, e sepultado junto a muralha da cidade[1], de onde também foi tirado pela corda com que tinha sido enforcado, arrastado nu por toda a cidade e logo, como na terra não encontravam lugar para sepultá-lo, pelos mesmos que o tinham arrastado foi jogado no rio Arno[2], que então estava com as águas muito altas. Exemplo verdadeiramente muito grande do que é a fortuna, ver um homem com tamanhas riquezas e tal posição, cair em tanta infelicidade, com tanta ruína e tal vilipêndio. Narram-se entre seus vícios o jogo e a blasfêmia em maior grau do que a qualquer homem perdido convinha, vícios estes que compensava com muitas esmolas que a muitos

---

1. A enchente que tinha ocorrido naqueles dias foi considerada como um castigo dos céus por terem enterrado um blasfemador em lugar sagrado. Cf. *A. Montevecchi, op. cit.*
2. Dia 17/5/1478.

Livro VIII_____*da conjura dos Pazzi à morte de Lorenzo*

necessitados e lugares pios costumava dar. Dele também pode-se falar bem pelo sábado anterior ao domingo dedicado a tanto homicídio quando, para não fazer outros partícipes de sua adversa fortuna, pagou todos seus débitos, e todas as mercadorias que tinha na alfândega ou em sua casa que a outros pertenciam, com esplêndida solicitude entregou a seus donos.

Giovan Batista da Montesecco, depois de longo interrogatório, foi decapitado. *Napoleone Franzesi* com a fuga escapou ao suplício. *Guglielmo de'Pazzi* foi confinado[3] e seus primos que ainda estavam vivos foram parar no fundo da prisão do castelo de Volterra.

Terminados os tumultos e punidos os conjurados, celebraram-se as exéquias de *Giuliano,* acompanhadas com as lágrimas de todos os cidadãos, porque nele havia tanta liberalidade e humanidade quanto se pudesse ter desejado em qualquer pessoa nascida em tal fortuna. Dele ficou um filho natural que nasceu há poucos meses de sua morte, chamado *Giulio*[4], o qual desta virtude e fortuna estava repleto e que todos na presente época conhecem e que nós mostraremos amplamente, quando chegarmos[5] aos tempos presentes, se Deus nos concede vida.

As tropas sob o comando de *Lorenzo da Castello,* prontas em *Val di Tevere,* e as de *Giovan Francesco da Tolentino,* igualmente na Romanha, juntas, para apoiar os *Pazzi* tinham se movido em direção de Florença, mas voltaram quando souberam da ruína da empresa.

10. O Papa e o rei de Nápoles querem fazer com uma guerra o que a conjura não conseguiu fazer. Florença excomungada. Discurso de *Lorenzo.* Os cidadãos em lágrimas dispõem a *Lorenzo* guarda pessoal armada

E como não aconteceram no estado as mudanças que desejavam, o Papa e o rei de Nápoles decidiram com a guerra fazer o que as conjuras não tinham podido fazer. E um e outro, com enorme rapidez, reuniu suas tropas para atacar Florença, declarando que outra coisa não desejavam senão remover daquela cidade *Lorenzo de'Medici,* o único dos florentinos que tinham como inimigo.

As tropas do rei de Nápoles já haviam atravessado o rio Tronto e as do Papa já estavam em Perúgia; e para que, além dos temporais os florentinos tivessem também ferimentos espirituais, os excomungou e

3. Confinar: cf. Livro II, cap. 8, n. 4.
4. Futuro papa Clemente VII, *Giulio de'Medici* (1523-1534). A quem esta obra é dedicada.
5. Na verdade o autor não chega à sua época (Livro 9).

MAQUIAVEL ————————————————————— HISTÓRIA DE FLORENÇA

amaldiçoou[1]. Donde os florentinos, vendo-se atacados por tantos exércitos, prepararam-se com toda a solicitude para a defesa. E *Lorenzo de'Medici* antes de qualquer outra coisa, como dizia-se a guerra contra ele ser feita, quis reunir no Palácio, juntamente com os Senhores, todos os cidadãos notáveis, em mais de trezentos, e disse:

Não sei, excelsos Senhores, e vós, magníficos cidadãos, se com vós me queixo pelas coisas acontecidas ou se me alegro. Na verdade, quando penso com quanta fraude, com quanto ódio tenha sido atacado e meu irmão assassinado, não posso deixar de me entristecer e com todo o coração, toda a alma, me condoer. Mas quando considero depois com quanta rapidez, com quanto cuidado, quanta unanimidade de consenso de toda a cidade foi vingado meu irmão e fui defendido, devo não só me alegrar mas em toda a minha pessoa experimentar a exaltação e a glória. E, verdadeiramente, se a experiência me fez saber que nesta cidade tinha mais inimigos do que pensava, também me mostrou que tinha mais fervorosos e cálidos amigos do que podia crer. Sou forçado, portanto, a condoer-me com vós pelas injúrias dos outros e a alegrar-me por vossos méritos, e sou, sim, obrigado a condoer-me tanto dessas injúrias quanto elas são poucas, quanto são inauditas, quanto não as mereceis. Considerai, magníficos cidadãos, a que ponto a má fortuna conduziu a nossa família, que entre os amigos, entre os parentes, na igreja, não estava segura. Costumam os que temem a morte recorrer aos amigos, aos parentes, para ajuda, e nós os encontramos armados para nos destruir. Costumam refugiar-se nas igrejas os que por públicos ou privados motivos são perseguidos. No entanto, pelos que a outros defendem nós somos mortos; onde os parricidas, os assassinos estão seguros, os *Medici* encontram seus matadores. Mas Deus, que no passado jamais abandonou nossa casa, também nos acaba de salvar e tomou a defesa de nossa justa causa. Por que, qual foi a injúria que jamais fizemos a alguém para merecermos tanto desejo de vingança? Na verdade, estes que se demonstraram tão inimigos jamais por nós foram em sua vida privada atacados. Porque se nós os tivéssemos atacado, não teriam oportunidade de nos atacar. Se atribuem a nós as injúrias do estado, caso alguma tenha sido feita, não sei, ofendem a vós mais que a nós, mais este Palácio e a majestade deste governo do que à nossa casa, demonstrando que por nossa causa vós injuriais imerecidamente vossos cidadãos. Isso se afasta de qualquer verdade; porque nem nós se pudéssemos o teríamos feito, nem vós, quando desejássemos que o fizésseis. Porque quem procurar bem a verdade encontrará nossa família não por outro motivo com tanto consenso ser sempre exaltada por vós senão porque com humanidade, com liberalidade, com benefícios se esforçou para ser a primeira. Se honrávamos os estrangeiros, como haveríamos de injuriar os parentes? Se decidiram fazer isso pelo desejo de dominar, como mostra a ocupação do Palácio, vir com os homens armados à praça, o quanto este motivo é feio, ambicioso e condenável por si só se descobre e se condena. Se o fizeram por ódio e inveja que tinham de nossa autoridade, tendo-nos sido concedida por vós, não a nós, a vós ofenderam. Na

1. Em manifesta ingerência na política interna florentina, o papa Sisto IV, em junho de 1478, excomungou *Lorenzo* e toda a Senhoria.

LIVRO VIII _____ *da conjura dos Pazzi à morte de Lorenzo*

verdade, merecem ser odiadas as autoridades que pelos homens são usurpadas, não as que são adquiridas pela liberalidade, humanidade e magnificência[2]. E vós sabeis que jamais subiu a nossa família a grau algum de grandeza sem ser impelida por este Palácio ou por vosso unânime consenso: não retornou Cosme, meu avô, do exílio, com as armas e por violência, mas com o vosso consenso e unanimidade. Meu pai, velho e enfermo, já não defendeu ele mesmo o estado de tantos inimigos, o defendestes vós com vossa autoridade e benevolência; nem mesmo eu teria mantido, depois da morte de meu pai, sendo, pode-se dizer, ainda um menino, o prestígio de minha casa se não fossem vossos conselhos e favores. Minha casa não teria podido governar esta República, nem poderia agora, se vós com ela não a tivésseis governado e a continuásseis governando. Não sei, portanto, qual motivo do ódio possa haver neles contra nós, ou qual a justa razão de inveja. Que dirijam seu ódio a seus antepassados, cuja soberba e avareza fizeram perder a reputação que os nossos souberam adquirir com procedimentos contrários aos deles! Mas concedamos que as injúrias que fizemos a eles sejam grandes e com razão desejassem nossa ruína: por que vir atacar este Palácio? Por que unir-se com o Papa e o rei de Nápoles contra a liberdade desta República? Por que romper uma longa paz na Itália? Para isto não têm desculpa alguma, porque deviam atacar quem os atacou, e não confundir inimizades privadas com injúrias públicas. Isto fez com que, apesar de terem desaparecido, aumentasse o nosso mal, vindo por causa deles o Papa e o rei de Nápoles a nos atacar, guerra esta que, afirmam, dirigem a mim e à minha casa. Coisa que queira Deus fosse verdade e os remédios seriam rápidos e certeiros, porque não seria tão mau cidadão que olhasse mais por minha salvação do que pelos perigos vossos, ao contrário, de bom grado vosso incêndio apagaria com minha ruína. E como os poderosos sempre as injúrias que fazem encobrem com algum menos desonesto pretexto, buscaram igualmente encobrir esta desonesta injúria. Mesmo assim, se pensardes de outra forma, coloco-me em vossas mãos. Havereis de me reger ou abandonar, vós meus pais, vós meus defensores; e quando por vós me pedirdes que faça esta guerra, começada com o sangue de meu irmão, a farei de bom grado e não recusarei jamais, quando bem entendais, que com o meu seja terminada.

Os cidadãos não conseguiam, enquanto *Lorenzo* falava, conter as lágrimas, e com a piedade com que foi ouvido, respondeu-lhe um deles, a quem os outros haviam encarregado disso, dizendo que a cidade reconhecia tantos méritos nele e nos seus que não desanimasse, pois com a imediatez com que tinham vingado a morte de seu irmão e protegido sua vida, conservar-lhe-iam a reputação e o estado, e isso ele não perderia antes que eles mesmos perdessem a pátria. E para que os atos correspondessem às palavras, providenciaram oficialmente um certo número de homens armados à sua custódia pessoal, a fim de que o defendessem das insídias domésticas.

2. Conselho que *Giovanni de'Medici* deu a seus filhos, cf. Livro IV, cap.16.

MAQUIAVEL ——————————————— HISTÓRIA DE FLORENÇA

11. Reúnem tropas e dinheiros, pedem ajuda a Milão e Veneza. O Papa procura se justificar

Depois tomaram-se medidas para a guerra reunindo tropas e dinheiro na maior quantidade possível. Mandaram pedir ajuda, em razão da aliança, ao duque de Milão[1] e aos venezianos; e como o Papa tinha se demonstrado lobo e não pastor, para não serem devorados declarando-se culpados, justificaram sua causa de todas as maneiras que puderam, e espalharam por toda a Itália a traição feita contra Florença[2], mostrando a impiedade e injustiça do Pontífice; e como este o pontificado que mal havia ocupado mal exercia, já que havia conduzido a altos cargos aqueles[3] eclesiásticos que se acompanharam de traidores e parricidas para cometer tamanha perfídia contra a Igreja, em meio ao ofício divino, durante a consagração da hóstia; e depois, como não conseguira matar os cidadãos, mudar o estado de cidade e saqueá-la à vontade, pretendia interditá-la, ameaçá-la com suas maldições pontificais e atacá-la. Mas que se Deus era justo, se Lhe desagradavam as violências, deveriam desagradar-Lhe as deste vicário, como deveria ficar satisfeito que, não encontrando ouvidos junto a este, os homens atacados a Ele recorressem. Portanto, sem obedecer à interdição recebida, obrigaram os sacerdotes a celebrar o divino ofício, e organizaram em Florença uma reunião de todos os prelados toscanos que estavam sob esta jurisdição, reunião na qual apelaram ao futuro Concílio contra as injúrias do Pontífice. Ao Papa também não faltaram razões para justificar sua causa, e para isso alegava competir a um pontífice liquidar a tirania, oprimir os malvados e exaltar os bons[4], coisas para as quais convém aplicar todos os remédios oportunos. Mas não era ofício de príncipes seculares prender cardeais, enforcar bispos, matar, esquartejar e arrastar corpos de sacerdotes, como executar sem diferenciação alguma inocentes e culpados.

12. Os florentinos entregam o cardeal que mantinham preso. As tropas do pontífice e do rei de Nápoles invadem a Toscana

Apesar de tantas querelas e acusações, os florentinos entregaram ao pontífice o cardeal que tinham em mãos, o que fez com que o Papa sem consideração alguma os atacasse com todas as suas tropas e as do rei.

1. *Gian Galeazzo.* Em 10 de abri.
2. Publicaram uma *Excusatio Florentinorum, Atti della Sinodo fiorentina,* a confissão de *Montesecco,* e iniciaram uma verdadeira campanha de imprensa.
3. *Sansoni, Salviati.*
4. Procurava assim separar a causa dos *Medici* da de Florença.

LIVRO VIII _____ *da conjura dos Pazzi à morte de Lorenzo*

Entraram em *Chianti* esses dois exércitos, um sob o comando de Afonso de Aragão, primogênito de Ferdinando I e duque da Calábria, o outro, de Frederico, conde de Urbino, atravessando as terras de *Siena*, que estavam com os inimigos, ocuparam *Radda* e outras fortificações, saqueando o território todo e acampando depois em *Castellina*. Os florentinos, em vista desse ataque, estavam muito atemorizados por não ter tropas e ver muito lenta a ajuda dos amigos; porque não obstante o duque mandar socorros, os venezianos diziam não ser obrigados a ajudar os florentinos nas causas privadas; porque sendo a guerra contra particulares[1], nela não eram obrigados a apoiá-los e porque as inimizades particulares não deviam ser publicamente defendidas: de maneira que os florentinos, para dispor os venezianos a uma opinião mais favorável, enviaram como embaixador àquele senado *messer Tommaso Soderini*, e enquanto isso, assoldadaram tropas e fizeram capitão de seu exército *Ercule*, marquês de Ferrara. Quando estas preparações eram feitas, de tal maneira o exército cercou a *Castellina* que seus habitantes, sem esperanças de socorro, renderam-se depois de suportarem o assédio por quarenta dias. Dali voltaram-se ao inimigo que estava em *Arezzo* e acamparam em *Monte a San Sovino*. O exército florentino já estava organizado, indo em busca do inimigo e próximo de três milhas deste, fustigando-o de tal maneira que Frederico de Urbino pediu alguns dias de trégua. Esta lhe foi concedida com tal desvantagem para os florentinos que os que a tinham pedido se maravilharam; porque se não a tivessem obtido seriam obrigados a partir com vexame, porém obtidos aqueles dias para se organizar, às barbas de nossas tropas tomaram o castelo. Mas, tendo já chegado o inverno, os inimigos, para se retirar a um lugar próprio para invernar, dirigiram-se a *Siena*. Também os florentinos se retiraram a lugares mais próprios, e o marquês de Ferrara, tendo para si obtido pouco proveito e menos para os outros, retirou-se a seu estado.

13. Gênova se insurge contra Milão. O Papa e o rei de Nápoles continuam fustigando a Toscana

Nessa época Gênova rebelou-se contra o estado de Milão por estas razões: depois de morto *Galeazzo*, e permanecendo seu filho *Giovan Galeazzo*, de idade imprópria ao governo, houve dissensão entre seus tios *Lodovico, Ottaviano* e *Ascanio Sforza*, e sua mãe, dona *Bona*, porque todos queriam a tutela do pequeno duque. Nessa contenda dona *Bona*,

1. Os *Medici*.

velha duquesa, por conselho de *messer Tommaso Soderini*, que estava ali em qualidade de embaixador florentino, e de *messer Cecco Simonetta*, que tinha sido secretário de *Galeazzo*, saiu vencedora. Por isso, quando os *Sforza* tiveram de fugir de Milão, *Ottaviano*, ao passar o rio *Adda*, morreu afogado e os outros foram confinados a diversos lugares juntamente com o senhor *Ruberto da San Severino*, o qual durante a contenda havia deixado a duquesa e se aliado a esses. Tendo depois acontecido os tumultos da Toscana, esses príncipes, esperando com os novos incidentes nova fortuna encontrar, romperam seus confinamentos e cada um tentava novas coisas[1] para voltar a seu estado. O rei Ferdinando I, ao ver que só os florentinos (quando necessitavam) tinham socorrido o estado de Milão, para também tirar-lhes essa ajuda, quis dar à duquesa tantas preocupações em seu estado que ela não pudesse continuar a fazê-lo. E por intermédio de *Prospero Adorno* e do senhor [sic]*Ruberto* e os rebeldes de *Sforza* fez Gênova rebelar-se contra o duque. Ficou em seu poder unicamente o *Castelletto*, sob a segurança do qual ficou a cidade e para onde a duquesa enviou muitas tropas para recuperá-la, mas foram derrotadas[2]. De maneira que, vendo o perigo, para o estado de seu filho e para ela, que poderia advir se aquela guerra durasse, estando a Toscana em convulsão e os florentinos só os imaginava aflitos, decidiu, já que não podia submeter Gênova, podia tê-la como aliada. E combinou com *Batistino Fregoso*[3], inimigo de *Prospero Adorno*, dar-lhe o *Castelletto* e levá-lo ao mando de Gênova, desde que expulsasse *Prospero* e não pactuasse com os *Sforza*. Depois desse acordo, *Batistino*, com a ajuda dos do castelo e de seu partido, ensenhoreou-se da cidade e, segundo o costume dos genoveses, passou a ser seu *doge*[4]; por isso as tropas dos *Sforza* e o senhor *Ruberto*, expulsos do território genovês, foram à *Lunigiana* com seus sequazes. Donde o Papa e o rei, vendo que tinham se apaziguado as aflições na Lombardia, aproveitaram a ocasião para turbar a Toscana por parte de Pisa, aproveitando os expulsos de Gênova, a fim de que, pela divisão de suas forças, os florentinos se enfraquecessem. E para isso dispuseram que, tendo já passado o inverno, o senhor *Ruberto* com suas tropas deixasse *Lunigiana* e atacasse o território pisano. Então este senhor fez um tumulto muito grande e tomou e saqueou muitos castelos das terras de Pisa, e predando foi até essa própria cidade.

1. "Coisas novas": subversão, os príncipes mencionados se rebelaram contra seus confinamentos. Cf. *A. Montevecchi, op. cit.*
2. Em agosto de 1478.
3. Filho de *Pietro Fregoso, doge* de Gênova de 1450 a 1459. Esse acordo foi feito em outubro de 1478. *Prospero Adorno* era governador de Gênova, para os *Sforza*.
4. Cf. Livro II, cap. 21, n.1. Isso ocorreu em novembro de 1478.

LIVRO VIII — *da conjura dos Pazzi à morte de Lorenzo*

14. Embaixadores do rei da França e do rei da Hungria, depois de irem ao Papa, vão a Florença. Ajuda veneziana

Chegaram a Florença, nessa época, os embaixadores do imperador, do rei da França e do rei da Hungria[1], que tinham sido enviados ao Pontífice por seus príncipes; estes haviam persuadido também os florentinos fazer coisa semelhante, prometendo diante daquele fazer de tudo para obter uma boa paz e pôr fim a essa guerra. Os florentinos não recusaram esta experiência para poder ter, perante qualquer um, a escusa de serem amantes da paz. Foram então os embaixadores e voltaram, porém, sem haver concluído coisa alguma. Donde os florentinos, para honrar-se da reputação do rei da França, já que pelos italianos em parte haviam sido atacados, parte abandonados, enviaram *Donato Acciaiuoli*[2], homem muito estudioso de letras gregas e latinas, cuja família sempre teve importantes cargos na cidade. Mas no caminho, em Milão, morreu, e a Pátria, para recompensar o que dele tinha ficado e honrar sua memória, o sepultou a dispêndio público com muitíssimas honras, concedeu isenções a seus filhos e dotes convenientes ao casamento das filhas; para substituí-lo como embaixador junto ao rei designou *messer Guido Antonio Vespucci*, homem muitíssimo erudito em direito civil e canônico.

O ataque feito pelo senhor *Ruberto* ao território pisano, como costuma acontecer com coisas inesperadas, muito turbou os florentinos. Porque tendo por parte de Siena uma tão dura guerra, não conseguiam atender os lugares próximos a Pisa. E para manter os de *Lucca* fiéis, de modo que não dessem ao inimigo víveres ou dinheiro, enviaram como embaixador *Piero di Gino Neri Capponi*, que por eles com muita desconfiança foi recebido, em razão do ódio que tinha aquela cidade contra o povo de Florença, sentimento que, nascido de velhas injúrias e do contínuo temor, muitas vezes lhe trouxe o risco de ser morto pelo povo. Tanto é que sua presença deu motivo mais para muitos rancores do que para nova união.

Os florentinos tornaram a convocar o marquês de Ferrara, assoldadaram o marquês de Mântua e com muita instância pediram aos venezianos os serviços de *Carlo*, filho de *Braccio*, e *Deifebo*, filho do conde

---

1. O rei da França era Luís XI, o da Hungria, Matias Corvino (1458-1490); estes soberanos haviam oferecido apoio a *Lorenzo de'Medici*, por motivo de seu pedido de ajuda aos príncipes cristãos e pela campanha contra o Papa, por um novo Concílio (cf. cap. 11, n. 2).
2. Ilustre humanista, de uma das mais prestigiadas famílias florentinas, já ocupara *gradi grandi* (cargos importantes). Foi gonfaloneiro e embaixador em Roma, e encarregado de traduzir para o vulgar *Istorie fiorentine*, de *Bruni*.

Iacopo[3], que no final e só depois de muita cavilação os concederam. Porque tendo feito trégua com os turcos e por isso ficado sem escusas, envergonharam-se de não respeitar o compromisso com a liga.[4]

Vieram portanto o conde *Carlo e Deifebo* com um bom número de soldados e unindo-os com o que haviam podido retirar do exército, que sob as ordens do marquês de Ferrara enfrentava as tropas do duque da Calábria, foram todos à Pisa em busca de *Roberto da San Severino* que com suas tropas encontrava-se junto ao rio *Serchio*. E ainda que este tivesse querido aparentar que estava esperando por nossas tropas, não as esperou, e retirou-se a *Lunigiana,* aos mesmos acampamentos onde esteve antes de fazer sua incursão por Pisa. Depois de sua partida todas essas terras que o inimigo tinha tomado no território de Pisa foram recuperadas pelo conde *Carlo*.

15. Vitória florentina junto ao lago *Trarsimeno* é eclipsada por desordens em *Poggibonzi*

Os florentinos, livres dos ataques de Pisa, reuniram todas as suas tropas entre as colinas de *Val d'Elsa* e *San Gimignano*. Porém, encontrando-se nesse exército soldados *sforzeschi* e *bracceschi*[1], reapareceram logo suas antigas inimizades; e acreditava-se, caso tivessem de permancer por muito tempo juntos, que viessem às armas. Tanto é que, para mal menor, decidiu-se dividir as tropas e, sob o comando de *Carlo*, enviar uma parte delas a Perúgia e a outra a *Poggibonzi*, onde se deveria fazer um acampamento fortificado para impedir o inimigo de entrar em território florentino. Por esta escolha pensavam ter obrigado o inimigo também a dividir suas tropas, porque pensavam ou que o conde *Carlo* ocupasse Perúgia, onde acreditavam ele contasse com muitos partidários, ou que o Papa precisasse mandar grande exército para defendê-la. Estabeleceram além disso que, para causar ao Papa maior necessidade, *messer Niccolò Vitelli*, que fora expulso de *Città di Castello* onde estava no poder *Lorenzo Giustini*, seu inimigo, se aproximasse desta cidade para pressionar a saída do adversário e tirá-la da obediência do Papa. Pareceu, neste início, que a fortuna desejasse favorecer as coisas florentinas, porque via-se o conde *Carlo* fazer em terras florentinas grandes progressos; *messer Niccolò Vitelli,* mesmo não tendo conseguido

---

3. *Iacopo Piccinnino,* segundo o autor, pai de *Deifobo Dell'Anguilara. Braccio da Montone,* cf. Livro I, cap. 38, ou *da Perugia,* cf. Livro VII, cap. 32.

4. A paz com os turcos é de janeiro de 1479.

1. Da escola *braccesca & sforzesca,* cf. Livro V, cap. 2.

LIVRO VIII _____ *da conjura dos Pazzi à morte de Lorenzo*

entrar em *Castello,* estava com os seus homens em condições superiores de campanha, e ao redor da cidade predava sem oposição alguma; da mesma maneira, as tropas que tinham ficado em *Poggibonzi* todos os dias incursionavam até as muralhas de Siena. Todas essas esperanças entretanto terminaram por se esvaecer. Primeiro morreu[2] o conde *Carlo* em meio à esperança de vencer. Todavia, sua morte teria melhorado as condições dos florentinos se soubessem usar a vitória de onde provinha essa morte. Porque ao saber do decesso do conde, as tropas da Igreja, que já estavam todas reunidas em Perúgia, esperavam subjugar as florentinas, e saindo em campanha acamparam junto ao lago [*Trasimeno*], próximo de três milhas do inimigo. Por outro lado *Iacopo Guicciardini* ali se encontrava como comissário e, com os conselhos do magnífico *Ruberto da Rimini*[3], que ao morrer o conde *Carlo* tinha se tornado o principal e mais reputado capitão daquele exército, conhecido o motivo da arrogância do inimigo, decidiu esperá-lo; de tal maneira que, vindos às armas junto ao lago, onde já o cartaginense Aníbal deu aos romanos aquela memorável derrota[4], as tropas da Igreja foram desbaratadas. Vitória essa que foi recebida em Florença com louvores dos chefes e prazer geral; e que teria sido de honra e proveito a essa empresa, se as desordens surgidas no exército que se encontrava em *Poggibonzi* não houvessem perturbado tudo. Assim, o que um exército fez de bom, o outro tudo destruiu, porque tendo estas tropas saqueado o território de *Siena,* surgiu divergência[5], na divisão deste território, entre o marquês de Ferrara e o de Mântua, de tal maneira que, vindos às armas, com toda capacidade de ataque se enfrentaram, e tão acirradamente que os florentinos, julgando não poder continuar utilizando os serviços de ambos, consentiram que o marquês de Ferrara voltasse a casa.

16. Tropas florentinas fogem espavoridas do exército do duque da Calábria. Estendem-se os butins dos invasores

Como este exército tinha ficado enfraquecido, sem chefe e em tudo governando-se desordenadamente, o duque da Calábria, que se encontrava com suas tropas próximo a Siena, animou-se a atacá-lo. E tal como tinha imaginado, as tropas florentinas, vendo-se assaltadas, não confiaram nas armas, nem em seu número, que era superior ao do inimigo, nem na muito boa posição em que se encontravam; e sem

2. Em junho de 1479.
3. Roberto Malatesta, de Rímini.
4. Na batalha de Trasimeno em 217 a.C.
5. A divergência ocorreu por causa do saqueio ao castelo *Casole.*

esperar pelo menos ver bem o inimigo, fugiram ao avistar a polvadeira, deixando-lhe as munições, os carros e a artilharia: aqueles exércitos de tal poltronaria e desordens estavam cheios que bastava um cavalo virar a cabeça ou a garupa para dar a vitória ou a perda de uma empresa[1]. Essa derrota encheu de butins os soldados do rei e de temor os florentinos. Porque não só pela guerra encontrava-se aflita a cidade deles, mas por uma gravíssima peste, que de tal forma tinha ocupado a cidade que todos os cidadão para fugir à morte tinham se retirado às suas *ville*[2]. Isto fez a derrota ainda mais horrível, porque os cidadãos que tinham suas posses em *Val de Pesa* e em *Val d'Elsa* tendo-se refugiado naquele lugar, depois da derrota correram à Florença da melhor forma que puderam, não só com seus filhos e pertences mas com seus próprios trabalhadores, porque parecia haver o temor que a qualquer momento o inimigo podia apresentar-se diante da cidade. Os que estavam encarregados de gerir a guerra, vendo esta desordem, mandaram as tropas vitoriosas em território perusiano vir a *Val d'Elsa* para opor-se ao inimigo, o qual, depois da vitória, sem a menor resistência predava a região. E mesmo que esta tropas tivessem de tal forma cercado a cidade de Perúgia que a qualquer momento se esperava a sua vitória, os florentinos quiseram antes defender o que deles era em vez de ocupar o que era dos outros. Assim, o referido exército, levado por seus sucessos, foi conduzido a *San Casciano*, castelo próximo oito milhas de Florença, julgando não poder se enfrentar noutro lugar o inimigo enquanto os restos do exército derrotado não tivesse sido reorganizado. Os inimigos, por outro lado, que estavam livres de Perúgia pela partida das tropas florentinas, tornando-se audazes, faziam todos os dias grandes butins em terras de *Arezzo* e *Cortona*; e os outros, que tinham vencido em *Poggibonzi* sob o comando de *Alfonso* duque da Calábria, haviam se assenhoreado primeiro de *Poggibonzi* depois de Vico; e *Certaldo* a saquearam; feitas estas conquistas e butins, levaram o acampamento para ao castelo de *Colle*, que naquela época era considerado muito bem fortificado, mas como seus homens eram fiéis a Florença, puderam manter sob controle o inimigo, enquanto se reagrupavam as tropas florentinas.

Tendo então os florentinos reunido todas aquelas tropas em *San Casciano* e vendo que o inimigo atacava com todas suas forças o castelo de *Colle*, decidiram aproximar-se deste e dar ânimo aos habitantes das imediações para que se defendessem. E para que os inimigos fossem

---

1. A referida batalha se deu em *Poggio Imperiale* em 7 de setembro de 1479. O Autor calca seu desprezo por tropas mercenárias, cf. Livro 7, cap. 20 n. 6.
2. Plural de *villa*, cf. Livro VIII, cap. 5, n. 2.

LIVRO VIII _____ *da conjura dos Pazzi à morte de Lorenzo*

mais contidos ao atacá-los, pois já estavam nas proximidades, e feita esta deliberação, levantaram acampamento de *San Casciano* e acamparam em *San Gimignano*, perto cinco milhas de *Colle*, onde, com cavalos rápidos e seus soldados mais lestos, pertutbavam todos os dias o acampamento do duque. Mesmo assim aos habitantes de *Colle* não bastava aquele socorro, porque não dispondo de suas coisas mais necessárias, renderam-se aos 13 de novembro, para o pesar dos florentinos e máxima alegria do inimigo e principalmente dos sienenses, os quais, além do habitual ódio que têm de Florença, tinham-no de maneira particular dos de *Colle*.

17. *Lorenzo*, com alguns amigos, conclui que é melhor se reconciliar com o rei de Nápoles e não confiar em papas

Era já intenso o inverno, e a temporada, sinistra para a guerra, tanto que o Papa e o rei, movidos ou pela vontade de dar esperança de paz ou pelo desejo de desfrutar das vitórias conseguidas de maneira mais pacífica, ofereceram trégua aos florentinos por três meses e deram dez dias de prazo para a resposta, mas esta foi aceita logo[1]. E como acontece a todos quando esfriado o sangue mais sentem as feridas do que quando as recebem, este breve repouso fez os florentinos sentirem mais suas prolongadas aflições. E os cidadãos sem cerimônia acusavam uns aos outros e comentavam em público seus erros cometidos na guerra, mostravam as despesas feitas em vão, as taxas postas em forma injusta; coisas estas que não só nos círculos particulares eram animosamente comentadas, como nos Conselhos Públicos. Alguém[2] chegou a tal descaramento que, dirigindo-se a *Lorenzo de'Medici*, disse-lhe: Esta cidade está exausta e não quer mais guerras, portanto, era preciso que ele começasse a pensar na paz.

Lorenzo, reconhecendo esta necessidade, reuniu-se com os amigos que julgava mais sensatos e fiéis, e logo puseram-se de acordo, vendo os venezianos frios e pouco fiéis, e o duque [*Gian Galeazzo Sforza*], tutelado e implicado em discórdias civis, que primeiro era preciso criar com novos amigos nova fortuna; mas tinham dúvidas sobre em que mãos se deviam colocar, se nas do Papa ou nas do rei. E, tudo considerado, aprovaram a amizade com o rei como mais estável e mais segura: porque a brevidade da vida dos papas, as mudanças que ocorrem nas sucessões, os poucos temores que a Igreja tem dos príncipes, as poucas considerações que

1. Em 24 de novembro de 1479.
2. *Girolamo Morelli*, amigo de *Lorenzo*.

tem ao tomar suas decisões, fazem com que um príncipe secular não possa se fiar inteiramente em um pontífice, nem unir sua sorte à dele. Porque quem nas guerras e nos perigos é amigo do Papa, será acompanhado nas vitórias e ficará sozinho na ruína, sendo o pontífice apoiado e defendido por sua potência espiritual e sua reputação. Decidido então que seria de maior proveito ganhar-se a amizade do rei, julgaram que não poderiam fazê-lo da melhor maneira, nem da forma mais segura, senão com a presença de *Lorenzo*, porque quanto mais se usasse liberdade com este rei, mais acreditavam poder encontrar remédios às inimizades passadas.

Lorenzo, tendo afirmado o ânimo de fazer isso, encareceu os cuidados da cidade e do estado a *messer Tommaso Soderini*, que naquela época era gonfaloneiro de justiça; e a princípios de dezembro saiu de Florença e, chegando em Pisa, escreveu à Senhoria explicando as razões de sua partida. Os Senhores, para prestigiá-lo e para que pudesse tratar de paz com mais autoridade com o rei, designaram-no embaixador do povo florentino e deram-lhe autoridade de aliar-se com ele da maneira que lhe parecesse melhor para sua república.[3]

18. Lodovico, o Mouro, toma Milão. Florentinos esperançosos com a viagem de *Lorenzo* a Nápoles

Nessa mesma época o senhor[sic] *Ruberto*, de San Severino, juntamente com *Lodovico* e *Ascanio* – como *Sforza*[1], irmão destes, tinha morrido – tornaram a atacar Milão, para voltar a governá-la; tendo ocupado Tórtona e estando Milão e seu território todo em armas, foi aconselhado à duquesa *Bona* repatriar aos *Sforza*, e para resolver as disputas civis, fosse acolhida ao estado. O principal mentor desse conselho foi o ferrarense *Antonio Tassino* que, nascido em humilde condição, ao chegar a Milão ficou a serviço do duque *Galeazzo* que o designou doméstico de sua esposa. *Tassino*, por ser belo de corpo ou por outra secreta virtude sua, teve sua reputação de tal maneira aumentada que quase governava o estado. Coisa que muito desagradava *messer Cecco*[2], homem excelentíssimo por sua prudência e longa experiência; tanto que, no que podia, se engenhava em diminuir a autoridade de *Tassino* junto à duquesa e demais integrantes do governo. Este, tendo se

---

3. No dia 7 de setembro, escreveu de *San Miniato* à Senhoria informando de sua viagem e declarando que oferecia sua pessoa à causa da paz, visto que os inimigos diziam odiá-lo, não a cidade.

1. Trata-se de *Sforza Maria Sforza*, duque de *Bari*, que morreu em julho de 1479.

2. Ou *Cicco Simonetta*, que era Secretário de Estado.

LIVRO VIII ———————— *da conjura dos Pazzi à morte de Lorenzo*

apercebido disto, para vingar-se das injúrias e para ter quem o defendesse junto a *messer Cecco* aconselhou a duquesa a repatriar-se para os *Sforza*; esta, seguindo seu conselho, sem comunicar coisa alguma a *messer Cecco* partiu. Donde este falou: Fizeste uma escolha que a mim há de tirar a vida e a ti o estado. Coisas estas que pouco depois vieram a acontecer, porque *messer Cecco* foi morto pelo senhor Lodovico[3] e a duquesa, vendo *Tassino* ter sido expulso do ducado pouco depois, ficou tão zangada que saiu de Milão deixando seu filho nas mãos de *Lodovico*. Ficou então *Lodovico Sforza* governador único do ducado de Milão e isso, como se mostrará, foi a razão da ruína da Itália[4]. *Lorenzo de'Medici* tinha partido para Nápoles, e vigorava a trégua entre ambos os estados quando, fora de qualquer expectativa, *Lodovico Fregoso*, tendo se entendido com alguns dos habitantes de *Serezana,* entrou de surpresa nesta cidade, a ocupou e prendeu quem a governava para os florentinos[5]. Este incidente deu grande desgosto aos príncipes do estado de Florença, porque pensaram que tudo corria segundo as disposições de Ferdinando I. E se queixaram ao duque da Calábria, que então se encontrava em Siena com seu exército, por ter durante a trégua começado nova guerra. Este demonstrou de todas as formas, com cartas e com emissários, que isso tinha sido feito sem consentimento de seu pai. No entanto, parecia aos florentinos que se encontravam em péssimas condições, vendo-se sem dinheiro, com o chefe da república em mãos do rei de Nápoles, uma velha guerra contra este rei e o Papa e uma nova contra os genoveses, e sem amigos: nos venezianos não confiavam e bastante temiam o governo de Milão, por suas veleidades e instabilidade. Só restava aos florentinos esperar no que houvesse *Lorenzo de'Medici* a tratar com o rei.

19. *Lorenzo* consegue a paz em Nápoles

Lorenzo tinha chegado por mar a Nápoles, onde não somente pelo rei mas por toda aquela cidade foi recebido com honras e com grandes expectativas, porque tendo surgido tanta guerra somente para oprimi-lo, a grandeza dos inimigos havidos tornou-o grandíssimo. E à presença do rei de tal forma discutiu as condições da Itália, os humores dos príncipes, seus povos e o que se podia esperar em caso de paz e temer em caso de guerra, que este mais se maravilhava – depois de ouvi-lo,

---

3. Em outubro de 1480, depois de ter sido preso e torturado no castelo de Pavia.
4. Realmente, foi *Lodovico il Moro* quem chamou à Itália o rei *Carlos* VIII, da França, em 1494.
5. *Lodovico da Campofregoso* vendeu *Sarzana* ao florentinos em 1468, e com um ardil a retomou em 1479.

com sua grandeza de espírito, sua destreza de engenho e profundidade de juízo – do que o tinha feito antes, ao saber das diversas guerras que pôde manter sozinho. Tanto é que duplicou suas honras e começou a pensar que era melhor ganhar sua amizade do que tê-lo como inimigo. No entanto, com diversas desculpas, o entreteve de dezembro a março, para obter não só mais informações pessoais do mesmo, como alguma outra, da cidade de Florença; porque ali não faltavam inimigos de *Lorenzo* que gostariam de que o rei de Nápoles o retivesse e o tratasse como havia tratado *Iacopo Piccino*[1]; e com o pretexto de lamentar o acontecido, iam pela cidade falando mal de *Lorenzo* e nas deliberações públicas colocando-se contra tudo o que fosse a seu favor. E tinham dessa maneira espalhado a voz de que se o soberano o mantivesse muito tempo em Nápoles, mudaria o governo em Florença. O que fez com que o rei retardasse o momento de liberá-lo, para ver se em Florença surgia algum tumulto. Mas vendo que estavam quietas as coisas, deixou-o ir no dia 6 de março de 1479[2], e antes, com todo tipo de benefício e demonstração de amizade procurou ganhar sua simpatia, nascendo entre eles acordos perpétuos para a preservação de seus estados. *Lorenzo* voltou, se grande tinha partido, grandíssimo, e sua cidade o recebeu com a grandeza que suas igualmente grandes qualidades e recentes méritos mereciam, tendo exposto a própria vida para trazer a paz à sua cidade. Porque dois dias depois de sua chegada se publicou o acordo feito entre a República de Florença e o rei[3]: ambos se comprometiam na conservação desses estados, ficava ao arbítrio do rei restituir as cidades tiradas aos florentinos na guerra, que se libertassem os *Pazzi* aprisionados na Torre de Volterra, e que fosse paga uma certa quantia de dinheiro, durante um certo período, ao duque da Calábria[4]. Esta paz, assim que foi publicada, encheu de indignação o Papa e os venezianos; àquele porque pareceu ter sido pouco estimado pelo rei, e aos venezianos, o mesmo em relação aos florentinos. Um e outro se condoía porque, tendo sido companheiros na guerra, não tinham tido parte na paz[5]. Quando em Florença se soube desta indignação e se lhe deu crédito, houve logo suspeita em todos que a paz apenas feita desse origem a guerra ainda maior. Assim, os principais

1. *Piccino* foi amistosamente acolhido em Nápoles e morto à traição por ordem de Ferdinando I. Cf. Livro VII, cap. 8.
2. Portanto, para nós, 1480. Cf. Livro I, cap. 32, n. 5.
3. O acordo foi publicado em 25 de março de 1480.
4. Sessenta mil florins.
5. Efetivamente, umas das razões do acordo entre *Lorenzo* e Ferdinando I, foi o temor deste de dar demasiada força ao Papa enfraquecendo Florença; Sisto IV, de qualquer forma, assinou a paz, mesmo protestando.

Livro VIII _____ *da conjura dos Pazzi à morte de Lorenzo*

integrantes do estado decidiram restringir o número dos governantes e o número de deliberações importantes, e formaram um conselho de setenta cidadãos, ao qual deram as maiores atribuições possíveis para as ações mais importantes[6]. Esse novo ordenamento deteve os entusiasmos dos que desejavam buscar novas coisas. E para se conferir maior autoridade, antes de qualquer outra coisa, aceitaram a paz assinada por *Lorenzo* com o rei e nomearam embaixadores perante o Papa e este, *messer Antonio Ridolfi* e *Piero Nasi*, respectivamente. Mesmo assim, e apesar do acordo de paz, *Alfonso,* duque da Calábria não se retirava, com seu exército, de Siena, pretextando ser retido pelas discórdias destes cidadãos; e foram tantas, estas, que, alojado antes fora da cidade, agora o tinham reconduzido para dentro dela e o tornaram árbitro de suas diferenças. O duque, aproveitando a ocasião, aplicou multas a muitos desses cidadãos, muitos condenou ao cárcere, muitos ao exílio e alguns à morte, a tal ponto que com seu proceder tornou-se suspeito não somente aos sienenses como aos florentinos de estar desejando tornar-se príncipe daquela cidade. E para isso não se sabia de remédio algum, encontrando-se a cidade em nova amizade com o rei de Nápoles e inimiga do Papa e dos venezianos. Esta suspeita não só surgiu na totalidade do povo florentino, sutil intérprete de tudo, como nos príncipes do estado, e todos afirmavam estar nossa cidade, como jamais estivera antes, em perigo de perder sua liberdade. Mas Deus, que sempre em semelhantes casos extremos teve por ela particulares cuidados, fez surgir um incidente inesperado que deu ao rei, ao Papa e aos venezianos maiores preocupações do que as da Toscana.

20. Os turcos atacam e tomam Ótranto

Maomé, o Grande Turco, tinha ido sitiar Rodes com grande exército e a tinha combatido durante muitos meses[1]; mas mesmo que fossem grandes suas forças e grandíssima a obstinação para expugnar aquela cidade, maior ainda era a dos assediados, os quais com tanta virtude defenderam-se de tamanho ataque que Maomé foi forçado a sair do

---

6. O Conselho dos Setenta foi dotado precisamente dos mesmos poderes, e tinha a atribuição de nomear os magistrados. Ficou ainda abolido o mecanismo eleitoral. Depois, a nomeação da Senhoria ficou a cargo de uma comissão restrita a 17 membros.

1. O ataque de Maomé II a Rodes aconteceu na primavera de 1480, e o assédio durou até agosto do mesmo ano, quando os Cavaleiros de Jerusalém, sob o comando do Grande Mestre *Pierre d'Aubusson,* o conseguiram rechaçar. O rei de Nápoles, Ferdinando I, de Aragão. Cf. *F. F. Murga, op. cit.*

2. *Kenud Ahmed.* Cf. 12.*op. cit.*

3. *Valona*, na Albânia.

assédio com vergonha. Saindo, portanto, de Rodes, parte de sua armada, sob o comando do paxá *Iacometto*[2] dirigiu-se para *Velona*[3]. Este, ou porque julgasse fácil a empresa ou porque tivessem mesmo lhe ordenado, ao costear a Itália em um instante desembarcou quatro mil homens, atacou a cidade de Ótranto, tomou-a logo e matou todos os seus habitantes[4]. Depois, da melhor maneira que pôde, fortificou-se dentro desta cidade e no porto, e após trazer boa cavalaria começou a fazer incursões e predações nos povoados circunstantes.

O rei, vendo este ataque e tendo notícias de a qual príncipe pertencia a empresa, enviou núncios a toda parte, para comunicá-lo e para pedir ajuda contra o comum inimigo, e com veemência convocou o duque de Calábria e suas tropas que se encontravam em Siena.

21. Reconciliação de Florença com a Igreja

Este ataque dos turcos perturbou tanto o duque da Calábria como alegrou Florença e Siena, parecendo a esta ter reavido sua liberdade e àquela ter saído dos perigos que a faziam temer perdê-la. A essa perturbação se acrescentaram as queixas que o duque fez ao partir de Siena, acusando a fortuna, que com um inesperado e não razoável incidente tinha-lhe arrebatado o império da Toscana. Este mesmo acaso fez o Papa mudar seu modo de pensar; se antes jamais tinha querido ouvir nenhum embaixador florentino, agora tinha se tornado tão dócil que ouvia qualquer um que de paz lhe falasse. De maneira que aos florentinos se lhes assegurou que caso se inclinassem a pedir perdão ao Papa, o obteriam. Não lhes pareceu, então, ser bom deixar passar esta ocasião, e mandaram ao Pontífice doze embaixadores[1], que depois que chegaram a Roma, o Papa com diversas escusas os entreteve antes de lhes conceder audiência. Contudo, no final se pôde chegar a uma conclusão entre as partes em relação ao futuro que desejavam viver juntas, e com quanto deviam contribuir, na paz e na guerra, cada uma destas. Depois os embaixadores vieram prostrar-se aos pés do Pontífice, que em meio a seus cardeais com excessiva pompa os esperava. Se escusaram pelas coisas acontecidas, ora apontando vicissitudes, ora a malvadez de outros, ora o furor popular e sua justa ira, e quanto são infelizes os que têm de combater ou morrer. E como devia-se suportar qualquer coisa para fugir à morte, tinham suportado a guerra, as proibições e outros

---

4. Ótranto foi tomada em 11 de agosto.

1. Os doze tinham sido escolhidos entre os mais ilustres cidadãos, e entre estes estavam *Luigi Guicciardini, Antonio Ridolfi, Francesco Soderini* e *Guidantonio Vespucci*.

Livro VIII _____ *da conjura dos Pazzi à morte de Lorenzo*

desconfortos arrastados pelos acontecimentos passados, a fim de que a República saísse da servidão, que costuma ser a morte da cidade livre. Mesmo assim, se tivessem cometido alguma falta, a isso tinham sido forçados, desejavam emendá-la; e confiavam em sua clemência, a qual pelo exemplo do sumo Redentor, estará pronto para acolhê-los em seus piedosíssimos braços. A essas escusas o Papa respondeu com palavras cheias de soberba e ira, reprovando-lhes tudo que em tempos passados tinham feito contra a Igreja; mesmo assim, para conservar os preceitos de Deus, estava satisfeito de concededer-lhe os perdão pedido[2]; mas fazia-lhes saber que deveriam obedecer, e quando rompessem essa obediência, a liberdade que estavam por perder agora a perderiam depois, e era justo, porque são merecidamente livres os que se exercitam nas boas, não nas más ações; porque a liberdade mal usada ofende a si mesma e aos outros, poder estimar pouco Deus e menos a Igreja não é ofício de homem livre, mas de dissolutos, que mais ao mal do que ao bem se inclinam, e cuja correção não só aos príncipes mas a qualquer cristão pertence. De maneira que das coisas acontecidas tinham de se queixar a eles mesmos, que com suas más ações haviam dado motivo à guerra e com péssimas a tinham nutrido, e que esta mais se tinha extinguido pela bondade dos outros do que por méritos deles. Leu-se depois a fórmula do acordo e da bênção, à qual acrescentou o Papa, além das coisas tratadas e estabelecidas, que se os florentinos desejassem usufruir do fruto da bênção, mantivessem armadas, às suas custas, quinze galés durante todo o tempo que o Turco combatesse o Reino de Nápoles.

Condoeram-se muito os embaixadores por esse peso que se acrescentou ao acordo já feito, e não puderam por lado algum, meio ou favor nenhum, ou por queixa alguma, aliviar-se dele. Mas voltaram a Florença, e a Senhoria, para assinar esse acordo, enviou ao Papa como embaixador *Guidantonio Vespucci*, que pouco tempo antes tinha retornado da França, e que, por sua prudência, reduziu tudo a termos suportáveis, obtendo muitas concessões do pontífice, o que foi sinal de maior reconciliação.

22. O rei de Nápoles devolve castelos aos florentinos. *Lorenzo* celebrado aos céus. Discórdias entre os venezianos e o marquês de Ferrara

Tendo, portanto, os florentinos bem estabelecido tudo com o Papa, e estando *Siena* tão livre quanto o estavam eles do medo do rei de Nápoles por ter partido da Toscana o duque da Calábria, e continuando a guerra

2. Sisto IV teria pretendido que fosse o próprio *Lorenzo de'Medici* pedir-lhe perdão. Cf. F. F.'*Murga*.

399

dos turcos, pressionaram o rei por todos os meios para obter a restituição de seus castelos, que o duque da Calábria, partindo, tinha deixado em mãos dos sienenses. Por isso este rei temia que os florentinos o abandonassem, porque com o mover guerra a Siena impediriam a chegada da ajuda que esperava do Papa e dos outros italianos. Por isso ficou contente em restituir-lhes esses castelos, e com a nova concessão conseguiu ligar-se novamente aos florentinos. E assim a força e a necessidade, não os escritos e compromissos, fazem os príncipes cumprir a palavra[1]. Recebidos, então, os castelos, e estabelecida essa nova aliança, *Lorenzo de'Medici* readquiriu a reputação que tinham lhe tolhido antes a guerra e depois a paz, enquanto do rei passou-se a desconfiar; e por aquela época não faltava quem o caluniasse abertamente, dizendo que para se salvar tinha vendido sua pátria, e que se na guerra tinham perdido as fortalezas, na paz perderiam a liberdade.

Mas reavidos os castelos, estabelecidos com o rei honrosos acordos e retornando a cidade a sua antiga reputação, em Florença, cidade ávida de falar e que julga as coisas pelo bom sucesso delas, não pelos conselhos havidos sobre as mesmas, mudou-se de atitude: celebrava-se *Lorenzo* aos céus, dizia-se que sua prudência tinha sabido ganhar na paz o que a má fortuna tinha tomado na guerra e que mais tinha podido seu conselho e juízo do que as armas e as forças do inimigo.

Os ataques dos turcos haviam diferido a guerra que estava por surgir pela indignação do Papa e dos venezianos com a paz estabelecida. Porém, assim como o início desses ataques foi inesperado e razão de muito bem, seu fim inesperado o foi de muito mal: porque Maomé, o Grande Turco, morreu, fora de qualquer previsão, e surgindo discórdia entre seus filhos, os que se encontravam na Púlia, abandonados pelo seu senhor, acordaram-se com o rei de Nápoles, concedendo-lhe Ótranto. Então, tirado este medo que mantinha os ânimos do Papa e dos venezianos quietos, todos temiam novos tumultos. De um lado havia uma aliança entre o Papa e os genoveses e outros menos poderosos, de outro, os florentinos, o rei de Nápoles e o duque de Milão, aos quais se acostaram os bolonheses e muitos outros senhores. Os venezianos desejavam se assenhorear de Ferrara, e lhes parecia haver motivo razoável para a empresa e esperança certa de consegui-la. A razão disso era que o marquês[2] de Ferrara afirmava não mais ter obrigação de bem receber o

1. Cf. *Il principe,* cap. XVIII.
2. Na verdade *Duque* de Ferrara. Cf *Alessandro Montevecchi.*
3. Espécie de cônsul que Veneza mantinha em Ferrara para ali proteger os venezianos residentes. Os venezianos tinham o monopólio do sal em Ferrara, extraído de *Comacchio.* Cf. *F.F. Murga. op. cit.*

Livro VIII ————————————— *da conjura dos Pazzi à morte de Lorenzo*

visdomine[3] nem o sal, estando certo de que, depois de setenta anos, seja de uma, seja da outra obrigação estava livre. E como o marquês não queria consentir isso, julgaram os venezianos que tinham justo motivo para tomar armas e boa oportunidade para fazê-lo, vendo o Papa contra os florentinos e o rei cheio de indignação. E para melhor impressionar o pontífice, os venezianos receberam o conde *Girolamo Riario*, que tinha ido a Veneza, com grandíssimas honras e concederam-lhe a cidadania e o diploma de nobreza, sinais sempre de muita honra a quem quer que sejam concedidos.

Haviam criado, para estarem prontos para a guerra, mais taxas e tornado capitão de seus exércitos o senhor *Ruberto da San Severino*, o qual, indignado com o senhor *Lodovico Sforza*, governador de Milão, tinha ido para Tórtona, de onde, depois de ter provocado alguns tumultos, foi para Gênova[4] e dali foi chamado pelo venezianos que o tornaram príncipe de seu exército.

23. Domínios papais atacados pelos florentinos e venezianos

As preparações para novos acontecimentos, quando ficaram conhecidas pela liga adversária, fizeram com que esta também se preparasse para a guerra; e o duque de Milão, para ser seu capitão escolheu *Federigo*, senhor de Urbino; e os florentinos, o senhor *Gostanzo Sforza* de Pêsaro. E para tentar ver com clareza o ânimo do Papa e se os venezianos, com seu consentimento moviam guerra a Ferrara, o rei Ferdinando I mandou *Alfonso*, duque da Calábria, com seu exército ao rio *Tronto*; este pediu passagem ao Papa para ir à Lombardia em socorro do marquês *Ercole d'Este*, coisa que lhe foi totalmente negada. Assim, parecendo ao rei e aos florentinos ter certeza de suas intenções, decidiram obrigá-lo com suas forças a tornar-se amigo, ou pelo menos criar-lhe tais impedimentos que não pudesse ajudar os venezianos; porque estes achavam-se já em campanha, pois tinham declarado guerra ao marquês de Ferrara depois de ter-lhe saqueado os territórios, e logo colocar cerco a *Ficheruolo*[1], castelo muito importante ao estado do marquês.

Tendo portanto o rei de Nápoles e os florentinos decidido atacar o Pontífice, o duque *Alfonso*, da Calábria, dirigiu-se a Roma, e com a ajuda dos *Colonna*, que tinham-se unido a ele porque os *Orsini* tinham-se acostado ao Papa, fez muitos danos naquelas terras. Por outro lado,

---

4. *Sanseverino* deixou Milão em setembro de 1481.

1.*Ficarolo*, importante ponto de passagem do Pó. Essa guerra foi declarada em maio.

401

as tropas florentinas atacaram, com *messer Niccolò Vitelli*, *Città di Castello*, ocuparam-na e expulsaram *messer Lorenzo Giustini*, que a mantinha[2] em nome do Papa e desta fizeram príncipe *messer Niccolò*.

Encontrava-se por isso o Papa em grandes angústias, porque, em Roma, internamente o conturbava seu partido adversário[3], e externamente suas terras sofriam incursões do inimigo. Mesmo assim, como homem empreendedor e que deseja vencer e não ceder ao inimigo, chamou para comandar o seu exército o magnífico *Ruberto Malatesta*, de Rímini; e fazendo-o entrar em Roma, onde tinha reunido todo seu exército, mostrou-lhe quanta honra obteria se, combatendo um rei, libertasse a Igreja das ânsias em que se se encontrava, e quanta obrigação lhe ficariam devendo não só ele, mas todos os seus sucessores, e que lhe ficariam reconhecidos não só os homens mas o próprio Deus. O magnífico *Ruberto* examinou primeiro suas tropas e seus apetrechos e o instou a reunir toda a infantaria que pudesse, coisa que com todo o cuidado e rapidez passou a fazer.

O duque da Calábria já estava perto de Roma, de maneira que todos os dias corria e predava até perto das portas desta cidade. Isto produziu tal indignação no povo romano, que muitos, voluntariamente, foram se oferecer ao magnífico *Ruberto* para ajudá-lo a salvar Roma, e foram eles todos agradecidos e recebidos. O duque, ao ficar sabendo destes preparativos afastou-se mais da cidade, pensando que, ao ficar mais perto da cidade o magnífico *Ruberto* não tivesse ânimo para vir a seu encontro; por outro lado *Federigo* esperava seu irmão que viria com novos soldados enviados por seu pai, Ferdinando I. O magnífico *Ruberto* vendo que suas tropas eram quase iguais às do duque e superiores em infantaria, saiu enfileirado de Roma e acampou a só duas milhas do inimigo. O duque fora de qualquer sua previsão, vendo em cima o inimigo, pensou ir a seu encontro e lutar, ou como derrotado fugir; donde quase obrigado, para não fazer coisa indigna de um filho de um rei, decidiu combater; voltou o rosto ao inimigo, depois de dispor suas tropas da maneira como então se costumava fazer, e se lançaram à luta, que durou até o meio-dia. Esta jornada foi combatida com mais virtude do que qualquer outra que tenha sido combatida em cinqüenta anos na Itália, porque entre uma parte e outra morreram mais do que mil homens. E o seu final foi glorioso para a Igreja, porque a totalidade de sua infantaria de tal maneira atacou a cavalaria do duque da Calábria que ele teve de dar a volta; e o duque teria

2.A governava. Significativa sinonímia do Autor.
3. Os *Colonna* conturbavam.

Livro VIII_____*da conjura dos Pazzi à morte de Lorenzo*

ficado prisioneiro se não tivesse sido salvo por muitos dos turcos aqueles que haviam estado em Ótranto e agora militavam com ele.

Tendo o magnífico *Ruberto* obtido esta vitória, voltou em triunfo a Roma, mas pouco tempo dela desfrutou, porque tendo bebido muita água por causa das fadigas da jornada, teve uma disenteria que em poucos dias o matou. Seu corpo foi pelo Papa honrado com todo tipo de homenagens.

Com essa vitória o Pontífice mandou o conde *Girolamo Riario* à *Città di Castello,* para ver se restituía essa cidade a *messer Lorenzo Giustini,* e tentava tomar Rímini, porque, tendo ficado com ele o filho do magnífico *Ruberto,* depois de sua morte e sob a tutela da mãe, pensava que lhe seria fácil tomar aquela cidade. O que faria sem dificuldades se aquela mulher não fosse defendida pelos florentinos, que lhe opuseram de tal maneira suas forças que nada pode conseguir contra *Castello* nem contra *Rímini.*

24. Aliança do Papa, de Nápoles, Milão e florentinos contra Veneza

Enquanto essas coisas afligiam a Romanha e Roma os venezianos tinham ocupado *Ficheruolo* e, com suas tropas tinham cruzado o Pó. Os acampamentos do duque de Milão e do marquês de Ferrara estavam em desordem, porque o conde de Urbino, *Federigo,* havia adoecido e, levado para se tratar em Bolonha, morreu[1]. De maneira que para o marquês[2] as coisas iam declinando e para os venezianos cada dia crescia a esperança de ocupar Ferrara. Por outro lado o rei de Nápoles e os florentinos faziam de tudo para conduzir o Papa a seus propósitos, e não tendo conseguido fazê-lo ceder às armas, ameaçavam-no com o Conselho, que tinha sido convocado para *Basiléia* pelo imperador[3]. Assim o Papa, aconselhado e pressionado pelos embaixadores do rei, que se encontravam em Roma, e pelos principais cardeais, que desejavam a paz, foi persuadido e obrigado a pensar nesta e na união da Itália. Donde o príncipe por temor, e por crer que o engrandecimento dos venezianos era a ruína da Igreja e da Itália, desejou acordar-se com a liga e mandou seus núncios a Nápoles, e por cinco anos esta aliança ficou estabelecida entre o Papa, o rei de Nápoles, o duque de Milão e os florentinos, reservada aos venezianos a oportunidade de aceitá-la. Depois disso o Papa fez saber aos venezianos que se abstivessem da guerra de Ferrara.

1. Na verdade foi em Ferrara, em 10 de setembro.
2. Na verdade, duque. Cf. cap. 22, n. 2.
3. Esse conselho teria sido idéia de André *Zamometich,* de *Granea,* não do imperador Frederico III. Cf. *F. F. Murga, op. cit.*

MAQUIAVEL———————————HISTÓRIA DE FLORENÇA

Os venezianos não o consentiram, ao contrário, com mais empenho se prepararam para a guerra; e tendo desfeito as tropas do duque e do marquês em *Argenta*[4], tinham se aproximado tanto de Ferrara que o acampamento o colocaram dentro do parque do marquês.

25. Junto ao rio Pó, aliados derrotam os venezianos

Por isso a liga não pensou que devia continuar diferindo de colocar vigorosos auxílios à disposição do senhor, e mandaram à Ferrara o duque da Calábria com seus exércitos e com os do Papa, e analogamente os florentinos mandaram os seus. E para melhor dispor da organização da guerra, a liga fez uma reunião em *Cremona*, onde compareceu o legado do Papa [Francisco Gonzaga], o conde *Girolamo*, o duque da Calábria, o senhor *Lodovico Sforza*o [Mouro], e *Lorenzo de'Medici* com muitos outros príncipes italianos[1], onde estabeleceram todos os planos da futura guerra. E como julgaram que Ferrara não podia ser melhor defendida senão com uma vigorosa distração do inimigo, quiseram que o senhor *Lodovico* declarasse guerra aos venezianos em nome do estado do duque de Milão. Mas a isto *Lodovico* não queria consentir, temendo puxar para si uma guerra que depois não poderia deter por sua conta. Por isso decidiu concentrar-se com todas suas as forças em Ferrara e, ajuntando quatro mil homens de cavalaria e oito mil de infantaria, foram ao encontro dos venezianos, que tinham dois mil e duzentos de cavalaria e seis mil de infantaria.

Para os da liga, como primeira coisa a fazer, pareceu bom atacar a armada que os venezianos tinham no Pó, e feito isso a derrotaram junto a *Bondeno,* fazendo-os perder cerca de duzentas embarcações e tomando prisioneiro *messer Antonio Iustiniano* provedor daquela armada. Os venezianos, vendo a Itália toda unida contra eles, para se dar mais reputação tinham antes contratado Renato, duque de Lorena[2], com duzentos homens de cavalaria; e vendo o dano causado na armada, o enviaram com parte de suas forças para conter o inimigo, e ordenaram ao senhor *Ruberto da San Severino* atravessar o rio *Adda* com o restante do exército e aproximar-se de Milão gritando o nome do duque *Galeazzo* e de dona *Bona,* sua mãe, porque acreditavam que assim produziriam um tumulto em Milão, crendo que *Lodovico* e seu governo fossem naquela cidade odiados. Esse ataque trouxe no início muito terror, e colocou a

4. Em 6 de novembro de 1482.

1.*Ercole d'Este, Federico Gonzaga, Ascanio Sforza, Giovanni Bentivoglio.*

2. Em junho de 1483.

LIVRO VIII _____*da conjura dos Pazzi à morte de Lorenzo*

cidade em alarme, no entanto gerou um resultado contrário aos planos dos venezianos, porque aquilo que o senhor *Lodovico* antes não quis consentir, esta injúria agora deu-lhe ocasião para fazê-lo. Por isso, deixando ao marquês de Ferrara a defesa de seus próprios estados com quatro mil homens a cavalo e dois mil de infantaria, o duque da Calábria entrou em terras de Bérgamo com doze mil a cavalo e cinco mil de infantaria, e daqui em território de *Brescia* e depois no de Verona[3]; e dessas três cidades, sem que os venezianos pudessem remediar, saqueou quase todos os condados, porque o senhor *Ruberto* mal podia defender as referidas cidades.

Por outro lado também o marquês de Ferrara tinha conseguido recuperar grande parte de suas coisas, porque não conseguia detê-lo o duque de Lorena, encarregado de enfrentá-lo, tendo menos de dois mil homens a cavalo e mil de infantaria. Assim, todo aquele verão do ano de 1483 proporcionou combates favoráveis à Liga.

26. Veneza tira vantagem das dissensões dos aliados

Chegada depois a primavera do ano seguinte, como o inverno havia transcorrido em calma, os exércitos se reconduziram à campanha e a Liga, para poder mais rapidamente oprimir os venezianos, tinha reunido suas tropas todas. E se a guerra fosse feita como o tinha sido no ano passado, facilmente se poderia tomar todo o estado que os venezianos tinham na Lombardia, já que haviam ficado com só seis mil homens a cavalo e cinco mil de infantaria, diante dos treze mil da cavalaria e seis mil da infantaria inimiga, porque o duque de Lorena, terminado o ano de seu contrato, voltou para casa. Mas como acontece amiúde onde muitos de igual autoridade se juntam, na maioria das vezes a desunião deles dá a vitória ao inimigo. Tendo morrido Frederico Gonzaga, marquês de Mântua, que com sua autoridade mantinha unidos o duque da Calábria e *Federigo Sforza*, começaram a surgir divergências entre eles, e destas, os ciúmes, porque *Giovangaleazzo,* duque de Milão, já tinha idade de poder assumir o governo de seu estado, e tendo por esposa a filha do duque da Calábria[1], desejava que seu genro, não *Lodovico,* governasse o estado. Conhecendo *Lodovico* o desejo do duque, decidiu tirar-lhe a possibilidade de executá-lo. Esse temor de *Lodovico,* uma vez

3. Em julho-setembro de 1483.

1. Isabel de Aragão, filha do então duque da Calábria, Afonso de Aragão.

MAQUIAVEL————————————————————HISTÓRIA DE FLORENÇA

conhecido pelos venezianos, foi por eles tomado como ocasião para
agir e pensaram poder, como sempre o haviam feito, vencer na paz, já
que na guerra tinham perdido. E depois de negociar secretamente com
o senhor *Lodovico* um acordo, em agosto de 1484 o assinaram[2].

E isto quando ficou conhecido pelos outros confederados, ocasionou-
lhes muita contrariedade, principalmente porque viram que aos
venezianos deviam restituir tudo o que já haviam conquistado e deixar-
lhes Rovigo e o Pulêsine que tinham arrebatado ao marquês de Ferrara,
e depois reconhecer-lhes todas as prerrogativas que antigamente
possuíam naquelas cidades.

E parecia a todos terem feito uma guerra onde muito se havia gastado,
conquistado honra ao tratá-la e vergonha ao terminá-la, já que se haviam
devolvido os territórios tomados e os perdidos, não recuperados. Mas
foram obrigados a aceitá-la, por estarem exaustos de despesas, e para não
pôr mais à prova, pelos defeitos e ambições dos outros, a própria fortuna.

27. Humores malignos entre os *Colonna* e os *Orsini*

Enquanto na Lombardia as coisas dessa maneira se conduziam, o
Papa, por intermédio de *messer Lorenzo*, estreitava o cerco à *Città di
Castello*, para expulsar dela *Niccolò Vitelli*, que os aliados tinham
abandonado para trazer o Papa às suas convicções. E, ao estreitá-lo, os
que ali estavam e eram partidários de *Niccolò* saíram e, lutando com o
inimigo, bateram-no. Por isso o Papa destituiu o conde *Girolamo* da
Lombardia e o fez voltar a Roma, para reorganizar ali suas tropas; mas,
achando melhor conquistar *Niccolò* com a paz do que novamente mover-
lhe guerra, com ele fez um acordo; e com *messer Lorenzo*, da melhor
maneira que pôde, o reconciliou. Mais o moveu a isso o temor de novos
tumultos do que o amor à paz, porque entre os *Colonna* e os *Orsini* via
despertarem humores malignos.

O rei de Nápoles tinha arrebatado aos *Orsini*, na guerra entre ele e o
Papa, o condado de *Tagliacozzo*, e o tinha entregado aos *Colonna*, seus
partidários. Depois, feita a paz entre o rei e o Papa, os *Orsini*, em virtude
do tratado, o pediram de volta. E o Papa intimou muitas vezes os *Colonna*
a restituírem o condado, mas estes nem pelos pedidos dos *Orsini* nem
pelas ameaças do Papa para a restituição o devolveram, ao contrário,
atacaram com predações e outras ofensas semelhantes. Donde o Pontífice,
não podendo suportá-las, moveu contra eles todas as suas forças,
juntamente com as dos *Orsini* e saqueou as casas que tinham em Roma,

---

2. Foi a chamada Paz de *Bagnolo*, de 7 de agosto 1484.

vro VIII _____ *da conjura dos Pazzi à morte de Lorenzo*

atou e prendeu quem as quis defender, espoliou-os da maior parte de
us castelos; de maneira que não pela da paz, mas pelo flagelo de uma
as partes, cessaram aqueles tumultos.

8. Morre o papa Sisto IV, eleito Inocêncio VIII

Também em Gênova e na Toscana as coisas não estavam muito
anqüilas, porque os florentinos mantinham com suas tropas o conde
ntonio de *Marciano* nas fronteiras de *Serezana*[1] e, enquanto a guerra
urou na Lombardia, molestavam os serezanenses com incursões e
geiras lutas semelhantes; e em Gênova *Batistino Fregoso*, *doge* daquela
dade, confiante em *Pagolo Fregoso* foi, juntamente com a esposa e os
lhos, preso por este, que se tornou príncipe da cidade[2]. A armada
:neziana, além disso, tinha atacado o Reino de Nápoles, ocupado
alipoli, e devastado os lugares ao redor.

Depois da paz na Lombardia pararam todos os tumultos, exceto na
oscana e em Roma, porque o Papa, estabelecido esse sossego, após
nco dias morreu, ou porque tinha chegado o fim de sua vida ou porque
paz assinada, sendo seu inimigo, o teria matado[3]. Deixou portanto
te pontífice em paz a mesma Itália que quando vivo havia tido sempre
n guerra, e por sua morte Roma logo ficou em armas. O conde
2.retirou-se com suas tropas junto ao castelo [*Sant'Angelo*]; os *Orsini*
:miam que os *Colonna* desejassem vingar as recentes injúrias; os *Colonna*
ediam de volta suas casas e castelos[4]: donde em poucos dias surgiram
tortes, roubos e incêndios em muitos lugares daquela cidade.

Tendo os cardeais persuadido o conde *Girolamo* a fazer restituir o
astelo de *Sant'Angelo* às mãos do [Sacro] Colégio [de Cardeais] e que
oltasse a seus estados e libertasse Roma de suas tropas, o conde, desejando
ornar-se benévolo ao Sumo Pontífice, obedeceu, e restituído o castelo ao
olégio foi-se a Ímola[5]. Donde, libertados os cardeais daquele temor e os
arões do auxílio do conde, com que contavam em suas lutas, chegou-se
escolha do novo pontífice; e depois de algumas divergências foi eleito o
:novês *Giovanbattista Cibo*, cardeal de *Malfetta*, que adotou o nome
tocêncio VIII. Por sua natureza afável, homem condescendente e
anqüilo, fez pousarem as armas e, no momento, pacificou Roma.

Sarzana, cf. cap. 18.
O arcebispo *Paolo Fregoso* passou a governar a cidade em 1438.
Sisto IV faleceu no dia 11 de agosto e sofria de gota.
Que lhes tinham sido tirados, como *Capranica e Marino*.
Em agosto de 1484; o conde *Riario* tinha sido investido do feudo de Ímola pelo recém-falecido Papa.

407

29. O Banco de São Jorge, de Gênova

Os florentinos, depois da paz da Lombardia, não podiam se aquieta parecia-lhes coisa vergonhosa e abjeta o fato de um privado gent homem tê-los espoliado do castelo de *Serezana*. E como nos pactos paz constava que não só se podia pedir de volta as coisas perdidas m também mover guerra a quem impedisse a posse destas, em seguida organizaram com dinheiros e tropas para fazer tal empresa. Don *Agostino Fregoso*, que tinha ocupado *Serezana,* não lhe parecendo pod manter tamanha guerra com forças privadas, doou aquele território *San Giorgio*[1]. E como de *Giorgio* e dos genoveses se haverá de mencion mais vezes, não me parece inconveniente mostrar as instituições e costum dessa que é uma das mais importantes cidades da Itália.

Quando os genoveses assinaram a paz com os venezianos, ao termin aquela importantíssima guerra que há muitos anos tinha ocorrido ent eles[2], essa república, não podendo ressarcir os cidadãos que lhe tinha emprestado grandes somas de dinheiro, concedeu-lhes as quanti entradas na alfândega e estabeleceu que podiam, segundo o conseqüen crédito de cada um, deduzido da soma total, retirar dessas entradas a atingir o montante do referido crédito com o município. Estes credor então organizaram entre si uma maneira de administrar as operaçõe criando um conselho de cem, de si mesmos, que deliberasse sobre se assuntos públicos, e outro, de oito, que executasse essas deliberaçõe Seus créditos os dividiram em partes que denominaram "lugares", e todo o registraram em nome de *San Giorgio*.

Assim estabelecida esta forma de administração, surgiram n município novas necessidades, donde este recorreu a *San Giorgio* pa novas ajudas; este, tendo se tornado rico e bem administrado, pô servi-lo; o município, por sua parte, da mesma forma que antes l havia concedido as quantias da alfândega, começou, em penhor d dinheiros recebidos, a conceder-lhe suas terras. E a coisa originada d necessidades do município e os serviços de *San Giorgio* chegou a t ponto que colocou sob sua administração a maior parte das terras cidades submetidas aos genoveses, que as governavam e defendiam e cada ano lhes enviava reitores escolhidos por público sufrágio, sem q o município de forma alguma se afligisse. Por isso aqueles cidadã perderam a estima pela administração municipal por crerem que se trata de coisa tirânica, e o concederam a *San Giorgio* como coisa bem

---

1. Ao banco de *San Giorgio*.
2. Refere-se à Guerra de *Chioggio* (junto a Veneza), em 1378-81. Cf. Livro I, cap. 32.

LIVRO VIII _____ *da conjura dos Pazzi à morte de Lorenzo*

justamente administrada; no município surgiam fáceis e freqüentes mutações do estado, obedecendo ora a um cidadão, dentre eles mesmos, ora a um forasteiro, o governo mudava bastante, não *San Giorgio*. Assim, quando os *Fregosi* e os *Adorni* lutavam pelo principado da cidade, como se trata de lutar pelo governo do município, a maior parte dos cidadãos se manteve alheia à disputa e o deixou para quem vencesse; e *San Giorgio* precisamente não exige outra coisa senão o fazê-lo jurar, quando alguém toma o estado, observância a suas leis, as quais, até a presente época, não foram alteradas porque, tendo armas e dinheiro e gerência, não se pode alterá-las sem o risco de uma certeira e perigosa rebelião.

É um exemplo verdadeiramente raro e que os filósofos jamais encontraram em suas repúblicas, conhecidas ou imaginadas, poder ver, na mesma circunscrição, entre os mesmos cidadãos, a liberdade e a tirania, a vida civil e a corrupção, a justiça e a licença[3]: porque só essa organização mantém essa cidade na plenitude dos costumes antigos e veneráveis. E se acontecesse, o que com o tempo de qualquer forma acontecerá, que *San Giorgio* viesse a tomar conta de toda a cidade, esta seria uma república bem mais memorável do que a veneziana.

30. *Serezana* cedida ao Banco de São Jorge

A este *San Giorgio*, precisamente, *Agostino Fregoso* concedeu *Serezana*, que com satisfação a recebeu e assumiu sua defesa, colocou logo uma armada no mar e enviou tropas a *Pietrasanta*, para que impedissem quem quisesse entrar no território florentino, já próximo a *Serezana*. Os florentinos, por outro lado, desejavam ocupar *Pietrasanta*, por ser território que, sem ser ocupado tornava a posse de *Serezana* menos útil, estando situado entre esta e Pisa; mas não tinham um boa escusa para assediá-la, se seus habitantes, ou quem quer que ali se encontrasse, não lhes impedia a conquista de *Serezana*. E para que tal acontecesse mandaram de Pisa ao acampamento grande soma de munições e mantimentos, bem como uma pequena escolta a fim de que quem estivesse em *Pietrasanta* menos temor tivesse pela falta de defesa e pelo grande butim mais desejasse atacá-la. A coisa aconteceu segundo o plano, porque os que estavam em *Pietrasanta*, vendo diante de seus próprios olhos tamanho butim, a tomaram. O que deu legítima razão aos florentinos de fazer aquela empresa, assim, deixada de lado *Serezana*, acamparam em *Pietrasanta* a qual estava cheia de defensores que galhardamente a defenderam. Os florentinos, colocada sua artilharia

3. Bem claras e significativas estas oposições: ..., *la vita civile e la corrota, la giustizia e la licenza*...

em campo, construíram uma paliçada na parte de cima do monte, para poder também daquele lado atacá-la.

Era comissário do exército *Iacopo Guicciardini* e, enquanto se combatia em *Pietrasanta*, a armada genovesa tomou e queimou a fortaleza de *Vada*, e suas tropas, colocadas em campo, predavam e faziam incursões nos povoados vizinhos. Ao encontro dessas foi enviado, com infantaria e cavalaria, *Bongianni Giafigliazzi*, que em parte lhes conteve o ímpeto, de forma que já não fizessem tantas incursões tão licensiosamente. Mas a armada, continuando a molestar os florentinos, foi a Livorno e com *puntoni*[1] e outros meios aproximou-se da torre nova e a combateu durante muitos dias com a artilharia, mas vendo não fazer nenhum progresso, voltou atrás com vergonha.

31. Problemática conquista de *Pietrasanta*. Adoece *Lorenzo*

Enquanto isso, em *Pietrasanta* se combatia preguiçosamente, então os inimigos se animaram, atacaram aquela paliçada e a ocuparam. Coisa que lhes proporcionou tanta reputação e o exército florentino ficou com tanto temor que ficou a ponto de esfacelar-se por si próprio: assim, afastaram-se quatro milhas daquela fortaleza, e seus chefes julgando que como já se encontravam no mês de outubro era melhor retirar-se aos quartéis de inverno e transferir aquela expugnação para nova ocasião. Tal desordem, assim que ficou conhecida em Florença, encheu de indignação os príncipes do estado, e para restaurar logo sua reputação e força, escolheram novos comissários, *Antonio Pucci* e *Bernardo del Nero*, os quais, com grande soma de dinheiro foram ao acampamento e àqueles capitães apresentaram a indignação da Senhoria, do estado e da cidade toda caso não ordenassem ao exército se aproximar das muralhas da cidade; fizeram-lhes ver ainda a infâmia que seria a deles se tantos capitães, com tanta tropa e sem ter de enfrentar senão uma pequena escolta, não conseguissem conquistar um território tão vil e débil. Mostraram o benefício imediato e futuro que tal conquista podia lhes proporcionar, de tal maneira que se reacenderam os ânimos para voltar à muralha, e antes de qualquer outra coisa decidiram reconquistar a paliçada. E na conquista desta soube-se o quanto podem no ânimo dos soldados a humanidade, a afabilidade, o bem-receber e as palavras gentis, porque *Antonio Pucci* consolando este, prometendo àquele, estendendo a mão a um, abraçando outro, os enviou ao ataque com tanto ímpeto que conquistaram a paliçada imediatamente. A conquista porém não se

---

1. *Puntoni*, máquinas para escavar o fundo de porto ou docas. Dragas primitivas.

LIVRO VIII _____*da conjura dos Pazzi à morte de Lorenzo*

deu sem dano, porque o conde *Antonio da Marciano* foi morto por um disparo de artilharia.

Essa vitória causou tanto terror aos que ali estavam que começaram a considerar sua rendição, donde, a fim de que as coisas se concluíssem com mais prestígio, pareceu oportuno a *Lorenzo de'Medici* dirigir-se ao acampamento, e chegando ali, em poucos dias obteve o castelo[1]. O inverno já tinha chegado e por isso não pareceu bom àquele capitães irem adiante com a empresa, mas esperar por nova ocasião, principalmente porque no outono a malária havia contaminado o exército e muitos chefes estavam gravemente enfermos. Entre estes *Antonio Pucci* e *messer Bongianni Gianfigliazzi* não só adoeceram como morreram, com o grande pesar de todos, tal foi a simpatia que *Antonio* havia granjeado pelas coisas feitas em *Pietrasanta*. Os luqueses, já que os florentinos tinham tomado *Pietrasanta*, enviaram embaixadores a Florença pedindo esta localidade, porque antes tinha pertencido à república deles, alegando que entre as obrigações do tratado de paz[2] em discussão estava a de ter de restituir ao antigo senhor todos os territórios que um porventura recuperasse do outro. Os florentinos não negaram o tratado mas responderam que não sabiam se, na paz que se tratava entre eles e os genoveses, aquela cidade deveria ser restituída, por isso não podiam assinar o acordo antes, e caso tivessem de restituí-la, era necessário que os luqueses pensassem em ressarci-los das despesas feitas e dos danos recebidos pela morte de tantos de seus cidadãos. E quando isso fizessem, podiam esperar facilmente reavê-la.

Consumou-se, então, todo aquele inverno nas negociações de paz entre os florentinos e os genoveses, as quais se desenvolveram em Roma mediante o Pontífice. Mas não tendo sido concluídas, os florentinos, chegada a primavera, teriam atacado *Serezana* se não tivessem sido impedidos pela doença de *Lorenzo de'Medici* e pela guerra que surgiu entre o Papa e o rei Ferdinando I, de Nápoles. *Lorenzo* estava sofrendo não só da gota, herdada do pai, mas de gravíssimas dores de estômago, de maneira que foi necessário ir às termas para tratar-se.

32. *L'Aquila*: guerra entre o Papa e o rei de Nápoles. Ferdinando I executa barões espiões e filhos

Porém o mais importante motivo do mencionado impedimento foi a guerra, e desta eis a origem. A cidade de *L'Aquila* estava submetida ao

---

1. *Pietrasanta* se rendeu em 8 de novembro.
2. A Paz de *Bangnolo*.

Reino de Nápoles de uma maneira que quase livre vivia. Nela, o conde de *Montorio* tinha muita reputação. Encontrava-se perto do rio *Tronto* com suas tropas o duque da Calábria, fingindo querer apaziguar certos tumultos que por ali tinham surgido entre os nativos do povoado e planejando conduzir *L'Aquila* inteiramente à obediência do rei, mandou chamar o conde de *Montorio* como se quisesse fazer uso de seus serviços nas coisas que estava dispondo. O conde obedeceu sem suspeita alguma e, apresentando-se a este, foi por ele feito prisioneiro e enviado a Nápoles[1]. Isso, assim que se soube em *L'Aquila,* convulsionou a cidade toda e o povo tomou armas; e *Antonio Concinello*, comissário do rei, foi morto, e com ele alguns cidadãos sabidamente partidários do rei. E os habitantes de *L'Aquila,* para ter quem os defendesse, alçaram as bandeiras da Igreja e enviaram embaixadores ao Papa para entregar-lhe a cidade e suas próprias pessoas, suplicando-lhe que defendesse a cidade como se esta lhe pertencesse.

O Pontífice animosamente tomou a defesa deles porque odiava o rei por motivos privados e públicos[2]; e como o senhor *Ruberto da San Severino* se inimizara com o estado de Milão e encontrava-se sem remuneração, contratou-o como seu capitão e com máxima celeridade o fez vir a Roma[3]. Instou, além disso, todos os amigos e parentes do conde de *Montorio* a que se rebelassem contra o rei, assim, os príncipes de *Altemura,* de Salerno e de *Bisignano,* tomaram armas contra ele. O rei, vendo-se assaltar por tão repentina guerra, pediu ajuda aos florentinos e ao duque de Milão.

Os florentinos ficaram em dúvida sobre o que fazer, porque lhes parecia penoso deixar aos outros as empresas que eram suas, e perigoso novamente tomar armas contra a Igreja. No entanto, fazendo parte de uma aliança, antepuseram a lealdade à sua conveniência e riscos, e assoldadaram os *Orsini* e além disso mandaram a Roma todas as suas tropas, sob o comando do conde de *Pitigliano*, em ajuda do rei.

O rei montou, portanto, dois exércitos, um, sob o comando do duque da Calábria, mandou em direção de Roma para enfrentar, juntamente com as tropas florentinas, o exército da Igreja; com o outro, sob seu comando, pôs-se a enfrentar os barões. E seja um seja o outro travaram esta guerra com variada fortuna. No final, ficando o rei em superioridade em toda parte, em agosto de 1486, por meio dos embaixadores do rei

1. Em junho de 1485. Cf. *A. Montevecchi, op. cit.*
2. Inocêncio VIII tinha recusado *la chinea,* cavalo branco habitualmente presenteado na tradição feudal, e pretendia um tributo. Além disso o Papa apoiava alguns barões hostis ao rei. Idem.
3. *Sanseverino,* que estava contratado pelos venezianos, com sua permissão destes veio a Roma. Foi em novembro de 1485. Idem.

LIVRO VIII _____ *da conjura dos Pazzi à morte de Lorenzo*

da Espanha[4] ,concluiu-se o acordo de paz, que o Papa aceitou por ter sido batido pela fortuna e não querer mais tentá-la. Então todos os potentados da Itália se uniram, deixando de lado só os genoveses, porque tinham se rebelado contra Milão e eram ocupadores dos territórios florentinos. O senhor *Ruberto da San Severino,* concluída a paz, tendo sido, na guerra, ao Papa um amigo pouco fiel e aos outros pouco formidável inimigo, saiu de Roma expulso pelo Papa e, seguido pelas tropas do duque e pelas florentinas, quando passou por *Cesena,* vendo-se alcançar, fugiu e com menos de cem cavaleiros dirigiu-se a *Ravenna;* e suas outras tropas em parte foram recebidas pelo duque, em parte desbaratadas pelos aldeãos.

O rei, feita a paz e se reconciliado com os barões, fez morrer *Iacopo Coppola* e *Antonello d'Anversa,* com os filhos, porque na guerra tinham revelado seus segredos ao Pontífice.

33. O Papa deseja emparentar-se com *Lorenzo.* Genoveses e florentinos recomeçam guerra por *Serezana*

O Papa havia, com o exemplo dessa guerra, conhecido com que prontidão e diligência os florentinos conservavam suas amizades; tanto é que se antes, seja pelo afeto que sentiam pelos genoveses, seja pela ajuda que tinham dado ao rei, os odiava, começou a estimá-los e a seus embaixadores fazer mais favores do que os consuetos. Tal propensão, conhecida por *Lorenzo de'Medici,* foi por ele secundada por todos os meios porque julgava ser-lhe de grande reputação poder, à amizade que tinha com o rei, acrescentar a que tinha com o Papa.

O pontífice tinha um filho chamado *Francesco*[1] e, desejando honrá-lo com estados e amigos a fim de poder mantê-los depois de sua morte, não sabia na Itália a quem mais seguramente poder uni-lo senão a *Lorenzo,* e para isso agiu de modo que este lhe desse por esposa sua filha[2]. Feito o parentesco, o Papa desejava que os genoveses por um acordo cedessem aos florentinos *Serezana,* mostrando-lhes que não podiam ter o que *Agostino* tinha vendido, nem *Agostino* podia doar a *San Giorgio* o que não era seu[3].

Mesmo assim jamais pôde ter benefício algum, ao contrário, os genoveses, enquanto essas coisas em Roma eram discutidas, armaram

4. Ferdinando, o Católico, rei de Aragão e Catalúnia. Cf. F.F. Murga. *op. cit.*

1. *Franceschetto Cybo.*Cf. *A. Montevecchi, op. cit.*
2. *Maddalena,* que se tornou esposa de *Cybo* em 1488. Idem
3. Cf. cap. 27. Idem.

413

muitos de seus navios, e sem que Florença soubesse de coisa alguma desembarcaram três mil infantes e atacaram a fortaleza de *Serezanello*, situada acima de *Serezana* e em posse dos florentinos; predaram o burgo situado ao lado e o incendiaram. Depois, apontaram a artilharia à fortaleza e a bombardearam insistentemente.

Aos florentinos esse ataque foi inesperado, donde suas tropas logo foram reunidas em Pisa, sob o comando de *Virginio Orsino; e* com o Papa se queixaram porque enquanto ele tratava o acordo de paz os genoveses tinham-lhes movido guerra. Mandaram depois *Piero Corsini* a *Lucca,* para manter fiel aquela cidade, e *Pagolantonio Soderini* a Veneza, para averiguar os ânimos dos daquela república; pediram ajuda ao rei de Nápoles e ao senhor *Lodovico Sforza,* sem obtê-la de nenhum dos dois[4], aquele disse temer a armada dos turcos e *Lodovico* por outros ardis diferiu o envio.

Assim, os florentinos quase sempre ficam sozinhos em suas guerras e não encontram quem os ajude com o mesmo ânimo que eles auxiliam os outros. Nem desta vez, abandonados por seus aliados, não sendo para eles uma novidade, se acabrunharam, e formando um grande exército sob o comando de *Iacopo Guicciardini* e *Piero Vettori,* marcharam contra o inimigo, que tinha feito um acampamento junto ao rio *Magra*. Enquanto isso o castelo de *Serezanello* era fortemente cercado pelo inimigo, que o expugnava com galerias subterrâneas e todo tipo de armas de tal maneira que os comissários decidiram socorrê-lo. O inimigo não recusou a luta e, vindo às vias de fato, foram os genoveses desbaratados, sendo feito prisioneiro *messer Luigi dal Fiesco* com muitos outros chefes do exército inimigo.

Tal vitória de forma alguma acabrunhou os de *Serezana* a ponto de desejarem render-se, ao contrário, obstinadamente se prepararam para a defesa, e os comissários florentinos, para o ataque: assim, a defesa foi tão galharda quanto o ataque.

E durando muito esta expugnação, *Lorenzo de'Medici* decidiu ir pessoalmente ao acampamento florentino. Com sua chegada, nossos soldados recuperaram ânimo e os de Serezana o perderam, porque, vendo a obstinação dos florentinos em atacá-los e a frieza dos genoveses em socorrê-los, livremente e sem outra condição às mãos de *Lorenzo* se colocaram[5]; uma vez em poder dos florentinos, exceto os poucos autores da rebelião, foram bem tratados. O senhor *Lodovico Sforza* durante aquela expugnação tinha enviado suas tropas a *Pontremoli* para mostrar que

4. Obtiveram-na, entretanto, de Ferdinando e de *Lodovico,* o Mouro. Idem.
5. Em abril de 1487.

Livro VIII ——————————*da conjura dos Pazzi à morte de Lorenzo*

vinha em nossa ajuda; mas havendo entendimentos em Gênova, se sublevou o partido contra os que governavam e com a ajuda do mencionado exército se renderam ao duque de Milão.

34. *Girolamo Riario* morto em conjura em Forli

Nessa época os alemães moveram guerra aos venezianos; e *Boccolino* fez a cidade de *Osimo*, na *Marca[1]*, se rebelar contra o Papa e se tornou seu tirano. Este depois de muitos percalços[2] ficou satisfeito, e persuadido por *Lorenzo de'Medici* entregou a cidade ao pontífice; sob a garantia do próprio *Lorenzo* veio a Florença, onde viveu muito tempo honradíssimo, indo depois à Milão. Lá não encontrou a mesma garantia, *Lodovico Sforza* o fez morrer.

Os venezianos, atacados pelos alemães, foram desbaratados perto da cidade de Trento, e *Ruberto da San Severino,* seu capitão, morto[3]. Depois disso, como costumava acontecer com a fortuna deles, fizeram com os alemães um acordo tão honroso para sua república que não pareceram perdedores, mas vencedores[4].

Surgiram, nessa época, importantíssimos tumultos na Romanha. *Francesco d'Orso,* de *Furli,* era homem de grande autoridade naquela cidade, mas caiu em suspeitas perante o conde *Girolamo Riario*, ao ponto de muitas vezes ser por ele ameaçado. Por viver em grande temor, *Francesco* foi aconselhado pelos amigos e parentes a alguma ação preventiva, e já que temia ser morto pelo conde, matá-lo antes, fazendo fugir com a morte de outro os perigos que eram seus. Feita então esta deliberação e decididos a esta empresa, escolheram para ocasião o dia da feira de *Furli* porque era quando ali vinham muitos de seus amigos do condado, assim não era necessário chamá-los. Era o mês de maio[5], e a maior parte dos italianos tinha por hábito jantar de dia. Pensaram os conjurados que a hora melhor para matá-lo fosse depois da janta, momento no qual comiam seus criados e ele permanecia quase só na sala. Com isso estabelecido, *Francesco* na hora escolhida foi à casa do conde; deixou seus companheiros nas primeiras peças, chegou à porta

1. Marca: Cf. Livro I, cap. 12, n. 3. Trata-se de *Boccolino Guzzoni* isso aconteceu em junho de 1487.
2. *Boccolino* pediu ajuda aos turcos contra o Papa, e a lançou contra o cardeal *Della Rovere*, *Gian Giacomo Trivulzio* e outros *condottieri*. No final foi convencido por *Lorenzo de'Medici*, no papel de pacificador, a deixar *Osimo*, mediante a retribuição de sete mil ducados.
3. A guerra entre Veneza e *Sigismondo d'Áustria* concluiu-se em *Calliano* em 10 de agosto de 1487, onde morreu *San Severino* e a paz foi feita por meio do Papa.
4. Outra vez, cf. cap. 26 e 6, deste Livro, o Autor sublinha a capacidade de os venezianos resgatarem no plano diplomático as derrotas militares.
5. Na verdade, dia 14 de abril.

daquela onde estava o conde e disse ao criado que o avisasse que desejava falar com ele. Foi-lhe dada permissão de entrar, e quando se encontraram a sós, depois de uma pretextuosa conversação, matou-o; chamou seus companheiros e também o criado mataram. Por acaso o capitão daquela praça veio falar com o conde, e chegando à sala com alguns dos seus também ele foi morto pelos assassinos de *Girolamo*. Depois destes homicídios, fizeram um grande estardalhaço e lançaram pela janela a cabeça do conde, e gritando "Igreja e Liberdade" armaram o povo todo, que odiava a avareza e a crueldade do conde; começaram a saquear suas casas e prenderam a condessa *Caterina*[6] e todos os seus filhos. Só restava tomar a fortaleza se quisessem que sua empresa terminasse bem. Como o castelão se recusou a entregá-la, pediram à condessa que o convencesse. Ela prometeu fazê-lo se a deixassem entrar lá, e para garantir sua confiança que retivessem seus filhos. Os conjurados acreditaram em suas palavras e lhe permitiram entrar; assim que ela o fez, os ameaçou com a morte e todo tipo de suplícios em vingança ao assassínio de seu marido; e como passaram a ameaçá-la de matar seus filhos, respondeu-lhes que tinha nela mesma a maneira de fazer outros. Acabrunhados com isto os conjurados, vendo não serem apoiados pelo Papa e sabendo que *Lodovico*, o Mouro, tio da condessa, mandara tropas em sua ajuda, apanharam o que conseguiam carregar e se dirigiram a *Città di Castello*. Donde a condessa, ao retomar o estado[7], vingou a morte do marido com todo tipo de crueldade. Os florentinos, ao saberem da morte do conde, colheram a oportunidade de recuperar a fortaleza de *Piancaldoli*, antes tomada deles e ocupada pelo conde, aonde enviaram tropas que a retomaram com a morte de *Cecca*[8], arquiteto muito famoso.

35. *Galeotto Manfredi* assassinado a mando de sua esposa

A esse tumulto na Romanha outro se acrescentou, não de menor importância. *Galeotto*, senhor de *Faenza*, tinha como esposa a filha de *messer Giovanni Bentivogli*, príncipe de Bolonha. Ela, por ciúme, por ser maltratada ou por sua natureza maldosa, odiava seu marido; e tanto foi em seu ódio que deliberou tirar-lhe o estado e a vida. E simulando certa enfermidade, foi para a cama e ordenou a pessoas de sua confiança que para isso ali tinha escondido, que quando viesse *Galeotto* visitá-la, o matassem. Ela havia compartilhado o plano com seu pai, que esperava,

---

6. *Caterina Sforza,* filha de *Galeazzo Maria*
7. Retomou o poder, exercendo a tutela do filho *Ottaviano* no dia 29 de abril.
8. *Francesco d'Angelo* era o verdadeiro nome do *Cecca,* morto em 27 de abril de 1488.

LIVRO VIII ———————————*da conjura dos Pazzi à morte de Lorenzo*

depois de morto o genro, tornar-se senhor de *Faenza*. Por isso, chegado o momento do homicídio, *Galeotto* entrou no quarto de sua mulher, como de costume, e quando com ela conversava, saíram de seus esconderijos ali no mesmo quarto os assassinos, e sem que pudesse impedi-los foi morto por eles. Foi grande o esdardalhaço depois desta morte; a mulher, com seu filho pequeno, chamado *Astorre*, refugiou-se na fortaleza; o povo tomou armas; *messer Giovanni Bentivogli*, com um tal *Bergamino*[1], *condottieri* [sic] do duque de Milão, que antes tinha se preparado bem muitos homens armados, entraram em *Faenza*, onde ainda era comissário florentino *Antonio Boscoli*. E quando estavam reunidos, em meio a tamanho tumulto, todos os chefes, discutindo o governo da cidade, os homens de *Val di Lamona*, que tinham acorrido em massa, se rebelaram contra *messer Giovanni* e *Bergamino*: a este mataram, àquele prenderam; e gritando o nome de *Astorre* e dos florentinos ao comissário destes confiaram a cidade.

Este caso, conhecido em Florença, desagradou muito a todos; mesmo assim libertaram *messer Giovanni* e sua filha, e com a expressa vontade de todo o povo se encarregaram da cidade e da tutela de *Astorre*. Continuaram ainda, além destes, já que as principais guerras entre os mais destacados príncipes se compuseram, muitos tumultos na Romanha, na *Marca* e em *Siena*, os quais, por serem de pouco vulto, julgo ser supérfluo contá-los. A verdade é que os de Siena tendo ido embora o duque da Calábria depois da guerra de 1478, foram mais freqüentes, e depois de muitas mudanças, onde ora prevalecia a plebe ora os nobres, permaneceram em superioridade os nobres, entre os quais *Pandolfo e Iacopo Petrucci* foram os que mais autoridade tomaram; e um por prudência, o outro por diligência, tornaram-se príncipes daquela cidade.

36. Morte de *Lorenzo de' Medici*, seu perfil

Mas os florentinos, terminada a guerra de *Serezana*, viveram até 1492, quando morreu *Lorenzo de'Medici* em grande felicidade, porque este, pousadas as armas na Itália – e elas se aquietaram pelo seu discernimento e sensatez – voltou-se a tornar grandes sua casa e sua cidade. Casou seu primogênito, *Piero*, com *Alfonsina*, filha do cavalheiro *Orsino*[1]; depois trouxe *Giovanni*, seu segundo filho, à dignidade de cardeal, coisa que foi ainda mais notável porque, sem nenhum exemplo no passado, não

---

1. *Bergamino* tinha sido o enviado a *Furli* para socorrer *Caterina Sforza*.
1. *Alfonsina Orsini* casou com *Piero* em fevereiro de 1487.

tinha ainda quatorze anos quando foi conduzido a este cargo. Isto foi como uma escada a poder elevar sua casa aos céus, como aconteceu nos anos seguintes[2]. A *Giuliano,* seu terceiro filho, por sua pouca idade e pelo pouco tempo que *Lorenzo* ainda viveu, não pôde providenciar uma extraordinária fortuna. Suas filhas, uma a casou com *Iacopo Salviati,* outra com *Francesco Cibo* e a terceira com *Piero Ridolfi;* para ter sua casa unida, a quarta[3] havia casado com *Giovanni de'Medici,* mas morreu. Em outras suas transações privadas foi infelicíssimo, porque na desordem de seus administradores, que não agiam como simples particulares mas como verdadeiros príncipes, muitos de seus bens imóveis foram dissipados, de maneira que teve sua pátria de socorrê-lo com grande soma de dinheiro. De modo que, para não mais tentar similar fortuna, deixados de lado os negócios mercantis, voltou-se à posse imobiliária, por se tratar de riquezas mais estáveis; fez aquisições nas terras de *Prato,* de *Pisa* e nas de *Val de Pesa,* que, pelo rendimento, pela qualidade e magnificência não de um cidadão privado mas de um rei pareciam.

Dedicou-se depois a tornar mais bela e maior sua cidade e, como havia muitos espaços sem construção, mandou fazer novas ruas para proporcionar novas construções de casas, e em conseqüência a cidade tornou-se mais bela e maior. E para que nesse estado ela vivesse mais quieta e seguramente, e de longe pudesse combater ou enfrentar seus inimigos, fortificou o castelo de *Firenzuola,* em meio às montanhas, na direção de Bolonha; na direção de *Siena* iniciou o restauro de *Poggio Imperiale* e o tornou muito fortificado; a direção de Gênova ficou fechada ao inimigo pela conquista de *Pietrasanta* e de *Serezana.* Depois, com estipêndios e provisões mantinha como amigos os *Baglioni,* em Perúgia, os *Vitelli,* em *Città di Castello;* e de *Faenza* particularmente, tinha em mãos o governo: todas essas coisas eram como sólidos baluartes de sua cidade.

Teve também, nesta época pacífica, a sua pátria sempre em festa; freqüentes eram os torneios e representações de fatos e antigos triunfos. Sua finalidade era conservar a cidade na abundância, o povo unido e a nobreza respeitada. Estimava com grande maravilha quem excelia em uma arte, favorecia os literatos, do que são sólidas testemunhas *Agnolo,* de *Montepulciano, messer Cristofano Landini* e o grego *messer Demetrio*[4]. Foi por isso que o conde *Giovanni della Mirandola*[5], homem quase divino,

---

2. *Giovanni* foi nomeado cardeal aos 13 anos de idade, em 1489, e depois se tornou papa Leão X.
3. *Luigia.*
4. Trata-se do poeta *Angelo Ambrogini* chamado O Poliziano; *Landini* é um ilustre comentarista da *Divina Commedia;* e o grego chamava-se *Demetrio Calcondila.*
5. O célebre *Pico della Mirandola.*

LIVRO VIII _____ *da conjura dos Pazzi à morte de Lorenzo*

deixou todos os lugares por onde tinha peregrinado na Europa e, movido pela generosidade de *Lorenzo*, fixou sua residência em Florença. Com a arquitetura, a música e a poesia maravilhosamente se deleitava, e muitos poemas não só eram escritos, mas comentados[6] também por ele. E para que a juventude florentina pudesse exercitar-se no estudo de letras, abriu na cidade de *Pisa* uma universidade, para onde conduziu os homens mais excelentes que havia na Itália. Ao frei *Marciano*, de *Ghinazzano* da Ordem de Santo Agostinho, por ser um excelente pregador[7], construiu um mosteiro perto de Florença.

Foi amado pela fortuna e por Deus, razão pela qual todas as suas empresas tiveram feliz fim e infelizes foram as de seus inimigos: além dos *Pazzi*, *Battisca Frescobaldi* quis matá-lo na igreja do Carmo, e *Baldino* de Pistóia, em sua *villa*; todos eles, juntamente com seus secretos aliados, por suas malvadas idéias padeceram justíssimas penas. Este seu modo de viver, esta sua prudência e fortuna tornaram-se conhecidas e admiradas pelos príncipes não só da Itália mas também de lugares muito longínquos: Matias, rei da Hungria, muitos sinais de estima lhe deu; o sultão, com seus embaixadores, o visitou e lhe ofereceu dois obséquios; e o Grande Turco entregou-lhe *Bernardo Bandini*, assassino de seu irmão. Estas coisas o faziam admirado na Itália. Sua reputação a cada dia aumentava por sua prudência, porque para expor as coisas era eloqüente e arguto, sensato para resolvê-las, e rápido e enérgico para executá-las. Nem dele podem-se mencionar vícios que maculassem tantas virtudes, mesmo que com mulheres estivesse incrivelmente envolvido, ou que apreciasse a companhia de homens brincalhões e mordazes, que de jogos pueris gostasse mais do que convinha a um homem de sua hierarquia, ao ponto de ter se encontrado muitas vezes entre as brincadeiras de seus filhos e filhas. Assim, ao considerar sua vida tanto voluptuosa como séria, nele se viam juntas duas pessoas diferentes, impossível de se juntar[8]. Viveu seus últimos tempos cheio de afãs causados pela doença, que o tinha extraordinariamente oprimido, e foram tantos que em abril[9] de 1492 morreu, aos quarenta e quatro anos de idade. E jamais morreu

---

6. Refere-se ao famoso *Comento*, Comentário, prosa que, junto com as poesias de *Lorenzo*, muito se aproxima do não menos famoso modelo *Vita Nuova*, de Dante.

7. Também por ser um acérrimo opositor de *Savonarola* a quem, porém, *Lorenzo* teria pedido absolvição antes de morrer.

8. Encontra-se aqui o principal elemento crítico e vivaz de um retrato que em seu todo está marcado pela mais intensa retórica elogiosa, de franca extração humanística. Apanha bem a complexidade polivalente deste perfeito homem de estado e humanista. Por outro lado Maquiavel, na carta de 31 de janeiro de 1515, a *Francesco Vetori*, também em si encontra "duas pessoas" diferentes (*...noi imitiamo la natura, che è varia...*)

9. Dia 8 de abril.

alguém, não só em Florença, mas na Itália, com tal fama de prudência nem que tanto pesar causasse a sua pátria. E que de sua morte deviam surgir grandíssimas ruínas, o céu deu muitos e evidentíssimos sinais, entre os quais um raio que com tamanha fúria percutiu a parte mais alta do teto da igreja de *Santa Reparata*[10] que arruinou a maior parte daquele pináculo, para a estupefação e assombro de todos. Condoeram-se, assim, de sua morte todos os cidadãos e todos os príncipes da Itália: disto deram sinais manifestos, porque não houve ninguém que em Florença, pelos seus embaixadores, não tivesse manifestado sua dor pelo ocorrido. E que tivessem justo motivo para se condoer, o demonstrou pouco depois o efeito: ficando a Itália sem seus conselhos, não encontrou maneira nem de satisfazer nem de frear a ambição de *Lodovico Sforza*, governador do duque de Milão. Desta, depois da morte de *Lorenzo* começaram a nascer as más sementes que, não muito depois, não estando vivo aquele que as saberia destruir, arruinaram e ainda arruínam a Itália.

*

10. *Santa Maria del Fiore*.

ÍNDICE ONOMÁSTICO

A

Abati, família gibelina florentina, 90, 104, 108.
Abati, Neri, 109.
Acciaiuoli, família florentina, 124, 343, 351.
Acciaiuoli, Agnolo, bispo de Florença, 129, 134.
Acciaiuoli, Agnolo, di Iacopo, 221, 284, 317, 342, 343, 350, 351,351n, 356.
Acciaiuoli, Alamanno, 164.
Acciaiuoli, Donato, de Iacopo, 177, 179.
Acciaiuoli, Donato di Neri, 389.
Acciaiuoli, Michele, 179.
Acciaiuoli, Rafael, 342.
Acquasparta (d'), Matteo cardeal português, 104,106.
Adalberto, marquês da Toscana, 52.
Adimari, família guelfa fiorentina, 90, 104, 180.
Adimari Andrea, 175.
Adimari, Antonio, 130, 131, 132.
Adimari (Altimari) Bernardo, 182.
Adimari, Forese, 100.
Adolfo da Saxônia, 65.
Adorno, família genovesa, 236, 322, 326, 339,409.
Adorno, Prospero, 388.
Adriano I, 48n, 50n.
Adriano V, 63, 64.
Afonso I, rei de Aragão, 79, 117n, 235, 236, 237, 250, 252, 284, 285, 288, 291, 292, 293, 294, 295, 296, 300, 308, 309, 310, 311n, 312, 315, 318, 319, 320, 320n, 322, 323, 326, 336,337, 339n.
Afonso, duque da Calábria, pai do rei Afonso II de Aragão, 319, 352, 387, 390, 391, 392, 395, 396, 397, 398, 399, 401, 402, 404, 405, 405n, 411, 412, 417.
Agapito, (o Agabito)II, papa, 52.
Agli, família guelfa florentina, 90.
Agolanti, família gibelina florentina, 90.
Agostino, 413.
Ainulfo v. Arnolfo.
Aistulfo v. Astolfo.
Alarico, rei dos visigodos, 38.
Albergati, Nicolò, cardeal de Santa Croce, 201n.
Alberigo de Barbiano, conde de Cunio, 76, 192 v. Ludovico da Barbiano conde de Conio.
Alberico da Toscana, v. Adalberto.
Alberti, família florentina, 152, 174, 175, 177, 178, 181, 182, 188, 195, 234.
Alberti, Alberto, 177.
Alberti, Andrea, 177.
Alberti, Antonio, 162, 175, 182.
Alberti, Benedetto, 153, 154, 162, 164, 169, 171, 174, 175, 177.

Alberti, Iacopo, 121.
Alberto I, da Áustria, 114n.
Alberto, filho de Berengário III, 52.
Alberto da Alemanha, 114.
Albizzi, família florentina, 130, 144, 145, 146, 147, 149, 150, 151, 168, 188.
Albizzi, Filippo degli, 145.
Albizzi, Luca, 216.
Albizzi, Margherita (degli), 316n.
Albizzi, Maso degli, 177, 179, 180.
Albizzi, Piero degli, 145, 146, 147, 150, 151, 152n, 153, 155, 168, 169, 177.
Albizzi, Rinaldo degli, 188, 192, 193, 194, 195, 196, 197, 203, 205, 206, 208, 210, 213, 215, 216, 217, 218, 220, 221, 222, 223, 224, 225, 234n, 238, 262, 263, 268, 271, 273, 316n, 337.
Alboin, 46n.
Alboíno, rei dos lombardos, 46, 47.
Albornoz, Egídio de, cardeal, 74.
Albuíno, 46n.
Alderotti, família florentina, 176.
Alderotti, Matteo, 175.
Aldobrandini, família florentina, 130.
Alessandria, Cornelia degli, 335.
Alessandro, irmão do duque de Milão, 309.
Alexandre II, (Anselmo de Baggio), 54n.
Alexandre III, 57, 58.
Alexandre V, 77.
Alexandre VI, 72.
Alidosi, família de Ímola, 80.
Alidosi, Lodovico, 72, 191.
Alidosi, Taddeo, 355.
Alighieri, Dante, 65n, 86, 88, 89n, 94n, 104, 105, 112, 113.
Alopo, Pandolfello, 78.
Altavilla, (d') Constança, mulher de Henrique, 60.
Altavilla, Guilherme, chamado Ferabac (Braço de Ferro), 55.
Altoviti, família florentina, 101, 130.
Altoviti, Bardo, 354.
Altoviti, Bindo, 182.
Altoviti, Guglielmo, 124.
Alzate (d') Opizzino, 237n.
Amalasunta, filha de Teodorico, 43.
Ambrogini, Angelo, 418n.
Amidei, família gibelina fiorentina, 88, 89, 90, 108.
Amidei, Lambertuccio, 89.
Amieri, família gibelina fiorentina, 90, 108.
Andalò, degli Loderingo, 94n.
Andarico, rei de Gepidi, 39.
André, dos gépidas, 72.
Anjou, Carlos de, filho de Roberto e duque da Calábria, 72, 114,118,119,124, 127.
Anjou, Giovanni de, (João) filho de Renato, 318,

421

322, 323, 324, 325, 326, 329,339.

Anjou Piero de, irmão de Roberto e conde de Gravina, 113.

Anjou, Renato de, 235, 236, 249, 284, 285, 317, 318, 322.

Anglano (d'), Giordano, conde de San Severino, 92.

Anguillara (dell') Deifobo, 389, 390, 390n.

Annalena, mãe de Baldaccio d'Anghiari, v. Malatesti, Annalena.

Anibal Barca, 391.

Anselmi, Giovanni, 169.

Anselmo di Baggio, v. Alexandre II, papa.

Antellesi, família florentina, 124.

Antonello d'Anversa, 413.

Antonio, Marco, triúnviro, 87n.

Antonio dal Ponte al Era, 81.

Appiani, família do Senhor Pombino, 295n.

Appiano, Caterina (d'), 295n.

Appiano, Iacopo, Senhor de Piombino, 213, 213n, 363.

Aragão, casa real, 65.

Aragão, Eleonora, de Portugal, 311.

Aragão, Isabel de, 355, 405.

Arcádio, imperador do Oriente, 37, 42.

Ardinghi, família guelfa florentina, 90.

Argirópulo, João, 337.

Arnolfo di Carinzia, imperador, 51.

Arrigucci, família guelfa florentina, 90, 104.

Astolfo, rei dos longobardos, 49, 50.

Atalarico, rei dos godos, 43, 44.

Ataulfo, rei dos visigodos, 38.

Átila, rei dos hunos, 39, 40, 41, 46, 70.

Attendolo, Lorenzo, 81.

Attendolo, Micheletto, 81, 213, 271, 272, 282, 291, 298.

Aubusson Pierre d', 397.

Augusto, Caio Giulio Cesare Ottaviano, 87, 234.

Augústulo, Romolo, imperador do Ocidente, 40, 41.

Augusto, Giovanni, v. Hawkwood, John.

Avito, imperador do Ocidente, 40.

Azzone VII, de Da Esti, 61.

B

Baglione da Perugia, 128.

Baglioni, família do senhor de Perúgia, 419.

Bagnesi, família guelfa fiorentina, 89, 104.

Bagnoni, Stefano, 315, 377, 378, 379.

Baldaccio di Anghiari, 238, 286, 287.

Baldino de Pistóia, 419.

Baldovinetti, Mario, 221.

Balduino I di Buglione (Bouillon), rei de Jerusalem, 56, 61.

Balzo del Bertrando, 113.

Balzo, del Pirro, príncipe de Altamura, 412.

Bandini, Bernardo v. Baroncelli, Bernardo de Bandino.

Barbadico (o Barbarigo), Francesco, 284.

Barbadori, Cosimo, 234.

Barbadori, Donato, 169.

Barbadori, Nicolò, 215, 217, 222, 224, 225.

Barbiano (da), Alberico, v. Alberico da Barbiano, conde de Conio.

Barbo, Piero, 341n.

Bardi, família guelfa florentina, 89, 104, 121, 122, 128, 130, 137, 138.

Bardi, Alessandra de, 343.

Bardi, de Andrea, 121.

Bardi, de Piero, 121.

Bardi, Ridolfo de, 135.

Baroncelli, Bernardo di Bandini, 377, 378, 379, 380, 381, 419.

Baroncegli, Francesco, 73.

Baroncelli, Piero, 287.

Bartolommeo di Senso, 269.

Barucci, família gibelina florentina, 90.

Battifolle, conde de, v. Guido.

Beatriz, mulher de Facino Cane, 78.

Beatriz, irmã de Henrique II, imperador, 53.

Becchi dei Lando, de Gubbio, 113, 114, 149.

Becket, Thomas, bispo de Canterbury, 59.

Belfrategli, Zanobi de, 234.

Belisário, general bizantino, 43, 44.

Benci, família florentina, 336.

Benci, Giovanni, 175.

Benedito, São, 44.

Benito, São, São Bento, 44n.

Benedito XI, 66, 108.

Benedito XII, papa, 72.

Benedito XIII, antipapa, 75, 77 78.

Benevento, duque de, 71.

Benini, familia florentina, 176.

Benini, Piero, 175.

Bentivogli, família do senhor de Bolonha, 289, 290, 310.

Bentivogli, Annibale, senhor de Bolonha, 285, 289, 290.

Bentivogli, Antonio, 233.

Bentivogli, Ercule, pai deSanti, 289, 290.

Bentivogli, Giovanni II, Senhor de Bolonha, 290, 347, 404n, 416, 417.

Bentivogli, Santi, Senhor de Bolonha 289, 290, 310.

Berengário, rei da Itália, 52.

Berengário III, 52.

Bergamino, Giampietro, 417, 418.

Biondo, Flavio, 272.

Bisdomini v. Visdomini.

Bleda, irmão de Àtila, 39.

Boccaccio, Giovanni 139.

Boécio, Anicio Manlaio, 42.

Bonatto, Guido, 65.

Bonifácio VIII, 64, 65, 66, 73, 103n.

Bonifácio IX, 75, 76.

Bonifácio, governador romano da África, 38.

Bourboun (Borbone), Giacomo, conde da Marca marido de Giovanna II, 78n.

Bordoni, família florentina, 130.

ÍNDICE ONOMÁSTICO

Bordoni (Bordini), Gherardo, 111.
Bórgia, Afonso v. Calisto III, papa.
Borgia, Piero Lodovico, 323.
Borgia, Rodrigo, v. Alexandre VI, papa.
Borromei Carlo, 375.
Borromei Giovanni, 375.
Borso d'Este, marquês e depois duque de Ferrara, 345, 347n, 352, 355.
Boscoli, Antonio, 417.
Bostichi, família guelfa florentina, 89, 104.
Braccio da Montone, v. Montone (da) Braccio.
Bracciolini, Iacopo de Poggio, 376, 377n, 379, 380.
Bracciolini, Poggio, 321n, 337n, 377.
Branca, Piero, 111.
Brienne de Gualtieri, duque de Atenas, 118, 124, 125, 127, 128, 131, 135, 144, 149, 157, 167.
Brunelleschi, família gibelina florentina, 90, 104.
Brunelleschi, Berto, 111.
Brunelleschi, Filippo, 211, 234.
Brunelleschi, Francesco, 130.
Bruni, Leonardo, 31n, 337, 389.
Buglione (di) Baldovino, v. Baldovino.
Buglione (di) Eustaquio, 56.
Buglione (di) Godofredo, 56.
Buonaccorsi, família florentina, 124.
Buondelmonti, família guelfa florentina, 88,89, 104, 131, 144, 147, 149.
Buondelmonti, Benchi, 147.
Buondelmonti, Buondelmonte, 88,89.
Buondelmonti, Uguccione, 130, 131.
Buonromei, v. Borromei.
Buonvisi, Lionardo, 211.

C

Cadolo da Parma, v. Onorio II, antipapa.
Calcondila, Demetrio, 418.
Caldora Iacopo, chamado Iacopaccio, 81n.
Callisto III (Giovanni da Fermo), antipapa, 58, 60.
Callisto III (Alfonso Borgia), papa, 319, 320, 320n, 323, 324.
Cambi, Giovanni, 162, 170.
Campo Fregoso, Ludovico de, 395n.
Campo Fregoso, Tommaso de, 189.
Camponeschi, Pietro, conde de Montorio, 412.
Cancellieri, família de Pistóia, 102.
Cancellieri, Bertacca, 102.
Cancellieri, Bianca, 102.
Cancellieri, Cancelliere, 102.
Cancellieri, Geri, 102.
Cancellieri, Guglielmo, 102.
Cancellieri, Lore, 102.
Canneschi (o Canetoli), família bolonhesa, 289, 290.
Canneschi (o Canetoli), Battista, 232, 233, 289.
Canneto, Battista, da, v. Canneschi Battista.
Caponsacchi, família gibelina florentina, 90.
Cappiardi, família gibelina florentina, 90.
Capponi, família florentina, 138.

Capponi, Gino di Neri, 161, 296.
Capponi, Neri di Gino, 188, 211, 215, 221, 241, 254, 255, 256, 264, 266, 267, 268, 274, 275, 286, 287, 295, 296, 305, 330, 331.
Capponi, Niccoló da Gaggio Montano, 366n, 367.
Capponi, Piero di Gino, 389.
Cardona di, Raimondo, 117, 118.
Carli, Plinio, 161.
Carlos I de Anjou, 62, 63, 64, 65, 93, 158.
Carlos II, de Anjou, 65, 66.
Carlos III, de Durazzo, rei de Nápoles e da Hungria, 75, 168, 170, 173, 174.
Carlos IV, da Boêmia, imperador, 73n, 74, 149n.
Carlos V, de Habsburgo, imperador, 104.
Carlos VII, de Valois, rei da França, 311, 317, 322.
Carlos VIII, de Valois, rei da França, 49, 395n.
Carlos Magno, 48, 50, 51n, 55, 71n, 87.
Carlos Martello, 48n, 49.
Carlos de Orléans, 298.
Carlos (o Temerário), duque da Borgonha, 339, 341.
Carmagnola (de Bussone conde de), Francesco, 80n, 199, 202.
Carneade, 229.
Carradi, Maffeo da, 122.
Carrara, Francesco da, 76.
Carraresi, família do senhor de Pádua, 69.
Carretani, família florentina, 101.
Cascese, Agnolo da, 290.
Cascese, Antonio da, 290.
Castellani, Francesco, 287.
Castiglionchio, Lapo da, 146, 151, 152, 153, 155, 156, 165.
Castracani, Castruccio, 67, 69, 114, 115, 116, 117, 118, 119, 120, 157, 163, 206, 297, 314.
Castracani, Francesco, 120.
Cattani, família gibelina florentina, 90.
Cavalcanti, família guelfa florentina, 90, 104, 108, 110, 131, 137.
Cavalcanti, Andrea, 379n.
Cavalcanti, Giannozzo, 131.
Cavalcanti, Lorenzo, 379n.
Cavicciuli, família florentina, 130, 131, 137.
Cavicciuli, Baroccio, 179, 181.
Cavicciuli, Boccaccio, 111.
Cavicciuli, Picchio, 179.
Cavicciuli, Piggiello, 179, 181.
Cavicciuli, Salvestro, 181.
Ceccolino da Perugia, 81.
Celestino III, papa, 60.
Celestino V (Pietro dal Morrone), papa, 65.
Cennarni, Piero, 212.
Cerchi, família guelfa florentina, 90, 103 104, 106, 107, 144, 149.
Cerchi, Nicola, 107.
Cerchi, Vieri, 103, 106, 112.
Cesare, Caio Giulio, 87.
Chiaramoritesi, família guelfa florentina, 89.
Ciarpellone, condottiero sforzesco, 282, 291.
Cibo, Franceschetto (Francisco), 413n, 418.

423

Cibo, Giovan Battista, v. Innocencio VIII papa.
Cini, Bettone, 129.
Cipriani, família gibelina florentina, 90, 108.
Clef, rei longobardo, 47, 71.
Clemente II, papa, 53.
Clemente III, papa, 60.
Clemente IV, papa, 63, 93.
Clemente V, papa, 66.
Clemente VI, papa, 72, 73.
Clemente VII (Roberto de Genebra), antipapa, 74, 75.
Clemente VII (Giulio de Medici), papa, 29n, 338, 383.
Cocchi, Donato, 332.
Cola Montano, v. Capponi Nicolò da Gaggio Montano.
Cola de Rienzo, 73.
Colioni, Bartolomeo, 353, 354, 357.
Colonna, família romana, 65, 73, 81, 224, 402, 407.
Colonna, Iacopo, cardeal, 66.
Colonna Ottone, v. Martino V papa.
Colonna, Pietro, cardeal, 66.
Colonna, Sarra, 66.
Concinello, Antonio, 412.
Condulmier, Marco, 232n.
Conradino de Svevia, Conrrado II, imperador, 62, 63, 95.
Conrado IV, imperador, 62.
Contugi, Arcolano, 204.
Contugi, Giovanni, 203.
Coppola, Iacopo, 413.
Corbizzi, família florentina, 176.
Corsini, Piero, 414.
Corvara (della) Pietro, v. Niccolò V, antipapa.
Cossa Baldassarre, v. Giovanni XXIII, antipapa.
Costa Bartolo de Iacopo, chamado de Baroccio, 167n.
Constantino VII, imperador do Oriente, 52.
Constantino XI, imperador do Oriente, 311n.
Costanza, filha de Manfredi, 65.
Cotta, Pietro, 307n.
Covoni, família florentina, 176.
Cristofano, de Carlone, 179.
Cunimondo, rei dos Gepidi, 46.
Cybo, v. Cibo.

D

Dal Verme, Ludovico, 285n.
D'Angelo, Francesco, chamado de Cecca, 416n.
Davanzati, Bernardo, 249.
Davanzati, Giuliano, 249, 264.
Davizi, Tommaso, 181, 182.
Del Bene, Francesco, 175.
Del Bene, Giovanni, 175
Della Bella, família guelfa florentina, 90.
Della Bella, Giano, 98, 99, 100, 112.
Del Nero, Bernardo, 410.
Del Nero, Niccolò, 164.
Desidério, rei dos longobardos, 50.
Diacceto, Paolo da, 212, 213.

Di Cocco, Niccolò, 221.
Diógenes, filósofo grego, 229.
Domenico, San, (São Domingos), 61.
Donati, família guelfa florentina, 88, 90, 102, 103, 104, 105, 106, 107, 137, 144, 149.
Donati, Amerigo, 116, 132.
Donati, Corso, 99, 103, 105, 106, 107, 108, 109, 110, 111, 112.
Donati, Manno, 130.
Donati, Simone, 107.

E

Eleonora de Portugal, 311n.
Elisei, família gibelina florentina, 90.
Elmequis (Elmegísio), 46, 47.
Elmegísio, 46n., 47.
Eraclio, imperador do Oriente, 48.
Erasmo da Narni, chamado il Gattamelata, 232, 254n, 282.
Ercole da Esti, duque de Ferrara, 352, 355, 364, 387, 389, 390, 391, 400, 401, 403, 404n, 405.
Errico, filho de Átila, 40.
Estensi, família do senhor de Ferrara, 61, 123n.
Eudossia (Eudóxia), mulher de Valentiniano, 40n.
Eugênio II, papa, 51.
Eugênio IV, papa, 224, 231, 240, 248, 284, 293.
Ezzelino (Ecelino) III da Romano, 61, 62, 67.
Ezzelo (Ecelino), 62.

F

Fazino (Facino Cane), 78, 78n.
Faggiuola, Uguccione de, senhor de Pisa, 110, 111, 112, 113, 114.
Farganaccio, 219.
Frederico I, Barba-roxa, ou Barba-ruiva, imperador, 57, 58, 59, 60, 61, 62, 67.
Frederico II, imperador, 61, 62, 67, 89, 90, 92.
Frederico III, de Habsburgo, imperador, 311, 403.
Frederico III, d'Aragão, 67n, 112n.
Frederico, duque da Calábria, pai do rei Frederico, 402.
Frederico Gonzaga, marquês de Mantova, 389, 391, 404n, 405.
Frederico de Montefeltro, duque de Urbino, 291, 295, 325, 353n, 363, 365, 387, 401, 402, 403.
Fedini, Niccolò, 346.
Ferdinando II, de Aragão il Cattolico, 413n.
Ferdinando (ou Ferrando), de Aragão, duque da Calábria, depois rei
Ferdinando I, 312, 313, 324, 325, 326, 329, 339, 355, 387, 388, 396n, 397n, 402, 403, 411, 414.
Ferrante, Pietro, 107.
Ficino, Marsilio, 337.
Fiesco, (Fieschi), Luigi de, 414.
Fifanti, família gibelina fiorentina, 90.

ÍNDICE ONOMÁSTICO

Fifanti, Oderigo, 89.
Filipe II, o Bom, duque de Borgonha, 341n.
Filipe, rei da Macedônia, 302.
Filipe IV, chamado o Belo, rei da França, 58, 65, 66, 66n.
Filipe, o Breve, 71n.
Filipe Maria Visconti, duque de Milão, 32, 68, 76, 78, 79, 80, 183n, 188, 189, 190, 191, 200n, 201, 204n, 205, 206n, 211, 222, 224n, 231, 232, 233, 235, 236, 237, 238, 240, 241, 244, 246, 249n, 251, 253, 255, 256, 261, 262, 264, 266, 270, 280, 281, 284, 285, 288, 292, 293, 294, 297n, 298, 300, 301, 323n, 324, 326, 336, 340, 361.
Fiorini, V. 161.
Foraboschi, família guelfa florentina, 89.
Formiconi, família florentina, 176.
Fortebracci, Andrea, chamado Braccio da Montone v., Montone (da) Braccio.
Fortebraccio, Nicole, 204, 205, 208, 231,232, 233, 248.
Fortini, Bartolomeo, 287.
Foscari, Francesco, 255n, 265n.

Francisco (São), 61.

Francisco, duque da Bretanha, 339.

Francesco de Michele, 167.

Francesco Sforza, conde e pai do duque de Milão, 79, 80, 211, 212, 213, 231n, 232, 240, 241, 245, 246, 249, 252, 255, 256, 257, 258, 260, 261, 262, 264, 266, 270, 280, 281, 282, 283, 284, 285, 288, 291, 292, 294, 297, 298, 299, 300, 301, 302, 304, 305, 306, 308, 336, 338, 339, 340, 341, 344, 352, 353.
Franzesi, Napoleone, 377.
Fregoso, família genovesa, 322, 324, 326, 409.
Fregoso, Agostino, 408, 409, 413.
Fregoso, Batistino, 388, 408.
Fregoso, Paolo (Pagolo) arcebispo, 407, 408.
Fregoso, Petrino, 324.
Fregoso, Pietro, 322, 388n.
Frescobaldi, família guelfa florentina, 89, 104, 121, 122, 128, 130, 137, 138.
Frescobaldi, Bardo, 121.
Frescobaldi, Batista, 419.
Frescobaldi, Stiatta, 122.
Frescobaldi, Tegghiaio, 116.
Friulano, Taliano, 247n.
Frontino, Sesto Giulio, 87.

G

Gabrielli, Iacopo D' Agobio, 121, 122.
Galeazzo Maria Sforza, duque de Milão, 339, 341, 344, 353, 367, 388, 416n.
Galigai, família gibelina florentina, 90.
Galla Placidia, 38.
Galletti, v. Galli.
Galli, família gibelina florentina, 90, 98n.

Gambacorti, Gherardo, 315.
Gattamelata, v. Erasmo da Narni.
Gauthier (Gualtieri), 118n.
Genserico, rei dos vândalos, 38, 40.
Gesú Cristo, 59.
Gherardesca, Arrigo de, 295.
Gherardesca, Fazio de, 295.
Gherardesca, Henrique, 295n.
Gherardini, família guelfa florentina, 89, 104, 108.
Gherardini (ou Gerardini), Lotteringo, 116.
Giandonati, família guelfa fiorentina, 104.
Gianfigliazzi, família guelfa fiorentina, 104.
Gianfigliazzi, Bongiovanni, 363, 412.
Gianfigliazzi, Francesco, 194.
Gianfigliazzi, Rinaldo, 177, 178.
Gianni, Astorre, 208, 210, 215.
Giannozzo di Salerno, 168.
Gildão, governador da África, 38.
Ginori, Giorgio, 360.
Giotto di Bondone, 120, 127.
Giovan Francesco Gonzaga, marquês de Mântua, 242, 245, 253, 254, 258, 259n, 260, 261.
Giovanfrancesco da Tolentino, 377, 383.
Giovan Galeazzo (Giangaleazzo) Sforza, duque de Milão, 355, 367, 386, 388, 393, 394, 405.
Giovan Galeazzo (Giangaleazzo) Visconti, duque de Milão, 68, 74, 75, 76, 78, 176, 182, 189.
Giovanni de Brienne, rei de Jerusalém, 61.
Giovanni da Chivizzano, 212.
Giovanni IV, marquês de Monferrato, 312, 317.
Giovanni VIII, o Paleólogo, 249n.
Giovanni Maria Visconti (Giovanmariagnolo), duque de Milão, 68, 76.
Girolami, Antonio, 179.
Giugni, família florentina, 108.
Giuochi, família gibelina florentina, 90.
Giustini, Lorenzo, 377, 390n, 402, 404.
Giusto, cidadão de Volterra, 203, 204.
Godofredo (o Gottifredi) Gobbo, marquês de Lotaringia, 53.
Gonzaga, família do senhor de Mântua, 69, 70, 80, 123.
Gonzaga, Filipe, 69.
Gonzaga, Francesco, cardeal, 404.
Gonzaga, Frederico, Giovan Francesco, Ludovico, v. Frederico Giovan Francesco, Ludovico, Gonzaga.
Gregório III, papa, 49.
Gregório V, papa, 53, 54.
Gregório VII, papa, 54n, 56.
Gregório X, papa, 96.
Gregório XI, papa, 33, 74, 150, 152.
Gregório XII, papa, 77, 78.
Grifoni, família bolonhesa, 232.
Guadagni, Antonio, 234.
Guadagni, Bernardo, 217, 218, 220.
Gualandi, Antonio, 316.
Guilherme de Assisi, 128, 132.
Guilherme I, o Mau, rei da Sicília, 58n.

MAQUIAVEL————————————————————————HISTÓRIA DE FLORENÇA

Guilherme II, o Bom, rei da Sicília, 58, 59, 60.
Guicciardini, família florentina, 216.
Guicciardini, Giacomo, 363n.
Guicciardini, Giovanni, 211, 213, 215, 216, 223.
Guicciardini, Iacopo, 391, 410, 414.
Guicciardini, Luigi, embaixador, 398.
Guicciardini, Luigi, gonfaloneiro de justiça, 156, 157, 162, 216.
Guicciardini, Piero, 216.
Guidalotti, família guelfa florentina, 89.
Guidi, família gibelina florentina, 90.
Guidi di Battifolle, Francesco, conde de Poppi, 248n, 248, 262n, 268, 268n, 269, 271, 274, 275n, 290.
Guidi di Battifolle, Guido, 114.
Guidi di Battifolle, Simone, conde de Poppi, 133.
Guidi, Guido Novello, senhor do Casentino, 92, 93, 94.
Guidi, Ludovica, 248n.
Guidobono, Antonio, da Tortona, 283.
Guinigi, família senhor de Lucca, 80.
Guinigi, Lanzilao, 212.
Guinigi, Paolo, senhor de Lucca, 204, 206, 212, 213, 243n.
Guzzoni, Boccolino, da Osimo, 415n.

H

Hawkwood, John, 74n, 151n, 173n.
Henrique II, imperador, 53.
Henrique III, imperador, 54n, 88.
Henrique IV, imperador, 54, 57, 88.
Henrique V, imperador, 57n.
Henrique VI, imperador 60n.
Henrique Plantageneta, rei da Inglaterra, 59.
Henrique, chamado l'Uccellatore, duque da Saxônia, 53.
Honório (Cadolo da Parma), antipapa, 54.
Honório, imperador do Ocidente, 37, 42.
Honório III, papa, 61.

I

Iacometto, paxá, v. Kenud Ahmed.
Iacopaccio, v. Caldora, Iacopo.
Ildovado, o Ildibado, rei dos godos, 44.
Importuni, família guelfa florentina, 89.
Infangati, família gibelina florentina, 90.
Inghirami, Paolo, chamado Pecorino, 362.
Inocêncio III, papa, 60.
Inocêncio IV, papa, 62.
Inocêncio V, papa, 96.
Inocêncio VI, papa, 73n, 74.
Inocêncio VII, papa, 76.
Inocêncio VIII (Giovan Batista Cibo), papa, 407, 412.

J

Joana de Anjou, rainha de Nápoles, 72, 73, 75, 168, 170, 173.
Joana II, de Anjou-Durazzo, rainha de Nápoles, 75, 78, 80, 193.
João II, rei de Aragão, 325, 326.
João, rei da Boêmia, 69.
João XII, papa, 51.
João XXII, papa, 67, 69.
João XXIII (Baldassarre Cossa), antipapa, 77.
Justiniano, imperador do Oriente, 45.
Justino II imperador do Oriente, 45, 47.

K

Kenud Ahmed, 397n.

L

Ladislau de Durazzo, rei de Nápoles, 75, 77, 78, 174, 182, 188, 192, 201.
Lamberti, família gibelina florentina, 90, 108.
Lamberti, Mosca da, 89.
Lampognano, Giovannandrea, 367, 368, 369.
Landini, Cristofano, 418.
Lavello, Angelo, dito de Tartaglia, 81n.
Leão III, papa, 48, 51.
Leão X (Giovanni di Lorenzo de'Medici), papa, 338n, 418n.
Lioni, Roberto, 349.
Lepido, Marco Emilio, 87.
Lívio, Tito, 78.
Longino, exarca, 45, 47, 51.
Lorena, Renato de, v. Renato de Lorena.
Lorenzo de Larione, 343.
Lorenzo de Puccio, 167.
Lotti, Bernardo, 349.
Lucani, Francesco, 368.
Lucardesi, família guelfa florentina, 89, 108.
Lucia, mãe de Francesco Sforza, 299.
Ludovico Gonzaga, marquês de Mântua, 309.
Ludovico, duque de Savóia, 297.
Ludovico Sforza, dito o Mouro, duque de Milão, 395, 395n, 396, 401, 404, 405, 406, 414, 415, 416, 417, 420.
Luís (Ludovico), o Pio, imperador, 51.
Luís I, duque de Anjou, 75, 77, 79, 173.
Luís (ou Luigi) de Anjou, rei da Hungria, 72, 73, 75.
Luís IV, o Bávaro, imperador, 67, 69, 72, 73, 118,119.
Luís da Barbiano, conde de Cunio, v. Alberto.
Luís I de Orléans, marido de Valentina Visconti, 323.
Luís II, duque de Anjou, 77.
Luís (o Lodovico) III, duque de Anjou, 79.

ÍNDICE ONOMÁSTICO

Luís VII, rei da França, 58.
Luís IX (São), rei da França, 63.
Luís XI, rei da França, 339, 389.

M

Macci, família florentina, 108.
Machiavelli, Girolamo, 333n.
Machiavelli, Pietro, 333.
Maffei, Antonio, de Volterra, 377n, 378.
Magalotti, família florentina, 101, 113, 130.
Magalotti, Bese, 174.
Magalotti, Filippo174.
Malatesti, família senhoril romana, 80, 265, 266, 334.
Malatesti, Annalena, 287.
Malatesti, Galeazzo, 291.
Malatesti, Galeotto, senhor de Fano, 72.
Malatesti, Malatesta III, senhor de Rimini, 124.
Malatesti, Pandolfo III, senhor de Fano, 265.
Malatesti, Roberto, senhor de Rimini, 365 355, 391, 392, 403, 406.
Malatesti, Sigismondo (Gismondo) Pandolfo, senhor de Rimini, Fano e
Senigallia, 292, 295, 307, 313, 319, 322, 325, 355.
Malavolti (de'), Catalano, 94.
Malavolti, Federigo, 219.
Malavolti, Giovanni, 212.
Malespini, família gibelina florentina, 90, 104.
Mancini, família florentina, 101, 130.
Mancini, Bardo, 175.
Manfredi (o), rei, filho de Federico II, 62, 63, 64, 65, 91, 92, 93, 95, 96.
Manfredi, família senhoril de Faenza, 80.
Manfredi, Astorre II, senhor de Faenza, 313, 319.
Manfredi, Astorre III, senhor de Faenza, 418.
Manfredi, Carlo, senhor de Faenza, 376.
Manfredi, Galeotto, senhor de Faenza, 416, 417.
Manfredi, Giovanni, senhor de Faenza, 72.
Mangioni, Cipriano, 169.
Maniakes, Jorge, 55.
Manieri, família guelfa florentina, 89, 104.
Mannegli (Mannelli), família gibelina florentina, 90, 104, 137,176, 180.
Maomé, 48, 59.
Maomé II, o Grande Turco, 318, 397n, 400.
Marciano, Antonio da, 407, 411.
Marignolle, Guerriante, 164.
Mario, Caio, 37, 87.
Martelli, Domenico, 347.
Martino, conselheiro, 197.
Martinho IV, papa, 65, 97.
Martinho V (Otto Colonna), papa, 78, 193.
Marzano, Marino, duque de Sessa, 324n.
Matilde, mulher de Enrico I'Uccellatore, 52.
Matelda (Matilde) di Canossa, condessa da Toscana, 53, 57.
Matias, rei da Hungria, 341, 419.
Mauroceno (Morosini), Andrea, 246, 246n.

Mauruzi, Niccolò, da Tolentino, 81, 232.
Mazzeca, Pagolo de, 130.
Medici (de'), família florentina, 108, 129, 130, 131, 137, 152, 179, 180, 181, 182, 188, 197, 205, 214, 220, 222, 329, 330, 343, 344, 345, 349, 351, 352, 354, 357, 364, 373, 374, 375, 376, 380, 381, 382, 384, 386, 387.
Medici (de'), Alamano, 153, 179.
Medici (de'), Antonio, 177, 179.
Medici (de'), Averardo, 214.
Medici (de'), Bernardo o Bernardetto, 260, 268, 274, 275, 295.
Medici (de'), Bianca, 335, 374, 382.
Medici (de'), Cosimo, dito o Velho, 30, 31, 214, 286, 287,290, 305, 306, 308n, 309, 330, 331, 332, 333, 334, 335, 336, 337n, 338, 341, 342, 343, 344, 349, 351, 352, 356.
Medici (de'), Filippo, de arcebispo de Pisa, 374.
Medici (de'), Giovanni, Bernardino, 123.
Medici de', Giovanni, Bicci, 188, 189, 191, 194, 195, 196, 200, 201, 202, 203, 213, 214, 216, 385, 418.
Medici (de'), Giovanni, de Lorenzo, v. Leão X, papa.
Medici (de'), Giovanni, de Pierfrancesco, 418.
Medici (de'), Giuliano, de Lorenzo, duque de Nemours, 418.
Medici (de, Giuliano, de Piero de Cosimo, 341, 352, 375, 378, 379.
Medici (de'), Giulio, v. Clemente V, papa.
Medici (de'), Lorenzo, di Piero di Cosimo, dito o Magnífico, 354, 357, 361n, 362, 364, 374, 374n, 375, 376, 377, 378, 379, 380, 381, 382, 383, 384, 385, 389n, 394, 395, 396, 397, 399n, 400, 404, 406, 411, 413, 414, 415, 416, 417, 418, 419, 420.
Medici (de'), Luigia, 418.
Medici (de'), Maddalena, 413.
Medici (de'), Nanina, 335.
Medici (de'), Piero, di Cosimo, 308, 334, 335, 338, 341, 342, 343, 344, 345, 346, 347, 348, 349, 350, 351, 352, 354, 355, 356, 374, 417.
Medici (de'), Piero, di Lorenzo, 399.
Medici (de'), Salvestro, 152, 153, 162, 165, 166, 168, 172, 175.
Medici (de'), Veri, 177, 178.
Melocco, v. Maniace, Giorgio.
Migliorelli, família gibelina florentina, 90.
Montefeltro (di), Antonio, 72.
Montefeltro (di), Federico, Guidantonio, Guidobaldo, v. Federico
Guidantonio, Guidobaldo de Montefeltro.
Montsecco, Giovan Battista, 376, 377, 378, 383, 386.
Montone, Braccio da, 79, 81,193, 205, 206, 231, 258n, 365, 366, 389, 390n, 391.
Montone (da), Carlo, 365, 366, 367, 377, 389, 390, 391.
Montone (da), Oddo, 79, 366.
Montréal di Albano, dito frei Moriale, 144.

Morelli, Girolamo, 393n.
Morozzo, Matteo di, 129.
Mozzi, família guelfa florentina, 89, 104, 138.
Mozzi, Vanni de, 100.

N

Nardi, família florentina, 357.
Nardi, Bernardo, 357, 358, 359, 360.
Nardi, Salvestro, 357.
Nasi, Piero, 398.
Nerli, família guelfa florentina, 89, 104, 137.
Neroni de Nigi, 188, 215.
Neroni, família florentina, 344n, 350.
Neroni, Dietsalvi, 308n, 341, 342, 347, 349, 350, 351, 354, 358.
Neroni, Francesco, 347.
Neroni, Giovanni, 350.
Nicolini, Lapo, 188.
Nicolau II, papa, 54, 56.
Nicolau III (Giovanni Gactano Orsini), papa, 64, 65, 96.
Nicolò III d'Este, marquês de Ferrara, 280.
Nicolau V (Pietro della Corvara), antipapa, 69n.
Niccolò V (Tommaso, Parentuccelli), papa,, 293, 319, 320.
Niccolò da Pisa, 266.
Niccolò da Prato, 108.
Niccolò da San Friano (San Frediano), 161.
Niccolò da Tolentino, v. Mauruzi, Niccolò.
Nollet, Guglielmo de, cardeal de Sant'Angelo, 151n.
Nori, Francesco, 380.

O

Odoacro, rei de Eruli, 41, 46.
Olgiati, Girolamo, 366, 367, 368, 369.
Oliverotto da Fermo, v. Euffreducci, Oliverotto.
Ordelaffi, família do senhor de Forli, 80.
Ordelaffi, Antonio II, senhor de Forli, 355.
Ordelaffi, Giorgio, senhor de Forli, 191.
Ordelaffi, Sinibaldo, senhor de Forli e Cesena, 72.
Ordelaffi, Tibaldo, senhor de Forli, 191.
Oreste, padre di Romolo Augusto, 41.
Orlandini, Bartolorneo, 266, 267, 286, 287.
Orsini, família romana, 66, 67, 81, 401, 406, 407, 412.
Orsini, Alfonsina, 417n.
Orsini, Bertoldo, 64.
Orsini, Clarice, 343, 354.
Orsini, Gian Antonio, príncipe de Taranto, 325.
Orsini, Giovanni Gactano, v. Nicolau, papa.
Orsini, Niccolò, conde de Pitigliano, 412.
Orsini, Pietro Gian Paolo, 254, 265, 266, 268, 271.
Orsini, Rinaldo, senhor de Piombino, 295.
Orsini, Virginio, 414.
Orso, Francesco de, 415.
Osporco, v., Sergio II, papa.

Otaviano, imperador, v. Augusto.
Otaviano, papa, 51.
Oto I, imperador, 53, 61.
Oto II, imperador, 53, 60.
Otto III, imperador, 53, 61.
Otto IV di Brunswick, imperador, 60.

P

Pagano, Cristoforo, 307.
Pagolo (Pacolo), conselheiro, 212, 213.
Palandra, família de Pistóia, 358, 357.
Palermini, família gibelina florentina, 90.
Panzanesi, família florentina, 138.
Paulo I, papa, 50n.
Paulo II, papa, 355.
Parentuccelli, Tommaso, v. Nicolau V, papa.
Parigi, Irionsignor di, v. Poncher Etienne.
Pascoal I, papa, 50, 51.
Pascoal II, papa, 57.
Pascoal III (Guido da Crema), antipapa, 58n.
Pazzi (de'), família guelfa, florentina, 90, 104, 137, 374, 375, 376, 377, 378, 379, 381.
Pazzi (de'), Andrea, 374.
Pazzi (de'), Antonio, 374.
Pazzi (de'), Francesco, 375, 376, 377, 378, 379, 381.
Pazzi (de'), Galeotto, 374.
Pazzi (de'), Giovanni, 374, 375.
Pazzi (de), Guglielmo, 335, 374, 382, 383.
Pazzi (de'), Iacopo, 374, 376, 377, 378, 380, 382.
Pazzi (de'), Niccolò, 374.
Pazzi (de'), Pazzino, 111.
Pazzi (de'), Piero, 374.
Pazzi (de'), Renato, 374, 376, 377, 382.
Pedro, São, 47.
Pedro I, o Eremita, 56.
Pedro III, rei de Aragão, 64, 65.
Pepino, o Breve, 48n, 49.
Pepino, de Herstal, L, 49.
Pepino, filho de Carlos Magno e rei da Itália, 50, 51.
Pergola, Agnolo della, 81.
Peruzzi, família florentina, 101, 124.
Peruzzi, Filippo, 287.
Peruzzi, Ridolfo, 222, 224, 225.
Petronio Massimo, imperador, 40.
Petrucci, Cesare, 358, 359, 360, 361, 380.
Petrucci, Iacopo, 417.
Petrucci, Pandolfo, 417.
Piccino (Piccinino), Astorre, 272
Piccino (Piccinino), Francesco, filho de Iacopo, 303.
Piccino (Piccinino), Francesco, filho de Niccolò, 272, 281, 285, 289, 291, 297, 306.
Piccino (Piccinino), Iacopo, 303, 306, 319, 320, 321, 322, 325, 326, 339, 340, 365, 396.
Piccino (Piccinino), Niccolò, 80, 231, 232, 233,

Índice Onomástico

240, 241, 250, 251, 252, 257, 258, 259, 260, 261, 262, 263, 264, 265, 266, 267, 268, 269, 270, 271, 272, 273, 274, 275, 280, 281, 282, 283, 284, 285n, 286, 288, 291.

Piccolomini, família, 323.

Piccolomini, Enea Silvio, v. Pio II, papa.

Pico della Mirandola, Giovanni, 418n.

Pigli, família gibelina florentina, 90.

Pino, Zanobi del, 198.

Pio II (Enea Silvio Piccolomini), papa, 323, 324, 337, 341.

Pisani, Giovanni, 264.

Pitigliano, conde de, v. Orsini, Niccolò.

Pitti, família florentina, 138, 344.

Pitti, Luca, 308, 342, 347, 348, 349, 350, 357.

Platina, v. Sacchi, Bartolomeo.

Plinio, Caio Secondo, dito o Velho, 87.

Polenta (da), Guido, senhor de Ravena, 72.

Polenta (da), Ostasio senhor de Ravena, 281.

Poliziano (Ambrogini), Agnolo, 379n, 418n.

Porcari, Stefano, 313, 314, 315.

Portinari, família florentina, 336.

Pucci, Antonio, 411, 412.

Pucci, Giovanni, 220.

Pucci, Puccio, 214.

Puccio, frei, cavaleiro de Malta, 316.

Pulci, família guelfa florentina, 89, 108.

Q

Quaratesi, família florentina, 138.

R

Renato, duque da Lorena, 405.

Riario, Girolamo, 375n, 403, 404, 407, 415, 416.

Riario, Piero, cardeal de San Sisto, 364.

Ricci, família florentina, 144, 145, 146, 147, 149, 150, 152, 168, 180, 181, 182.

Ricci (de'), Ricciardo, 123.

Ricci (de'), Rosso di Ricciardo, 123.

Ricci (de'), Saminiato, 181.

Ricci (de'), Tommaso, 179.

Ricci (de'), Uguccione, 145, 146, 150, 151.

Ricoveri, Niccolò, 179.

Rido, Antonio, 262, 263.

Ridolfi, Antonio, 379, 398n.

Ridolfi, Lorenzo, 194.

Ridolfi Piero, 418.

Rinucci, família florentina, 176.

Roano, v. Amboise (d'), Georges de.

Roberto d'Altavilla, dito o Guiscardo, 55, 56.

Roberto de Anjou, rei de Nápoles, 72, 113, 114, 115, 118, 123, 124.

Roberto da Cinevra, v. Clemente VII, antipapa.

Rodolfo de Habsburgo, imperador, 63, 64, 65.

Rondinegli, família florentina, 137.

Rosimunda, mulher do rei Alboíno, 45, 46, 47.

Rosamunda, 46n.

Rosemunda, 46n.

Rossi, família guelfa florentina, 104, 138.

Rossi (de'), Marsilio, 69.

Rossi (de'), Piero, 69.

Rosso (del), Antonio, 211, 212.

Rovere (della), Francesco, v. Sisto IV, papa.

Rovere (della), Giuliano, v. Giulio, papa.

Rucellai, família florentina, 130, 131.

Rucellai, Bernardo, 335.

Rucellai, Naddo, 123, 124.

Ruffoli, Ubaldo, 98.

Rufino, Flavio, prefeito do pretório, 38.

Rogério I, d'Altavilla, irmão de Roberto e Guiscardo, conde da Sicilia, 56, 58.

Rogério II d'Altavilla, rei da Sicilia, 56, 58.

Rogério d'Altavilla, filho de Roberto il Guiscardo, duque de Puglia, 58.

Rogério d'Altavilla, duque de Puglia, 60.

Rogério d'Altavilla, filho, de Tancredi de Lecce, 6(

Rustichelli, Francesco, 127.

S

Sacchetti, família guelfa florentina, 89.

Sacchetti, Iacopo, 169.

Saggineto (da), Filippo, 119.

Saladino (Salah Ed Din), sultão do Egito e da Síria 57.

Salvestro Pratese, 358.

Salviati, família florentina, 376, 381.

Salviati, Alamanno, 211.

Salviati, Francesco, arcebispo, 374, 375.

Salviati, Francesco, membro da Senhoria, 121.

Salviati, Iacopo, irmão do arcebispo, 377, 419.

Salviati, Iacopo, sobrinho do arcebispo, 377, 379, 380.

San Severino (da), Roberto, 360, 388, 390, 394, 401, 404, 405, 412, 413, 415.

Sansoni Riario, Raffaello, cardeal, 378, 386.

Sassetti, família florentina, 336.

Savoia (di), Bona, 361n, 368n.

Savonarola, Girolamo, 419n.

Scala (della), Guglielmo, senhor de Verona, 76.

Scala (della), Mastino II, senhor deVerona, 123.

Scali, família guelfa florentina,104, 130, 182.

Scali, Giorgio, 170,187, 196.

Scaligeri (della Scala), família do senhor de Veron 69n, 123n.

Scolari, família gibelina florentina, 90.

Sergio (Osporco), papa, 51.

Serragli, famlia florentina, 287.

Serristori, Giovanni, 381.

MAQUIAVEL ——————————————————————————— HISTÓRIA DE FLORENÇA

Sessa, duque de, v. Marzano, Giovanni Antonio e Marino.

Sforza, família, 340, 388, 394.

Sforza, Alessandro, senhor de Pesaro, 291, 315.

Sforza, Ascanio, cardeal, 387, 404n.

Sforza, Costanzo, Senhor de Pesaro, 42.

Sforza, Drusiana, 340.

Sforza, Ermes, 369.

Sforza, Leone, 233n.

Sforza, Muzio Attendolo, 78, 79.

Sforza, Otaviano, 377, 378, 416n.

Sforza Riario, Caterina, 416, 417n.

Sforza, Maria, 394n.

Sforza, Francesco, Galeazzo Maria, Giovan Galeazzo, Ludovico dito o Mouro, v. Francesco, Galeazzo Maria, Giovan Galcazzo, Ludovico Sforza.

Sigismundo, arquiiduque da Áustria, 415n.

Sigismundo, rei da Hungria e imperador, 77.

Silla, Lucio Corneli, 87, 234.

Simeonda, v. Cunegonda.

Simmaco, 42.

Simone da Monterappoli, 130.

Simone o Simoncino dalla Piazza, 161.

Simonetta, Cecco, 368, 388, 394n.

Sisto IV (Francesco della Rovere da Savona), papa, 355, 364, 375n, 384n, 396n, 407.

Sizi, família guelfa florentina, 90.

Soderini, Francesco, visconde de Volterra, Soderini, Francesco, di Tommaso, 398n.

Soderini, Niccolò, 342, 346, 347, 348, 350, 351.

Soderini, Paolantonio, 415.

Soderini, Tommaso, 346, 348, 357, 363, 364, 388, 395.

Sofia, mulher de Justino, imperador, 45.

Soldanieri, família gibelina florentina, 90.

Soldanieri, Giovanni, 94.

Spini, família florentina, 104.

Spini, Benedetto, 179.

Spini, Geri, 100, 111.

Spinola, Francesco, 237.

Spinola, Gherardino, 120.

Strozzi, família florentina, 130, 170, 182.

Strozzi, Andrea, 136.

Strozzi, Carlo, 146, 151, 152n, 154, 155, 169.

Strozzi, Filippo, di Biagio, 169.

Strozzi, Giovan Francesco, 351.

Strozzi, Palla, 203, 222, 223, 224, 225, 351.

Strozzi, Tommaso, 152, 153,162, 164, 168, 169, 170, 171.

Stufa (della), Giovenco, 162.

T

Tacito, Cornélio, 87, 196.

Tancredi di Leccce, 55, 60.

Tartaglia (il), v. Lavello, Angelo.

Tassino, Antonio, 395.

Tedaldi, família guelfa florentina, 90.

Tedaldini, família gibelina florentina, 90.

Tenda (di), Beatrice, 78.

Teodato, rei dos ostrogodos, 44.

Teodorico, rei dos ostrogodos, 41, 42, 43, 45, 48.

Teodoro I, papa, 50n.

Teodósio, imperador romano, 37, 38.

Teodósio II, imperador do Oriente, 38, 38n.

Tibério, Claudio Nerone, imperador romano, 87.

Tibério imperador do Oriente, 47.

Tolentino (da), Niccolò, v. Mauruzi, Niccolò.

Torello, Guido, 81, 191.

Tornabuoni, família florentina, 336.

Tornabuoni, Giovanni, 348.

Tornabuorni, Lucrezia, 335, 374n.

Tornaquinci, família guelfa florentina, 90, 94, 104.

Torriani (della Torre), família milanesa, 67.

Torre (della), Guido, 68.

Tosa (della), Giovanni, 127.

Tosa (della), Lottieri, 108.

Tosa (della), Rosso, 111.

Tosa (della), Simone, 113, 120.

Toschi, família gibelina florentina, 90, 108.

Tosinghi, família guelfa florentina, 90, 104.

Totila (Baduila), rei dos ostrogodos, 44, 45.

Trenta, Salvestro, 211.

Tria, Giovanni di Domenico, dito o, 167, 167n..

Trivulzio, Erasmo (o Arismino), 237n.

Trivulzio, Gian Giacomo, 415n.

Trono (Tron), Paulo, 284.

U

Uberti, família gibelina florentina, 88, 89, 92, 101, 144, 149.

Uberti (degli), Farinata, 92, 93.

Uberti (degli), Stiatta, 89.

Uberti (degli), Tolosetto, 109.

Ubriachi, família gibelina florentina, 90.

Unniade, Giovanni, vaivoda da Hungria, 320.

Urbano II, papa, 56.

Urbano IV, papa, 63, 93.

Urbano V, papa, 74.

Urbano VI, papa, 74, 75, 168.

Uric, filho de Átila, 40.

Uzano (da), família, 197.

Uzano (da), Niccolò, 188, 189, 195, 205, 206, 215, 217.

V

Vaivoda, Giovanni, v. Unniade, Giovanni.

Valentiniano III, imperador, 40, 41.

Valentino, duque, v. Borgia, Cesare.

Valori, Bartolomeo, 188.

Valori, Taldo, 121.

Vecchietti, família guelfa florentina, 90, 104.

ÍNDICE ONOMÁSTICO

Velamir, rei dos ostrogodos, 39, 41.
Velluti, Donato, 221, 222.
Venafro (da), Antonio, v. Giordani, Antonio.
Venero (Venier), Leonardo, 307.
Ventimiglia, Giovanni, 320.
Verano (da), família marchigiana, 80.
Verano (da), Gentile, senhor de Camerino, 80.
Vespucci, Giovanni di Simone, 287.
Vespucci, Guidantonio, 389, 398n, 399, 400.
Vettori, Piero, 414.
Vicomercato ou Vimercate (da), Gaspare, 307, 308.
Villani, Giovanni, 86, 99n, 101n, 103n.
Visconti, família senhoril de Milão, 67, 68, 69, 71, 72, 74, 75, 76, 80, 118, 123, 232n, 308.
Visconti, Azzo, 68.
Visconti, Bernabò, 68, 74, 75, 151, 176.
Visconti, Bianca Maria, 231, 245, 247n.
Visconti, Carlo, 366, 367, 368.
Visconti, Galeazzo I, senhor de Milão, 68, 118, 119.
Visconti, Galeazzo II, senhor de Milão, 68, 74.
Visconti, Giovanni, arcebispo de Milão, 68.
Visconti, Luchino, 68, 74.
Visconti, Maffeo (Matteo), 68.
Visconti, Stefano, 68n.
Visconti, Valentina, 298,n 323n.

Visconti, Filippo Maria, Giovan Galcazzo, Giovanni Maria, v. Filippo Maria, Giovan Galcazzo, Giovanni Maria Visconti.
Visdomini, família florentina, 90, 104.
Visdomini, Cerrettieri, 128, 132, 133.
Vitale, general bizantino, 44.
Vitelleshi, Giovanni, cardeal, 224, 248n, 262, 263.
Vitelli, família, 418.
Vitelli, Niccolò 364, 390, 402, 406.
Vitiges, 44.
Viviane, Iacopo, 206.
Vortigério, 39.

Z

Zacarias, 48.
Zamometich, André, 403.
Zenão, imperador doOriente, 41.

ESTE LIVRO FOI COMPOSTO EM
GALIARD-BT NA MUSA EDITORA, EM 1998
CUJA EDIÇÃO FAC-SIMILAR É IMPRESSA
PELA META BRASIL EM 2024